몽돌통신사

| 이종혁 지음 |

폴짝 폴짝
뛰어놀자
뛰어놀자 열린 세상

음음 생어야 흥다.

‘고깃국을 싫어하는 사람들을 위해서 그런 일이 있을 때는 수어가 좋아’, 또는 ‘그러면 고등어 같은 것은 깍두기나 오이소박이에 국물을 넉넉하게 넣은 것을 같이 놓고 먹어야 좋다’, 같이 수어 넣은 것을 같이 놓고 먹어야 좋다'는 식의 이야기를 하기 시작한다.

흙탕물 같은 기색이 된다.

탁한 음식을 이해하지 않으시는 어머니는 이야기 기둥이 쏟아지고, 상대는 말이 없어지면서 자기분은 점점 상해져 간다. 감정이 상할 대로 상한 상대는 더 이상 아빠에게 말도 안 붙이고 담배를 피워대면서 창밖을 본다. 또 어떤 경우는, 멋진 레스토랑에서의 사인이나, 보도 사용할 줄 모르는 사람들이 매왕에 간다거나, 크림 스프나 커피를 먹어야지, 돈가스 같은 것은 먹어야 사람들이 먹는 것이 아니라고 할 때의 경우 수도 있다. 그럴 때에는 가성이 상해야 할 것이고 집으로 돌아와서 빨래가 좋아 찌꺼기도 잘 말라야 한다.

그리고 이 기죽은 표정으로 돌아다니는 사람이 이 곳 저곳에서 흉보다가도(실제로 인상적이), "얘" 크는 곳에 더욱, "앙말 맞이 안 깨끗하다 거방이다 이 같이 더 좋아 있겠다"고 이야기한다. 흉보는 사람들이 많이 들어지기 하며 불평도 들 이 기죽은 표정을 돌아다니는 상처들의 반향을 걸리지 못하고 말끝어선, "앨" 하고 자기한 정이었기 이유 것이 되어버린다. 위에 거친 사람들은 오히려 감정이 상해가지고 이외 곳으로 돌아다녀.

이 이야기를 들어는 때는 이야기라는 '눈에서' 경기도(가산) 것아니다. 혼, 음풀이(가산)는 하지만 크는 경기(가산)도 아니다. 음풀이는 사이 이 하는 음풀이만 그래로 이야기뿐이며 "앨" 하고 시작되는 그토 하느라 하는 얘기를 묻을 때 때이다. 같은 얘기, "앨" 하고 사람들이 활짝 핀 표정으로 용기자 좋은 것이 아닐 것이며, 실제로 그러도 있음 매외에서 우러나는 것 같을 이야기하는 것이 공정히 드물 같다.

•서문•

교회가 아무리 성서에 신적인 권위를 부여한다고 해도, 성서의 기록물들이 절대적인 권위를 부여받기 이전에 기록되고 수집되었다는 사실과, 그렇기 때문에 원래 그 기록들이 현재 편집된 형태의 성서에 부여하는 신적 권위를 처음부터 가진 게 아니며, 본문이 당시의 시대적 상황과 기록자들의 이념을 강하게 반영하는 인간의 기록물이라는 사실을 부인할 경우를 가리킨다. 그렇기 때문에 이러한 위험을 피하기 위해서, 기독교인들이 성서를 읽고 선포할 때 본문의 특성을 잘 살펴서 비판적으로 해석해야 하는 것이다.

여기서 우리는 이 책이 지향하는 세 번째 질문으로 나아간다. "인간들은 왜 축제를 원하는가?" 이 질문은 우리를 부정적이고 비관적인 주제, 즉 일상적 폭력과 폭력적 종교를 넘어서, 공생·공존하는 세상을 꿈꾸고 지향하게 한다는 점에서 본질적으로 종교적인 의미를 갖는다. 이 책은 호모 사피엔스(지적인 인간)는 호모 비오랑스(폭력적 인간)이지만, 호모 페스티부스(축제하는 인간)이기도 하다는 데 전적으로 동의한다. 그래서 이 책은 마지막 부분에서 이렇게 외친다.

인류 역사는 기득권층의 의도와 달리, 민중들이 축제를 통해서 새로운 삶을 꿈꾸고 그것을 실현해온 역사이다. 그래서 축제는 환상의 축제이며, 종말의 축제는 축재의 종말로 모두가 평등하게 어우러져 먹고 마시고 춤추며 사는 음주가무의 세상이다. 그것을 예수는 하나님 나라라고 한다. 그런데 하나님 나라는 사람들뿐만 아니라 모든 생명체들이 평화롭게 공생하는 진정한 잔치의 나라라는 점에서 더욱 카니발스럽다. 축제 없는 축재(蓄財)의 세상에서, 우리는 온 생명체가 누리는 진정한 몸의 축제, 온전한 카니발이 이루어지는 하나님 나라를 소망한다.

거의 5년 가까이 폭력에 대해 공부하고 글을 썼다. 솔직히 내가 감당하기에 역부족인 작업이었음을 고백한다. 그러다보니 이 책을 쓰는 기간 내내 내 자신에게 폭력을 가해왔다고 해도 과언이 아닐 정도이다. 그래도 내 학문적 지평과 신앙적 수준을 한 단계 높인 보람찬 시간이었다고 자신한다. 하지만 이 책을 읽는 독자들은 여러 곳에서 명확하게 드러나는 내 부족함을 쉽게 발견할 것이다. 그럴 때마다 비웃지 말고 널리 양해하시고 격려해주시길 간곡히 부탁한다.

이 책은 한국연구재단이 인문저술지원사업이라는 명목으로 연구비를 지원해주어서 출판이 가능했다. 한국연구재단에 감사한다.

《예술·신체·공간》이라는 전문적인 학술서에 이어서, 두 번째로 이 쉽지 않은 책을 기꺼운 마음으로 출판해주신 쿰란출판사 이형규 사장님과 편집하고 출판하는 일을 맡아서 수고하신 분들에게 감사 말씀을 전한다.

공생·공존 하나님 나라를 소망하는 모든 호모 페스티부스들 만세!

2017년 10월
이종록

• 목차 •

■ 서문 _2

|여는 글| 종교와 폭력 _7

제1부

1. 라멕의 노래에서 드러나는 폭력 _34
2. 노아의 저주에서 드러나는 폭력 _53
3. 이삭의 저주에서 드러나는 폭력 _90
4. 요셉의 이야기에서 드러나는 폭력 _116

제2부

5. 드보라의 노래에서 드러나는 폭력 _152
6. 정복 전쟁에서 드러나는 폭력 _164
7. 솔로몬 통치에서 드러나는 폭력 _178
8. 갈멜 산 사건에서 드러나는 폭력 _233
9. 왕권과 교권의 갈등에서 드러나는 폭력 _263
10. 왕권 주도 개혁에서 드러나는 폭력 _292

제3부

11. 종교개혁 전후 시대에서 드러나는 폭력 _320

12. 성서 정치화에서 드러나는 폭력 _356

13. 종교적 고문·처형에서 드러나는 폭력 _377

14. 제국주의적 성서 해석에서 드러나는 폭력 _397

15. 기독교 뉴라이트 운동에서 드러나는 폭력 _444

|닫는 글| 축재의 폭력·공생의 축제 _474

> 여는 글
>
> # 종교와 폭력

토마스 : 빗장을 풀라. 문을 열어라! 이 기도의 집, 그리스도의 교회를, 이 성소를 성채(城砦)로 만들고 싶지 않다. 교회는 스스로 그 자체의 방법으로 방어한다. 나무나 돌은 필요없다. 나무나 돌은 썩는다. 지속하지 못한다. 그러나 교회는 영원하다. 교회는 그 문이 열려야 한다. 우리의 적에 대해서도 문을 열어라.[1)]

통곡의 벽

나는 이스라엘에 가본 적이 없다. 갈 기회는 많았다. 하지만 특별한 이유는 없는데, 이스라엘과 직접적으로 연관된 구약성서를 공부하는데도 불구하고 별로 가보고 싶은 마음이 없었다. 그런 맘은 지금도 마찬가지다. 이유가 뭘까? 나도 잘 모르겠다. 이유를 굳이 대라면 '성지'(聖地)라는 말이 마음에 들지 않아서이다. 나는 개인적으로 성지라는 것 자체를 싫어한다. 그곳이 왜 성지인가? 어째서 그 땅이 거룩하단 말인가? 그곳은 결코 거룩하지 않다. 거룩하다고 할수록 그곳은 거짓과 탐욕, 분쟁이 충만한 곳으로 변한다. 그리고 이스라

---

1) T. S. 엘리엇, 《대성당의 살인》, 이창배, 《T. S. 엘리엇 전집-시와 시극》(서울: 동국대학교 출판부, 2001), 194.

엘이 그 땅을 자신들의 성지로 여기는 거야 그들 마음이지만, 그곳을 자신들이 당연히 소유할 땅이라고 주장하는 것은 절대 반대다.

키스 휘틀램이 《고대 이스라엘의 발명》[2]에서 신랄하게 비판하듯이 그 땅은 팔레스타인의 땅이지 이스라엘의 땅은 아니다. 그래서 가기 싫다. 성지라는 말만 싫은 게 아니다. 성지순례(聖地巡禮)라는 말은 더 싫다. 도대체 무슨 이유로 우리가 그곳을 성지라고 하고, 또 그곳을 순례해야 하는가? 순례라는 말은 전혀 어울리지 않는다. 그냥 관광여행일 뿐이기 때문이다.

만약 이스라엘에 간다면 므깃도에 갈 것이다. 요시야에 대한 글을 쓰기 위해서다. 요시야의 최후를 실감나게 묘사하기 위해서다.

또 한 곳을 선택하라면, '통곡의 벽'에 가겠다. 통곡의 벽은 인류 역사가 무엇인지를 단적으로 보여주기 때문이다. 특히 통곡의 벽은 폭력과 종교가 얼마나 가까운지를 보여주는 상징이기 때문이다.

통곡의 벽은 삶의 부조리를, 신앙의 허실을, 신의 정체를 명확하게 드러내는 곳이다. 통곡의 벽은 말 그대로 통곡하는 곳이(어야 한)다. 유다 멸망을 기억하는 곳이다. 긴 인류 역사가 제국들의 역사이며, 끈질긴 대립과 갈등, 잔혹한 침략과 파괴의 역사였음을 여실히 보여주는 곳이다.

그리고 통곡의 벽은 신이 기도를 들어주지 않음의 표징이다. 아무리 기도해도 신은 응답하지 않았다. 그래서 통곡의 벽은 신의 임재 거부, 아니 신의 부재를 가리킨다. 그런데 그곳에서 사람들이 기도한다. 누가 기도를 들어준다고 했는가? 그 오랜 세월, 지난한 삶에 겨운 간절한 기도를 외면하시던 신이, 아니 외면하는 것처럼 느껴진 신이 이제는 기도를 들어주시는가?

사람들은 기도하는 것으로 모자라서 기도문을 쪽지에 적어서 벽

---

[2] Keith W. Whitelam, *The Invention of Ancient Israel*, 김문호 옮김, 《고대 이스라엘의 발명-침묵당한 팔레스타인의 역사》(서울: 도서출판 이산, 2003).

돌 틈새마다 끼워 넣는다. 마치 돌 사이사이를 종이로 마감한 것 같다. 오는 사람마다 저렇게 기도 종이를 끼워 넣다가 빈 곳이 없으면 어떻게 할까? 그것을 어떻게 처리하는지 궁금했는데, 날 잡아서 기도 종이들을 다 빼내서 처리한단다.

그 종이들에 무슨 내용이 적혔는지 궁금하다. 사람들은 무엇을 기도할까? 기도를 듣지 않음을 상징하는 통곡의 벽 사이사이에 그렇게 정성스레 끼워 넣은 쪽지엔 무슨 말이 쓰였을까?

폭력의 벽

통곡의 벽. 그것은 그야말로 벽이다. 앞을 가로막는 높은 벽이다. 시대를 거치면서 다양한 돌들로 점점 높이 쌓아올린 담이다. 그 벽은 처음 세울 때부터 분리와 격리의 상징이었다. 그리고 이제는 욕망, 침탈과 패망, 죽임의 표상이다.

벽을 높이 쌓을수록 그곳은 처참하게 침략당한다. 그런데 왜 굳이 벽을 높이 쌓는가? 무엇을 보호하기 위함인가? 통곡의 벽은 무엇인가를 보호하려고 하면 할수록 결과가 그만큼 비참함을 보여준다.

이 벽은 나라의 멸망과 디아스포라의 슬픈 역사를 반영한다. 통곡의 벽은 이 세상이 통곡할 수밖에 없는 곳임을 알려준다. 이 세상이 신의 정의가 아니라, 냉혹한 힘의 논리가 작동하는 곳임을 알려준다. 그래서 통곡의 벽은 폭력의 벽이다.

신의 무응답을 드러내는 이 높은 절망의 벽 앞에서 통곡하며 신에게 기도하는 사람들, 그들은 도대체 무엇을 소망하는 걸까?

여기서 우리가 생각해야 할 것이 있다. 항상 무엇인가를 기념하는 것은 기념을 넘어서 산업화한다. 홀로코스트 비극을 기억하는 일이 홀로코스트 산업으로 변질되는 것이 그 대표적 예이다. 통곡의 벽도 비극을 기억하는 곳이다. 사람들이 그곳에 가서 기도하고 통곡하는 것은 그 벽이 거기 있기 때문이다. 그 벽은 통곡할 사람들을 불러오고, 사람들이 모여들수록 그 벽은 계속 서 있을 것이다. 통곡의 벽이여 영원하라? 사람들의 기도와 통곡을 위해 통곡의 벽은 영구히 그곳에 서 있어야 한다?

벽의 통곡

그런데 나는 통곡의 벽에서 벽의 통곡을 본다. 벽이 통곡한다. 역사를 묵묵히 지켜본 그 벽이 통곡한다. 오랜 세월 동안 수많은 사람들이 쏟아놓은 통곡을 고스란히 감당하는 벽, 이제는 그 벽이 이겨내지 못하고 통곡한다. 자신의 통곡을 그치고, 벽에 귀대고 벽이 통곡하는 소리를 들은 사람은 얼마나 될까?

통곡의 벽은 뉴욕 맨해튼 월가를 생각하게 한다. 그곳에도 예전에 담이 있었단다. 그런데 지금은 그때 담과 비교할 수 없이 높은 벽이 있다. 세상 사람들을 1%와 99%로 나누는 벽, 그것은 분리와 분노의 벽, 수많은 사람들을 통곡하게 하고 죽음으로 몰고 가는 벽이다.

그리고 오래 전에 본 충격적인 영화 〈월〉(The Wall)이 떠오른다. 1982년에 알란 파커가 핑크플로이드의 노래를 소재 삼아 만든 지독하게 현실비판적인 영화 〈월〉은 〈블레이드 러너〉, 〈매트릭스〉와 함께 내 뒤통수를 후려갈기는 망치이다. 억압, 갈등, 대립, 욕망, 전쟁, 피와 같은 것들로 쌓아올린 거대한 벽, 이 벽들은 허물어야 한다.

지금 우리는 모두 높은 벽 앞에 서 있다. 통곡의 벽. 그런데 이 벽은 영구보존해야 할 게 아니다. 이제는 벽을 고착케 하는 통곡을 그치고, 벽의 통곡에 귀 기울여야 할 때인지도 모른다. 그래야 벽을 허물 수 있을지 모를 일이다.

종교와 폭력, 그 내밀(內密)한 관계

오늘날 세계에서 종교는 살아있고 잘 지내고 있다. 폭력도 마찬가지다. 뿐만 아니라 오늘날에도 이 둘이 공모하여 인류의 역사 내내 그래 왔듯 이 황폐함이라는 씨를 뿌리고 있다.[3]

미로슬라브 볼프는 《배제와 포용》이라는 진지한 신학적 저서에서 이렇게 말하는데, 종교와 폭력, 도대체 둘은 무슨 관계인가? 이게 궁금하다. 그래서 시작한 이 연구는 기독교가 보여주는 폭력성의 기원을 규명하는 것에 전체적인 목적을 두는데, 구약성서의 형성과 수용 과정을 면밀히 살핌으로써 기독교가 폭력에서 벗어나지 못하는 근본 원인을 밝히고, 이를 통해서 기독교의 폭력성을 인식케 하고 억제케 하는 데 목적을 둔다.

이 책은 기독교가 평화를 거부하고 폭력을 옹호하지 않음에도 불구하고 폭력과 밀접한 관련을 맺고 적극적으로 폭력을 조장한 혐의를 입증함으로써 종교의 폭력성을 은폐하는 대신 냉철하게 대면하게 하는 데 목적을 둔다.

종교는 원론적으로 보면, 일상적이고 세속적인 차원에서 벗어나 성스러운 것들을 추구하지만, 그럼에도 불구하고 현실적으로 어느 종교도 인간의 본래적인 차원, 즉 일상적이고 세속적인 차원을 벗어나지 못하고, 오히려 그것들에 지대한 영향을 받음으로써 종교적 본질이 훼손당한다는 사실을 명확히 인식하게 하는 데 목적을 둔다. 종교가 폭력적이라는 사실을 대다수의 사람들은 인정한다.[4] 종교와

---

3) Miroslav Volf, *Exclusion and Embrace*, 박세혁 옮김, 《배제와 포용》(서울: 한국기독학생회출판부, 2014), 451.
4) Karen Armstrong, *Fields of Blood-Religion and the History of Violence*(New York: Anchor Books, 2015), 3.

폭력은 "서로 쪼갤 수 없는 원자의 반쪽들이자, 동전의 양면이자, 한 쌍의 괄호와도 같은 관계"[5]이다.

이 연구는 기독교가 세속적인 차원에서 벗어나지 못하는 근본적인 이유가, 구약성서에 속한 문서들이 원래는 전혀 성스러운 문서가 아니었으며,[6] 폭력이 난무하는 냉혹한 생존경쟁의 현실을 반영하는 문서들이었는데,[7] 이것들을 포함한 문서들이 성서로 공인된 이후로 신적인 정당성을 부여받음으로써 그 세속적인 문서들이 바탕한 인간(사회)의 근원적이고 일상적인 폭력성을 신적인 의지로 이해하게 된 것임[8]을 기독교인들이 깨닫게 하는 데 목적을 둔다. 그래서 이 연구는 성서 형성 과정에 대한 역사적이고 비판적인 연구를 요청한다.

이 연구는, 기독교인들이 성서가 전체적으로 지향하는 바를 분명히 아는데도 불구하고, 성서를 그릇 해석하는 까닭은, 인간들을 지배하고, 기독교인들로 하여금 현실영합적인 이데올로기에 사로잡히게 하는, 인간들의 근원적인 탐욕과 폭력성임을 기독교인들이 깨닫게 하는 데 목적을 둔다. 그래서 성서 수용 과정에 대한 역사적이고 비판적인 연구가 필요하다. 성서학자들은 성서 형성 과정에 대한 역사적이고 비판적인 연구에는 많은 노력을 기울였지만, 성서 수용 과정에 대한 연구에는 그다지 관심을 보이지 않았다. 그러나 기독교

---

5) James Carroll, *Jerusalem, Jerusalem: How the Ancient City Ignited Our Modern World*, 박정선 옮김, 《예루살렘 광기-왜 예루살렘이 문제인가?》(파주: 도서출판 동녘, 2014), 48.
6) 게르트 뤼데만은 이것을 "The Unholy in Holy Scripture"라고 한다.(Gerd Lüdemann, *Das Unheilige in der Heiligen Schrift: Die andere Seiter der Bibel*, tr. John Bowden, *The Unholy in Holy Scripture-The Dark Side of the Bible*(Louisville: Westminster John Knox Press, 1997.)
7) Armstrong, *Fields of Blood-Religion and the History of Violence*, 106. "성서 속 폭력의 출처는 바로 그 성서를 쓴 인간들이 사는 세계였다."(Carroll, *Jerusalem, Jerusalem*, 88.)
8) 구약성서는 게르트 뤼데만이 '폭력의 유토피아'(utopias of violence)라는 용어를 고안할 만큼 근본적으로 폭력적인 성향을 보이는데, 타민족을 무자비하게 진멸할 것을 요구하는 거룩한 전쟁은 극단적 폭력성의 총체이다. 이러한 폭력적 성향은 인류 역사에 심각한 파괴적 영향을 미쳤는데, 결국 유대인들이 그러한 진멸의 대상이 되었다는 것은 아이러니하다.(Lüdemann, 74.)

역사라는 게 성서 형성보다 성서 수용, 즉 성서 텍스트를 읽고 해석하고 적용하는 일을 통해서 엮어져 왔다는 점에서, 성서 해석과 적용, 즉 성서 수용에 대한 역사적이고 비판적인 연구는 중요하다.[9]

일상적 폭력

"인간 생활의 어떤 측면도 폭력과 연결되지 않은 것이 없다"고 할 만큼 인간의 삶 자체가 폭력적이다. 인간을 여러 가지로 정의하지만, 호모 사피엔스는 '호모 비오랑스'이기도 하다.

> 그러나 본 연구의 목적은 인간의 또 다른 하나의 특징을 소개하는 것인데, 우리로서는 이 특징이 인간에게 있어 가장 중요하고 근본적이며 심지어 인간이란 존재의 본질을 구성한다고 본다. 그것이 바로 폭력이다. 우리가 여기에서 소개하고 분석하고자 하는 호모 비오랑스, 즉 폭력적 인간이란 근본적으로 폭력에 의해서 정의되고 폭력으로 구조화된 인간이란 존재이다.[10]

도대체 호모 사피엔스가 어떻게 동시에 호모 비오랑스일 수 있는가? 이것은 근원적인 질문이지만, 현실적으로 인정할 수밖에 없는 명제이기도 하다. 인간은 생존 수단 확보를 위해서 기본적으로 폭력적일 수밖에 없기 때문이다.

> 그리하여 행동으로서의 공격, 즉 폭력의 사용은 종으로서의 인류의 속성으로 간주되기에 이른다. 결국 인간 종(種)의 동물학적 속성으로서

---

9) David W. Kling, *The Bible in History-How the Texts Have Shaped the Times* (New York: Oxford University Press, 2004), 4.
10) Roger Dadoun, *Le violence-Essai sur l"homo violens'*, 최윤주 옮김, 《폭력- '폭력적 인간'에 대하여》(서울: 동문선, 2006), 10.

의 폭력은 환원 불가능한 종(種)의 현실로, 인간의 생물학적 존재에 뿌리를 내리고 있는 자연적 소여로 파악된다.…자연적 존재인 인간에 내재하는 폭력은 생존 수단으로, 생존을 확보하기 위한 수단으로, 유기체의 핵심에 자연적으로 기입된 살아남아야 한다는 목적을 실현하기 위한 수단으로 규정된다. 결국 원시 경제는 약탈 경제와 동일시된다.[11]

인간이 보여주는 폭력성은 혹독한 삶 속에서 형성된 것이 아니라, 인간 자체에 본질적인 내재적 성향이라는 사실에 우리는 경악을 금치 못한다. 하지만 부정할 수 없는 사실이다. 인간의 심층적·근원적 성향을 탐구하는 개척자 프로이드는 인간의 살인 욕망에 대해서 이렇게 말했다.

"살인하지 말라"는 계율을 강조하는 것 자체가 우리는 먼 옛날부터 대대로 이어져 내려온 살인자들의 자손이며, 조상들이 피 속에 갖고 있었던 살인에 대한 욕망을 오늘날의 우리 자신도 갖고 있으리라는 점을 확인해 주고 있다.[12]

얼마나 명증한가. 살인하지 말라는 강력한 신적 계명은 인간이 살인하는 존재임을 극명하게 보여준다. 폭력의 일상성에 대한 이야기를 할 때마다 단골로 등장하는 아이히만, 유대인 학살을 수행한 아이히만은 극악무도하고 악마적인 심연을 끄집어낸 게 아니었다. 한나 아렌트는 이렇게 말한다.

아이히만은 이아고도 맥베스도 아니었고, 또한 리처드 3세처럼 "악인임

---

11) Pierre Clastres, *Recherches d'anthropologie politique*, 변지현 이종영 옮김, 《폭력의 고고학-정치 인류학 연구》(서울: 도서출판 울력, 2009), 253f.
12) 지그문트 프로이트, 김석희 옮김, 《전쟁과 죽음에 대한 고찰》, 《문명 속의 불만》(파주: 주식회사 열린책들, 2013), 64.

을 입증하기로" 결심하는 것은 그의 마음과는 전혀 동떨어져 있는 일이었다. 자신의 개인적인 발전을 도모하는 데 각별히 근면한 것을 제외하고는 그는 어떠한 동기도 갖고 있지 않았다. 그리고 이러한 근면성 자체는 결코 범죄적인 것이 아니다. 그는 상관을 죽여 그의 자리를 차지하려고 살인을 범하려 하지는 않았을 것이다. 이 문제를 흔히 하는 말로 하면 그는 단지 자기가 무엇을 하고 있는지 결코 깨닫지 못한 것이다.[13]

아렌트는 아이히만이 보여준 폭력은 상상력을 결여한 순전한 무사유(無思惟)에서 기인한다고 보았다. 아이히만은 무사유와 악(惡)의 이상한 상호연관성을 보여준다는 것이다.

원초적 폭력

인류의 역사는 전쟁과 제노사이드로 물든 폭력의 역사. 그 사실을 증명이라도 하듯 유일신교와 다신교를 막론하고 신이 허락한 정복, 식민화, 제국 건설, 민주주의와 제국의 치명적 결합 그리고 혁명, 대학살, 고문, 신체 절단, 잔학 행위 등이 자행되어 왔다.[14]

왜 기독교는 사랑과 용서, 화해와 평화를 부르짖으면서도 폭력성을 드러내는 이율배반적인 모습을 보이는가? 그 까닭은 교회가 성서를 전혀 성서적 가치관에 근거해서 읽지 않았기 때문이다. 오히려 기독교회는 성서적 권위를 부여받기 이전에 기록되고 수집된 본문들에 나타나는 지극히 냉혹한 현실적 힘의 논리를 무비판적으로 받아

---

13) Hannah Arendt, *Eichmann in Jerusalem*, 김석원 옮김, 《예루살렘의 아이히만-악의 평범성에 대한 보고서》(파주: (주)도서출판 한길사, 2013), 391.
14) John Docker, *The Origins of Violence*, 신예경 옮김, 《고전으로 읽는 폭력의 기원》(서울: (주) 알마, 2012), 20.

들이고, 약육강식의 사회 진화론적인 시각으로 성서를 해석하고 현실적인 성공과 번영만을 지향함으로써 비기독교인들보다 더 비기독교적인 모습을 보인다. 이렇듯 현재 교회가 보여주는 부정적인 모습과 교회가 사회에 끼치는 악영향은 기독교 자체의 근원적인 차원뿐만 아니라, 그것의 연속선상에서 현실주의적 이념에 사로잡힌 기독교인들이 행하는 그릇된 성서해석에서 비롯한다.

기독교는 인류사회에 유익한가? 물론 기독교는 인류사회에 유익한 것이 분명하지만, 또 한편으로 유해하기도 하다는 사실을 인정해야 한다. 기독교가 보여주는 폭력성에 대한 연구에서 지금까지 연구자들은 세 가지 경향을 보여왔다. 첫째는, 기독교는 본질적으로 옳지만, 교회가 실수하기 때문이라는 것이다. 종교는 원래 거룩하지만, 종교기구가 타락해서 사악해지기 때문이라는 것이다.[15] 둘째는, 원래 종교가 근원적으로 폭력적이라는 주장이다.[16] 그리고 셋째는, 종교는 평화를 지향하지만 인간적인 차원을 벗어나지 못하기 때문에 폭력성을 보일 수밖에 없다는 것이다. 그런데 중요한 사실은 역사적으로 기독교를 포함한 모든 종교들이 폭력과 결코 무관하지 않았다는 것이고, 그렇기 때문에 종교의 본질과 실제의 구분이 무용하다는 것이다.

> 종교가 폭력적인 상징과 언어로 가득하다는 사실 또한 부인할 수 없다. 왜 종교적인 언어가 폭력적인 이미지와 행위를 담고 있는지, 그리고 그런 상징적인 폭력이 어떻게 실제적인 피 흘림으로 나타나는지를 규명할

---

15) John Teehan, *In the Name of God-The Evolutionary Origins of Religious Ethics and Violence*, 박희태 옮김, 《신의 이름으로-종교 폭력의 진화적 기원》(서울: 이음, 2011), 277f.
16) "마크 위르겐스마이어(Mark Juergensmeyer)는 '종교적 상상력의 가장 깊은 차원에서 폭력의 성향이 발견된다'고 말한다. 본질만 다루려는 함정에 빠지지 않으면서, 동시에 그 성향에 대해 이해할 필요가 있는 것이다."(Teehan, 279.)

필요가 있다.[17]

기독교도 마찬가지이다. 구약성서는 창조 이래로 신적인 폭력과 인간적인 폭력이 거듭 자행되어 왔음을 명확하게 보여주기 때문이다.[18]
그리고 기독교는 신이 전적으로 주도하는 최종적 폭력을 통해서 지상적 역사를 완성한다는 점에서 폭력적인 성향을 명확하게 표출한다. 볼프는 이렇게 말한다.

> 나는 하나님의 폭력이 하나님께 부당한 것이 아니라고 주장하는 것보다는 하나님의 폭력이 우리에게 유익함을 보여주는 것에 더 관심이 많다. 아플랑은 폭력의 세상에서 우리가 피할 수 없는 양자택일, 즉 하나님의 폭력과 인간의 폭력 사이의 양자택일에 직면해 있다는 사실을 지적했다. 하나님의 '비폭력'을 주장하는 이들은 대부분 그들 스스로 폭력을 사용하는 것(혹은 다른 이들이 사용하는 폭력을 암묵적으로 승인하는 것)에 대해 저항할 수가 없다. 그들은 하나님의 심판을 이야기하는 것이 불경하다고 생각하지만, 심판을 인간의 손에 맡기는 것은 괘념치 않는다. 아마도 심판하시는 하나님을 믿는 것보다는 그것이 덜 위험하고 더 인간적이라고 확신하기 때문일 것이다! 우리가 "권세 있는 자를 그 위에서 내리치는"(눅 1:51-52) 것이 더 책임감 있는 태도처럼 보인다. 그 혁명적인 마리아의 노래가 명시적으로 주장하는 것처럼 하나님이 하신다는 말은 세련되지 않은 것처럼 보인다. 그러므로 칼을 휘두르

---

17) Mark Juergensmeyer and Margo Kitts, ed. *Princeton Readings in Religion and Violence*(Princeton: Princeton University Press, 2011), 1.
18) "성서에서 가장 중요한 부분은 승패와 폭력에 대한 기록이며, 피로 물든 세계와 그 속에서 이스라엘이 기적적으로 살아남은 이야기에 대한 중대한 기록이다. 그러므로 그들의 생존을 도운 것으로 보이는 하나님의 폭력이 성서의 핵심 주제가 될 수밖에 없다. 어딘가 좀 다른 신을 바라는 현대의 자유주의라든가 성스러운 폭력에 분노하는 성서적 종교에 대한 비판(또는 성전(聖戰)의 기원을 유대 신에게서만 찾으려 하는 인종적 반유대주의은 전쟁 속에서 살아가는 현실적인 삶과는 동떨어져 있다."(Carroll, 98-99.)

기를 거부하시는 하나님에 대한 신념은 은밀하게 폭력을 조장하고 번성하게 한다.[19]

결코 실천하기 쉽지 않은 용서를 주장하는 볼프가 최종적으로 하나님의 심판이라는 신적 폭력에 의해서 인간의 폭력을 종식시킬 것이라는 매우 폭력적인 이야기는 이 세상이 얼마나 폭력적인지를 보여준다는 점에서 참 씁쓸하다. 게르트 뤼데만은 "잔인함은 성서가 그것을 신에게 부여한다고 해도 잔인함일 뿐이다"라고 말한다.[20]

폭력과 욕망

기독교를 비롯한 종교는 왜 (신적이건 인간적이건) 폭력성을 버리지 못하는가? 그것은 근본적으로 종교가 신적인 것이 아니고 인간적인 것이기 때문이다. 종교는 인간에 의해 형성되고 인간에 의해 수행되기 때문에 인간적인 요소가 강하게 작동할 수밖에 없다. 우리는 신적 폭력에 대해서도 다시 생각해야 한다. 그것이 과연 문자 그대로 신이 행하는 폭력인지, 아니면 신이 행하는 폭력으로 사람들이 해명하는 것인지, 또는 신이 행한 것으로 규정함으로써 폭력에 정당성을 부여하는 것인지를 규명해야 한다. 신적 폭력을 신의 무능함을 나타내는 것으로 보는 사람들도 있기 때문이다.[21] 그리고 실제로 우리가 신적 폭력이라고 말하는 것은 인간들이 신의 이름으로 자행한 폭력일 가능성이 크기 때문이다. 종교가 폭력에서 벗어나지 못하는 이유는 인간적인 요인, 특히 인간이 가진 가장 근원적인 욕망이 작동

---

19) Volf, 482.
20) Lüdemann, 48.
21) Slavoj Žižek, *Violence*, 이현우·김희진·정일권 옮김, 《폭력이란 무엇인가-폭력에 대한 6가지 삐딱한 성찰》(서울: 도서출판 난장이, 2012), 276.

하기 때문이다.[22]

존 슈타이너는 폭력을 저지르게 하는 어떤 인격적인 성향을 지칭하는 말로 '슬리퍼'(sleeper)라는 가설적 개념을 만들어냈다. 어떤 한 개인 안에 존재하지만 여전히 계속 보이지 않게 숨어 있는 어떤 성향, 곧 어떤 특정한 조건 아래서만 표면화될 수밖에 없는 그런 성향을 의미한다.[23]

티한은 구약성서가 형성되는 과정에서 이러한 양상이 나타나고 그 이후로도 유지되었음을 지적한다.[24] 빌헬름 라이히는 인간의 성격구조가 폭력성을 초래케 한다고 말한다.[25] 이러한 점을 기독교 학자들도 지지하는데, 어떤 학자는 기독교가 인간적인 요인과 필연적인 관계를 맺기 때문에 결코 폭력에서 벗어날 수 없다고 말한다.[26] 그리고 어떤 학자는 기독교에서도 드러나는 인간의 폭력성은 인간의 근원적인 욕망에서 비롯한다고 말하고,[27] 욕망과 배반, 폭력의 악순환이 구약성서에 나타난다는 사실을 지적한다.[28]

구약성서나 특히 복음서를 꼼꼼히 살펴보면 이들 텍스트에는 독창적이지만 우리에게 잘 알려지지 않은 욕망과 갈등에 관한 생각이 들어있다는 것을 알 수 있다. 아주 오래된 것부터 말하자면 창세기의 원죄 이야

---

22) Elias Canetti, *Masse und Macht*, 강두식·박병덕 옮김, 《군중과 권력》(서울: 바다출판사, 2012), 301.
23) Zygmunt Bauman, *44 Letters From the Liquid Modern World*, 조은평·강지은 옮김, 《고독을 잃어버린 시간-유동하는 근대 세계에 띄우는 편지》(서울: 도서출판 동녘, 2012), 367.
24) Teehan, 151.
25) Wilhelm Reich, *Die Massenpsychologie des Fachismus*, 황선길 옮김, 《파시즘의 대중심리》(서울: (주)그린비출판사, 2012), 9.
26) William T. Cavanaugh, *The Myth of Religious Violence-Secular Ideology and the Roots of Modern Conflict* (Oxford: Oxford University Press, 2009), 11f.
27) James G. Williams, *The Bible, Violence, and the Sacred-Liberation from the Myth of Sanctioned Violence* (Eugene, Or.: Wipf and Stock Publishers, 1991), iv.
28) Williams, 38.

기와 이웃에 대한 폭력을 금하고 있는 십계명의 후반부까지 올라갈 수 있을 것이다.[29]

인간의 근원적인 욕망이 폭력성의 근원이라는 사실을 가장 명확하게 밝힌 이는 라캉이다. "만약 우리가 쾌락과 향락을 얻지 못한다면 우리는 다른 사람이 우리의 지위를 강탈하고 대신 그 위치를 점유했기 때문이라고 생각한다."[30] "정신 분석이 우리에게 가르치는 것은 우리의 욕망이 항상 타자의 욕망과 밀접하게 결합되어 있다는 것이다."[31] 그런데 그 욕망은 결코 충족할 수 없는 어떤 것이다.[32] 이것을 욕망의 환유라고 한다.

이렇듯 욕망은 자신을 언어[언어 행위]로 만들어야 하는 필연성 때문에 결코 만족될 수 없다. 욕망은 끊임없이 다시 태어난다. 왜냐하면 욕망은 그것[욕망]이 목표하는 대상, 혹은 그 대상을 상징화할 수 있는[상징적으로 표현할 수 있는] 기표와는 항상 다른 곳에 있기 때문이다. 달리 말하면, 환유의 여정에 사로잡혀 있다는 것이다.[33]

'환유'는 A=B일 뿐 아니라, 거기서 그치지 않고 A=C, A=D, A=E 식으로 무한히 나아가는 것을 가리킨다. 인간이 갖는 욕망은 항상 모호하고 명확한 대상을 갖지 않기 때문에 결코 충족할 수 없고, 언제나 인간을 사로잡는다.[34]

---

29) René Girard, 《나는 사탄이 번개처럼 떨어지는 것을 본다》, 김진식 옮김 (서울: 문학과지성사, 2004), 19.
30) Sean Homer, *Jacques Lacan*, 김서영 옮김, 《라캉 읽기》(서울: 도서출판 은행나무, 2010), 118.
31) Homer, 132.
32) Homer, 136.
33) Joël Dor, 《라깡 세미나·에크리 독해 I》, 홍준기·강응섭 옮김(서울: 도서출판 아난케, 2009), 154.
34) Homer, 163.

그렇다면 정확히 말해 욕망의 대상이란 "영원히 결여된 대상"(라캉)일 뿐이다. 라캉은 이러한 대상을 욕망의 대상, 그리고 동시에 욕망의 대상-원인, 혹은 대상a라고 부른다. 대상a는 상실을 증언하며 따라서 그것은 그러한 상실을 채울 수 없다는 의미에서 그 자체로 결여를 생산하는 대상이다.[35]

그리고 인간은 타자를 보고 욕망하며, 타자의 욕망을 욕망한다.[36] 지라르는 욕망이 삼각형 구도를 갖고 있음을 밝혔는데, 욕망이 삼각형을 이룰 때 중요한 것은 바로 중개자이다. "욕망이 실재하는 것이든 추측된 것이든 간에 이 대상을 주체의 눈에 끝없이 욕망을 불러일으키는 것으로 보이게 만드는 것은 바로 중개자의 욕망이다."[37]

이런 요인으로 인해 기독교를 포함한 모든 종교들은 그들이 지향하는 바와는 달리 욕망에서 벗어나지 못하며, 오히려 욕망에 함몰되고,[38] 결코 충족할 수 없는 타자의 욕망을 욕망하느라 폭력을 행사하는 것이다.[39]

---

35) Dor, 238.
36) Bruce Fink, *The Lacanian Subject: Between Language and Jouissance*, 이성민 옮김, 《라캉의 주체-언어와 향유 사이에서》(서울: 도서출판 b, 2010), 113.
37) René Girard, 《낭만적 거짓과 소설적 진실》, 김치수·송의경 옮김 [파주: (주)도서출판 한길사, 2002], 47.
38) "자본주의는 경제적 이익이나 합리적 목적에 의해 지탱되는 사회가 아니라 자본의 확대재생산에 대한 맹목적 믿음에 의해 지속되는 사회이다. 그 맹목적인 믿음을 지탱하는 것은 미친 소처럼 질주하는 자본의 몸체에서 떨어지지 않으려는 대중의 무의식적 욕망 외에 다른 것이 아니다. 따라서 분석해야 할 것은 생산 양식 자체와 일체가 된 무의식적 욕망이다. 욕망은 이데올로기적 상부 구조를 형성하는 관념이 아니라 경제적 하부 구조 자체를 생산하는 물질적 힘이다."[고병권·이진경 외, 《코뮨주의 선언-우정과 기쁨의 정치학》(서울: 교양인, 2010), 327.]
39) "자본의 재생산은 삶의 재생산과 적대적이다.……삶의 욕망을 죽음의 본능으로 이끄는 이 배치는 세 가지로 분석된다. 욕망의 경제학과 욕망의 정치학, 욕망의 가족주의가 그것이다. 자본주의적 사회체에서 욕망의 경제학은 잉여 가치의 공리를, 욕망의 정치학은 억압의 공리를, 욕망의 가족주의는 사적 소유의 공리를 양산한다."(고병권·이진경 외, 332.)

폭력적 현실

교리의 논리만이 아니라 경전의 성격 역시 부분적으로는 기독교 교회의 불관용 원칙에 책임이 있는 것으로 간주되어야 한다. 불행히도 초기 기독교도들은 낮은 문명 단계의 관념을 반영하며 야만으로 가득 찬 유대 문서들을 자신들의 경전에 포함시켰다. 구약의 계시를 맹신하는 경건한 독자로서는 찬동할 수밖에 없는 무자비하고 폭력적이며 편협한 가르침과 모범들이 과연 얼마나 많은 해악을 끼치면서 인간의 도덕을 타락시켰는지 이야기하기는 결코 쉽지 않다. 구약은 박해 이론의 무기고였다.[40]

성서의 어떤 이야기들은 서술된 사실에 대해 명확한 판단을 전혀 내리지 않기 때문이다. 거리낌 없는 거짓과 비열한 행위와 사기가 판을 치지만, 언뜻 보기에 성서의 저자들은 이런 일들로 전혀 충격을 받지 않는다.[41]

실제로 성서는 어떤 판단도 하지 않은 채 이야기를 기록하는 경우가 많다. 데니스 올슨은 출애굽기 2장에 나오는 모세의 살인 사건에 대한 기록이 모세의 행위에 대해 어떤 판단도 하지 않는다는 사실을 지적한다.[42]

이것을 이해하기 위해서는 성서가 수많은 이야기 단위들로 이루

---

40) John Bagnell Bury, *A History of Freedom of Thought*, 박홍규 옮김, 《사상의 자유의 역사》(서울: 바오출판사, 2006), 66.
41) Horacio Simian-Yofre, ed., *Metodologia dell'Antico Testamento*, 박요한 영식 옮김, 《구약성서연구방법론》(서울: 성서와함께, 2009), 44. 많은 성서 이야기들이 도덕적 모호성(moral ambiguity)을 강하게 보인다[Yoram Hazony, *The Philosophy of Hebrew Scripture*(Cambridge: Cambridge University Press, 2012), 80.]
42) Dennis T. Olson, "Violence for the Sake of Social Justice?-Narrative, Ethics and Indeterminacy in Moses' Slaying of the Egyptian (Exodus 2,11-15)", Charles H. Cosgrove, ed. *The Meanings We Choose-Hermeneutical Ethics, Indeterminacy and the Conflict of Interpretation* (London: T&T Clark International, 2004), 146 (138-148)

어져 있으며, 그 단편적인 이야기들이 모여서 현재 성서를 형성했음을 알아야 한다.[43] 그리고 현재 신적인 권위를 갖는 성서의 기록들이 처음부터 그러한 절대적 권위를 부여받은 것이 아니고,[44] 그 기록들이 그러한 불변의 신적 권위를 갖기까지는 상당한 시간이 흘렀음도 깨달아야 한다.[45] 또한 동일한 본문이라도 성서로서의 권위를 인정받기 전과 인정받은 후의 대우가 천양지차임을 염두에 두어야 한다.

그리고 성서의 기록들은 힘의 논리가 작동하는 냉혹한 현실 속에서 살던 사람들이 기록한 것이기 때문에, 그러한 과정에 당시의 현실 논리가 자연스럽게 그 기록에 스며들었고, 독자들은 성서를 읽으면서 그런 것에 영향을 받을 수밖에 없음도 알아야 한다.

성서는 부유한 사람들끼리 벌였던 권력 투쟁으로부터 형성되었다. 그것은 시대를 지나오면서 많은 사람들이 인식했던 바와 같다. 그러므로 부자들은 성서의 소비자들이었으며 또한 그 역사의 지배자들이었다.[46]

그런데 문제는 그러한 지극히 세속적이고 현실 영합적인 언급을

---

43) 성서를 비롯한 모든 문학작품들은 문자화 이전에 구전의 과정을 거치는데, 이 구전 과정은 문자화 과정보다는 삶에서 발생한 사건을 매우 생생하게 사건 그대로 묘사하는 경향을 보인다.[Otto Eissfeldt, *The Old Testament:An Introduction*, tr. P.R. Ackroyd (Oxford: Basil Blackwell, 1965), 9.]
44) "Israel did not begin as a book-oriented people, nor was its religion a book-based religion until toward the end of the biblical period. It may be confidently said that, with the exception of a few final redactors (editors) responsible for writing only a relatively small amount of the text, biblical writers had no awareness or intent of contributing to a great collection of writings that would form the authoritative basis of a religion." (Norman K. Gottwald, The Hebrew Bible-A Socio-Literary Introduction (Philadelphia: Frotress Press, 1985), 93.
45) Jaroslav Pelikan, *Whose Bible is it?- A History of the Scriptures through the Ages* (New York: Viking Penguin, 2005), 46.
46) Robert B. Coote & Mary P. Coote, Power, *Politics and the Making of the Bible*, 장춘식 옮김, 《성서와 정치권력》(서울: 한국신학연구소, 2000), 24.

아무 비판 없이, 누구도 거부할 수 없는 신적인 명령으로 받아들이기 쉽다는 것이다. 이럴 경우, 성서를 잘못 읽을 가능성이 크다. 교회가 아무리 성서에 신적인 권위를 부여한다고 해도 성서의 기록물들이 절대적인 권위를 부여받기 이전에 기록되고 수집되었다는 사실과, 그렇기 때문에 원래 그 기록들이 현재 편집된 형태의 성서에 부여하는 신적 권위를 처음부터 가진 게 아니며, 본문이 당시의 시대적 상황과 기록자들의 이념을 강하게 반영하는 인간의 기록물이라는 사실을 부인할 경우를 가리킨다. 그렇기 때문에 이러한 위험을 피하기 위해서 기독교인들이 성서를 읽고 선포할 때 본문의 특성을 잘 살펴서 비판적으로 해석해야 하는 것이다. 그래서 우리는 뢰머가 하는 말에 귀를 기울여야 한다.

> 나는 우리에게 충격을 줄 수 있는 구약성경의 본문이 역사의 구체적 상황에서 생겨난 것이며, 그 목적이 무엇이든 그 본문을 '성급하게' 사용하는 일은 신학적으로 용납될 수 없음을 보여주려고 하였다.[47]

신적 폭력

성서를 하나님의 말씀으로 규정하는 순간, 성서는 이전과는 전혀 다른 책이 되었다.[48] 성서는 더 이상 인간의 책이 아닌 신적인 책이 되었다. 그러나 그 책을 읽고 해석하고 실행하는 인간들은 여전히 원초적인 욕망을 채우기 위해 몸부림치고 있으며, 그 폭력적인 몸부

---

[47] Thomas Römer, *Dieu Obscur:Cruauté, sexe et violence dans l'Ancien Testament*, 권유현·백운철 옮김, 《모호하신 하느님-구약성경에 나타난 하느님의 잔인성, 성, 폭력》(서울: 성서와함께, 2011), 5. 뢰머는 구약성서에 나타나는 신적 폭력에 대한 것을 완화시켜서 이야기하려다가 정말로 신을 모호하게 만드는 우를 범한다.
[48] James L. Kugel, *The Bible as It Was* (Cambridge: The Belknap Press of Harvard University Press, 1997), 14.

림은 성서 수용 과정에 고스란히 녹아들었다.

가장 대표적인 것이 바로 16세기 이후 유럽에서 나타나는 구약성서의 정치현실화이다. 즉 구약성서를 통해서 현실을 해석하고 구성하려 한 것이다. "구약성서는 성격상 신약성서보다 더 정치적이어서 기독교 정치사상에서 주요한 역할을 하는 경향을 보여왔다."[49] 기독교 역사에서 구약성서는 다양한 정치적인 기구들과 정책들을 지지하기 위해 사용되었다.[50] 16세기부터 유럽에서는 히브리 사상이 정치에 많은 영향을 미쳤다.[51]

영국에서는 베이컨(Bacon), 밀턴(Milton), 홉스(Hobbes), 해링턴(Harrington), 로크(Locke)가 구약성서에 많은 영향을 받았는데, 그리스-로마 사상보다 더 많은 영향을 구약성서에서 받았다고 해도 과언이 아니다. 그리고 영국의 시민전쟁 기간 동안에 설교와 의회에서의 토론들은 이스라엘 이미지로 일관되었으며, 크롬웰은 자신을 구약성서의 인물과 유비시킴으로써 자신의 행위를 정당화했다. 독일에서는 과격한 재세례파들이 뮌스터를 새예루살렘으로 명명하고 유사 유토피아 도시로 변형시켰다. 세속적 정치사상에서는 알투시우스(Althusius)가 성서의 지파 연맹을 초기의 연합주의 모델에 적용했다. 영국에서 구약성서의 정치화는 에드워드 6세에게서 가장 명확하게 나타난다.

근대세계는 전 세계의 문명이 협력하여 만들어 낸 결과물이다. 장구한 시간 동안 비교적 고립된 상태에서 발전한 각 문명의 성과들이 바닷길을 통해 교류하고 뒤섞이고 결합하면서 새로운 구조가 형성된 것이다. 그 과정은 여러 의미에서 매우 '폭력적'이었다. 우선 무

---

49) Richard Bauckham, *The Bible in Politics-How to Read the Bible Politically*(Louisville: Westminster John Knox Press, 2011), 4.
50) Bauckham, 4.
51) Gordon Schochet, Fania Oz-Salzberger, Meirav Jones, *Political Hebraism-Judaic Sources in Early Modern Political Thought* (Jerusalem: Shalem Press, 2008), vii.

력의 충돌이라는 좁은 의미의 폭력이 빈발했고, 동시에 전 세계 각지의 사회·경제 및 자연생태계 요소들이 급격하게 충돌하고 변화를 겪는 넓은 의미의 폭력도 발생했다. 그러한 폭력적 격변을 촉발한 것은 유럽의 힘이었다.[52]

그리고 성서, 특히 구약성서는 식민지 개척을 위한 제국주의를 지지하는 데도 사용되었으며, 이를 통해서 성서연구가 얼마나 정치와 밀접한 관련을 가지며 폭력을 정당화하는지 알 수 있다.

> 세계의 다른 많은 지역들에서도 분명히 드러나듯이 고고학의 정치학은 성서연구에 있어서 하나의 예술로 격상되어 왔다. 앤더슨은 고고학은 심오한 정치적 사업이라서 식민지 국가의 인사는 그 사실을 인식하지 못할 것이라고 지적한다. 고고학이 정치와 깊은 관계를 맺으며 형성되었다는 것은 성서연구의 담론에서 거의 인정받지 못했다.[53]

휘틀램은 "땅의 소유 또는 강탈을 둘러싼 주장과 반대 주장의 맥락을 보면, 고대 이스라엘 국가를 구성함으로써 그 땅을 차지하기 위해 벌어진 오늘날의 투쟁에 성서학계가 연루되었다는 것을 알 수 있다"고 말한다.[54]

그리고 현재 미국의 문제는 그들이 미국을 어떤 나라로 생각하느냐에 달려 있다. 초기 청교도들은 미국을 '새이스라엘'로 생각했으며, 그들이 성서에서 발견한 하나님의 영원한 법에 의해 다스려지는 나라로 생각했다. 기독교 우파들은 이 시기를 매우 그리워한다. 미국은 하나님이 새로 선택한 나라이기 때문에 기독교 우파 지도자들은 구약성서의 예언자와 같은데, 예언자들이 계속해서 이스라엘이

---

52) 주경철,《크리스토퍼 콜럼버스-종말론적 신비주의자》(서울: 서울대학교출판문화원, 2013), 5f.
53) Whitelam, 289.
54) Whitelam, 184.

회개하기를 촉구했듯이 우파 지도자들도 미국의 회개를 강력하게 촉구한다. 만약 그들이 경고하는 것을 무시하면, 하나님은 구약성서에 기록된 다양한 벌을 내리실 것이라고 믿는다. 기독교 우파들은 자신들이 미국을 구할 책임을 맡았다고 믿는다.

이러한 문제와 아울러 현재 한국교회는 승자 독식 또는 성공지상주의에 사로잡혀 성서를 읽음으로써 성서의 기초자료들이 보이는 그릇된 이념을 정당화하고 신성화하기까지 한다는 사실, 은혜와 공로를 자의적으로 엮어서 만든 미로, 즉 불필요하게 하나님의 주권과 은혜를 강조하거나 인간의 공로를 조건으로 내세우는 자가당착에 빠져서 성서를 적자생존의 현실논리와 하나님의 은혜 사이에서 갈팡질팡하면서 해석한다는 사실, 그리고 가장 심각하게는 성서가 전체적으로 보여주는 현실 비판적 가치관을 배제하고 윤리 부재 또는 윤리 무시의 성서 읽기를 한다는 사실, 즉 아무리 비윤리적이라고 해도 하나님께 열심을 보이면 그것이 신앙적이라고 높이 치켜세운다는 사실, 그리고 그렇게 해야 성공한다고 선포한다는 사실을 심각한 문제로 지적할 수 있겠다.

폭력적 종교를 넘어서

탈세속화시대[55]에 종교는 언제나 사회적 이슈이다. 무신론자들도 신학논쟁에 적극적으로 참여한다. 그런데 최근의 경향을 보면, 종교 특히 기독교에 대한 태도는 무신론자들 사이에서도 갈린다. 무신론 사인방(四人幇)[56]은 종교, 특히 기독교가 백해무익하다고 주장한다.

---

55) 종교의 쇠퇴를 주장한 세속화 이론과 그 주장의 오류가 드러난 상황에서 제기된 탈세속화 이론에 대해서는 다음을 보라. ed. Peter Berger, *The Desecularization of the World-Resurgent Religion and World Politics*, 김덕영·송재룡 옮김, 《세속화냐? 탈세속화냐?-종교의 부흥과 세계 정치》(서울: 대한기독교서회, 2002).
56) 리처드 도킨스, 크리스토퍼 히친스, 샘 해리스, 그리고 대니얼 데닛.

이에 비해, 보통[57]과 이글턴[58]은 무신론자들임에도 불구하고 종교의 긍정적 기능을 공동체성 회복에 응용하려고 한다. 그리고 바디우,[59] 지젝, 그리고 아감벤[60]은 사도 바울을 재조명한다.[61] 이렇게 무신론자들이 기독교와 성서에 관심을 기울이는 까닭은 종교, 특히 기독교가 사회에 미치는 영향이 지대하기 때문이다. 그들은 신의 존재를 부인하지만, 기독교라는 사회적 실체가 갖는 사회적 영향력에 대해서는 인정한다. 그리고 그들은 싫든 좋든 성서가 그들에게 이미 공공적 텍스트임을 인정한다.

유대교와 기독교 역사는 성서 기록과 성서 해석의 역사라고 할 수 있을 것이다. 성서 기록과 성서 해석은 그 신적인 성격 부여에도 불구하고 실제적으로는 인간들이 하는 작업이기 때문에, 성서를 쓰고 해석하는 사람들이 어느 시대 사람인지, 그리고 그들이 어떤 관점을 갖고 있었는지에 따라서 그 결과가 달라질 수밖에 없다. 그렇기 때문에 우리가 (이미 완성되어서 정경으로 인정하는) 성서를 읽을 때는 성서 본문이 말하는 바를 정확하게 찾아내기 위해 무엇보다 성서 본문을 꼼꼼하게 읽어야 하고, 명확한 시대적·문화적 한계성을 지니고 있거나 그릇된 시각에 의해서 왜곡된 본문들[62]은 과감하게

---

57) Alain de Botton, *Religion for Atheists: A non-believer's guide to the uses of religion*, 박중서 옮김,《무신론자를 위한 종교》(서울: 도서출판, 청미래, 2011).
58) Terry Eagleton, *Reason, Faith, and Revolution: Reflections on the God Debate*, 강주헌 옮김,《신을 옹호하다-마르크스주의자의 무신론 비판》(서울: 모멘토, 2010).
59) Alain Badiou, *Saint Paul la fondation de l'universalisme*, 현성환 옮김,《사도 바울-'제국'에 맞서는 보편주의 윤리를 찾아서》(서울: 새물결출판사, 2008). 바디우를 신학적 작업에 연관시키는 것에 대해서는 다음을 보라. Frederiek Depoortere, Badiou and Theology (New York: T&T Clark International, 2009).
60) Giorgio Agamben, *Il tempo che resta. Un commento alla Lettera ai Romani*, tr. Patricia Dailey, *The Time That Remains-A Commentary on the Letter to the Romans* (Stanford: Stanford University Press, 2005).
61) 바울에 대한 연구와 관련해서 이들 모두를 함께 다룬 것에 대해서는 다음을 보라. ed. Douglas Harink, *Paul, Philosophy, and the Theopolitical Vision- Critical Engagements with Agamben, Badiou, Žižek, and Others* (Eugene: Cascade Books, 2010).
62) "성서는 남성의 언어로 기록되었을 뿐만 아니라 '하나님'을 남자로 '만들어버리고' 궁극

파기(破棄)하거나 전복(顚覆)시키고 또 재해석해야 한다.[63] 이런 한계성에도 불구하고 성서본문에 문자적으로 집착하는 것은 결코 바람직하지 않을 뿐 아니라 매우 위험한 일이기도 하다.

"성서는 수없이 많은 민감하고도 파괴적인 문제들을 야기할 수 있기 때문에 우리는 성서가 무엇이고, 또한 무엇이 아닌지 분명히 알 필요가 있다."[64] 기독교의 성서 해석을 살펴보면, 사건과 등장인물에 대한 이해가 매우 자의적이고 일방적이라는 것을 금방 확인할 수 있다. 이것은 근본적으로는 성서 기자가 사건에 대한 평가를 하지 않고 사건 자체만을 진술함으로써 독자들로 하여금 도대체 누가 옳은 것인지, 누구 편을 들어야 하는 것인지 알기 어렵게 만들기 때문이다.[65] "문서들은 시작부터 '경전'이 되지 않았다. 그 문서들이 신의 영감으로 기록되었다고 생각하기 시작할 때, 사람들은 서서히 그것들을 다르게 취급했다."[66]

성서는 힘의 논리가 작동하는 냉혹한 현실 속에서 살던 사람들이 기록한 것이기 때문에 기록하는 과정에서 당시의 현실 논리가 자

적 현실을 남성 언어로 결정함으로써 여성을 보이지 않게 했거나 주변으로 쫓아버린 한에 있어서, 가부장적 권력과 억압의 정당화에 봉사하고 있다고 말할 수 있다." [Elisabeth Schüssler Fiorenza, Bread not Stone-The Challenge of Feminist Biblical Interpretation, 김윤옥 옮김, 돌이 아니라 빵을-여성신학적 성서해석학 (서울: 대한기독교서회, 1994), 8f.]

63) "기독교 역사 전체에서 성서는, 한편으로는 노예나 여성의 해방을 저지하기 위해서 사용되어왔고, 또 한편으로는 그러한 사람들의 해방을 정당화하기 위해서 사용되어왔다는 사실이다."(Fiorenza, 139.) "따라서 남성들의 이야기 속에 잠식된 여성들의 소리들로부터 여성들의 이야기를 도출해 내기 위한 첫 번째 단계는, 남성들의 이야기를 해체하여 재구성하는 것이다. 나는 이러한 것은 오로지 성서의 남성주의적 이데올로기로부터 우리가 벗어남으로써 가능하게 된다고 생각한다." [J. Cheryl Exum, Fragmented Women-Feminist (Sub)versions of Biblical Narratives, 김상래 외 역, 산산이 부서진 여성들-페미니즘 비평으로 본 구약성서의 여성들 (서울: 한들출판사, 2001), 17.]

64) Karen Armstrong, *The Bible: A Biography*, 배철현 옮김, 《성서이펙트-읽을수록 새롭게 다가오는 최초의 경전》[서울: 세종서적(주), 2013], 11.

65) David W. Cotter, *Genesis*, Berit Olam-Studies in Hebrew Narrative & Poetry (Collegeville, Minnesota: The Liturgical Press, 2003), p.196. 이러한 기술방식은 독자들로 하여금 적극적으로 본문 읽기를 하게 한다는 긍정적인 측면도 갖는다.

66) Armstrong, *The Bible: A Biography*, 12.

연스럽게 성서 속에 스며들었고, 독자들은 성서를 읽으면서 그런 것에 영향을 받을 수밖에 없는데, 문제는 그러한 현실적인 언급을 거룩한 말씀으로 받아들이기 쉽다는 것이다. 이러한 위험을 피하기 위해서는 성서를 읽고 선포할 때 본문의 특성을 잘 살펴서 비판적으로 해석해야 한다. 슈바거는 이렇게 말한다.

> 지라르의 관점에 의하면, 구약성경은 신성화된 폭력의 세계에서 힘겹게 탈출하는 과정이다. 즉 여기에서도 인간 자신의 폭력을 신(神)에게 투사하는 원시 사회의 표상이 계속 강하게 작용한다. 그러나 동시에 전혀 다른 신, 말하자면 이스라엘을 선택하여 사랑하고 지속적인 성실함과 평화 그리고 화해를 선사하는 하느님이 계시된다. 진정한 하느님에 대한 계시는 성스러운 폭력을 휘두르는 신들이 서서히 퇴위(退位)되어 결국은 우상으로 판명되는 힘겨운 역사적 과정에서 실현된다. 그 과정이 구약성경에서는 아직 종점에 이르지 못한다. 그러기에 구약성경에서는 여러 가지 모순에 찬 내용이 발견된다. 하느님은 격정으로 가득 찬 격앙된 존재로 나타났다가 금방 다시 용서를 베풀고 참을성이 많은 사랑의 하느님으로 나타난다. 이런 견디기 힘든 긴장은 신약성경에 가서야 비로소 풀리게 된다.[67]

물론 구약성서가 보이는 모순과 혼란이 신약성경에 가서 다 해소되었는지는 의문이다. 복음서에 나오는 종말에 대한 이야기들, 요한 계시록에서 드러나는 폭력성은 매우 심각하기 때문이다. 신약성서에서 예수가 희생양으로만 나타나지 않는다는 게 문제라는 것이다. 종말에 대한 이야기들은 예수가 최종적인 폭력 집행자로 등장한다는

---

[67] Raymund Schwager, S.J., *Brauchen wir einen Sündenbock?- Gewalt und Erlösung in den biblischen Schriften*, 손희송 옮김, 《희생양은 필요한가?-성경에 나타난 폭력과 구원》(서울: 가톨릭대학교출판부, 2013), 383f.

생각을 갖게 하기 때문이다. 결국 우리는 구약성서든 신약성서든 폭력에 대해서 동일하게 혼란스러워하고 있음을 확인할 수 있다. 그렇기 때문에 성서가 언급하는 폭력에 대해서 성서 자체도 확실한 입장을 취하지 못한다는 점을 염두에 두고 성서를 읽고 해석해야 할 것이다.

그리고 더욱 심각한 문제는 성서본문을 읽는 독자들, 특히 설교자들이 본문을 제대로 읽으려 하지 않고, 또 해석하는 과정에서 올바른 판단을 하지 않으려 한다는 것이다. 그들은 오히려 성서를 그들의 이데올로기에 따라 왜곡하고 변조한다는 혐의가 짙다. 그들은 성서가 지향하는 가치관보다는 힘의 논리가 작동하는 현실에서 승리하고 성공하는 비결을 성서에서 찾아내서 설교를 통해 유포하려고 한다.[68] 기독교를 지배하는 이데올로기는 성서적인 가치관에서 비롯한 것이 아니고, 설교자들이 이미 갖고 있는 현실논리, 즉 현실주의적 이데올로기에 바탕한다는 것이다.

나는 이 책에서 기독교 성서 해석에 나타나는 이러한 모습을 규명하는 데 힘을 기울일 것이다. 성서 본문이 성서적 가치관이 아닌, 당시의 현실논리를 비판 없이 그대로 수용하고 있음을 규명할 것이다. 그렇게 함으로써 종교와 폭력의 관계를 규명할 것이다.

---

[68] 이것이 바로 월터 윙크가 말하는 '사탄의 시스템'이다. 여기에 대해서는 다음 책을 보라. Walter Wink, *Engaging the Powers:Discernment and Resistance in a World of Domination*, 한성수 옮김, 《사탄의 체제와 예수의 비폭력-지배체제 속의 악령들에 대한 분별과 저항》(서울: 한국기독교연구소, 2009).

제1부

1
라멕의 노래에서 드러나는 폭력
-탐욕의 출현과 그 해소에 이르는 과정-

"성서의 처음을 이루고 있는 창세기를 시작으로 우리는 수많은 욕망과 갈등의 파노라마를 볼 수 있다."[1] 구약성서 창세기 2-5장은 인간들에게 탐욕이 어떻게 출현했으며, 그것이 어떤 과정을 통해서 계승되고 증폭되는지를 명확하게 보여준다.[2] 그 과정을 라멕의 노래를 중심으로 살펴보려 한다. 라멕의 노래는 인간의 폭력성을 명확하게 보여준다.

그런데 가인이 아벨을 살해하는 사건과 라멕의 노래를 담고 있는 창세기 4장[3]은 전체적으로 탐욕과 폭력을 가운데 품고 그것을 하우와의 신앙어린 모정으로 극복해 내는 모습을 보여준다는 점에서 매우 의미 깊다.

창세기 4장은 생존경쟁 사회에서 발생한 현실적인 탐욕과 폭력

---

1) 김모세, 《르네 지라르-욕망, 폭력, 구원의 인류학》(파주: (주)살림출판사, 2008), 243.
2) 지라르는 "사람들이 대상을 서로 차지하려고 다투거나 더 많이 소유하도록 부추기는 열정은 물질의 승리가 아니라 인간의 얼굴을 지닌 신, 즉 중개자의 승리이다"라고 말한다. (René Girard, 《낭만적 거짓과 소설적 진실》, 김치수·송의경 옮김 (파주: (주)도서출판 한길사, 2002), 114.)
3) "창세기 4장은 우리에게 많은 것을 가르쳐준다. 특히 폭력이라는 사건을 대하는 성서적 입장이 그렇다. 성서는 결코 박해자를 옹호하거나, 그의 폭력을 미화하지 않는다. 오히려 그 진실을 있는 그대로 폭로한다. 죄는 폭력을 행한 자에게 있다. 나아가 성서는 희생물의 입장을 옹호한다."(김모세, 265.)

이야기가 어떻게 신앙적인 차원과 결합되는지, 그리고 그것이 어떻게 신앙적인 면을 더 앞세우는 이야기로 변모하는지를 극명하게 보여준다는 점에서 의미를 갖는다. 라멕 이야기가 가장 원초적이고, 그다음이 가인과 아벨 이야기, 그리고 마지막이 하우와의 출산과 작명에 대한 이야기이다.

탐욕의 출현(창 2:8-9)[4]

> [8]여호와 하나님이 동방[5]의 에덴에 동산을 창설하시고 그 지으신 사람을 거기 두시니라 [9]여호와 하나님이 그 땅에서 보기에 아름답고 먹기에 좋은 나무가 나게 하시니 동산 가운데에는 생명 나무와 선악을 알게 하는 나무도 있더라[6]

하나님은 이 땅 한 곳에 동산을 만드시고, 그곳에 나무들이 자라게 하셨다.[7] 그런데 그 나무들은 보기에 아름답고 먹기에 좋았다. "먹기에 좋다"는 것은 좋은 먹을거리로 이해할 수 있다. 그런데 "보기에 아름답다"는 것은 무엇을 의미하는가? 이와 같은 구절이 3장 6절에 나온다. "여자가 그 나무를 본즉 먹음직도 하고 보암직도 하

---

4) "창세기 2장의 이야기가 좀 더 오래 된 것인데, 그것은 민족의 재앙 이전 것이고 종교적으로 심화되기 이전에 생긴 이야기다. 또 좀 더 초보적이기도 하다(2장 7절과 1장 26절 이하만 비교해도 알 수 있다.)[Paul Ricoeur, 《악의 상징》, 양명수 옮김 ((주)문학과지성사, 1994), 231.]
5) 여기서 "동방"은 메소포타미아나 아라비아를 가리킨다.(Gordon J. Wenham, *Genesis 1-15*, Word Biblical Commentary (Waco, Texas: Word Books, Publisher, 1987), 61.
6) 개역성경은 이 구절을 독자들로 하여금 동산 가운데에 생명나무와 선악을 알게 하는 두 나무가 있다는 것으로 이해하게 하는데, 원문대로 번역하면 "the tree of life in the middle of the garden, and the tree of knowledge of good and bad"여서, 동산 가운데에는 생명나무만 있다. 창세기 3장 3절은 동산 중앙에 나무(아마도 선악을 알게 하는 나무)가 하나 있다고 한다.
7) 에덴동산 이야기는 실제적인 사건이 아니라 상징적인 신화라는 점에서 오히려 인간의 악과 죄에 대한 근원적인 의미를 갖는다. 그래서 구약성서에서 에덴동산과 아담에 대한 직접적인 언급을 찾아보기가 어렵다. 예수도 아담을 언급하지 않는다. "아담은 구약성서에서 중요한 인물이 아니다."(폴 리쾨르, 《악의 상징》, 225.)

고 지혜롭게 할 만큼 탐스럽기도 한 나무인지라 여자가 그 열매를 따먹고 자기와 함께 있는 남편에게도 주매 그도 먹은지라." "보암직도 하다"는 것은 '그것이 눈에 욕망(慾望)을 불러일으킨다'는 것으로 직역할 수 있겠다. 사람들이 갖고 싶어 하고 집에 두고 싶어 하는 어떤 것들, 그리고 그것을 갖고 싶어 하는 욕망을 가리킨다. 한마디로, 그 나무들은 누가 보아도 갖고 싶은 마음이 들었다는 것이다. 자기 것으로 소유하고 싶은 마음이 들게 하는 나무들, 그래서 자기 보배로 삼고 싶은 나무들인 것이다.

여기서 우리가 먼저 주목할 단어는 욕망[8], 즉 탐욕(貪慾)이다. 인간은 원래 탐욕스럽다. 그런데 인간 속에 본래적으로 내재한 욕망은 보는 것에서 구체적으로 출현한다. 그래서 우리가 주목할 단어는 '본다'이다. 본문은 그 나무들이 그냥 좋은 나무들이 아니고, '보기에 아름답고 먹기에 좋다'고 말한다. 인간이 지닌 탐욕은 보는 것으로 구체화하고, 욕망의 대상을 보면 볼수록 탐욕은 더 강력해진다. 그래서 결국 탐욕을 이겨내지 못한다. 탐욕은 이토록 강하다. 그리고 이 탐욕으로 인해 많은 문제가 발생한다. 인간은 제 힘으로 이 탐욕을 이겨내기 어렵다. 그래서 종교를 필요로 한다. 모든 종교는 인간이 탐욕에서 벗어나기를 요구한다. 탐욕을 억제하고 제거함으로써 인간사에서 발생할 수 있는 여러 가지 갈등과 죄를 방지하려고 한다.

그런데 요즘엔 모든 것들, 심지어 종교까지도 인간에게 탐욕을 불러일으키기 위해서 안간힘을 쓴다. 인간을 온통 탐욕으로 가득 채우기 위해 엄청난 자본을 투자한다. 온갖 미디어를 통해서 인간들에게 갖가지 것들을 보여주고, 그것들을 소유하도록 욕망을 자극함으로써 인간들을 탐욕으로 충만케 한다. 그래서 인간들은 끝없는 욕

---

[8] "그 욕망으로 인해 피조물의 유한성은 견딜 수 없는 것이 된다. 뱀의 질문은 악한 무한성을 염두에 두고 있다. 그것은 자유의 한계의 의미를 왜곡하고, 한계에 의해 방향을 갖는 자유의 유한성의 의미를 왜곡한다."(폴 리쾨르,《악의 상징》, 238.)

망을 경험하면서 유한한 세상에서 무한(無限)을 경험한다. 욕망이 신적인 성향을 갖는 것이다. 그래서 모든 욕망은 결국 영적 탐욕으로 진화하고, 신을 통해서 신 자체를 욕망하는, 즉 신의 무한과 전능을 탐내는 욕망의 블랙홀로 빠져든다. 이것을 막을 것은 아무것도 없다. 진짜 신의 분노 외에는 말이다.

우리 속에 잠재한 욕망은 무엇을 보는 순간 밖으로 출현한다.[9] 그러니 '보는 것'에 주의해야 한다. 우리가 어떤 것을 볼 때, 거기서 무엇을 보는지를 예민하게 살펴야 한다는 말이다. 아담(남자+여자)이 그 나무와 열매를 보았을 때, 그는 욕망의 무한함[10]에 매료되었다. 그 나무를 보면서 하나님을 보고, 하나님이 하신 말씀을 떠올려야 했음에도 불구하고 그는 자신을 휘감는 욕망에 불타는 눈으로 그 나무를 바라보고, 거기서 더 강한 신적 탐욕을 보았다. 그래서 손을 내밀어 그 열매를 따 먹었다. 이렇게 욕망이 출현하고, 그 욕망은 영적인 탐욕으로 진화했다.

탐욕의 계승(창 4:6-7)

⁶여호와께서 가인에게 이르시되 네가 분하여 함은 어찌 됨이며 안색이 변함은 어찌 됨이냐 ⁷네가 선을 행하면 어찌 낯을 들지 못하겠느냐 선을 행하지 아니하면 죄가 문에 엎드려 있느니라 죄가 너를 원하나 너는 죄를 다스릴지니라

창세기 4장[11]은 아담과 하우와가 가인을 낳은 다음 아벨을 낳고,

---

9) "우리의 욕망은 어떤 대상에 투사되고, 그것을 통해 드러난다."(폴 리쾨르, 《악의 상징》, 242.)
10) "그리하여 하나의 욕망 곧 무한의 욕망이 솟아난다. 그러나 그 무한성은 이성이나 행복의 무한성이 아니다. 욕망 그 자체의 무한성이다. 욕망의 욕망이 앎과 의지, 행함과 존재를 지배한다."(폴 리쾨르, 《악의 상징》, 238.)
11) 사람들이 대체로 창세기 4장 1-16절을 창세기 3장과 연결시켜서 읽는 것을 당연하게 생

그들이 무슨 일을 했는지를 비교적 상세하게 들려준다. 그런 다음, 가인과 아벨 사이에 발생하는 심각한 갈등과 그로 인한 살인, 그리고 그 결과를 대화체로 서술한다. 물론 가인과 아벨 사이에 그런 대화가 실제로 있었는지, 그리고 있었다고 하면 그 자료를 본문 기자는 어디에서 입수했는지 궁금해지긴 하지만, 문학적인 장치로 본다면 대화체는 분위기를 매우 생생하게 보여주는 효과를 갖는다. 우리로 하여금 그 장소에 있는 느낌을 갖게 한다.

관건은 가인이 아벨을 살해한 것인데, 도대체 가인이 아벨을 죽인 이유가 무엇인지, 가인이 왜 아벨을 죽이기까지 했는지를 추적하는 것은 쉬운 일이 아니다. 그래도 우리는 본문을 통해서 그 원인을 추적해야 한다. 하나님도 가인에게 질문하신다. 6절을 보면, 하나님이 가인에게 이유를 물으신다. "네가 분노하는 이유가 무엇이냐? 네가 무엇 때문에 그렇게 분노해서 안색이 달라지느냐?" 하나님은 가인에게 이렇게 물으시면서 생각할 시간을 주신다. 반성할 시간을 주시는 것이다. 자신이 그토록 분노하는 까닭이 무엇인가? 무엇 때문에 분노하는가? 분노할 만한 이유가 있는지를 살펴보라는 것이다. 그러면서 가인으로 하여금 화를 가라앉히게 하려 하신 듯하다. 어떻게 보면, 하나님은 가인이 분노할 까닭이 없다고 생각하신 듯하다.[12] 그런데 이러한 질문에도 불구하고, 하나님이 화를 가라앉힐 시간을 주셨음에도 가인은 분노에서 벗어나지 못한다. 화를 주체하지 못했다.

본문을 통해서 추정할 수 있는 것은 가인과 아벨은 본질적으로

각하지만, 창세기 4장은 독립적인 문학단위로 읽어야 한다.(Brueggemann, 55.)

12) "이 구절은 폭력의 진실을 가르쳐주고 있다. 질투로 인해 안색이 변한 박해자가 바로 악의 편에 있다는 것이다. 그런데 중요한 것은 이 말씀이 전해진 대상과 그 시기다. 이것은 폭력이 행해지기 '이전'에 폭력을 행할 마음을 품은 '박해자'에게 전해진 말씀이다. 즉 하나님은 폭력이 행해지기에 앞서 모든 진실을 박해자에게, 정확히 말해 미래의 박해자에게 가르쳐주고 있다. "죄의 소원은 네게 있으나 너는 죄를 다스릴지니라"는 명령은 폭력의 진실을 계시함과 동시에 폭력 자체를 반대하는 하나님, 즉 성서의 입장을 보여준다." (김모세, 268.)

달랐다는 것이다. 그들은 이름부터 대조적이다. 가인은 '얻음'이라는 의미를 갖는데, 아벨(헤벨)은 '헛것'이라는 의미를 갖기 때문이다. 헤벨은 전도서를 특징짓는 단어일 만큼 가인과는 상반된다. 물론 아벨이 그의 원 이름은 아니었을 것이다. 그가 가인에게 죽임을 당한 다음 그의 허망한 삶을 표현하기 위해 붙인 이름일 것이다. 그럼에도 불구하고 가인은 하우와가 붙여준 이름의 의미("내가 여호와로 말미암아 득남하였다", 창 4:1)와는 상관없이 그가 무엇인가를 소유하기 위해 몸부림쳤음을 보여준다. 그에게는 무엇인가에 대한 집요한 욕망이 있었던 것이다. 그리고 그것을 얻기 위해 동생을 죽이고, 동생의 삶을 헛것으로 만든다.

본문은 누군가가 무엇을 갖기 위해 안달하다 다른 사람을 아벨로 만들 수 있음을 보여준다. 그런데 문제는 어떤 사람이 무엇을 욕망하는 것이 왜 타자살인으로 이어지느냐는 것이다. 이것은 르네 지라르가 말하는 것처럼 욕망은 타인을 통해서 발생하기 때문이다. 이것을 지라르는 "욕망의 삼각형"[13]이라고 하였다. 한 인간 스스로가 무엇을 욕망하는 것이 아니라, 다른 사람을 보면서 욕망을 갖는 것이다. 이것이 문제이다. 그리고 그는 항상 자기 것이 아닌 것을 욕망한다. 타자에게 있는 것을 보면서 그것을 욕망하고, 그것을 얻기 위해 결국 그것을 가진 타자를 살해하는 것이다.

이렇듯 가인, 즉 욕망은 타자를 헤벨로 만드는 강력한 폭력을 발생케 한다. 가인은 하나님이 아벨을 더 사랑한다고 생각하고, 신의 사랑을 얻기 위해서 동생을 살해하고 그를 아벨로 만든다. 영적 욕망의 극치, 신적인 탐욕의 결국이다. 최근 한국교회는 야곱을 통해서 이런 영적 욕망의 극치를 거룩한 신앙행위로 둔갑시킴으로써 한국교회의 가인화(化)와 타자의 아벨화(化)를 강요한다.

---
13) 김모세, 37.

본문은 선과 죄를 대비한다. 하나님은 가인에게 선을 행하려는 의지보다는 죄를 지으려는 욕망이 더 강하다는 것을 일러주신다. 그러나 가인은 하나님의 말씀을 듣고도 생각을 돌이키지 않은 듯하다. 하나님이 가인에게 말씀하시고 경고하셨음에도 불구하고 바로 이어 8절에서 가인이 아벨을 살해하기 때문이다. 가인은 하나님이 하신 경고를 아무 쓸모없는 것으로 만들어버린다.

하나님이 가인에게 하시는 말씀은 선을 행하라는 것이었다. 선을 행하지 않으면, 죄가 먹이를 잡아채려고 몸을 웅크리듯 그런 자세를 취하고 달려들어서 결국 발기발기 찢어놓을 것이라고 경고하신다. 죄악은 인간을 사모한다. 이 단어는 창세기 3장 16절에도 나온다. 아내가 남편을 사모하는 것을 표현할 때 사용한 단어이다.

죄는 인간을 사랑한다. 그래서 기회만 닿으면 바로 달라붙어서 인간을 사로잡아 버린다. 하나님은 이것을 지적하시면서 죄가 인간을 사모하지만, 인간이 그것을 다스려야 한다고 말씀하신다. 물론 이 두 구절은 의미를 달리한다.

3장 16절은 아내가 남편을 사랑하고, 남편은 아내와 더불어서 모든 어려움들을 이겨나가야 한다는 것이고, 4장 7절은 죄가 너를 사로잡으려고 애쓰지만, 너는 거기에 빠지지 말아야 한다는 것이다. 이 구절은 '다스린다'는 것이 얼마나 중요한지를 우리에게 알려준다. 인간은 끊임없이 죄에 취약할 수밖에 없음을, 타인을 통한 욕망에 지배당할 수밖에 없음을 경고하신다. 그리고 제발 죄를 다스리기를 당부하신다.

하지만 하나님이 이토록 강조하시는 까닭은 탐욕을 다스리기가 그만큼 어렵기 때문이다. 신앙행위를 탐욕과 바꾸어 놓을 만큼, 주기도문을 야베스의 기도로 바꾸어놓을 만큼, 신앙(주님)과 자본(맘몬)을 동일시할 만큼 탐욕은 강력하다. 그래서 모든 욕망은 결국 신적인 성향을 갖는다. 오죽하면 어떤 사람이 《쇼핑하기 위해 태어났다》

는 책을 썼겠는가? 요즘엔 어른들은 물론이고 어린아이들마저도 수많은 광고들을 통해서 무엇인가를 소유하려는 탐욕으로 몸부림친다. 하지만 누구도 욕망 자체를 만족시키지는 못한다. 라캉이 말한 대로, 욕망은 욕망을 욕망하기 때문이다. 이렇듯 탐욕은 먹이를 보고 몸을 웅크린 맹수처럼 우리 앞에 웅크리고 우리를 잡아채서 찢어놓는다. 그것이 무엇이든, 신에게 인정을 받는 것이든지 간에 탐욕은 우리를 완전히 망쳐놓는다. 물론 우리는 가인이 무엇을 그토록 원했는지 알지 못한다. 어쩌면 우리 인간은 자신이 무엇을 그토록 원하는지, 타인을 살해할 만큼 원하는 것이 도대체 무엇인지 모른 채 그 무엇인가를 간절히 욕망할 수도 있다.

어쨌든 가인은 자신이 원하는 그 무엇을 얻기 위하여 타자를 살해하기까지 한다. 욕망은 죽음보다 강하다. 그런데 정작 자신은 자기 죽음을 염려한다. 그가 하나님께 부탁하는 것은 자기가 다른 사람에게 죽임을 당하지 않게 해달라는 것이다. 자기가 욕망하는 것을 얻기 위해 타자를 무참하게 살해하고 모든 것을 파멸로 이끌면서도 정작 자신의 죽음에 대해서는 두려워하는 모습을 본다. 인간은 자신, 아니 자신의 욕망을 사랑한다. 그리고 자신을 위해서, 아니 자신이 욕망하는 것을 얻기 위해, 즉 욕망의 욕망을 위해 타자를 죽일 만반의 준비를 마친 상태로 상시 대기 중이다.

탐욕의 증폭(창 4:23-24)

[23]라멕이 아내들에게 이르되 아다와 씰라여 내 목소리를 들으라 라멕의 아내들이여 내 말을 들으라 나의 상처로 말미암아 내가 사람을 죽였고[14] 나의 상함으로 말미암아 소년[15]을 죽였도다 [24]가인을 위하여는 벌이 칠 배일진대

---

14) 이것은 자신의 용맹함을 과시하는 것으로 보인다.(Wenham, 114.)
15) "소년"은 히브리어로 '얄라드'인데, 40세 이하를 가리킨다.(Wenham, 114.)

라멕을 위하여는 벌이 칠십칠 배이리로다 하였더라

라멕이 아내들(과 자식들)을 불러놓고 일어난 상황을 설명하는데, 본문은 그것을 시적인 형태로 기록한다.

²³라멕이 아내들에게 이르되
    아다와 씰라여　　　　내 목소리를 들으라 (a)
    라멕의 아내들이여　　　내 말을 들으라 (a')
    나의 상처로 말미암아　내가 사람을 죽였고 (b)
    나의 상함으로 말미암아 소년을 죽였도다 (b')
²⁴가인을 위하여는　　　　벌이 칠 배일진대 (c)
    라멕을 위하여는　　　　벌이 칠십칠 배이리로다 하였더라 (c')

본문은 이처럼 시 형식을 취하고, 히브리 시의 특징이라고 할 수 있는 평행법을 사용했다. 이 정도면 정형적인 운율을 갖추었는데, 노래로 불렀을 가능성이 크다. 그런데 이렇게 잘 짜인 노래 형태는 이 노래가 들려주는 야만성을 명확하게 전달하는 역할을 하는 데 그친다. 라멕은 가인보다 훨씬 더 타락했다.[16]

그 내용을 보면, 이 노래는 일종의 '승전가'(勝戰歌)이다. 사건은 단순하다. 라멕이 라멕 자신보다 젊은 한 사람을 죽였다는 것이다. 그런데 라멕이 그 사람을 죽인 이유는 무엇일까? 그냥 지나가는 사람을 이유불문(理由不問)하고 죽였을 리는 없고, 뭔가 싸움을 벌인 이유가 있을 텐데 그것이 무엇일까? 라멕과 성명 미상의 젊은이가 죽자살자 싸운 이유가 무엇일까? 그 젊은이는 죽임을 당했고, 라멕 역시 상처를 입었다.

---

16) Wenham, 114.

24절을 보면, 가인을 위해서는 벌이 칠 배이지만, 라멕을 위해서는 칠십칠 배라고 말한다. 이것은 창세기 4장 15절을 인용한 섬뜩한 호러 패러디이다.

> 여호와께서 그에게 이르시되 그렇지 아니하다 가인을 죽이는 자는 벌을 칠 배나 받으리라 하시고 가인에게 표를 주사 그를 만나는 모든 사람에게서 죽임을 면하게 하시니라

하나님이 가인에게 약속하신 말씀을 가인의 5대손인 라멕이 알고 있다는 것은 그 말이 가인 집안 대대로 이어져왔음을 보여준다. 가인 집안은 이 말씀을 가훈으로 여기고 살았는지도 모른다. '하나님이 우리를 지켜주신다. 우리를 건드리거나 해하려는 자는 가혹한 벌을 받을 것이다. 반드시 일곱 배로 보복할 것이다. 그러니 아무도 우리를 건드리지 마라.' 이런 생각을 했는지도 모르겠다. 그런데 라멕은 이것을 더욱 확대해서 벌이 일곱 배가 아니라 칠십칠 배라고 말한다. 자신을 해치려는 자를 결코 용서하지 않겠다는 것이다. 반드시 몇 곱절로 보복하고야 말겠다는 것이다. 이것은 자신을 강력한 신적인 존재, 무한한 힘의 보유자로 규정하는 것이다. 이렇듯 라멕은 가인을 흠모하고 가인을 통해서 욕망을 신적인 경지로 증폭시킨다.

우리가 그 사건에 대해 추측할 수 있는 것은 누군가가 라멕에게 손해를 입히려고 했고, 라멕의 목숨까지 빼앗으려고 했다는 것이다. 라멕은 자신과 소유를 지키기 위해 그 사람을 죽인 것이다. 라멕은 자신이 정당방위로 살인한 것처럼 말한다. 하지만 라멕도 심하게 다쳤다.

나의 상처 〈페차〉로 말미암아	내가 사람을 죽였고 (b)
나의 상함 〈하부라〉으로 말미암아	소년을 (죽였도다) (b')

'페차'와 '하부라'는 이 구절과 출애굽기 21장 25절, 이사야 1장 6절에 나온다. 그리고 '하부라'는 이사야 53장 5절에 나온다. 이 구절들을 통해서 우리가 짐작할 수 있는 것은 라멕이 심하게 다쳤다는 것이다. 그리고 이 구절을 그대로 받아들인다면, 그 젊은이가 라멕을 공격해서 심한 상처를 입혔기 때문에, 라멕이 그를 죽인 것으로 볼 수 있다. 라멕이 그 젊은이를 죽이고 싸움에서 이겼지만, 그래서 무엇인지 모를 자신의 소유를 지켰겠지만, 라멕 역시 상처가 심해서 고생했을 것이다.

그런데 도대체 라멕이 목숨 걸고 지키려고 한 것은 무엇일까? 전혀 근거가 없지만, 앞 구절에서 언급하는 라멕의 딸 나아마가 이 사건의 원인은 아니었을까? 그렇지 않다면, 굳이 이 사건 바로 앞에 나아마를 언급할 이유가 없기 때문이다. 그리고 라멕이 동년배와 싸움을 벌인 것이 아니고, 그보다 젊은 사람과 싸움을 했다는 사실도 이것을 뒷받침한다. 우리는 야곱의 딸 다말 때문에 레위와 시므온이 세겜 사람들을 죽인 사건을 알고 있다.

어쨌든 라멕과 그의 자식 대에 이르러 세상은 여러 가지로 많은 발전을 이뤘다.

[20]아다는 야발을 낳았으니 그는 장막에 거주하며 가축을 치는 자의 조상이 되었고 [21]그의 아우의 이름은 유발이니 그는 수금과 퉁소를 잡는 모든 자의 조상이 되었으며 [22]씰라는 두발가인을 낳았으니 그는 구리와 쇠로 여러 가지 기구를 만드는 자요

여기서 보는 대로 라멕이 낳은 아들들은 인류 역사에서 새로운 문화를 만들어내는 데 획기적인 기여를 했는데, 야발은 목축업을 시작했고, 유발은 음악의 길을 열었으며, 두발가인은 대장장이가 되었다. 라멕과 그의 부인들은 그런 자식들을 보면서 정말 뿌듯했을 것

이다. 그러나 사람들의 삶은 나아지지 않았다. 더욱 악해졌다. 그들은 더 많이 갖기 위해, 그리고 가진 것을 지키기 위해 서로를 죽이기까지 하는 것이다. 우리가 여기서 보는 대로 세상이 물질적으로 풍요로워질수록 사람들이 여유롭고 마음이 넉넉해지는 것이 아니라, 더 많이 갖고 싶어서 안달하고, 탐욕에 사로잡혀 서로 죽자살자 싸우기까지 하는 것이다. 그리고 일곱 배가 아닌 칠십칠 배로 되갚겠다는 복수 의지만큼 탐욕도 신적인 경지로 증폭시켰다.

탐욕의 해소(창 4장)

창세기 4장은 두 가지 층을 보인다. 하나는 가운데에 들어 있는 두 가지 사건, 즉 가인이 아벨을 죽이는 탐욕과 폭력, 그리고 라멕이 성명미상의 청년을 죽이는 탐욕과 폭력에 대한 이야기이다. 그리고 다른 하나는 이 두 이야기를 감싸는 아이 출산과 신앙고백적 작명에 대한 이야기이다. 가인이 아벨을 죽이는 이야기, 그리고 라멕이 청년을 죽이는 이야기는 전형적인 생존경쟁 이야기이고, 하우와가 아들을 낳고 신앙고백적인 이름을 지어주는 이야기들은 신앙적인 이야기이다. 그래서 창세기 4장은 성서 본문이 형성되는 지층들을 보여준다는 점에서 매우 중요하다.

주어 : 먼저 창세기 4장 읽기를 마지막 구절인 25절과 26절[17]을 꼼꼼하게 읽는 것으로 시작해 보자.

²⁵아담[18]이 다시 아내와 동침하매 그가 아들을 낳아 그의 이름을 셋이

---

17) 이 구절들은 가인 가문의 역사에서 셋의 계보로 자연스럽게 넘어가는 역할을 한다.(Wenham, 114.)
18) 다른 곳에서는 하아담(הָאָדָם, 아담에 정관사 '하'가 붙은 형태)인데, 여기서는 정관사 없

라 하였으니 이는 하나님이 내게 가인이 죽인 아벨 대신에 다른 씨를 주셨다 함이며[19] [26]셋도 아들을 낳고 그 이름을 에노스[20]라 하였으며 그 때에 사람들이 비로소 여호와의 이름을 불렀더라

25절과 26절을 읽으면서 이해하기 어렵다고 느낀 곳은 아마 없었을 것이다. 본문의 내용은 아주 단순해 보여서 우리가 내용을 모두 이해하는 것같이 느낀다.

그러면 과연 우리가 이 구절들을 잘 이해하고 있는지 확인하기 위해서 25절부터 읽어보자. 25절 앞부분은 세 구절로 나눌 수 있다. "아담이 다시 아내와 동침하매/그가 아들을 낳아/그 이름을 셋이라 하였으니." 25절 앞부분은 이렇듯 지극히 단순하고 분명한 세 구절로 이루어져 있다. 그래서 겉으로 보기에는 별 문제가 없어 보인다.

그런데 25절에서 주어는 누구인가 하는 문제를 제기하면, 이 구절이 그리 만만치 않다는 것을 알 수 있다. 첫 번째 구절 "아담이 다시 아내와 동침하매"(와이예다 아담 오드 에트-이쉬토)의 주어는 누구인가? 분명히 아담이다. 그러면 두 번째와 세 번째 구절 "그가 아들을 낳아(왓텔레드 벤)/그 이름을 셋이라 하였으니(왓티크라 에트-쉐모 쉣트)"의 주어는 누구일까? "그"는 누구인가? 아들을 낳고, 그 아이의 이름을 셋이라고 지은 그 사람은 도대체 누구일까?

또 그다음에 이어서 나오는 25절 뒷부분의 말을 한 사람은 누구

이 '아담'으로만 표기해서 사람을 통칭하는 집합명사가 아니고, '아담'이라는 한 사람을 가리키는 고유명사로 쓰인다.

19) 하우와는 이 짧은 구절 속에서 세 아들 이름을 다 언급하며 그들 사이에 어떤 비극적인 일이 발생했으며, 셋의 탄생은 그런 비극적인 역사에서 어떤 의미를 갖는지를 명쾌하게 이야기한다.(Wenham, 115.)

20) 에노스는 아담처럼 사람을 통칭하는 집합명사인데, 여기서는 25절에 나오는 아담처럼 고유명사로 쓰인다. 그래서 에노스는 인류의 새로운 삶, 새로운 시대의 시작을 의미한다.[U. Cassuto, *A Commentary on the Book of Genesis Part I*, tr. Israel Abrahams (Jerusalem: The Magnes Press, 1974), 246.]

일까? 아담일까? 그의 아내일까? 아니면 또 다른 누구일까? 이것은 본문을 읽는 데 별로 중요하지 않은 것처럼 보이지만, 실상은 우리가 본문을 제대로 읽어내고 있느냐 그렇지 않느냐를 확인할 수 있는 가늠자 역할을 한다.

누가 주어일까? 개역성경을 읽으면, 우리는 첫 번째 구절뿐만 아니라 두 번째, 세 번째 구절의 주어도 아담이라고 생각하기 쉽다.[21] 그렇게 보면 25절의 두 번째 부분에 나오는 말은 아담이 한 것으로 해야 한다. 이러면 25절에서는 아담이 주도적인 역할을 하고 그의 아내인 하우와는 무대 뒤로 숨는다.

과연 25절 전체 주어가 아담일까? 아니면 누구일까? 한글성경으로는 명확하지 않다. 히브리어 성서를 보면, 두 번째 세 번째 구절의 주어가 3인칭 여성 단수형이다. 3인칭 남성 단수형이 아니라는 말이다. 만약 아들을 낳고 그 아이의 이름을 '셋'이라고 지은 사람이 아담이라면, 주어는 3인칭 남성 단수형[이크라(יִקְרָא)]이어야 한다. 그런데 이 구절들에서는 동사형태가 3인칭 남성 단수형이 아니고 분명히 3인칭 여성 단수형[티크라(תִּקְרָא)][22]이다. 그러니까 이 구절의 주어는 남자가 아니고 여자라는 말이다. 그러니 아들을 낳고 그 이름을 '셋'으로 부른 사람은 아담이 아니고 그의 아내 하우와인 것이다.

본문에 다른 사람들의 이름은 다 밝혀져 있는데, 유독 '하우와'는 이름이 밝혀져 있지 않고 '아내'라고만 되어 있고, 또 개역성경이 '그'라고 번역했기 때문에 우리는 얼핏 하우와가 아닌 아담이 주어인 것으로 생각하기 쉽다. 그렇지만 두 번째, 세 번째 구절의 주어는 분명

---

21) 어거스틴도 그렇게 생각했다.[ed. Andrew Louth, *Genesis 1-11. Ancient Christian Commentary on Scripture. Old Testament I* (Downers Grove, Illinois: InterVarsity Press, 2001), 115.] 그는 아담이 셋에게 이름도 지어주었다고 말한다. 그러나 창세기 5장 3절에서는 아담이 셋에게 이름을 지어주지만, 창세기 4장에서는 분명히 하우와가 아들들에게 이름을 지어준다.
22) 사마리아 오경은 '티크라'를 '이크라'로 바꾼다. 즉 하우와가 이름을 지어준 것이 아니고, 아담이 이름을 지어준 것으로 수정한 것이다.

히 하우와다. 아담은 첫 번째 구절에서 역할을 끝내고 두 번째 구절부터는 하우와가 전면에 등장한다.

이렇게 해서 우리는 25절의 중심인물이 아담이 아니고 하우와임을 확인했다. 그래서 바로 다음에 살펴볼 25절의 두 번째 부분("하나님이 내게 가인이 죽인 아벨 대신에 다른 씨를 주셨다")을 말하는 사람도 아담이 아니고 하우와이다.

포용 : 이제는 25절 두 번째 부분을 보자. "하나님이 내게 가인이 죽인 아벨 대신에 다른 씨를 주셨다." 하우와가 아들을 낳고 그 아들의 이름을 '셋'이라고 짓고 나서 그렇게 이름을 지은 이유를 밝히는 장면이다. 이 구절에서 우리가 읽어낼 수 있는 것은 무엇일까? 이것과 비슷한 구절이 4장 1절에도 나온다.

> 아담이 그 아내 하와와 동침하매 하와가 잉태하여 가인을 낳고 이르되
> 내가 여호와로 말미암아 득남하였다 하니라

우리는 이 두 절이 닮았다는 것을 금방 알 수 있다. 그래서 4장은 첫아들을 낳은 다음 하우와가 하는 말로 시작해서 막내아들을 낳은 다음 하우와가 하는 말로 끝난다.[23] 그렇기에 4장 전체의 주인공은 다른 사람이 아닌 하우와이다.

그런데 우리는 이 말에서 하우와의 깊은 신앙을 엿볼 수 있다. 하우와는 자기 아들이 세상에 태어나는 것을 결코 심상하게 여기지 않았다. 아들이 태어나는 일을 중대한 사건으로 보고 그 사건을 하나님의 사건으로 해석한다.[24] 하우와는 가인을 낳을 때도 그랬고 셋

---

23) 카수토는 4장 1절과 25절을 비교하면서, 이 두 구절이 얼마나 유사한지를 보여준다.(Cassuto, 244f.)
24) 코터는 "자신의 창조적인 생동력을 드러내면서, 처음으로 하나님의 이름을 부르고, 하나

을 나을 때도 그랬다. 하우와가 아들 낳는 일을 하나님의 사건으로 해석하는 것이 창세기 4장에 두 번이나 나오고, 그것이 4장 맨 앞부분과 뒷부분에 나오는 것을 문학적으로 보면, 그 중간에 나오는 비극적인 살인 사건을 하우와의 신앙고백으로 끌어안고 있음을 알려준다.

우리는 여기서 하우와의 새로운 모습을 본다. 하우와는 최초로 범죄한 인간이고 이 세상에 비극을 가져온 사람이기 때문에 누구에게나 비난의 대상이지 결코 모범이 아니다. 그런데 그런 평가는 창세기 3장 20절과 4장, 5장을 읽지 않고 내린 것이다. 이 구절들에서 우리가 만나는 하우와는 얼마나 신앙적인 인물인가? 아들 낳은 일을 하나님의 사건으로 해석하는 하우와는 이스라엘의 위대한 신앙의 인물인 사무엘의 어머니 한나와 예수의 어머니 마리아에 비길 수 있는 여인이다. 그렇기에 우리는 이 구절을 읽으면서 한 신앙심 깊은 여인을 만난다. 지금까지 우리가 알아온 하우와와는 다른 새로운 모습을 보는 것이다.

다시 말해서, 우리는 이 구절을 읽으면서 우리와 같은 한 인간을 생생하게 만난다. 자녀들로 인해 아픔을 겪으면서 그것을 신앙으로 극복해 내는 한 어머니의 모습을 본다. 우리는 지금까지 하우와를 어떻게 생각했는가? 우리와 같은 한 인간으로 생각한 적이 있는가? 기뻐하고, 즐거워하고, 감사하고, 노래하고, 때로는 슬퍼하고 고통스러워하는 그런 하우와를 떠올린 적이 있는가? 물론 실존인물일 가능성이 적고, 그 역사성을 규명하는 것이 불가능하기는 하지만, 하우와가 아무리 허구적인 문학작품 속에 등장하는 인물이라고 해도 그 작품 속에서, 그리고 우리의 기억 속에서 하우와는 분명 인격을

님과 함께 창조사역에 동참한 사람은 여자였다는 것에 주목해야 한다"고 말한다.[David W. Cotter, *Genesis*. Berit Olam-Studies in Hebrew Narrative & Poetry (Collegeville, Minnesota: The Liturgical Press, 2003), 42.]

갖는 인물이다. 그렇기에 본문 속에 감추어져 있는 하우와의 기쁨과 슬픔을 살려내는 것, 그래서 그녀를 한 인간으로 경험하는 것, 이것이 본문을 읽는 독자들에게 대단히 중요하다.

이런 측면에서, 우리는 "하나님이 내게 가인이 죽인 아벨 대신에 다른 씨를 주셨다"고 말하는 하우와의 심정을 세심하게 헤아려보아야 한다. 이 말 속에는 하우와가 겪는 깊은 아픔이 담겨있기 때문이다.[25]

4장 첫 부분과 마지막 부분 사이에는 가인이 아벨을 죽이는 이루 말할 수 없는 비극적인 사건이 나온다. 물론 이 사건의 주인공은 가인이다. 그래서 성서는 가인이 아벨을 죽이는 것에 초점을 맞춘다. 그러다 보니 이 사건으로 인해서 아담과 하우와가 얼마나 큰 고통을 당했는지에 대해서는 본문에 한마디도 언급하지 않는다. 그렇지만 그것을 밝혀내는 것이 바로 우리가 해야 할 일이다. 우리는 성서가 표면적으로 말하는 바를 꼼꼼하게 읽어내야 할 뿐만 아니라, 성서가 침묵으로 전달해 주는 정작 더 귀중한 메시지도 들을 수 있어야 한다.

4장 1절을 보자. "내가 여호와로 말미암아 득남하였다." 우리는 이 말에서 아들을 낳은 한 어머니의 환호성을 듣는다.[26] 하우와는 가인을 낳고 얼마나 기뻐했을까? 물론 아벨을 낳은 후에도 그런 맘이 들었겠지만, 아벨을 낳고 그런 말을 했다는 기록이 없는 것으로 보아 하우와가 가인을 낳고 얼마나 기뻐하고 감격하고 감사했는지 알 수 있다.

그런데 25절에서 "하나님이 내게 가인이 죽인 아벨 대신에 다른

---

25) 카수토는 하우와가 이때는 첫 번째 아들, 즉 가인을 낳을 때와는 정반대로 가족적인 재난으로 인해 비통함과 참담함을 느꼈으며, 그래서 부드럽고 겸손하고 정중하게 말했다고 생각한다. 1절에서는 신명을 야훼를 사용했는데, 여기서는 엘로힘을 사용했다. 그런데 카수토는 야훼에 비해서 엘로힘은 하나님이 멀리 떨어져 계심을 뜻한다고 보았다. 하우와가 그만큼 고통 가운데 있었다는 것이다.(Cassuto, 245-246.)
26) 카수토는 하우와가 첫째 아이를 낳고 기뻐하면서 자신의 출산력을 자랑스러워했다고 말한다.(Cassuto, 201.)

씨를 주셨다"고 말하는 하우와의 심정은 어떠했을까? 하나님이 주신 아들 '아 하나님이 아들을 주셨다' 하는 기쁨에 넘쳐서 외쳤던 그 아들이 사랑하는 둘째 아들 아벨을 죽이고, 하나님의 저주를 받아서 멀리 떠나가는 모습을 보며 하우와는 얼마나 피눈물을 흘렸을까? 또 피 흘린 채 죽어있는 둘째 아들 아벨의 시신을 끌어안고 하우와는 얼마나 가슴 아파했을까? 누구와도 나눌 수 없는 고통을 당한 하우와, 그러면서도 그 모든 일들을 신앙으로 이겨내는 하우와. 하우와는 아들 낳은 일을 하나님의 사건으로 해석해 내고 모든 아픔을 신앙으로 이겨냄으로써 창세기 3장의 범죄와 심판의 고리를 끊고 새로운 삶을 시작하는 모습을 보여준다. 그렇기에 우리는 1절에서처럼 이 구절에서도 지독한 아픔을 이겨내고 기뻐하는 하우와를 만난다.[27] 하우와는 진정 강인한 어머니이며, 위대한 신앙의 인물이다. 이 하우와가 창세기 4장을 지배하는 무서운 증오와 죽음을 신앙으로 끌어안아서 녹여낸다.

갱신 : 아담과 하우와가 낳은 아들이 누구인가? '셋'이다. '셋'의 뜻이 무엇인가? 개역성경 번역대로 하면 '대신한다'이다. 셋은 가인과 아벨을 대신하는 아들이다. 셋은 가인과 아벨로 상징되는 증오와 죽음을 대신하는 아들이다. 그렇기에 아담과 하우와가 아들을 낳은 것은 인간의 삶과 역사를 갱신하는 하나의 사건이다.[28] 가인이 아벨을 죽이는 그 증오와 죽음을 넘어서서 새로운 사랑과 살림으로 나아가는 사건이다. 다시 말해서, 셋이 태어난 것은 증오와 죽음의 현

---

27) 카수토는 하우와가 1절에서는 기쁨과 자부심이 가득했지만, 25절에서는 대단히 겸손하고 공손하다고 말한다. 베스터만은 1-2절과 25절이 동일하게 환호하는 분위기라고 주장한다.[C. Westermann, *Genesis 1-11*, tr. John J. Scullion S. J.(Minneapolis: Augsburg Publishing House, 1984), 338.]
28) '셋'의 어원인 쉬트는 '대신한다'는 의미는 없고, '(기초를) 놓다, 두다' 또는 '점지하다'(appoint)는 의미를 갖는다. 그래서 하우와가 아들 이름을 셋이라고 지은 것은 셋의 탄생이 가족과 인류를 위해서 새로운 삶의 초석을 놓은 것으로 의미부여한 것이다.(Cassuto, 245.)

장, 증오와 죽음의 시대를 넘어서 사랑과 삶의 시대로 나아가는 사건이다. 만약 셋이 탄생하지 않고 에노스로 그 계보가 이어지지 않았다면, 증오와 죽음이 세계를 지배하고 비극의 역사가 계속되었을 것이다. 가인에서부터 라멕까지 이어지는 증오와 죽음의 역사를 문학적으로 단절하는 것이 바로 '셋'의 탄생이다.

창세기 4장의 구성을 보면, 증오와 죽음의 역사는 셋의 탄생으로 일단 끊어지는 구조를 보인다. 4장 3절부터 15절까지는 가인이 아벨을 죽이는 이야기이고, 16절부터 24절까지는 가인과 그의 후손들에 관한 이야기이다. 가인과 그의 후손들의 이야기는 라멕이 부르는 증오와 죽음의 노래로 종결된다. 그래서 4장 3절부터 24절까지가 증오와 죽음의 이야기이다. 이 이야기를 감싸고 있는 것이 아들의 탄생과 하우와의 신앙고백이다. 그러니 창세기 4장에서 이 이야기가 얼마나 중요한지 알 수 있을 것이다. 증오와 죽음의 이야기 다음에 나오는 두 번째 탄생의 이야기, 셋의 탄생 이야기가 중요하다. 셋은 증오와 죽음의 역사를 단절시킬 뿐만 아니라 그것을 넘어서는 새로운 역사를 만들어간다. 그때에야 비로소 사람들이 야훼의 이름을 불렀다고 한다. 셋에서 에노스로 이어졌을 때에야 사람들은 야훼의 이름을 부른다. 이것은 셋의 후예들이 뿌리 깊은 증오와 죽음의 매듭을 끊어버리고 새로운 삶을 만들어가는 것을 말한다.

2

노아의 저주에서 드러나는 폭력

자식 이름 짓기(창 5:28-31)

28 라멕은 백팔십이 세에 아들을 낳고
29 이름을 노아라 하여 이르되 여호와께서 땅(아다마)을 저주하시므로 수고롭게 일하는 우리를 이 아들이 안위하리라 하였더라
30 라멕은 노아를 낳은 후 오백구십오 년을 지내며 자녀들을 낳았으며
31 그는 칠백칠십칠 세를 살고 죽었더라

노아 이야기를 담고 있는 창세기 5장은 동일한 문학적 형태를 갖추고 열 사람 이야기를 들려준다. 그들은 자식들을 낳고 살다가 세상을 떠났다. 본문 기자는 이렇게 판에 박은 듯 동일한 형태로 이야기를 들려주다가 이 구절에 와서는 약간 이야기를 달리한다. 다른 사람들은 각기 석 절로 이야기를 엮는데, 라멕 이야기는 모두 넉 절이다. 한 절이 더 많은 것이다. 29절은 라멕이 아들을 낳고 이름을 '노아'로 짓고 그 이름의 뜻 풀이를 하는 장면인데, 이것은 다른 사람들의 이야기에는 나오지 않는다. 물론 5장 2절에서 하나님이 '아담'이라는 이름을 짓고, 5장 3절에서 아담이 아들을 낳고 '셋'이라고 이름을 짓지만, 그 이름이 갖는 의미를 밝히는 곳은 이 구절뿐이다.

본문 기자는 라멕이 아들을 낳고 이름을 노아라고 한 까닭이 무엇인지를 우리에게 들려준다.

그래서 29절은 매우 중요한 의미를 갖는데, 그 중요성을 두 가지로 생각할 수 있겠다. 첫째는, 다른 사람들 이야기에는 나오지 않는 아들 이름 풀이를 여기서 굳이 하는 까닭은 그만큼 '노아'라는 이름이 의미를 갖기 때문일 것이다. 그리고 아들 이름을 짓는 라멕뿐만 아니라 당시 사람들이 어떤 심경으로 생활했는지도 짐작할 수 있다. 29절의 밑줄 친 부분 "수고롭게 일하는 우리를" 직역하면, '우리가 하는 일로부터, 우리 양손으로 하는 고생으로부터'이다.

그런데 또 다른 중요성은 자식 이름을 짓는 게 계보의 처음인 아담과 끝부분인 라멕에게서 나타나는 것은 노아뿐만 아니라 다른 사람들 이름도 어떤 의미를 갖는다는 사실이고, 이 구절을 통해서 다른 사람들 이야기에는 자식 이름 풀이가 나오지 않지만, 그들 역시 자식을 낳고 이름을 지을 때 거기에 특별한 의미를 담았을 것이라는 사실이다. 라멕만 그런 절절한 심경으로 자식 이름을 지었겠는가? 다른 사람들 역시 그러했을 것이다. 그들도 무엇인가를 갈망하면서, 더 나은 시대를 갈망하면서 자식 이름을 지었을 것이다. 이러한 열망은 시편 78편에 강하게 나타난다.

¹내 백성이여, 내 율법을 들으며 내 입의 말에 귀를 기울일지어다 ²내가 입을 열어 비유로 말하며 예로부터 감추어졌던 것을 드러내려 하니 ³이는 우리가 들어서 아는 바요 우리의 조상들이 우리에게 전한 바라 ⁴우리가 이를 그들의 자손에게 숨기지 아니하고 여호와의 영예와 그의 능력과 그가 행하신 기이한 사적을 후대에 전하리로다 ⁵여호와께서 증거를 야곱에게 세우시며 법도를 이스라엘에게 정하시고 우리 조상들에게 명령하사 그들의 자손에게 알리라 하셨으니 ⁶이는 그들로 후대 곧 태어날 자손에게 이를 알게 하고 그들은 일어나 그들의 자손에게 일러서

⁷그들로 그들의 소망을 하나님께 두며 하나님께서 행하신 일을 잊지 아니하고 오직 그의 계명을 지켜서 ⁸그들의 조상들 곧 완고하고 패역하여 그들의 마음이 정직하지 못하며 그 심령이 하나님께 충성하지 아니하는 세대와 같이 되지 아니하게 하려 하심이로다

이러한 강렬한 소망이 자식 이름 짓기에 담겨있는 것이다.

라멕은 노아를 비롯해서 여러 자식들을 낳고 그들을 양육하고 농사를 지으면서 살다 세상을 떠났다. 라멕이 자식 이름을 지으면서 간절히 소망했던 그런 위로를 받고 세상을 떠났는지는 알 수 없다. 그러나 간절한 소망을 안고 고생스런 삶을 이겨냈을 것이다.

탐욕·포학·한탄의 악순환(창 6:1-2)

> 1 사람이 땅 위에 번성하기 시작할 때에 그들에게서 딸들이 나니
> 2 하나님의 아들들이 사람의 딸들의 아름다움을 보고 자기들이 좋아하는 모든 여자를 아내로 삼는지라

본문은 사람들이 많아지기 시작했다는 말로 시작한다. 하나님이 1장 28절에서 하신 말씀에 따르면, 사람 수가 늘어나는 것은 좋은 일이다. 하나님은 사람이든 동물이든 다 생육하고 번성하여 땅에 충만하기를 원하시기 때문이다. 그런데 사람들이 많아질수록 법이 복잡해진다는 말처럼, 인구가 증가할수록 그만큼 여러 가지 일들이 발생할 가능성이 크다는 점에서 이 구절을 읽으면서 불안감을 떨쳐버리기 어렵다.

창세기 6장 1-4절은 전형적인 신화 형태로 본문을 이해하기가 쉽지 않다. 무엇보다 하나님의 아들과 사람의 딸이 누구인지 알 수 없고, 그들의 후손인 네피림(네필림)들도 누구를 가리키는지 파악하기

어렵다. 또한 이 이야기들의 출처와 기록 이유도 알기 어렵다. 그렇기 때문에 본문을 역사적으로 밝힐 수는 없고 문학적으로 살필 수밖에 없다.

본문에서 우리의 시선을 끄는 것은 사람의 딸들이 아름답다는 것이다. 이 구절을 히브리어에서 직역하면, '하나님의 아들들이 사람의 딸들을 보았더니 정말 좋았다'이다. 보기에 좋다는 것은 '아름답다'는 것이다. 즉 하나님의 아들들이 사람의 딸들을 보고 그 아름다움에 반했다는 것이다. 그리고 하나님의 아들들이 그녀들에게 자기가 좋아하는(히브리어를 직역하면, '그들이 선택한') 여자들을 아내로 삼았다는 것이다.

그런데 여기서 말하는 아름다움이란 무엇을 의미하는가? 무엇을 아름답다고 하는가? 어떤 것을 보고 아름답다고 하는 것은 '평가'하는 것이다. 그런데 이러한 평가는 상황에 따라서 그 의미가 달라진다. 이 구절은 '하나님이 이 세상을 만드시고 보시니 좋았다'라는 것과 비슷하지만, 하나님이 이 세상을 보시면서 느끼시는 아름다움과 본문에서 남자들이 여자를 보면서 느끼는 아름다움은 다르다. 남자들이 여자를 보고 아름답다고 할 때는 성적인 매력을 가리키는 경우가 많다. 본문 역시 성적인 매력을 아름답다고 한다. 남자들이 여자들의 아름다움을 보고, 좋아하는 여자들을 모두 아내로 삼았다는 말에서 우리는 본문이 말하는 아름다움이 바로 성적인 매력임을 파악할 수 있다. 그렇다면 당시에 사람을 평가하는 척도가 바로 성적 매력이었다는 것이다. 물론 인류 역사상 그렇지 않은 적이 없겠지만, TV와 인터넷을 통해서 온갖 성적인 것들을 유포하고 그것들을 소유하기 위해 몸살 내는 현대는 더 말할 것도 없지만, 그 시대에도 성적인 기준으로 사람들을 평가하고 남자들이 여자를 소유하고 지배했던 것으로 보인다.

이렇듯 남자들은 여자들에게서 성적인 매력을 찾는다. 그리고 자기가 좋아하는 여자를 차지하기 위해 애쓴다. 남자들마다 성적 취향이 다르긴 하겠지만, 그래도 공통적인 면이 많기 때문에 한 여자를 여러 남자들이 동시에 좋아할 수도 있을 것이다. 그런데 남자들이 어떤 여자를 동시에 좋아하는 것으로 그치지 않고 그 여자를 제 아내로 삼으려고 하면 거기서 문제가 발생한다. 한 여자를 두고 경쟁을 벌일 수밖에 없기 때문이다. 우리는 본문을 읽으면서, 당시 남자들이 자기가 좋아하는 여자들을 보고 그녀들을 차지하기 위해 쟁탈전을 벌이는 모습을 쉽게 상상할 수 있다.

인간이 가진 탐욕스러움을 우리는 여기서도 발견한다. 인간은 무엇인가를 욕망하고 그것을 얻기 위해서 일생을 소진한다. 무엇을 말하는지 분명치는 않지만, 하나님이 인간의 수명을 120년으로 (단축)하신 것도 탐욕을 단축하신 것으로 볼 수 있다. 인간이 갖는 끝없는 탐욕은 하나님을 근심케 한다.

> ⁵여호와께서 사람의 죄악이 세상에 가득함과 그의 마음으로 생각하는 모든 계획이 항상 악할 뿐임을 보시고 ⁶땅 위에 사람 지으셨음을 한탄하사 마음에 근심하시고 ⁷이르시되 내가 창조한 사람을 내가 지면에서 쓸어버리되 사람으로부터 가축과 기는 것과 공중의 새까지 그리하리니 이는 내가 그것들을 지었음을 한탄함이니라 하시니라

인간은 무엇인가를 욕망하고 그것을 이루기 위해 갖가지 방법을 쓰고, 심지어는 가인처럼 살인까지 저지르는 존재라는 사실은 하나님으로 하여금 깊이 한탄케 하신다. 하나님은 인간이 얼마나 탐욕스럽고 악한지를 확인하셨다. "여호와께서 사람의 죄악이 세상에 가득함과 그의 마음으로 생각하는 모든 계획이 항상 악할 뿐"(5절)임을 보셨다. 그래서 하나님은 한탄하시고 괴로워하신다. "땅 위에 사람 지으셨음을 한탄하사[히브리어로 (니함)] 마음에 근심하시고(아차

2. 노아의 저주에서 드러나는 폭력　**57**

브)." 여기서 '한탄하다'는 '후회하다'는 의미를 갖는다. 그리고 '근심하다'로 번역한 단어는 창세기 3장에 하우와가 출산할 때 겪는 고통, 그리고 아담이 농사지으면서 겪는 고통, 역시 창세기 5장에 라멕이 농사지으면서 겪는 고통을 표현하는 '잇차본'의 동사형이다. 그러니 '아차브'는 창세기 앞부분을 특징짓는 매우 중요한 단어이다. 원래 '아차브'는 '질책하다, 상처 주다, 걱정하다, 염려하다'의 의미를 갖는데, 여기서처럼 히트파엘형으로 쓰이면 뜻이 더 강해져서 '깊이 염려하다'의 의미를 갖는다. 그러니 인간들이 범죄하는 것으로 인해 하나님이 얼마나 마음 아파하시고 근심걱정으로 가득하셨는지 알 수 있다. 아마도 화병(火病)이 나셨을 것이다.

> "그때에 온 땅이 하나님 앞에 부패하여 포악함이 땅에 가득한지라 ^{12}하나님이 보신즉 땅이 부패하였으니 이는 땅에서 모든 혈육 있는 자의 행위가 부패함이었더라 ^{13}하나님이 노아에게 이르시되 모든 혈육 있는 자의 포악함이 땅에 가득하므로 그 끝날이 내 앞에 이르렀으니 내가 그들을 땅과 함께 멸하리라

이 구절에서 우리가 주목할 단어는 '부패'와 '포악'이다. '부패하다'의 말이 세 번 나오고, '포악함'이 두 번 나온다.

탐욕스런 인간들이 사는 세상, 즉 "하나님이 보신즉 땅이 부패하였으니(샤하트) 이는 땅에서 모든 혈육 있는 자의 행위가 부패함이었더라"(12절)고 하였다. 부패하다는 것은 썩었다는 것이다. 모든 인간들이 다 타락했다는 것이다. 이것은 인간들이 욕망에 사로잡혀서 산다는 것을 의미한다. 그들은 탐욕스러운 자들이고, 그 탐욕을 채우기 위해 주저하지 않고 갖가지 악독한 짓을 저지른다는 것이다. 그래서 이 세상은 "모든 혈육 있는 자의 포악함(하마스)이 땅에 가득"(13절)해서 볼 장 다 본 지경이 되었다.

11절에서 알 수 있듯이, 탐욕은 인간을 부패하게 하고, 그것은 포악함으로 이어진다. 특히 본문은 신적인 존재들이 갖는 세속적인 욕망, 그 저급한 탐욕의 전 지구적 확산에 주목하게 한다. 이것은 결국 하나님의 전 지구적 심판을 촉발한다. 본문은 신적인 심판 외에 인간의 욕망을 중지시킬 것이 아무것도 없음을 여실히 보여준다. 그래서 욕망은 신적이며 영적이어서 결국 하나님의 심판을 촉발한다. 창세기 8장 20-22절을 보면, 이런 부패와 포악은 하나님도 어쩔 수 없는 것으로 나타난다.

> [20]노아가 여호와께 제단을 쌓고 모든 정결한 짐승과 모든 정결한 새 중에서 제물을 취하여 번제로 제단에 드렸더니 [21]여호와께서 그 향기를 받으시고 그 중심에 이르시되 내가 다시는 사람으로 말미암아 땅을 저주하지 아니하리니 이는 사람의 마음이 계획하는 바가 어려서부터 악함이라 내가 전에 행한 것같이 모든 생물을 다시 멸하지 아니하리니 [22]땅이 있을 동안에는 심음과 거둠과 추위와 더위와 여름과 겨울과 낮과 밤이 쉬지 아니하리라

8장 21절을 6장 5-7절과 비교해 보면, 현실은 동일한데 거기에 대해 하나님이 대응하시는 방식이 달라졌음을 알 수 있다. 6장 5-7절에서는 인간들이 악하기 때문에 그들을 진멸하시겠다는 것이고, 8장 21절에서는 인간들이 원래 악하기 때문에 그냥 그대로 내버려두시겠다는 것이다. 여기에 대해서는 8장을 다루면서 더 자세히 살펴보기로 하자.

수한(壽限, 창 6:3)

여호와께서 이르시되 나의 영이 영원히 사람과 함께하지 아니하리니 이는

그들이 육신이 됨이라 그러나 그들의 날은 백이십 년이 되리라 하시니라

　하나님의 아들들이 사람의 딸들을 아내로 삼았다는 말에 이어서 하나님은 인간들이 앞으로 120세까지 살 것이라고 말씀하신다. 우리는 이 구절을 읽으면서 이러한 수명 단축이 1-2절로 인한 벌이라고 생각한다. 그런데 창세기 6장 1-4절까지는 아무런 문제가 없다. 문제는 5절에서 발생한다. 사람 수가 (아마도 급속히) 증가하면서 인간사회가 복잡해지고, 그러면서 많은 문제가 발생했던 것으로 보인다. 4절은 하나님의 아들들과 사람의 딸들이 결합해서 고대에 유명한 영웅들이 태어났다고 말한다.

　이러한 문맥에서 생각한다면, 3절을 하나님이 내리신 벌로 보는 것은 그리 타당치 않은 듯하다. 문장을 꼼꼼하게 살펴보자. 3절은 두 구절로 나뉜다. 첫 구절은 하나님의 영이 사람에게 영원히 거하는 것이 아니라는 것이고, 둘째 구절은 인간 수명이 120년이라는 것이다. 개역성경은 이 두 구절을 '그러나'라는 접속사로 연결한다.

　첫 구절을 살펴보자. 하나님은 인간이 영원히 사는 것이 아님을 말씀하신다. 이것은 새로운 사실이 아니다. 우리는 이미 인간들이 제 수명을 누리고 세상을 떠났다는 이야기를 창세기 5장에서 거듭 들었기 때문이다. 마치 인간이 영원히 살 수 있었는데, 죄를 지어서 수명이 유한해진 것으로 이해하면 안 된다. 그리고 개역성경은 "이는 그들이 육신이 됨이라"로 번역함으로써, 어떤 영적인 존재에서 육적인 존재로 추락했기 때문에 하나님의 영이 사람들에게 영원히 머물지 않는 것으로 생각하게 만든다. 그런데 본문을 직역하면, '그가 육체이기 때문에'이다. 그러니까 사람은 원래 흙에서 지음 받은 몸이고, 거기에 하나님이 생명의 기운을 불어넣으셔서 사는 존재라는 사실을 하나님이 다시 확인하는 것이다. 하나님은 3장 19절에서 이미 인간들이 땅에서 취한 흙으로 만들어진 존재이기 때문에, 즉 인

간이 흙이기 때문에 다시 흙으로 돌아갈 것이라고 말씀하신다. 그렇기 때문에 하나님의 영이 인간에게 영원히 머물지 않는다, 즉 인간이 언젠가는 죽는다는 사실은 전혀 새로운 게 아니라는 것이다. 창세기 5장에서 그토록 지겹게 이야기한 엄연한 사실, 즉 인간은 몸으로 사는 존재이고, 언젠가는 죽을 수밖에 없다는 사실을 다시 확인하는 것이다.

그리고 둘째 구절도 부정적으로 이해하기 쉬운데, 개역개정판이 '그러나'라는 접속사로 앞뒤 구절을 잇는 것은 매우 적절하다고 생각한다. 인간은 영원히 살 수 없지만, 그렇다고 해서 얼마 살지도 못하고 죽는 것은 아니라는 것이다. 최소 120년은 살 것을 약속하는 것이다. 물론 창세기 5장을 보면, 인간들이 대개 700세 이상을 살고, 969세까지 산 사람도 있으니까 거기에 비하면, 120세는 아이들 나이라고 볼 수 있지만, 에녹 이야기에서 살펴본 대로 수명 단축이 반드시 벌은 아니라는 것을 알아야 한다.

인간은 몸으로 태어나서 하나님이 주신 생명의 기운에 힘입어 이 세상을 산다. 그러다가 생명의 기운이 끊어지면, 즉 제 수한을 다 누리면 육신이기 때문에 흙으로 돌아갈 수밖에 없다. 창세기 6장 3절은 이것을 우리에게 알려준다. 하나님의 아들들과 사람의 딸들이 결혼해서 아무리 위대한 영웅들이 탄생했다고 해도 모두 나이 들어 죽는다는 것이다.

의인 노아(창 6:8)

그러나 노아는 여호와께 은혜를 입었더라

우리는 창세기 6장 1-7절을 이미 읽었기 때문에 그 심각한 내용을 다 안다. 특히 7절에는 하나님이 인간을 비롯해서 모든 것을 다 없애버리겠다고 말씀하시는 대단히 충격적인 장면이 나온다. 그렇기 때문에 그다음에 바로 나오는 "그러나"라는 말은 우리가 주목하기에 충분하다. "그러나"는 앞에서 말한 것과는 전혀 다른 이야기를 하려고 할 때 사용하는 접속사이기 때문이다. "그러나"는 하나님이 진멸을 말씀하시는 심각한 상황을 완전히 뒤집어놓지는 않지만, 그래도 거기서 조금이라도 벗어날 수 있는 가능성을 열어준다.

"그러나"에 이어 우리는 "노아"라는 이름을 듣고 5장 29절로 돌아간다. 라멕이 아들을 낳고 "노아"라고 이름을 짓는 그 장면으로 돌아간다. '노아'는 '안식', '쉼'을 의미한다. 우리는 이름에 담긴 그 당시 사람들의 간절한 염원을 앞에서 살펴보았다. 그들은 안식하기를, 고된 일에서 쉴 수 있기를 열망했다. 라멕도 그런 소망을 담아서 아들 이름을 '노아'라고 지은 것이다.

그러니 '노아'라는 이름은 노아 자신에게는 매우 부담스러운 이름일 수밖에 없다. 부모가 잔뜩 기대하고 지어놓은 이름이니 얼마나 부담스러웠겠는가. 그러면 이런 부담을 안고 태어난 노아는 어떤 삶을 살았을까? 본문을 통해서 살펴보자.

8절은 노아가 여호와께 은혜를 입었다고 하는데, 이것은 무엇을 의미하는가? 여호와께 은혜를 입었다는 것은 여호와께서 노아를 잘 보셨다는 것이다. 이것은 노아가 하나님 마음에 들었다는 것을 의미한다. 당시 모든 사람들이 온통 악한 생각만 하고 폭력을 저지르는 그 시대에, 노아는 어떻게 하나님 눈에 들 수 있었을까? 9절은 노아를 이렇게 소개한다.

> 노아는 의인이요 당대에 완전한 자라 그는 하나님과 동행하였으며[1]

---

1) 성서 기자는 에녹과 노아만 '하나님과 동행했다'고 평가한다. 이것을 순종과 연결시키기도 하지만, 실제로는 신적인 비밀을 아는 특권을 가리킨다.[Walter Brueggemann, *Genesis-A Bible Commentary for Teaching and Preaching* (Atlanta: John Knox Press, 1982), 68.]

노아는

1. 의인(찻디크)
2. 그 시대에 완전한 자(타밈)
3. 하나님과 동행하는 자이다

이것은 듣기 힘든 최대의 평가이며 찬사이다. '의인'은 바르게 사는 사람, 법을 어기지 않는 사람, 다른 사람들에게 관대한 사람을 가리키기 때문에, '의인'이라는 말만 들어도 좋을 것이다. 그런데 그를 가리켜 그 시대에 완전한 자라고 한다. 인품이 완전무결해서 존경받을 만하다는 의미일 것이다. 그러면서 노아가 하나님과 동행했다고 말한다. 이것은 노아가 하나님 뜻대로 살기 위해 애썼다는 것을 의미한다. '하나님과 동행했다'는 말을 우리는 5장 22절에서 이미 들었다. 에녹이 하나님과 동행했다. 다른 사람들은 모두 제 뜻대로, 제 욕심대로 사는데, 그래서 이 세상이 이전투구(泥田鬪狗: 진흙밭에서 싸우는 개)의 장이 되었는데, 노아만큼은 하나님이 원하시는 대로 살았다는 것이다. 이것을 성서는 '하나님과 동행한다'고 한다.

이렇게 살았으니 노아가 하나님 눈에 띄지 않을 리 없었을 것이고, 하나님이 그를 사랑스럽고 은혜롭게 바라보지 않을 수 없었을 것이다. 하나님은 창세기 7장 1절에서 노아가 어떤 사람인지를 다시 말씀하신다.

> 여호와께서 노아에게 이르시되 너와 네 온 집은 방주로 들어가라 이 세대에서 네가 내 앞에 의로움(찻디크)을 내가 보았음이니라

하나님은 노아가 하나님 앞에서 바르게 살기 위해 얼마나 애쓰는지를 잘 알고 계셨다. 그런 노아를 하나님은 '의인'이라고 부르신다.

히브리서 11장 7절은 노아를 이렇게 평가한다.

> 믿음으로 노아는 아직 보이지 않는 일에 경고하심을 받아 경외함으로 방주를 준비하여 그 집을 구원하였으니 이로 말미암아 세상을 정죄하고 믿음을 따르는 의의 상속자가 되었느니라

히브리서 기자는 노아가 아직 일어나지 않은 일에 대한 하나님의 말씀을 믿고 그 말씀대로 행했다는 사실에 주목한다. 노아는 이렇게 하나님을 믿고 하나님과 동행함으로써 '의의 상속자'가 되었다고 말한다. 하나님을 향한 강하고 담대한 믿음이 없었다면, 노아는 그 시대에 의인으로 살 수 없었을 것이다. 창세기 6장은 이렇게 끝난다.

> ²²노아가 그와 같이 하여 하나님이 자기에게 명하신 대로 다 준행하였더라

히브리어를 직역하면 이렇다.

> 노아는 하나님이 그에게 명령하신 모든 것을 그대로 했다. 그는 그렇게 했다.

우리는 이 구절을 통해서 노아가 하나님 말씀을 준행하기 위해 얼마나 애썼는지를 짐작할 수 있다.

창세기 7장 5절도 "노아가 여호와께서 자기에게 명하신 대로 다 준행하였더라"고 말한다. 노아가 하나님께 은혜를 입고 의인으로 불린 까닭은 이렇듯 하나님 말씀대로 살기 위해 애썼기 때문인데, 그 악한 시대에 그렇게 살기가 결코 쉬운 일이 아니었을 것이다. 하지만 성서는 "의인은 고난이 많으나 여호와께서 그의 모든 고난에서 건지

시는도다"(시 34:19)라고 말씀하신다.

생명 보존(창 6:20)

*19*혈육 있는 모든 생물을 너는 각기 암수 한 쌍씩 방주로 이끌어 들여 너와 함께 생명을 보존하게 하되 *20*새가 그 종류대로, 가축이 그 종류대로, 땅에 기는 모든 것이 그 종류대로 각기 둘씩 네게로 나아오리니 그 생명을 보존하게 하라

본문은 노아 시대 대홍수가 일어나기 직전 상황을 우리에게 보여준다. 하나님은 모든 생물들을 암수 한 쌍씩 방주로 데려오라고 노아에게 명령하신다. 그러면서 "너와 함께 생명을 보존하라"고 말씀하신다. 생명 보존, 하나님은 19절과 20절에서 이 말씀을 두 번이나 하신다. 이것은 그만큼 짐승들의 생명 보존을 하나님이 강조하시는 것을 보여준다. 그런데 생명보존이라는 말은 노아시대 대홍수와는 전혀 어울리지 않는 듯하다. 대홍수는 "무릇 생명의 기운이 있는 모든 육체를 천하에서 멸절하리니 땅에 있는 것들을 다 죽이기"(17절) 위한 것이기 때문이다. 모든 생명체를 다 없애버리려는 것이 대홍수의 목적이다. 달리 말하면, 대홍수는 수많은 생명들을 죽음으로 몰고 간 엄청난 재난이었다는 것이다.

우리가 노아시대 대홍수 이야기를 비롯해서 여러 가지 재난에 대한 이야기를 읽으면서 느끼는 것은, 하나님은 매우 잔인한 신이라는 것이다. 엄청난 재난을 통해서 인간들을 비롯한 수많은 생명체를 진멸시키셨기 때문이다. 대홍수 자체를 인간들이 저지른 범죄에 대해 하나님이 내리시는 징벌이라고 생각하는 것이다. 그리고 이야기의 초점을 여기에 맞춘다. 물론 대재난에 대한 이러한 이해는 성서에 근거한다. 성서가 대재난을 죄에 대한 징벌이라고 말하기 때문이다.

그런데 이것은 대재난에 대한 성서기자의 해석일 가능성이 크다는 것을 고려해야 한다. 그렇다면 본문에서 우리가 초점을 맞추어야 할 것이 달라진다. 대재난이 하나님이 인간에게 내리신 심판이라는 것에 초점을 맞추지 않고, 오히려 인간들이 저지른 죄에 초점을 맞추고, 그러한 죄로 인해서 인간들이 자신들뿐만 아니라 이 땅에서 그들과 함께 거하는 다른 생명체들까지 위험에 처하게 했다는 사실에 초점을 맞추어야 한다.

그러면 우리 하나님은 이 세상 모든 생명체들을 진멸하시는 무자비한 신이라는 누명을 벗을 수 있다. 그리고 하나님이 노아와 그 가족들에게 은혜를 베푸시고(6:8), 그들 생명을 구해 주시고, 그들뿐만 아니라 짐승들의 생명까지 보존하시는 것에 초점을 맞출 수 있다.

인간들 때문에 다른 생명체들이 목숨을 잃는 위험에 처하기도 하고, 위험에 처한 다른 생명체들이 인간들로 인해서 목숨을 보존하기도 하는 것이다.

그런데 인간들이 스스로 다른 생명체들을 구하는 것이 아니다. 하나님이 그들에게 명령하시기 때문에 인간들이 다른 생명체들을 구하는 것이다. 하나님은 노아 가족에게 양식을 준비하게 하시는데, 그 양식들은 인간들뿐만 아니라 짐승들을 위한 것이기도 하다(21절). 이처럼 하나님은 짐승들까지 세심하게 살피신다. 생명이 위태로운 상황 속에서 생명 보존을 위해 일하시는 하나님, 이것이 바로 본문이 우리에게 들려주는 메시지다.

테홈(창 7:11 b)

큰 깊음의 샘들이 터지며 하늘의 창문들이 열려

이 구절에 주목하는 까닭은 이 구절이 원래 산문(散文)이 아니라

운문(韻文)이기 때문이다.

> 큰 깊음의 샘들이 터지며
> 하늘의 창문들이 열려

그리고 개역성경은 이 구절을 앞 구절, 뒷 구절과 연결시켜 번역하는데, 독립문장으로 분리해서 번역해야 한다. 그래서 히브리어 원문대로 하면 이렇다.

> 큰 깊음의 샘들이 터지고
> 하늘의 창문들이 열렸도다

이 구절은 어디에서 인용했을 가능성이 크다. 누군가가 태고적 홍수사건에 대해 서사적으로 읊은 시에서 본문 기자가 이 구절을 인용했을 것으로 보인다.

그리고 이 구절이 시적 표현이라는 사실에 주목한다면, 우리가 이 구절을 해석할 때 이 구절이 은유적 표현이라는 점을 고려해야 한다. 물론 당시의 우주관이나 세계관이 반영되었겠지만, 궁극적으로 이 구절은 비가 엄청나게 쏟아졌다는 것을 말하려고 한다는 것이다. 우리도 비가 많이 올 때 "하늘이 뚫렸나?"라고 하지 않는가.

그리고 이 구절은 예로부터 전래되었을 가능성이 크다. "큰 깊음"에서 '깊음'(테홈)이라는 단어는 우리를 창세기 1장 2절로 데려간다.

> 땅이 혼돈하고 공허하며 흑암이 깊음 위에 있고 하나님의 영은 수면
> 위에 운행하시니라

여기서 "깊음"이 바로 '테홈'이다. '테홈'은 매우 신화적인 단어이

다. 예전에 많은 학자들이 이 단어를 바벨론 신화에 나오는 여신 '티아맛'과 연결하려고 했다. 여기서 '테홈'은 혼돈하고 공허한 것을 가장 잘 드러내주는 말이다. 이 세상이 물로 가득 찼다는 것이다. 그런데 그 물을 하나님이 궁창을 만드신 다음, 궁창 위와 궁창 아래로 나누셨다. 그러니 옛 우주관에서는 궁창 위와 궁창 아래에 엄청난 물이 있는 것이다.

그러나 우리가 다시 이 구절이 운문임을 상기한다면, 엄청난 홍수가 나서 결국 이 세상이 테홈, 즉 혼돈하고 공허하게 되었음을 말하는 것으로 해석해야 할 것이다.

150일 간의 고독(창 7:24)

물이 백오십 일을 땅에 넘쳤더라

물이 백오십 일을 땅에 넘쳤다는 것은 노아 가족들이 방주를 타고 150일 이상을 이곳저곳을 떠다니며 살았다는 것을 의미한다. (홍수 기간 계산은 창세기 8장 4절을 다루면서 하겠다.) 물론 엄청난 홍수, 즉 땅 깊은 곳에서 물이 솟구치고 하늘에서 물이 쏟아져 내려서 온 땅을 뒤덮은 상황에서 방주는 생명선이었다. 당시 상황을 성서는 이렇게 말한다.

[21]땅 위에 움직이는 생물이 다 죽었으니(와이익와) 곧 새와 가축과 들짐승과 땅에 기는 모든 것과 모든 사람이라 [22]육지에 있어 그 코에 생명의 기운의 숨이 있는 것은 다 죽었더라(메투) [23]지면의 모든 생물을 쓸어버리시니 곧 사람과 가축과 기는 것과 공중의 새까지라 이들은 땅에서 쓸어버림을 당하였으되(와이임마후) 오직 노아와 그와 함께 방주에 있던 자들만 남았더라

21절의 '가와'는 6장 17절에도 나왔는데, '소멸하다'(to perish)의 의미를 갖는다. 22절의 '메투'는 '죽다'의 의미를 갖는다. 그리고 23절의 '마하'는 '진멸하다'의 의미를 갖는다. 이렇게 다양한 단어들을 통해 같은 말을 세 번씩 반복하면서 본문 기자는 이 세상에 생명체는 하나도 남지 않았음을 강조한다. '오직'(아크) 노아 가족만 남았다.

아무것도 없고 오직 노아 가족만 남은 상황, 즉 모든 생명체가 다 죽은 상황에 노아 가족만 살아남았다는 것은 그들이 구원받았다는 것을 의미할 뿐만 아니라, 세상 천지에 그들밖에 없는 매우 고독하고 비참한 상황을 가리킨다. 그러니 150일 동안 그들은 아무도 없는 이 세상을 이곳저곳 정처 없이 떠다닌 것이다. 이 얼마나 힘겨운 일이었겠는가? 모든 것이 다 사라지고 오로지 그들만 남은 상황, 얼마나 공포스러운 일인가. 그러니 그들은 방주에서 지낸 기간을 한편으로는 은총으로, 다른 한편으로는 끔찍함으로 기억할 것이다.

기억과 바람(창 8:1)

> 하나님이 노아와 그와 함께 방주에 있는 모든 들짐승과 가축을 기억하사
> 하나님이 바람을 땅 위에 불게 하시매 물이 줄어들었고

창세기 8장은 매우 중요한 단어로 시작한다. 그것은 '기억하다'[자카르(זכר)]이다. 히브리어 어순으로는 '기억하셨다, 하나님이'기 때문에, '자카르'가 맨 앞에 나온다. 하나님의 기억하심은 사건을 일으킨다. 그것은 바로 새로운 삶을 주시는 사건이다. 하나님은 물 위를 정처 없이 떠다니는 노아 가족과 동물들을 기억하셨다. 이것은 하나님이 그동안 그들을 잊고 계셨다는 의미는 아니다. 하나님이 홍수 이후 시대를 시작하시려는 의지를 보여주는 말이다. 하나님은 아브라함을 기억하시고 롯의 가족에게 새로운 삶을 주신다.

하나님이 그 지역의 성을 멸하실 때 곧 롯이 거주하는 성을 엎으실 때에 하나님이 아브라함을 생각하사(자카르) 롯을 그 엎으시는 중에서 내보내셨더라

하나님이 아브라함을 생각하셔서 롯의 가족들을 재앙 가운데서 구출하셨다는 것이다. 그리고 하나님은 애굽에서 고통당하는 이스라엘 백성들을 기억하시고 그들에게 새로운 삶을 주신다. 출애굽기 2장을 보자.

> [24]하나님이 그들의 고통 소리를 들으시고 하나님이 아브라함과 이삭과 야곱에게 세운 그의 언약을 기억하사(자카르) [25]하나님이 이스라엘 자손을 돌보셨고(라아) 하나님이 그들을 기억하셨더라(야다)

하나님의 기억하심과 돌보심이 이스라엘 백성을 출애굽시키는 놀라운 역사를 만들어내는 것이다. 그래서 '하나님의 기억하심'은 매우 중요하다.

하나님은 노아 가족과 동물들이 겪는 고통을 아셨을 것이다. 그들이 답답한 방주 속에서 얼마나 고생하는지 아셨을 것이다. 이 세상 천지에 자신들만 남았다는 고독감으로 그들이 얼마나 힘겨워하는지 아셨을 것이다. 이렇게 사람과 짐승들을 배려하시는 하나님, 그것을 성서는 '기억하다'라는 말로 표현한다.

하나님은 우리를 기억하시는 분이다. 우리가 어떤 상황에 처해 있는지, 우리가 어떤 고통을 당하는지, 우리가 어떤 심정으로 사는지 하나님은 다 헤아리고 계신다. 그리고 우리를 그냥 버려두지 않으시고 우리를 기억하시고 새로운 삶을 주신다.

그런데 여기서 우리가 간과하지 말아야 할 것은 하나님이 노아만 기억하신 것이 아니라는 사실이다. 본문을 다시 읽어보자.

하나님이 노아와 그와 함께 방주에 있는 모든 들짐승과 가축을 기
억하사

하나님은 노아뿐만 아니고 방주에 있는 모든 짐승들도 기억하셨
다. 이것은 매우 중요한 의미를 갖는다. 하나님의 기억하심이 인간뿐
만 아니라 짐승들에게까지 미친다는 사실은 우리에게 많은 깨우침
을 준다. 앞으로 살펴보겠지만, 하나님은 홍수 후에 노아뿐만 아니
고 모든 것들과 더불어 계약을 맺는다.

⁹내가 내 언약을 너희와 너희 후손과 ¹⁰너희와 함께한 모든 생물 곧 너
희와 함께한 새와 가축과 땅의 모든 생물에게 세우리니 방주에서 나온
모든 것 곧 땅의 모든 짐승에게니라 ¹¹내가 너희와 언약을 세우리니 다
시는 모든 생물을 홍수로 멸하지 아니할 것이라 땅을 멸할 홍수가 다시
있지 아니하리라 ¹²하나님이 이르시되 내가 나와 너희와 및 너희와 함
께하는 모든 생물 사이에 대대로 영원히 세우는 언약의 증거는 이것이
니라 ¹³내가 내 무지개를 구름 속에 두었나니 이것이 나와 세상 사이의
언약의 증거니라 ¹⁴내가 구름으로 땅을 덮을 때에 무지개가 구름 속에
나타나면 ¹⁵내가 나와 너희와 및 육체를 가진 모든 생물 사이의 내 언
약을 기억하리니 다시는 물이 모든 육체를 멸하는 홍수가 되지 아니할
지라 ¹⁶무지개가 구름 사이에 있으리니 내가 보고 나 하나님과 모든 육
체를 가진 땅의 모든 생물 사이의 영원한 언약을 기억하리라 ¹⁷하나님
이 노아에게 또 이르시되 내가 나와 땅에 있는 모든 생물 사이에 세운
언약의 증거가 이것이라 하셨더라

이 구절들을 앞으로 더 자세히 살펴보겠지만, 여기서 우리가 보
는 것처럼 하나님이 모든 생물들과 계약을 맺으신 것을 거듭 강조하
신다. 하나님은 인간뿐만 아니고 모든 생물들을 다 기억하시고 사랑

하신다는 사실을 우리에게 알려주고, 우리가 그들과 어떻게 상생하며 이 땅에서 살아야 할지를 생각게 한다.

본문에서 두 번째로 중요한 단어는 '바람'(루아흐)이다. 우리가 이미 살펴본 대로 하나님은 숨(루아흐)쉬는 모든 생명체를 다 진멸하셨다. 그런데 이제 바람(루아흐)을 불게 하셔서 물을 줄어들게 하신다. 그래서 이 바람은 새로운 삶을 의미한다. 하나님이 바람을 불게 하셔서 물이 줄어들게 하시듯, 그래서 홍수 이후의 삶을 예비하시듯, 우리 삶에도 새로운 바람을 불게 해주셔서 새로운 삶을 예비하신다. 하나님이 바람을 불게 하셔서 물이 줄어들게 하시는 것은 이스라엘 백성이 출애굽하는 장면에서도 나타난다. 출애굽기 14장 21절을 보자.

> 모세가 바다 위로 손을 내밀매 여호와께서 큰 동풍(루아흐 카딤)이 밤새도록 바닷물을 물러가게 하시니 물이 갈라져 바다가 마른 땅이 된지라

하나님은 혼돈으로 가득한 세상에 바람을 불게 하셔서 새로운 역사를 만드신다. 태초에 세상을 만드실 때도 하나님은 테홈 위에 바람을 불게 하셨다. 창세기 1장 2절을 다시 보자.

> 땅이 혼돈하고 공허하며 흑암이 깊음 위에 있고 하나님의 영(루아흐 엘로힘)은 수면 위에 운행하시니라

"하나님의 영"은 하나님의 바람이다. 그러니 어떤 주석가처럼 이 구절을 '물 위에 하나님의 바람이 불고 있었다'는 것으로 번역할 수 있을 것이다. 이 하나님의 바람으로 인해서 천지창조라는 놀라운 역사가 일어나는 것이다. 이처럼 하나님은 새로운 바람을 불게 하셔서 우리에게 새 삶을 주시는 분이다.

날짜 계산(창 8:4)

> 일곱째 달 곧 그 달 열이렛날에 방주가 아라랏 산에 머물렀으며

홍수 기간을 명확하게 계산하기가 쉽지는 않지만 성서에 나오는 날짜들로 계산해 보자.

1. 40일 동안 비가 내렸다(600년 2월 17일, 창 7:11).
2. 150일 동안 물이 창일했다(창 7:24).
3. 150일 동안 물이 줄어들었다(600년 7월 17일, 창 8:3, 4).
4. 산봉우리가 드러났다(600년 10월 1일, 창 8:5).
5. 40일이 지나서 까마귀를 내놓았다(창 8:6, 600년 11월 11일경).
6. 7일이 지나서 비둘기를 내놓았다(창 8:10, 600년 11월 18일경).
7. 7일이 지나서 비둘기를 다시 내놓았다(창 8:12, 600년 11월 25일경).
8. 물이 다 걷혔다(601년 1월 1일, 창 8:13).
9. 물이 다 말랐다(601년 2월 27일, 창 8:14).

우선 홍수가 시작된 때부터 물이 다 말라서 노아 가족들이 방주에서 나온 때까지 기간은 600년 2월 17일부터 601년 2월 27일까지 1년 10일이다. 그러니까 375일이다. 여기서 문제는 2와 3이다. 즉 물이 창일한 기간과 물이 줄어든 기간이 동일하게 150일인데, 실제로는 이것이 같은 기간이기 때문이다. 그리고 처음 비가 내린 때부터 물이 줄어들 때까지 기간은 600년 2월 17일부터 7월 17일까지, 즉 5개월이다. 150일이라는 것이다. 그러니 비가 내리는 40일도 150일에 포함되어야 한다. 150일이라는 기간 동안 비가 쏟아지고, 온 세상에 물이 가득 찼다가 서서히 줄어들었다는 것이다. 그래서 이곳저곳 떠다니던 방주가 아라랏 산봉우리에 닿았다. 그러나 물이 줄어들었지

만, 산봉우리가 드러나기까지는 또 2개월 반 정도를 기다려야 했다. 물이 다 걷히기까지 3개월을 더 기다려야 했고, 물이 다 마르기까지는 다시 1개월 26일, 거의 2달을 기다려야 했다. 그러니까 방주 안에 있던 기간은 375일이다. 이 기간 동안 방주 안에 있던 노아와 가족들, 그리고 짐승들은 물이 말라서 육지에 내리기를 기다리고 또 기다렸다.

총 375일 동안 방주에서 지낸다는 것은 결코 쉬운 일이 아니었을 것이다. 사람들도 그렇고 짐승들도 그렇고 어떻게 그 기간을 견뎌냈는지 모르겠다. 그들은 방주를 타고 150일 동안 이곳저곳을 떠다녔다.

> ¹⁷홍수가 땅에 사십 일 동안 계속된지라 물이 많아져 방주가 땅에서 떠올랐고 ¹⁸물이 더 많아져 땅에 넘치매 방주가 물 위에 떠다녔으며 ¹⁹물이 땅에 더욱 넘치매 천하의 높은 산이 다 잠겼더니 ²⁰물이 불어서 십오 규빗이나 오르니 산들이 잠긴지라

정한 목적지가 있는 것도 아니고, 가야 할 곳이 있는 것도 아니다. 그저 물 위에서 정처 없이 방향도 모른 채 그냥 떠다니는 것이다. 어떤 목적지를 향해서 간다고 하면 여러 가지 어려움을 당한다고 해도 그곳까지 가기 위해 참고 이겨내려고 하겠지만, 그런 목적지도 없고, 언제 물이 걷힐지도 모르는 상황에서 150일을 떠다니는 것은 정말 힘겨운 일이었을 것이다. 목적지 없는 떠돎이라고 해도 산천을 보고 사람들을 보면서 떠도는 것도 아니다. 방주 안에 갇혀서 한 발짝도 밖으로 나올 수 없는 상황에서 떠다니는 것은 견뎌내기 힘든 일이다. 그것을 견뎌냈다는 것이 참으로 대단하게 보인다.

그러다 물이 줄어서 아라랏 산에 머물렀다. 그런데 여기서 '머무르다'로 번역한 히브리어 단어가 '타나흐'인데, 이 단어는 '노아'의 동사형이다. 그러니까 방주가 아라랏 산봉우리에 머물렀다는 것은 정처 없

이 떠다니던 방주가 이제 안착해서 쉴 수 있게 되었다는 것이다. 떠돎을 멈출 수 있다는 것만으로도 그들은 위안을 얻었을 것이다.

그렇다고 그들이 바로 방주에서 나온 것은 아니다. 그들이 방주에서 나오기까지는 떠다니던 것보다 더 많은 시간을 방주에서 보내야 했다. 그들은 앞으로도 225일 동안 방주에 머물러야 한다. 225일이 더 지나고 땅이 완전히 마른 다음에야 그들은 방주에서 나올 수 있었다.

다시 시작하는 삶(창 8:20-22)

[20]노아가 여호와께 제단을 쌓고 모든 정결한 짐승과 모든 정결한 새 중에서 제물을 취하여 번제로 제단에 드렸더니 [21]여호와께서 그 향기를 받으시고 그 중심에 이르시되 내가 다시는 사람으로 말미암아 땅을 저주하지 아니하리니 이는 사람의 마음이 계획하는 바가 어려서부터 악함이라 내가 전에 행한 것같이 모든 생물을 다시 멸하지 아니하리니 [22]땅이 있을 동안에는 심음과 거둠과 추위와 더위와 여름과 겨울과 낮과 밤이 쉬지 아니하리라

노아 가족과 생물들이 방주에서 나오면서 그 엄청난 대홍수 사건이 끝난다. 오랜 동안 방주에 갇혀서 생활했기 때문에 그들은 서둘러서 방주 밖으로 나왔을 것으로 생각하기 쉽다. 아무리 방주가 넓고 크다고 해도 밀폐된 공간에서 오랜 시간을 지낸다는 것은 정말 어려운 일이었을 것이다. 언젠가 미국 펜실베이니아 밀레니엄 극장에서 본 노아의 방주에서 방주 안에서 가족들이 서로 다투는 장면을 공감하면서 봤는데 그럴 가능성이 크다. 그러니 방주에서 나가기를 얼마나 기다렸을 것인지 짐작할 수 있다. 그야말로 학수고대(鶴首苦待)했을 것이다.

그러나 방주에서 나온 노아 가족들이 본 세상은 어떠했을까? 실제로 어떠했는지 알 수 없지만, 추측하건대 끔찍했을 것이다. 물난리가 난 다음 상태를 생각해 보라. 온갖 쓰레기들로 뒤덮이고, 거기다 온갖 생물의 시체들이 여기저기에 널려 있고, 그것들이 썩어서 냄새를 풍기는 상황을 생각하면 정말 방주에서 나가기가 쉽지 않았을 것이다. 물론 방주도 냄새로 가득 차서 숨쉬기도 어려웠겠지만 말이다. 그리고 땅은 온통 황무지처럼 되었을 것이다. 살아있는 것이라곤 아무것도 없는 그 황량한 곳을 바라보는 그들의 심경이 어떠했을까?

그런데 노아와 그 가족들은 우리를 감동케 한다. 노아는 방주에서 나와 곧바로 하나님께 제사를 드렸다. 그들은 그 황량한 모습에 넋을 잃지 않았다. 그들은 방주에서 나와 무엇을 먼저 해야 할 것인지를 명확하게 알았다. 그들은 방주에서 나오자 제일 먼저 제단을 쌓았다. 그리고 정결한 짐승들을 제물로 삼아 하나님께 제사를 드렸다. 신앙 좋은 사람들이야 당연한 일이라고 생각하겠지만, 당시의 정황을 고려하면 정말 대단한 사람들이다.

이렇게 제사를 드리는 것으로 그들은 새로운 삶을 시작한다. 하나님은 그 제사를 받으셨다. 그리고 속으로 말씀하신다. 이것은 매우 흥미로운 부분인데, 하나님이 속으로 말씀하시는 것을 본문의 기자가 어떻게 알았느냐는 것이다. 성서를 읽다 보면, 등장인물이 속으로 하는 말을 직접화법으로 들려주는 경우가 있는데, 그 구절을 읽으면서 항상 느끼는 것은 도대체 본문의 기자는 등장인물의 마음속을 어떻게 알았느냐는 것이다. 이것은 문학적인 측면이 강하다고 보아야 할 것이다. 하나님이 하시는 말씀은 다시는 생물들을 멸하지 않으시겠다는 것이다. 하나님은 이것을 여러 차례 강력하게 말씀하신다. 그런데 하나님이 이렇게 말씀하시는 근거로 제시하는 것은 인간들이 생각하는 것이 어려서부터 악하기 때문이라는 것이다. 이것이 앞에서 인간을 비롯한 모든 생물들을 멸한 이유였다. 그런데 동일한 이유로 홍수 이후 하나님은 정반대되는 결정을 내리신다.

여기서도 중요한 것은 하나님이 인간을 비롯한 생물들이 진멸당하는 것을 원치 않으신다는 것이다. 그리고 인간과 생물들이 함께 사는 이 땅에는 계절 변화가 끊임없이 일어날 것이라고 말한다(22절). 22절은 운문이다.

> 땅이 있을 동안에는
> 심음과 거둠과
> 추위와 더위와
> 여름과 겨울과
> 낮과 밤이
> 쉬지 아니하리라

이 구절은 이 세상이 어떤 곳이며, 인간과 생물들이 이 땅에서 어떻게 살아야 할 것인지를 알려준다. 그들은 이 땅에서 최선을 다해 살아야 한다. 이 땅에서 일어나는 여러 가지 자연현상들을 파악하고 그것들에 지혜롭게 대처해야 한다. 이 세상이 어떻게 움직이는지를 예의주시하면서 살아야 한다. 그리고 하나님이 그들에게 주신 수고로움, 즉 '잇차본'을 통해서 삶의 의미를 깨달아야 한다.

생명은 귀하다(창 9:1-7)

1 하나님이 노아와 그 아들들에게 복을 주시며 그들에게 이르시되 생육하고 번성하여 땅에 충만하라
2 땅의 모든 짐승과 공중의 모든 새와 땅에 기는 모든 것과 바다의 모든 물고기가 너희를 두려워하며 너희를 무서워하리니 이것들은 너희의 손

에 붙였음이니라

3 모든 산 동물은 너희의 먹을 것이 될지라 채소같이 내가 이것을 다 너희에게 주노라

4 그러나 고기를 그 생명 되는 피째 먹지 말 것이니라

5 내가 반드시 너희의 피 곧 너희의 생명의 피를 찾으리니 짐승이면 그 짐승에게서, 사람이나 사람의 형제면 그에게서 그의 생명을 찾으리라

6 다른 사람의 피를 흘리면 그 사람의 피도 흘릴 것이니 이는 하나님이 자기 형상대로 사람을 지으셨음이니라

7 너희는 생육하고 번성하며 땅에 가득하여 그중에서 번성하라 하셨더라

본문을 읽으면서 우리가 우선 주목하는 것은 하나님이 노아와 그 아들들에게 복을 주셨다는 것이다. 복의 내용은 "생육하고 번성하여 땅에 충만하라"는 것이다. 우리는 이 구절을 이미 창세기 1장에서 보았다. 하나님은 이 말씀을 사람에게도 하시지만, 짐승들에게도 하신다. 하나님은 모든 것들이 소멸하고 쇠퇴하는 것을 원치 않으신다. 그런데 본문을 보면, 복 주심으로 시작해서 복 주심으로 끝난다. 이것은 하나님이 우리 인간들을 얼마나 사랑하시는지를 보여준다. 하나님은 처음부터 끝까지 우리 삶이 복 받는 삶, 즉 생육하고 번성하고 땅에 충만한 삶을 살기 원하시는 것이다.

인간들에게 복을 주신 다음에 하나님은 모든 짐승들이 인간을 두려워할 것이라고 말씀하신다.

²땅의 모든 짐승과 공중의 모든 새와 땅에 기는 모든 것과 바다의 모든 물고기가 너희를 두려워하며(모라아켐←야레) 너희를 무서워하리니(힛테켐←힛타) 이것들은 너희의 손에 붙였음이니라(베야데켐 닛타누)

이 구절 앞부분은 매우 관용적인데, 비슷한 구절을 바로 앞에 있

는 창세기 8장 17절, 19절에서도 볼 수 있다.

> [15]하나님이 노아에게 말씀하여 이르시되 [16]너는 네 아내와 네 아들들과 네 며느리들과 함께 방주에서 나오고 [17]너와 함께한 모든 혈육 있는 생물 곧 새와 가축과 땅에 기는 모든 것을 다 이끌어내라 이것들이 땅에서 생육하고 땅에서 번성하리라 하시매 [18]노아가 그 아들들과 그의 아내와 그 며느리들과 함께 나왔고 [19]땅 위의 동물 곧 모든 짐승과 모든 기는 것과 모든 새도 그 종류대로 방주에서 나왔더라

우리는 이 구절 뒷부분을 잘 읽어야 하는데 자칫 오해할 소지가 있기 때문이다. 하나님은 인간을 제외한 모든 생명체들이 인간을 두려워하고 무서워하게 하고, 그것들을 인간들 손에 붙이시겠다고 말씀하신다. 이 구절은 신명기 2장 24-25절과 비슷하다.

> [24]너희는 일어나 행진하여 아르논 골짜기를 건너라 내가 헤스본 왕 아모리 사람 시혼과 그의 땅을 네 손에 넘겼은즉(나탓티 베야데카) 이제 더불어 싸워서 그 땅을 차지하라 [25]오늘부터 내가 천하 만민이 너를 무서워하며(파흐데카←파하드) 너를 두려워하게(이르아테카←야레) 하리니 그들이 네 명성을 듣고 떨며 너로 말미암아 근심하리라 하셨느니라

'두려워하다'의 의미를 갖는 '야레'가 공통적으로 나오고, 신명기 2장 25절에 나오는 '파하드'는 '힛타'와 같은 의미를 갖는다. 그리고 '손에 붙였다' 또는 '손에 넘겼다'는 말은 '적에게 패배케 하다'의 의미를 갖는 관용적인 표현이다(신 1:27, 2:30, 3:2, 3).

이것은 하나님이 창세기 1장 26-28절에서 이미 말씀하신 것처럼 인간들로 하여금 모든 것들을 다스리게 하신 것과 이어진다. 그런데 창세기 1장 26-28절이 '(짓)밟다'라는 강한 의미를 갖는 단어들('라

다와 '카바쉬')을 사용하기 때문에 독자들로 하여금 적대적이고 전투적인 상황을 연상케 하는데, 창세기 1장 26-28절을 통해서 하나님이 우리에게 말씀하시려는 것은 이 세상에서 일어나는 모든 어려움들을 이겨내고 이 세상을 잘 제어하라는 것이다. 결코 인간들이 다른 생명체들을 함부로 다루어도 좋다는 말씀이 아님을 기억해야 한다. 이것은 그다음 구절에서도 나타난다.

　3절은 하나님이 인간들로 하여금 짐승들과 식물들을 음식으로 삼게 하시는 말씀이다. 이 구절은 인간들이 앞으로 무엇을 먹고 살 것인지를 일러주시는 말씀인데, 채식뿐만 아니라 육식도 허용하신 것으로 볼 수 있다. 그런데 이것보다 더 중요한 것은 하나님이 여기에 단서를 붙이신다는 사실이다. 하나님은 짐승들을 잡아서 먹을 때, 절대로 피를 먹지 말라고 말씀하신다. 하나님은 피가 곧 생명이라고 말씀하신다. 그래서 아무리 짐승들이라고 해도, 인간들이 그것들을 잡아서 먹는다고 해도 그 짐승들 역시 고귀한 생명, 하나님이 주신 생명을 지닌 귀중한 생명체, 즉 '네페쉬 하이야'라는 사실을 잊지 말라는 것이다. 그들도 이 땅에서 인간과 동일하게, 생육하고 번성하고 땅에 충만해야 할 것들이기 때문이다.

　짐승들도 생명이 귀하기 때문에, 그래서 고대 사회에서 짐승들을 잡아서 신에게 제사를 드린 것이다. 짐승이 하찮아서 제물로 바친 것이 아니다. 역설적이긴 하지만 제사제도는 짐승들의 생명의 고귀함을 우리에게 알려준다. 이스라엘 백성들은 하나님이 하신 말씀을 지키기 위해서 짐승들을 제물로 바칠 때 모든 피를 다 빼고 제물로 드렸다. 제물에 남아있을지도 모르는 피 한 방울까지도 남기지 않기 위해서 피를 손으로 짜냈다고 한다.

　이렇게 피와 생명에 대해서 말씀하신 하나님은 생명, 즉 피를 함부로 흘린 자에게 반드시 피, 즉 생명을 요구하시겠다고 말씀하신다. 5절과 6절은 짐승들끼리, 그리고 사람들끼리 생명을 존중하라는 말씀으로 보이는데 이사야는 이렇게 말한다(사 66:3).

> 소를 잡아 드리는 것은 살인함과 다름이 없이 하고 어린 양으로 제사드리는 것은 개의 목을 꺾음과 다름이 없이 하며 드리는 예물은 돼지의 피와 다름이 없이 하고 분향하는 것은 우상을 찬송함과 다름이 없이 행하는 그들은 자기의 길을 택하며 그들의 마음은 가증한 것을 기뻐한즉

이것은 당시 사람들이 사람 죽이는 것을 마치 짐승 죽이는 것처럼 하고, 사람이나 짐승의 생명을 소중히 여기지 않고 하나님을 경외하는 마음도 없이 탐욕에 가득 차서 짐승들을 함부로 죽여서 제사드렸음을 알려주는데, 하나님은 그런 사람들을 냉혹하게 비판하신다. 모든 것을 만드시고, 생명을 주시고, 그들에게 복을 주시는 하나님은 모든 것의 생명을 귀하게 여기시고 이 땅에 있는 모든 것들이 생육하고 번성하고 충만하기를 원하신다.

영원한 언약(창 9:8-17)

> 9 내가 내 언약을 너희와 너희 후손과
> 10 너희와 함께한 모든 생물 곧 너희와 함께한 새와 가축과 땅의 모든 생물에게 세우리니 방주에서 나온 모든 것 곧 땅의 모든 짐승에게니라
> 11 내가 너희와 언약을 세우리니 다시는 모든 생물을 홍수로 멸하지 아니할 것이라 땅을 멸할 홍수가 다시 있지 아니하리라
> 12 하나님이 이르시되 내가 나와 너희와 및 너희와 함께하는 모든 생물 사이에 대대로 영원히 세우는 언약의 증거는 이것이니라
> 13 내가 내 무지개를 구름 속에 두었나니 이것이 나와 세상 사이의 언약의 증거니라
> 14 내가 구름으로 땅을 덮을 때에 무지개가 구름 속에 나타나면

15 내가 나와 너희와 및 육체를 가진 모든 생물 사이의 내 언약을 기억
하리니 다시는 물이 모든 육체를 멸하는 홍수가 되지 아니할지라
16 무지개가 구름 사이에 있으리니 내가 보고 나 하나님과 모든 육체를
가진 땅의 모든 생물 사이의 영원한 언약을 기억하리라
17 하나님이 노아에게 또 이르시되 내가 나와 땅에 있는 모든 생물 사이
에 세운 언약의 증거가 이것이라 하셨더라

우리가 본문에서 주목할 단어는 '언약'(베리트)이다. 이 단어는 본문에 모두 7번 나온다. '언약'(言約)은 법적인 용어인 '계약'(契約)이다. 성서를 보면, 하나님은 각 시대마다 인간들과 계약을 맺으신다. 인간과 계약을 맺는 것은 하나님이 일하시는 중요한 방식인데, 계약의 핵심은 바로 "나는 너희 하나님이고 너희는 내 백성이다"라는 구절에서 드러나듯이, 하나님과 인간 사이의 '관계성'이다. 하나님은 인간에게 누구이고, 인간은 하나님에게 누구인가를 명확하게 정의함으로써 하나님은 인간에게 무엇을 해야 하고, 인간은 하나님께 무엇을 해드려야 하는지를 규정하는 것이 바로 언약, 즉 계약이다.

하나님은 대홍수 사건 이후에 노아와 계약을 맺으신다. 그런데 여기서 특이한 것은 하나님이 노아뿐만 아니라 대홍수에서 살아남은 모든 생물들과 계약을 맺는다는 사실이다. 우리가 본문에서 주목해야 할 두 번째 단어는 바로 '생물'이다. 여기서 '생물'은 우리가 앞에서 살펴본 대로 '생명체', 즉 히브리어로 '네페쉬 하이야'이다. 그런데 그냥 '생물'이 아니고 "모든 생물"(콜-네페쉬 하이야)이다. 모든 생명체가 다 계약의 대상이라는 것이다. 이것은 계약을 인간 중심으로만 보는 관점을 거부한다. 물론 하나님은 주로 인간과 계약을 맺으신다. 그러나 본문은 "모든 생물"이라는 말을 여러 차례 반복하면서 하나님이 모든 생명체들과 계약을 맺으셨고, 모든 생명체들이 하나님의 계약 대상임을 명확하게 보여준다. 그래서 이 계약은 하나님이

모든 생물들과 맺으신 '영원한 언약', 불변하는 약속이라는 점에서 특별한 의미를 갖는다.

우리가 본문에서 보듯, 하나님은 인간뿐만 아니라 이 세상의 모든 생명체들과 언약을 맺으신다. 우리가 창세기 1장부터 읽으면서 확인하는 것은 하나님이 인간뿐만 아니라 모든 생명체들을 귀히 여기신다는 것이다. 그리고 하나님은 인간뿐만 아니라 모든 생명체들과 더불어서 역사를 만들어가신다.

그런데 하나님이 인간을 비롯해서 모든 생명체들과 맺으신 영원한 계약 내용은 무엇인가? 하나님은 그들을 다시는 진멸하지 않겠다고 말씀하시는데, 그것을 여러 번 맹세하고 또 맹세하신다. 하나님 스스로 다짐하시는 것이다. 그래서 우리가 본문에서 주목해야 할 세 번째 단어는 "(언약의) 증거"이다. '증거'(오트)는 12, 13, 17절에 모두 세 번 나오는데, 이것은 하나님의 결심이 얼마나 굳센지를 보여준다. 하나님은 이제 다시는 이 세상을 물로 심판하지 않으실 것이고, 무지개를 그 증거로 삼겠다고 하신다.

그런데 무지개를 증거로 삼는 주체가 누구인지 알아야 한다. 누가 무지개를 보고, 모든 생명체들과 맺은 약속을 기억하겠다는 것인가? 하나님이시다. 하나님이 무지개를 보고, 자신이 모든 생명체들과 세운 언약을 기억하겠다고 말씀하신다. 그래서 우리가 본문에서 주목해야 할 네 번째 단어는 바로 '기억하다'(자카르)이다. 하나님은 '기억하겠다'는 말씀을 두 번 하신다(15, 16절). 이것 역시 하나님의 결심이 얼마나 굳은지를 보여준다.

우리의 일그러진 영웅(창 9:18-29)

> 18 방주에서 나온 노아의 아들들은 셈과 함과 야벳이며 함은 가나안의 아버지라

19 노아의 이 세 아들로부터 사람들이 온 땅에 퍼지니라
20 노아가 농사를 시작하여 포도나무를 심었더니
21 포도주를 마시고 취하여 그 장막 안에서 벌거벗은지라
22 가나안의 아버지 함이 그의 아버지의 하체를 보고 밖으로 나가서 그의 두 형제에게 알리매
23 셈과 야벳이 옷을 가져다가 자기들의 어깨에 메고 뒷걸음쳐 들어가서 그들의 아버지의 하체를 덮었으며 그들이 얼굴을 돌이키고 그들의 아버지의 하체를 보지 아니하였더라
24 노아가 술이 깨어 그의 작은 아들이 자기에게 행한 일을 알고
25 이에 이르되 가나안은 저주를 받아 그의 형제의 종들의 종이 되기를 원하노라 하고
26 또 이르되 셈의 하나님 여호와를 찬송하리로다 가나안은 셈의 종이 되고
27 하나님이 야벳을 창대하게 하사 셈의 장막에 거하게 하시고 가나안은 그의 종이 되게 하시기를 원하노라 하였더라
28 홍수 후에 노아가 삼백오십 년을 살았고
29 그의 나이가 구백오십 세가 되어 죽었더라

본문은 이해하기 힘든 한 에피소드를 중심으로 엮어진다. 노아의 세 아들 이름은 5장 32절에서 이미 밝혔는데, 18절은 세 아들 이름을 다시 언급한다. 그런데 특이한 것은 세 아들 이름 다음에 "함은 가나안의 아버지라"는 구절을 첨가한다. 히브리어로 "함 후 아비 케나안"인데, 직역하면 "함 그는 가나안의 아버지"이다. 중간에 3인칭 남성 인칭대명사를 첨부함으로써 함이 가나안의 아버지라는 사실을 더욱 강조한다.

그런데 이 구절을 첨가한 까닭이 무엇일까? 함을 좀 더 구체적으로 소개하면서 "가나안의 아버지"라고 밝히는 이유가 무엇인가? 그

리고 22절에도 함을 "가나안의 아버지"라고 부른다. 그리고 노아가 잠에서 깨어 함을 저주하는데, 함 자신을 저주하는 게 아니고 가나안을 저주한다. 노아는 가나안이 형제들의 "종들의 종"이 될 것이라고 저주한다. 왜 노아는 함을 저주하지 않고, 함의 아들을 저주한 것일까? 여기에는 이 단순해 보이는 에피소드를 넘어서는 매우 복잡한 거대 서사가 숨어 있다. 가나안은 한 사람 이름이기도 하지만, 우리가 아는 가나안은 특정 민족 이름이다. 가나안은 우리에게 "가나안 칠 족속"을 바로 떠올리게 한다. "가나안 칠 족속"은 이스라엘 백성들이 출애굽해서 들어갈 땅, 가나안 땅에 거하는 원주민들이라고 할 수 있는데, 성서를 문자적으로 읽으면 하나님은 이스라엘 백성들에게 가나안 땅에 들어가서 그 7족속들을 진멸하라고 명령하셨다. 이러한 이해를 갖고 "함은 가나안의 아버지라"는 구절을 읽으면, 그리고 가나안이 "종들의 종"이 될 것이라는 저주는 지금은 셈, 함, 야벳이 형제지만, 오랜 세월이 지난 다음 함의 후손들은 이스라엘 백성들이 정복하고 진멸해야 할 대상이 될 것을 예고하는 매우 섬뜩한 '복선'(伏線)이다.[2]

이런 예고는 그다음 구절인 19절에서 더욱 명확해지는데, 이 구절은 노아의 세 아들로부터 사람들이 온 땅에 퍼졌다고 말한다. 이것은 이 세 아들이 앞으로 태어날 온 세상 사람들의 조상이라는 것인데, "함이 가나안의 아버지"라면 셈과 야벳은 또 다른 사람들의 아버지라는 것이고, 긴 세월이 지나면 세 아들들의 후손들은 전혀 이질적인 인종들, 그래서 결국 생존하기 위해 서로 대립하고 정복해야 할 대상이 될 것을 또 예고한다. 이 구절을 인종들 간에 우열을 설정하고, 그 기원을 설명하는 근거로 제시하기도 한다. 실제로 많은 사람들이 이러한 생각에 근거해서 인류를 셈족, 함족, 야벳족으로

---

2) David M. Carr, *The Formation of the Hebrew Bible- A New Reconstruction* (New York: Oxford University Press, 2011), 259.

나누기도 한다.

성서는 일어난 일을 있는 그대로 기록하는 데 목적을 두지는 않는다. 그리고 어떤 일이 발생한 바로 그 시간에 기록한 것도 아니다. 시간이 상당히 흐른 다음에 기록했다. 그렇기 때문에 성서는 어떤 사건이 발생했던 그 시점이 아니라, 그것을 기록하는 시점의 필요성에 따라 기록 여부를 결정하고, 또 발생했던 시대의 상황보다 기록하는 시대의 상황을 더 많이 반영할 수밖에 없다. 다시 말하면, 성서 기록은 이미 기록하는 사람과 그 시대의 이데올로기를 강하게 반영한다는 것이다. 이것이 바로 우리가 성서를 비판적으로 읽어야 하는 이유이다. 성서가 무엇을 말한다고 해서 그것을 무조건 하나님이 하시는 말씀으로 받아들이는 것은 성서 기록의 특징을 모르는 '맹목'(盲目)이다.

본문의 중심을 이루는 에피소드는 노아가 농사(히브리어로는 '땅의 사람', 이쉬 하아다마), 즉 포도농사를 시작했는데, 나중에 포도를 수확해서 포도주를 마시고 취해서 벌거벗은 채 방안에 누워서 잠을 잤다. 이 모습을 함이 들어와서 보고 바로 나가서 형제들에게 그것을 일렀다. 이 말을 들은 셈과 야벳은 방으로 들어와서 아버지 나신을 보지 않으면서 아버지 몸을 옷으로 덮어드렸다. 노아가 잠에서 깨어 이 사실을 알고 난 다음, 바로 '가나안'을 저주한다.

노아는 먼저 가나안을 저주한 다음 셈과 야벳에게 축복하는데, 그러면서 가나안에 대한 저주를 꼭 첨부한다. 25-27절 이 세 구절에서 우리는 가나안에 대한 저주를 듣는다. 그리고 25-27절은 하나의 저주가 아니다. 25절은 "이에 이르되"로 시작하고, 26절은 "또 이르되"로 시작해서 노아는 25절에서 가나안을 저주하고, 26-27절에서 다시 가나안을 저주함으로써 거듭 가나안을 저주한다. 그리고 26-27절은 25절을 더 구체화하는데, 가나안을 셈과 야벳과 대비하면서 저주한다. 26절은 셈을 축복하면서 가나안을 저주하고, 27절은 야벳을 축복하면서 가나안을 저주한다. 이렇듯 다양하고 정교한 방식으로 노아는 가나안을 저주함으로써 가나안이 도저히 저주에서 빠져나올 수 없게 한다.

우리는 이 구절들을 읽으면서 노아가 그토록 과격하게 가나안을 저주하는 까닭을 이해하기 힘들다. 도대체 뭐가 문제길래 아무리 화가 났다고 해도 그렇게 가나안을 저주했을까? 그리고 그렇게 저주했다고 해도 그것이 실제로 이루어지고, 가나안 개인뿐만 아니고 가나안으로 시작하는 한 민족 전체, 또는 함족으로 불리는 한 인종 전체에 영향을 미치는가? 그래서 인종을 차등화하고(본문에 따르면 '셈〉야벳〉함' 순이다.) 차별하는 근거로 삼아도 되는가?

본문에서 우리가 주목할 것은 '하체'이다. 여기서 '하체'로 번역한 히브리어는 '에르와'이다. 21절에서 말한 대로 노아가 옷을 벗고(이트갈) 나체를 드러낸 것을 의미한다. 우리는 여기서 '나체', 즉 벌거벗음에 대한 강한 콤플렉스를 감지할 수 있는데, 노아는 함이 자신의 나체를 보았다는 사실에 엄청난 수치심을 느꼈던 것으로 보인다. 그리고 자식들이 아버지 나체를 본다는 것은 '금기'(taboo)였던 것으로 보인다. 이것은 셈과 야벳이 아버지 나체를 보지 않으려고 얼마나 애썼는지, 그리고 옷으로 아버지 나신을 어떻게 덮어드렸는지를 상세하게 설명한다는 사실에서도 드러난다.

그런데 그런 금기를 어겼다고 해서, 비록 함이 셈과 야벳처럼 그렇게 아버지에게 처신하지 못했다고 해서, 그것이 자식과 후손들이 대대로 저주를 받아야 할 정도로 심각한 것인가? 함이 구체적으로 어떤 행동을 했기에 그토록 노아를 화나게 하고, 함을 저주했는지는 알 수 없지만, 함이 아버지가 벌거벗은 사실을 형제들에게 이야기한 것이 그토록 심각한 일이었을까? "노아가 술이 깨어 그의 작은 아들이 자기에게 행한 일을 알고"(24절) 함을 저주했다는데, 함은 단지 아버지 하체를 본 것뿐이었을까? 아니면 함이 노아에게 어떤 행위를 한 것일까? 레위기 18장을 보면, '벌거벗음'(에르와)이라는 단어가 많이 나온다.

> ⁶각 사람은 자기의 살붙이를 가까이하여 그의 하체를 범하지 말라 나는 여호와이니라 ⁷네 어머니의 하체는 곧 네 아버지의 하체이니 너는 범하지 말라 그는 네 어머니인즉 너는 그의 하체를 범하지 말지니라

여기서 "하체를 범하"다의 구절은 히브리어로 '테갈레 에르와'이다. 그러니까 "하체를 범하지 말라"는 것은 '나신을 드러내지 말라'는 것이다. 그리고 7절을 원문대로 읽으면, "네 아버지의 나신 그리고 네 어머니의 나신을 드러내지 말라. 그녀는 네 어머니다. 너는 그녀의 나신을 드러내지 말라"이다. 이것은 성행위를 완곡하게 표현하는 것으로 보인다.

그런데 여기에 나오는 '벗다'의 단어는 본문 21절에 나오고 '나신'(나체)은 본문 22절과 23절에 나온다. 그래서 이 본문은 레위기 18장과 어떤 연관이 있을 것 같기도 하다. 하지만 자세히 살펴보면, 레위기 18장에서는 다른 사람의 나신을 드러내는 것이고, 창세기 9장에서는 노아가 스스로 벌거벗은 것이기 때문에 상황이 다르다. 그리고 함이 아버지가 벌거벗은 사실을 형제들에게 알리고, 셈과 야벳은 함으로부터 이야기를 듣고 아버지 나신을 안 보려고 애쓰면서 옷으로 덮어드린 것에서 추정할 수 있는 것은, 함은 단지 아버지가 벌거벗은 것만을 보았다는 것이다. 함이 노아에게 어떤 행위를 한 것은 아니라는 것이다. 오히려 노아가 어떤 행동, 즉 성행위를 하고 있었는지도 모르겠다.

이렇게 본다면, 함이 아버지 장막에 들어왔다가 아버지가 벌거벗은 것, 또는 어떤 장면을 본 것은 불가피한 일이었을 것이고, 그것을 형제들에게 이야기한 것도 썩 잘한 것은 아니겠지만 그렇게 큰 죄

는 아니라고 본다. 물론 함이 셈과 야벳만큼 세심하게 신경을 쓰지는 못했지만, 그렇다고 함이 그렇게까지 저주받는 것을 이해하기는 쉽지 않다. 더욱이 이 사건의 원인 제공자라고 할 수 있는 노아가 세 절에 거쳐서 함 자신도 아니고 그 자식과 후손에게 퍼부은 저주는 너무 심하다고 생각한다.

그리고 이 구절은 우리에게 성서를 어떻게 읽고 해석해야 하며, 적용해야 하는지에 대해 우리가 고심해야 할 것을 알려준다. 아무리 노아가 그렇게 함의 후손들을 저주했다고 해도 그런 저주가 실제로 임해서 함족이 셈족과 야벳족의 종들의 종이 되어야 하고, 나중에 이스라엘 백성들이 가나안 7족속을 진멸해야 할 합당한 근거로 삼을 수는 없다. 본문은 우리가 성서를 어떻게 읽어야 할 것인지를 깊이 생각하게 한다는 점에서 매우 중요하다. 그리고 성서를 잘못 읽으면 어떤 결과를 가져오는지도 알려준다.

그리고 노아는 홍수 후에 350년을 더 살았는데, 이 오랜 기간 동안 그가 퍼부은 저주를 철회하지 않았던 것으로 보인다. 그는 도대체 이 350년 동안 무엇을 했을까? 본문은 우리에게 노아가 하나님께서 그렇게도 칭찬하던 의인이라기보다는 우리가 보기에 사소한 잘못을 저지른 아들과 그 후손들에게 엄청난 저주를 퍼부은 사람이라는 인상을 강하게 심어준다. 대홍수를 이겨낸 위대한 영웅이 술에 취해서 벌거벗은 채 잠을 자고, 그것을 보았다고 아들과 그 후손들에게 저주를 퍼붓고……, 정말 '우리들의 일그러진 영웅'을 보는 심정이다.

3
이삭의 저주에서 드러나는 폭력

문제 : 아래에 제시하는 성서구절을 읽고, 어떤 상황인지 설명하시오.

개역개정 : 그 아버지 이삭이 그에게 대답하여 이르되 네 주소는 땅의 기름짐에서 멀고 내리는 하늘 이슬에서 멀 것이며 너는 칼을 믿고 생활하겠고 네 아우를 섬길 것이며 네가 매임을 벗을 때에는 그 멍에를 네 목에서 떨쳐버리리라 하였더라

공동번역 : 아버지 이사악이 아들에게 대답하였다. "네가 살 땅은 기름지지 않은 땅, 하늘에서 이슬 한 방울 내리지 않는 땅이다. 칼만이 너의 밥줄이 되리라. 너는 아우를 섬겨야 할 몸, 너 스스로 힘을 길러 그가 씌워준 멍에를 목에서 떨쳐버려야 하리라."

표준새번역 : 그의 아버지 이삭이 그에게 대답하였다. "네가 살 곳은 땅이 기름지지 않고, 하늘에서 이슬도 내리지 않는 곳이다. 너는 칼을 의지하고 살 것이며, 너의 아우를 섬길 것이다. 그러나 애써 힘을 기르면, 너는 그가 네 목에 씌운 멍에를 부술 것이다."

정답 : 본문은 창세기 27장 39-40절이다. 야곱이 에서에게서 장자권을 빼앗기 위해 별별 수를 다 쓰다가 마침내 자신이 에서인 양 이

삭을 속이고 축복을 받은 다음, 에서가 그 사실을 알고 이삭에게 하소연하고, 이삭이 대답하는 장면이다. 에서 입장에서 보면, 정말 억울하고 원통한 일이 발생한 것이다.

그런데 인상적인 것은 야곱이 이삭을 속여서 에서의 장자권을 빼앗았다는 것보다 에서가 하는 말에 이삭이 대답하는 말이다.

여기서 보는 대로 개역개정과 공동번역, 그리고 표준새번역이 모두 에서가 저주받는 것으로 해석하는데 전혀 다르게 해석할 가능성도 있다. 사르나는 이렇게 해석한다.

See, your abode shall enjoy the fat of the earth
And the dew of heaven above,[1)]

보라, 너는 땅이 기름지며,
하늘에서 이슬이 내리는 곳에서 잘살 것이다.

여기서 해석의 관건은 히브리어 '민'이다. '민'은 긍정적인 의미도 갖지만, 무엇인가를 제외하고 박탈하는 의미도 갖기 때문에 한글성서들이 번역을 잘못한 것은 아니다. 그러나 해석을 달리 할 수 있다는 가능성을 전혀 고려하지 않은 것이 문제이다. 그리고 28절과 39절을 비교해 보면 동일하게 '민'을 사용하는데, 번역하는 과정에서 다르게 번역하는 것을 알 수 있다.

---

1) Nahum M. Sarna, *Genesis*. The JPS Torah Commentary(Philadelphia: The Jewish Publication Society, 1989), 194.

이삭이 야곱에게 한 말	이삭이 에서에게 한 말
28 하나님은 하늘의 이슬과 땅의 기름짐이며 풍성한 곡식과 포도주를 네게 주시기를 원하노라[2]	39 네 주소는 땅의 기름짐에서 멀고 내리는 하늘 이슬에서 멀 것이며
29 만민이 너를 섬기고 열국이 네게 굴복하리니 네가 형제들의 주가 되고 네 어머니의 아들들이 네게 굴복하며 너를 저주하는 자는 저주를 받고 너를 축복하는 자는 복을 받기를 원하노라	40 너는 칼을 믿고 생활하겠고 네 아우를 섬길 것이며 네가 매임을 벗을 때에는 그 멍에를 네 목에서 떨쳐버리리라

이 번역에 의하면, 28절과 39절이 정반대인데 실제로 그런지 확인하기 위해 히브리어 본문을 대조해 보기로 하겠다.

28절 웨잇텐-레카 하엘로힘 *밋탈 핫샤마임* 우미쉬만네 하아레츠
39절 힌네 미쉬만네 하아레츠 이흐에 모샤베카 우*밋탈 핫샤마임* 메알

여기서 보는 대로 28절과 39절이 동일한 단어들을 사용함으로써 전체적으로 비슷한 형태를 보인다. 그런데도 28절은 긍정적으로 번역하고, 39절은 부정적으로 번역한 것이다. 물론 번역할 때 단어의 사전적인 정의보다는 문맥을 고려해야 하고, 이 번역도 문맥에 따라서 한 것이지만, 원어 본문이 동일한 단어를 사용했다는 점을 간과하지 말아야 한다.

그렇다면 이삭은 에서를 저주한 것인가? 아니면 축복한 것인가? 이것은 28절을 어떻게 이해하느냐에 달렸는데, 베스터만은 에서가 간청하자 이삭이 뜻을 번복해서 에서를 축복했다고 한다. 그는

---

2) 이삭이 야곱에게 하는 축복은 매우 독특하다. 족장들이 받은 전형적인 약속, 즉 땅과 후손에 대한 약속과 달리, 땅과 그 풍요로움을 위해, 그리고 나라를 이룰 아들을 위해 축복하고, 그래서 그가 최고가 되기를 바라는 내용이다. 이것은 이스라엘이 에돔보다 우월하다는 것을 보여주려는 의도일 것이다. [Gerhard von Rad, *Das erste Buch Mose, Genesis*, tr. John H. Marks, *Genesis* (London: SCM Press Ltd., 1961, 1981), 278.]

40절에 나오는 "너는…생활하겠고"를 축복으로 본다.[3] 비록 살아가기가 쉽지는 않겠지만, 어쨌든 살 것이라는 것이 축복이라는 것인데, 이것은 매우 옹색한 해석이다. 오히려 히브리어 '민'을 긍정적으로 고려했다면 더 나았을 것이다.

그리고 역본 비교에서 밑줄 친 구절은 의미가 불분명해서 논란이 많다. 개역개정은 "네가 매임을 벗을 때에는"으로, 공동번역은 "너 스스로 힘을 길러"로, 표준새번역은 "그러나 애써 힘을 기르면"으로 번역하는데, 이것이 무엇을 의미하는지를 파악하기가 쉽지 않다. 우리가 이 구절을 제대로 이해하려면 이 이야기의 층을 살펴야 한다. 에서와 야곱 이야기는 서사적 층위로 보면 겉과 속으로 나뉜다. 겉 이야기는 형제간에 벌어진 장자권 쟁탈전이지만, 속 이야기는 이스라엘과 에돔 사이에 벌어진 국가적 주권 쟁탈전이다. 학자들은 이 구절이 산문체라는 것에 주목하고, 이것은 에돔이 이스라엘의 지배에서 벗어난 이후에 이 구절이 첨가되었음을 보여준다고 말한다. 이것은 창세기 27장과 28장이 연결이 매끄럽지 않다는 점에서 드러난다. 창세기 27장은 이삭이 장자에게 축복하는 과정에서 발생한 사건을 길게 들려준 다음, 형제간의 살육을 피하기 위해 리브가가 야곱을 하란으로 피신케 하려는 장면에서 끝난다(45절). 그리고 46절부터는 야곱을 친족과 결혼케 하기 위해서 하란으로 보내려고 한다. 그래서 이삭에게 그 이야기를 한다.

> [46]리브가가 이삭에게 이르되 내가 헷 사람의 딸들로 말미암아 내 삶이 싫어졌거늘 야곱이 만일 이 땅의 딸들 곧 그들과 같은 헷 사람의 딸들 중에서 아내를 맞이하면 내 삶이 내게 무슨 재미가 있으리이까 [28:1]이삭이 야곱을 불러 그에게 축복하고 또 당부하여 이르되 너는 가나안 사

---

3) Claus Westermann, *Genesis*, 강성열 옮김, 《창세기 주석》(서울: 도서출판 한들, 1998), 284.

람의 딸들 중에서 아내를 맞이하지 말고 ²일어나 밧단아람으로 가서 네 외조부 브두엘의 집에 이르러 거기서 네 외삼촌 라반의 딸 중에서 아내를 맞이하라 ³전능하신 하나님이 네게 복을 주시어 네가 생육하고 번성하게 하여 네가 여러 족속을 이루게 하시고 ⁴아브라함에게 허락하신 복을 네게 주시되 너와 함께 네 자손에게도 주사 하나님이 아브라함에게 주신 땅 곧 네가 거류하는 땅을 네가 차지하게 하시기를 원하노라 ⁵이에 이삭이 야곱을 보내매 그가 밧단아람으로 가서 라반에게 이르렀으니 라반은 아람 사람 브두엘의 아들이요 야곱과 에서의 어머니 리브가의 오라비더라

여기서 보는 대로 창세기 27장 46절과 28장은 야곱이 장자권 문제로 인해 에서를 피해서 하란으로 도망하는 것이 아니고 결혼하기 위해서 간다. 그리고 6-9절도 야곱과 에서 사이에 발생한 심각한 갈등에 대해 어떤 암시도 하지 않는다. 이런 점에서 창세기 27장을 후대에 성서기자들이 매우 의도적으로 첨가했다고 추정하는 것이다.

하나님이 에서를 물리치고 야곱을 택하셨다고 보는 말라기 1장 2-5절의 해석(롬 9:13, 이 해석을 그대로 받아들여 인용하고 있음)은 이삭의 두 아들에 관한 것이 아니라 이스라엘과 에돔이라는 두 민족에 관한 것이다.[4]

그런데 이 구절은 에돔이 이스라엘로부터 풀려날 것을 말하기 때문에 어떤 학자들은 오히려 이 구절을 에서/에돔에 대한 해방신학이라고 말하기도 한다.[5] 역사적으로 보면, 에돔은 다윗 왕 때에 유

---

4) Westermann, *Genesis*, 285.
5) John Gammie, "Theological Interpretation by Way of Literary and Tradition Analysis: Genesis 25-36", *Encounter with the Text*, ed. M. Buss (Philadelphia: Fortress Press,

다에 복속되어서 여호사밧(주전 873-849) 왕 때까지 유다에 복속되었는데 여호람(주전 849-842) 때에 독립했다.

> ²⁰여호람 때에 에돔이 유다의 손에서 배반하여 자기 위에 왕을 세운 고로 ²¹여호람이 모든 병거를 거느리고 사일로 갔더니 밤에 일어나 자기를 에워싼 에돔 사람과 그 병거의 장관들을 치니 이에 백성이 도망하여 각각 그들의 장막들로 돌아갔더라 ²²이와 같이 에돔이 유다의 수하에서 배반하였더니 오늘까지 그러하였으며 그때에 립나도 배반하였더라(왕상 8:20-22).

아마샤(주전 800-783)는 에돔과 전쟁을 했고, 아하스(주전 735-715)는 엘랏을 점령했다. 그렇기 때문에 임신 중에 두 아이가 서로 다투었다는 것은 다윗 시대를 배경으로 한다.[6] 이런 점을 고려한다면, 공동번역과 표준새번역이 의미를 제대로 살려서 번역했다고 할 수 있다.

힘의 논리

그런데 본문 기자는 전혀 판단을 하지 않고 이 구절을 그저 담담하게 서술한다. 그는 당시 현실세계를 지배하는 냉엄한 힘의 논리를 사실적으로 말한다. 그러나 이야기 속에서 이 말을 듣는 사람이나 이 구절을 읽는 독자들은 무슨 생각을 할까? 41절을 읽어보자.

그의 아버지가 야곱에게 축복한 그 축복으로 말미암아 에서가 야곱을

1979), 130.
[6] "다윗 시대에 이스라엘이 적대적인 에돔을 지배하게 되었던 관계를 야휘스트는 성조 시대까지 끌어 올려 야훼께서 그들의 운명을 결정하셨다고 기술한 것이다."[성서와 함께 편집부, 《보시니 참 좋았다- 성서 가족을 위한 창세기 해설서》(서울: 성서와 함께, 1988), 257.]

미워하여 심중에 이르기를 아버지를 곡할 때가 가까웠은즉 내가 내 아우 야곱을 죽이리라 하였더니

성서에 등장하는 인물이 속으로 말한 것, 즉 독백을 기록한 것은 구약성서에서 그리 흔하지 않다. 겉 이야기에서 에서는 분노해서 부친 사후에 야곱을 죽이려고 한다. 독자들은 에서가 얼마나 분노했는지 짐작할 것이다. 그리고 속 이야기에서는, 이스라엘의 압제를 받는 에돔이 얼마나 분노했으며, 이스라엘로부터 독립하기 위해 에돔이 얼마나 치열하게 싸웠을 것인지를 독자들에게 보여준다. 에돔은 이스라엘로부터 독립하기 위해 애를 썼을 것이다. 그래서 본문 기자가 아무런 판단도 하지 않고 담담하게 서술한다고 해도 독자들은 이렇게 읽을 것이다. "에돔이 힘이 약해서 이스라엘에게 지배를 당하는 것이다. 그러니 힘을 키워라. 그리고 독립해라. 아니, 더 힘을 키워서 이스라엘을 지배해라." 이렇게 보면, 본문은 에돔이 이스라엘로부터 독립하는 것을 당연하게 여기고, 또 그것을 독자들에게 부추기는 인상을 준다.

이렇듯 이 구절은 철저한 힘의 세계를 보여준다. 그리고 이러한 힘의 논리가 이삭과 에서, 리브가와 야곱이 등장하는 겉 이야기뿐만 아니라, 이스라엘과 에돔의 역사에 대한 속 이야기에서도, 그리고 오늘 우리 시대에도 동일하게 작동한다는 사실에 소름 돋는 살기를 느낀다.

그러나 이러한 현실주의적 이데올로기는 성서 전체적인 관점에서 볼 때, 그리고 상식적으로 보아도 비판해야 할 대상이지, 정당한 것으로 받아들이고 실행할 것은 결코 아니다. 그런데도 한국교회는 그것을 무비판적으로 받아들이고 신의 말씀으로 믿고 실행하려 한다는 점에서 매우 염려스럽다.

고정관념의 위력

지금까지는 창세기 27장 39-40절에 나타나는 현실적인 힘의 논리를 살펴보았는데, 이제부터는 이 구절을 중심으로 하는 성서 본문을 한국교회가 어떻게 수용하는지 살펴보려 한다. 첫째로 고려할 것은 고정관념이다. 한국교회가 성서를 읽을 때, 고정관념이 얼마나 큰 위력을 발휘하는지를 알면 꽤 놀랄 것이다. 이삭과 리브가, 그리고 야곱과 에서 사이에 일어난 장자권 사건을 읽으면서 우리는 에서와 야곱을 우리가 가진 그릇된 고정관념으로 평가한다. 별 뚜렷한 근거도 없이 에서는 세속적인 인물이고 야곱은 영적인 인물이라고 평가하는 것이 대표적이다.

> 에사오는 눈에 보이지 않는 영적인 권리보다는 눈에 보이는 세속적 권리를 더 선호한 소인(小人)이었다. 그는 눈에 보이는 세계, 현세적 세상에 빠져있어서 눈에 보이지 않는 영적 세계, 미래적 실체는 보지 못했다.[7]

> 그는 장자의 축복권이 무엇이며 정신적 가치가 무엇인지 아는 사람이었습니다. 에서는 물질적 가치관을 가졌던 사람이고 야곱은 영적인 가치, 정신적인 가치가 중요한 것을 알았던 사람이었습니다. 야곱은 자신에게 가당치도 않은 야망과 목표일지라도 결코 포기하지 않고 배가 고픈 에서에게 단팥죽 한 그릇을 주면서 장자권을 자기한테 팔라고 말합니다.[8]

에서는 정말로 세속적인 사람이었는가? 그렇다면 오히려 장자권을 지키려고 하지 않았을까? 장자권을 포기했다는 것이 어떻게 세속

---

[7] 송봉모, 《집념의 인간 야곱-야뽁강을 넘어서》(서울:바오로딸, 2002, 2009), 35.
[8] 하용조, 《다시는 야곱이라 부르지 말라, 하용조 목사의 창세기 강해 4》(서울: 사단법인 두란노서원, 2000, 2009), 33.

적이라는 증거인가? 그리고 그가 과연 장자권을 포기했을까? 사르나는 에서가 실제로 장자권을 야곱에게 매매했다고 하는데[9] 그렇다면 왜 다른 사람들은 그 사실을 알지 못했으며, 장자권을 획득한 야곱 자신도 자신을 에서인 양 속여야 했을까? 성서학자들도 야곱이 에서로부터 장자권을 획득한 것이 합법적인 절차를 거쳤다고 하면서 동시에 리브가와 야곱이 이삭과 에서를 속였다고 한다. 그러나 만약 그게 합법적이었다면, 이삭과 리브가, 에서와 야곱, 그리고 다른 사람들도 모두 에서가 야곱에게 장자권을 양도했다는 사실을 알았을 텐데 이들이 하는 행동을 보면 아무도 그것을 알지 못했고 설혹 알았다고 해도 그것을 사실로 여기지 않았음을 보여준다. 이삭과 에서는 야곱이 그들을 속였다고 거듭 말한다.

> [35]이삭이 이르되 네 아우가 와서 속여 네 복을 빼앗았도다 [36]에서가 이르되 그의 이름을 야곱이라 함이 합당하지 아니하니이까 그가 나를 속임이 이것이 두 번째니이다 전에는 나의 장자의 명분을 빼앗고 이제는 내 복을 빼앗았나이다

그렇기 때문에 에서가 장자권을 소홀히 여겨서 경솔하게 아주 싼 값에 야곱에게 장자권을 양도했다고 에서를 비난할 근거가 없다는 것이다. 야곱 혼자서 북 치고 장구 친 셈이다. 그러니 누가 보아도 야곱이 장자권에 편집증적으로 집착했음이 분명하다.

하지만 근본적인 문제는 여전하다. 에서가 야곱에게 그렇게 합법적인 절차를 거쳐서 장자권을 양도했다면, 왜 야곱이 자신을 두 번이나 속이려고 했다고 하면서 야곱을 죽이려고까지 했겠으며, 이삭

---

9) Sarna, 187. 유윤종도 누지문서에 나오는 장자권 양도에 대한 사례를 언급한다. [유윤종, 〈야곱과에서 이야기에 나타난 장자권의 역전-모티프 중심 설교의 한 전형을 제시하며〉, 〈복음과 신학〉 Vol. 5 No. 1 (평택대학교, 2002), 7.]

은 왜 야곱이 아닌 에서에게 복 주려 하고, 리브가는 왜 야곱을 에서인 양 속여서 이삭으로부터 축복을 받게 했는가?

우여곡절 끝에 야곱이 축복을 독차지했음에도 불구하고 축복을 받은 다음 바로 도망쳐야 하고,[10] 그 이후로 애굽 왕 바로 앞에서 스스로 고백하는 것처럼 평생 "험악한 세월"을 보내야 하는 이 모순된 삶이 마음에 걸렸던지, 그들은 야곱이 현세적 축복이 아니라 영적인 축복을 받았다고 말하기도 한다.

> 야곱이 아버지에게서 받은 축복은 현세적 축복과는 관계가 없는 영적 축복이었다. 이 점은 야곱과 에사오의 인생을 비교하면 금방 이해할 수 있다. 에사오는 축복을 잃어버린 당사자이지만, 그가 물질적으로 비참하게 살았다는 보도는 성서 어디에도 없다.[11]

야곱이 물질적인 축복이 아닌 영적인 축복을 얻기 위해서 그토록 애썼다는 것은 어디에 근거한 것인가? 그들은 여기서 한 걸음 더 나아가 야곱이 후손과 모든 인류를 위해서 고난당했다고 말하기도 한다.

> 야곱의 삶이 이렇게 고난으로 점철된 것은, 그가 받은 축복이 그 자신을 위한 것이 아니라 남을 위한 것이었기 때문이다. 자기 개인이 아니라 미래 후손과 모든 인류를 위한 것이었기 때문이다.[12]

이것은 한국교회가 에서를 세속적인 인물로, 야곱을 영적인 인물

---

10) 축복을 받고 장자권을 획득한 사람이 도망자가 된다는 것은 아이러니하다(Brueggemann, 236.)
11) 송봉모, 66.
12) 송봉모, 67.

로 평가하는 근거 없는 고정관념에 사로잡혀 있음을 명확하게 보여 준다. 하지만 아무리 좋게 말한다고 해도 야곱은 결코 영적인 사람이 아니었고, 영적인 가치를 소중히 여기는 사람도 아니었다. 에서를 물질적이고 육체적이라고 평가한다면, 야곱도 에서와 별로 다르지 않기 때문이다. 이 점에 대해 나현수는 이렇게 말한다.

> 만약 이 하나님의 언약의 말씀을 야곱이 믿었다면 상황과 상관없이 그는 무리하게 사기를 치면서까지 스스로의 힘으로 장자권을 얻으려 하지 않았을 것입니다. 그런데 야곱에게는 이런 영적인 눈이 열려 있지 않았습니다. 그는 철저하게 육에 속한 사람이었습니다. 그렇기에 그는 축복할 수 있는 권리인 축복권인 장자권을 세속적인 장자권, 단지 아버지의 모든 족장의 권리를 이어받아 족장의 반열에 오르고 가족의 생사여탈권을 쥐고 흔드는 권리 정도로 오해했고 그렇기에 세속적이고 육적인 방법으로, 자신의 방법으로 얻으려 했습니다.[13]

이 구절을 읽으면, 본문을 조금 낫게 이해하는 것처럼 보이지만, 이런 해석은 이삭이 한 행동을 정당한 것으로 여기는 것에서 비롯하기 때문에 그다지 받아들일 만하지 않다. 성서 기자가 어떤 판단 없이 담담하게 서술하는 이야기를 읽다 보면, "이삭의 축복이 정말 자식들의 운명을 좌지우지할 만한 신적인 권위와 효력을 갖고 있느냐"에 의문을 갖지 않을 수 없기 때문이다.[14] 야곱이 에서를 만나서 일곱 번 절하는 장면을 보면, "이삭의 축복은 제대로 실행되지 않았으며 오히려 반전된 것이다. 리브가와 야곱이 빼앗았던 축복은 별로 효력이 없는 것이다."[15] 효력이 없을 뿐만 아니라 효력이 있었다고 해

---

13) 나현수, 《야곱평전》[파주: 한국학술정보(주), 2007], 17f.
14) 박철현, 《야곱-우리와 성정이 같은 사람》(용인: 킹덤북스, 2010), 149.
15) 박철현, 150.

도 이삭이 한 행동은 결코 좋게 평가할 수 없다. 그가 한 행동은 당연히 비난받아야 한다. 그러니 한국교회가 에서를 세속적인 인물의 전형으로, 그리고 야곱을 영적인 인물의 전형으로 삼는 것은 억지스럽게 보인다. 이러한 억지가 발생하는 까닭은 한국교회가 성서를 읽을 때 성서가 전체적으로 지향하는 가치관 대신 성공 지향적인 현실주의적 논리로 해석하기 때문이다.

승자독식 또는 성공지상주의

본문에 관한 한국교회의 설교문과 글들에서 둘째로 드러나는 것은 승자독식과 성공지상주의이다. 우리가 본문을 바르게 읽으려면, 제일 먼저 이삭이 한 행동을 혹독하게 비판해야 한다. 에서가 장자권을 경홀히 여긴 것과 야곱이 에서의 장자권을 간교하게 빼앗은 것을 비난하는 것에서 그칠 것이 아니라, 더 근본적으로 이삭이 보여주는 승자독식(勝者獨食)이라는 무서운 사고방식을 비판해야 한다.[16] 박철현은 이렇게 말한다.

> 원래 에서를 위해서 준비되었던 이 축복은 에서에게 들과 농경지의 모든 영역을 주고, 그가 천하 만국의 지배자가 되며, 권속들 위에 군림하며, 그의 편이 되는 자에게는 복을 약속하고, 반대편에 서는 자에게는 저주를 맹세하는 성격이 강한 것이다.[17]

그렇기 때문에 본문을 무비판적으로 읽으면, 그래서 이삭이 하는

---

16) 장자권 제도는 매우 고대적이며 본문 기자의 사상은 아니다. 그리고 한 아들만 축복한다는 것은 심각한 불평등을 야기시키기 때문에 불이익을 받는 사람은 거기에 저항하는 것이 당연하다. 이러한 저항은 전세계적으로 나타난다.[C. Westermann, *Genesis 12-36* (Minneapolis: Augsburg Publishing House. 1981), 444.]
17) 박철현, 149.

행동을 정당한 것으로 받아들이면, 성서를 매우 위험하게 해석할 수밖에 없고, 그런 해석은 이 세상을 끔찍한 쌈터로 만든다. 그런데도 한국교회는 성서를 그런 위험한 방식으로 읽는 것을 너무도 당연하게 여긴다. 그래서 이렇게 설교한다.

> 하나님의 장자권을 차지하려는 그 열심, 아브라함과 이삭을 통해 내려오고 있는 하나님의 기업을 자기가 차지하고 싶어하는 그 열망과 몸부림! 그것을 잡고 내 가문의 영광으로 만들기 위해서는 어떤 대가라도 지불하려는 그 열정! 하나님 보시기에는 그것이 아름답게 보였습니다. 그 점이 하나님 보시기에 기특하였던 것입니다. 하나님은 바로 그런 야곱의 손을 들어 주셨고, 에서에게 주셨던 장자권이 야곱에게 이양되도록 하셨습니다.[18]
>
> 야베스처럼 축복의 지경을 넓혀 달라고 기도하며 축복을 열망하는 자가 복을 받습니다. 누구든지 사모하는 자가 복을 받습니다. 누구든지 축복을 받기 위해 매달리는 자, 몸부림치는 자, 목숨을 걸고 축복받기 위해 모험을 하고 도전을 하고 순종하며 헌신하는 자가 축복을 차지하게 된다는 말입니다.
> 그러므로 주께서 우리에게 선포해 주신 축복의 약속들을 침노하기 위해 노력해야 합니다. 공격해야 합니다. 약탈해야 합니다. 믿음으로 담대하게, 배짱 있게 말입니다.[19]

이 메시지의 감동은 참으로 컸습니다. 작년에 이 강해를 하는 동안 우리 교회는 교회 건축 6년 만에 다시 74억짜리 새 성전 부지를 샀고, 두 달 반 만에 땅값을 치르는 은혜를 입었습니다. 은혜받은 성도들의 가슴

---

18) 소강석, 《야곱-영광의 가문을 세우라. 인물강해시리즈 1》(서울: 쿰란출판사, 2003, 2006), 29.
19) 소강석, 9.

이 그렇게 할 수 있었던 것입니다.[20]

우리는 근본적으로 이삭이 에서만 축복하려는 것 자체를 문제삼아야 한다. 이삭이 하는 행동이라고 해서, 성서에 기록되었다고 해서 무조건 옳은 것은 아니기 때문이다. 성서 기자가 이 이야기를 서술하면서 전혀 어떤 판단도 하지 않는다는 것을 기억해야 한다. 그래서 우리는 성서를 비판적으로 읽어야 한다.[21] 비판적인 성서 읽기를 통해서 이삭의 잘못된 생각으로 인해서 모두가 고통당한다는 사실을 지적해야 한다. 비록 이것이 고대적인 관습이었다고 해도, 아니 그렇기 때문에 우리는 이 이야기를 무비판적으로 수용하고, 그 속에 담긴 위험한 이데올로기를 신앙적인 것으로 정당화해서는 안 되는 것이다. 성서는 결코 이렇게 일방적이고 승자독식적인 축복을 용인하지 않는다. 창세기 49장, 신명기 33장을 보면, "한 사람에게만 축복을 줄 수 있다는 생각, 혹은 한 사람에게 축복을 다 주어버렸으므로 다른 사람에게 축복을 줄 수 없다는 생각은 성서적인 근거를 찾아볼 수 없다."[22]

그래서 우리는 에서가 이삭에게 하는 말에 귀를 기울여야 한다. 37절과 38절을 읽어보자.

> 이삭이 에서에게 대답하여 이르되 내가 그를 너의 주로 세우고 그의 모든 형제를 내가 그에게 종으로 주었으며 곡식과 포도주를 그에게 주었으니 내 아들아 내가 네게 무엇을 할 수 있으랴 에서가 아버지에게

---

20) 소강석, 4.
21) "성서를 단순히 인용하거나 확신해서는 안 되며, 새롭게 해석되어야 된다는 말이다. 설교는 바로 그러한 해석의 과제를 떠안게 된다."[Christian Albrecht/Martin Weeber, *Klassiker der protestantischen Predigtlehre: Einführungen in homiletische Theorieenwürfe von Luther bis Lange*, 임걸 옮김, 《개신교 설교론-루터에서 랑에까지》(서울: 대한기독교서회, 2009), 15.]
22) Albrecht/Weeber, 153.

이르되 내 아버지여 아버지가 빌 복이 이 하나뿐이리이까 내 아버지여
내게 축복하소서 내게도 그리하소서 하고 소리를 높여 우니

이삭도 그렇고 독자들도 에서가 하는 말, 즉 "내 아버지여 아버지가 빌 복이 이 하나뿐이리이까"라는 말에 귀를 기울여야 한다. 이삭이 에서가 하는 말에 귀를 기울였다면, 그리고 독자들이 이 구절에 귀를 기울였다면, 세상은 좀 더 나아졌을 것이다. 이삭은 "내가 무엇을 할 수 있으랴"고 말하면서 무능하기 짝이 없는 모습을 보이는데, 그는 에서가 하는 말에 귀를 기울여서 승자독식 체제를 깨뜨려야 했다.

그리고 성서가 궁극적으로 말하려는 것은 야곱이 비록 선택을 받았(다고 하)지만, 야곱뿐만 아니라 에서도 복을 받았다는 것이다. "이처럼 하느님의 축복은 '선택된 자'들에게만 국한되지 않고 모든 이에게 뻗어간다."[23] 이것이 성서의 핵심적인 메시지이다. 한국교회는 이러한 전체적인 성서의 가치관에 근거해서 본문을 해석해야 하는데, 그렇게 하는 대신 오히려 성서(기자)가 극복하려고 하는 현실적인 힘의 논리에 근거해서 성서를 해석한다.

은혜와 공로의 미로(迷路)

셋째로 드러나는 것은 한국교회가 은혜와 공로의 미로를 헤매는 것이다. 창세기 27장을 풀이하는 글들을 읽으면서, 특히 야곱에 관한 글들을 읽으면서 느끼는 것은 많은 사람들이 여러 가지 의문을 품으면서도 하나님의 주권이기에 우리 인간이 개입할 여지가 없다는 식이거나, 은혜와 공로에 대해 오해하면서 그 미로를 헤맨다는 사실이다. 한국교회는 하나님의 주권을 매우 자기중심적으로 생각하는

---

23) 성서와 함께 편집부, 264.

듯하다. 그렇지 않다면 이렇게 말하지 않을 것이기 때문이다.

> 야곱의 삶을 자세히 관찰해 보면, 그는 도저히 하나님의 택함을 받을 이유가 없는 사람이었습니다. 그는 항상 자기중심적으로 생각하고 행동했던 사람이었습니다. 남자다운 성격을 가진 형 에서에 비해 야곱은 교활했고, 꾀가 많았으며, 상황에 따라 카멜레온처럼 자기 색깔을 바꾸는 사람이었습니다. 그런 야곱을 버리지 않으시고 축복하시는 하나님을 바라보면서 우리는 완전한 은혜가 무엇인지를 배우게 됩니다.[24]

나는 이 글을 읽으면서 '하나님은 문제가 많은 야곱에게는 은혜를 베푸시면서 왜 에서에게는 은혜를 베풀지 않으셨는가?' 하는 근본적인 의문을 갖는다. 여기에 대해서 사람들은 대체로 '하나님 마음이다'라고 우겨서 하나님을 우스꽝스런 자가당착의 전형으로 만든다. 김기현은 이렇게 말한다.

> 하나님은 생물학적 질서상 작은 자를 더 크게 번성시키셔서 장자보다 앞세우신다. 체제 전복적 축복이다. 이것은 세상의 모든 큰 자가 누릴 기득권이 영속적으로 보장된 것이 아니며, 하나님의 우발적이고 자유의적인 결정이 인습이나 관습보다 더 중요함을 보여준다. 하나님의 축복은 자연적 혈통의 이름으로 오지 않고, 오직 하나님의 자유로운 선택을 통하여 오기 때문에 누구도 자랑할 수 없다.[25]

김기현이 아무리 야곱을 현대인에 빗대어서 이중적인 욕망을 가진 사람이고, 그랬기 때문에 고생을 자초했다고 말한다고 해도 그가

---

[24] 하용조, 6f.
[25] 김기현, 《내 안의 야곱 DNA-축복을 갈망하는 현대인의 이중적 욕망》(서울: 조이선교회, 2011), 243.

하는 이야기는 결국 하나님이 자가당착적이라는 것에서 벗어나지 못한다. '체제전복'이라는 급진적인 말이 매우 인상 깊은데, 그렇다면 과연 생물학적인 순서는 누가 만든 것인가? 도대체 누가 에서를 장자로 태어나게 하고, 야곱을 차자로 태어나게 했는가? 그리고 야곱이 장자권을 독식하려는 것이 어떻게 체제 전복적인가? 체제, 즉 장자권 체제는 그대로이고, 야곱이 이삭을 속여서 에서 대신 축복을 받은 것뿐인데 말이다. 이런 자가당착은 근본적으로 성서를 비판적으로 읽지 않을 뿐만 아니라, 지나치게 하나님의 주권과 은혜라는 교리적인 차원에서 읽으려고 하기 때문에 필연적으로 발생한다. 그리고 이것은 한국교회가 빠져서 헤어 나오지 못하는 강력한 덫이다.

이렇게 하나님의 주권과 은혜를 강조하는 반면, 어떤 사람들은 사람이 은혜받기에 합당한 일을 해야 하나님께 쓰임을 받는다고 말한다.

> 그렇기에 하나님도 그의 일을 맡길 사람으로 '비전의 사람'을 찾으십니다. 아니 엄밀히 말하면 하나님은 비전이 없던 사람들에게 비전을 주셔서 비전의 사람이 되게 하시고 그의 비전을 통하여 일을 하십니다. …… 그렇기에 우리에게도 소망이 있습니다. 혹여 아직까지 비전이 없더라도 기대하십시오. 하나님이 내게 비전을 주실 것을. 그 비전을 통해 나를 하나님의 사람으로 세우실 것을 기대하십시오. 믿음으로 기대하십시오. 하나님이 역사하실 것입니다.[26]

> 큰 그릇으로 깨끗하게 준비되어 있으니까 하나님이 귀하게 쓰시는 그릇이 되었다는 것입니다. 바로 이것입니다. 하나님은 누구나 다 하나님의 일꾼으로 귀히 쓰십니다. 단지 야곱의 심령이 깨어져서 깨끗하게 준비

---

26) 나현수, 41.

만 되어 있다면 말입니다. 하지만 큰 그릇으로 준비된 자는 크게 쓰시고요, 작은 그릇은 작게 쓰십니다. 그렇기에 여러분의 그릇을 크게 넓히십시오. 여러분을 하나님 나라의 핵심 인재가 될 수 있도록 업그레이드시키시기 바랍니다.[27]

그러니까 이들이 하는 말은, 우리가 하나님의 은혜로 사는 것이 아니라, 노력하는 만큼 거두며 산다는 것이다. 이런 점에서 그들의 주장은 전혀 성서적이지 않으며, 오히려 적자생존에 근거한 사회진화론적 이데올로기와 통한다.

윤리 부재 또는 윤리 무시

본문에 관한 한국교회의 설교문과 글들에서 넷째로 드러나는 특징은 윤리 부재 또는 윤리 무시이다. 창세기 27장을 읽으면서 한국교회가 범하는 가장 큰 실수는 윤리에 대한 그릇된 생각이다. 한국기독교는 리브가가 이삭을 속여서 야곱으로 하여금 복을 받게 한 것을 매우 신앙적인 행위로 보고 리브가를 믿음의 여성으로 추앙하기도 한다.

> 하지만 리브가의 입장에서 보면 그녀는 하느님의 뜻을 수행하기 위해서 무엇인가를 행위한 여성, 신탁의 주인공인 둘째 아들을 위해서 저주까지 마다하지 않았던(27:13) 믿음의 여성이었다.[28]

이렇게까지 리브가를 높게 평가할 필요가 있는지 모르겠다. 리브가 역시 사고방식이 이삭과 다르지 않는데 말이다. 본문은 리브가가

---

27) 나현수, 72.
28) 송봉모, 48.

얼마나 비윤리적인지를 보여준다.

> ^{42}맏아들 에서의 이 말이 리브가에게 들리매 이에 사람을 보내어 작은 아들 야곱을 불러 그에게 이르되 네 형 에서가 너를 죽여 그 한을 풀려 하니 ^{43}내 아들아 내 말을 따라 일어나 하란으로 가서 내 오라버니 라반에게로 피신하여 ^{44}네 형의 노가 풀리기까지 몇 날 동안 그와 함께 거주하라 ^{45}네 형의 분노가 풀려 네가 자기에게 행한 것을 잊어버리거든 내가 곧 사람을 보내어 너를 거기서 불러오리라 어찌 하루에 너희 둘을 잃으랴

여기서 보는 대로 성서 기자는 에서를 여전히 "맏아들"(히브리어로 '베나흐 학가돌', 즉 '그녀의 큰아들')이라고 부른다. 그냥 '에서'와 '야곱'이라고 해도 되는 것을 굳이 "맏아들"과 "작은 아들"이라고 하는 까닭은 무엇일까? 그리고 성서 기자는 에서가 야곱의 형("네 형")임을 거듭 밝히는데, 이것은 그 관계가 실제로 전복됨으로써 발생한 위기상황을 강조하기 위한 것으로 보인다.

하지만 리브가는 에서가 야곱을 죽이려 한다는 사실을 알았고, 앞으로 어떤 일이 벌어질 것인지를 내다보았다. 그래서 조치를 취한다. 리브가는 두 아들을 동시에 잃고 싶지 않다고 말한다. 그러나 실제로는 여전히 에서보다는 야곱을 염려하는 것임을 금방 알 수 있다. 리브가는 에서가 어떤 성격인지를 잘 알고 있었다. 에서가 매우 충동적이고 쉽게 화를 내지만, 얼마 지나지 않으면 진정하고 잊어버린다는 사실을 알았다. 그래서 리브가는 그것을 이용하려 한 것이다. 그러나 리브가는 자신이 생각한 "몇 날"이 20여 년이 될 것이고, 다시는 야곱을 만나지 못할 것이라고는 꿈에도 생각하지 못했다. 그리고 야곱은 리브가가 에서의 계획을 자신에게 알려줄 때까지 전혀 눈치 채지 못한 것으로 보인다. 이것은 야곱이 자신이 저지른 행동

이 다른 사람에게 어떤 영향을 미쳤는지, 그리고 어떤 결과를 가져올 것인지를 전혀 생각하지 못했다는 것을 보여준다. 이런 점에서 리브가는 교활하지만 결국 우매한 사람이었고, 야곱은 도덕의식이 결여된 미성숙한 마마보이임을 명확하게 보여준다.

그럼에도 불구하고 어떤 사람들은 리브가와 야곱이 비윤리적인 행동을 했음을 인정하지만, 그것을 묘하게 비틀어서 신앙적인 열정으로 둔갑시켜버리는 놀라운 마술을 부리기도 한다.

> 그러나 리브가와 야곱은 그걸 모르고 마음이 성급해서 거짓말을 하는 실수를 범했습니다. 그들 역시 불완전하고 나약한 인간이었으니까요.[29]

장자권을 얻으려는 것은 거룩하고 합당한 목표이지만, 그것을 얻는 방법을 잘못 택했다는 것이다. 그래서 야곱이 결국 장자권을 획득하지만, 리브가와 야곱은 그들이 행한 잘못으로 인해 고통을 당했다고 함으로써 그들에게 면죄부를 준다.

사르나는 야곱이 여러 가지 어려운 일들을 겪은 까닭은 그가 형과 부친에게 비도덕적으로 대했기 때문이며, 그래서 성서 기자는 아브라함과 이삭이 천수를 누리고 세상을 떠났다고 기록했지만, 야곱에 대해서는 그렇게 기록하지 않았다고 한다.[30] 그런데 사르나가 이렇게 말하는 것은 성서를 매우 단순하게 읽었기 때문이다. 아브라함과 이삭, 그리고 야곱의 최후 장면은 동일하지 않다. 창세기 25장은 아브라함이 그두라를 후처로 맞아서 자식들을 낳고 그들에게 재산을 물려주었다는 이야기(1-6절)를 한 다음, 아브라함의 죽음에 대해 말한다. 창세기 35장은 하나님이 야곱에게 벧엘에서 복을 주신 일(1-15절)과 라헬이 산고로 죽은 일(16-22절)을 이야기하고, 야곱의 아들

---

29) 소강석, 41.
30) Sarna, 184.

들을 모친별로 열거한 다음(23-26절) 이삭의 죽음에 대해 말한다. 그런데 야곱의 경우는 애굽에 내려간 다음 자식들에게 유언을 몇 차례 한 다음 세상을 떠나는 것으로 기록한다. 그러다 보니 성서 기자는 야곱의 최후를 이렇게 말할 수밖에 없었을 것이다.

> 야곱이 아들에게 명하기를 마치고 그 발을 침상에 모으고 숨을 거두니 그의 백성에게로 돌아갔더라(49:33)

성서기자는 아브라함과 이삭에 대해서는 일반적인 방식으로 이야기를 하고, 야곱에 대해서는 다른 방식으로 말하는 것이다. 창세기 50장 1-14절은 요셉이 야곱을 어떻게 장사했는지를 상세하게 이야기한다. 아브라함과 이삭은 일반적인 형태로 짧게 말한다.

야곱이 비도덕적인 일을 했기 때문에 그런 어려움을 당했다고 하는 것이 오히려 비도덕적이다. 야곱이 비도덕적이어서 벌을 받으려면 자신이 벌을 받아야지, 왜 다른 사람이 어려움을 당하고 죽어야 하는가 하는 신학적인 의문이 제기되기 때문이다.

따라서 야곱 이야기의 핵심 주제는 땅이나 후손에 대한 약속이 아니라 축복이라 할 수 있다. 야곱과 에사오가 갈등을 일으킨 것도 축복 때문이었고 그들이 서로 화해한 것도 하느님의 축복을 통해서였다. 하느님은 야곱 때문에 라반을 축복하셨고(30, 27, 30), 야곱의 자녀(29, 31-30, 24)와 가축들을 축복하시어 부유하게 하셨다(35, 5. 11). 여기서 축복은 약속과도 결부되어서 나타나는데, 그 표현은 '내가 네 앞길을 열어 주겠다'(32, 10. 13)는 말씀이다.[31]

---

[31] 성서와 함께 편집부, 앞의 책, 256.

그런데 야곱에 대해서 조금이라도 부정적인 말을 하고 싶지 않아서 야곱이 이삭에게 거짓말을 한 것이 아니라고 말하는 사람들도 있다.

> ¹⁸야곱이 아버지에게 나아가서 내 아버지여 하고 부르니 이르되 내가 여기 있노라 내 아들아 네가 누구냐 ¹⁹야곱이 아버지에게 대답하되 나는 아버지의 맏아들 에서로소이다

이삭은 야곱에게 "내 아들아 네가 누구냐"라고 묻는다. 그러자 야곱이 "나는 아버지의 맏아들 에서로소이다"라고 대답하는데, 이 구절을 히브리 표기방식에 따라 달리 읽을 수도 있다는 것이다. 히브리어로는 "접니다. 맏아들 에서"인데, 이것을 "접니다. (그러나) 에서가 맏아들입니다"로 읽을 수 있다는 것이다.[32] 그러니까 야곱이 자신을 에서라고 하지 않았다는 것이다. 야곱은 이삭을 속이지 않았는데, 이삭이 야곱을 에서로 착각했다는 것이다. 설혹 이 구절을 그렇게 이해했다고 해도 다른 구절들은 어떻게 할 것인가? 야곱이 이삭을 속이는 것이 너무도 명백하기 때문에 이렇게까지 해서 야곱에게 면죄부를 준다고 해서 야곱이 행한 비도덕적인 행위가 도덕적인 행위로 바뀌지는 않는다. 더욱 심각한 것은 야곱이 하나님까지 언급하면서 거짓말을 한다는 것이다.

> 이삭이 그의 아들에게 이르되 내 아들아 네가 어떻게 이같이 속히 잡았느냐 그가 이르되 아버지의 하나님 여호와께서 나로 순조롭게 만나게 하셨음이니이다(20절)

---

32) James L. Kugel, *Traditions of the Bible* (Cambridge, Mass: Havard University Press, 1998), 360.

야곱은 하나님을 언급하면서 천연덕스럽게 거짓말을 함으로써 비도덕적인 차원을 넘어서 불경스러운 모습을 보인다. 그런데도 설교자들은 에서와 비교해서 야곱을 변호하려는 태도를 고집한다. 한국교회는 야곱을 어떻게든 변호하려는 태도에서 한 걸음 더 나아가서 아무리 비도덕적이고 비윤리적이라고 해도 하나님께 열심히 간구하기만 하면 문제되지 않는다고 말한다.

> 그럼에도 불구하고 이들의 거짓말은 어떤 악의나 해함을 목적으로 한 것은 아니었습니다. 오직 하나님의 복을 사모하고 그 축복을 자기 것으로 만들려는 거룩한 욕심 때문이었습니다.[33]

> 비록 야곱이 잔꾀가 많고 윤리적으로 좀 문제가 많다 하더라도 하나님의 축복을 사모하고 열망하는 점을 성서는 높이 평가하여 이 점을 중심으로 야곱을 매력 있게 기록해 주고 있는 것입니다.[34]

무자비한 탐욕을 거룩한 욕심이라고 표현하는 것은 전혀 기독교적이지 않다. 이들은 비윤리적인 행동을 신앙적인 열정으로 둔갑시키다 보니 성서를 윤리적으로 읽지 말라는 청천벽력 같은 말을 아무런 거리낌 없이 한다.

> 이 대목을 공자의 윤리적인 잣대, 도덕적인 관점으로만 보다가 더 깊은 하나님의 진리와 교훈을 놓치는 경우가 많습니다.[35]

성서는 한낱 도덕과 사회 윤리만 가르치는 도덕 교과서가 아닙니다. 성

---

33) 소강석, 41.
34) 소강석, 14.
35) 소강석, 42.

서가 그런 성격의 책이라면 사서삼경과 다를 바가 없을 것입니다. 만일 그렇다면 예수 그리스도의 족보에 나오는 다말, 라합, 룻 같은 여인을 도덕적으로 어떻게 설명해야 할까요? 성서는 도덕이나 윤리를 말하기 전에 생명과 구원, 하나님의 기업을 먼저 말한다는 사실을 알아야 합니다. 그다음에 도덕과 윤리가 있습니다.[36]

이렇게 설교를 하는 까닭은, 성서가 지향하는 가치관 대신 현실주의적 이데올로기에 익숙해져서 그것을 성서의 본질적인 메시지로 치환하고 신의 뜻으로 받아들이(려 하)기 때문이다.

닫는 글

우리는 지금까지 한국교회가 성서를 정말 무비판적으로, 그리고 비윤리적으로 읽는다는 사실을 창세기 27장에 나오는 장자권 쟁탈에 대한 여러 유형의 글들을 분석하면서 확인했다. 먼저 논의를 위해 창세기 27장 39-40절을 꼼꼼하게 읽으면서, 본문을 다르게 읽을 수 있는 가능성을 살펴보았는데, 본문 기자가 어떤 판단도 하지 않고, 당시 세상을 움직이는 힘의 논리를 담담하게 기록했기 때문에 본문을 어떻게 읽을 것인지는 순전히 독자의 몫이라는 점을 확인했다.

그러나 한국교회는 본문을 무비판적으로 읽음으로써 성서가 전체적으로 지향하는 가치관보다는 본문에 나타나는 현실주의 이데올로기를 받아들이는 우매한 행동을 한다는 것을 확인했다. 그리고 한국 기독교가 그릇된 고정관념에 빠져서 에서를 세속적인 인물로, 야곱을 영적인 인물로 전형화하고, 승자독식 또는 성공지상주의에 사로잡혀 성서를 읽음으로써 이삭을 비롯한 등장인물들이 보이는

---

36) 소강석, 43.

그릇된 이데올로기를 정당화하고 신성화하기까지 한다는 사실, 은혜와 공로를 자의적으로 엮어서 만든 미로, 즉 불필요하게 하나님의 주권과 은혜를 강조하거나 인간의 공로를 조건으로 내세우는 자가당착에 빠져서 성서를 적자생존의 현실논리와 하나님의 은혜 사이에서 갈팡질팡하면서 해석한다는 사실, 그리고 가장 심각하게는 윤리 부재 또는 윤리 무시의 성서 읽기를 한다는 사실, 즉 아무리 비윤리적이라고 해도 하나님께 열심을 보이면 그것이 신앙적이라고 높이 치켜세운다는 사실, 그리고 그렇게 해야 성공한다고 주장하는 것을 지적했다.

지금까지 살펴본 대로 한국교회는 성서를 전혀 성서적으로 읽지 않았으며, 오히려 현실적인 힘의 논리, 약육강식의 사회진화론적인 시각으로 성서를 해석하고 오로지 성공만을 지향함으로써 비기독교인들보다 더 비기독교적인 모습을 보인다.

해돈 로빈슨은 이렇게 말한다. "우리가 만일에 구약의 내러티브들을 잘못 읽거나 또는 성서의 저자들이 의도한 것 이외의 다른 교훈들을 증명하는 방식으로 이러한 이야기들을 읽을 때 어떤 일이 발생하는지를 보여주는 안타까운 교회사적인 사례들을 살펴보면, 결국 설교자들은 이런 내러티브들을 세심하면서도 생생하게 연구해야 할 여러 이유들을 찾아볼 수 있다. 사실 우리가 하나님의 말씀으로서의 성서의 권위를 인정하면 할수록, 내러티브를 잘못 해석할 위험도 그만큼 더 많아진다고 할 수 있다. 하나님께서 말씀하시지도 않은 것을 하나님의 이름으로 선포하는 것보다 더 성서를 오용(誤用)하는 경우는 없다. 하나님께서는 우리에게 거짓된 것을 증언하지 말 것을 분명히 명하셨다."[37]

크래독은 강단의 위기, 즉 설교의 위기가 급격한 변화를 따라가

---

37) Steven D. Mathewson, *The Art of Preaching Old Testament Narrative*, 이승진 옮김, 《청중을 사로잡는 구약의 내러티브 설교》(서울: 기독교문서선교회, 2004), 7.

지 못하는 과정에서 발생한 것으로 생각하는데,[38] 한국교회 설교의 위기는 전혀 다른 양상이다. 한국교회의 위기는 한국교회가 시대적 변화에 민감하게 반응하면서 비기독교적이고 비성서적인 설교를 하는데, 그것을 상당수 한국기독교인들이 감동적으로 받아들인다는 사실에서 비롯하기 때문이다. 그는 설교자들이 많은 것을 배웠지만, 그것들이 설교에 부적합하다는 점을 지적하는데, 오히려 한국교회는 정용섭이 말하는 대로, 설교자들이 성서에 대해, 신학에 대해 무지하다는 것이 문제이다.[39] 크래독이 지적하는 것과 달리, 한국교회가 귀납적이지 않고 상상력이 부족해서 설교의 위기를 맞는 것이 아니다. 그릇된 설교가 만연하다는 것이 문제이다. 그리고 김운용이 말하는 것[40]과 달리 들려지지 않은 설교가 문제가 아니라, 그릇된 설교가 잘 들려진다는 것이 더 큰 문제이다.

　이제 한국교회는 그들이 가장 소중하다고 말하는 성서를 바르게 읽어야 한다. 무엇보다 성서를 비판적으로, 그리고 윤리적으로 읽어야 한다. 그래야만 한국교회는 하나님 말씀을 제대로 전하는 교회적인 사명과 사회적인 사명을 제대로 감당할 수 있을 것이다. 하나님 말씀이 아닌, 그들의 그릇된 이데올로기를 하나님 말씀으로 전하는 것은 기독교인이 범하는 가장 큰 죄라는 사실을 알아야 할 것이다. 그리고 더욱 큰 문제는 이러한 죄가 교회적인 영역에만 국한하지 않는다는 사실이다. 한국교회의 문제는 사회 전체적으로 심각한 영향을 미친다. 이런 점에서 성서를 잘못 읽거나 그릇 읽고 선포하는 행위는 한국사회 전체에 대한 중죄임을 한국교회는 물론이고 한국사회도 깨달아야 할 것이다.

---

38) Fred B. Craddock, *As One without Authority*, 김운용 역, 《권위 없는 자처럼-귀납적 설교의 이론과 실제》(서울: 예배와 설교 아카데미, 2006.)
39) 정용섭, 《설교란 무엇인가》(서울: 주식회사 홍성사, 2011), 22.
40) 김운용, 《설교의 새로운 패러다임》(서울: 장로회신학대학교 출판부, 2005).》

4
요셉의 이야기에서 드러나는 폭력

옛날 옛적 성경을 읽던 학자들은 창세기를 기록한 목적이 무엇인지 도무지 감을 잡을 수가 없었다. 《토라》(오경)의 첫 번째 책은 왠지 문제가 많아 보였기 때문이다. 후속편(출애굽기, 레위기, 민수기, 신명기)은 하나님께서 주신 법인지라 백성을 옳은 길로 인도하기 위해 썼다고 하나 창세기는 법이나 계명보다는 아담과 하와에서 이스라엘 국가의 기반을 세운 야곱, 그리고 그의 아들에 이르기까지 선조들의 이야기를 담았을 뿐이다.[1]

요즘 이런 가정이 있다면 누구라도 '콩가루 집안'이라며 혀를 내두를 것이 분명하니, 야곱 일가가 거친 세상을 항해하는 현대인에게 필요한 도덕적 모델이 된다고는 말할 수 없을 것이다.[2]

'아헤브', 그리고 야곱의 편집증

딸내미가 강아지 두 마리를 키우는데, 한 녀석은 수컷이고 이름

---

1) James L. Kugel, 《야곱의 사다리-고대 랍비들이 들려주는 야곱 일가 이야기》, 변순복·유지훈 옮김(서울: 도서출판 대서, 2011), 15.
2) Kugel, 16.

은 '(순)두부'이다. 그리고 다른 한 녀석은 암컷이고 이름은 '보코'이다. 수컷 이름은 딸내미가 좋아하던 음식 이름을 땄고, 암컷 이름은 한국에서 내가 키우는 코니, 그리고 오래 전에 잃어버린 코니의 에미 민코의 돌림자인 '코'를 따서 보코(복코)라고 지었다. 그런데 두부는 약간 숫기가 없는데, 뭔가에 필이 꽂히면 그것에 유달리 집착하고 그것만 쫓아다닌다. 요즘은 발정기인지 하루 내 보코만 쫓아다닌다. 며칠 전 중성수술을 했는데도 오히려 예전보다 더 심하게 스토킹을 한다.

그런데 편집증적인 스토킹은 야곱이 전문이다. 야곱을 이야기하는 것은 야곱을 비난하기 위해서가 아니다. 야곱이 인간 삶의 전형이기 때문이다. 야곱의 삶에 대한 이해를 통해서 우리 자신을 더 깊고 정확하게 알 수 있기 때문이다. 야곱의 편집증적 스토킹은 출산 과정에서 명확하게 드러난다. 형의 발뒤꿈치를 잡고 나왔다고 해서 이름도 그렇게 지었단다. 야곱은 도대체 왜 에서의 발꿈치를 잡고 나온 걸까? 그런데 나는 이 이야기가 실제라고 생각하지 않는다. 그렇다면 머리보다 손이 먼저 나왔다는 것인데, 상식적으로 생각하면 그런 출산은 불가능하다. 정상 출산이 가능하려면 머리가 먼저 나와야 한다. 그래서 이것은 실제가 아닌 비유적인 표현이라고 봐야 한다. 야곱이 처음부터, 태생적으로 남의 발뒤꿈치를 잡는 사람이라는 것이다. 이삭과 리브가가 결혼해서 자녀를 낳지 못해서 하나님께 기도한다. 그래서 임신을 했는데 쌍둥이들이 싸운다.

> 그 아들들이 그의 태 속에서 서로 싸우는지라 그가 이르되 이럴 경우에는 내가 어찌할꼬 하고 가서 여호와께 묻자온대 여호와께서 그에게 이르시되 두 국민이 네 태중에 있구나 두 민족이 네 복중에서부터 나누이리라 이 족속이 저 족속보다 강하겠고 큰 자가 어린 자를 섬기리라 하셨더라(창 25:22-23).

여기서 보는 대로 에서와 야곱은 자라면서, 성장해서 다툰 게 아니다. 엄마 뱃속에서부터 엄마가 걱정할 정도로 심각하게 다투었다는 것이다. 그냥 일반적인 쌍둥이 사이의 다툼이라고 볼 수 없을 정도였다.[3] 그래서 리브가는 심각하게 고민을 한다. "하나님, 어떻게 해야 합니까?" 리브가가 고민하는 것은 두 형제가 뱃속에서 격렬하게 싸우는 것이다. 이 문제를 고민하면서 하나님께 간구한다.

그런데 하나님이 하시는 말씀이 의외이다. 두 형제가 아예 뱃속에서부터 적대적이 되고, 힘의 알력 관계에서 서로 목숨 건 대결을 하고, 결국 형이 동생을 섬길 것이라고 말씀하신다.[4] 도대체 이게 무슨 황당한 시츄에이션이라는 말인가? 나는 도무지 이해하지 못하겠다. 하나님은 왜 그렇게 말씀하셨을까? 하나님은 왜 그 문제를 평화적으로 해결하기는커녕 에서와 야곱이 벌이는 심각한 다툼을 허용해서 신적인 다툼으로 만드는 걸까?

이 구절을 통해서 예정과 선택에 대한 교리적인 이야기를 많이 하는데, 하나님이 하신 섭리가 형제간에 벌어지는 목숨 건 다툼이라는 말인가? 그리고 부모가 자식들에게 보여주는 취향에 따른 편 가르기는 이들이 얼마나 힘, 즉 권력에 편집증적으로 집착하는지를 보여준다. "이삭은 에서가 사냥한 고기를 좋아하므로 그를 사랑하고 리브가는 야곱을 사랑하였더라"(창 25:28). 여기에 나오는 '사랑하다'의 히브리어는 '아헤브'이다. '아헤브'는 구약성경에 나오는 사랑에 관한 여러 단어들 가운데 가장 포괄적인 의미를 갖는 단어이다. 그런데 이 구절에서 말하는 사랑은 매우 헌신적이지만, 자의적이고 탐욕적이라는 점에서 심각하다.

---

3) 본문 속 화자는 야곱의 삶에서 어두운 세력이 작동한다는 사실을 우리가 알기를 원한다.[Walter Brueggemann, *Genesis-A Bible Commentary for Teaching and Preaching* (Atlanta: John Knox Press, 1982), 214.]
4) 처음부터 야곱은 타고난 싸움꾼이었다.(Brueggemann, 214.)

야곱의 머릿속에는 오직 장자권에 대한 집착뿐이다. 그는 장자권을 진심으로 '사랑'한다. 하루는 에서가 사냥에서 돌아왔는데 심히 피곤했단다. 마침 야곱이 붉은 죽을 쑤고 있었는데, 그것을 먹겠다고 했더니 야곱은 그 틈을 타서 장자권을 팔라고 한다. 에서는 배고파 죽게 생겼는데 장자권이 무슨 소용인가 하면서 야곱에게 순순히 장자권을 팔겠다고 한다.

그런데 나는 이 상황을 도무지 이해할 수 없다. 도대체 에서가 집에 와서 죽 한 그릇을 먹는 게 그리 힘든 일인가? 그리고 야곱은 들에서 기진맥진해서 돌아온 형에게 식탁을 차려주기는커녕 어떻게 장자권을 팔라고 할 수 있는가? 그들은 죽 한 그릇 나눠 먹을 수 없는 사이였다는 말인가? 현실적인 측면에서 죽 한 그릇으로 장자권을 사고 팔 수 있는가? 에서가 장자권에 대해서 경홀히 여겼다고 하는데, 야곱이 장자권에 병적으로 집착한 것은 왜 지적하지 않는가? 에서와 야곱 이야기를 찬찬히 읽어보면, 이야기 전개가 매우 억지스럽다는 느낌을 강하게 받는다. 에서는 태어날 때부터 몸이 붉어서 에서 또는 에돔이라고 했다. 그리고 붉은 죽 이야기는 그 붉음에 대한 억지스러운 연결일 뿐이다. 야곱이 죽 한 그릇으로 장자권을 샀다는 걸 누가 인정하겠는가? 이삭과 에서도 야곱이 그를 속였다고 명확하게 말한다. 결국 야곱이 오랜 기간 치밀하게 꾸민 덫에 걸려들었다는 것이다.

이 이야기를 신앙적인 차원에서 받아들일 수 없는 것이 이러한 까닭이다. 이것은 지극히 현실적이고 세상적인 이야기이다. 신앙적인 차원에서 걸러진 글이 결코 아니라는 것이다. 그러니 이 이야기는 겉으로 보이는 몇 가지 장치들에도 불구하고 신앙적으로 받아들이고 본받아야 할 게 전혀 아니라는 것이다. 야곱의 병적인 집착은 신이 부여하거나 허용한 것이 결코 아니기 때문이다. 인간의 편집증적 집착은 그냥 타고난 것이다.

야곱의 집착은 연애에서도 나타난다. 야곱은 라헬을 사랑한다. 창세기 기자는 야곱이 라헬을 얼마나 사랑했는지를 세 차례(창 29:18, 20, 30) 언급한다. 여기서 사용하는 히브리어는 '아헤브'이다. 야곱의 '아헤브'는 정말 열정적이고 헌신적이었다. 그러나 너무 자기중심적이었다. 그래서 이런 야곱식 사랑이 가족 간에 심각한 갈등을 불러일으킨다. "너무 아픈 사랑은 사랑이 아니었음을"이라는 노래 가사처럼, 그런 사랑은 결코 사랑이 아니다. 편집증일 따름이다.

야곱의 지혜, 꼼수의 결정판

그 많던 양말은 다 어디로 갔을까? 왜 양말은 짝이 안 맞을까? 여기저기 아무리 찾아봐도 없다. 정말 황당하기 짝이 없다. 빨래하고 나서 양말짝을 맞춰볼 때마다 늘 그렇다. 이런 황당함을 성서를 읽으면서 간혹 느낀다. 특히 인간들이 제 욕심을 이루기 위해 갖은 꼼수를 부리면서 그것을 하나님의 역사라고 할 때는 아주 황당하다. 사람들이 제 욕망을 채우기 위해 부리는 꼼수는 벌거숭이 임금님 노릇이다. 분명히 옷을 입지 않았는데, 자신도 그 사실을 명확하게 아는데, 사람들이 거짓말로 자꾸 옷이 좋다고 하니까 그것에 점점 빠져들어서 결국 사람들이 정말로 그렇게 생각하는 줄로 착각하고, 무슨 짓을 해도 사람들이 좋게 보려니 해서 갖은 추태를 저지르기에 용맹무쌍한 벌거숭이 임금과 같다는 것이다. 꼼수를 부리는 사람은 자신이 꼼수를 부린다는 걸 알지만, 다른 사람들이 모를 거라 생각해서 과감하게 꼼수를 부린다.

야곱은 전형적인 꼼수 전문가이자 '벌거숭이 임금'이다. 우리는 야곱이 살던 세상이 전원적이고 목가적이었다고는 생각하지 않는다. 때론 평화롭지만 때론 살벌했다. 아니, 살벌할 때가 더 많았을 것이다. 분노한 에서로부터 살기 위해 도망쳐야 하는 긴박한 상황, 처가 식구들과 의가 상해서 결국 야반도주해야 하는 상황, 시므온과 레위가 저지른 사건으로 인해 온가족이 목숨을 부지하기 위해 도망쳐야 했던 일, 기근으로 힘겨웠던 일, 어느 것 하나 쉽지 않은 삶이었을 것이다. 그런 세상에서 생존하려면, 아니 성공하려면 남보다 탁월해야 할 것이다.

야곱은 인간들이 생각하는 기본적인 관점에서 볼 때 성공한 사람이다. "이에 그 사람이 매우 번창하여 양 떼와 노비와 낙타와 나귀가 많았더라"(창 30:43). 야곱이 이렇게 성공한 것은 남보다 능력이 탁월했기 때문임을 인정한다. 그런데 정작 야곱이 부유해지는 과정을 보면 이야기가 황당하다.

> 야곱이 버드나무와 살구나무와 신풍나무의 푸른 가지를 가져다가 그것들의 껍질을 벗겨 흰 무늬를 내고 그 껍질 벗긴 가지를 양 떼가 와서 먹는 개천의 물 구유에 세워 양 떼를 향하게 하매 그 떼가 물을 먹으러 올 때에 새끼를 배니 가지 앞에서 새끼를 배므로 얼룩얼룩한 것과 점이 있고 아롱진 것을 낳은지라 튼튼한 양이 새끼 밸 때에는 야곱이 개천에다가 양 떼의 눈 앞에 그 가지를 두어 양이 그 가지 곁에서 새끼를 배게 하고 약한 양이면 그 가지를 두지 아니하니 그렇게 함으로 약한 것은 라반의 것이 되고 튼튼한 것은 야곱의 것이 된지라(창 30:37-42).

이 이야기를 읽고 독자들은 무슨 생각을 할까? 우리가 이 성서구절에서 주목해야 할 첫 번째 문제는 야곱의 행위이다. 물론 야곱이 전적으로 잘못했다고 할 수 없지만, 그렇다고 해서 무조건 잘했다 할 수도 없다. 야곱이 하는 행위는 아무리 좋게 보려 해도 분명히 잔꾀, 즉 꼼수이다. 야곱은 성서 인물들 가운데서도 두드러지게 탁월한 꼼수 대왕이다. 한국 기독교인들은 야곱의 행위를 절대 꼼수로 보(려 하)지 않는다.

그러나 야곱의 이런 행위를 꼼수가 아니라고 하려면, 그 행위가 정당한 지혜에 의한 것임을 밝혀야 하는데, 본문을 꼼꼼하게 읽을수록 그건 불가능해 보인다. 그리고 우리는 그런 지혜를 주님이 주셨다고 믿는다. 하지만 그게 과연 하나님이 알려주신 방식인지가 분명치 않다. 인용한 본문은 하나님에 대해 언급하지 않기 때문이다. 만약 성서기자가 하나님이 직접 말씀하셨다고 기록했어도 성서를 읽는 독자들은 그것이 과연 성서 전체적인 관점에서 하나님의 뜻과 일치하는지를 예리하게 검증해야 한다.

그러나 하나님이 직접 지시한 사실을 본문에서 찾을 수가 없고, 다만 야곱이 나중에 하는 말에서 간접적으로 나타날 뿐이다.

> 그가 이르기를 점 있는 것이 네 삯이 되리라 하면 온 양 떼가 낳은 것이 점 있는 것이요 또 얼룩무늬 있는 것이 네 삯이 되리라 하면 온 양 떼가 낳은 것이 얼룩무늬 있는 것이니 하나님이 이같이 그대들의 아버지의 가축을 빼앗아 내게 주셨느니라 그 양 떼가 새끼 밸 때에 내가 꿈에 눈을 들어 보니 양 떼를 탄 숫양은 다 얼룩무늬 있는 것과 점 있는 것과 아롱진 것이었더라 꿈에 하나님의 사자가 내게 말씀하시기를 야곱아 하기로 내가 대답하기를 여기 있나이다 하매 이르시되 네 눈을 들어 보라 양 떼를 탄 숫양은 다 얼룩무늬 있는 것, 점 있는 것과 아롱진 것이니라 라반이 네게 행한 모든 것을 내가 보았노라(창 31:7-13).

우리는 야곱이 하는 말을 읽었는데, 과연 야곱이 하는 말을 믿을 수 있을까? 그리고 과연 하나님이 그런 꾀를 통해서 야곱이 차지할 몫을 보전해 주셨을까? 그런 것 같지 않다는 점에서 우리는 고민할 수밖에 없다. 그다음에 우리가 부딪히는 문제는 유전학적인 문제이다. 야곱이 시각적인 방식으로 유전적 변형을 일으켰다는 것인데, 그건 불가능한 일이라는 점에서 독자들로부터 신뢰를 잃는다. 그리고 실제적으로는 증식방법보다 야곱이 양 개체수를 늘렸다는 게 관건이다. 하지만 설혹 그런 원시적 방법으로 유전적인 변형에 성공했다고 해도, 그리고 다른 사람들이 다 그렇게 해서 권력과 재산을 얻는다 해도, 그것은 신앙적이지 않을 뿐만 아니라 윤리적이지도 않다. 우리가 본문을 읽으면서 명심할 것은 바로 이것이다. 결국 야곱은 꼼수에 능한 재산 증식 전문가라는 사실이다. 아니, 물질을 지나치게 사랑한 사람이었다는 것이다. 하나님이 이렇게 사는 야곱을 사랑하셨을까?

야곱의 험악한 세월, 그리고 '헤세드'

"앞으로 벌고 뒤로 밑진다." 어떤 상황에서 이 말이 선명하게 떠오를 때가 있다. 온갖 호들갑을 떨면서 설쳤는데, 막상 돌아오는 건 아무것도 없는 외화내빈의 허무한 실상, 그게 바로 야곱의 삶이었다고 해도 과언이 아니다. 야곱은 애굽으로 내려가서 요셉을 만난다.

> 요셉이 자기 아버지 야곱을 인도하여 바로 앞에 서게 하니 야곱이 바로에게 축복하매 바로가 야곱에게 묻되 네 나이가 얼마냐 야곱이 바로에게 아뢰되 내 나그네 길의 세월이 백삼십 년이니이다 내 나이가 얼마 못 되니 우리 조상의 나그네 길의 연조에 미치지 못하나 험악한 세월을 보내었나이다 하고 야곱이 바로에게 축복하고 그 앞에서 나오니라(창 47:7-10).

야곱을 만난 바로는 그에게 나이를 묻는다. 바로는 "네 나이가 얼마냐?"라고 간단히 묻는데, 야곱이 길게 대답하는 것으로 보아 나이를 묻는 게 말 그대로 나이만 묻는 게 아님을 알 수 있다. 제 나이만큼 살아온 삶에 대해서 묻는 것이다. 그러니 야곱이 하는 말 속에는 그가 지금껏 지내온 자기 인생에 대한 이야기가 당연히 담겨 있다. 야곱이 바로에게 하는 말 가운데 눈에 띄는 건 '나그네'와 '험악한 세월'이다. 물론 자신이 살아온 삶에 대해서 겸손하게 하는 말일 수도 있지만, 실제 삶도 그랬다는 것을 우리는 안다.

야곱은 아버지로부터 승자독식적 복을 받았지만, 그것은 제 이름으로 받은 게 아니었다. 복을 빌어주는 이삭도 복을 받는 야곱도 야곱이 아닌 에서에게 복을 빌어주는 것으로 알았다. 여기서부터 앞으로 벌고 뒤로 밑지는 외화내빈의 삶이 시작된다. 야곱이 에서의 이름으로 복을 받은 다음에 처음으로 한 일이 극도로 분노해서 그를 죽이려는 에서를 피해 밧단아람으로 도주하는 것이었다. 야곱, 그 험악한 나그네의 삶은 이렇게 시작한다. 그 이후로 야곱의 삶은 도주와 탈주의 연속이었다. 그런 그에게 한결같은 관심과 사랑(히브리어로 '헤세드')을 보여주시는 분은 하나님이셨다. "내가 너와 함께 있어 네가 어디로 가든지 너를 지키며 너를 이끌어 이 땅으로 돌아오게 할지라 내가 네게 허락한 것을 다 이루기까지 너를 떠나지 아니하리라 하신지라"(창 28:15). 여기서 보는 대로 하나님은 야곱과 함께 하시겠다고 약속하신다. 이 하나님의 약속은 낯선 곳으로 도주해야 하는 야곱에게 큰 힘을 주었을 것이다. 그러나 다른 한편으로, 이 약속은 야곱의 삶이 정주하는 삶이 아니라 정처 없이 여기저기를 떠도는 삶일 것임을 강하게 암시한다. 그것은 "네가 어디를 가든지"에서 알 수 있다. 야곱은 다시 돌아오기를 꿈꾸며, 아니 다시 돌아올 수 있을지를 염려하면서 길을 떠난다.

> 야곱이 서원하여 이르되 하나님이 나와 함께 계셔서 내가 가는 이 길에서 나를 지키시고 먹을 떡과 입을 옷을 주시어 내가 평안히 아버지 집으로 돌아가게 하시오면 여호와께서 나의 하나님이 되실 것이요 내가 기둥으로 세운 이 돌이 하나님의 집이 될 것이요 하나님께서 내게 주

신 모든 것에서 십분의 일을 내가 반드시 하나님께 드리겠나이다 하였더라(창 28:20-22).

우리는 이 구절에서 야곱의 간절한 마음을 읽는다. 그는 떠나고 싶지 않다. 성서는 그가 조용해서 집에 머물기를 좋아했다고 하지 않았는가. 그러나 그의 삶은 그가 원하는 것과는 정반대로 흘러갔다. 야곱은 우여곡절 끝에 처가살이를 야반도주로 끝낸다. 그는 에서와 만나지만 다시 그와 헤어진다. 돌아왔지만 그 이후로도 야곱의 떠돎은 계속된다. 시므온과 레위가 디나 사건으로 인해 세겜 사람들을 잔인하게 살해한 다음, 그들은 보복당할 두려움에 떨며 도주하는데, 이때 하나님이 야곱에게 나타나셨다. "하나님이 야곱에게 이르시되 일어나 벧엘로 올라가서 거기 거주하며 네가 네 형 에서의 낯을 피하여 도망하던 때에 네게 나타났던 하나님께 거기서 제단을 쌓으라 하신지라"(창 35:1).

야곱에게 하나님은 도주의 길에서 만난 하나님이다. 야곱의 고난은 외형적으로는 전형적인 영웅들이 겪는 고난과 유사하다. 그러나 그 고난은 타인에 의한 고난이 아니라는 점에서 완전 다르다. 야곱이 자초한 고난이라는 것이다. 그래서 그 고난은 자신과 다른 이를 구원하는 생산적인 게 아니었다. 자신은 물론 타인들도 황폐케 하는 사막처럼 메마른 불임의 고난이었다.

에서는 오히려 편안한 삶을 살았던 것으로 보인다. 에서는 원래 성격적으로 어느 곳에 안주하는 사람이 아니다. 들사람이라고 하지 않았던가. 떠도는 삶은 야곱이 아니라 에서와 어울려 보이는데, 에서는 제 땅에 정착해서 풍족하게 살았고, 야곱은 그렇게나 정주하는 복을 갈구하고 그것을 얻기 위해 승자독식의 삶을 도모했지만 이루지 못했다. 야곱은 여러 자녀들에도 불구하고 도주와 탈주를 반복했지만, 에서는 자신을 지켜줄 군사를 400명이나 거느릴 정도로 막강했다. 험악한 세월은 누가 만들어준 게 아니다. 자신을 사랑하고 자신을 위해서 사랑하는 삶을 살았던 야곱의 자업자득이었다.

야곱, 인생의 절정과 종착역

"철들자 죽는다." 이건 야곱에게 적합한 말이라고 생각한다. 야곱은 인생에서 극적인 사건들을 여러 번 겪는다. 그 사건들 가운데 야곱이 극적인 변화를 경험하는 것은 무엇인가? 대체로 얍복 강 사건이라고 할 것이다. 이 사건을 통해서 야곱은 하나님과 겨루어 이기고, '이스라엘'이라는 새로운 이름을 부여받기 때문이다. 얍복 강에서 야곱은 밤새 천사와 씨름해서 이길 정도로 악에 받쳐 있었던 것으로 보인다. 에서와 대면해야 하는 야곱 입장에서는 이판사판이었는지도 모른다. 하지만 얍복 강 사건으로 모든 게 달라진 것은 아니다. 야곱의 삶은 그 이전이나 이후나 크게 다르지 않다. 오히려 어렵고 힘겨운 일들이 더 많이 일어났고, 야곱과 가족들은 계속 이리저리 도주하고 이주해야 했다. 야곱은 자신의 삶에서 가장 중요한 사건을 무엇이라고 생각할까? 야곱이 하는 말을 들어보자.

> 이 일 후에 어떤 사람이 요셉에게 말하기를 네 아버지가 병들었다 하므로 그가 곧 두 아들 므낫세와 에브라임과 함께 이르니 어떤 사람이 야곱에게 말하되 네 아들 요셉이 네게 왔다 하매 이스라엘이 힘을 내어 침상에 앉아 요셉에게 이르되 이전에 가나안 땅 루스에서 전능하신 하나님이 내게 나타나사 복을 주시며 내게 이르시되 내가 너로 생육하고 번성하게 하여 네게서 많은 백성이 나게 하고 내가 이 땅을 네 후손에게 주어 영원한 소유가 되게 하리라 하셨느니라(창 48:1-4).

이 구절은 야곱의 삶에 대한 몇 가지 중요한 정보를 독자들에게 제공한다. 여기서 보는 대로, 야곱이 생의 마지막 순간에 기억하는 것, 즉 야곱의 삶에 가장 큰 영향을 미친 사건, 죽는 순간에도 잊지 못할 결정적인 사건은 바로 루스, 즉 벧엘 사건이었다. 벧엘은 야곱을 언제나 원형질로 복귀하게 하는 황금 연못이었다. 그래서 야곱은 어려움을 겪을 때마다 벧엘 사건으로 회귀했다. 우리도 그 감격스러운 순간으로 돌아가 보자.

> 또 본즉 여호와께서 그 위에 서서 이르시되 나는 여호와니 너의 조부 아브라함의 하나님이요 이삭의 하나님이라 네가 누워 있는 땅을 내가 너와 네 자손에게 주리니 네 자손이 땅의 티끌같이 되어 네가 서쪽과 동쪽과 북쪽과 남쪽으로 퍼져나갈지며 땅의 모든 족속이 너와 네 자손으로 말미암아 복을 받으리라 내가 너와 함께 있어 네가 어디로 가든지 너를 지키며 너를 이끌어 이 땅으로 돌아오게 할지라 내가 네게 허락한 것을 다 이루기까지 너를 떠나지 아니하리라 하신지라(창 28:13-14).

아, 하나님은 언제나 계약을 맺으시고 그 계약을 결코 파기하지 않으시는 '헤세드의 하나님'이심을 여기서도 명확하게 보여주신다. 야곱이 스스로 자초한 험악한 세월을 감당하면서 끊임없이 되새긴 것은 바로 그 순간이었다. 창세기 31장 3절은 벧엘을 연상케 하고, 13절에서 하나님은 자신을 '벧엘의 하나님'이라고 칭하신다. 42절과 53절도 벧엘의 하나님을 떠올리게 한다. 32장에서 야곱이 얍복 강에서 기도한 내용도 벧엘 사건과 직접적인 연관을 갖는다. 그리고 35장 9-15절은 천사와의 씨름 장면을 뺀 얍복 강 사건 간략 버전을 벧엘 사건으로 재현하는 것을 보여준다. 얍복 강 사건을 벧엘 사건화하고, 벧엘 사건을 재현할 정도로 벧엘 사건은 성서기자에게도 중요하다.

그러면 야곱의 삶의 절정은 벧엘인가? 야곱이 끝까지 벧엘을 기억한 것은 사실이지만, 삶의 마지막 순간에 야곱이 종착역으로 삼은 곳은 벧엘이 아니었다. 그가 종착역으로 삼은 곳은 헤브론 막벨라 굴이었다. 그는 거기에 묻히기를 간절히 소망했고, 그 소망은 하나님이 이스라엘을 반드시 출애굽시킬 것이라는 위대한 신앙고백에 근거한다(창 48:21). 여기서 야곱 이야기는 앞으로 이야기할 "요셉, 비로소 꿈꾸다"와 이어진다. 야곱, 그의 삶의 절정은 벧엘 사건도 아니고 얍복강 사건도 아닌, 헤브론 막벨라 굴에 묻히는 삶의 최종적인 순간이었다. 다시 회귀할 수 없는 그 순간, 그 유일한 순간에 야곱은 삶의 절정에 도달했다. 그는 자신을 위한 사랑이 아닌, 하나님을 위한 사랑, 그의 일생 동안 '헤세드'를 보여주신 하나님에 대한 사랑으로 삶을 마무리했다.

어머니 레아

야곱이 평생 사랑한 것은 황금으로 상징되는 부이다. 모든 것을 황금으로 만드는 마이더스의 손, 그것은 사랑하는 딸까지 황금으로 만들어버린다. 마이더스는 그것을 슬퍼했지만, 야곱은 사랑하는 게 오직 황금이었기에 모든 것을 황금으로 바꾸려 하면서도 전혀 슬퍼하지 않았다. 오직 자기 자신만 생각했다. 그러나 그는 온전한 마이더스의 손이 아니고 완벽한 마이너스의 손이어서 그와 함께하는 사람들을 고통스럽게 만들었다. 레아와 라헬, 이 두 여인의 삶도 그렇다. 야곱은 자신이 그들을 얼마나 힘겹게 했는지 전혀 몰랐을 것이다.

그런데 이 어설픈 마이더스 야곱은 애굽에 내려가면서 조금씩 달라진다. 그리고 임종 직전에는 축복의 손이 된다. 야곱은 세상을 떠나기 전에 열두 아들들을 불러다 놓고 그들에게 각각 축복한 다음 이렇게 유언한다. "내가 내 조상들에게로 돌아가리니 나를 헷 사람 에브론의 밭에 있는 굴에 우리 선조와 함께 장사하라 이 굴은 가나안 땅 마므레 앞 막벨라 밭에 있는 것이라 아브라함이 헷 사람 에브론에게서 밭과 함께 사서 그의 매장지를 삼았으므로 아브라함과 그의 아내 사라가 거기 장사되었고 이삭과 그의 아내 리브가도 거기 장사되었으며 나도 레아를 그곳에 장사하였노라"(창 49:29-31).

"나도 레아를 그곳에 장사하였노라." 참 절절한 말이다. 그리고 이것은 아브라함과 사라, 이삭과 리브가처럼 야곱과 레아가 짝을 이루는 것을 보여준다. 야곱이 레아를 진정한 아내로 인정했다는 것이다. 아들 요셉이 당시 애굽의 총리대신이었음에도 불구하고 야곱이 굳이 막벨라 굴에 묻히기를 소망했다는 것은 놀라운 믿음이다. 그는 하나님이 현재 애굽에 사는 이스라엘 자손, 즉 자신의 후손들을 언젠가는 반드시 출애굽시킬 것임을 확신했고, 그래서 자신이 먼저 출애굽해서 조상들 곁에 묻혀 있다가 후손들이 출애굽해서 가나안 땅에 들어오면 영접하려 했을 것이다. 그래서 그는 조상들 곁에 묻히고 싶어 했다. 그리고 더 내밀하게는 레아 곁에 묻히고 싶어 했던 것으로 보인다. "레아와 함께 잠들고 싶다." 어쩌면 살아생전에 레아에게 했던 모든 못할 짓들을 죽어서라도 용서를 빌고 용서받고 싶은 마음이었는지도 모르겠다. 레아, 그는 죽어서 이렇게 남편 야곱에게 한 여자로, 진정한 아내로 인정받았다.

야곱은 라헬을 먼저 만났고 라헬을 사랑했다. 성서 기자는 야곱이 라헬을 위해서 14년을 며칠처럼 일했다고 말한다. 그 14년 동안 야곱은 레아를 전혀 안중에 두지 않았던 모양이다. 야곱은 오직 라헬을 위해서 헌신적으로 일했는데, 라반은 결혼식 날 저녁에 라헬이 아닌 레아를 신방에 들여보냈다. 야곱은 그 사실을 전혀 알지 못했고 다음날 아침에야 자초지종을 알고 라반에게 따진다. 그러자 라반은 "언니보다 아우를 먼저 주는 것은 우리 지방에서 하지 아니하는 바이라"(창 29:26)고 야곱에게 말한다.

라반이 계획적으로 야곱을 묶어두기 위해 속임수를 쓴 것인지 모르겠지만, 그가 하는 변명이 전혀 일리가 없는 것은 아니다. 요즘은 좀 덜하지만 얼마 전까지만 해도 형제나 자매 가운데 동생이 먼저 결혼을 하는 경우, 형이나 언니가 매우 곤혹스러운 입장에 빠졌던 것을 보면, 야곱이 레아를 전혀 배려하지 않았음을 알 수 있다. 그리고 레아 입장에서는 자신이 라헬보다 일주일 먼저 야곱과 결혼했는데, 자신보다 늦게 결혼한 라헬이 야곱을 독차지하려는 것을 매우 못마땅하게 여겼을 것이다.

어쨌든 레아가 먼저 아들을 낳았다. 이것을 성서 기자는 "여호와께서 레아가 사랑받지 못함을 보시고 그의 태를 여셨다"(창 29:31)고 풀이한다. 야곱이 레아를 전혀 사랑하지 않았다는 사실을 하나님도 아셨다는 것이다. 그래서 하나님은 복잡하게 얽힌 삼각관계에 개입하셔서 어느 정도 균형을 맞춰주려 하신다. 레아도 그렇게 생각했다. "레아가 임신하여 아들을 낳고 그 이름을 르우벤이라 하여 이르되 여호와께서 나의 괴로움을 돌보셨으니 이제는 내 남편이 나를 사랑하리로다 하였더라"(창 29:32). "나의 괴로움"이라는 말에서 그동안 레아가 겪었을 가슴앓이를 짐작할 수 있다. 그러나 아들을 낳았음에도 불구하고 야곱이 레아를 조금이라도 사랑하기 시작했다는 조짐은 보이지 않는다. 아들 이름을 야곱이 아닌 레아가 지어주는 것에서 드러난다. 그래도 레아는 하나님이 주신 희망의 끈을 잡은 것으로 만족했을 것이다.

야곱은 대놓고 레아를 무시했던 모양이다. 레아는 정말 한이 맺혔을 것이다. 그는 아이를 낳음으로써 어머니가 되는 것보다 남편에게 사랑받는 것을 더 원했다. 첫째 아이 르우벤("보라 아들이다")를 낳고도 남편이 그를 사랑할 기미가 보이지 않자 다시 둘째 아이를 낳는다. 그리고 이름을 시므온('들으심')이라고 짓는데, "여호와께서 내가 사랑받지 못함을 들으셨으므로 내게 이 아들을 주셨도다"(창 29:33)라고 고백한다. 그러니 레아는 르우벤을 낳고 난 다음에 얼마나 하나님께 한탄하는 기도를 했는지 알 수 있다. 그 한탄을 주님이 들으시고 다시 아들을 낳게 하셨다는 것이다. 레아는 기도를 들으시는 하나님, 자신의 아픔을 돌아보시는 하나님, 이 하나님을 의지하면서 버텼다. 생각보다 강인한 여자이다.

레아는 셋째 아이를 낳고 그 이름을 레위('연합함')라고 짓는데, "내가 그에게 세 아들을 낳았으니 내 남편이 지금부터 나와 연합하리로다"(창 29:34)라고 말한다. 이때는 어느 정도 상황이 호전되는 기미가 나타났던 모양이다. 야곱이 조금씩 레아에게 마음을 주기 시작했는지도 모르겠다. 최소한 레아는 그렇게 판단한 것으로 보인다. 무심하던 예전과 달리 야곱이 레아를 배려하는 모습을 보고 레아는 아들 이름을 그렇게 지었을 것이기 때문이다.

레아는 네 아이를 연속으로 낳는다. 넷째 아이는 유다('찬송')이다. 레아는 아이를 출산한 다음 "내가 이제는 여호와를 찬송하리로다"(창 29:35)라고 고백한다. 남편 때문에 맘고생이 심했던 레아는 하나님만 붙들고 믿음으로 모진 괴로움을 이겨왔다. 드디어 주님께 찬양할 수 있게 되었다. 다행이다. 레아는 정말 강인한 여성이다. 그런데 문제는 레아가 진정한 어머니보다는 한 남자의 아내로 인정받는 것에 더 마음을 썼다는 것이다. 어머니가 되는 것, 즉 자식을 낳는 것을 남편에게 인정받기 위한 방법으로 사용했다는 것이 마음 아프면서 또한 마음에 걸린다.

레아와 라헬, 어머니 되기 시합

레아가 아들 넷을 내리 낳으면서 야곱이 레아에게 차츰 마음을 주자, 라헬은 그것을 못견뎌한다. 그리고 그때부터 소름끼치는 아들 낳기 경쟁을 시작한다. 라헬이 자신의 시녀 빌하를 야곱에게 주어서 두 아이를 낳게 하자, 레아도 자신의 시녀 실바를 야곱에게 주어서 두 아이를 낳게 한다. 이런 마음으로 아이들을 낳았으니 그 아이들이 온전하게 성장했겠는가?

레아는 임신하지 못해서 애가 타는 라헬에게 합환채(자귀나무)를 주고, 야곱과 동침할 권리를 얻어서 야곱에게 당당하게 요구한다. 성서 기자는 이 야릇한 장면을 꽤 상세하게 서술하는데, 레아와 라헬 사이에 야곱 쟁탈전이 얼마나 심각했는지를 보여준다. 그리고 레아와 라헬이 출산을 신앙적인 차원으로 생각했기 때문에 그 경쟁은 전쟁처럼 치열했다. 그들은 하나님께 임신을 간구했고, 하나님은 그들의 소원을 들어주셨다(창 30:17). 레아는 다섯째 아이를 잇사갈('값')이라고 하는데, "내가 내 시녀를 내 남편에게 주었으므로 하나님이 내게 그 값을 주셨다"(창 30:18)고 고백한다. 그리고 여섯째 아이를 낳고 스불론('거함')이라고 이름을 지으면서 "하나님이 내게 후한 선물을 주시도다 내가 남편에게 여섯 아들을 낳았으니 이제는 그가 나와 함께 살리라"(창 30:20)고 말한다. 레아는 여섯째 아들을 낳기까지 아주 정교한 과정들을 거치면서 야곱의 마음을 자신에게 향하게 했다.

그러나 야곱이 생각하는 아내들의 서열은 바뀌지 않았다. 에서가 군사 400명을 데리고 온다는 소식을 들은 야곱은 "그의 자식들을 나누어 레아와 라헬과 두 여종에게 맡기고 여종들과 그들의 자식들은 앞에 두고 레아와 그의 자식들은 그다음에 두고 라헬과 요셉은 뒤에 두었다"(창 33:1-2). 레아가 무진 애써서 남편의 사랑을 상당히 받은 것은 사실이지만, 라헬을 향한 야곱의 사랑은 여전했다. 레아는 만족했을까? 나는 아쉽다. 남편의 사랑을 얻기 위해, 남편의 사랑을 빼앗기지 않기 위해 억척스럽게 아이 낳는 일에 몰두한 여자들은 있었지만 진정한 어머니는 없었기 때문이다. 그들의 아픔을 이해한다고 해도 말이다.

결혼한 뒤 레아는 아들 넷을 내리 낳는데, 라헬은 임신하지 못했다. 그때까지 라헬은 어머니가 되는 것에 대해 그리 심각하게 생각하지 못했던 모양이다. 라헬은 가정에서 자신이 일방적으로 주도권을 쥐고 있다고 생각했을 것이다. 그런데 그게 아니었다. "라헬이 자기가 야곱에게서 아들을 낳지 못함을 보고 그의 언니를 시기하여 야곱에게 이르되 내게 자식을 낳게 하라 그렇지 아니하면 내가 죽겠노라"(창 30:1). 라헬은 자신이 임신하지 못하는 것 자체, 즉 어머니가 되지 못하는 것 자체를 문제 삼는 게 아니라, 레아와의 경쟁에서 진다는 것을 문제 삼았다. 만약 레아가 자식을 출산하지 못했다면 별 문제는 아니었을지도 모를 일이다.

자신이 어머니가 되는 것에 대해 라헬이 얼마나 심각하게 생각해 보았는지 알 수 없지만, 자기보다 훨씬 못한 레아도 아들을 순풍순풍 낳는데, 양을 칠 정도로 건강한 자신은 그렇지 못하는 게 심히 자존심 상하는 일이었을 것이다. 라헬 성격상 무엇이든 레아에게 지는 것은 견디지 못했을 것이기 때문이다. 아마 제 성질에 겨워 거품 물고 쓰러질 지경이었을 것이다.

라헬은 자신의 여종 빌하를 야곱에게 주어서 아들을 낳게 하는데, 빌하는 단과 납달리를 낳았다. '단'은 '억울함을 푸심', '납달리'는 '내가 언니와 크게 경쟁하여 이겼다'는 의미를 담았다. 그러니 라헬이 시기와 질투로 인해 얼마나 가슴앓이를 했는지 짐작할 수 있다. 레아와 라헬, 두 자매가 살벌하게 경쟁하면서 낳은 자식들에게 지어주는 이름은 결코 자식들을 위한 것이 아니었다. 오직 레아와 라헬 두 자매 사이의 치열한 경쟁, 그로 인한 가슴앓이와 맺힌 한, 그리고 서로에 대한 증오와 저주, 그 끝없는 시지푸스적 고통과 삽시간의 희열을 반영할 뿐이다.

합환채(자귀나무)까지 먹으면서 어머니가 되기 위해 갖가지 방법을 다 쓴 라헬도 드디어 아들을 낳았다. 라헬은 "하나님이 내 부끄러움을 씻으셨다"(창 30:23)고 하면서, "여호와는 다시 다른 아들을 내게 더하시기를 원하노라"는 의미로 아들 이름을 '요셉'('더함')이라고 짓는다(창 30:24). 레아도 크게 다를 바 없지만, 라헬은 욕망의 화신과 다를 바 없었다.

하지만 세상 일 모를 일이다. 창세기 35장은 세 사람의 죽음을 들려준다. 리브가의 유모 드보라, 라헬, 그리고 이삭의 죽음이 기록된다. 참 우울한 장이다. 야곱 가족이 가나안으로 돌아온 다음 우여곡절을 겪었는데, 벧엘에서 에브랏으로 가는 도중에 라헬은 아이를 낳다가 세상을 떠난다. 그때 고통이 얼마나 심했던지 라헬은 숨을 거두기 전에 아들 이름을 베노니, '내 고통의 아들'이라고 지었다. 그런데 그 고통은 출산의 고통도 의미하지만, 심리적인 아픔도 의미한다. 라헬은 어머니 얼굴도 기억하지 못할 핏덩이를 낳아두고 세상을 떠나면서 얼마나 마음이 아팠을까? 누가 이 아이를 돌봐줄 것인가? 어미 없이 어떻게 세상을 살아갈꼬? 찢어지는 아픔을 안고 라헬은 차마 감을 수 없는 눈을 감았을 것이다. 이 순간, 라헬은 진정한 어머니였(을 것으로 기대한)다.

태어나자마자 어머니를 잃은 베냐민의 삶도 참 불우한 삶이다. 라헬이 세상을 떠나면서 제 아들에게 지어준 이름이 '베노니'(내 고통의 아들)이다. 이 슬픈 이름을 나중에 야곱이 베냐민으로 개명한다. 그런데 라헬이 말하는 '내 고통의 아들'이 어찌 베냐민만이었겠는가? 어리기는 요셉도 베냐민이나 마찬가지였을 텐데 말이다. 어린 시절 어머니를 잃은 아픔, 두 형제는 어머니 얼굴도 기억하지 못했을 것이다. 요셉과 베냐민, 그들의 삶은 이렇게 어머니의 상실로 시작한다.

들어갈 때 다르고 나갈 때 다른 게 사람이라고 했던가. 레아도 그렇고, 라헬도 마찬가지였던 모양이다. 라헬은 요셉을 낳기 전까지는 빌하가 낳은 두 아이들을 통해서 한풀이를 하는데, 요셉을 낳고서는 "하나님이 내 부끄러움을 씻으셨다"고 말한다. 라헬은 빌하가 단을 낳았을 때, 자신이 단을 출산한 것처럼 "하나님이 내 억울함을 푸시려고 내 호소를 들으사 내게 아들을 주셨다"고 심경을 토로했다. 그리고 빌하가 납달리를 낳았을 때도 자신이 출산한 것처럼 "내가 언니와 크게 경쟁하여 이겼다"고 자랑스러워한다.

이처럼 레아와 라헬은 그들이 자녀를 출산하지 못할 때에는 자신들의 시녀들을 통해서 출산 경쟁을 지속하면서 시녀들이 낳은 아이들을 제 자식인 것처럼 행동하는데, 막상 자신들이 아이를 출산하면서 시녀들의 자식을 제 자식이 아닌 시녀들의 자식으로 되돌려주는 비열한 모습을 보인다. 그렇기에 그들을 진정한 의미에서 어머니라고는 할 수 없는 것이다.

실바와 빌하, 그들도 어머니

실바와 빌하, 그들은 과연 야곱에게, 그리고 레아와 라헬에게 무엇이었을까? 야곱이 라반의 아들들과 사이가 틀어져서 야반도주를 해야 하는 지경에 이르렀을 때, 야곱은 그것을 라헬과 레아와 의논한다. "야곱이 사람을 보내어 라헬과 레아를 자기 양 떼가 있는 들로 불러다가"(창 31:4). 자신들도 포함된 중요한 일을 결정하는데 단순히 여주인들의 시녀이던 때와 달리 야곱의 아이들을 출산했음에도 불구하고 실바와 빌하는 전혀 대우를 받지 못한다. 야곱, 레아, 그리고 라헬이 보기에 그들은 여전히 시녀일 따름이었던 것이다.

야곱은 라반과 논쟁하면서 이렇게 말한다. "내가 외삼촌의 집에 있는 이 이십 년 동안 외삼촌의 두 딸을 위하여 십사 년, 외삼촌의 양 떼를 위하여 육 년을 외삼촌에게 봉사하였거니와"(창 31:41). 야곱이 라헬에게 빠져있을 때 그는 레아에게 전혀 관심을 보이지 않았다. 그리고 실바와 빌하를 통해서 아이들을 넷이나 낳으면서도 그들을 예우하지 않았던 것으로 보인다.

원래 야곱과 레아, 그리고 라헬이 이루는 삼각관계에 엑스트라로 끼어든 실바와 빌하는 야곱과 레아, 라헬이 그들의 자리를 정확하게 잡아주지 않아서 제 자리를 어디에 잡아야 할지 몰라 항상 애매하게 처신해야 했을 것이다. 라반은 야곱과 상호불가침 약속을 하면서 "만일 네가 내 딸들을 박대하거나 내 딸들 외에 다른 아내들을 맞이하면 우리와 함께할 사람은 없어도 보라 하나님이 나와 너 사이에 증인이 되시느니라"(창 31:50)고 강하게 경고한다. 라반이 하는 말을 살펴보면, 실바와 빌하는 어디에도 해당되지 않는다. 그들은 있으면서도 없는 것과 같은 존재들이었던 것이다.

허깨비 같은 실바와 빌하, "라반이 아침에 일찍이 일어나 손자들과 딸들에게 입맞추며 그들에게 축복하고 떠나 고향으로 돌아갔더라"(창 31:55). 라반이 입을 맞춘 손자들과 딸들은 누구였을까? 레아와 라헬, 그리고 그들이 낳은 아이들이었을 것이다. 실바와 빌하, 그리고 그들이 낳은 아이들은 여기서 제외되었을 가능성이 크다.

야곱과 레아, 그리고 라헬이 실바와 빌하, 그리고 그들이 낳은 아이들을 어떻게 생각했는지 명확하게 알 수 있는 장면으로 가보자. 야곱이 에서를 만나러 가면서 에서가 그들을 공격할 것을 두려워해서 사람들과 가축들을 두 떼로 나눈다. 그래서 한 떼는 당하더라도 다른 한 떼는 피할 수 있게 했다(창 32:7). 그런데 막상 에서가 사백 명의 장정들을 데리고 오는 것을 보자, 야곱은 "그의 자식들을 나누어 레아와 라헬과 두 여종에게 맡기고 여종들과 그들의 자식들은 앞에 두고 레아와 그의 자식들은 다음에 두고 라헬과 요셉은 뒤에 두었다"(창 33:1-2). 이런 배치가 무엇을 의미하는지 맨 앞에 선 여종들과 그들의 자식들은 뼈저리게 느꼈을 것이다. 야곱이 보기에 실바와 빌하, 그리고 그들이 낳은 아이들은 그리 소중하지 않았던 모양이다.

그리고 야곱이 에서를 만나서 대화를 나눈 다음 아내들과 자식들로 하여금 에서에게 인사를 하게 하는데, 이때 순서 역시 여종들과 그의 자식들, 레아와 그의 자식들, 라헬과 요셉 순으로 나가서 인사를 했다(창 33:6-7). 하찮은 것들로 시작해서 귀중한 것으로 나아가는 이 냉혹한 배열, 그럼에도 불구하고 성서 기자는 실바와 빌하, 그리고 그들의 자식들이 무슨 생각을 했는지 전혀 언급하지 않는다.

그리고 성서 기자는 야곱이 낳은 열두 아들들을 전체적으로 열거하면서 레아의 여섯 아들, 라헬의 두 아들, 그리고 라헬의 여종 빌하의 두 아들, 레아의 여종 실바의 두 아들 순으로 소개한다(창 35:23-26). 정말 실바와 빌하는 누구인가? 레아와 라헬의 여종인가 아니면 야곱의 아내인가? 창세기 35장에서는 첩이라고 하고, 37장에서는 아내라고 한다. "그의 아버지의 아내들 빌하와 실바의 아들들과 더불어 함께 있었더니"(창 37:2). 요셉이 꾼 꿈을 이야기하는데, "내가 또 꿈을 꾼즉 해와 달과 열한 별이 내게 절하더이다"(창 37:9)라고 하는데, 여기서 해는 야곱을 가리키고 열한 별은 요셉 자신을 제외한 나머지 형제들을 가리킨다면, 달은 누구를 가리키는가? 라헬이 세상을 떠났기 때문에 레아를 가리킨다고 보는 게 맞을 것이다. 그렇다면 실바와 빌하는? 요셉은 그들의 존재를 철저히 무시하는 것이다.

성서 기자는 근친상간이 발생한 것을 기록한다. "르우벤이 가서 그 아버지의 첩 빌하와 동침하매 이스라엘이 이를 들었더라"(창 35:22). 야곱은 그 이야기를 듣고 즉시 어떤 조치를 취하지 않은 것으로 보이는데, 나중에 열두 아들들에게 유언을 하면서 그 사건을 언급한다. "르우벤아 너는 내 장자요 내 능력이요 내 기력의 시작이라 위풍이 월등하고 권능이 탁월하다마는 물의 끓음 같았은즉 너는 탁월하지 못하리니 네가 아버지의 침상에 올라 더럽혔음이로다 그가 내 침상에 올랐었도다"(창 49:3-4). 하지만 그 이전에 야곱은 레아와 라헬 사이에 벌어진 치열한 경쟁을 조절하기 위해 전혀 노력하지 않은 것으로 보인다. 그리고 아이들을 낳고 이름을 짓는 데에도 전혀 개입하지 않는다. 라헬이 지은 베노니라는 이름을 나중에 베냐민으로 바꾼 게 유일하다. 레아와 라헬이 치열하게 출산 경쟁을 하든 말든 신경 쓰지 않고, 실바와 빌하, 그리고 그들이 낳은 아이들이 어떤 대우를 받는지 관심도 없이 모든 것을 그냥 내버려둔다. 참으로 무책임한 사람이라고 하지 않을 수 없다. 이런 무관심과 무책임이 인간관계를 아프고 고통스럽게 만드는데 말이다. 두 자매가 벌이는 치열한 경쟁에 자신의 의지와는 상관없이 엑스트라로 불려와 끝까지 침묵해야 했던 두 여인, 두 어머니, 실바와 빌하가 눈에 밟힌다.

'니함'-요셉, 삶을 슬퍼하다

야곱에 이어서 요셉 이야기로 넘어간다. 우리는 요셉을 잘 안다고 생각한다. 그런데 이것은 한 번도 오프라인상에서 만난 적 없는 페친(페이스북 친구)을 마치 오랜 세월 알고 지낸 허물없는 친구처럼 여기고, 그에 대해서 내가 많은 걸 안다고 생각하는 것과 같다. 실제로는 그리 잘 알지 못하는 애매한 사이인데도 말이다.

요셉은 어떤 사람이었을까? 요셉은 긍정적이고 적극적이며, 무엇보다 인생에 대한 확고부동한 목표를 가진 꿈과 비전의 사람이(어야 하)며, 모든 것을 굳건한 믿음으로 이겨내고 결국 영광을 누린 위대한 믿음의 사람이(어야 한)다. 요셉은 모든 면에서 완벽하다.

과연 그럴까? 우리는 어쩌면 요셉에게 너무 많은 걸 요구하는 건 아닐까? 나는 우리가 지금까지 요셉을 지나치게 선전용으로 호도했다고 생각한다. 많은 전쟁 영웅들이 실제로는 전시 선전용으로 과장되거나 꾸며진 허상의 인물들이었던 것처럼, 요셉도 우리가 억지로 내세우려는 신앙적 모델이었다는 것이다. 전쟁 영웅이 실제로는 겁쟁이였으며, 사람들 앞에서는 가장된 전쟁 영웅 흉내를 내지만, 홀로 있을 때는 거짓된 삶에 대한 갈등을 술로 달래다 알코올 중독자가 되어 비참하게 세상을 떠났다는 것처럼 말이다.

요셉은 근본적으로 인간과 세상에 대해서 염세적이다. 집안 분위기가 그를 염세적으로 만들었다. 요셉은 베냐민과 친형제간이다. 요셉과 베냐민의 어머니는 라헬이다. 라헬은 베냐민을 낳고 산고로 인해 세상을 떠난다. 라헬이 세상을 떠나면서 제 아들에게 지어준 이름이 '베노니'(내 고통의 아들)이다. 이 슬픈 이름을 나중에 야곱이 베냐민으로 개명한다.

그런데 라헬이 말하는 '내 고통의 아들'이 어찌 베냐민만이었겠는가? 어리기는 요셉도 베냐민이나 마찬가지였을 텐데 말이다. 어린 시절 어머니를 잃은 아픔. 두 형제는 어머니 얼굴도 기억하지 못했을 것이다. 요셉의 삶은 이렇게 어머니 상실로 시작한다.

그리고 요셉이 자라면서 본 것은 이복형제들 간에 벌어지는 치열한 다툼과 속임이었다. 그 틈바구니에 요셉과 베냐민은 끼지도 못했던 모양이다. 요셉은 형제들을 보면서 세상이 살기에 만만치 않다는 것을 일찍 깨달았고, 음습한 세상에서 살아남기 위해서는 힘, 재산과 명예, 냉혹 등이 필수적이라는 것을 깨달았다. 한마디로 요셉은 출세해서 남들 위에 군림해야 생존한다는 강박에 사로잡혔고, 그 권력 지향적·성공 지향적 야망이 그 유명한 두 번의 꿈 이야기로 드러난다.[5]

요셉은 할아버지 이삭이 죽기 전에 깨달은 적자생존, 승자독식이라는 치열한 삶의 원리를 어린 시절에 이미 터득한 것이다. 이삭의 유전자가 야곱을 거쳐서 요셉에게 전달된 것이다. 이것이 요셉의 삶을 근본적으로 뒤틀어놓는다. 요셉의 인간관은 어린 시절부터 부정적으로 형성되었다.

야곱은 어린 요셉을 특히 예뻐했는데, 그것은 문제를 더 꼬이게 할 뿐이었다. 야곱은 가족들 가운데서 일어나는 모든 일들을 알고 그것을 통제하고 싶었을 것이다. 그 일을 요셉에게 맡긴 것으로 보인다. 무엇보다 아들들이 나눠서 하는 가족 기업, 즉 목양 사업을 전

---

[5] Karen Armstrong, *Fields of Blood-Religion and the History of Violence*(New York: Anchor Books, 2015), 107.

체적으로 관리하는 역할을 요셉에게 맡겼다. 나중에 애굽에 종으로 팔려가서 보디발의 집안을 관리하는 청지기를 하고, 국가를 관리하는 총리대신을 할 수 있는 기본적인 능력을 이때 함양한 것으로 보인다.

하지만 그것도 나름 권력, 즉 관복 같은 옷을 입고[6] 또 다른 사람을 감독하고 시정을 요구하는 자리에 앉아 있는 요셉이 형제들에게는 그야말로 눈엣가시 같았을 것이다.[7] 형제들은 요셉을 제거하지 않으면 자신들이 살아가기가 쉽지 않다고 생각하고 요셉을 제거할 기회를 노렸다. 그리고 담합해서 요셉을 제거한다. 이삭이 "아버지가 주실 복이 하나뿐입니까?"라고 절규하면서 슬퍼하는 에서에게 "네가 동생의 압제에서 벗어나려면 힘을 길러서 동생을 제압해 버려"라고 한 이삭 할아버지의 충고를 제대로 따른 것이다.

그렇게 살아온 그의 삶은 뒤틀리고 꼬여서 모든 것을 파괴하고 상실케 하는 삶이었다. 남는 건 아무것도 없는 허망한 삶이었다. 적자생존, 승자독식의 강박적 마인드로 로마 원형경기장 같은 극단적인 현실 속에서 요셉은 검투사처럼 살아남아야 했다. 요셉은 나중에 총리대신이 되어 그 막강한 권력으로 식량을 무기화했으며, 자국민들에게도 식량을 팔아 모든 땅을 왕에게 귀속시킴으로써 애굽을 억압의 땅으로 변질시켰다.[8]

하지만 그렇게 살고 싶어 산 것은 아니었고, 심정적으로 그는 언제나 엄마 잃은 '베노니', 고통의 아들이었다. 그에게 인간의 삶은 비극적이고 부정적이었으며, 요셉은 근본적으로 염세적이었다. "인생, 참

---

6) 요셉은 소매 달린 옷이나 최대한 늘어뜨린 옷을 입었는데, 그것은 왕자의 복장이었다. 복장은 사회적인 신분을 알려주는 데 중요한 역할을 한다. 당시 요셉은 형들보다 지위가 높았던 것으로 보인다.[Claus Westermann, *Genesis 37-50: A Commentary*, tr. John J. Scullion (Minneapolis: Augsburg Publishing House, 1986), 37.]
7) 요셉의 형들이 아버지 야곱을 미워하지 않고, 요셉을 미워한 것이 독특하다.(Westermann, 37.)
8) Armstrong, *Fields of Blood-Religion and the History of Violence*, 108.

축축하다." 그러나 그것은 그가 받아들이고 이겨야만 하는 삶이었다.

요셉의 형제들이 그들의 아버지가 죽었음을 보고 말하되 요셉이 혹시 우리를 미워하여 우리가 그에게 행한 모든 악을 다 갚지나 아니할까 하고 요셉에게 말을 전하여 이르되 당신의 아버지가 돌아가시기 전에 명령하여 이르시기를 너희는 이같이 요셉에게 이르라 네 형들이 네게 악을 행하였을지라도 이제 바라건대 그들의 허물과 죄를 용서하라 하셨나니 당신 아버지의 하나님의 종들인 우리 죄를 이제 용서하소서 하매 요셉이 그들이 그에게 하는 말을 들을 때에 울었더라 그의 형들이 또 친히 와서 요셉의 앞에 엎드려 이르되 우리는 당신의 종들이니이다 요셉이 그들에게 이르되 두려워하지 마소서 내가 하나님을 대신하리이까 당신들은 나를 해하려 하였으나 하나님은 그것을 선으로 바꾸사 오늘과 같이 많은 백성의 생명을 구원하게 하시려 하셨나니 당신들은 두려워하지 마소서 내가 당신들과 당신들의 자녀를 기르리이다 하고 그들을 간곡한 말로 위로하였더라(창 50:15-21).

여기서 "그들을 간곡한 말로 위로하였더라"[9]라는 구절을 히브리어에서 직역하면, '그가 그들을 위로하고(히브리어로 '니함') 진심으로 말했다'이다. '니함'은 매우 복합적인 의미를 갖는 단어이다. 쓰라린 회한과 연민, 그리고 위로와 달램의 의미를 갖는다. 어떤 점에서는 사랑하다로 직역할 수 있는 '아헤브'보다 더 깊은 사랑의 의미를 갖는 단어라 할 수 있다. 설상가상으로 이어지는 죽음의 위기를 헤치면서 그가 총리대신의 자리에 오르는 인생역전을 이뤘을 때, 그의 마음속에는 삶에 대한 연민이 가득했다. 그를 죽이려 한 형제들, 그 강한 형들이 이제 나이 들어 그 앞에 부복하고 목숨을 구걸하는 처

---
[9] '간곡한 말+위로'의 형태는 이사야 40장 1-2절과 창세기 34장 3절에 나온다.

량한 모습을 보면서 그것이 인생이라는 것을 절감했을 것이다. 자신의 삶도 목숨을 부지하기 위한 끝없는 투쟁이지 않았던가! 부모형제들이 그에게 절하는 모습을 보면서 요셉은 자신이 꾼 꿈이 이뤄졌다는 만족감보다 그 꿈이 현실적으로 얼마나 잔인한 것인지를 깨달았을 것이다. 그것은 결코 이뤄지면 안 되는 꿈이었다. 요셉은 슬펐다. 엄마 잃은 요셉의 인생은 고달팠다. 요셉은 그 잔인한 꿈 장면대로 자기 앞에 다시 엎드린 불쌍한 형들을 보면서 마음 아파 울었다. 인생, 참 축축하다!

요셉 제대로 울다!

'요셉' 하면 아직도 중학교 때 윤리 선생님이 제일 먼저 떠오른다. 이분은 나중에 목사 안수를 받으시고 여수에서 자그마한 교회를 개척하셨는데, 수업시간에 하도 요셉 이야기를 많이 들려주셔서 별명이 요셉이셨다.

나처럼 태어나면서부터 교회 다닌 사람은 다 그렇겠지만, 요셉은 내 신앙의 여정에서 그 누구보다 많은 자리를 차지한다. 요셉 이야기를 듣지 않고 어린 시절을 보낼 재간이 없기 때문이다. 요셉은 엄친아의 원조 아닌가. 우리가 닮아야 할 사람 넘버원이었다. 그리고 요셉은 내가 신학을 하면서 성서를 어떻게 읽어야 할지를 고민하게 만든 인물들 가운데 하나이다. 이삭, 에서, 야곱, 그리고 요셉, 이들에 대한 성서 구절들을 어떻게 해석해야 하는가를 고민한 것이 내 신학 여정이었다고 해도 과언이 아니다.

요셉은 정말 파란만장하고 우여곡절의 삶을 살았다. 그러니 성서 기자는 물론이고 설교자, 그리고 문학, 예술 하는 사람들이 요셉을 내버려둘 리 없었다. 그런데 그들이 보여주는 수많은 요셉들 가운데 '이것이다' 싶은 것은 없었다. 뭔가 허술했다. 왠지 정곡을 찌르지 못하고, 변죽만 울리는 느낌이었다. 야곱에 대한 많은 피상적 글들처럼, 처세 설교처럼, 앞뒤 다른 이야기를 하는 사람들이 너무 많았다. 그리고 요셉을 꿈의 사람으로 전형화하면서 '우리도 꿈꾸자'는 유의 글이나 설교는 나에겐 거의 남영동 고문 수준이었다.

그러다 토마스 만이 쓴 《요셉과 그의 형제들》이라는 대하소설을 읽으면서 진정한 요셉을 만날 수 있었다. 아니 그동안 내가 생각했던, 그런 인간적인 요셉을 확인할 수 있었다.

요셉과 꿈에 대한 불편한 진실, 그리고 요셉과 출애굽에 대한 새로운 진실에 대해서는 여태 꾸준하게 강의하고, 설교하고 글로 쓴 것들을 나중에 간명하게 정리해 보려 한다. 여기서는 울보 요셉을 만날 것이다. 꿈이니 비전이니 성공이니 야망이니 이런 잡스러운 것들 말고, 요셉이 숱하게 흘린 눈물에 주목하자는 것이다. 성서를 차근히 읽어보면, 창세기 42장 이후에 요셉은 여러 번 운다.

42:24 요셉이 그들을 떠나가서 울고 다시 돌아와서

43:30 요셉이 아우를 사랑하는 마음이 북받쳐[10] 급히 울 곳을 찾아 안방으로 가서 울고

45:1-2 요셉이 시종하는 자들 앞에서 그 정을 억제하지 못하여 소리 질러 모든 사람을 자기에게서 물러가라 하고 그 형제들에게 자기를 알리니 그때에 그와 함께한 다른 사람이 없었더라 요셉이 큰 소리로 우니 애굽 사람에게 들리며 바로의 궁중에 들리더라

45:14-15 자기 아우 베냐민의 목을 안고 우니 베냐민도 요셉의 목을 안고 우니라 요셉이 또 형들과 입맞추며 안고 우니 형들이 그제서야 요셉과 말하니라

---

10) "북받쳐"는 히브리어로 '카마르'인데, 같은 의미로 쓰인 것은 호세아서 11장 8절(이스라엘에 대한 하나님의 열정)이 유일하다. 이런 점에서 창세기 43장 30절과 호세아서 11장 8절은 긴밀한 모습을 보여준다.(Brueggemann, 340.)

46:29 요셉이 그의 수레를 갖추고 고센으로 올라가서 그의 아버지 이스라엘을 맞으며 그에게 보이고 그의 목을 어긋맞춰 안고 얼마 동안 울매

50:1 요셉이 그의 아버지 얼굴에 구푸려 울며 입맞추고

50:10 그들이 요단 강 건너편 아닷 타작 마당에 이르러 거기서 크게 울고 애통하며 요셉이 아버지를 위하여 칠 일 동안 애곡하였더니

50:17 너희는 이같이 요셉에게 이르라 네 형들이 네게 악을 행하였을지라도 이제 바라건대 그들의 허물과 죄를 용서하라 하셨나니 당신 아버지의 하나님의 종들인 우리 죄를 이제 용서하소서 하매 요셉이 그들이 그에게 하는 말을 들을 때에 울었더라

여기서 확인하는 대로 창세기는 요셉이 다양한 상황에서 다양한 방식으로 울었다는 것을 매우 상세하게 기록한다. 창세기 저자 독자들에게 요셉을 어떤 상황에서도 눈물을 보이지 않는 사람보다는, 시시때때로 소리 내어 울면서 그야말로 눈물을 철철 흘리는 전형적인 울보로 소개하고 싶어 한다는 것을 알 수 있다. 그렇지 않고서야 이렇게 우는 것에 주목하고 그것을 세밀하게 서술할 이유가 없기 때문이다.

앞에 찾아놓은 성서구절들을 보면, 요셉은 조용하게 울지 않는다. 대체로 소리 높여 울었다. 그리고 혼자 다른 사람 몰래 울기도 하지만, 다른 사람들과 함께 우는 때도 많은데, 이때는 목을 안고 울었다. 그리고 공개적으로 우는 것도 마다하지 않았다. 울음에 관해서 요셉은 전문가이다.

우리는 요셉을 의지가 강한 사람이라고 생각한다. 물론 우리의 위대한 믿음의 사람 요셉이 의지가 약할 리 없다. 그랬다면 그 뒤틀리고 얽힌 삶을 풀어서 영광스런 삶을 살지 못했을 것이다. 그렇다고 요셉이 눈물 없이 독하게만 세상을 산 것이 아님을 창세기 저자는 분명히 보여주고 있는 것이다.

우리는 누구나 요셉을 꿈의 사람, 비전의 사람, 믿음의 사람, 야망

의 사람 등으로 정형화시키려 하지만, 그것들은 다 자신의 속되고 잡스런 욕망을 요셉에게 투영하는 것일 뿐이다. 창세기가 강조하는 것은 요셉이 울보였으며, 우는 것을 부끄러워하지 않는 사람이었다는 것이다.[11] 이것이 진짜 요셉의 모습이고 이런 요셉이 나를 더 감동케 한다.

물론 나는 거의 울지 않는다. 하지만 "남자는 울면 안 돼!"라는 생각 때문이 아니고, 그동안 50년 넘게 세상을 살면서 경험한 바에 의하면, 울 만큼 힘겨운 상황에서 울면 시원해지는 게 아니라 더 힘들어지기 때문이다. 어쩌면 내가 제대로 우는 법을 알지 못한 때문인지 모르겠다. 요셉에게 제대로 우는 법, 대놓고 우는 법, 공개적으로 우는 법, 다양한 울음의 체위를 배워야 할 것 같다. 요셉, 그는 진정 울음 전문가이다.

요셉, 비로소 꿈꾸다, 그리고 온전한 사랑

지금도 그렇긴 하지만 한때 사람들이 꿈에 환장하던 것을 기억할 것이다. 꿈이 좋은 것이긴 하지만, 왜 그토록 꿈에 열광하는지 이해하기 어려웠다. 그래서 그런 사회적 현상을 학문적으로 규명하는 '꿈의 사회학'이란 유의 책이 나오기를 기대했는데, 그런 책을 발견하지는 못했다. 지금도 검색해 봤지만 없는 것 같다.

'꿈' 하면 단골 게스트가 바로 요셉이다. 《꿈꾸는 자가 오는도다》 같은 책이나 글, 또는 설교에서 말하는 그 꿈이 잠자면서 꾸는 꿈인지 아니면 미래에 대한 꿈인지, 둘 다인지 혼란스럽지만 말이다.

잠자면서 꾸는 꿈에 대한 여러 학설들이 있는데, 그 가운데 꿈이 현실을 반영하기보다 현실을 은폐하려는 성향이 강하다는 주장

---

11) Brueggemann, 340.

에 더 호감이 간다. 그렇다면 요셉이 꾸었다는 두 번의 꿈을 어떻게 해석해야 할 것인지, 그것을 비전(vision)이라고 할 수 있는 것인지 심각하게 고려해야 한다. 여기에 대해서는 앞의 "요셉, 삶을 슬퍼하다" 부분에서 다뤘다. 그런 꿈을 꾸는 것 자체가 문제였고, 그 꿈이 현실이 되는 것은 정말 끔찍한 일이었다.

내가 요셉의 꿈에 대해서 진정으로 관심을 갖는 것이 바로 이것이다. 평생을 베노니, 즉 엄마 잃은 '고통의 아들'로 생존경쟁이 치열한 세상을 살아남기 위해 숱하게 눈물 흘리며 애써 독하게 살아온 요셉, 그가 진정한 꿈을 꾼 것은 도대체 언제였을까? 잠자면서 꾸는 꿈 말고, 미래를 소망하는 꿈 말이다. 우리는 요셉이 세상을 낙관적이고 긍정적으로 살았을 것으로 단정하지만, 그의 삶은 눈물 없이는 이어가기 힘든 축축한 것이었기에, 현실 도피적 몽환적 꿈이라면 모를까 미래 지향적 욕망으로서의 꿈은 꿀 형편이 아니었을 것이다.

나는 요셉이 그런 꿈을 넘어 신적 미래를 소망하는 신앙적 꿈을 꾸기 시작한 것은 그가 세상 떠나기 얼마 전이었다고 생각한다. 그 출발점은 야곱의 유언과 죽음이다. 야곱은 요셉과 자식들에게 자신이 세상을 떠나면 애굽 국립묘지에 장사하지 말고 가나안 땅으로 올라가서 헤브론에 묻어달라고 강하게 부탁한다. 창세기 47장 27-31절을 보면, 야곱이 자신의 시신을 애굽이 아닌 조상의 묘지에 매장할 것을 얼마나 강력하게 요청하는지 놀랄 것이다.

그리고 49장 29-33절을 보면, 야곱은 자신을 조상들과 함께 매장해 달라고 하면서 막벨라 굴에 대해서 상세하게 이야기한다. 창세기 기자는 막벨라 굴에 대해 50장 13절에서 다시 약술한다. 그런데 야곱이 굳이 막벨라 굴에 묻히겠다는 것은 출애굽하겠다는 의미이다. 이런 점에서 야곱은 출애굽을 꿈꾸고 대망했던 것으로 보인다.

요셉은 여러 정치적 어려움을 무릅쓰고 많은 사람들과 함께 헤브론으로 가서 막벨라 굴에 야곱을 묻고 애굽으로 돌아간다. 그런 다음 목숨을 구걸하는 노쇠한 형들을 신앙적으로 용서하고 그들과 함께, 즉 "그의 아버지의 가족과 함께"(22절) 거한다. 그러면서 21절에서 약속한 대로 그 자녀들을 양육한다. "요셉이 그의 아버지의 가족과 함께 애굽에 거주하여 백십 세를 살며 에브라임의 자손 삼대를 보았으며 므낫세의 아들 마길의 아들들도 요셉의 슬하에서 양육되었더라"(23절).

이것은 큰 의미를 갖는다. 요셉은 이삭이 길을 잘못 열어놓은 형제간 약육강식, 승자독식의 저주에서 완전히 벗어났기 때문이다. 그런데 요셉으로 하여금 베노니 콤플렉스와 약육강식의 굴레에서 벗어나게 한 것은 다름 아닌 늙고 병든 볼품없는 야곱이었다. 요셉이 그 저주를 극복할 수 있었던 것은 야곱에게서 배운 신앙, 하나님에 대한 믿음과 경외였다. 요셉은 보복을 두려워하며 그의 앞에 무릎 꿇은 형들에게 울면서 이렇게 말한다.

> 두려워하지 마소서 내가 하나님을 대신하리이까 당신들은 나를 해하려 하였으나 하나님은 그것을 선으로 바꾸사 오늘과 같이 많은 백성의 생명을 구원하게 하시려 하셨나니 당신들은 두려워하지 마소서 내가 당신들과 당신들의 자녀를 기르리이다(창 50:19-21).

정말 감동적인 말인데, 요셉은 이런 믿음과 헤세드, 즉 하나님에 대한 믿음과 사랑을 노년의 야곱에게서 배웠다. 야곱이 살 날이 얼마 남지 않았다는 이야기를 듣고 요셉이 두 아들을 데리고 부친을 찾았을 때, 야곱은 "내 조부 아브라함과 아버지 이삭이 섬기던 하나님, 나의 출생으로부터 지금까지 나를 기르신 하나님, 나를 모든 환난에서 건지신 여호와의 사자"(창 48:15-16)라고 신앙 고백한다. 야곱은 하나님을 끈질긴 사랑의 하나님(헤세드의 하나님)으로 고백한다. 그리고 요셉은 그 신앙고백을 배웠다.

그리고 세월이 흘러 요셉은 세상을 떠나면서 유언을 한다. 요셉은 언젠가 하나님이 이스라엘 백성을 출애굽시켜 주실 때가 반드시 올 텐데, 그때는 자신의 해골을 메고 애굽에서 나갈 것을 유언했다. 비록 지금은 애굽 땅에 묻히지만, 출애굽을 열망하고 꿈꾸었음을 알 수 있다. 요셉의 유언을 꼼꼼하게 살펴보자.

> 요셉이 그의 형제들에게 이르되 나는 죽을 것이나 하나님이 당신들을 돌보시고[12] 당신들을 이 땅에서 인도하여 내사[13] 아브라함과 이삭과 야곱에게 맹세하신 땅에 이르게 하시리라 하고 요셉이 또 이스라엘 자손에게 맹세시켜 이르기를 하나님이 반드시 당신들을 돌보시리니 당신들은 여기서 내 해골을 메고 올라가겠다 하라 하였더라 요셉이 백십 세에 죽으매 그들이 그의 몸에 향 재료를 넣고 애굽에서 입관하였더라(창 50:24-26).

이 구절에 이르러서야 우리는 '비로소' 꿈꾸는 요셉을 만난다. 얼마나 신앙적인가! 그런데 요셉이 이렇게 신앙적이 된 까닭은 바로 야곱 때문이다. 야곱은 임종하기 얼마 전에 요셉에게 이렇게 말한다.

> 나는 죽으나 하나님이 너희와 함께 계시사 너희를 인도하여 너희 조상의 땅으로 돌아가게 하시려니와 내가 네게 네 형제보다 세겜 땅을 더 주었나니 이는 내가 내 칼과 활로 아모리 족속의 손에서 빼앗은 것이니라(창 48:21-22).[14]

---

12) 히브리어 원문은 '파카드'의 부정사 절대형과 동사를 함께 사용해서 그 의미를 강조한다. 그래서 "하나님이 당신들을 반드시 돌보시고"로 번역하는 것이 좋겠다. '파카드'는 출애굽기 3장 16절, 4장 31절, 13장 19절에 나오는데, 이것은 이 구절이 출애굽 사건과 연관을 갖고 있음을 보여준다.(Westermann, 209.)
13) "이 땅에서 인도하여 내사"라는 구절은 애굽에서의 구출을 묘사하는 전형적인 구절인데, 모두 42회 나타난다. (Westermann, 209.)
14) 베스터만은 48장 21절과 50장 24절을 비교하면서 40장 21절의 형태가 더 간결하다는 점에 근거해서 50장 24절이 원래 형태라고 주장한다.(Westermann, 208f.)

놀라운 일이다. 요셉은 야곱이 하는 신앙고백을 그대로 따르고, 야곱이 꿈꾸는 출애굽에 대한 꿈을 비로소 꾸기 시작한다. 이것이 요셉의 유일하고 진정한 꿈이다. 그리고 훗날 모세와 함께 애굽에서 나온 이스라엘 사람들은 요셉의 유언을 기억하고 그의 해골을 메고 나와서(출 13:19) 세겜에 매장했다(수 24:32).

지금까지 살펴본 대로 아브라함의 계보를 잇는 요셉 역시 믿음의 사람이었다. 요셉은 갖은 고생 끝에 이국 땅 애굽에서 총리대신까지 지낸 입지전적인 인물이다. 그러나 그것만이 요셉은 아니다. 요셉은 그것을 넘어서는 사람이다. 요셉은 입지전적인 인물이라기보다는 출애굽을 꿈꾸는 위대한 신앙의 인물이었기에 우리를 감동케 한다. 출애굽, 그것은 꿈의 사람 요셉이 꾼 유일한 꿈이었다. 그리고 그 꿈으로 요셉은 이삭과 야곱에게서 이어져오는 파괴적인 사랑, 그 편집증적인 사랑, 승자독식적 삶의 무한한 윤회에서 벗어난다. 눈물의 사람 요셉이 '니함'의 사랑으로 그 사슬을 끊은 것이다. 출애굽을 꿈꾸던 요셉은 진정한 사랑과 나눔의 사람이었다. 그리고 그것을 가능케 한 것은 바로 하나님이 보여주신 한결같은 사랑, '헤세드'였다.

제 2 부

5
드보라의 노래에서 드러나는 폭력

신명기 역사서

　신명기 역사서는 신명기계 학자들에 의해서 포로기 동안에 편찬된 것으로 보인다. 따라서 신명기 역사서의 처음 독자는 바벨론 포로기를 경험하는 유대인들이다. 이들은 신명기 역사서를 포로 공동체의 당면 문제에 답하기 위해 기록했다. 신명기 역사서는 여러 가지 내용을 담고 있지만, 이스라엘이 왜 멸망했는가 하는 것과 그들이 언제까지 바벨론에서 포로생활을 해야 하는가 하는 문제를 심각하게 다룬다. 이스라엘의 멸망 원인에 대한 질문은 국가 멸망의 충격으로 인해서 나타난 하나님의 존재와 능력에 대한 깊은 회의와 관련해서 당시에 중요한 신학적인 질문이었다. 그리고 이스라엘 포로들이 언제까지 포로생활을 해야 하는가 하는 것 역시 바벨론 포로 공동체에 있어서는 매우 중요한 문제였다. 신명기 역사가는 이 문제들에 답하기 위해서 신명기 역사서를 편찬한다.
　신명기 역사가는 이스라엘의 멸망 원인에 대해서 고민하면서 그것이 이스라엘의 범죄(신명기 역사가는 앞에서 말한 신명기 사상에 근거해서 인간들의 행위를 평가하고, 신명기의 기준에 맞지 않을 때 그것을 범죄로 규정한다)의 결과라고 결론짓는다. 그리고 이스라엘이 범죄로 인해서 멸망할 수밖에 없었던 과정을 면밀히 추적한다. 어느 누구도 신명기 역사가의 이 날카로운 시선에서 벗어날 수 없다.

하지만 이것만이 신명기 역사서의 중심사상은 아니다. 하나님은 이스라엘의 범죄로 인해서 그들을 심판하셨지만, 결코 그들을 그대로 버려두지 않으시고 그들을 구원하신다. 이러한 사실을 우리는 사사기에서 분명히 확인할 수 있다. 사사기는 '범죄-심판-탄원·회개-구원'의 양식을 반복한다. 본문(삿 3:7-11)을 통해서 이것을 직접 살펴보기로 하자.

범죄 7 이스라엘 자손이 여호와의 목전에 악을 행하여 자기들의 하나님 여호와를 잊어버리고 바알들과 아세라들을 섬긴지라

심판 8 여호와께서 이스라엘에게 진노하사 그들을 메소보다미아 왕 구산 리사다임의 손에 파셨으므로 이스라엘 자손이 구산 리사다임을 팔 년 동안 섬겼더니

탄원 9 이스라엘 자손이 여호와께 부르짖으매

구원 여호와께서 이스라엘 자손을 위하여 한 구원자를 세워 구원하게 하시니 그는 곧 갈렙의 아우 그나스의 아들 옷니엘이라
10 여호와의 영이 그에게 임하셨으므로 그가 이스라엘의 사사가 되어 나가서 싸울 때에 여호와께서 메소보다미아 왕 구산 리사다임을 그의 손에 넘겨 주시매 옷니엘의 손이 구산 리사다임을 이기니라
11 그 땅이 평온한 지 사십 년에 그나스의 아들 옷니엘이 죽었더라

이러한 사사기의 구조가 (언제나 위와 같은 분명한 틀을 갖는 것은 아니지만) 신명기 역사서 전반에 걸쳐서 나타난다. 신명기 역사서는, 이스라엘은 지금 범죄로 인해서 심판을 받는 상황이지만, 그럼에도 불구하고 하나님께 탄원하거나 회개하면 하나님께서 용서해 주시고, 그들을 다시 고국으로 돌아오게 해주실 것이라는 강력한 희망을 담고

있다. 따라서 신명기 역사서는 이스라엘의 멸망을 초래케 한 죄악의 심각성과 미래에 이루어질 하나님의 구원과 회복에 대한 희망이 잘 조화되어 있는 책이라고 할 수 있다.

드보라와 폭력

*[19]*왕들이 와서 싸울 때에 가나안 왕들이 므깃도 물[1] 가 다아낙에서 싸웠으나 은을 탈취하지 못하였도다 [20]별들이 하늘에서부터 싸우되 그들이 다니는 길에서 시스라와 싸웠도다 [21]기손 강은 그 무리를 표류시켰으니 이 기손 강은 옛 강이라 내 영혼아 네가 힘 있는 자를 밟았도다[2] [22]그때에 군마가 빨리 달리니 말굽 소리가 땅을 울리도다 [23]여호와의 사자[3]의 말씀에 메로스를 저주하라 너희가 거듭거듭 그 주민들을 저주할 것은 그들이 와서 여호와를 돕지 아니하며 여호와를 도와 용사를 치지 아니함이니라 하시도다[4] [24]겐 사람 헤벨의 아내[5] 야엘은 다른 여인들보다 복을 받을 것이니 장막에 있는 여인들보다 더욱 복을 받을 것이로다 [25]시스라가 물을 구하매 우유를 주되 곧 엉긴 우유를 귀한 그릇에 담아 주었고 [26]손으로 장막 말뚝을 잡으며 오른손에 일꾼들의 방망이를 들고 시스라를 쳐서 그의 머리를 뚫되 곧 그의 관자놀이를 꿰뚫었도다 [27]그가 그의 발 앞에 꾸부러지며 엎드러지고 쓰러졌고 그의 발 앞에 꾸부러져 엎드러져서 그 꾸부러진 곳에 엎드러져 죽었도다 [28]시스라의 어머니가 창문을 통하

---

1) 기손 강과 그 지류들을 가리킨다.[George F. Moore, *A Critical and Exegetical Commentary on Judges* (Edinburgh: T&T Clark, 1976), 158.]
2) "네가 힘있는 자의 목을 발로 밟았도다"라는 의미이다.[Robert G. Boling, *Judges*, The Anchor Bible (Garden City, New York: Doubleday & Company, Inc., 1980), 113.]
3) 하나님 자신을 가리킨다. (Moore, 162.)
4) 메로스는 그 위치를 알 수 없다. 그리고 그곳에서 정확하게 어떤 일이 일어났기에 이렇게 저주하는지도 알 수 없다. 아마도 야엘과 달리 메로스 사람들은 그곳을 지나가는 적들을 제지하지 못하고 방관했던 것으로 보인다.(Moore, 161.)
5) 후대의 첨가로 보인다.(Moore, 162.)

여 바라보며 창살을 통하여 부르짖기를 그의 병거가 어찌하여 더디 오는가 그의 병거들의 걸음이 어찌하여 늦어지는가 하매 ²⁹그의 지혜로운 시녀들이 대답하였겠고 그도 스스로 대답하기를 ³⁰그들이 어찌 노략물을 얻지 못하였으랴 그것을 나누지 못하였으랴 사람마다 한두 처녀를 얻었으리로다 시스라는 채색 옷을 노략하였으리니 그것은 수놓은 채색 옷이리로다 곧 양쪽에 수놓은 채색 옷이리니 노략한 자의 목에 꾸미리로다 하였으리라 ³¹여호와여 주의 원수들은 다 이와 같이 망하게 하시고 주를 사랑하는 자들은 해가 힘있게 돋음 같게 하시옵소서 하니라 그 땅이 사십 년 동안 평온하였더라(삿 5:19-31).

사사기 5장에 나오는 드보라의 노래는 구약성서에서 가장 오래된 기록물 가운데 하나이다.[6] 소긴은 이 노래가 원래는 세속적이었는데, 여기에 제의적, 신학적 틀을 씌웠다고 생각한다. 원래 노래가 새로운 해석에 의해서 변형되었다는 것이다.[7] 여기서는 패장인 시스라의 어머니에 주목하면서 이 노래가 얼마나 폭력적이고 잔인한지를 살펴보려고 한다. 그 이야기는 전쟁 이야기로 시작한다. 성서에 많이 나오는 이야기가 전쟁 이야기다. 전쟁담만큼 신나는 것이 어디 있겠는가. 영웅들도 전쟁영웅들이지 않는가. 참 아이러니하다. 세상이 그만큼 폭력적이라는 것인데, 성서도 거기서 벗어나지 못한다. 폭력에 대한 폭력, 사사기도 우리를 그 잔인한 폭력의 현장으로 인도한다. 사사기 4장과 5장은 한 단락이다. 독자들은 4장과 5장을 읽으면서 드보라를 주역으로 생각할 텐데, 그렇긴 하지만 성서를 꼼꼼하게 읽다 보면 의외로 시스라가 주요 인물이라는 것을 알 수 있다. 이것은 4장에서 5장으로 읽어가다 보면 더욱 분명하게 드러난다.

내용을 자세히 알지 못할 것이기 때문에 우선 사건을 차근하게

---

6) Moore, 132. 무어는 '드보라의 노래'를 세계 문학사에서도 탁월한 승전가라고 평한다.(135)
7) J. Alberto Soggin, *Judges*, tr. John Bowden(London: SCM Press, 1981), 99.,

살펴보자. 사사기는 새로운 단락을 "이스라엘 자손이 또 여호와의 목전에 악을 행하니라"로 시작하면서 문학적으로 '범죄→심판/탄원→구원'의 형태를 반복한다. 옷니엘, 에훗, 삼갈에 이어서 드보라가 이스라엘의 사사가 되었다. 그때 지파별로 흩어져 살면서 인근 지파들끼리 느슨한 연맹관계를 맺고 살던 이스라엘 사람들은 야빈에게 시달림을 받고 있었는데, 그는 갈릴리 호수 북쪽에 위치한 하솔을 다스리고 있었다. 야빈이 "이십 년 동안 이스라엘 자손을 심히 학대했으므로 이스라엘 자손이 여호와께 부르짖었다"(삿 4:3).

성서 기자는 야빈을 "가나안 왕"이라고 칭하는데, 우리가 생각하는 그런 수준의 왕은 아니었던 것으로 보인다. 여호수아 12장 7-24절은 여호수아와 이스라엘 자손이 "쳐서 멸한 그 땅의 왕들" 명단을 나열하는데 모두 31명이나 된다. 그들은 왕이라기보다는 촌장이나 부족장에 가까웠을 것으로 보인다. 야빈도 그런 정도였을 텐데 다른 촌장이나 부족장들보다 좀 더 강력했던 것으로 보인다. 야빈이 하솔을 중심으로 다른 지역들을 아울러서 통치하고, 또 이스라엘 지파들을 통제하기 위해서는 그럴 만한 군사력을 갖고 있어야 할 텐데 "야빈 왕은 철 병거 구백 대"(삿 4:3)를 갖고 있었다. 하솔이 제대로 된 국가도 아닌데 병거를 구백 대나 소유하고 있었다는 것은 그리 신빙성이 있어 보이지는 않는다. 어쨌든 군사력이 다른 곳보다 강했다는 의미일 텐데, 성서 기자는 야빈보다 그의 군대 장관에게 더 주목한다. 그는 시스라였다.[8] 그리고 그 철 병거를 비롯해서 군사들을 통솔했다. 그래서 야빈이 아닌 시스라가 전면에 등장한다.

'드보라+바락' 조합은 '야빈+시스라' 조합에 대응한다. 드보라는 납달리에서 바락을 불러와 그에게 전투를 맡긴다. 드보라가 바락에게 제시한 것은 구체적이다. "너는 납달리 자손과 스불론 자손 만

---

8) 시스라는 야빈과 동맹을 맺은 도시국가의 왕이었을 것이다. (Moore, 135.)

명을 거느리고 다볼 산으로 가라 내가 야빈의 군대 장관 시스라와 그의 병거들과 그의 무리를 기손 강으로 이끌어 네게 이르게 하고 그를 네 손에 넘겨 주리라"(삿 4:6-7). 바락은 드보라가 함께 올라가기를 요청한다. 그러자 드보라는 바락이 시스라를 죽이지 못하고 "여호와께서 시스라를 여인의 손에 파실 것"(삿 4:9)이라고 말한다. 이 구절은 전투가 어떻게 끝날 것인지를 미리 보여준다. 그리고 여인들이 주도하는 전투라는 것을 강조한다.

그런데 우리가 여기서 보는 대로 드보라나 바락이 주목하는 대상은 야빈이 아니라 군대장관인 시스라이다. 바락이 군사를 모아서 다볼 산 요새에 오른 것을 보고받는 것도 야빈이 아니라 시스라이다(삿 4:12). 그리고 드보라는 바락에게 "일어나라 이는 여호와께서 시스라를 네 손에 넘겨 주신 날이라"(삿 4:14)고 말한다. 사사기 4장과 5장이 가장 많이 언급하는 사람이 바로 시스라이다.

드보라가 전투 결과를 예고했지만, 성서 기자가 서술한 바에 의하면, 독자들이 예상하는 것과 달리 전투는 아주 싱겁게 끝났다. 가나안 왕들이 와서 도왔다는데도(삿 5:19) 전투는 시스라의 일방적인 패배로 끝났다는 것이다. 성서 기자는 하나님이 이스라엘 군사들 앞서 가셔서 시스라와 그의 병거, 그리고 군사들을 칼로 쳐서 혼란에 빠뜨리셨다(삿 4:15). 물론 바락이 이끄는 이스라엘 군대가 죽을힘을 다해서 싸웠겠지만(삿 5:18) 그것만으로는 설명할 수 없는 승전 요인이 분명 있었을 것이고, 성서 기자는 이것을 신적인 개입으로 해석한 것이다.

결국 시스라는 병거에서 내려 도주하고, 바락은 시스라의 병거들과 군사들을 추격해서 시스라가 주둔하던 본거지인 하로셋학고임까지 가서 시스라 군대를 쳤다(삿 4:15-16). 파죽지세로 적의 중심부까지 치고 들어가서 완전히 궤멸시켜버린 것이다. 이렇게 해서 시스라의 막강 정예부대가 어이없게 전멸한 것이다. 이 과정에서 수많은 사람

들이 죽임을 당했을 것이다,

그러나 전쟁은 시스라를 죽이기 전에는 끝나지 않는다. 하솔 왕 야빈이 최종 제거 목표가 아니고 시스라가 최종 제거 목표였는지는 이해하기 어렵다. 시스라의 군대를 전멸시킨 바락은 시스라를 추격한다. 시스라는 병거에서 내려서 말도 타지 않고 시종도 없이 홀로 걸어서 어디론가 도망했단다. 그가 찾아간 곳은 "겐 사람 헤벨의 아내 야엘의 장막"이었다. 성서 기자는 이야기의 흐름을 끊으면서 11절에 헤벨 이야기를 삽입하는데, 바로 이 장면을 위한 복선이었던 것이다. 성서 기자는 "하솔 왕 야빈과 겐 사람 헤벨의 집 사이에는 화평이 있음이라"고 말한다.

야빈이 헤벨과 화친계약을 맺었다는 것은 헤벨이 318명의 군대를 거느렸던 아브람(창 14:13-16)처럼 자신의 군인들을 소유한 부족장이었을 가능성을 보여준다. 그리고 그들이 맺은 화친계약은 그랄 왕 아비멜렉이 친구인 아훗삿, 그리고 군대 장관 비골을 데리고 이삭에게로 와서 화친계약을 맺는 장면을 떠올리게 한다.

²⁶아비멜렉이 그 친구 아훗삿과 군대 장관 비골과 더불어 그랄에서부터 이삭에게로 온지라 ²⁷이삭이 그들에게 이르되 너희가 나를 미워하여 나에게 너희를 떠나게 하였거늘 어찌하여 내게 왔느냐 ²⁸그들이 이르되 여호와께서 너와 함께 계심을 우리가 분명히 보았으므로 우리의 사이 곧 우리와 너 사이에 맹세하여 너와 계약을 맺으리라 말하였노라 ²⁹너는 우리를 해하지 말라 이는 우리가 너를 범하지 아니하고 선한 일만 네게 행하여 네가 평안히 가게 하였음이니라 이제 너는 여호와께 복을 받은 자니라 ³⁰이삭이 그들을 위하여 잔치를 베풀매 그들이 먹고 마시고 ³¹아침에 일찍이 일어나 서로 맹세한 후에 이삭이 그들을 보내매 그들이 평안히 갔더라 ³²그날에 이삭의 종들이 자기들이 판 우물에 대하여 이삭에게 와서 알리어 이르되 우리가 물을 얻었나이다 하매 ³³그가

그 이름을 세바라 한지라 그러므로 그 성읍 이름이 오늘까지 브엘세바
더라(창 26:26-33).

야엘은 시스라를 맞아들이고 안심시킨다. 그를 이불로 덮어준다. 시스라가 물을 달라고 하자 야엘은 우유를 마시게 하는데, 이것은 사람을 안정시키는 효과를 준다. 시스라는 야엘을 철석같이 믿고 평안하게 잠든다. 야엘은 시스라를 잠재우기 위해서 일부러 엉긴 우유를 마시게 한 것으로 보인다. 그렇게 시스라를 잠들게 한 다음 야엘이 그를 죽이는데, 성서 기자는 야엘이 시스라를 죽이는 장면을 꽤 상세하게 서술한다(삿 4:21).[9] 5장은 시스라가 죽는 장면을 훨씬 극적으로 묘사하는데, 시스라가 서 있는 상태에서 야엘이 그를 죽이는 것으로 서술한다(26-27절). 어쨌든 방망이로 (아마 끝이 뾰족했을) 장막 말뚝을 시스라의 관자놀이에 박았다는 것은 동일하다. 시스라를 수색하던 바락이 그곳에 왔을 때, 야엘은 자신이 살해한 시스라의 처참한 시신을 바락에게 보여주는데, 성서 기자는 "말뚝이 그의 관자놀이에 박힌 것"에 주목한다.

이렇게 해서 바락이 이끄는 이스라엘 군대에 치명적인 패배를 당하고 시스라가 지휘하던 막강 정예부대를 지휘관과 함께 잃은 야빈이 점점 약해짐으로 이스라엘은 결국 "가나안 왕 야빈을 진멸하였다"(삿 4:23-24).

드보라와 바락이 시스라와 그 군대를 전멸시키고 야빈을 눌러서 결국 야빈과 그 세력을 진멸한다(삿 4:24). 사사기 4장은 이렇게 끝난다. 그런데 이 사건이 얼마나 극적이었던지 옛 시인은 31절에 이르는 꽤 긴 서사시로 만들었다. 그것이 사사기 5장이다. 성서 기자는 드보라가 노래하는 것으로 설정하는데, 드보라는 자신이 사사로 부름받

---

[9] 야엘이 시스라를 속여서 잔인하게 죽인 것을 비난하는 사람들도 있다.(Moore, 126.)

기 이전, 즉 삼갈과 야엘 시대를 매우 곤궁한 시절로 정의한다. "이스라엘에는 마을 사람들이 그쳤으니 나 드보라가 일어나 이스라엘의 어머니가 되기까지 그쳤도다"(삿 5:7). 하지만 성서 기자가 "에훗 후에는 아낫의 아들 삼갈이 있어 소 모는 막대기로 블레셋 사람 육백 명을 죽였고 그도 이스라엘을 구원하였더라"(삿 3:31)고 말하기 때문에 드보라가 하는 말은 자신의 업적을 과장하기 위한 극적인 대비로 보는 게 좋겠다.

그런데 모정천리 때문인지 드보라가 자신을 "이스라엘의 어머니"라고 칭하는 것이 눈에 확 들어온다. 드보라가 스스로 그렇게 말하는 게 어색해 보이지만, 어쨌든 이것은 위대한 칭호임에 분명하다. 그리고 외적이 쳐들어오는 위급한 상황에서, 사만 명의 군인들 가운데 방패와 창을 든 사람이 하나도 없는 절망적인 상황을 극복한 것이 바로 드보라 자신이라고 스스로를 높인다. 그러면서 드보라는 자신이 이룬 업적(물론 드보라는 "여호와께서 나를 위하여 용사를 치시려고 내려오셨도다"라고 노래한다.)을 세세하게 이야기한다. 또한 드보라와 바락을 따르는 사람들을 열거한 다음, 스불론과 납달리 사람들이 죽음을 무릅쓰고 싸운 것을 칭송한다.

사사기 4장은 드보라와 바락이 가나안 왕 야빈의 군대 장관인 시스라와 싸웠다고 하는데, 사사기 5장은 "왕들이 와서 싸울 때에 가나안 왕들이 므깃도 물가 다아낙에서 싸웠으나 은을 탈취하지 못하였도다"(19절)라고 한다. 사사기 5장이 전투 장면을 더 극적으로 묘사하는 것이다.

드보라는 비록 이스라엘 군사들이 용맹하게 싸워서 대적들을 물리치긴 했지만, 신적인 도움이 있었기에 승리했음을 말한다. "별들이 하늘에서부터 싸우되 그들이 다니는 길에서 시스라와 싸웠도다 기손 강은 그 무리를 표류시켰으니 이 기손 강은 옛 강이라"(20-21절).

드보라는 메로스 사람들과 야엘을 대비하는데, 그 전투에서 이스라엘을 돕지 않은 메로스 사람들을 저주하고(23절) 야엘을 칭송한다. "겐 사람 헤벨의 아내 야엘은 다른 여인들보다 복을 받을 것이니 장막에 있는 여인들보다 더욱 복을 받을 것이로다"(24절). 이렇게 메로스 사람과 야엘을 대비하면서 야엘을 높인다.

드보라가 야엘을 칭송하는 까닭은 그가 적장 시스라를 죽였기 때문이다. 드보라는 시스라의 최후를 꽤 상세하게 서술한다(25-27절). 야엘이 한 손에 방망이를 든다. 그리고 끝이 뾰족한 장막 말뚝을 다른 손에 든다. 그리고 시스라에게 다가가서 그 관자놀이에다 방망이로 말뚝을 박는다. 야엘이 얼마나 힘이 좋던지 말뚝이 시스라의 머리를 꿰뚫는다. 4장은 누워 잠자는 시스라의 관자놀이에 야엘이 말뚝을 박아서 그 말뚝이 땅에 박힐 정도였다고 한다(21절). 참 대단한 용기와 힘이다. 시스라가 발 앞에 고꾸라진다. 그렇게 쓰러져서 죽는다. 성서 기자는 시스라가 고꾸라지고 쓰러져 죽는 것을 세 번 반복한다(27절). 이렇게 야엘이 시스라를 용맹하게 살해하는 장면을 성서 기자는 하드고어 영화처럼 생생하게 묘사한다.

그런데 야엘이 시스라를 죽이는 장면은 에훗이 모압 왕 에글론을 죽이는 장면과 비슷하다. 야엘이 시스라를 속여서 그를 살해하듯이 에훗 역시 에글론과 그의 신하들을 속이고 에글론을 살해한다. 성서 기자는 에훗이 모압 왕 에글론을 암살하는 장면도 아주 살벌하게 서술했다.

> ²¹에훗이 왼손을 뻗쳐 그의 오른쪽 허벅지 위에서 칼을 빼어 왕의 몸을 찌르매 ²²칼자루도 날을 따라 들어가서 그 끝이 등 뒤까지 나갔고 그가 칼을 그의 몸에서 빼내지 아니하였으므로 기름이 칼날에 엉겼더라(삿 3:21-22).

시스라가 어떻게 죽었는지를 이야기한 다음 드보라는 시스라의 어머니를 언급한다. 드보라는 시스라의 어머니가 아들을 기다리는 장면을 극적으로 묘사한다. 드보라가 설정하는 장면을 맘속으로 그려보라. 장소는 시스라 어머니가 거주하는 저택이다. 나이 든 시스라 어머니가 창문, 더 자세하게는 창살 틈으로 밖을 내다보고 있다. 상당히 오랜 시간 동안 그러고 있었을 것이다. 그런데 기다림에 지쳤는지, 아니면 무슨 낌새를 챘는지 시스라 어머니가 울부짖는다. "그의 병거가 어찌하여 더디 오는가 그의 병거들의 걸음이 어찌하여 늦어지는가"(28절).

시스라의 어머니가 말하려는 것은 아마도 이런 말이었을 것이다. "천하무적인 우리 아들이 이렇게 늦을 리가 없는데……그 군사들이 얼마나 용맹스러운데……다른 때 같으면 벌써 돌아왔을 시간인데……이거 무슨 일이 일어난 게 분명하다. 그렇지 않으면 이럴 리가 없어!" 불안하고 두려운 마음에 안절부절 못하는 시스라의 어머니 모습이 눈에 선하다.

그렇게 울먹이면서 부르짖는 시스라의 어머니를 수종하는 '지혜로운 시녀들'이 걱정하지 말라고 위로했을 것이다. "주인 어른은 분명히 다른 때보다 더 많은 전리품을 갖고 승전가를 부르면서 돌아오실 것입니다. 그러니 조금도 걱정 마시고 맘을 편안하게 하십시오. 잠시 후면 저쪽에서 모습이 보일 것입니다." 그 말을 듣고 시스라의 어머니는 불안하고 두려운 마음을 애써 달랜다. "그래, 내가 괜한 걱정을 하는 거지? 내 아들이 누군데, 전투에서 질 리가 없지. 전리품을 갖고 반드시 돌아올 거야. 용사들이 아리따운 처녀들을 한 둘은 데리고 올 게 분명해. 그들은 그럴 만한 자격이 있어. 내 아들 시스라가 특별한 전리품으로 채색옷을 가져올 거야. 암 그렇고말고." 하지만 그들이 바라던 것과는 정반대로 얼마 지나지 않아 바락이 이끄는 이스라엘 군사들이 그곳에 들이닥쳐서 시스라의 어머니를 비롯해 그곳에 있는 사람들을 모두 죽이고 재물을 약탈했을 것이다.

전쟁터에 나간 아들을 하루 내 서성이며 기다리는 어머니, 하지만 아무리 기다려도 돌아오지 않는 아들, 그 아들에게 무슨 일이 일어난 것은 아닌지 심히 불안하고 두려운 어머니의 처절한 울부짖음, 그리고 서로 위로하며 맘을 달래려는 사람들, 그들의 모습을 시인은 정말 실감나게 묘사한다. 그런데 이것은 '조롱'이다. 이미 아들은 비참하게 죽임을 당했는데, 그 사실을 모르고 아들을 하염없이 기다리는 어머니를 비웃는 것이다. 드보라는 이렇게 말한다. "여호와여 주의 원수들은 다 이와 같이 망하게 하시고 주를 사랑하는 자들은 해가 힘있게 돋음 같게 하시옵소서"(31절). 우리도 그러기를 원한다. 폭력적인 이 세상에서 생존하기 위해 그럴 수밖에 없다고 하자. 그렇다고 꼭 이렇게 적장의 어머니를 조롱해야 했을까? '이스라엘의 어머니'가 '가나안의 어머니'를 말이다. 이스라엘의 승리를 더 극적으로 묘사하기 위한 문학적인 장치인 것은 알겠는데, 이스라엘의 승리를 축하하기 위해 모정을 난도질하는 것은 지나치게 잔인한 언어적 폭력 행위가 아닐까?

6

정복 전쟁에서 드러나는 폭력
사사기 17-18장

여는 말

우리가 읽을 본문은 사사기 17장과 18장이다. 독자들은 지금까지 사사기를 첫 장부터 꼼꼼하게 읽어왔기 때문에 사사기 내용이 어떻게 전개되는지 잘 알 것이다. 사사기 전체 구조를 살펴보면, 사사기는 3장 7절부터 이스라엘을 이민족들의 침입으로부터 구한 위대한 영웅들, 사사들에 대한 이야기를 시작한다. 이들에 대한 이야기는 일정한 문학적 형태를 유지하면서 16장까지 이어진다. 사사들에 대한 이 거대한 이야기는 삼손의 비장한 죽음으로 일단락짓는다.

> 그의 형제와 아버지의 온 집이 다 내려가서 그의 시체를 가지고 올라가서 소라와 에스다올 사이의 그의 아버지 마노아의 장지에 장사하니라 삼손이 이스라엘의 사사로 이십 년 동안 지냈더라(16:31).

그런데 17장은 "에브라임 산지에 미가라 이름하는 사람이 있더니"로 시작한다. 이것은 3장 7절에서 16장까지 이어지는 사사들 이야기와 시작 형태가 전혀 다르다. 사사들 이야기는 "이스라엘 자손이 여호와의 목전에 악을 행하여 자기들의 하나님 여호와를 잊어버리고 바알들과 아세라들을 섬긴지라"로 시작한다. 이스라엘 백성들은 이 민족의 지배를 받는데, 그들이 고통 가운데서 하나님께 부르짖으면 하나님은 그들을 구원할 사사, 즉 메시야를 보내신다. 그 사사가 이스라엘을 이민족들로부터 구하고, 이스라엘은 그 사사가 다스리는 기간 동안 평화를 누린다. 이것이 전형적인 사사 이야기 형태이다. 그러나 17장은 사사 이야기와는 완전히 다른 모양을 보인다. 그리고 등장하는 주인공도 사사가 아니다. 그렇다면 사사 이야기는 삼손 이야기(13-16장)로 끝난 것이다. 사사들이 등장해서 이스라엘을 이민족들로부터 구해 내는 거대한 이야기는 삼손이 비장하게 죽는 장면으로 끝난다. 그러니 더 이상 영웅은 없다.

그렇다면 17-21장은 3장 7절에서 16장까지의 이야기 묶음과는 별개의 묶음이라고 할 수 있다. 17-21장은 덧붙인 글, 즉 부록(附錄)이다. 이 덧글은 17-18장과 19-21장으로 나뉜다. 이 두 묶음은 각기 한 가지 사건을 다루는데, 17-18장은 미가(17장)와 단 지파(18장)에 대한 이야기이고, 19-21장은 한 레위인과 관련된 이야기이다. 그런데 두 이야기는 공통점을 갖는다. 레위인이 등장하고, 지역은 동일하게 에브라임 산간지대이다. 에브라임 산간지대에서 일어난 두 가지 사건을 사사기 마지막 부분에 첨가한 것이다. 그리고 순서로는 이 이야기들이 사사기 뒷부분에 나오지만, 실제 시대는 사사시대 초기로 보인다. 그렇게 생각하는 까닭은 단지파가 정착하지 않고 이주하는 상황을 배경으로 삼기 때문이다.

17장 1-6절: 미가-"어떻게든 복 받자"

17장과 18장은 무슨 이야기인가? 본문은 전형적인 이야기 형태를 취한다. 이야기를 시작하는 도입구는 무엇인가 흥미진진한 일이 일어날 것 같은 긴장감을 준다. 한 사람이 에브라임 산간 지역에 살았는데, 그 사람 이름은 '미가'이다. 이 구절은 독자들에게 미가라는 사람에게 초점을 맞추게 한다. 그 사람은 어떤 사람일까? 그는 무엇을 하는 사람일까? 미가를 통해서 어떤 일이 일어날 것인가? 독자들은 이런 호기심을 갖고 글을 읽을 것이다. 그런데 그다음에 나오는 이야기는 아무래도 이해하기 힘들 뿐만 아니라 당혹스럽기도 하다. 미가는 나이가 40세 전후였을 것이다. 그렇게 추정하는 까닭은 아들들이 여럿 있는데, 그 가운데 하나를 제사장으로 삼았기 때문이다. 그렇게 장성한 미가가 어머니에게 하는 말을 살펴보면, 자신이 어머니 재산을 훔쳤는데, 그게 1,100세겔이었다는 것이다. 그 후에 미가가 그 사실을 실토하고 어머니에게 이 돈을 돌려주자, 어머니가 자식이 대견스러워서 200세겔로 신상 둘을 만들게 했는데, 한 신상은 새기고, 다른 한 신상은 부어 만들기로 했다. 미가는 성소도 만들고 에봇과 드라빔도 만들고, 자기 아들들 가운데 한 아이를 제사장으로 임명했다.

결혼하고 자식들을 여럿 둔 나이 든 사람이 어머니 돈을 훔치고, 어머니는 그것을 잃어버렸노라고 아들에게 여러 차례 이야기하는데, 아들은 그 이야기를 못 들은 체하다가 무슨 계기가 있었는지 알 수 없지만, 자신이 돈을 훔친 사실을 어머니에게 실토하고, 어머니는 그 이야기를 듣고 감격해서 200세겔을 주어 신상들을 만들게 한다. 무엇인가 바르게 돌아가는 것 같지 않은 느낌을 강하게 받는다. 그리고 우리는 본문을 읽으면서 미가가 과연 어떤 사람인지 의문을 갖는다.

미가와 그의 어머니는 가정 성소를 만든다. 그리고 미가는 자신의 한 아들을 제사장으로 삼는다. 그렇게 한 까닭은 무엇이었을까? 자기 집안을 잘되게 하려는 마음 때문이었을 것이다. 신을 섬기려는 마음보다는 신을 통해서 복 받으려는 생각이 강했다. 무엇보다 미가는 전통적인 이스라엘의 예배 방식에서 완전히 떠나 있었다.

우선 그는 하나님이 금지한 신상을 만든다. 그리고 전혀 자격 없는 사람을 제사장으로 삼는다. 그가 어떤 방식으로 예배를 드렸는지는 알 수 없다. 신상 외에도 여러 가지를 만드는데, 그것들을 어떤 방식으로 만들었는지도 알 수 없다.

우리는 출애굽기와 레위기, 민수기를 읽으면서 모세라는 특출한 사람이 하나님의 섬세한 지시를 받아서 성막도 만들고, 성막에 필요한 물품들과 제사장들이 입는 의복들을 만들고, 제사도 하나님이 명하신 대로 드렸음을 알고 있다. 모세가 자의적으로 한 것이 아무 것도 없음을 성서는 강조한다. 성서는 하나님이 모세에게 일러준 그대로 했음을 강조한다. 아론의 아들들인 나답과 아비후는 하나님을 섬기지 않았기 때문에 죽임을 당한 것이 아니다. 그들은 하나님을 섬겼지만, 하나님이 지시하지 않은 불을 사용했기 때문에 죽임을 당한 것이다. 이렇게 본다면, 미가가 하는 행동은 매우 불경스러운 것이며, 이스라엘에서 끊침을 당할 행동이었다. 하나님을 섬기는 것은 좋은 일이지만, 더욱 중요한 것은 하나님이 원하시는 방식대로, 즉 하나님이 일러주시는 방식대로 하나님을 섬기는 것이다.

미가는 이것을 알지 못했다. 이런 점에서 미가는 사무엘상에 나오는 홉니와 비느하스의 원조가 된다. 홉니와 비느하스는 사사이고 제사장이었지만, 하나님이 원하시는 대로 행하지 않았다. 그래도 그들은 하나님이 능력 있는 분임을 잘 알았다. 그래서 블레셋과 전투하다가 이기기 어렵다고 생각하자 실로에 있는 법궤를 전쟁터로 가져간다. 하지만 그 전투에서 이스라엘은 완패했다. 그것은 하나님이 능력이 없으시기 때문이 아니었다. 홉니와 비느하스가 하나님을 잘못 섬겼기 때문이다. 하나님을 섬기지 않고, 하나님이 원하시는 대로 하지 않고, 하나님을 이용하려고만 했기 때문이다.

북왕국 이스라엘을 세운 여로보암 왕은 악한 왕의 표본이다. 그런데 그가 도대체 어떤 일을 행했기에 그런 평가를 받는 것일까? 여로보암 왕은 자기 마음대로 성소를 세우고, 자기 마음대로 제사장들을 임명하고 절기를 정했다. 성서 기자는 이것을 비난한다. 미가도 마찬가지였을 것이다. 그가 하나님을 바르게 섬기기 위해 가정 성소를 만든 것이 아니다. 그는 하나님을 바르게 섬기는 일에는 관심도 없는 사람이었다. 그런 인격을 갖춘 사람이 아니었다. 그저 하나님의 힘을 빌려서 제가 잘되고자 하는 사람이다. "무슨 수를 쓰든 복받자"는 것이 그가 가진 유일한 인생 목표였는지 모른다.

17장 7-13절: 레위인-"어떻게든 출세하자"

어느 날 레위인 한 사람이 그곳을 지나가다가 미가 집에서 체류하게 되었다. 그 사람도 고향을 떠나 정착할 곳을 찾아서 다니다가 미가 집에 머물게 된 것인데, 그 레위인이 그곳에 머물기로 결정한 이유는 이렇다.

> 미가가 그에게 이르되 네가 나와 함께 거주하며 나를 위하여 아버지와 제사장이 되라 내가 해마다 은 열과 의복 한 벌과 먹을 것을 주리라 하므로 그 레위인이 들어갔더라(10절).

레위인은 일자리를 찾고 있었다. 그런 그가 미가 집에 머물기로 결정한 이유는 미가가 제시하는 연봉이 마음에 들었기 때문이다. 우리는 그 레위인이 어떤 사람인지 알 수 없다. 19-21장 이야기에도 레위인이 중심인물로 등장한다. 그런데 그 레위인도 우리가 보기에 레위인답다는 생각이 들지 않는데, 17-18장에 등장하는 레위인도 역시 마찬가지이다. 물론 이 레위인에 대해서 우리가 아는 정보가 거의 없다는 점에서 사람을 함부로 평가할 일은 아니지만, 본문을 더 읽어보면, 우리 생각이 그리 틀리지 않았음을 알 수 있다. 이 레위인이 어떤 가치관을 가지고 사는지를 분명하게 알 수 있기 때문이다.

사람들은 누구나 생활하는 데 필요한 것들을 구비할 만큼 봉급을 받아야 한다. 그런데 우리가 보기에 문제는 이 레위인이 미가 집에 머물기로 결정한 유일한 이유가 바로 경제적인 문제라는 것이다. 우리가 보통 '잘 산다'고 할 때 그 기준은 무엇일까? 어떻게 사는 것을 잘 산다고 할까? 말하는 상황마다 조금씩 다르긴 하다. 예를 들어, 시집 장가가는 사람들이 "우리 잘 살게요"라고 할 때는, 열심히 바르게 살겠다는 다짐이다. 그러나 대체로 "누구는 잘 산다"고 할 때, 그때 기준은 오로지 경제적인 것이다. 돈이 많으면 잘 사는 것이고, 돈이 없으면 못 사는 것이다. 이제는 잘 사는 것을 평가하는 기준을 다양화해야 한다. 돈이 별로 없어도 화목하게 살면 잘 사는 것이고, 이웃을 위해서 봉사하면 잘 사는 것이고, 최선을 다해서 바르게 살려고 노력하면 잘 사는 것이다. 이렇게 잘 사는 것에 대한 기준을 다양화해야 한다.

그런데 레위인이 일을 판단하는 유일한 기준은 경제적인 이유였다. 그는 그것을 가장 소중하게 생각한다. 경제적인 것을 위해서 그는 미가 집에 머물고 제사장직도 수락한다. 그가 제사장직을 수락할 만한 인품과 자격을 갖추었는지는 모르겠다. 이후 전개되는 이야기를 읽어보면, 그를 단 지파가 스카웃 하는데, 그렇다면 그 레위인이 상당히 능력 있게 제사장직을 감당했을 가능성도 있다. 어쨌든 두 사람은 계약을 체결하고, 미가는 레위인을 성별해서 제사장으로 삼는다. 그런 다음 미가는 이렇게 말한다.

이에 미가가 이르되 레위인이 내 제사장이 되었으니 이제 여호와께서
내게 복 주실 줄을 아노라 하니라(13절).

이 구절은 미가가 무엇을 추구하면서 사는지를 여실히 보여준다.

본문을 기록한 사람 역시 미가가 한 말들 가운데서 이 구절을 인용함으로써 우리에게 미가가 어떤 사람인지를 평가하게 한다. 미가는 복 받는 것에 관심이 많다. 아니, 복 받는 게 유일한 관심이었는지 모른다. 그리고 그는 자기 아들보다 레위인이 제사장직을 맡는 것이 더 낫다고 생각한다. 이것은 규정상 레위인이 제사장이어야 한다는 생각에서가 아니라, 레위인이 제사장을 하는 게 복 받는 데 더 낫다는 마음에서다.

　17장은 당시 사람들이 무슨 생각으로 어떻게 살았는지를 도식적이리만치 명확하게 보여준다. 17장은 돈 이야기로 시작해서 복 받으려는 이야기로 마무리한다. 이것은 미가와 레위인뿐만 아니라 그 당시 사람들이 그저 돈에 관심이 많았음을 보여준다. 그들은 경제적으로 풍요로워지는 데 마음을 쏟고 살았다. 이러한 생각은 18장에도 그대로 이어진다. 그렇기 때문에 사사기의 저자는 사사시대를 정말 한심한 시대라고 생각했는지도 모르겠다. 별다른 평가나 해설 없이 현장 보도하듯 상황을 전하고 있다. 그러면서 우리로 하여금 그 시대가 어떤 시대인지를 스스로 평가하게 만들고, 등장인물들도 평가하게 하는 탁월한 문학적 능력을 발휘한다.

18장 1-6절: 단 지파–"살 곳을 찾아라"

　18장은 "그때에 이스라엘에 왕이 없었고"로 시작한다. 이것이 매우 심상찮은 구절임을 이미 살펴보았다. 도대체 앞으로 어떤 일이 일어날 것인가? 여기서 이야기는 좀더 복잡한 구조를 갖는다. 미가 집안 이야기가 한 레위인이 등장하면서 조금 복잡해지고, 이제 단 지파가 등장하면서 더욱 복잡해진다. 레위인 한 사람이 이리저리 떠돌아다니면서 살 곳을 찾았는데, 이제는 한 지파 전체가 살 곳을 찾아서 이리저리 떠돌아다닌다. 그만큼 살기 어려웠던 모양이다. 그들은 그때까지 살 곳을 얻지 못했기 때문에 살 곳을 찾기 위해 다섯 명의 탐사대를 선발해서 보낸다. 그런데 그들이 찾아간 곳이 공교롭게도 에브라임 산지에 있는 미가의 집이었다. 이렇게 해서 미가의 집은 베들레헴 출신 레위인이 찾아오고, 이제는 단 지파 탐사대가 찾아온다. 그곳에서 머물던 단 지파 탐사대는 레위인을 만나는데, 그들은 그 레위인이 제사장 역할을 하는 것을 알고 일부러 만나러 간 것으로 보인다. 그들은 레위인 제사장에게 세 가지를 묻는다.

누가 너를 이리로 인도하였으며 네가 여기서 무엇을 하며 여기서 무엇을 얻었느냐(3절).

그 레위인은 지금까지 일어난 일들을 소상하게 이야기한다. 그러자 단 지파 탐사대가 그에게 앞으로 일이 어떻게 될 것인지를 물었는데, 제사장은 그들에게 "평안히 가라 너희가 가는 길은 여호와 앞에 있느니라"고 말한다. 무슨 근거로 그러한 말을 했는지는 알 수 없지만, 단 지파 탐사대는 이 말에 힘을 얻고 길을 떠난 듯하다. 이렇게 해서 레위인 제사장과 단 지파 사람들이 연관을 맺는다.

18장 7-10절: 단 지파—"라이스를 정복하라"

거할 곳을 찾아 여기저기를 떠돌던 단 지파 탐사대는 라이스라는 곳에 이른다. 그곳을 살펴본 단 지파 탐사대는 라이스를 이렇게 평가한다.

염려 없이 거주하며 시돈 사람들이 사는 것처럼 평온하며 안전하니 그 땅에는 부족한 것이 없으며 부를 누리며 시돈 사람들과 거리가 멀고 어떤 사람과도 상종하지 아니함이라(7절).

이 평가에 의하면, 라이스 사람들은 세상과 떨어져서 평화를 누리며 살았다. 이 구절을 읽으면서 얼마 전 보았던 〈웰컴투 동막골〉이 떠올랐다. 그곳은 바로 동막골 같은 곳이었다. 당연히 단 지파 탐사대는 그곳을 탐낸다. 그들은 돌아가서 이렇게 보고한다.

> 일어나 그들을 치러 올라가자 우리가 그 땅을 본즉 매우 좋더라 너희는 가만히 있느냐 나아가서 그 땅 얻기를 게을리하지 말라 너희가 가면 평화로운 백성을 만날 것이요 그 땅은 넓고 그곳에는 세상에 있는 것이 하나도 부족함이 없느니라 하나님이 그 땅을 너희 손에 넘겨 주셨느니라(9-10절).

이 구절을 찬찬히 살펴보면, 단 지파 사람들이 어떤 욕심을 갖고 있는지 알 수 있다. 그들은 자신들이 살기 위해서 다른 사람들을 무자비하게 죽이는 것을 너무도 당연하게 생각한다. 그들은 라이스를 탐낸다. 그들이 살기 위해서는 반드시 차지해야 할 곳이었다. 그들은 그곳에 사는 사람들에 대해서 눈곱만큼도 생각할 사람들이 아니었다.

카메론이 감독한 영화 〈타이타닉〉을 보면, 그 배를 탐사하는 사람들은 그 배에 있을지도 모르는 보물에 관심이 있었다. 그런데 그곳에서 어떤 일들이 일어났는지를 깨달으면서 탐사대장이 이렇게 말한다.

"그곳엔 삶이 있었다."

라이스를 탐사한 단 지파 사람들은 그곳이 욕심나는 곳이었을 뿐, 그곳에 사는 사람들에 대해서는 조금도 배려하는 마음이 없었다. 그리고 뻔뻔스럽게도 그곳을 하나님이 그들에게 넘겨주셨다고 말함으로써 라이스를 쳐서 빼앗는 것을 신이 내린 명령으로 변조한다. 레위인 제사장도 그렇고, 단 지파 탐사대들도 그렇고, 그들은 자신들이 하는 행동을 하나님의 이름으로 정당화한다. 이런 행동은 불경하기 짝이 없는 짓이다. 하나님이 그렇게 하는 것을 원하시는지 원하지 않으시는지 그들이 어떻게 알겠는가?

18장 11-13절, 14-20절: 단 지파-"빼앗아라"

탐사대가 보고한 것을 들은 단 지파 사람들은 즉각 군대를 라이스로 보낸다. 그들은 무장을 했으며(11절), 600명이었다(16절). 그들이 기럇여아림에 진을 쳤는데, 그곳 이름을 마하네 단이라고 한다. 그리고 다시 에브라임 산지에 있는 미가 집으로 간다. 그런데 전에 정탐하러 갔던 다섯 사람이 그 형제들에게 미가의 집에 대한 정보를 흘린다. 그들이 관심을 두는 것은, 욕심나는 것은 무슨 수를 쓰든지 강제적으로 빼앗는 것이다. 그런데 그들은 그것을 약탈했다고 하지 않는다.

> 이 집에 에봇과 드라빔과 새긴 신상과 부어 만든 신상이 있는 줄을 너희가 아느냐 그런즉 이제 너희는 마땅히 행할 것을 생각하라(14절).

그들은 미가의 집에 가서 미가에게 문안한다. 그리고 군사 600명은 무기를 들고 문 입구에 서 있고, 탐사대 5명은 미가의 집안으로 들어간다. 무장을 한 군인 600명이 문 앞에 서 있는 것은 무엇을 의미하는가? 조금만 마음에 들지 않으면, 즉각 군사적인 행동을 하겠다는 뜻일 것이다. 군인 600명이 무장을 하고 집 입구에 서 있는데, 누가 그들이 원하는 것을 거부하겠는가? 탐사대 5명은 집안으로 들어가서 "새긴 신상과 에봇과 드라빔과 부어 만든 신상"을 가져간다. 그들이 이것들을 가져가는 이유는 무엇일까? 만약 그들이 하나님을 섬기는 것에 관심이 있었다면, 이것들을 일부러 가져가려고 하지 않앉을 것이다. 그런데 그들은 하나님을 섬기는 것보다 하나님이 주시는 물질적인 풍요로움에 더 관심이 많았다. 그리고 우리가 아는 대로 신상은 모두 둘이었는데 은으로 만들었다. 그래서 단 지파 사람들이 더 욕심을 내었는지 모르겠다.

야곱이 처가 식구들 몰래 밧단아람에서 야반도주할 때 라헬은 아버지 집에 있던 드라빔을 훔쳐온다. 라반은 그 드라빔을 매우 소중하게 여겼는데, 그것을 라헬이 훔쳐온 것이다. 드라빔을 가져간 것은 그 집안이 누리는 복을 빼앗은 것을 의미한다.

이렇게 단 지파 사람들이 미가의 집에 있는 종교적 기물들을 약탈하는 동안 레위인 제사장은 어디에서 무엇을 하고 있었을까? 단 지파 사람들이 약탈하는 물품들은 지금껏 레위인 제사장이 사용하던 것들이고, 그는 이것들을 통해서 생계를 유지해왔다. 그 물품들을 약탈하는 것에 대해 레위인 제사장은 어떤 반응을 보였을까? 본문 기자는 그런 상황에 레위인 제사장이 어디에서 무엇을 하고 있었는지를 비교적 상세하게 알려준다. 레위인 제사장은 군인 600명과 함께 문 입구에 서 있었다(17절). 그리고 탐사대 5명이 새긴 신상과 에봇과 드라빔과 부어 만든 신상을 가지고 나오자 그들에게 무슨 짓을 하는 것이냐고 묻는다. 자기 생계와 직결되는 중요한 물품들이었기 때문이다. 그러자 단 지파 사람들은 그에게 입을 다무는 것이 좋을 것이라고 말한다. 그러면서 솔깃한 제안을 한다.

> 우리와 함께 가서 우리의 아버지와 제사장이 되라 네가 한 사람의 집의 제사장이 되는 것과 이스라엘 한 지파 한 족속의 제사장이 되는 것 중에서 어느 것이 더 낫겠느냐(19절).

그러자 "그 제사장이 마음에 기뻐하여 에봇과 드라빔과 새긴 우상을 받아 가지고 그 백성 가운데로 들어갔다"(20절). 앞에서 살펴본 대로 이 레위인은 생계를 위해서 제사장직을 수행하는 사람이다. 그의 관심사는 오직 물질적인 풍요로움이었다. 그러니 더 좋은 조건을 제시해서 스카우트하겠다는데 그것을 마다할 이유가 없는 것이다. 오히려 그런 기회를 기다렸는지도 모를 일이다. 그는 단 지파 사람들이 더 좋은 조건을 제시하자 지금까지 그를 제사장으로 일하게 해 준 미가에게 이러저러한 말 한마디 없이 곧바로 제의에 필요한 물품들을 챙겨서 단 지파 사람들과 함께 어우러진다. 돈 앞에서는 친구도 적도 순식간에 바뀌는 것을 여실히 보여준다.

하지만 이 레위인 제사장은 그렇게 배은망덕(背恩忘德)해서는 안 되는 것이다. 그 까닭은 미가의 집이 바로 자신의 집이었기 때문이다.

> 다섯 사람이 그쪽으로 향하여 그 청년 레위 사람의 집 곧 미가의 집에 이르러 그에게 문안하고(15절).

이 구절을 보면, 본문 기자는 그 레위인의 집이 곧 미가의 집이고, 미가의 집이 곧 레위인의 집이라는 사실을 독자들에게 알려줌으로써 독자들로 하여금 그 레위인에 대해 스스로 평가하게 한다.

18장 21-31절: 단 지파-"힘으로 눌러라"

단 지파 사람들이 미가의 집 물건들을 약탈해 가지고 가자 동네 사람들이 그들을 추격한다. 그들이 서로 만났을 때 미가는 단 지파 사람들을 책망한다. 그들이 무슨 짓을 했는지를 명확하게 밝힌다. 그러자 단 지파 사람들은 도리어 미가에게 협박을 한다. 적반하장(賊反荷杖)이라는 말이 여기에 딱 들어맞는다. 그들은 남의 물건과 사람을 빼앗아가면서도 오히려 큰소리친다. 미가가 제 물건을 돌려달라고 하는데도 불구하고, 그들은 오히려 자신들의 화를 돋우지 말라고 하면서, 계속 물건을 돌려달라고 하면 가족들을 진멸하겠다고 말한다. 결국 미가는 단 지파가 자기들보다 훨씬 강하다는 사실을 깨닫고 조용히 돌아간다. 아무리 예의를 갖추어 문안을 해도 결국 힘의 논리가 모든 것을 지배하는 때였다. 단 지파의 유일한 행동 지침은 바로 힘의 논리였다. 힘으로 미가를 물리친 단 지파는 라이스에 이르러 전쟁이 무엇인지도 모를 것 같은 사람들을 모두 죽이고 라이스에 정착한다. 그리고 그곳 이름을 '단'이라고 바꾼다. 그런데 본문 기자는 "그 성읍의 본 이름은 라이스였더라"(29절)고 함으로써 독자들에게 '라이스'가 어떻게 '단'으로 바뀌었는지를 상기시켜준다.

지금까지 우리가 살펴보았듯이, 단 지파는 무엇이든지 자신들의 유익만을 위해서 살아왔다. 그들은 **"자기들을 위하여** 그 새긴 신상을 세웠다"(30절). 그리고 그들은 그 신상을 계속 보존한다.

"하나님의 집이 실로에 있는 동안에 미가가 만든 바 새긴 신상이 단 자손에게 있었더라"(31절).

이 구절은 그들이 그 신상을 매우 소중하게 여겼음을 알 수 있다. 그리고 그 이후로 단 지파는 더 명망 있는 사람들을 제사장으로 세운다. 오직 복 받기 위해서였다.

맺는 말

우리는 지금까지 사사기 17장과 18장을 읽었다. 읽어보니 사사기의 저자가 왜 사사들 이야기를 16장으로 마무리하고 그다음에 이 이야기를 첨부했는지 조금은 짐작할 수 있을 것 같다. 사사들이 다스리던 시대에 일반 사람들이 어떻게 살았는지를 미가 집을 중심으로 전개함으로써 그 시절의 시대상을 실감나게 이해하도록 하려 함이었을 것이다. 17-18장은 그들이 무엇을 가장 소중하게 생각했는지, 그들이 무엇을 위해 그토록 치열하게 살았는지를 보여주기 위함이다.

'무엇을 소중하게 여길 것인가? 무엇을 위해 우리 삶을 바칠 것인가?'

이것은 예나 지금이나 모든 사람들이 공통적으로 하는 질문이다. 그런 점에서 우리는 본문에 등장하는 인물들을 도무지 닮지 말아야 한다. 그들처럼 복 받기 위해 애쓰고, 출세하고 성공하기 위해 조변석개(朝變夕改)하고, 다른 사람이 누리는 복을 빼앗기 위해서 그 사람들을 죽이고 모든 것을 다 차지하는, 이런 삶을 결코 따르지 말아야 한다. 본문 기자도 그것을 우리에게 역설하고 싶었을 것이다.

7

솔로몬 통치에서 드러나는 폭력

1. 솔로몬의 칼 1
- 열왕기상 3장 16-28절을 중심으로 살펴보는 우매와 광기-

잘 알지도 못하면서

우리는 어떤 유명인에 대해 제대로 알지도 못하면서 다른 사람들이 그 사람을 유명하다고 하니까 그냥 그런 줄로 아는 경우가 많다. '누가 아이의 친어머니인가?'를 밝히기 위해 솔로몬이 두 창기를 재판하는 이야기는 정말로 유명하다. 그런데 과연 이 이야기는 유명해서 유명한 것인가, 아니면 누군가가 유명하다고 하니까 잘 알지도 못하면서 무턱대고 그런 줄로 아는 것인가?

'솔로몬의 재판'은 솔로몬이 기브온 산당에 올라가서 지혜를 얻는 이야기 바로 다음에 나온다. 그리고 두 창기 재판 이야기 다음에는 솔로몬이 구성한 행정조직과 유다와 이스라엘이 누리는 태평성대(太平聖代)에 대한 이야기를 하기 때문에 이런 이야기 전개를 따라서 살펴보면, 3장은 솔로몬이 기브온 산당에서 지혜를 얻은 것을 먼저 이야기하고, 바로 이어서 솔로몬이 실제로 얼마나 지혜로웠는지 실례를 들기 위해 창기 재판 이야기를 하는 것으로 보인다. 이런 전개방식을 따라 독자들은 4장을 읽으면서, 솔로몬이 지혜로웠기 때문에 솔로몬 자신은 물론이고 모든 이스라엘 사람들이 부귀영화를 누렸다고 생각할 것이다. 더욱이 4장 29-34절은 솔로몬이 지혜로웠다는 것을 누구도 부인할 수 없도록 명확하게 이야기한다.

> 하나님이 솔로몬에게 지혜와 총명을 심히 많이 주시고 또 넓은 마음을 주시되 바닷가의 모래같이 하시니 솔로몬의 지혜가 동쪽 모든 사람의 지혜와 애굽의 모든 지혜보다 뛰어난지라(왕상 4:29-30).

이 문단은 "사람들이 솔로몬의 지혜를 들으러 왔으니 이는 그의 지혜의 소문을 들은 천하 모든 왕들이 보낸 자들이더라"(34절)로 끝나는데, 열왕기상 10장 23-25절도 같은 내용의 말을 좀 더 확장해서 한다. 그리고 열왕기 기자는 두로 왕 히람의 입을 통해서 솔로몬이 지혜롭다는 것을 독자들에게 들려준다. 두로 왕 히람이 "오늘 여호와를 찬양할지로다 그가 다윗에게 지혜로운 아들을 주사 그 많은 백성을 다스리게 하셨도다"(왕상 5:7)라고 말한다. 그리고 본문 기자는 "여호와께서 그의 말씀대로 솔로몬에게 지혜를 주신 고로 히람과 솔로몬이 친목하여 두 사람이 함께 약조를 맺었더라"고 말한다(5:12).

또 열왕기 기자는 4장 마지막 부분에서 솔로몬이 백과사전적인 지식을 갖고 있었다는 것을 몇 가지 예를 들어서 말한다. 그리고 5장부터 성전건축 이야기로 넘어간다. 이 이야기 구성을 보면서 독자들은 솔로몬이 정말 대단히 지혜로웠고, 그 지혜로 나라를 다스리고, 그 지혜로 성전을 건축한 것으로 받아들일 것이다.

이렇게 열왕기는 솔로몬이 지혜롭다는 것을 거듭 말하는데, 솔로몬이 두 창기를 재판하는 이야기는 솔로몬이 지혜로웠음을 입증하는 가장 중요한 증거로 회자된다. 그 까닭은 열왕기 기자가 솔로몬이 지혜롭다는 것을 수시로 말하고 많은 사람들이 솔로몬을 찾아왔다고 하면서도 도대체 솔로몬이 얼마나 지혜로웠는지를 실감나게 보여주는 예를 거의 제시하지 않기 때문이다. 그리고 실제로 주위 나라의 왕들 가운데 누가 지혜를 얻기 위해 솔로몬을 찾아왔는지 구체적으로 밝히지 않고 스바 여왕이 다녀간 것만 10장에서 언급한다. 그러니까 솔로몬을 방문한 사람들, 그리고 왕들의 명단을 밝히지 않고 그저 '솔로몬은 지혜로웠고 그래서 많은 사람들이 그를 찾아왔다'고만 전개하고 있다. 이런 상황에서 두 창기 재판 이야기는 솔로몬이 지혜롭다는 것을 보여주는 거의 유일한 실례라는 점에서 중요한 의미를 갖는 것이다.

솔로몬의 지혜, 과연 사실인가?

그런데 과연 이 이야기가 정말 솔로몬이 지혜로웠음을 말하는가? 그것을 알아보기 위해 두 창기 재판 이야기를 꼼꼼하게 살펴보자. 두 창기 재판이라는 사건이 성립하기 위해서는 몇 가지를 전제해야 한다. 우선 창기들이 한 집에 생활하면서 그들이 거의 동시에 아이를 출산해야 한다. 그리고 그들은 아이에 대한 집착이 강해야 한다. 그래서 한 아이가 죽고, 그것으로 인해 두 창기가 한 아이를 각기 제 아이라고 주장하고, 결국 그것이 큰 사건으로 비화해서 왕 앞에까지 가야 한다. 그리고 무엇보다 솔로몬은 그냥 시늉만 하는 게 아니라 실제로 아이를 칼로 자르려고 해야 한다. 이런 조건들을 갖춰야 비로소 두 창기 재판 이야기는 솔로몬의 지혜를 입증하는 거의 유일한 증거로서의 의미를 가질 수 있다.

본문을 보면, 이야기를 이끌어가는 화자(내레이터)는 창기들이 하는 이야기를 통해서 사건을 비교적 객관적으로 진술한다. 화자가 개입하는 곳은 3장 26절 앞부분, 즉 "그 산 아들의 어머니 되는 여자가 그 아들을 위하여 마음이 불붙는 것 같아서"와 28절, 즉 "온 이스라엘이 왕이 심리하여 판결함을 듣고 왕을 두려워하였으니 이는 하나님의 지혜가 그의 속에 있어 판결함을 봄이더라"이다. 그러니까 화자는 객관적으로 이야기를 진행하다가 느닷없이 26절에서 "산 아들의 어머니"를 언급하고, 28절에서는 그 재판에 대한 평가를 하는 것이다. 자칫 독자들은 화자의 이런 느닷없음을 눈치 채지 못하고 그냥 화자를 따라가지만, 조금 차근히 본문을 읽으면, 그 '느닷없음'을 느닷없음으로 느낄 수 있다. 본문을 찬찬히 읽어보자. 두 창기 가운데 먼저 이야기하는 여자를 '가'라고 하고, 나중에 이야기하는 여자를 '나'라고 하자. 화자는 사건에 대한 개요를 '가'를 통해서 들려준다.

상황 1 : 17 내 주여 나와 이 여자가 한집에서 사는데 내가 그와 함께 집에 있으며 해산하였더니
18 내가 해산한 지 사흘 만에 이 여자도 해산하고 우리가 함께 있었고 우리 둘 외에는 집에 다른 사람이 없었나이다

상황 2 : 19 그런데 밤에 저 여자가 그의 아들 위에 누우므로 그의 아들이 죽으니
20 그가 밤중에 일어나서 이 여종 내가 잠든 사이에 내 아들을 내 곁에서 가져다가 자기의 품에 누이고 자기의 죽은 아들을 내 품에 뉘었나이다

상황 3 : 21 아침에 내가 내 아들을 젖 먹이려고 일어나 본즉 죽었기로 내가 아침에 자세히 보니 내가 낳은 아들이 아니더이다

여기서 우리가 참고할 객관적인 사건 자료는 17-18절과 21절이다. 19-20절은 '가'의 추정일 뿐이기 때문에, 밤중에 실제로 어떤 일이 일어났는지는 아무도 알 수가 없다. '가'가 하는 이야기를 정리하면 다음과 같다. 두 여자는 창기이고 같은 집에서 산다. 그리고 같은 시기에 임신해서 3일 차이로 남아(男兒)를 낳는다. 그리고 아이 젖을 먹이

려고 아침에 일어났는데, 아이가 죽었다는 것을 알고 자세히 보았더니 자기 아들이 아니었다는 것이다. 그리고 자기 아이를 찾기 위해서 재판을 하는 것이다. 그렇다면 현재 '나'가 산 아이를 데리고 있는 것으로 보인다.

이 이야기를 듣고 솔로몬은 어떻게 하는가? 솔로몬이 재판하는 것을 보면 우리가 예상하는 것과 다르다. 솔로몬은 사건 조사를 전혀 하지 않는다. 그는 아이가 어떻게 죽었는지는 관심이 없다. 화자 역시 구체적인 사건에는 관심이 없다. 그저 '가'를 통해서 사건개요를 알려줄 뿐이고, '나'의 이야기는 자세히 듣지도 않는다.

그러다 보니 이 사건은 구체적인 내용이 불분명할 수밖에 없고, 독자들은 도대체 무슨 일이 일어났는지 궁금할 수밖에 없다. 직업이 창기인 두 여자가 한 아이를 두고 그렇게 강력하게 친권을 주장하는 이유가 무엇인가? 모성애일까? 자신의 추정에 근거해서 '가'가 자기 아이를 죽인 범인으로 지목하는 그 여자, 즉 '나'가 자기 아이를 실수로 죽인 게 분명하다고 해도 굳이 다른 아이를 데려다가 제 아들로 삼으려는 까닭은 무엇일까? 그리고 모성애 때문에 벌어진 일이라면 죽은 아이가 정말 안쓰러웠을 텐데, 그 아이를 냉정하게 다른 여자 품에 안겨놓은 이유는 무엇일까? 혹시 유아 살해범이 되는 것을 두려워한 것인가? 가짜 어머니는 어떻게 그 재판을 거기까지 끌고 갈 수 있었을까? 친어머니가 아닌데도 불구하고 무엇이 그 여인으로 하여금 왕 앞에까지 가서 재판을 할 정도로 담대하게 했을까? 그 재판을 통해서 그들이 정말로 얻으려는 것은 무엇이었을까?

그리고 솔로몬이 이런 사건을 직접 재판했을까? 출애굽기 18장을 보면, 모세가 백성들을 직접 재판하는 것을 지켜보던 이드로가 부장 제도를 제안해서 모세가 그 제도를 도입하는데, 여기에 비추어보면 솔로몬 당시 이스라엘에서 일어나는 모든 일을 솔로몬이 직접 재판했을 리 없다. 만약 그랬다면, 솔로몬이 다스리는 나라는 엄밀한 의미에서 나라가 아니고, 솔로몬도 실제로 왕이 아니었을 것이다. 솔로몬은 추장 정도였을 것이고, 그가 다스리는 지역은 촌락 정도였을 가능성이 크다. 아니면 그 사건이 일파만파 엄청난 파문을 일으켜서 결국 왕이 개입하지 않을 수 없는 지경에까지 이르렀다고 보아야 한다. 이럴 경우, 두 여인은 여러 과정을 거쳐서 왕궁까지 갔을 것이다.

어쨌든 솔로몬은 두 창기가 하는 말을 듣고 누가 산 아이의 친어머니인지를 가려내야 하는데, 솔로몬 앞에서 두 여인은 계속 같은 말만 반복한다.

> [22]다른 여자는 이르되 아니라 산 것은 내 아들이요 죽은 것은 네 아들이라 하고 이 여자는 이르되 아니라 죽은 것이 네 아들이요 산 것이 내 아들이라 하며 왕 앞에서 그와 같이 쟁론하는지라 [23]왕이 이르되 이 여자는 말하기를 산 것은 내 아들이요 죽은 것은 네 아들이라 하고 저 여자는 말하기를 아니라 죽은 것이 네 아들이요 산 것이 내 아들이라 하는도다 하고(3:22-23).

한 여자는 "산 것은 내 아들이요 죽은 것은 네 아들이다"고 말한다. 다른 여자는 "죽은 것은 네 아들이요 산 것이 내 아들이다"고 말한다. 솔로몬도 이 말을 그대로 반복한다. 이들이 하는 말은 내용상 같다. 그런데 말하는 순서가 다르다.

가 : 산 것은 　　내 아들이요　죽은 것은 　네 아들이다
나 : 죽은 것이 　네 아들이요　산 것이 　　내 아들이다

'가'는 a+b 형태로, '나'는 b+a 형태로 말한다. 그래서 두 여인이 하는 말은 a+b : b+a 형태를 갖는다. 이 형태를 보면, 두 여인은 일종의 말 잇기 게임을 하는 것으로 보인다.

가 : 산 것은　　내 아들이요　죽은 것은　네 아들이다
나 : 죽은 것이　네 아들이요　산 것이　　내 아들이다

지혜가 아닌 칼

그런데 솔로몬은 두 여인이 벌이는 말 잇기 놀이에 걸려든다. 두 여자가 서로 고발하고 다투는 것을 보면서도 솔로몬은 누가 친어머니인지 알지 못한다. 솔로몬은 최면에 걸린 듯 두 여인이 하는 말을 그대로 되풀이하면서, 그 말의 진위를 판단하지 못하는 우매함을 스스로 드러낸다.

그런데 두 여인이 하는 말을 들어보면, 누구든지 '가'를 친어머니로 생각할 것이다. '가'는 "산 것이 내 아들"이라는 말을 먼저 한다. '나'는 "죽은 것이 네 아들"이라는 말을 먼저 한다. 여기서 드러나는 심리적인 양상은 '가'는 산 아이에게 관심을 갖고, '나'는 죽은 아이에게 관심을 갖는다는 것이다. '가'는 살아있는 저 아이가 내 아이다. 그러니 죽은 아이는 당연히 네 아들이다고 주장하는 것이다. 여기에 비해서, '나'는 죽은 아이가 네 아이다. 그러니 산 아이는 내 아들이다고 주장하는 것이다. '가'는 살아있음에 관심을 표명하고, '나'는 죽음에 관심을 표명한다. 솔로몬이 산 아이를 칼로 자르라고 했을 때도 두 여인은 그들의 성향을 분명하게 드러낸다.

가 : 내 주여 산 아이를 그에게 주시고 아무쪼록 죽이지 마옵소서
나 : 내 것도 되게 말고 네 것도 되게 말고 나누게 하라

'가'는 아이가 사는 것에 관심을 갖는다. '나'는 아이가 죽어도 괜찮다고 말한다. 그러니 얼핏 보기에도 누가 친어머니인지 알아챌 것이다. '나'가 자기 아이를 죽였을 가능성이 크다. 하지만 솔로몬은 아

직까지도 누가 친어머니인지 가려내지 못한다. 그래서 강수를 쓴다. 칼로 아이를 반 토막 내라는 것이다. 우리는 솔로몬이 아이를 죽이려고 한 것이 아니라, 그냥 시늉만 함으로써 누가 친어머니인지 판단하려고 했다고 생각하지만, 만약 솔로몬이 그렇게 생각하고 죽이려는 시늉만 했다고 아무리 말해도 두 창기는 결코 그렇게 생각하지 않았을 것이다. 그들은 솔로몬이 아이를 실제로 죽일 것이라고 믿었다. 그렇게 믿었기 때문에 화자가 친어머니라고 칭하는 그 여인, 즉 '가'가 친권을 포기하는 것이다.

그런데 솔로몬은 친어머니가 누구인지를 밝히기 위해서 칼을 든 것인가? 아니면 문제의 발단을 없애기 위해서 칼을 든 것일까? 만약 처음부터 두 아이가 다 살았거나 다 죽었다면 이 사건도 없었을 것이다. 한 아이는 죽고 한 아이는 살았기 때문에 사건으로 비화한 것이다. 그러니 죽은 아이를 살릴 수는 없고, 산 아이를 죽여야만 문제가 일단락되는 것이다. 아이가 죽으면 재판도 사라지기 때문이다.

본문 기자는 솔로몬이 행한 재판을 보면서 솔로몬이 하나님의 지혜로 판결한 것으로 해석한다. 하지만 솔로몬은 과연 지혜로 재판을 했는가? 솔로몬이 사건을 해결하는 방식은 그들을 겁 주는 것이다. 그리고 또 한 가지 가능성은 실제로 아이를 죽임으로써 아예 문제 소지를 없애버리겠다는 것이다. 이것은 솔로몬이 실제로 그럴 사람이라는 것을 전제해야 효력을 발휘하는 발상이다. 이스라엘 백성들에게 하나님이 예언자들을 통해서 아무리 말씀하셔도 이스라엘 백성들은 그것을 하나님이 하시는 말씀으로 듣지 않고, 예언자들이 하는 말씀으로 들었을 것이다. 설령 그것이 하나님으로부터 온 말씀이라고 생각했다고 해도 하나님이 그들에게 하시는 말씀처럼 그렇게 징벌하실 것이라고 믿지 않았을 것이다. 그렇기 때문에 예언자들이 하나님의 말씀이라고 소리 높여 외쳐도 아무 소용이 없었던 것이다.

솔로몬은 정말로 그 아이를 죽이기 위해서 칼을 가져오게 했을 것이다. 이 장면에서 사람들은 솔로몬이 정말 지혜롭다고 감탄을 하는데, 만약 솔로몬이 그렇게 지혜로웠다면, 그리고 그 지혜를 하나님이 주셨다면, 칼을 들고 설치기 전에 솔로몬은 두 창기가 하는 말을 듣고 즉각 누가 친어머니인지 판별했어야 한다. 그런데 솔로몬은 두 여자가 하는 말을 다 듣고 나서도 누가 친어머니인지 알지 못했다. 그가 산 아이를 죽여야겠다고 마음먹기 전까지, 그리고 그 사실을 알리고 부하들로 하여금 아이를 반 토막 내도록 지시하는 그 순간까지, 그래서 그 사실적인 살해 명령을 듣고 두 여인이 공포에 질려서 히스테리적으로 각기 상반된 반응을 보이기까지 솔로몬은 아무것도 아는 바가 없었다.

그리고 재판 결과가 옳은지도 의문이다. 솔로몬이 아이를 칼로 나누려 했을 때 솔로몬도 그렇고, 화자도 그렇고, 독자들도 그것을 막은 여인이 친어머니라고 생각한다. 그러나 이것 역시 고도의 속임수일 가능성은 없는가? 그리고 아이를 칼로 나누어도 좋다고 하는 여인은 정말 그렇게 말할 정도로 우매했을까? 어쩌면 그 여자가 친어머니인데, 그동안 다른 여자로부터 하도 당한 탓에 이제는 악밖에 남지 않아서 히스테리적 증상을 보인 건 아닐까? 아니면 왕궁까지 재판을 끌고 가는 저력으로, 솔로몬이 산 아이를 죽임으로써 재판 원인을 무효케 하려는 것을 알아차린 것은 아닐까?

어쨌든 솔로몬이 택한 방식은 단순하고 과격했지만 효과는 컸다. 화자는 백성들이 재판 후에 왕을 두려워했다고 한다. 그런데 이 두려움은 과연 어디서 나오는 것인가? 백성들은 솔로몬이 재판하는 과정에 대해 소문을 들었을 터인데, 백성들이 솔로몬을 두려워한 진정한 까닭은 무엇일까? 솔로몬이 지혜롭게 재판을 했기 때문인가? 아니면 솔로몬이 매우 냉혹한 군주라는 사실 때문인가? 후자일 가능성이 크다. 솔로몬의 재판은 솔로몬의 지혜보다 솔로몬의 칼을 보여준다. 지혜는 사라지고 칼만 남은 것이다. 그리고 솔로몬의 칼은 솔로몬이 모두를 죽일 수 있는 위험한 권력을 가진 사람이라는 것을 보여준다.

이런 점을 염두에 두었을 때, 재판 결과에 대한 의혹은 더욱 커진다. 솔로몬이 재판을 끝낸 다음에 백성들이 갖는 공포는 도대체 누구를 향한 것인가? 하나님을 향한 것인가? 아니면 솔로몬을 향한 것인가? 솔로몬은 백성들을 두렵게 하려고 정치적 수단으로 칼을 든 것인가?

솔로몬은 칼의 왕?

아무리 보아도 솔로몬이 칼을 든 것은 어울리지 않는다. 우리는 솔로몬이 문인에 가깝다고 생각하지 무인이라고는 생각하지 않기 때문이다. 하지만 결국 솔로몬이 사용한 것은 지혜가 아니라 칼이었다. 칼로 문제를 해결한 것이다.

이런 점에서 솔로몬이 지혜롭다는 것은 우리를 매우 당혹스럽게 한다. 성서가 솔로몬을 지혜롭다고 하는데, 실상 성서가 결론적으로 우리에게 들려주(려)는 사실은 솔로몬이 그다지 지혜롭지 못했다는 것이다. 오히려 그는 우매했다. 그리고 폭력적인 독재자였다. -이것은 앞으로 솔로몬의 축재와 건축공사들을 통해서 확인할 것이다.- 솔로몬이 아이를 반 토막 내려 했듯이, 솔로몬 사후에 나라가 둘로 나뉜다. 물론 한 나라가 둘로 나뉘었다기보다 북부 지역과 남부 지역이 다윗 왕가의 공동 통치를 받던 상황에서, 북부 지역이 다윗 왕가의 통치를 거부하고 독립한 것이다. 하지만 그 원인을 솔로몬의 축재와 독재가 제공했다는 것은 부인하기 어렵다.

앞에서 살펴본 대로 본문 기자는 솔로몬이 하나님으로부터 지혜를 얻었다는 말을 한 다음 두 창기 재판 에피소드를 배치함으로써 독자들로 하여금 이 이야기가 솔로몬의 지혜로움을 증빙하는 자료로 믿게 하지만, 본문 기자는 본문 여기저기에 또 다른 장치도 해놓았다. 우리는 열왕기상 1-11장이 솔로몬이 지혜롭다는 것을 여러 차례 언급하면서, 동시에 하나님이 솔로몬에게 요구하시는 것, 즉 "네가 만일 네 아버지 다윗이 행함같이 내 길로 행하며 내 법도와 명령을 지키면 내가 또 네 날을 길게 하리라"(왕상 3:14)는 말도 여러 차례 반복하는 것에 주목해야 한다. 열왕기상 2장 3절, 6장 11-13절, 8장 25-25절, 9장 4-9절도 비슷하게 말한다. 그리고 솔로몬이 성전을 봉헌하면서 하는 기도도 이스라엘 백성들이 죄를 범하고 어려움을 당할 때 하나님께 간구하면 하나님이 들어주실 것을 요청하는 내용이다. 그리고 11장에 가면, 열왕기 기자는 솔로몬이 하나님의 명령을 따르지 않았음을 명확하게 밝힌다. 그러나 전체적으로 보면, 열왕기 기자는 솔로몬이 지혜롭다는 것을 여러 차례 말하면서도 솔로몬이 진정으로 지혜로운 것은 아니었음을 보여준다. 오히려 솔로몬이 지혜롭다고 하면서 솔로몬이 하나님의 명령을 따르지 않는 모습을 대조해서 보여줌으로써 솔로몬이 지혜의 왕은커녕 우매하기 짝이 없는 왕임을 역설한다. 본문 기자가 솔로몬을 지혜의 왕으로 말하는 그곳에서조차 솔로몬은 지혜롭지 못하다. 그는 허울만 지혜로울 뿐 지혜를 발휘하지 못하고 대신 칼을 휘두르는 광기를 부린다. 그렇기에 그는 결코 지혜의 왕이 아니고 우매와 광기의 왕이다.

2. 솔로몬의 칼 2
-열왕기상 2장 5-9절을 중심으로 살펴보는 칼부림의 역사-

칼과 지혜, 그 부조화

우리가 '지혜의 왕'이라는 솔로몬에 대한 이야기를 성서에서 읽을 때마다 자꾸 드는 생각은 '솔로몬은 과연 지혜로운 왕인가?' 하는 것이다. 이 물음은 솔로몬이 지혜로웠는지 지혜롭지 않았는지가 궁금해서 묻는 게 아니다. 이 질문은 그 무수한 소문과 달리 솔로몬이 지혜롭지 않다는 것을 이미 전제한다. 성서 기자들은 솔로몬이 지혜롭다는 것을 여기저기서 다양한 방식으로 말하는데, 이것은 그들이 솔로몬의 지혜에 대한 이런 의구심을 인식하기 때문이다. 그렇지 않다면 뭐하러 솔로몬이 지혜롭다는 것을 그렇게 의도적으로 자주 언급(해야)하는 강박증을 보이겠는가? 그래서 솔로몬이 지혜롭다는 이야기를 하면 할수록 거기에 비례해서 솔로몬이 과연 지혜로웠는지 의구심만 점점 더 증폭된다. 그리고 입만 열면 솔로몬이 지혜롭다고 말하는 성서 기자들마저도 솔로몬이 지혜로웠다는 것을 정말로 인정하는지도 모를 일이다. 열왕기상 1-11장을 꼼꼼하게 읽으면 성서 기자들이 독자들로 하여금 솔로몬이 지혜롭지 못하다는 결론을 내리게 하기 때문이다.

'지혜의 왕' 솔로몬은 과연 나라를 지혜로 다스렸는가? 그렇지 않다. 솔로몬이 지혜를 얻는 열왕기상 3장 전후를 보면, 솔로몬이 지혜로 나라를 다스린 것이 아님을 알 수 있다. 2장은 솔로몬이 왕위에 오른 다음 취약한 권력을 유지하고 강화하기 위해서 정적들을 무자비하게 살해하는 장면들을 옴니버스 형식으로 보여준다. 여기에 차례로 등장하는 사람들은 다윗이 솔로몬에게 한 유언에 등장하는 인물들이다. 솔로몬은 그들을 제거하는 것으로 통치를 시작한다. 이렇듯 솔로몬은 나라 다스리는 일을 지혜가 아닌 칼로 시작하는 것이다. 물론 솔로몬이 지혜를 얻은 것은 여기를 지나 3장에 나오기는 하지만, 그렇다고 해서 솔로몬이 2장에서보다 3장 이후에 더 지혜로워졌다는 증거는 찾아보기 어렵다.

솔로몬은 뿔 나팔과 피리로 왕위에 오른다. 그런데 다윗이 솔로몬에게 유언을 통해서 당부하는 내용은 솔로몬으로 하여금 뿔과 나팔이 아니라 칼을 들라는 것이다. 정적들을 인정사정 두지 말고 가차 없이 제거하라는 것이다. 그 유언에 따라 솔로몬은 먼저 아도니야를 제거한다. 그리고 요압을 제거하고 시므이를 제거한다. 이런 과정을 거쳐서 솔로몬은 왕권을 강화한다.

"이에 나라가 솔로몬의 손에 견고하여지니라"(2:46).

그런데 희한하게도 솔로몬의 칼이 지혜와 연결되는 지점을 우리는 다윗이 솔로몬에게 하는 유언에서 찾을 수 있다.

"네 지혜대로 행하여 그의 백발이 평안히 스올에 내려가지 못하게 하라"(2:6). "그러나 그를 무죄한 자로 여기지 말지어다 너는 지혜 있는 사람이므로 그에게 행할 일을 알지니 그의 백발이 피 가운데 스올에 내려가게 하라"(2:9).

다윗이 말하려는 것은 명확하다. 반드시 피를 흘려야 한다는 것이다. 강력한 왕권으로 나라를 다스리기 위해서는 정적들의 피를 흘려야 한다. 솔로몬에게 정적 제거를 간곡히 당부하면서 다윗은 그렇게 하는 것이 지혜로운 처사임을 솔로몬에게 두 번이나 말한다. 그렇다면 솔로몬은 지혜롭기 위해서 반드시 정적들을 죽여야 한다. 정적들을 죽이는 것이 지혜로운 일이고, 그것이 왕권을 강화하는 길이며, 왕권이 강화되어야 나라가 평안해진다는 논리를 펴는 것으로 보인다. 이것은 평화를 위해 전쟁을 해야 한다는 논리와 상통한다. 평화를 위해 무기를 만들어야 하고, 보다 확고한 평화를 위해 핵무기가 필요하다는 것과 같은 논리이다. 그리고 그 결과는 누구나 잘 사는 세상을 만들기 위해 세계화와 신자유주의를 추구한다면서 결국 누구도 잘살 수 없는 세상을 만드는 것과 같다.

칼 가는 삶

그런데 다윗이 그토록 칼을 강조하는 이유는 무엇일까? 솔로몬이 인정하듯(왕상 5:3), 다윗의 삶은 칼의 삶이었다. 다시 말하면, 연속적인 전쟁을 위해 시간 나는 대로 칼을 가는 삶이었다. 왕국 건설은 칼에 의해서 가능하고, 왕국 유지도 칼에 의해서 가능하다. 다윗이 보기에 인간 역사는 칼이 주도하는 역사이다. "다윗이 어디로 가든지 여호와께서 이기게 하시니라"(삼하 8:6)는 말은 다윗이 어디를 가든지 칼로 사람들을 죽이고 그들을 정복했다는 것이다. 우리는 다윗이 행한 승리를 통해서 어떤 전율을 느낄지 모르지만 다음 구절들은 정말로 우리를 무섭게 한다.

> "다윗이 또 모압을 쳐서 그들로 땅에 엎드리게 하고 줄로 재어 그 두 줄 길이의 사람은 죽이고 한 줄 길이의 사람은 살리니 모압 사람들이 다윗의 종들이 되어 조공을 드리니라"(삼하 8:2).

독자들은 다윗이 승리한 것에만 빠져들은 나머지 다윗이 그 승전 과정에서 행한 이 잔인무도한 행위를 비켜가지 말고, 피카소가 게르니카를 그리듯 그 잔악한 현장을 생생하게 그려 보아야 한다. 다윗이 사는 세상은 '헬갓 하수림', 즉 '날카로운 칼의 밭'이다. 사무엘하 2장 12-17절을 보면, 다윗과 이스보셋 양 진영에서 나온 각각 12명의 젊은이들, 모두 24명이 두 줄로 서서 각기 상대방 머리를 잡고 칼로 옆구리를 찔러서 일제히 죽는 장면이 나온다. 요압과 아브넬이 그런 게임을 통해서 하려는 것은 무엇인가? 그 결투는 룰렛 게임처럼 일정한 법칙을 갖는 게임으로 보이는데, 이것은 전쟁할 마음이 없는 사람들을 일부러 부추겨서 전쟁을 하게 만드는 흥분제 같은 것인가? 요압과 아브넬이 서로 협의하에 이런 게임을 했다는 데서(14절), 그리고 그 일 후에 전쟁이 "심히 맹렬"(17절)했다는 점에서, 그런 협의가 상당히 사실이라는 확신을 갖는다.

요압이 아브넬을 죽이는 장면도 이 게임과 비슷하다. "아브넬이 헤브론으로 돌아오매 요압이 더불어 조용히 말하려는 듯이 그를 데리고 성문 안으로 들어가 거기서 배를 찔러 죽이니 이는 자기의 동생 아사헬의 피로 말미암음이더라"(삼하 3:27). 요압은 아브넬과 대화를 하려는 듯 친밀감을 보인다. 그리고 칼로 찔러 죽인다. 요압은 게임을 한 것이다. 단지 그게 게임이라는 것을 아브넬에게 통고하지 않았을 뿐이다. 그래서 요압이 아브넬을 죽인 것은 헬갓 하수림의 패러디이다.

   이 사건을 전해들은 다윗은 그 일에 자신과 유다는 무관하고, 그것은 오직 요압이 단독으로 행한 복수극이라고 발뺌을 한다. 그리고 요압과 그 집안에 대해서 심한 저주를 한다. 본문기자는 30절에서 요압이 아비새와 더불어서 아브넬을 죽였다고 한다. 그리고 그들이 아브넬을 죽인 까닭이 아사헬 때문이었음을 다시 말한다. 본문기자가 27절과 30절에서 요압이 아브넬을 죽인 까닭이 아사헬 때문임을 말하는 이유는 무엇인가? 여기서 보는 대로, 요압은 다른 사람을 시키지 않는다. 그가 직접 아브넬을 살해한다. 가족을 죽인 자를 찾아서 보복하는 것은 고대 사회에서 정당한 행위였을 것이다. 이런 점에서 그는 정적을 교묘하게 제거하는 다윗이나 솔로몬과 다르다.

   칼을 들고 솔로몬이 발휘하는 괴상망측(怪常罔測)한 지혜는 정치가들이 벌이는 음모와 술수 이상이 아니다. 아도니야도 처음에는 살려두지만, 결국 그가 아비삭을 요구했다는 것을 빌미로 살해한다. 그리고 요압도 살해한다. 시므이를 죽이는 장면은 더욱 억지스럽다. 다윗은 이 세상을 헬갓 하수림으로 만들 것을 솔로몬에게 요청하고, 솔로몬은 그 유언을 충실히 따른다. 그러면서 칼에 피 묻히는 것을 지혜로운 처사로 포장한다. 그래서 솔로몬은 정적들을 칼로 살해하면 할수록 더욱더 지혜롭다고 인정받게 될 형편이다.

솔로몬의 칼은 누구인가?

그런데 '솔로몬이 정적들을 살해했다'는 게 맞는 말인가? 이런 의문을 제기하는 것은 정적 숙청 과정에서 솔로몬이 직접 칼을 들지는 않기 때문이다. 두 창기를 재판하는 과정에서 살펴본 대로 그는 신하들에게 칼을 가져오게 하고 그들로 하여금 아이를 반 토막 내라고 한다. 솔로몬은 그저 앉아서 명령만 할 뿐이다. 그렇다면 정적들을 제거하는 일은 누가 한 것인가? 솔로몬이 한 것인가? 아니면 신하들이 한 것인가? 아니면 칼이 한 것인가?

이것을 꼼꼼하게 살펴보아야 한다. 지금까지 이야기한 것들을 정리해 보면, 솔로몬은 다윗이 한 유언에 따라서 정적들을 제거한다. 솔로몬이 정적들을 제거하는 과정을 보면 매우 주도면밀하고도 억지스럽다는 것을 눈치 챌 것이다. 그런데 그 모든 일을 하면서 솔로몬은 자신이 직접 그 일들을 하지 않는다. 그는 항상 브나야를 보내서 그들을 처형했다. 왕이 직접 나서서 사람들을 처형하지 않는 것이 당연한데, 이게 무슨 말도 안 되는 시비냐고 대들 수도 있겠지만, 실상은 살인의 주체가 누구냐는 것은 그리 단순하지 않다.

솔로몬이 사용하는 방식은 '내가 했지만 내가 한 일이 아니다'라는 전형적인 책임 회피 방식이다. IMF 사태를 일으켜놓고도 내가 했지만 내가 하지 않았다는 논리가 통했다. 그래서 그 일로 책임을 지는 사람은 아무도 없었다. 내가 했지만 내가 하지 않았다는 논리는 통치권 수행이라는 것에서도 나타난다. 통치 과정에서 나타난 실수는 문제 삼지 않기 때문이다.

'내가 했지만 내가 한 것이 아니다.' 그렇다면 누가 한 것인가? '내가 한 것은 네가 한 것이다.' 지젝은 일본의 선불교에 대한 이야기를 통해서 '내가 했지만 내가 한 일이 아니다'는 게 무엇인지 극명하게 설명한다. 지젝은 "지난 150년 동안 일본의 급속한 산업화와 군국화는 무수한 젠 사상가들의 기율과 희생의 윤리학 속에서 이루어진 것이다"라고 말한다. 그들은 칼을 휘두르는 것이 바로 자비의 힘이라고 말한다. 살생의 칼은 삶을 주는 칼이다. 1960년대 미국의 가장 위대한 젠 스승이었던 다이제츠 스즈키는 이렇게 말한다.

"살생을 하는 것은 그가 아니라 칼 자체이다. 그는 어느 누구도 해치려는 마음이 없다. 다만 적이 스스로 나타나 스스로를 희생시킨 것뿐이다. 마치 칼 자체가 저절로 자비의 기능, 즉 정의의 기능을 수행한 듯이."

그래서 '내가 한 것은 네가 한 것이다.' 이것은 다른 사람, 또는 다른 것에게 핑계를 대는 것이지만, 이것보다 더 나쁜 것은 '내가 한 것은 내가 한 것이 아니다. 네가 한 것도 네가 한 것이 아니다. 우리는 아무것도 안했다'는 것이다. 이것이 오늘날 한국사회가 겪는 문제이다.

솔로몬은 다윗의 유언을 따랐고, 다윗은 솔로몬을 위해서 그런 유언을 남겼다. 그래서 그들을 살해하는 것은 명확한 사실로 남지만, 그것을 누가 했는지는 불분명해진다. 이렇게 함으로써 사람들은 다른 사람을 살해하는 것을 합리화하고 거기서 빠져 나간다.

솔로몬이 정적들을 직접 살해하지 않고 브나야가 그 일을 대신한다. 그렇다면 정적들을 죽인 것은 솔로몬이 아니고 브나야이다. 그렇지만 우리는 브나야가 정적들을 살해했다고 생각하지 않는다. 살해범은 브나야가 아니라 솔로몬이다. 그래서 브나야는 솔로몬의 칼이다. 이런 점에서 브나야는 솔로몬이 보기에 사람이 아니고 사물일 뿐이다. 그는 솔로몬에게 칼이지 사람이 아니다.

부시가 아프가니스탄과 이라크에서 전쟁을 일으켰을 때, 그는 손에 총을 들고 있지 않았다. 그는 성서를 들고 있었다. 그는 매일 성서를 읽고 기도했을 것이다. 그는 그 대신 군인들을 보냈다. 그리고 그들로 하여금 말도 통하지 않고 누군지도 모르는 사람들을 살해하게 했다. 누가 전쟁을 한 것인가? 누가 사람들을 죽인 것인가? 누가 부시의 칼인가?

〈엘라의 계곡〉이라는 영화는 다윗과 골리앗 이야기를 새롭게 해석하게 한다. 골리앗 앞에 선 다윗 같은 젊은이들, 그들은 그 괴기스럽고 공포 가득한 상황, 그들도 예상치 못하고 어떻게 해야 할지 전혀 판단할 수 없는 그 판단 불능의 막막한 상황에서 그들 스스로가 괴물이 되어간다는 사실을 느낀다. 그들은 다윗이면서 다윗이 아니다. 골리앗 앞에 선 '이스라엘의 칼'은 두려움이 없었다. 그는 아예 두려움 자체를 결여한 인물인 것처럼 보인다. 다윗은 두려움을 이겨내고 용감한 게 아니라, 아예 두려워하지 않는다. 그는 천부적인 '전쟁의 사람'이기 때문이다. 그는 타의추종을 불허할 정도로 용맹하다. 독자들도 다윗에게서 두려움을 제거해 버린다. 조금이라도 두려워하면 그것은 다윗이 아니라고 생각한다. 그리고 그런 다윗의 용맹한 모습을 '믿음'이라고 칭한다. 하지만 누구나 다윗일 수는 없다. 다윗은 골리앗을 죽이고 위대한 영웅으로 다시 태어나지만, 그리고 왕위에 올라 평생을 전쟁의 사람으로 살지만, 현대판 엘라의 계곡에서는 전혀 다른 일들이 벌어진다. '부시의 칼'들도 작은 영웅으로 호명된다. 그러나 실상 그들은 영웅이 아니다. 그들은 브나야가 아니었다. 그들은 칼이 아니었다. 그들은 두려움을 결핍한 전쟁의 사람들이 아니다. 그래서 그들은 극심한 공포와 혼돈을 이겨내지 못하고 괴물이 되어버린다. 그들은 결코 다윗처럼 되지 못한다. 그들은 결코 부시의 용맹스런 '칼'이 될 수 없었다. 그들은 아무리 폼을 잡아도 부서지기 쉬운 연약한 젊은이들일 뿐이었다. 이들을 괴물로 만든 것은 누구인가? 이들을 부러진 칼로 만든 것은 누구인가? 아니, 이들을 자해하는 칼로 만든 것은 누구인가?

칼의 역사, 칼의 악순환

　다윗과 우리아를 생각해보자. 우리아를 죽인 것은 누구인가? 이 문제에 대해서 성서는 결코 고민하지 않는다. 우리아를 죽인 사람은 다윗이다. 성서 기자는 우리아를 죽이는 일에 관여한 사람들을 찾기 위해서 애쓰지 않는다. 요압에게 자초지종을 따지지도 않는다. 나중에 책임을 물어서 요압을 문책하지도 않는다. 성서는 곧바로 다윗을 범인으로 지목한다.

　다윗이 우리아로 하여금 자신을 죽이라고 지시하는 편지를 들고 요압에게 가게 한 것은 정말로 냉혹하다. 우리아를 칼을 향해 집어던지는 격이다. 그리고 우리아 전사 후에, 요압이 보낸 전령이 다윗에게 전황을 이야기하고 우리아도 전사했다고 보고하자, 다윗은 이렇게 말한다. "칼은 이 사람이나 저 사람이나 삼키느니라"(삼하 11:25). 이때 다윗이 말하는 칼은 도대체 무엇일까? 누구의 칼인가? 아니, 칼은 누구인가? 어쨌든 그 자신이 말한 대로, 칼이 결국 다윗 자신을 삼킨다. 다윗은 우리아의 죽음에 관해 나름 의미심장하게 말한 것이지만, 실상 다윗은 자신이 하는 말이 무엇을 의미하는지 모른다. 다윗이 하는 말의 숨겨진 의미는 그 집안에 칼부림이 일어나면서 그 내포된 의미가 명확히 드러난다. 그래서 다윗의 칼은 자해하는 칼이다. 이런 의미에서 다윗은 자신을 살해하라는 편지를 들고 가는 우리아보다 훨씬 더 불쌍하고 우매하다. 나단은 다윗에게 이렇게 말한다. "이제 네가 나를 업신여기고 헷 사람 우리아(를 치되 암몬 자손의 칼로 죽이고 그)의 아내를 빼앗아 네 아내로 삼았은즉 칼이 네 집에서 영원토록 떠나지 아니하리라"(삼하 12:10). 우리아는 분명히 암몬 사람들과 전투하다가 죽었다. 다윗이나 요압이 우리아를 직접 죽이지 않았다. 그럼에도 불구하고 나단은 다윗을 살해범으로 지목한다. 나단은 다윗이 우리아를 직접 살해한 것보다 더 악랄한 죄를 범한 것으로 본다. 이렇게 본다면, 솔로몬은 제 손으로 사람들을 죽이지 않고 브나야를 칼로 사용했기에 더욱더 악랄하다.

그리고 칼을 한 번 휘두르면 그다음부터 칼이 제 스스로 작동해서 살해와 보복의 악순환을 일으킨다. 창세기 4장을 보면, 라멕이 아내들(과 자식들)을 불러놓고 일어난 상황을 설명하는데, 본문은 그것을 시적인 형태로 기록한다. 내용을 보면, 이 노래는 일종의 '승전가'(勝戰歌)이다. 사건은 단순하다. 라멕이 한 젊은 사람을 죽였다는 것이다. 그런데 라멕이 그 사람을 죽인 이유는 무엇일까? 그냥 지나가는 사람을 이유불문(理由不問)하고 죽였을 리는 없고, 뭔가 싸움을 벌인 이유가 있을 텐데 그것이 무엇일까? 라멕과 성명 미상의 젊은이가 죽자살자 싸운 이유가 무엇일까? 그 젊은이는 죽임을 당했지만 라멕 역시 상처를 입었다. 그런데 이렇게 서로 목숨을 내놓고 싸운 까닭이 무엇이냐는 것이다. 24절을 보면, 가인을 위해서는 벌이 칠 배이지만, 라멕을 위해서는 칠십칠 배라고 말한다. 이것은 창세기 4장 15절에서 인용한 것이다.

"여호와께서 그에게 이르시되 그렇지 아니하다 가인을 죽이는 자는 벌을 칠 배나 받으리라 하시고 가인에게 표를 주사 그를 만나는 모든 사람에게서 죽임을 면하게 하시니라"

하나님이 가인에게 약속하신 말씀을 가인의 5대손인 라멕이 알고 있다는 것은 그 말이 가인 집안 대대로 이어져왔음을 보여준다. '칠 배의 보복.' 가인 집안은 이 말씀을 가훈으로 여기고 살았는지도 모른다. '하나님이 우리를 지켜주신다. 우리를 건드리거나 해하려는 자는 가혹한 벌을 받을 것이다. 반드시 일곱 배로 보복할 것이다. 그러니 아무도 우리를 건드리지 마라.' 이런 생각을 했는지도 모르겠다. 그런데 라멕은 이것을 더욱 확대해서 벌이 일곱 배가 아니라 칠십칠 배라고 말한다. 라멕은 자신을 해치려는 자를 결코 용서하지 않겠다는 것이다. 반드시 몇십 곱절로 보복하고야 말겠다는 것이다. 이 구절들을 통해서 우리가 짐작할 수 있는 것은 라멕이 심하게 다쳤다는 것이다. 그리고 이 구절을 그대로 받아들인다면, 그 젊은이가 라멕을 공격해서 심한 상처를 입혔기 때문에 라멕이 그를 죽인 것으로 볼 수 있다. 라멕이 그 젊은이를 죽이고 싸움에서 이겼지만, 그래서 무엇인지 모를 자신의 소유를 지켰겠지만, 라멕 역시 상처가 심해서 고생했을 것이다.

어쨌든 라멕과 그의 자식 대에 이르러 세상은 여러 가지로 많은 발전을 이뤘지만 사람들의 삶은 나아지지 않았다. 더욱 악해졌다. 그들은 더 많이 갖기 위해, 그리고 가진 것을 지키기 위해 서로를 죽이기까지 하는 것이다. 우리가 여기서 보는 대로 세상이 물질적으로 풍요로워질수록 사람들이 여유롭고 마음이 넉넉해지는 것이 아니라, 더 많이 갖고 싶어서 안달하고, 탐욕에 사로잡혀 서로 죽자살자 칼부림까지 하는 것이다.

이런 탐욕과 칼부림의 역사에서 이삭을 빼놓을 수 없다. '승자독식'교의 교주인 이삭은 에서만 축복하려다가 결국 가족 모두의 손에 칼을 쥐어준다. 리브가와 야곱은 칼을 들고 양을 잡아서 야곱을 에서인 것처럼 꾸민다. 그리고 이삭이 하는 말에 따르면, 에서는 평생 칼을 믿고 생활할 운명이다(창 27:40). 칼을 믿는다는 것은 칼만이 그를 지켜줄 수 있다는 것이다. '칼의 사람'으로 낙인찍힌 에서는 야곱을 죽이기 위해 칼을 간다. 그리고 이보다 훨씬 후에 야곱의 두 아들 시므온과 레위는 각자 칼을 들고 가서 세겜 성의 모든 남자들을 살해한다(창 35:25-26).

여호수아는 여리고 성을 공격하기 전에 칼을 들고 선 여호와 군대 대장을 만난다. 이것은 하나님이 칼로 역사를 만드는 것을 보여준다. 그렇다. 칼이 역사를 만든다. 이것은 안타깝지만 부인할 수 없는 엄연한 사실이다. 그래서 모든 것은 바뀌어도 칼은 영원하다. 주님이 감람 산에서 베드로에게 하신 "칼을 사용하는 자는 칼로 망한다"는 말씀을 '정말 그렇다'고 생각하는 사람들은 앞에 나오는 칼과 뒤에 나오는 칼이 같다는 것을 전제하는 사람들이다. 제 칼에 제가 죽는다고 생각하는 것이다. 그런데 앞에 나오는 칼과 뒤에 나오는 칼이 다르다면, 칼을 든 사람이 칼을 든 다른 사람에 의해서 죽임을 당하고, 칼로 세운 권력이 다른 세력이 든 칼에 의해서 제거된다면, 결국 남는 것은 칼뿐이다. 칼을 든 사람들은 망해도 칼은 망하지 않는다. 칼은 영원하다.

그런데 성서를 보면, 이런 칼의 악순환을 끊은 사람이 있다. 그는 요셉이다. 요셉은 형제들이 그에게 한 잘못들을 다 용서했을 뿐만 아니라 조카들을 데려다 양육했다. 이렇게 함으로써 이삭으로부터 파생한 칼의 역사를 끊어놓았다. 이것이 요셉의 위대함이다. 그는 이삭이 조장한 탐욕의 세계, 즉 승자독식과 공작, 그리고 보복으로 이어지는 칼의 노래를 용서하고 화해하는 삶의 노래로 바꾸어놓았다. 그리고 그는 진정한 꿈을 꾸면서 세상을 떠났다. 하나님이 이루실 새나라를 소망하면서 해골이라도 그 나라에 동참하기를 소망했다. 그런데 철딱서니 없는 솔로몬은 칼부림으로 역사를 시작한다.

3. 솔로몬의 꿈
-열왕기상 3장 4-15절을 중심으로 살펴보는 거짓과 위선-

꿈대로?

솔로몬이 기브온 산당에 간 것은 열왕기상 3장에 나온다. 이것은 솔로몬이 왕위에 오르기 전에, 그리고 왕위에 오른 직후에 기브온 산당으로 간 것이 아니라는 사실을 보여준다.

　본문 기자는 매우 어설프게 이야기를 전개한다. 그는 분명히 5절에서 "기브온에서 밤에 여호와께서 솔로몬의 꿈에 나타나시니라"고 하고, 이야기를 마무리하면서 "솔로몬이 깨어 보니 꿈이더라"(15절)고 한다. 5절에서 꿈이라는 것을 밝히지 않았다면, 독자들은 솔로몬이 하나님을 만나는 것을 현실로 생각했을 것이고, 15절은 반전(反轉) 역할을 함으로써 이야기를 더욱 흥미롭게 했을 것이다. 어쨌든 본문 기자는 '꿈'을 두 번 사용함으로써 이 이야기가 꿈 이야기라는 것을 독자들에게 명확하게 보여준다. 본문 기자가 이처럼 꿈을 강조하는 까닭은 무엇일까? 왜 일천번제를 드리는 과정에서 신탁을 받은 것으로 처리하지 않았을까? 그리고 역대기 기자처럼 그냥 밤이라고 얼버무리지 않고, 굳이 꿈이라는 것을 밝히고, 그것도 두 번이나 언급하는 것일까? 물론 하나님이 꿈을 통해서 계시하는 것은 분명하지만, 역대기 기자가 열왕기 기자와 달리 꿈이라는 말을 사용하지 않고, 그냥 밤이라고 한 이유는 꿈이라고 하면 그만큼 신빙성이 떨어진다고 생각했기 때문일 것이다. 그런데도 본문 기자가 굳이 꿈이라고 밝히는 강박증의 원인은 무엇일까?

　솔로몬이 기브온 산당에 간 까닭은 무엇인가? 솔로몬이 하나님께 무엇을 구하러 갔을 것이다. 그런데 하나님은 이렇게 물으신다. "내가 네게 무엇을 줄꼬 너는 구하라"(5절). 하나님도 솔로몬이 간절히 원하는 게 있어서 기브온 산당으로 자신을 찾아왔다는 것을 아신다. 그런데 여기서 문제는 솔로몬이 무엇을 구하는지 하나님이 모르신다는 것이다. 전지하신 하나님이 그것을 모를 리 없다고 아무리 강변해도 하나님은 솔로몬이 구하는 것이 무엇인지 모르신다는 게 분명하다. 그러면서도 솔로몬이 구하는 것은 무엇이든 들어주실 것처럼 말씀하신다. "내가 네게 무엇을 줄꼬 너는 구하라"는 말은 솔로몬이 무엇을 구하든지 하나님이 무조건 주시겠다는 말로 들린다. 요즘처럼 상업적이고 성공 지향적이며 물신주의로 충만한 한국교회, 예전과 달리 이 세상과 저 세상을 구분하지 않고 둘을 하나로 통합시켜버린 한국 기독교인들은 이 구절에 환호성을 지를 것이다.

그러나 '무엇을 구하든지 다 들어주겠다'는 것은 인간들이 가장 듣기 바라는 말이지만, 한편으로 이것은 대단히 위험한 발언이기도 하다. 인간이 무엇을 구할지도 모르고, 인간이 구하는 것이 이루어졌을 때, 그것이 어떤 결과를 가져올지도 모르기 때문이다. 〈스피어〉라는 영화는 이것을 우리에게 극명하게 보여준다. 과학자들이 바다 깊은 곳에서 큰 공처럼 생긴 것을 발견하고 해저에 연구소를 차린다. 그리고 공 같은 게 무엇인지를 연구하는데, 그 과정에서 별별 일들이 발생해서 사람들이 여럿 죽는다. 나중에 밝혀낸 사실은 그 공처럼 생긴 것이 놀라운 능력을 갖고 있어서 그 능력에 감염된 사람이 무엇이든 상상하면 그대로 이루어진다는 것이다. 그러니까 그 연구소에서 일어난 여러 가지 재난들이 실상은 그곳에 거주하는 과학자들이 마음속으로 상상한 것들이 실현된 결과이다. 그래서 살아남은 사람들은 그 공을 지구 밖으로 보내기로 한다. 인간들은 신이 주신 이 귀한 선물을 받을 준비가 아직 안 되었다고 하면서 말이다.

이 영화가 우리에게 깨우쳐주는 것처럼 '우리가 꿈꾸는 세상'이 '생각대로' 이루어진다는 게 얼마나 위험한 발상인지 상상하기 어려울 것이다. 도대체 우리의 꿈은 무엇인가? 우리는 무엇을 꿈꾸며 사는가? 발터 벤야민이 말하듯이 자본주의의 풍경은 '꿈'이다. 우리는 꿈을 꾸며 산다. 그리고 깨어나려고 하지 않는다. 하지만 꿈은 꿈에서 깨어날 때에만 꿈으로서의 의미를 갖는다. 꿈이 의미를 갖는 곳은 꿈에서 깨어난 현실이기 때문이다. 그러나 깨어남 없는 꿈꾸기는 더 이상 꿈이 아니라는 점에서 오히려 공포스럽다. 그리고 더욱 큰 문제는 우리가 무엇을 구하면서도 우리가 구하는 것이 정말 무엇인지를 우리 자신도 모른다는 것이다. 이것이 바로 꿈꾸는 상태이다.

네가 원하는 것이 내가 원하는 것이다.

"네가 원하는 대로 다 해주겠다." 우리는 이것을 신적 전능성의 표현이라고 생각하지만 여기서 우리가 주목해야 할 것은 '원'(願)이다. 이것은 욕망에 다름 아니다. "네가 원하는 것"은 '네가 욕망하는 것'이다. 우리가 아는 대로 솔로몬은 기브온 산당에 가서 일천번제를 드렸는데, 이것은 일천번제를 드릴 정도로 그가 원하는 것이 엄청난 것이었음을 암시한다. 일천번제는 욕망이 그만큼 크다는 것을 가리킨다. 그래서 일천번제는 일천 욕망이다.

그런데 더욱 놀라운 사실은 하나님이 그렇게 말씀하심으로써 솔로몬이 구하는 것이 바로 하나님이 원하시는 것이라는 생각, 즉 실제로는 솔로몬이 그 자신이 원하는 것을 구하는 것이 아니라 솔로몬이 구하는 것이 결국은 하나님이 원하시는 것이라는 생각으로 나아간다. 그래서 결국 "내가 네게 무엇을 줄꼬 너는 구하라"는 말은 '내가 원하는 것이 무엇인지 알아맞혀 봐라'라는 것과 다름이 아니다. 다른 말로 하면, '내 마음에 드는 말을 해봐'이다. '하나님의 기준'에 맞는 말을 하라는 것이다. 그런데 실제로 본문 기자나 독자들은 하나님이 무엇을 원하시는지를 알지 못한다. '하나님의 기준'이라는 것은 결국 인간들이 깨닫는 한에서 의미를 갖기 때문이다. 그렇다면 하나님이 진정으로 원하시는 것이라는 게 하나님이 원하시는 게 아니라 사람들이 원하는 것이고, 하나님 마음에 든다는 게 결국은 사람들 마음에 드는 것이라는 사실이다. 그럼에도 불구하고 그들이 원하는 것이 바로 하나님의 원과 뜻에 부합하는 것이라고 하면서 그들의 원과 뜻을 신적인 것으로 몰아가는 억지를 부린다. 그래서 아무리 '하나님의 기준'에 맞추려 해도 맞출 수 없는 것이다. 실상은 하나님의 기준이라는 게 부재하기 때문이다. 아니 하나님의 기준을 폐기해 버리기 때문이다.

솔로몬은 기브온 산당에 가서 일천번제를 드린다. 그런데 제사드리는 주체는 누구였을까? 제사장일까? 그러나 본문에는 제사장에 대한 이야기가 한마디도 없다. 이것은 우리를 의아하게 만든다. 사울은 제사장 없이 제사를 드렸다는 이유로 사무엘로부터 심한 말을 듣는데, 기브온 제사 이야기에는 제사장에 대한 언급이 전혀 없다. 레위인에 대한 이야기도 없다. 모든 것을 솔로몬이 주관한다. 솔로몬은 왕이면서 동시에 제사장이다. 다윗이 성전을 건축하려고 했을 때, 하나님은 나단 선지자를 통해 자신의 뜻을 다윗에게 알리신다. 하나님이 다윗에게 직접 말씀하실 법도 한데 그렇게 하지 않으신다. 하나님은 나단을 매개로 다윗과 말씀하신다. 그런데 기브온 제사 이야기에서는 하나님이 솔로몬에게 직접 말씀하신다.

하나님과 솔로몬이 꿈속에서 나누는 대화는 과연 무엇인가? 꿈속에 나타나신 하나님은 무의식의 발현일 가능성이 크다. 솔로몬은 꿈속에서 자신과 대화를 나누었을지도 모른다는 것이다. 이런 점에서 솔로몬은 하나님과 대화를 나누는 장면에서 일인이역(一人二役)을 한다고 할 수 있다. 그리고 솔로몬은 자신이 구하는 것을 길게 말한다. 이런 장황한 설명은 하나님에게 필요한 것이 아니다. 솔로몬도 그렇고 본문 기자도 실제로는 무엇인가를 의식하기 때문에 다소 불필요해 보이는 말을 하는 것이다. 본문 기자는 이 글을 읽을 독자들을 의식하는 것이다. 그들이 응시하는 눈을 의식하는 것이다. 그래서 실제로는 그들에게 하려는 말을 하나님에게 하는 것이다. 사람들이 기도할 때도 마찬가지이다. 기도는 하나님께 하는 것이지만, 실제로는 하나님께 말하는 것이 아니라 기도에 참여하는 사람들에게 하고 싶은 말을 하는 것이다. 이런 점에서 기도는 매우 정치적인 행위이다.

하나님은 솔로몬이 무엇을 구하는지 들으신 다음 판단을 하신다. 하나님의 판단 기준은 무엇인가? 우리는 그게 윤리적인 기준일 것이라고 생각한다. 솔로몬이 윤리적인 차원에서 간구했기 때문에 하나님이 솔로몬이 구하는 것을 들어주셨다고 생각한다.

그런데 솔로몬이 이 이야기를 이미 알고 있었다면? 이 이야기를 하나님만 모르고 있다면? 아니 사람들은 다 알아도 하나님은 모르셔야 한다고 생각한다면? 솔로몬이 실제로는 부귀와 영광을 원했지만, '텅 빈 제스처'처럼 예의상 지혜를 구했다면? 아니면 부귀와 영광을 비롯한 모든 것을 다 얻을 수 있는 마스터키가 지혜라고 생각했다면?

이 시대의 솔로몬들은 이런 생각을 할 것이고, 그들은 하나님이 솔로몬에게 감동하시듯이 여전히 그들에게도 감동(해야)하실 것이라고 생각할지도 모른다. 그들은 지혜로워졌지만, 하나님은 아직도 순진해서 그런 기도에 감동하실(수밖에 없을) 것이라고 믿고 싶을 것이다. 그들이 가진 믿음이라는 게 이런 식이다.

그러나 "네가 원하는 것을 말해 봐. 그러면 내가 다 들어줄게"가 바르게 성립하려면, 일단 이 말을 하는 주체가 전능해야 하고 상대방은 윤리적이어야 한다. 시장경제를 주장하는 사람들이 말하는 '보이지 않는 손'은 그 손이 어떤 손이냐에 대한 믿음에 의존한다. 그 손은 검은 손이 아니다. 그 손은 윤리적인 손이다. 탐욕을 억제할 줄 아는 손이다. 절제라는 덕을 아는 손이다. 그런 손일 때 시장경제는 과도한 이득을 탐하려는 자들에 의해 유린당하지 않고 균형을 유지한다.

그런데 무한탐욕시대를 사는 우리에게 보이지 않는 손은 더 이상 의미를 갖지 못한다. 자본주의 체제에서는 신마저도 탐욕을 통제하지 못함으로써 주체적인 전능성을 상실하고, 그래서 신의 전능성은 오히려 인간들이 구하는 것들을 모두 충족시켜주는 마술적인 능력으로 전락한다.

솔로몬이 꿈속에서 만난 하나님은 바로 이런 하나님이다. 솔로몬이 보여주는 '텅빈 제스처'에 감동하신 하나님은 솔로몬에게 지혜를 주셨을 뿐만 아니라, 그가 구하지 않은 것까지도 덤으로 듬뿍 안겨주셨다. 그러면서 솔로몬 같은 왕이 없을 거라고 극찬하신다. 하나님은 촌스럽다. 솔로몬의 꿈속에 등장하신 하나님은 이처럼 단순하다. 그리고 무지하다. 본문을 읽는 사람들은 솔로몬의 윤리성이 아니라, 하나님이 솔로몬에게 주신 보너스에 더 관심을 기울인다는 것을, 솔로몬 이후 사람들은 모두가 이 이야기를 잘 알고 있다는 것을, 그래서 이 이야기가 전혀 새롭지 않다는 것을, 그래서 언제나 당하는 쪽은 하나님이라는 사실을, 이런 명확한 사실을 오직 하나님만 모르신다.

이 이야기에서 온전한 전능성을 상실하고 마술적인 능력만을 가진 우리 하나님은 더 이상 능동적인 주체가 아니다. 솔로몬이 일천번제를 드리자 하나님은 꿈에 나타나셨다. 그리고 솔로몬에게 자기 뜻을 알리는 것이 아니고 솔로몬의 뜻을 물으신다. 그리고 "내가 네 말대로 하여"(12절)라고 말씀하신다. 하나님은 솔로몬이 시키는 대로 하신 것이다. 이 구절은 의미작용 과정에서 사람들에게 오해를 불러일으킨다. 하나님이 순진하게 하시는 이 말씀이 탐욕스런 이 시대의 경건한 자들에게 '나의 전능하신 종 하나님'이라는 확신을 줄 가능성이 크다.

내 좋을 대로

무엇보다 사람들은 성서를 읽을 때 띄엄띄엄 읽는다. 인간의 눈은 선별적으로 사물을 보기 때문이다. 그래서 14절을 잘 읽지 않거니와 읽는다고 해도 그것을 건성으로 읽고 괄호를 치거나 공백으로 만들면서 본문을 재구성한다. 그래서 본문을 자신들이 읽기에 편리하게 만든다. 독자들은 솔로몬의 꿈 이야기를 자신들의 꿈 이야기로 편집한다.

우리는 솔로몬의 기도를 통해서 우리의 욕망의 실현을 간구한다. 우리는 솔로몬과 우리 자신을 동일시한다. 그러면서 욕망을 실현하는 매우 영리한 길을 택한다. 우리는 한 번도 일천번제를 드린 적이 없지만, 솔로몬이 일천번제를 드린 것처럼 우리도 그런 제사를 이미 드렸다고 믿는다. 그리고 솔로몬에게 하나님이 하시는 말씀을 지금 이 시간 하나님이 솔로몬이 아닌 우리에게 직접 하시는 말씀으로 듣는다. 놀라운 환청 현상이다. 일천번제는 솔로몬이 드렸고, 일천번제를 드린 솔로몬과 우리를 동일시하는 순간 하나님이 솔로몬에게 하신 말씀을 솔로몬이 아닌 우리에게 직접 하시는 말씀으로 듣는다는 것이다. 이 얼마나 교묘한 속임수인가? 하나님을 속이는 것이다. 이런 점에서 우리는 이삭 앞에서 마치 자신이 에서인 양 속이고 장자권을 획득한 야곱이다.

'솔로몬으로 하여금 간구하게 하고, 하나님이 주시는 것은 우리가 받는다.' 대단히 간교한 전략이다. 우리는 솔로몬이 아니기에 솔로몬이 하나님께 간구하는 것을 구할 필요가 없다. 그럴 마음도 없다. 우리가 아무리 솔로몬과 동일시한다고 해도 우리 자신이 이스라엘 백성들을 돌보아야 할 의무를 가진 왕은 아니기 때문이다. 그리고 그것을 현실적으로 변용해서 우리 자신에게 적용할 마음은 아예 없다. 그래서 솔로몬이 하나님께 말씀하는 것은 우리가 아닌 실제 솔로몬이 하도록 내버려둔다. 그러면서 우리는 간접적인 만족을 얻는다. 우리가 직접 하는 말은 아니기 때문에 우리는 그 말에 대한 의무감을 느낄 필요도 없고, 그러면서도 그런 고상한 말을 내가 직접 하는 것 같은 대리만족을 누린다는 것이다. 이것은 많은 사람들이 실제로는 그렇게 살 마음이 없으면서도 법정 스님이 쓰신 《무소유》라는 책에 집착하는 것과 같다. 그들은 결코 무소유를 원치 않는다. 이 자본주의 사회에서 무소유라는 것이 얼마나 무서운 것인지 그들은 너무나 잘 안다. 그렇기 때문에 그들은 무소유를 사랑한다. 그리고 우리가 하고 싶은 고상한 말을 법정 스님이 하셨기 때문에, 우리는 우리 자신을 그분과 동일시하면서 마치 내가 그 말을 하는 것처럼 대리만족을 누린다. 우리는 결코 무소유를 원치 않지만, 최소한 그럴 마음을 갖고 산다는 것을 보여주기 위해서 무소유를 소유한다. 결코 읽지도 않을 《목민심서》를 손님 제압용으로 두는 예전 독재자들과 다를 게 무엇인가? 손때 자국이 없는, 그래서 다시 반환해도 제값을 받을 것 같은 주석 전집으로 반짝거리는 어느 목회자의 서재와 다를 게 무엇인가?

다른 전략은 '욕망 감추기를 통해서 욕망 드러내기'이다. 우리는 약해지기 위해서 강해져야 한다는 논리를 사랑한다. 이웃을 섬기는 약자가 되기 위해 우리는 강해져야 한다. 그래서 '섬기는 리더'라는 어불성설을 성설로 믿는다. 이런 억지를 다시 억지를 부려서 유포하고, 그것이 통하는 세상을 만들기 위해 더 큰 억지를 부린다. 기독교가 세상을 섬기기 위해서는 대형교회가 되어야 한다. 그들은 아무런 욕망이 없다고 말한다. 그저 세상을 섬기려는 마음뿐이라고 한다. 총회장이 되기 위해 수십 년간을 노심초사하며 '수고'하면서도 그저 겸손한 종으로서 총회를 섬기고 교단 성도들을 섬기려는 일념뿐이라고 한다. 이것은 자신이 원하는 것이 아니고 하나님이 주시는 사명이라고 하면서, 그 해괴한 논리가 어색스럽지도 않은지 나중에는 네로처럼 자신이 만든 논리에 자신이 감동하는, 즉 자신을 자신이 숭배하는 놀라운 지경에 이른다.

솔로몬이 하는 기도를 보면서 떠오르는 생각은 그 기도가 솔로몬 자신이 하는 기도가 아니라는 사실이다. 솔로몬이 이런 기도를 했을 가능성이 얼마나 될까? 이렇게 생각하는 까닭은 솔로몬이 그렇게 백성들을 사랑한 것 같지가 않기 때문이다. 물론 솔로몬이 생각하는 '백성'이 누구인지 불분명하다. 우리는 솔로몬이 수십 년간, 그가 다스리는 기간 동안 전국에 걸쳐 대대적인 토목공사를 했다는 것을 안다. 그 공사들을 위해서 수많은 사람들을 강제동원해서 노역을 시켰다는 것도 안다. 성서가 우리에게 들려주기 때문이다. 이것은 우리에게 바벨 건설을 떠오르게 하고, 히브리인들이 세운 비돔과 라암셋 건설 현장을 떠올리게 한다. 솔로몬은 이런 의미에서 민주주의를 신봉한다고 하면서도, 수많은 사람들이 반대하는데도 불구하고 자기 뜻을 고집하는 지도자들의 전형이다. 말로는 백성들을 위한다고 하면서 백성들을 위해서 백성들이 하는 말을 듣지 않는다는 것이다. 그렇게 하는 것이 백성들의 뜻을 따르는 것이라는 해괴한 논리를 편다. 그리고 스스로 감동한다.

   그는 자신이 하는 그 고상한 일을 반대하는 사람들을 백성으로 여기지 않는다. 그에게 백성은 실제 백성과는 다르기 때문이다. 그가 생각하는 백성은 실제로는 존재하지 않는 환상들이다. 그 환상의 백성들을 위해서 그는 실재하는 백성들을 억압한다. 실제 백성들에 의해서 지도자로 선출되었음에도 불구하고 그가 실제로 위하려는 백성들은 그가 설정한 환영의 백성들인 것이다. 그 환영의 백성들은 실제 백성들보다 더 실재적인 백성이다. 자식들을 위해서 자식들이 원하는 것을 하지 못하게 하는 부모와 다를 바 없다. 모세와 아론이 히브리인들의 출애굽을 요청했을 때, 애굽 왕 바로가 그들을 백성이라고 부르는 것과 비슷하다. 일본이 내선일체를 말하면서 실제로는 조선 사람을 착취한 것도 그 선상이다.

아나니아와 삽비라

   그리고 솔로몬은 무소유를 말하면서, 그래서 만나는 사람마다 무소유라는 책을 선물하면서, 더 많은 사람들에게 무소유를 선물하기 위해서 지금보다 더 많은 재산이 필요하다고 역설하는 사람과 같다. 그러기 위해 그는 무소유를 구입해서 선물하는 일을 잠시 중지하고,

더 많은 책을 사기 위해 갖가지 사업을 벌여서 재산을 모은다. 그리고 그 가운데 일부-원래는 모든 재산을 책 사는 데 쓰려고 돈을 벌었지만-를 책 사는 데 사용하고 나머지는 자기 향락을 위해서 둔다. 그러면서도 자신은 전 재산을 무소유를 위해 사용한 것으로 착각한다. 이런 의미에서 그들은 현대판 아나니아와 삽비라이다. 아나니아와 삽비라가 잘못한 것은 그들이 전 재산을 바치지 않았다는 게 아니다. 그들이 전 재산을 바치지 않았으면서도 전 재산을 바친 것으로 믿으려고 했다는 것이다. 이들은 마치 군중들 한가운데 있으면서도 자기 둘만 눈을 감으면 아무도 못 볼 것이라 생각하고 키스하는 두 연인과 같다. 그저 머리만 수풀에 박으면 아무도 못 볼 것이라고 생각하는 꿩과 같다.

아나니아와 삽비라가 당한 일이 약간은 억지스럽다는 생각도 들지만, 그들이 가진 사고가 대단히 위험하다는 것은 부인하기 어렵다. 물론 아나니아와 삽비라가 당한 일을 그들과 같은 사람들, 아니 그들보다 더 심각한 사람들이 당하지 않는다는 게 이해하기 어려우면서도 이해하기 쉽다. 아나니아와 삽비라는 솔로몬이고 우리 자신이다. 그들은 무소유를 사랑한다. 무소유를 꿈꾼다. 그러나 그것을 그냥 꿈꿀 뿐이다. 그들은 그 꿈에서 깨어나려고 하지 않는다. 그들은 그 꿈을 이루기 위해서 비용을 지불한다. 그들이 지불한 비용은 적지 않았겠지만, 그럼에도 불구하고 그들을 무소유로 만들기에는 턱도 없는 것이다. 그 비용을 지불하고도 그들은 가진 게 많다. 오히려 그들은 이제부터 자신들이 진정한 무소유를 실천한다고 생각하면서 그들이 실제로 가진 재산, 즉 헛 무소유를 통해서 포장하고 은닉한 그 재산을 향유하는 기쁨을 배가한다. 이게 문제다. 사회에 약간 기여하면서, 조금씩 이웃을 돕기 위한 일에 참여하고 돈도 조금씩 내면서, 자신들이 사회를 위해서 헌신한다는 인정을 얻는 사람들, 이들이 바로 아나니아와 삽비라이다. 그들이 재산을 어떻게 소유했는지 알 수 없지만, 내가 아는 상식으로는 돈독이 오르지 않으면 재산을 모으기 어렵다. 어쨌든 그렇게 저렇게 소유한 재산 가운데 아주 일부를 내놓으면서도 그들은 살을 베어내는 고통을 감수하는 것으로 느낄 것이다. 여전히 많은 재산을 소유하면서도 그들은 무소유를 경험하는 것이다. 사람들이 그런 분위기를 만든다. 부자들이 돈을 내놓다는 것이 얼마나 어려운 일인가? 부자들은 돈을 한 푼이라도 아끼기 때문에 부자이다. 그런 사람들이 얼마이든 돈을 내놓는다는 게 얼마나 고통스러운 일이겠는가? 그래서 액수가 얼마이든 그들이 돈을 내놓았다는 사실만으로 그들은 무소유를 실천하는 것이다. 이런 논리이다.

  솔로몬은 꿈에서 깨어난다. 그러나 그는 여전히 꿈을 꾼다. 그저 꿈에서 깨어났을 뿐이다. 매트릭스에서 네오가 꿈속에서 꿈을 꾸고 깨고 하는 것처럼 그렇게 거짓과 위선을 포장하는 꿈속에서 이 시대 솔로몬인 우리도 솔로몬과 함께 꿈꾸기를 감행한다. 영원히 깨어나지 않기를 소망하면서 말이다.

4. 솔로몬의 부
-열왕기상 4장 20-28절을 중심으로 살펴보는 탐욕의 역사-

바닷가의 모래

"노세 노세 젊어서 노세." 맞는 말이다. 늙으면 놀기도 힘들 것이다. 그러나 요즘 노인들은 다른 힘은 없어도 노는 힘만큼은 대단하다. 맨날 비실대는 가냘픈 여인들이 쇼핑할 때는 슈퍼맨이 따로 없다는 우스갯소리처럼 모두가 다른 데 쓸 힘은 없어도 먹고 사고 노는 데 필요한 무한한 에너지를 갖고 있다. 그래서 "노세 노세 평생

노세"를 목이 터져라 합창하는 양상이다. 라캉이 말하는 대로 "끝까지 즐기라"는 명령을 환청으로 듣는 것처럼 즐기다 죽자를 구호로 내거는 것처럼 보인다. 그런데 그 환청에 순종하기 위해 에너지를 발산하려면 '돈'이 필요하다. '노세'를 실행하기 위해서는 에너지와 부를 동시에 소유해야 한다. 그러나 에너지만 있고 돈이 없는 경우가 대부분이어서 실제로는 먹고 마시고 즐거워한다는 것이 상당히 어렵다. 그런데 이스라엘 사람들은 "먹고 마시며 즐거워"(20절) 했다. 그것도 한두 사람이 아니고, "바닷가의 모래"처럼 많은 백성들이 그랬다고 한다. 여기서 보는 대로 본문 기자는 "바닷가의 모래"라는 표현을 즐겨 사용한다(20, 29절). "바닷가의 모래"는 성서에서 인구가 많음을 비유적으로 표현하는 전형적인 용어이다.

"내가 네게 큰 복을 주고 네 씨가 크게 번성하여 하늘의 별과 같고 바닷가의 모래와 같게 하리니 네 씨가 그 대적의 성문을 차지하리라"(창 22:17).
"그러나 이스라엘 자손의 수가 바닷가의 모래같이 되어서 헤아릴 수도 없고 셀 수도 없을 것이며 전에 그들에게 이르기를 너희는 내 백성이 아니라 한 그곳에서 그들에게 이르기를 너희는 살아 계신 하나님의 아들들이라 할 것이라"(호 1:10).

열왕기상 4장 29절은 "바닷가의 모래"를 솔로몬의 지혜에 관해서 사용한다. "하나님이 솔로몬에게 지혜와 총명을 심히 많이 주시고 또 넓은 마음을 주시되 바닷가의 모래같이 하시니."
위에 인용한 창세기 22장 17절을 보면, "바닷가의 모래"는 "하늘의 별"과 평행구이다. 그런데 "하늘의 별처럼"이나 "바닷가의 모래처럼"이라는 지독히 과장스런 표현은 그것이 실현 불가능하다는 인식에서 출발하는 비유이다. 이스라엘 백성들이 하늘의 별처럼 바닷가의 모래처럼 될 수 없기 때문이다. 그런데 그렇게 될 수 없다는 사실을 알기 때문에, 그들이 염원하는 것이 비유에 그칠 수밖에 없다는 것을 알기 때문에 오히려 그들은 거기에 더욱 집착한다. 그들이 원하는 것을 얻지 못할 때 그들은 그것을 포기하는 것이 아니라, 그것에 더욱 집착해서 어떤 방법으로든 그것을 이뤄내기 위해 안달하는 것이다. 마치 나이키 운동화를 살 수 없는 학생이 나이키 운동화를 신은 학생을 총으로 쏴서 죽이고 그 운동화를 차지한 것처럼 말이다. 그래서 "바닷가의 모래"는 이룰 수 없는 욕망을 드러낸다.

이 욕망은 먹고 마시며 즐기려는 일차원적인 욕망으로 이어진다. 개역개정은 20절을 "유다와 이스라엘의 인구가 바닷가의 모래같이 많게 되매 먹고 마시며 즐거워하였으며"라고 번역한다. 도대체 인구가 폭발적으로 증가했는데 어떻게 먹고 마시며 즐거워할 수 있는가? 그리고 인구가 늘어난 것과 먹고 마시며 즐거워하는 것과 무슨 상관인가? 인구가 늘어나면 먹고 사는 게 어려울 수밖에 없을 텐데, 어떻게 그 많은 사람들이 다 먹고 마시며 즐거워했다는 것인가? 바닷가의 모래처럼 많은 백성들을 먹여 살리는 문제는 "바닷가의 모래" 같은 솔로몬의 지혜로 해결한다. 실제로 솔로몬이 문제를 해결했는지는 알 수 없지만, 본문 기자는 그렇다고 말하는 것이다. 그렇다면 솔로몬은 도대체 무슨 방법으로 모든 백성들이 먹고 마시며 즐거워할 수 있게 했을까? 그것은 부시가 사용한 방식과 동일하다. 제 나라 백성들 먹고 사는 문제를 해결하기 위해 다른 나라를 침략하고, 침략하는 이유로 대량 살상무기 파괴와 독재정권 타도를 통한 민주국가 건설을 내세운다. 그래서 부시는 세계 평화를 위해 전쟁을 일으킨다. 하기야 미스 유니버스도 그 미모를 통해서 세계 평화를 도모하겠다는데 부시인들 오죽하겠는가.

평화를 사랑하는 독재자

부시처럼 솔로몬도 평화의 왕이었다. 그는 주위 나라들과 평화를 누렸단다. "솔로몬이 그 강 건너편을 딥사에서부터 가사까지 모두, 그 강 건너편의 왕을 모두 다스리므로 그가 사방에 둘린 민족과 평화를 누렸으니"(24절). 도대체 이런 상태가 어떻게 평화일까? 이것을 평화라고 고집하는 것은 얼마나 허술하면서도 공포스러운가? 이것은 침략전쟁을 수행한 부시가 평화를 역설하는 것만큼 가증스럽기 짝이 없다. 그래서 솔로몬은 부시 계열이다.

이스라엘 백성들이 누리는 먹고 마시고 즐거워하는 삶은 주위 나라들로부터 착취하는 것으로 가능하다. 남을 고통스럽게 하면서 누리는 평화와 행복, 이스라엘이 억압하는 나라들은 진정한 평화를 누리지 못함에도 불구하고 마치 평화를 누리는 것처럼 살도록 강요당한다.

이것을 염두에 두고 다시 20절로 돌아가서 도대체 누가 먹고 마시며 즐거워했는지 살펴보자. 두말할 것도 없이 솔로몬이다.

> 솔로몬 왕의 재산과 지혜가 세상의 그 어느 왕보다 큰지라 온 세상 사람들이 다 하나님께서 솔로몬의 마음에 주신 지혜를 들으며 그의 얼굴을 보기 원하여 그들이 각기 예물을 가지고 왔으니 곧 은 그릇과 금 그릇과 의복과 갑옷과 향품과 말과 노새라 해마다 그리하였더라(왕상 10:23-25).

열왕기 기자는 솔로몬의 '재산과 지혜'를 동일선상에 놓는다. 솔로몬은 부유한 왕이었고 지혜로운 왕이었다. 이것은 매우 중요한 의미를 갖는다. 솔로몬이 오로지 축재하기 위해 지혜를 사용했다는 것을 보여주기 때문이다. 사람들은 지혜로운 말을 듣기 위해 대가(代

價)를 지불했다. 시바 여왕도 많은 금은보화를 가지고 왔다(10:1-10). 이렇게 솔로몬은 축재했고, 그래서 가늠하기 어려울 정도로 부귀영화를 누렸다(10:14-22). 솔로몬은 세금도 금으로 받았고(10:14), 또 많은 금을 수입했다(10:11). 솔로몬은 자신이 사용하는 모든 것들을 금으로 만들었다. "솔로몬 왕이 마시는 그릇은 다 금이요 레바논 나무 궁의 그릇들도 다 정금이라 은 기물이 없으니 솔로몬의 시대에 은을 귀히 여기지"(10:21) 않았다. 그런데 이런 호사스러움은 예루살렘에 국한된다. "왕이 예루살렘에서 은을 돌같이 흔하게 하고 백향목을 평지의 뽕나무같이 많게 하였더라"(10:27). 이 말은 예루살렘에 사는 사람들이 모든 기물들을 은으로 만들어 사용했고, 집을 지을 때는 레바논에서 수입한 백향목으로 만들었다는 것이다. 그래서 예루살렘은 금 천지·은 천지·백향목 천지였다.

열왕기상 4장 1-6절은 솔로몬이 세운 각 부서장 명단이다. 그리고 7-19절은 지방장관들 명단과 그들이 다스리는 지역 목록이다. 솔로몬은 이스라엘을 12개 도(道)로 나누고, 각 지역을 다스릴 지방관장들을 임명했다. 그런데 솔로몬이 만든 이 행정체계는 솔로몬의 축재를 위한 것이다. "솔로몬이 또 온 이스라엘에 열두 지방 관장을 두매 그 사람들이 왕과 왕실을 위하여 양식을 공급하되 각기 일 년에 한 달씩 양식을 공급하였으니"(4:7). 솔로몬이 임명한 지방 관장들은 자신이 맡은 지역을 관할하고 거기서 양식을 거둬들여서 왕실로 보내는 일을 전담한다. 물론 그들이 다른 일도 했겠지만, 본문 기자는 그들이 하는 다른 일에 대해서는 언급하지 않고, 오로지 솔로몬을 위해서 또 예루살렘을 위해서 '먹을 것을 공급하여 부족함이 없게' 하는 임무만 말한다(4:27-28).

이렇게 보면, 솔로몬은 축재를 위한 체계, 즉 재물의 유통구조를 지혜롭고 정교하게 만든 것이다. 교단 부총회장을 선출하는 과정은 공식적인 선거 체계 뒤에서 강력하게 작동하는 '돈의 유통 구조'를 통해서 이루어진다. 그럴 일이 없겠지만, 누가 나에게 부총회장에 출마하라고 하면서 10억 원을 주었다고 하자. 내가 효과를 높이기 위해 그 돈을 선거 직전에 사용하려고 하는데, 그 돈을 총대들에게 신속하게 나눠줄 방법은 무엇이겠는가? 내가 직접 사람들을 만나서 돈을 건네거나 몇몇 아는 사람들을 동원해서 한다면, 나는 그 돈을 효과적으로 유통시킬 수가 없다. 돈 봉투를 각 총대들에게 신속하게 전달하려면 이미 조직된 돈의 유통 구조를 활용해야 한다. 그런데 솔로몬은 이것과는 반대로 작동하는 유통 구조를 만든 것이다. 주위 나라들로부터, 그리고 이스라엘 각 지역으로부터, 금은보화를 예루살렘 왕궁으로 모아들이는 유통 구조인 것이다. 그래서 이스라엘의 모든 것은 솔로몬과 예루살렘을 위해서 존재한다. 이것이 바로 지혜로운 솔로몬이 하는 일이다. 솔로몬은 금은보화를 모으고 호사를 누리는 것에 모든 것을 집중하는 편집광적인 모습을 보인다.

파티의 주인공은?

이 지점에서 우리는 '먹고 마시며 즐거워'한 사람들이 과연 누구였는지 묻기 위해 4장 20절로 다시 돌아가야 한다. 열왕기상 4장 22-23절은 솔로몬(을 비롯한 왕궁 거주자들)이 하루에 먹는 음식을 상세히 밝힌다. 가는 밀가루 30고르(6,000리터)/굵은 밀가루 60고르(12,000 리터)/살진 소 10마리/초장의 소 20마리/양 100마리/이외에 수사슴, 노루, 암사슴, 살진 새…. 이러니 매일이 잔칫날이었을 것이다. "먹고 마시며 즐거워"한 사람들은 이들이다. 백성들이 아니다. 백성들은 이들이 먹고 마시고 즐거워하도록 뼈 빠지게 수고해야 했다. 그러니 암행어사 이몽룡이 변 사또가 벌인 잔치 자리에서 읊은 그 살벌한 시를 떠올리지 않을 수 없다. "금동이에 좋은 술은 천 사람의 피요(金樽美酒千人血) 옥반의 맛있는 안주는 만백성의 기름이라(玉盤佳肴萬姓

膏), 촛농 떨어질 때 백성의 눈물 떨어지고(燭淚落時民淚落) 노래 소리 높은 곳에 원망 소리 높다(歌聲高處怨聲高)."

여기서 우리는 솔로몬의 꿈으로 다시 돌아간다. 하나님이 일천번제를 드린 솔로몬에게 나타나서 하신 말씀을 살펴보자. 하나님은 "내가 네게 무엇을 줄꼬 너는 구하라"고 말씀하신다. 이것은 "네가 무엇을 원하느냐?"는 것이다. 그런데 이 질문은 여기서 그치지 않고 보다 근원적인 것을 묻는다. 그래서 지젝은 이렇게 말한다.

라캉의 "무엇을 원하는가?"(Che vuoi)는 단지 '너는 무엇을 원하는가?'에 대한 질문을 넘어 '무엇이 너를 괴롭히는가? 나에게뿐만 아니라 너 자신에게도 그토록 견딜 수 없는, 너 자신조차도 확실히 통제하지 못하는 네 속에 있는 것은 무엇인가'라는 물음이다.

도대체 네가 원하는 것이 무엇인가? 너를 그토록 강박하는 것이 무엇인가? 우리가 살펴본 대로, 실제로 솔로몬이 하나님으로부터 얻으려는 것이, 아니 하나님으로부터 승인받으려는 것이 부와 권력인데, 즉 사람들을 억압하고 착취해서 왕권을 강화하고 부를 축적하는 것인데, 이것을 교묘하게 은폐함으로써 하나님을 속이고 지혜는 물론이고 부와 권력까지 얻어내려고 했을 가능성이 크다.

우리는 여로보암 2세가 다스리던 시대를 잘 안다. 그때는 영토도 넓어지고 경제적으로 부유했지만, 사회적으로 가장 타락하고 경제적, 법적 불평등이 가장 심각했다. 대다수의 사람들은 굶주렸지만, 소수의 자본가들은 호사를 누렸다. 그래서 아모스는 이렇게 말한다.

"상아 상에 누우며 침상에서 기지개 켜며 양 떼에서 어린양과 우리에서 송아지를 잡아서 먹고 비파 소리에 맞추어 노래를 지절거리며 다윗처럼 자기를 위하여 악기를 제조하며 대접으로 포도주를 마시며 귀한 기름을 몸에 바르면서 요셉의 환난에 대하여는 근심하지 아니하는 자로다"(암 6:4-6).

이 말을 솔로몬이 들어야 한다. 솔로몬 시대에 "유다와 이스라엘이 단에서부터 브엘세바에 이르기까지 각기 포도나무 아래와 무화과나무 아래에서 평안히 살았다"(왕상 4:25)는데, 그들이 누리는 평안이 도대체 무엇인가? 그다음 구절에서 우리는 어떤 불안감을 느낀다. "솔로몬의 병거의 말 외양간이 사만이요 마병이 만이천 명이며"(26절). 이것은 솔로몬 시대의 평화와 평안이라는 것이 결국 무력(武力)으로 유지되는 것이었음을 보여준다. 이런 위선적인 평화 모드는 그것을 지탱하는 무력이 약화될 때 바로 깨어진다는 것을 11장 14절 이하에서 확인할 수 있다.

그럼에도 불구하고 우리는 솔로몬을 부러워한다. 본문을 읽다 보면 본문 기자가 솔로몬을 치켜세우는 것인지 부러워하는 것인지 아니면 비판하는 것인지 헤아리기 어려운데, 솔로몬 이야기를 읽는 현대 기독교인들은 이것저것 생각하지 않고 그저 솔로몬을 부러워하고 솔로몬처럼 살기를 소망한다. 그래서 '솔로몬 이야기 읽기'는 솔로몬의 욕망을 통해서 우리가 욕망하는 것을 드러내는 '욕망의 노출'로 이어진다. 우리는 근본적으로 욕망 덩어리로 존재한다. '욕망은 언제나 욕망 자체를 향한 욕망, 즉 무언가를 욕망하기 위함이 아니라 욕망하기 위한 욕망이다.' 우리는 욕망을 버리기 위해서 종교를 갖는 것이 아니라, 오히려 욕망을 더 강화하기 위해서 신을 믿는다.

타자의 욕망에 대한 욕망

그런데 욕망은 근본적으로 상호작용적이다. 그래서 욕망은 타자의 욕망이며, 나는 다른 이를 통해 욕망하고, 나의 욕망은 다른 이를 통해 작동한다. 이러한 양상은 가인과 아벨 이야기에서 명확하게 드러난다. 가인과 아벨은 본질적으로 달랐다. 그들은 이름부터 대조적이다. 가인은 '얻음'이라는 의미를 갖는데, 아벨(헤벨)은 '헛것'이라는 의미를 갖기 때문이다. 헤벨은 전도서를 특징짓는 단어일 만큼 가인과는 상반된다. 물론 아벨이 그의 본래 이름은 아니었을 것이다. 그가 가인에게 죽임을 당한 다음 그의 허망한 삶을 표현하기 위해 붙인 이름일 것이다. 그리고 가인은 하우와가 붙여준 이름의 의미("내가 여호와로 말미암아 득남하였다", 창 4:1)와는 상관없이 그가 무엇인가를 소유하기 위해 몸부림쳤음을 보여준다. 그에게는 무엇인가에 대한 집요한 욕망이 있었던 것이다. 그래서 그것을 얻기 위해 동생을 죽이고 동생의 삶을 헛것으로 만든다. 본문은 누군가가 무엇을 갖기 위해 안달하다 다른 사람을 아벨로 만들 수 있음을 보여준다. 그런데 문제는 어떤 사람이 무엇을 욕망하는 것이 왜 타자 살해로 이어지느냐는 것이다. 이것은 르네 지라르가 말하는 것처럼 욕망은 타인을 통해서 발생하기 때문이다. 이것을 지라르는 "욕망의 삼각형"이라고 한다. 한 인간 스스로가 무엇을 욕망하는 것이 아니라, 다른 사람을 보면서 욕망을 갖는 것이다. 이것이 문제이다. 그리고 그는 항상 자기 것이 아닌 것을 욕망한다. 타자에게 있는 것을 보면서 그것을 욕망하고, 그것을 얻기 위해 결국 그것을 가진 타자를 살해하는 것이다. 이렇듯 가인, 즉 탐욕은 타자를 헤벨로 만든다.

창세기 4장 7절은 선과 죄를 대비한다. 하나님은 가인에게 선을 행하려는 의지보다는 죄를 지으려는 욕망이 더 강하다는 것을 일러주신다. 그러나 가인은 하나님 말씀을 듣고도 생각을 돌이키지 않은 듯하다. 하나님이 가인에게 말씀하시고 경고하셨음에도 불구하고 바로 이어 8절에서 가인이 아벨을 살해하기 때문이다. 가인은 하나님이 하신 경고를 아무 쓸모없는 것으로 만들어버린다. 하나님이 가인에게 하시는 말씀은 선을 행하라는 것이다. 선을 행하지 않으면

죄가 먹이를 잡아채려고 몸을 웅크리듯 그런 자세를 취하고 달려들어서 결국 발기발기 찢어놓을 것이라고 경고하신다. 죄악은 인간을 사모한다. 이 단어는 창세기 3장 16절에도 나온다. 아내가 남편을 사모하는 것을 표현할 때 사용한 단어이다. 죄는 인간을 사랑한다. 그래서 기회만 닿으면 바로 달라붙어서 인간을 사로잡아 버린다. 하나님은 이것을 지적하시면서 죄가 인간을 사모하지만, 인간이 그것을 다스려야 한다고 말씀하신다. 이 구절은 창세기 3장 16절과 같은 형태를 보인다.

3:16 너는 남편을 원하고 남편은 너를 다스릴 것이니라
4:7 죄가 너를 원하나 너는 죄를 다스릴지니라

물론 이 두 구절은 의미를 달리한다. 3장 16절은 아내가 남편을 사랑하고, 남편은 아내와 더불어서 모든 어려움들을 이겨나가야 한다는 것이고, 4장 7절은 죄가 너를 사로잡으려고 애쓰지만, 너는 거기에 빠지지 말아야 한다는 것이다. 이 구절은 '다스린다'는 것이 얼마나 중요한지를 우리에게 알려준다. 인간은 끊임없이 죄에 취약할 수밖에 없음을, 타인을 통한 욕망에 지배당할 수밖에 없음을 경고하신다. 그리고 제발 죄를 다스리기를 당부하신다. 그러나 탐욕은 다스리기가 어렵다. 신앙 행위를 탐욕과 바꾸어놓을 만큼, 주기도문을 야베스의 기도로 바꾸어놓을 만큼, 신앙과 자본을 동일시할 만큼 탐욕은 강력하다. 오죽하면 어떤 사람이 《쇼핑하기 위해 태어났다》는 책을 썼겠는가? 요즘엔 어른들은 물론이고 어린아이들마저도 수많은 광고들을 통해서 무엇인가를 소유하려는 탐욕으로 몸부림친다. 이렇듯 탐욕은 먹이를 보고 몸을 웅크린 맹수처럼 우리 앞에 웅크리고 우리를 잡아채서 찢어놓는다. 그것이 무엇이든, 신에게 인정을 받는 것이든 아니든 간에 탐욕은 우리를 완전히 망쳐놓는다. 물

론 우리는 가인이 무엇을 그토록 원했는지 알지 못한다. 어쩌면 우리 인간은 자신이 무엇을 그토록 원하는지, 타인을 살해할 만큼 원하는 것이 도대체 무엇인지 모른 채 그 무엇인가를 간절히 욕망할 수도 있다.

어쨌든 가인은 자신이 원하는 그 무엇을 얻기 위하여 타자를 살해하기까지 한다. 욕망은 죽음보다 강하다. 그런데 정작 자신은 자기 죽음을 염려한다. 그가 하나님께 부탁하는 것은 자기가 다른 사람에게 죽임을 당하지 않게 해달라는 것이다. 자기가 욕망하는 것을 얻기 위해 타자를 무참하게 살해하고 모든 것을 파멸로 이끌면서도('로드 투 퍼디션') 정작 자신의 죽음에 대해서는 두려워하는 모습을 본다. 그러면서 그는 생명이 무엇이며, 그것이 얼마나 소중한지를 깨달았을 것이다. 하나님 역시 생명이 소중함을 말씀하신다. 하나님은 가인이 아벨을 죽였다고 해서 가인을 죽음에 이르게 하지는 않으신다. 오히려 가인을 보호하셔서 그 생명을 지켜주신다. 하나님은 가인을 죽이는 자는 벌을 일곱 배나 받을 것이라고 엄히 경고하시고 "가인에게 표를 주사 그를 만나는 모든 사람에게서 죽임을 면하게 하신다"(15절). 우리가 보기에 죽어 마땅한 사람도 하나님 보시기에는 죽어 마땅하지 않다. 가인으로 하여금 죽임을 면하게 하시려는 것이 하나님의 뜻이다. 그러니 여기서 우리가 알 수 있는 것은, 하나님이 죄를 범한 가인에게 벌만 주시는 게 아니라는 사실이다. 가인에게 생명이 얼마나 소중한 것인지를, 형제와 함께 동거하는 것이 얼마나 행복한 것인지를 알려주시고자 하신다.

새 시대 새 자본주의

솔로몬이 가인과 아벨 이야기를 꼼꼼히 읽었다면 좋았을 것이다. 솔로몬은 가인의 분신이고, 이 시대 기독교인들은 솔로몬의 분신이다. 참으로 속시원하게 샤우팅하는 시인 고정희가 쓴 밥과 자본주의 연작시 가운데 '새 시대 자본주의'를 솔로몬(과 그의 분신들)에게 들려주고 싶다.

> 권력의 꼭대기에 앉아 계신 우리 자본님
> 가진 자의 힘을 악랄하게 하옵시매
> 지상에서 자본이 힘있는 것같이
> 개인의 삶에서도 막강해지이다
> 나날에 필요한 먹이사슬을 주옵시매
> 나보다 힘없는 자가 내 먹이사슬이 되고
> 내가 나보다 힘있는 자의 먹이사슬이 된 것같이
> 보다 강한 나라의 축재를 북돋으사
> 다만 정의나 평화에서 멀어지게 하소서
> 지배와 권력과 행복의 근원이 영원히
> 자본의 식민통치에 있사옵니다(상향~)

5. 솔로몬의 전
-열왕기상 9장 15-22절을 중심으로 살펴보는 폭력의 역사-

억압과 착취의 지혜

문제 : 다음 글을 읽고 세상에서 가장 지혜로운 사람이 누구인지 쓰시오.

²⁹하나님이 솔로몬에게 지혜와 총명을 심히 많이 주시고 또 넓은 마음을 주시되 바닷가의 모래같이 하시니 ³⁰솔로몬의 지혜가 동쪽 모든 사

람의 지혜와 애굽의 모든 지혜보다 뛰어난지라 ³¹그는 모든 사람보다 지혜로워서 예스라 사람 에단과 마홀의 아들 헤만과 갈골과 다르다보다 나으므로 그의 이름이 사방 모든 나라에 들렸더라 ³²그가 잠언 삼천 가지를 말하였고 그의 노래는 천다섯 편이며 ³³그가 또 초목에 대하여 말하되 레바논의 백향목으로부터 담에 나는 우슬초까지 하고 그가 또 짐승과 새와 기어다니는 것과 물고기에 대하여 말한지라 ³⁴사람들이 솔로몬의 지혜를 들으러 왔으니 이는 그의 지혜의 소문을 들은 천하 모든 왕들이 보낸 자들이더라(왕상 4:29-34).

정답 : 솔로몬!?

우리는 어불성설이라고 할 수밖에 없는 이 본문을 이미 읽었다. 그렇기 때문에 "세상에서 가장 지혜로운 사람은?"이라는 질문에 "솔로몬!"이라고 다시는 순진하게 대답하지 않을 것이다. 독자들이 이 구절을 제대로 읽으려면 하나님이 솔로몬에게 주셨다는 '지혜', '총명', '넓은 마음'이라는 것이 도대체 무엇인지를 재정의해야 한다. 그저 사전적인 정의가 아니라, 본문이 속한 문맥 가운데서 이 단어들이 갖는 의미를 찾아야 한다. 왜냐하면 본문 기자는 솔로몬이 지혜롭다고 겉으로는 말하면서도 내면적으로는 결코 그렇지 않다는 암시를 독자들에게 줌으로써 이야기 결말에 이르러 결국 솔로몬이 지혜롭지 못했음을 독자들로 하여금 깨닫게 하는 정교한 기법을 사용하기 때문이다.

"지혜의 왕 솔로몬은 모두에게 평화를 주고 모두를 잘살게 해주었다." 어떻게? 지혜로! 그렇다. 지혜로 솔로몬은 세상을 잘 다스렸다. 억압의 지혜와 착취의 지혜, 축재의 지혜로 세상을 잘 다스려서 모두가 잘 먹고 잘사는 세상이라고 하면서 실제로는 솔로몬을 비롯한 몇몇 사람들, 아무리 넓게 보아도 예루살렘에 사는 사람들 정도만 호의호식(好衣好食)하는 그런 '아름답고 평화로운 세상'을 만들었다. 매일매일 잔치판을 벌이면서 이들은 시편 8편 기자와는 다른 입장에서 잔치를 "여호와 우리 주여 주의 이름이 온 땅에 어찌 그리 아름다운지요"로 마무리했다. 이청준이 말한 "당신들의 천국"이다. 솔로몬은 무력으로 주위 나라들을 다스림으로써 평화를 유지했고, 저 혼자 잘 먹고 잘살기 위해 백성들로 하여금 똥구멍이 찢어지는 고생을 하게 하면서도 그들이 각기 평안을 누렸다고 말하게 한다. 솔로몬 이야기는 전혀 다른 두 가지, 즉 지혜와 무지, 평화와 폭력을 비비 꼬아서 아무 짝에도 쓸모없는 허접한 새끼줄을 만들어낸다.

이런 찌질한 비꼬임은 열왕기상 9장 15-22절에서도 명확하게 드러난다. 15절은 "솔로몬 왕이 역군을 일으킨 까닭은 이러하니"로 시작한다. 그래 한번 들어보자. 도대체 솔로몬이 '강제 노역꾼'을 징집하는 까닭이 무엇인지. "여호와의 성전과 자기 왕궁과 밀로와 예루살렘 성과 하솔과 므깃도와 게셀을 건축하려 하였음이라." 본문에는 "게셀"을 세 번 언급하는데, 16절에 나오는 대로 게셀은 폭력과 약탈의 대상이다. 솔로몬은 게셀을 비롯해서 대대적인 건축공사와 토목공사를 하는데, 이것은 대규모 공사가 대규모 욕망에서 비롯하고, 대규모 욕망은 대규모 폭력과 약탈을 야기한다는 것을 암시한다. (그래서 솔로몬이 건축한 성전은 사람들로 하여금 탐욕을 불러일으키고 결국은 파괴당한다.)

그런데 대규모 공사를 하기 위해서는 막대한 공사비가 필요하고, 또 그 공사를 하기에 충분한 인력이 필요하다. 솔로몬은 자신이 가진 비틀린 지혜를 동원해서 공사비를 모으고 사람들을 징집했다. 그리고 자신이 계획한 것들을 다 실행했다.

"솔로몬이 게셀과 아래 벧호론을 건축하고 "또 바알랏과 그 땅의 들에 있는 다드몰과 "자기에게 있는 모든 국고성과 병거성들과 마병의 성들을 건축하고 솔로몬이 또 예루살렘과 레바논과 그가 다스리는 온 땅에

건축하고자 하던 것을 다 건축하였는데

한 마디로 솔로몬은 성공적인 통치자였다.

어쨌든 솔로몬은 성전을 건축하기 위해서 여러 가지를 준비해야 했는데, 5장 13-18절을 보면, 솔로몬은 성전을 건축할 많은 사람들을 모았다. 우선 아도니람이 감독하는 역꾼들은 레바논에 가서 백향목을 자르는 사람들이다. 건축 공사를 하기 위해 필요한 목재를 레바논에서 가져오려는데, 이 일을 위해 솔로몬은 이미 두로 왕 히람과 계약을 맺었다(왕상 5:1-12). 백향목을 담당하는 사람들은 모두 삼만 명인데, 이들을 3개 조로 나누어서 한 조가 한 달씩 레바논에 가서 일하게 했다. 그리고 짐을 운반하는 사람 칠만 명, 채석하는 사람 팔만 명, 모두 15만 명을 동원했다. 이들을 감독하는 관리들이 삼천삼백 명이다.

이방인, 호모 사케르

그런데 솔로몬이 대대적인 토목공사를 하면서 동원한 사람들은 이방인들이다. 그들은 이스라엘 자손이 아니다.

> 이스라엘 자손이 아닌 아모리 사람과 헷 사람과 브리스 사람과 히위 사람과 여부스 사람 중 남아 있는 모든 사람 곧 이스라엘 자손이 다 멸하지 못하므로 그 땅에 남아 있는 그들의 자손들을 솔로몬이 노예로 역군을 삼아 오늘까지 이르렀으되(왕상 9:20-21).

솔로몬이 동원한 사람들은 가나안 7족속을 떠올리게 한다. 사사기 1장은 이스라엘 사람들이 점령한 지역의 원주민을 다 쫓아내지 못하고 그들과 함께 거주했는데, "이스라엘이 강성한 후에야 가나안 족속에게 노역을 시켰고 다 쫓아내지 아니하였더라"(1:28)고 말한다. 솔로몬 시대에 그들은 '노예'였다. 열왕기 기자는 그들이 원래 진멸당할 사람들이었다고 한다. 그러나 그들은 원래 그 땅의 주인들이었다. 그런데 이제는 노예로 산다. 그래서 이들은 아감벤이 말하는 '호모 사케르'들이다. 분명히 사람이지만 사람 대접을 받지 못하고, 살았지만 죽은 것과 같이 여겨지는 '것'들이다. 다윗과 솔로몬은 이들을 별도로 관리했다.

> ¹⁷전에 솔로몬의 아버지 다윗이 이스라엘 땅에 사는 이방 사람들을 조사하였더니 이제 솔로몬이 다시 조사하매 모두 십오만삼천육백 명이라 ¹⁸그중에서 칠만 명은 짐꾼이 되게 하였고 팔만 명은 산에서 벌목하게 하였고 삼천육백 명은 감독으로 삼아 백성들에게 일을 시키게 하였더라(대하 2:17-18).

역대기 기자는 이들을 "이방 사람들"이라고 한다. 그러나 이스라엘 사람들이 그 땅에 들어와 사는 이방인들이다. 주객전도(主客顚倒)의 혼란스러운 상황이다. 이들은 호모 사케르들을 동원해서 공사를 한다. 그러면서 본문 기자는 솔로몬이 이스라엘 사람들은 노예로 삼지 않았다고 말한다. 그는 사람들을 두 부류로 나누는 것이다. 이스라엘 사람들과 비이스라엘 사람들이다. 그런데 레바논에 가서 벌목하는 일을 담당하는 삼만 명은 어떤 사람들이었을까? 이스라엘 사람들을 그런 힘든 일에 동원하지 않았다는 것을 누차 강조하고 있다. 솔로몬이 조사한 이방인들은 짐꾼과 채석꾼, 그리고 감독자로 동원되었는데, 벌목꾼 삼만 명은 도대체 누구일까? 정확한 것은 알 수 없지만 이들 역시 '이방인'으로 분류된 호모 사케르들임에 분명하다.

이들을 동원해서 공사를 하는 현장은 어떠했을까? 브뤼겔이 그린 바벨탑 건축 장면에서 어느 정도 힌트를 얻을 수 있을 것이다. 그곳은 강제노역 현장이다. 그러니 그들을 감독하는 사람(들)이 있었을 것이다. 솔로몬은 먼저 삼만 명을 모아서 3교대로 그들을 레바논에 보내는데, 그들을 감독하는 사람이 '아도니람'이었다. 아도니람의 공식 직책은 '노동 감독관'이다(왕상 4:6). 그런데 노동 감독관이 하는 일이 무엇일까? 새번역은 아도니람을 강제노역 책임자로 칭한다. 열왕기상 12장 18절을 보면, '아도람'이라는 사람이 나오는데, 이 사람이 바로 '아도니람'일 것으로 보인다. 북부 이스라엘 사람들이 르호보암을 거부하자 르호보암은 역군의 감독인 아도(니)람을 그들에게 보낸다. 왜 노동 감독관을 보냈을까? 행정관료나 군 사령관을 보내지 않고 아도람을 보낸 까닭이 무엇일까? 르호보암은 아도(니)람이 그 일에 제격이라고 생각해서 보냈을 것이다. 이것은 무엇을 의미하는가? 르호보암은 북부지역 사람들을 이방인이나 노예로 여기고 그들을 강제 징집하려 한 것으로 보인다. 그러니 문제의 발단은 지역 차별 사람 차별이다.

결과는? "온 이스라엘이 그를 돌로 쳐죽인지라." 르호보암은 수레를 타고 급하게 예루살렘으로 돌아간다. "온 이스라엘"이 아도(니)람을 죽였다는 것은 과장적이다. 이것은 온 이스라엘 사람들이 르호보암에 대해서 갖는 감정을 드러낸다. 온 이스라엘이 르호보암을 거부한다는 것이다. 르호보암을 거부한다는 것은 그의 정책을 거부하는 것이고, 이것은 지역 차별과 사람 차별을 거부하는 것이다.

그들이 아도(니)람을 살해했다는 것은 아도(니)람을 두려워하지 않았다는 것이고, 아도(니)람을 두려워하지 않은 것은 르호보암을 두려워하지 않았다는 것이다. 르호보암은 아도(니)람의 살해를 보고받으면서 이 사실을 깨달았다. 그래서 그들을 무시하던 르호보암은 두려움에 사로잡힌다. 사람도 아닌 것들이, 죽은 것이나 진배없는 것들이 이제는 무섭게 보이는 것이다. 그래서 그는 예루살렘으로 줄행

랑을 친다.

우리는 비슷한 장면을 벨사살에게서 본다. 벨사살이 연회를 즐기고 있었다. 그는 손가락 하나로 모든 것을 명령할 수 있었다. 손가락으로 명령을 내리거나 사람을 지명하고, 손가락에 낀 반지로 결재를 했다. 그런데 도대체 출처를 알 수 없는 손가락이 허공에 나타나서 글을 쓰는 것이다. 이것을 보고 벨사살은 혼비백산한다. 자신이 다른 손가락을 보리라고는 전혀 생각하지 못한 것이다. 그 손가락을 보고 벨사살은 자신의 손가락이 다른 사람들에게 어떤 작용을 했는지를 생각했을까? 어쨌든 그런 생각을 하지 못했다고 해도, 다른 사람들이 그의 손가락에서 느꼈을 두려움을 벨사살 자신이 경험했다는 것은 분명하다.

성전은 보물창고

솔로몬이 성전을 건축한 까닭은 무엇인가? 열왕기상 6장 11-13절을 보면 하나님을 섬기기 위해서이다. 그런데 열왕기상 8장을 보면, 성전은 죄를 범한 이후에야 의미를 갖는다. 성전을 건축했다고 해서 이스라엘 사람들이 죄를 짓지 않는 게 아니다. 그리고 이스라엘이 어려움을 당하지 않는 게 아니다. 성전을 건축해도 이스라엘은 여전히 죄를 지을 것이고, 어려운 일들을 당할 것이다. 변하는 것은 아무것도 없다. 그저 그들이 어려움을 당할 때 기도할 장소로서 성전은 의미를 갖는다.

그리고 무엇보다 성전은 성전 자체로서 의미를 갖지 못한다. 성전은 스스로를 지키지 못한다. 사람들이 성전을 존중히 여길 때 성전은 존중받는 대상으로서 의미를 갖는다. 그리고 이럴 경우에만 성전을 존중히 여기지 않는 사람들을 처벌할 수 있다. 그러나 사람들이 성전을 존중하지 않을 때에는 성전을 존중히 여기는 자들이 죽임을 당한다. 앗수르와 바벨론 군대들이 예루살렘을 침공했을 때 그들은 성전을 존중히 여기지 않았고, 성전을 거룩하게 지키려는 자들이 그들에게 죽임을 당했다. 바벨론 군대가 성전을 파괴하고 그 안에 있는 물건들을 약탈할 때에 성전은 스스로를 지키지 못했다.

그런데 침략자들이 성전을 약탈하는 이유가 무엇일까? 성전이 금은보화를 보관하는 보물창고였기 때문이다. 성전 기물들도 금으로 만들었다. "솔로몬 왕이 여호와의 성전을 위하여 만드는 모든 일을 마친지라 이에 솔로몬이 그의 아버지 다윗이 드린 물건 곧 은과 금과 기구들을 가져다가 여호와의 성전 곳간에 두었더라"(왕상 7:51). 성전은 욕망의 집합소이다. 그러니 침략자들이 성전을 약탈하는 것은 너무도 당연하다. 성전에 아무것도 없다면 뭐하러 그곳을 약탈하고 파괴하겠는가? 그래서 성전을 건축하는 순간 그 성전은 파괴당할 운명을 갖는 것이다. 성전을 화려하게 지으면 지을수록 그 성전은 더욱 처참하게 파괴당한다.

솔로몬이 성전을 건축한 것은 분명해 보이는데, 문제는 성전만 건축한 것이 아니라는 사실이다. 그는 여러 나라에서 온 왕비들을 위해서 그들이 섬기는 신을 위한 신전을 여럿 만들어주었다. 그래서 예루살렘에는 신전들이 여럿 있었다.

그런데도 성서 기자들은 솔로몬이 성전을 건축한 것에만 초점을 맞춤으로써 솔로몬을 필요 이상으로 신앙적으로 부각시킨다. 솔로몬이 하나님만을 경외하는 사람으로 보인다. 그리고 그는 매우 경건한 사람이다. 이것은 역대기에서 더욱 두드러진다. 역대기는 솔로몬이 마치 재위 기간 동안 성전만 건축하고 예배에만 관심을 기울인 것처럼 묘사한다.

역대기 기자가 서술하는 솔로몬 이야기는 크게 두 가지 이야기로 이루어진다. 첫째 이야기는 솔로몬이 기브온 산당에서 일천번제를 드리는 이야기(1:1-13)이고, 둘째 이야기는 솔로몬이 성전을 건축하는 이야기(2:1-7:22)이다. 그리고 이 두 사건에 살을 붙이는 작은 이야기들이 나오는데, 그것들은 대체로 경건한 솔로몬이 그 결과로 누리는 부귀와 영화에 관한 것이다.

이 이야기 구조에 따르면, 솔로몬은 왕이 된 다음 기브온 산당에 올라가서 일천번제를 드리고 지혜를 얻는다. 그리고 나서야 예루살렘으로 돌아와 이스라엘을 치리하기 시작하고 첫 번째 사업으로 성전을 건축한다. 이 얼마나 신앙적인 행동인가. 역대기 기자가 서술하는 솔로몬 이야기에는 솔로몬의 정치와 행정적인 업적에 대한 이야기가 거의 나오지 않는다. 이야기 구성에서도 알 수 있듯이, 역대기 기자는 솔로몬이 성전을 건축하는 데 모두 여섯 장(전체 분량의 3분의 2)을 할애한다. 또 모두 201절 가운데 135절이 성전 건축 기사이다. 절 수로 따지면 성전 건축 장면이 전체의 67%를 차지한다. 그리고 역대하 1장 1-13절은 솔로몬이 기브온 산당에 올라가서 하나님께 기도하는 것이고, 8장 11-15절도 솔로몬의 경건한 모습과 성전 운영에 대한 에피소드여서 이야기의 거의 대부분이 솔로몬을 신앙적인 측면에서 묘사함을 알 수 있다. 또 해설자는 솔로몬이 지은 죄는 전혀 언급하지 않는다. 이런 것을 통해서 역대기 기자는 솔로몬을 성전 건축자, 위대한 신앙인, 이상적인 인간으로 부각시키려고 한다. 이렇게 솔로몬을 이상화시키는 것이 바로 역대기 기자가 의도하는 것이다.

그리고 8장 1절-9장 31절은 스바 여왕이 솔로몬을 방문한 사건을 중심으로 해서 몇 가지 이야기들을 엮는데, 역대기 기자는 이 이야기들을 통해서 성전을 건축한 이후에 솔로몬이 부귀와 영화를 누리는 모습을 보여주려고 한다.

특히 역대하 8장 17절-9장 28절을 보면, 스바 여왕과 각국의 왕들이 솔로몬의 지혜를 배우기 위해서 솔로몬을 찾아왔다는 것을 언급한다. 역대하 1-9장은 열왕기와는 달리 솔로몬의 지혜에 관한 이야기를 뒤에 함으로써 솔로몬의 지혜보다는 솔로몬의 성전 건축을 더 앞세우고, 누구든지 하나님 앞에 바로 서기만 하면 반드시 복을 받는다는 사실을 강조하려고 한다. 이것은 솔로몬이 부귀영화를 누리지만 그것이 목적이 아니고, 그것은 단지 경건의 결과일 뿐이라고 합리화하려는 것이다. 솔로몬은 부귀영화에는 전혀 관심이 없고 오직 백성들만을 위해서 지혜를 구했고, 평생토록 한 일이라고는 그저 성전 건축하고 하나님께 예배하는 일뿐이었는데, 하나님이 그것을 어여삐 여기시고 솔로몬이 구하지도 않은 부귀영화를 허락하셨다는 것이다. 실제로는 돈독이 올라서 수단 방법을 다 동원해 축재를 해놓고는, 자신은 오직 주님만 믿고 의지했는데 놀랍게도 주님이 그 모든 재물을 선물로 주셨다고 가증스럽게 간증하는 수전노(守錢奴) 기독교인들과 다를 바 없는 모습이다.

솔로몬의 모노드라마

여기서 우리가 주목해야 할 것은 솔로몬 이야기가 솔로몬의 모노드라마라고 할 정도로 솔로몬만 부각시킨다는 사실이다. 열왕기 기자도 마찬가지지만, 역대기 기자는 솔로몬이 그 모든 일들을 직접 한 것이 아님에도 불구하고 마치 솔로몬이 혼자서 한 것처럼 이야기한다. 역대기 기자는 거의 모든 구절에서 솔로몬을 주어로 삼는다. 그래서 솔로몬만을 유일한 등장인물로 만든다. 이야기 속에서 솔로몬은 직접 일천번제를 드리고, 직접 성전을 건축하고, 성전의 여러 기구들을 직접 만들고, 혼자서 봉헌기도를 드리고, 혼자서 여러 성읍들을 건축하고, 혼자서 무역을 한다.

솔로몬 이야기의 시간적인 배경은 솔로몬이 예루살렘에서 이스라엘을 다스린 40년 동안이다. 솔로몬은 왕위에 오른 지 4년 2월 1일에 성전 건축을 시작했다. 역대기 기자는 솔로몬이 그 이전 3년 동안 무슨 일을 했는지는 솔로몬이 기브온 산당에 올라가서 일천번제를 드려서 지혜를 얻은 일 외에는 일체 언급하지 않는다. 역대기 기자는 마치 솔로몬이 기브온 산당에 일천번제를 드리고 와서 바로 성전 건축을 시작한 것처럼 이야기를 꾸미고 있어서 솔로몬의 업적을 성전 건축에 국한시키려는 강한 의도를 보여준다. 그리고 해설자는 솔로몬이 몇 년 동안 성전을 건축했는지 말하지 않는다. 우리가 아는 대로 솔로몬은 성전을 7년 동안에 건축했다. 그렇다면 실제로는 40년 통치 기간의 6분의 1에 해당하는 성전 건축에 이야기의 3분의 2를 할애하고, 6분의 5에 3분의 1을 쓴 것이다. 그리고 역대기 기자는 8장 3절-9장 28절의 이야기들을 시간 순서대로 엮어놓지 않는다. 솔로몬을 높이려는 여러 에피소드들을 시간적인 흐름과는 관계없이 나열해 놓았다. 시간 순서를 그럭저럭 지키는 것은 2장 1절-8장 2절이다. 이런 점에서 역대기 기자는 실제 시간이나 그 순서에는 별로 관심이 없음을 알 수 있다. 그의 의도는 다른 데 있다.

또 8장 16절에서 해설자는 성전 건축 이야기가 끝나고 15절 가량 지나서 느닷없이 솔로몬이 성전 건축 기간 동안 계속해서 행동거지를 바르게 했음을 말한다. 여기서도 역대기 기자는 시간개념을 파괴한다. 그리고 해설자는 몇 해 동안 계속된 솔로몬의 행동을 한 차례만 언급한다. 이처럼 역대기 기자는 일상적인 시간 순서를 따르지 않고, 솔로몬을 이상적인 왕으로 부각시키는 데만 전력을 기울인다. 다른 사람들은 모두 풍경처럼 배경으로 처리하고, 오직 솔로몬만 보이게 하려고 애를 쓴다.

그런데 이런 과정에서 발생하는 심각한 문제는 솔로몬만을 부각시킴으로써 강제노역을 하는 현장을 은폐하고 흔적도 없이 사라지게 한다는 사실이다. 성서 기자들은 건축 과정만을 상세하게 기록함으로써 성전 건축 현장에 대한 묘사를 거부한다. 이것은 바벨 건설 현장에 대해 암시하는 창세기 11장과 다르다. 화려한 성전이 세워지는 장면에서 솔로몬이 징집한 그 수많은 '노예들'은 흔적도 보이지 않는다. 마치 수많은 사람들이 오가는 길에 카메라를 세워놓고 장노출로 사진을 찍어서 인화해 보면 거리가 텅 빈 것처럼 수많은 노예들이 고통을 당하는 그 현장은 텅 비어 있다. 그저 성전이 저절로 세워지는 착각을 일으키게 한다. 이것은 교묘한 은폐이다. 실재하는 것을 부재하게 하는 마술, 이것이 바로 솔로몬이 부리는 현란한 기술이다. 있어도 없는 것이다. 그래서 결국 폭력의 역사에서 폭력은 부재하고 오직 평화와 평안만 존재할 뿐이다. 이것이 진정한 폭력의 역사이다.

8

갈멜 산 사건에서 드러나는 폭력

 오래 전 청년부 시절에 교회 성가대를 하면서 불렀던 숱한 찬양 가운데 아직도 몇몇 곡들이 떠오르는데, 그 가운데 하나가 바로 "엘리야의 하나님"이다. 이 찬양은 갈멜 산 사건을 감동적으로 들려주는데, 엘리야의 하나님은 바로 갈멜 산에 불을 내리신 하나님이시고, 그 엘리야의 하나님이 바로 나의 하나님이라고 고백한다.

 여기서 보는 대로 대다수 기독교인들은 갈멜 산 사건 하면 하나님이 불을 내리신 사건으로, 그리고 엘리야가 바알을 섬기는 제사장들을 도륙한 사건으로 기억한다. 바알 신앙에 대해서 야훼 신앙이 승리를 거둔 역사적인 사건으로 기억하는 것이다.

 그런데 자세히 들여다보면 갈멜 산 사건은 그리 단순하지 않다. 그리고 신앙적인 사건으로만 볼 수도 없다. 갈멜 산 사건은 모두에게 깊은 인상을 줄 만큼 대단한 사건이며, 매우 복잡하고 정교한 정치적 사건이기도 하다. 갈멜 산 사건은 그 자체로 완결되지 않고, 예후가 혁명을 일으켜서 이세벨을 제거하고 왕위에 오르는 것에서 완결된다는 점에서 새로운 의미를 갖는다. 이렇게 갈멜 산 사건은 우리가 생각하는 것보다 더 많고 복잡한 이야기들을 담고 있다. 그래서 우리는 갈멜 산 사건에 대해 마침표로 끝나는 서술문이 아니라, 의문부호로 끝나는 의문문으로 접근해야 한다. 갈멜 산 사건에 대한 풀리지 않은 의문들을 제기하면서 그 해답을 찾으러 떠나자.

갈멜 산 사건은 왜 발생했는가?

우리가 맨 먼저 질문해야 할 것은 "갈멜 산 사건이 왜 발생했는가?"이다. 도대체 갈멜 산 사건은 왜 일어난 것인가? 우리가 아는 대로 갈멜 산 사건은 당시의 심각한 가뭄과 기근 때문에 일어났다. 북왕국 아합 왕 시절에 가뭄이 크게 들었다. 그런데 가뭄은 자연재해이기 때문에 인간이 저지르는 도덕적 잘잘못과 관계없이 발생하는데, 고대 이스라엘 사람들은 그렇게 생각하지 않았다. 그들은 자연재해가 사람들이 저지르는 도덕적이고 신앙적인 행위들과 직결된다고 믿었다.

엘리야 당시 가뭄과 그로 인한 기근이 비도덕적이고 비(非)신앙적인 행위들 때문에 발생했다고 여기는 것은 분명한데, 그 가뭄과 기근이 엘리야가 하나님 말씀을 선포함으로 인해서 시작한 것도 분명하다.

> "길르앗에 우거하는 자 중에 디셉 사람 엘리야가 아합에게 말하되 내가 섬기는 이스라엘 하나님 여호와께서 살아 계심을 두고 맹세하노니 내 말이 없으면 수 년 동안 비도 이슬도 있지 아니하리라 하니라"(왕상 17:1).

엘리야 이야기는 이 구절로 시작하는데, 여기서 보는 대로 엘리야는 예고도 하지 않고 갑자기 등장해서 가뭄을 선포한다. 본문 기자는 엘리야를 느닷없이 등장시킨다. 17장 2절과 8절에는 "여호와의 말씀이 엘리야에게 임하여 이르시되"라는 도입구가 나오는데, 1절에는 그런 말이 없이 엘리야가 바로 아합에게 가뭄을 예고한다. 엘리야에게 하나님의 말씀이 임했다는 식의 전형적인 표현이 없고, 가뭄 선포를 하나님이 명령하셨는지도 밝히지 않는다. 엘리야는 홀연히 나타나서 하나님의 사심에 맹세하고 가뭄을 선포하고, 자기 말이 없으면 가뭄이 계속될 것이라고 이야기한 다음 또 홀연히 사라진다.

그런데 엘리야의 갑작스러운 등장은 가뭄을 아무도 예기치 못한 극적인 사건으로 만든다. 도입구가 원래 있었는데 사라졌다고 주장하는 사람들도 있지만, 현재의 본문 형태는 엘리야의 등장을 극적으로 만드는 효과가 있다. 길르앗의 디셉 사람 엘리야는 아합을 직접 찾아가서 앞으로 몇 년 동안 전혀 비도 내리지 않고 또 이슬도 내리지 않을 것이라고 말한다.

우리는 엘리야가 하나님이 세운 예언자라고 믿기 때문에 성서 본문이 자세하게 밝히지 않는다고 해도 엘리야가 임의대로 가뭄을 예고했다고 믿지 않는다. 하나님이 엘리야에게 지시하셨을 것이다. 그리고 본문은 왜 하나님이 비를 내리지 않으시는지에 대해서는 전혀 말하지 않고, 하나님 자신도 그 이유를 밝히지 않지만, 17장 이전을 읽은 독자는 오므리와 아합이 지은 죄 때문에 하나님이 가뭄을 내리셨다고 생각할 것이다. 성서 기자는 아합을 이렇게 평가한다.

> [29]유다의 아사 왕 제삼십팔 년에 오므리의 아들 아합이 이스라엘의 왕이 되니라 오므리의 아들 아합이 사마리아에서 이십이 년을 이스라엘을 다스리니라 [30]오므리의 아들 아합이 그의 이전의 모든 사람보다 여호와 보시기에 악을 더욱 행하여 [31]느밧의 아들 여로보암의 죄를 따라 행하는 것을 오히려 가볍게 여기며 시돈 사람의 왕 엣바알의 딸 이세벨을 아내로 삼고 가서 바알을 섬겨 예배하고 [32]사마리아에 건축한 바알의 신전 안에 바알을 위하여 제단을 쌓으며 [33]또 아세라 상을 만들었으니 그는 그 이전의 이스라엘의 모든 왕보다 심히 이스라엘 하나님 여호와를 노하시게 하였더라 (왕상 16:29-33).

역사가는 오므리에 이어서 더욱 악행을 저지르는 아합을 이스라엘 모든 왕들 중에서도 가장 악한 왕이라고 평가하는데 그런 의미의 말을 두 번이나 한다(30, 33절). 이렇게 역사가는 아합을 이스라엘 역사에서 바알숭배에 가장 열성을 보인 왕으로 평가하고, 아합 시대를 종교적으로 가장 악한 시대로 규정한다. 특히 아합이 이세벨과 결혼한 이후에 바알숭배를 강화했음을 말하면서 이세벨에게 그 책임을 지운다. 그래서 독자들은 '아, 하나님이 아합 왕과 이세벨을 징계하기 위해서 가뭄을 내리셨구나'라고 생각했을 것이다.

그런데 하나님이 아합과 이세벨을 징계하기 위해서 가뭄을 내리셨다면, 그 가뭄으로 인해서 당연히 고통당해야 할 대상은 바로 아합과 이세벨이어야 한다. 그런데 그렇지 않다. 그 기근으로 인해서 과연 누가 고통을 당했을까? 아합을 비롯한 귀족계층들도 조금은 어려움을 당했겠지만, 실제로 더 큰 어려움을 당한 것은 일반 백성이었을 것이다. 그릿 시냇가에서 도피생활을 하던 엘리야도 가뭄으로 물이 다 말라버려서 더 이상 그곳에 머무를 수 없게 되었다. 그래서 사르밧으로 가는데, 그곳에서 엘리야는 양식이 다 떨어져서 내일 죽을 작정을 한 과부를 만난다. 이것은 당시 가뭄으로 인해서 일반 백성들이 얼마나 큰 어려움을 겪었는지를 단적으로 보여준다.

엘리야가 찾아간 사르밧 과부는 성 밖에 살았던 것으로 보이는데 매우 어려운 형편이었다. 아합 왕에게 가뭄을 예고한 직후에 그릿 시내로 피했다가 거기서 사르밧까지 도망쳐온 엘리야는 얼마나 지치고 피곤했던지 그 과부에게 마실 물을 좀 달라고 부탁하고, 떡도 가져달라고 부탁한다. 그런데 그 여자는 한 끼 분량의 식량밖에 가진 게 없었다. 그는 남은 식량으로 음식을 만들어서 아들과 함께 먹고 그 후에는 죽을 작정을 했다고 엘리야에게 털어놓는다. 죽음을 앞두고 최후의 만찬을 준비하는 사르밧 과부, 가뭄은 이렇게 사람들을 최악의 상태로 몰고 갔다. 엘리야가 선포함으로써 시작한 가뭄은 아합과 이세벨을 비롯한 원인 제공자들보다 사회적으로 취약한 계층의 생존을 위협했다. 그러니 그들에게 가뭄은 무지막지한 폭력이었을 것이다.

그런데 그 비극적인 재난 상황에서 도대체 엘리야는 무엇을 한 것인가? 그가 하나님의 사람이라는 것이 무슨 소용이 있는가? 무능력한 엘리야, 대책 없이 가뭄을 선포해 놓고 수많은 사람들이 병들고 죽는 이 상황을 그대로 방치하는 이 사람, 엘리야는 2년 동안 그 과부 집에서 머무는데 그 기간 동안 본문은 그 과부의 집을 벗어나지 않는다. 그래서 그 집 밖에서 일어나는 일들을 은폐한다. 죽은 아이를 살려내는 장면에서 우리는 감격스러워하지만, 그것은 과부의 집이라는 작은 공간에서 이루어지는 기적과 행복일 따름이다. 엘리야가 외면함으로써, 아니 본문 기자도 외면함으로써 우리에게 은폐하는 그 바깥 세상은 과연 어떤 상황이었을까?

엘리야는 가뭄을 일으킨 다음에 그릿 시내로 도피하는데, 아합 왕이 엘리야 검거 명령을 내린 듯하다. 본문은 그릿 시내로 도망한 엘리야를 따라가기 때문에 가뭄 선포 이후에 사람들이 어떤 어려움을 겪었는지는 알 수 없다. 본문은 엘리야 자신도 가뭄으로 어려움을 겪었음을 보여준다.

> ²여호와의 말씀이 엘리야에게 임하여 이르시되 ³너는 여기서 떠나 동쪽으로 가서 요단 앞 그릿 시냇가에 숨고 ⁴그 시냇물을 마시라 내가 까마귀들¹⁾에게 명령하여 거기서 너를 먹이게 하리라 ⁵그가 여호와의 말씀과 같이 하

---

1) 히브리어로 '하오레빔'인데, 이것을 '하아라빔', 즉 아랍인으로 고쳐 읽기도 하고 '하오라빔'이라는 종족으로 보는 견해도 있다. 그레이는 아랍인으로 번역한다.[John Gray, *I & II Kings*, OTL.(London: SCM Press, Ltd., 1977), 378.] 그레이는 엘리야가 시돈의 과부에게 도움을 받았음을 말하면서 엘리야가 그릿 시내에 머물면서 아랍인들인 베두인으로부터 도움을 받았다고 말한다(379). 그리고 우유제품을 먹고 살던 베두인들이 고기를 가져온 것은 가뭄이 심해서 그들이 기르던 가축들을 죽인 것으로 본다(380). 엘리야와 엘리사를 경제적으로 돕는 사람들이 있었다는 것은 열왕기하 4장 42-44절을 통해서 알 수 있다.

여 곧 가서 요단 앞 그릿 시냇가에 머물매 ⁶까마귀들이 아침에도 떡과 고기를, 저녁에도 떡과 고기를 가져왔고 그가 시냇물을 마셨으나 ⁷땅에 비가 내리지 아니하므로 얼마 후에 그 시내가 마르니라 (왕상 17:2-7).

가뭄을 선포해 놓고 자신은 정작 물이 있는 그릿 시내로 도망쳐서 그곳에서 도움을 받으며 지내는 엘리야가 가증스럽기도 하다. 그곳에 숨어 지내는데 가뭄이 심해서 그릿 시내도 말라버린다. 그러니 그곳에 더 이상 머물 수 없었다. 그래서 엘리야는 사르밧으로 갔다. 숱한 사람들이 그가 선포한 가뭄으로 인해 고통을 당하는데 자신만 살겠다고 도피하는 것이다.

그런 엘리야에게 격노한 아합은 엘리야 체포 명령을 내렸다. 가뭄 대책을 세우기는커녕 엘리야를 체포하기 위해서 혈안이 된 아합의 모습은 독자로 하여금 아합이 얼마나 무책임한 왕인지를 깨닫게 한다. 모든 사람들이 어려움을 당하는데 아합은 가뭄 대책을 세우지 않고 엘리야 체포에만 주력함으로써 왕으로서의 직무를 유기한다. 열왕기상 18장을 읽어 보면, 2년 동안 아합이 엘리야를 찾기 위해서 얼마나 심혈을 기울였는지 알 수 있다. 이 과정에서 어려움을 당한 사람들이 많았을 것이다. 우리는 그런 흔적을 오바댜의 말에서 짐작한다.

"이세벨이 여호와의 선지자들을 죽일 때에 내가 여호와의 선지자 중에 백 명을 오십 명씩 굴에 숨기고 떡과 물로 먹인 일이 내 주에게 들리지 아니하였나이까"(왕상 18:13).

오바댜가 하는 이 말은 아합이 잠적한 엘리야를 추적하는 과정에서 일어난 일일 것이다. 그릿 시내로 도망한 엘리야를 찾기 위해서 아합의 수사관들은 야훼의 선지자들을 추궁했을 것이고, 그 과정에서 수많은 선지자들이 죽임을 당함으로써 야훼 조직이 일망타진되었을 가능성이 있다.

그런 난리 통에 엘리야는 시돈에 속한 사르밧에 머물고 있었는데, 엘리야가 하필 이곳으로 피신한 이유가 궁금하다. 시돈은 이세벨의 고향이 아닌가. 이세벨의 부친이 바로 시돈 왕 엣바알이기 때문에 엘리야가 그곳에 있다는 것을 알았다면 시돈 왕이 결코 그대로 두지 않았을 것이다. 그런데도 엘리야가 그곳에서 2년 정도 머물렀다면 시돈 왕도 모르게 감쪽같이 숨어 지냈음을 뜻한다. 엘리야를 찾던 사람들은 아합 왕에게 엘리야를 실종자로 보고했을 것이다. 엘리야는 이 세상에 없는 사람처럼 종적을 감춰버렸다. 사람들은 서서히 엘리야를 잊고 있었을 것이다. 그렇게 세월이 흘러서 3년째 되던 해에 엘리야는 다시 예언계에 컴백한다.

"많은 날이 지나고 제삼년에 여호와의 말씀이 엘리야에게 임하여 이르시되 너는 가서 아합에게 보이라 내가 비를 지면에 내리리라"(왕상 18:1).

하나님은 이제 다시 비를 내리겠다고 말씀하시는데 자세한 말씀은 하지 않으신다. 왜 다시 비를 내리시는지 전혀 말씀하지 않으신다. 엘리야도 묻지 않는다. 아합이 회개했다거나 이스라엘이 하나님 앞에 바로 섰다거나 하는 이야기는 전혀 없다. 하나님이 하시는 말씀을 세밀하게 살펴보면, 하나님은 엘리야에게 아합에게 보이라고 말씀하신다. 그리고 비는 하나님이 내리시겠다고 말씀하신다. 그러니까 엘리야가 아합에게 가서 하나님이 비를 내리실 것이라는 말씀을 대언하는 것이 아니다. 하나님은 그런 명령을 내리지 않으신다. 그저 엘리야가 아합을 만나면 하나님이 비를 내리시겠다는 것이다. 엘리야가 할 일이 따로 있고, 하나님이 하실 일이 따로 있는 것이다.

그런데 엘리야가 아합에게 보이려 간다는 것은 무엇을 의미하는가? 아마도 담판 지으러 간다는 뜻일 것이다. 열왕기하 23장 29절을 보면, "애굽 왕이 요시야를 므깃도에서 만났을 때에 죽인지라"는 구절이 나온다. 그래서 만나본다는 것은 그저 얼굴을 본다는 것이 아니고 담판을 짓는다는 의미를 갖는다. 엘리야는 아합을 만나서 무엇을 담판짓겠다는 것인가? 이것을 알아보기 위해 엘리야가 아합을 만나러 가는 장면을 살펴보자.

²엘리야가 아합에게 보이려고 가니 그때에 사마리아에 기근이 심하였더라 ³아합이 왕궁 맡은 자 오바댜를 불렀으니 이 오바댜는 여호와를 지극히 경외하는 자라 ⁴이세벨이 여호와의 선지자들을 멸할 때에 오바댜가 선지자 백 명을 가지고 오십 명씩 굴에 숨기고 떡과 물을 먹였더라 ⁵아합이 오바댜에게 이르되 이 땅의 모든 물 근원과 모든 내로 가자 혹시 꼴을 얻으리라 그리하면 말과 노새를 살리리니 짐승을 다 잃지 않게 되리라 하고 ⁶두 사람이 두루 다닐 땅을 나누어 아합은 홀로 이 길로 가고 오바댜는 홀로 저 길로 가니라 ⁷오바댜가 길에 있을 때에 엘리야가 그를 만난지라 그가 알아보고 엎드려 말하되 내 주 엘리야여 당신이시니이까 ⁸그가 그에게 대답하되 그러하다 가서 네 주에게 말하기를 엘리야가 여기 있다 하라 ⁹이르되 내가 무슨 죄를 범하였기에 당신이 당신의 종을 아합의 손에 넘겨 죽이게 하려 하시나이까 ¹⁰당신의 하나님 여호와께서 살아 계심을 두고 맹세하노니 내 주께서 사람을 보내어 당신을 찾지 아니한 족속이나 나라가 없었는데 그들이 말하기를 엘리야가 없다 하면 그 나라와 그 족속으로 당신을 보지 못하였다는 맹세를 하게 하였거늘 ¹¹이제 당신의 말씀이 가서 네 주에게 말하기를 엘리야가 여기 있다 하라 하시나 ¹²내가 당신을 떠나간 후에 여호와의 영이 내가 알지 못하는 곳으로 당신을 이끌어 가시리니 내가 가서 아합에게 말하였다가 그가 당신을 찾지 못하면 내가 죽임을 당하리이다 당신의 종은 어려서부터 여호와를 경외하는 자라 ¹³이세벨이 여호와의 선지

자들을 죽일 때에 내가 여호와의 선지자 중에 백 명을 오십 명씩 굴에 숨기고 떡과 물로 먹인 일이 내 주에게 들리지 아니하였나이까 ¹⁴이제 당신의 말씀이 가서 네 주에게 말하기를 엘리야가 여기 있다 하라 하시니 그리하면 그가 나를 죽이리이다 ¹⁵엘리야가 이르되 내가 섬기는 만군의 여호와께서 살아 계심을 두고 맹세하노니 내가 오늘 아합에게 보이리라(왕상 18:2-15).

본문은 엘리야가 아합을 만나기 직전의 상황을 상당히 길게 이야기한다. 아합은 엘리야를 찾는 대신에 기근이 너무 심해서 물을 확보하기 위해서 직접 나선다. 수원을 찾기 위해서 사람들을 동원하고 팀을 둘로 나누어서 한 팀은 자신이 직접 지휘하고 다른 팀은 오바댜에게 맡긴다. 가뭄 초기에는 전혀 가뭄 대책을 세우지 않던 아합이 이렇게 직접 나서는 것을 보면 당시 가뭄이 매우 극심했음을 보여준다. 그런데 문제는 사람들을 위해서 수원을 찾아 나선 것이 아니라는 것이다. 말과 노새들을 위해서 나선 것이다(5절).[2] 그렇게 수원을 찾는 도중에 엘리야가 오바댜에게 나타난다.

그런데 본문은 엘리야가 오바댜를 만나는 장면을 필요 이상으로 길게 말한다. 왜 이렇게 장황하게 말하는 것일까? 오바댜는 매우 위험한 일을 하는 사람이다. 그는 왕의 신임을 두텁게 받던 사람이면서 비밀 결사단체 같은 야훼 조직의 일원이었다. 이세벨이 선지자들을 체포해서 처형하는 폭력적 시대에 선지자 100명을 동굴로 피신시켜서[3] 그들을 구해 낸 사람이 바로 오바댜라는 것을 본문은 해설자 입을 통해서, 그리고 오바댜 자신의 입을 통해서 두 번이나 말하

---

2) Simon J. DeVries, *1 Kings*, WBC(Waco, Texax: Word Books, 1985), 218f. 당시 아합의 전차부대는 2,000대였다고 한다. [James A. Montgomery, *A Critical and Exegetical Commentary on the Books of Kings*, ICC (Edingburg: T&T Clark Ltd., 1971), 299.]
3) 그레이는 오바댜가 선지자들을 피신시킨 그 동굴들이 갈멜 산에 있었을 것으로 본다. 갈멜 산은 예로부터 동굴들이 많은 곳으로 알려졌다.(Gray, 390.)

게 한다. 100명을 얼마 동안 숨겨주었는지 모르지만, 그들을 피신시 키는 경비가 엄청나게 들었을 것이고, 그 일을 결코 혼자서 할 수 없었을 것이기 때문에 틀림없이 오바댜를 돕는 조직이 있었을 것이다. 오바댜가 하는 말을 통해서 우리는 당시에 극심한 탄압이 있었고, 이 탄압은 엘리야 때문에 일어났다는 것을 알 수 있는데, 오바댜는 아합이 아닌 이세벨이 선지자들을 처형했다고 밝힘으로써 초점을 이세벨에게 맞춘다.

오바댜는 엘리야를 만나자 그 앞에 엎드려서 존경을 표하기는 하지만 반가워하지는 않는다. 반가워하기는커녕 자신이 엘리야를 만난 것만으로도 생명이 위험하다고 말한다. 엘리야가 두 번이나 부탁을 하는데도 오바댜는 그 말을 신뢰하지 않는다. 엘리야는 오바댜를 위험에 빠뜨리고 그 남은 조직까지 어렵게 만들 수 있는 위험인물이라는 것이다. 엘리야는 하나님의 살아 계심을 걸고 맹세를 한 다음에야 오바댜를 설득시킬 수 있었다. 그러니까 엘리야는 당시 사람들, 특히 야훼를 신실하게 섬기는 사람들에게조차 그다지 환영받는 인물이 아니었던 것이다.

엘리야는 오바댜를 간신히 설득해서 아합을 만나는데, 이제 엘리야가 아합을 만나는 장면을 살펴보자.

[16]오바댜가 가서 아합을 만나 그에게 말하매 아합이 엘리야를 만나러 가다가 [17]엘리야를 볼 때에 아합이 그에게 이르되 이스라엘을 괴롭게 하는 자여 너냐 [18]그가 대답하되 내가 이스라엘을 괴롭게 한 것이 아니라 당신과 당신의 아버지의 집이 괴롭게 하였으니 이는 여호와의 명령을 버렸고 당신이 바알들을 따랐음이라 [19]그런즉 사람을 보내 온 이스라엘과 이세벨의 상에서 먹는 바알의 선지자 사백오십 명과 아세라의 선지자 사백 명을 갈멜 산으로 모아 내게로 나아오게 하소서 [20]아합이 이에 이스라엘의 모든 자손에게로 사람을 보내 선지자들을 갈멜 산으로

모으니라(왕상 18:16-20).

엘리야와 아합은 만나서 당시 사태에 대해서 이야기를 나눈다. 아합은 나라가 어려운 것이 엘리야 때문이라고 말하는데, 엘리야는 아합이 바알을 섬기는 것 때문에, 즉 이세벨을 중심으로 한 바알종교 세력들 때문에 국가가 어렵다고 말한다. 이렇게 책임 공방을 한 다음, 엘리야는 이세벨의 지지세력들을 갈멜 산으로 모아달라고 아합에게 부탁한다. 이것은 이세벨을 지지하는 바알과 아세라 선지자들이 이스라엘 전역에 흩어져 있고 그 세력이 막강했음을 보여준다.

그런 다음 엘리야가 하는 말이 계속 이어지는 것을 보면 아합도 엘리야가 지적한 것을 수긍했을 가능성이 있다. 아합은 엘리야가 제안한 것을 순순히 받아들이고, 사람들을 이스라엘 전 지역으로 보내서 이세벨의 지지세력인 바알과 아세라 선지자들을 갈멜 산으로 불러모은다. 갈멜 산 사건이 자신에게 불리할 것이라고 생각했다면 아합은 엘리야가 제안하는 것을 수용하지 않았을 것이다. 그런데 이렇게 아합이 엘리야가 하는 말을 받아들여서 갈멜 산 사건을 주관하는 것을 보면, 그것이 자신에게 유리하다고 판단했던 것으로 보인다. 그리고 아합은 자신의 정치적 입지를 확고하게 하기 위해서 엘리야와 어떤 협상을 했는지도 모른다.

그렇다면 갈멜 산 집회는 당시 가뭄으로 인한 곤경을 벗어나기 위해서 아합이 꾸민 고도로 치밀한 계략이었을까? 아합의 입장에서는 누구든 희생제물이 되기를 바란 것은 아닐까? 가뭄을 빌미로 삼아서 누군가를 처형하고 자기 권력을 강화하려는 의지가 있었던 것은 아닐까? 마치 다윗 왕 때 3년간 연속해서 기근이 발생했을 때, 사울이 기브온 사람들을 이유 없이 학살했다는 것을 들어서 사울의 자식 일곱을 처형한 것과 같은 이유일까? 이런 조짐은 엘리야가 문제 삼는 것이 아합이 아니고 이세벨이라는 것에서도 드러난다.[4] 그래서 우리는 이런 의문을 갖는다. 엘리야는 갈멜 산 사건을 통해서 바알 선지자들을 제거함으로써 이세벨을 완전히 제거하지는 못한다 해도 그 힘을 약화시키려고 한 것은 아닐까? 그래서 아합이 이세벨에게서 벗어나도록 도우려 한 것이 아닐까? 그리고 아합도 이것을 묵시적으로 인정한 것이 아닐까? 갈멜 산 사건은 엘리야가 제안하고 아합이 주관해서 일어난 두 사람의 합작품은 아닐까? 앞으로 이것들을 규명하면서 갈멜 산 사건의 진상을 살펴보려고 한다.

엘리야의 제안을 받아들인 아합은 사람들을 보내서 전국에 있는 바알과 아세라 선지자들을 불러모은다. 그래서 850명이나 되는 사람들이 모여들었다. 엘리야는 누구와 함께 그곳에 왔을까? 단을 보수하고 물을 길어오고 제물을 올리는 일, 그리고 바알 선지자 450명을 도망가지 못하게 하고, 그들을 다 끌고 기손 시내로 내려가서 쳐죽인 일, 이런 일들은 엘리야 혼자서 할 수 있는 일이 아니다. 그렇다면 엘리야를 돕는 사람들이 있었고, 그들은 어느 정도 무장을 했을 것이다. 그들은 과연 누구일까?

그레이는 엘리야가 갈멜 산을 택한 이유를 오바댜가 숨겨놓은 선지자들이 그곳 동굴들에 숨어있어서 동지를 규합하기 쉬웠기 때문이라고 말한다.[5] 그리고 시간적으로 엘리야가 모든 일을 다 처리할 수 없었기 때문에 바알의 선지자 450명을 처형하는 일을 그 동지들에게 맡겼을 것으로 보인다.

---

4) 앤더슨은 아합이 이스라엘의 하나님 야훼를 배척할 생각은 전혀 없었던 것으로 보인다고 말하는데, 그 근거를 아합이 자녀들의 이름에 '야'를 넣고, 그리고 야훼의 선지자들에게 자문을 구한 사실에서 찾는다.[B. W. Anderson, *Understanding the Old Testament*, 강성열·노향규 옮김, 《구약성서 이해》(서울: 크리스챤다이제스트, 1996), 330.] 이런 아합과 달리 이세벨은 이스라엘의 전통적인 신앙을 뿌리 뽑기 위해서 야훼의 선지자들을 멸절시켰다(331).
5) Gray, 390, 394f.

갈멜 산 사건의 하이라이트는 무엇인가?

본문을 읽어 보면, 엘리야가 주도적임을 금방 알 수 있다. 대결방식도 엘리야가 정한다. 다른 선지자들은 거기에 순순히 따른다. 어떻게 엘리야가 주도적으로 대결을 이끌어나갔을까? 아합이 엘리야에게 모든 것을 맡기지 않았다면 그렇게 하지 못했을 것이다. 우리는 여기서도 아합과 엘리야 사이에 묵계가 있었을 것으로 짐작한다.

우리는 하늘에서 불이 내린 것을 갈멜 산 사건의 하이라이트로 보는데, 우리가 기대하는 것과 달리 엘리야 전승들에서 불을 강조하는 곳은 없다. 엘리야 전승 본문들을 순서대로 살펴보자.

> ⁵보라 여호와의 크고 두려운 날이 이르기 전에 내가 선지 엘리야를 너희에게 보내리니 ⁶그가 아버지의 마음을 자녀에게로 돌이키게 하고 자녀들의 마음을 그들의 아버지에게로 돌이키게 하리라 돌이키지 아니하면 두렵건대 내가 와서 저주로 그 땅을 칠까 하노라 하시니라(말 4:5-6).

> ²요한이 옥에서 그리스도께서 하신 일을 듣고 제자들을 보내어 ³예수께 여짜오되 오실 그이가 당신이오니이까 우리가 다른 이를 기다리오리이까 ⁴예수께서 대답하여 이르시되 너희가 가서 듣고 보는 것을 요한에게 알리되 ⁵맹인이 보며 못 걷는 사람이 걸으며 나병환자가 깨끗함을 받으며 못 듣는 자가 들으며 죽은 자가 살아나며 가난한 자에게 복음이 전파된다 하라 ⁶누구든지 나로 말미암아 실족하지 아니하는 자는 복이 있도다 하시니라 ⁷그들이 떠나매 예수께서 무리에게 요한에 대하여 말씀하시되 너희가 무엇을 보려고 광야에 나갔더냐 바람에 흔들리는 갈대냐 ⁸그러면 너희가 무엇을 보려고 나갔더냐 부드러운 옷 입은 사람이냐 부드러운 옷을 입은 사람들은 왕궁에 있느니라 ⁹그러면 너희가 어찌하여 나갔더냐 선지자를 보기 위함이었더냐 옳다 내가 너희에게 이르노

니 선지자보다 더 나은 자니라 ¹⁰기록된 바 보라 내가 내 사자를 네 앞에 보내노니 그가 네 길을 네 앞에 준비하리라 하신 것이 이 사람에 대한 말씀이니라 ¹¹내가 진실로 너희에게 말하노니 여자가 낳은 자 중에 세례 요한보다 큰 이가 일어남이 없도다 그러나 천국에서는 극히 작은 자라도 그보다 크니라 ¹²세례 요한의 때부터 지금까지 천국은 침노를 당하나니 침노하는 자는 빼앗느니라 ¹³모든 선지자와 율법이 예언한 것은 요한까지니 ¹⁴만일 너희가 즐겨 받을진대 오리라 한 엘리야가 곧 이 사람이니라(마 11:2-14).

¹³예수께서 빌립보 가이사랴 지방에 이르러 제자들에게 물어 이르시되 사람들이 인자를 누구라 하느냐 ¹⁴이르되 더러는 세례 요한, 더러는 엘리야, 어떤 이는 예레미야나 선지자 중의 하나라 하나이다 ¹⁵이르시되 너희는 나를 누구라 하느냐 ¹⁶시몬 베드로가 대답하여 이르되 주는 그리스도시요 살아 계신 하나님의 아들이시니이다 ¹⁷예수께서 대답하여 이르시되 바요나 시몬아 네가 복이 있도다 이를 네게 알게 한 이는 혈육이 아니요 하늘에 계신 내 아버지시니라 ¹⁸또 내가 네게 이르노니 너는 베드로라 내가 이 반석 위에 내 교회를 세우리니 음부의 권세가 이기지 못하리라 ¹⁹내가 천국 열쇠를 네게 주리니 네가 땅에서 무엇이든지 매면 하늘에서도 매일 것이요 네가 땅에서 무엇이든지 풀면 하늘에서도 풀리리라 하시고 ²⁰이에 제자들에게 경고하사 자기가 그리스도인 것을 아무에게도 이르지 말라 하시니라(마 16:13-20).

²⁴또 이르시되 내가 진실로 너희에게 이르노니 선지자가 고향에서는 환영을 받는 자가 없느니라 ²⁵내가 참으로 너희에게 이르노니 엘리야 시대에 하늘이 삼 년 육 개월간 닫히어 온 땅에 큰 흉년이 들었을 때에 이스라엘에 많은 과부가 있었으되 ²⁶엘리야가 그중 한 사람에게도 보내심을 받지 않고 오직 시돈 땅에 있는 사렙다의 한 과부에게뿐이었으며

²⁷또 선지자 엘리사 때에 이스라엘에 많은 나병환자가 있었으되 그중의 한 사람도 깨끗함을 얻지 못하고 오직 수리아 사람 나아만뿐이었느니라 ²⁸회당에 있는 자들이 이것을 듣고 다 크게 화가 나서 ²⁹일어나 동네 밖으로 쫓아내어 그 동네가 건설된 산 낭떠러지까지 끌고 가서 밀쳐 떨어뜨리고자 하되 ³⁰예수께서 그들 가운데로 지나서 가시니라(눅 4:24-30).

¹³너희 중에 고난당하는 자가 있느냐 그는 기도할 것이요 즐거워하는 자가 있느냐 그는 찬송할지니라 ¹⁴너희 중에 병든 자가 있느냐 그는 교회의 장로들을 청할 것이요 그들은 주의 이름으로 기름을 바르며 그를 위하여 기도할지니라 ¹⁵믿음의 기도는 병든 자를 구원하리니 주께서 그를 일으키시리라 혹시 죄를 범하였을지라도 사하심을 받으리라 ¹⁶그러므로 너희 죄를 서로 고백하며 병이 낫기를 위하여 서로 기도하라 의인의 간구는 역사하는 힘이 크니라 ¹⁷엘리야는 우리와 성정이 같은 사람이로되 그가 비가 오지 않기를 간절히 기도한즉 삼 년 육 개월 동안 땅에 비가 오지 아니하고 ¹⁸다시 기도하니 하늘이 비를 주고 땅이 열매를 맺었느니라(약 5:13-18).

말라기 4장과 마태복음 11장, 그리고 마태복음 16장은 다시 올 엘리야를 주제로 한다는 점에서 서로 연관성이 있고, 누가복음 4장은 엘리야-엘리사 전승을 상당히 폭넓게 수용한다. 그리고 야고보서 5장은 엘리야가 기도하는 사람임을 부각한다. 어느 본문도 불 이야기를 언급하지 않는다.

그렇기 때문에 우리는 갈멜 산 사건의 핵심이 무엇인지를 다시 생각해 보아야 한다. 갈멜 산에 불이 내린 것이 그토록 엄청난 일이었다면, 후대 사람들도 그것을 핵심사건으로 기억했을 텐데 그렇지 않다는 점에서 의문이 생긴다. 불이 내린 것은 하나님의 능력을 보여주는 것이라고 할 수 있지만, 그것이 갈멜 산 사건의 핵심은 아니라는 것이다. 엘리야가 호렙 산 동굴 앞에서 바람과 지진, 불에서 하나님을 만나지 못하고, 세미한 음성으로 하나님 말씀을 듣는 장면을 보면, 불이 아무리 센세이셔널한 것이라고 해도 핵심은 아니라는 것이다. 그럼에도 불구하고 우리가 여전히 불에 매여 있다면, 그것은 일종의 우상숭배이다. 모세시대에 뱀들이 나타나서 사람들을 물어 죽이자 하나님은 모세로 하여금 구리 뱀을 만들어서 장대에 걸고 사람들이 그것을 쳐다보게 하셨는데, 뱀에 물린 사람들이 그것을 보고 살아났다.

그런데 그 구리 뱀은 그 이후로 우상처럼 숭배되어 히스기야 때까지 이어졌다. 사람들은 그 구리 뱀이 능력을 갖고 있는 것으로 생각하고 구리 뱀을 숭배한 것이다. 그러다 보니 그 구리 뱀은 원래 하나님의 능력을 드러내는 역할을 했는데, 이제는 오히려 하나님을 가리는 우상이 된 것이다. 그래서 히스기야는 그 폐해를 알고 구리 뱀, 즉 느후스단을 부셔버린다. 우리가 갈멜 산 사건을 보면서 불에 집착하는 것은 느후스단에 집착하는 것과 마찬가지다. 우리는 히스기야가 느후스단을 부셔버리듯이 불에 대한 집착을 깨뜨려야 한다. 그래야만 불에서 벗어나 하나님을 볼 수 있는 것이다.

갈멜 산 사건은 어떤 영향을 미쳤는가?

하늘에서 불이 내려 주변을 태우고, 사람들이 그것을 보고 하나님이 참신이라고 고백하는 장면은 언제 생각해 보아도 감격스럽다. 우리는 이 감격에 사로잡혀서 갈멜 산 사건에 대해 더 깊게 생각하려 하지 않는다.

그런데 갈멜 산 사건은 도대체 현실적으로 무슨 의미가 있는가? 갈멜 산 사건이 하나님과 바알의 대결이었다면, 그래서 하나님이 승리해서 사람들이 하나님을 참신으로 고백했다면, 이세벨을 지지하는 바알 선지자 450명이 제거되었다면, 그 이후에 신앙적인 변화가 일어나야 하는데 전혀 그런 흔적이 보이지 않는다.[6] 그렇다면 하나님과 바알이 겨룬 대결 자체가 무슨 의미가 있는가? 그곳에 모여서 하나님이 내린 불을 보고 하나님을 참신이라고 고백한 사람들은 도대체 어떻게 되었을까?

아합이 이세벨에게 갈멜 산 사건을 보고하자, 이세벨은 엘리야를 죽이려고 한다. 그녀를 지지하는 선지자 450명이 갈멜 산 근처에서 무참히 도륙을 당했는데도 이세벨이 여전히 그 힘을 잃지 않았다면, 그녀가 가진 힘은 얼마나 막강한 것인가? 엘리야가 아합을 설득해서 일으킨 갈멜 산 사건은 가뭄을 끝내고 비를 내린 것 외에 이스라엘에 어떤 영향을 미쳤는가? 엘리야는 과연 갈멜 산에서 승리한 것인가 실패한 것인가?

그리고 갈멜 산 사건으로 인해서 가장 큰 이득을 본 사람은 누굴까? 우리는 당연히 엘리야를 비롯한 야훼 세력이 가장 많은 이득을 얻었을 것으로 생각한다. 이 일로 인해서 엘리야가 능력을 보여주고 입지를 확보했을 것으로 생각한다. 그러나 우리 생각과는 달리 엘리야는 이 일로 인해서 전혀 이득을 얻지 못했고, 실제로는 아합과 이세벨이 가장 많은 덕을 보았다.[7] 오랫동안 비가 내리지 않아서 국가가 어려웠을 때는 아합과 이세벨이 어려웠을 것이다. 백성들이 아합과 이세벨에게 불만을 품었을 것이다. 그러나 이제 비가 내림으로써

---

[6] "갈멜 산에서의 대결-'온 이스라엘(왕상 18:19-20)의 참여, 백성들의 야훼에 대한 일치된 신앙고백, 바알 예언자들의 대량 학살-에 관한 극적인 묘사는 우리에게 바알 종교가 한꺼번에 완전히 무너졌다는 인상을 주기 쉽다. 그러나 실제로 엘리야의 승리는 그렇게 결정적이지 못했다. 몇 년 후의 상황을 보면 바알 신전을 꽉 채울 만큼 바알 숭배자들은 여전히 많았다(왕하 10:21). 또한 갈멜 산의 승리는 싸움의 끝도 아니었다. 이세벨이 여전히 권세를 쥐고서 엘리야를 바싹 뒤쫓고 있다는 것을 엘리야도 알고 있었다."(Anderson, 334f.)

[7] 야훼 종교세력들이 얻은 승리는 잠시뿐이었고, 바알 세력들은 예후가 쿠데타를 일으켜서 제거하기까지 여전했고, 유다에서는 아달랴가 암살될 때까지 바알 종교가 지속되었다.(Gray, 403.)

2년 동안의 가뭄이 끝나고 아합과 이세벨도 곤경에서 벗어났다. 그리고 비가 오지 않아 고통을 당하며 아합과 이세벨에 대해서 불만을 품었던 사람들도 드디어 비가 내리고 가뭄이 해소되자 모두 자기 삶의 터전으로 돌아갔을 것이다. 가뭄으로 짓지 못했던 농사를 다시 지었을 것이다. 비가 내림으로써 이스라엘은 다시 평화를 찾은 것이다. 이 갈멜 산 사건으로 이세벨은 힘을 더 강화시킨 반면, 엘리야는 위기에 처하는 아이러니가 일어난다. 갈멜 산 사건에도 불구하고 이세벨은 전혀 타격을 입지 않았고 바알 종교 세력들이 붕괴되었다는 흔적도 찾아보기 어렵다. 오히려 갈멜 산 사건으로 이세벨은 힘을 더 강화하고 엘리야는 목숨을 위협받는 상황에 처한 것이다(왕상 19:1-14).

아합으로부터 갈멜 산 사건을 전해 들은 이세벨은 전령을 엘리야에게 보내서 그를 반드시 죽이겠다고 말한다. 그래서 엘리야는 자기 사환들 몇 명만 데리고 숨가쁜 피난길에 나선다. 그러면서 그가 느끼는 것은 자신이 철저히 고립되었다는 것이다. 이것은 이런 추리를 가능케 한다. 엘리야가 갈멜 산 사건을 일으키기 전까지는 오바댜가 숨겨놓은 선지자들이 발각되지 않았는데, 그들이 갈멜 산에 등장해서 바알 선지자들을 죽임으로써 마지막 조직까지 드러났고, 이것을 이세벨이 붕괴시켜버리고 오바댜도 제거한 것은 아닌가? 그래서 엘리야는 아무에게도 도움을 받지 못한 것은 아닐까? 오바댜가 엘리야를 만났을 때 바로 이것을 염려한 것은 아니었을까?

어쨌든 엘리야는 이제 자기만 남았는데 자기 목숨도 위태롭다고 하나님께 하소연한다(10절). 아합 왕의 마차 앞에서 달려갈 정도로 힘이 왕성했던 엘리야는 불과 며칠이 지나지 않아서 완전히 탈진한 채 브엘세바 근처 광야로 숨어든다. 사환들을 브엘세바에 남겨놓고 엘리야가 혼자서 더 깊숙한 광야로 들어가서 로뎀나무 아래 누웠다는 것은 그가 얼마나 다급하게 피신하였는지를 보여준다. 쥐도 새도 모르게 자기를 제거해 버리기 위해서 이세벨이 파견한 암살자들을 피해 정신없이 도망갔을 것이다. 아무도 엘리야를 도와주거나 은신처를 제공해 주지 않았다. 갈멜 산의 영웅 엘리야를 도와주거나 은신시켜주는 사람들이 전혀 없어서 유다에 속한 브엘세바까지 도망을 가고, 거기도 안전하지 못해서 다시 호렙까지 40일이나 걸려 도망가는 모습에서 우리는 엘리야가 얼마나 고립되었는지를 충분히 짐작할 수 있다.

엘리야는 차라리 자기를 죽여달라고 하나님께 말한다. 도대체 갈멜 산 사건이 일어난 지 며칠이나 지났다고 엘리야가 이 지경에 이르렀단 말인가. 갈멜 산 사건에도 불구하고 그동안 은신하던 야훼 종교 세력을 완전히 색출해서 그 조직을 파괴해 버리고 엘리야를 고립시켜버린 이세벨은 얼마나 주도면밀하고 그녀의 힘은 도대체 얼마나 막강한 것인가?

엘리야는 왕권을 교체할 마음이 있었는가?

갈멜 산 사건을 계획하면서 엘리야는 아합과 이세벨을 제거하고 왕권을 교체하려고 했을까? 갈멜 산 사건을 계획하고 그 일을 진행할 때까지만 해도 엘리야를 비롯한 야훼 종교세력들은 아합을 제거할 마음이 전혀 없었다. 엘리야가 아합을 제거할 마음이 없었다는 것은 다음 본문에서 확인할 수 있다.

> [41]엘리야가 아합에게 이르되 올라가서 먹고 마시소서 큰 비의 소리가 있나이다 [42]아합이 먹고 마시러 올라가니라 엘리야가 갈멜 산 꼭대기로 올라가서 땅에 꿇어 엎드려 그의 얼굴을 무릎 사이에 넣고 [43]그 사환에게 이르되 올라가 바다쪽을 바라보라 그가 올라가 바라보고 말하되 아무것도 없나이다 이르되 일곱 번까지 다시 가라 [44]일곱 번째 이르러서

는 그가 말하되 바다에서 사람의 손만 한 작은 구름이 일어나나이다 이르되 올라가 아합에게 말하기를 비에 막히지 아니하도록 마차를 갖추고 내려가소서 하라 하니라 ⁴⁵조금 후에 구름과 바람이 일어나서 하늘이 캄캄해지며 큰 비가 내리는지라 아합이 마차를 타고 이스르엘로 가니 ⁴⁶여호와의 능력이 엘리야에게 임하매 그가 허리를 동이고 이스르엘로 들어가는 곳까지 아합 앞에서 달려갔더라(왕상 18:41-46).

이 구절들을 읽어 보면, 아합도 마찬가지고 엘리야도 아합에 대해서 전혀 적대감을 갖고 있지 않다. 본문은 엘리야가 오히려 아합에게 예의를 갖추었음을 보여준다. 아합과 엘리야는 위엄있는 군주와 충성스런 신하 사이로 보인다. 엘리야가 아합을 제거할 마음이 있었다면 결코 그렇게 하지 않았을 것이다. 엘리야가 아합을 얼마나 정중하게 대하는가? 엘리야는 아합에게 비가 올 것이기 때문에 먹고 마시라고 말한다. 우리는 이 구절에 주목해야 한다. 이것은 아합과 엘리야, 그리고 야훼의 관계가 갱신되었음을 보여준다.[8] 그리고 비가 내릴 때 엘리야는 아합보다 앞서서 달려갔다. 아합의 마차를 선두해서 달려가는 엘리야.[9] 이런 모습은 엘리야가 아합을 제거하려고 하지 않았을 뿐만 아니라 오히려 아합을 지지하는 모습을 보여준다.[10]

그렇다면 엘리야가 진정으로 의도한 것은 무엇이었을까? 바알 선지자들을 제거해 버림으로써 아합 주위에 포진한 이세벨 세력을 끊어버리고 그 자리를 야훼 지지 세력으로 채우고, 시돈의 영향력에서 벗어나 이스라엘 왕권을 아합에게 온전히 돌려주려고 했던 것일

---

8) Gray, 403.
9) 아합의 동의를 얻어내서 갈멜 산 사건을 이뤄내고 승리함으로써 아합의 신뢰를 얻은 엘리야는 이스르엘로 가는 아합 왕의 마차를 앞서서 달려가면서, 이스르엘에 있는 이세벨 반대세력들에게 자신의 성공을 과시하고 그들에게 확신을 줌으로써, 아합이 이세벨을 제어하는 데 필요한 도움을 주고자 했던 것으로 보인다.(Gray, 405.)
10) 엘리야는 아합을 여전히 왕으로 인정하고, 그를 깨우쳐서 선한 왕이 되게 하려고 한다. (DeVries, 219.)

까? 그래서 어떤 측면으론 아합과 엘리야가 내심 결탁한 것은 아닐까? 이세벨이 이것을 눈치 채고 자신의 절대적 지지 세력인 바알 선지자들과 아세라 선지자들이 엘리야 집단과 대결하는 갈멜 산에 가지 않고 왕궁에 남아있으면서 갈멜 산 사건 이후를 준비한 것은 아닐까? 갈멜 산 사건으로 드러난 야훼 종교 세력들을 일망타진하고 엘리야까지 제거하려 한 것은 아닐까? 그리고 아합을 압박해서 엘리야와 어떤 협약을 맺었는지 알아낸 것은 아닐까? 어쨌든 최소한 갈멜 산 사건 때까지만 해도 엘리야는 아합을 제거하려고 생각하지 않았고, 오히려 그를 도와주려고 했던 것으로 보인다. 엘리야를 비롯한 야훼 종교 세력들은 아합이 문제가 아니고 이세벨이 문제라고 생각했기 때문에, 아합을 제거하고 다른 왕을 세우려고 하기보다는 이세벨을 제거하면 문제가 해결된다고 생각했던 듯하다.

그런데 이세벨이 자신을 죽이려고 하는 것을 보고 브엘세바를 거쳐서 호렙까지 도망간 엘리야는 거기서 하나님으로부터 이스라엘의 왕권을 교체하라는 명령, 즉 아합 가문을 제거하라는 명령을 받는다.

> ¹⁵여호와께서 그에게 이르시되 너는 네 길을 돌이켜 광야를 통하여 다메섹에 가서 이르거든 하사엘에게 기름을 부어 아람의 왕이 되게 하고 ¹⁶너는 또 님시의 아들 예후에게 기름을 부어 이스라엘의 왕이 되게 하고 또 아벨므홀라 사밧의 아들 엘리사에게 기름을 부어 너를 대신하여 선지자가 되게 하라 ¹⁷하사엘의 칼을 피하는 자를 예후가 죽일 것이요 예후의 칼을 피하는 자를 엘리사가 죽이리라 (왕상 19:15-17).

하지만 엘리야는 그 명령을 다 수행하지 못한다. 엘리야가 하나님으로부터 받은 세 가지 명령 가운데서 마지막 임무, 즉 엘리사[11]를

---
11) 버겐은 엘리야와 엘리사가 서로 다른 성향을 가졌을 것이라고 생각한다. 엘리야가 변방 출신으로 돕는 사람들 없이 혼자서 활동했다면, 엘리사는 이스라엘의 도시들에서 거주

후계자로 정하는 것만 수행하고, 나머지 두 가지, 즉 이스라엘 왕과 아람 왕에게 기름 붓는 일은 엘리사가 이어받는다. 갈멜 산 사건 이후로 엘리야가 주도적으로 할 일은 더 이상 없었다. 그는 은퇴를 준비해야 했고, 후계자를 준비해야 했다.[12] 이런 점에서 갈멜 산 사건은 엘리야를 최정상에 오르게 한 사건이 아니고 엘리야를 잠시나마 예언계에서 물러나게 한 사건이다.[13] 엘리야는 호렙 산 경험을 통해서 지금까지 해온 운동 방향을 완전히 변경한다. 엘리야는 이세벨 제거뿐만 아니라 왕권 교체 쪽으로 방향을 바꾸면서 엘리사를 후계자로 지명하고 그를 교육하는 일로 그 첫걸음을 시작한다.

> [19]엘리야가 거기서 떠나 사밧의 아들 엘리사를 만나니 그가 열두 겨릿소를 앞세우고 밭을 가는데 자기는 열두째 겨릿소와 함께 있더라 엘리야가 그리로 건너가서 겉옷을 그의 위에 던졌더니 [20]그가 소를 버리고 엘리야에게로 달려가서 이르되 청하건대 나를 내 부모와 입맞추게 하소서 그리한 후에 내가 당신을 따르리이다 엘리야가 그에게 이르되 돌아가라 내가 네게 어떻게 행하였느냐 하니라 [21]엘리사가 그를 떠나 돌아

했으며, 선지자의 생도들과 함께 생활했으며, 그 외에도 다른 사람들과 함께했다는 것이다. 그리고 메시지에서도 서로 달랐다고 말한다.[Wesley J. Bergen, "The Prophetic Alternative: Elisha and the Israelite Monarchy", ed. by Robert B. Coote, *Elijah and Elisha in Socioliterary Perspective*(Atlanta, Georgia: Scholars Press, 1992), 136.] 그리고 버겐은 엘리야가 엘리사를 후계자로 임명했을 때, 이세벨과 아합 가문을 제거하라는 사명도 함께 부여받았을 텐데 엘리사의 이야기를 살펴보면, 그런 모습을 전혀 발견할 수 없다고 말한다. 바알과 바알종교, 이세벨, 야훼에 관한 이야기들이 엘리사 이야기에는 전혀 나타나지 않는다는 것이다.[*Elisha and the End of Prophetism*, JSOTS 286(Sheffield: Sheffield Academic Press, 1999), 175.] 이런 점에서 엘리야-엘리사-예후로 이어지는 것이 아니고, 엘리야-예후로 이어진다고 말한다(162-169). 물론 이런 차이점이 있겠지만, 엘리야가 말년에는 엘리사와 더불어 조직 재건에 주력했고, 엘리야 승천 이후에 엘리사가 계속해서 조직 재건과 유지에 힘을 쏟았기 때문에 왕과 이세벨에 대한 공격에는 전략적인 측면에서 잠시 소홀했던 것으로 볼 수 있다.

12) "엘리야가 하사엘과 예후를 기름 붓지 않았다는 사실은 호렙 경험이 그의 삶의 끝에서 일어났다는 것을 보여준다."(Gray, 411.)
13) 엘리야는 이세벨의 반격을 받으면서 자신이 예언사역을 더 이상 감당할 수 없다고 느끼고 모든 것을 포기했을 것이다.(DeVries, 235.)

가서 한 겨릿소를 가져다가 잡고 소의 기구를 불살라 그 고기를 삶아 백성에게 주어 먹게 하고 일어나 엘리야를 따르며 수종 들었더라(왕상 19:19-21).

이렇게 후계자를 임명한 후에 엘리야는 이스르엘[14] 사람 나봇[15]의 포도원 사건 때 일부러 사마리아로 가서 아합을 만나 하나님의 심판을 선포하는데, 엘리야는 아합 가문이 멸망당할 것임을 분명하게 말한다.

[17]여호와의 말씀이 디셉 사람 엘리야에게 임하여 이르시되 [18]너는 일어나 내려가서 사마리아에 있는 이스라엘의 아합 왕을 만나라 그가 나봇의 포도원을 차지하러 그리로 내려갔나니 [19]너는 그에게 말하여 이르기를 여호와의 말씀이 네가 죽이고 또 빼앗았느냐고 하셨다 하고 또 그에게 이르기를 여호와의 말씀이 개들이 나봇의 피를 핥은 곳에서 개들이 네 피 곧 네 몸의 피도 핥으리라 하였다 하라 [20]아합이 엘리야에게 이르되 내 대적자여 네가 나를 찾았느냐 대답하되 내가 찾았노라 네가 네 자신을 팔아 여호와 보시기에 악을 행하였으므로 [21]여호와의 말씀

---

14) 토드는 당시 북왕국 이스라엘 백성들이 이스라엘인과 가나안인으로 구성되어 있었는데, 이 두 부류가 서로 긴장관계를 형성하고 있었다고 말한다. 그리고 토드는 사마리아와 이스르엘을 대비하는데, 사마리아는 가나안적인 성향이 강한 곳이고, 이스르엘은 이스라엘적인 성향이 강한 곳이며, 사마리아와는 다르게 이스르엘의 지배층은 고대 이스라엘 전통에 따라서 다스렸다고 말한다. 즉 장로들이 공동체에서 일어난 일들을 재판하고 전통적인 토지 영속제도를 준수했다는 것이다.(Judith A. Todd, "The Pre-Deuteronomistic Elijah Cycle", ed. by Robert B. Coote, *Elijah and Elisha in Socioliterary Perspective*, 33.)

15) 이스르엘에서 나봇은 아합과 이세벨에 반대하는 대표적인 인물이었을지도 모른다. (Gray, 441.) 그렇다면 이 사건 역시 이세벨 반대 세력, 특히 야훼 종교세력을 제거하기 위해서 일으킨 것으로 볼 수 있다. 갈멜 산 사건 이후로도 이세벨은 반대 세력 숙청작업을 계속했던 것이다. 하지만 나봇을 죽임으로써 아합과 이세벨은 이스르엘 사람들의 반감을 샀을 것이다. 이것은 나중에 예후가 쿠데타를 일으킬 때 하는 말(왕하 9:25-26)에서도 짐작할 수 있다. 나봇 계열에 속한 이스르엘 사람들은 예후의 쿠데타를 지지했을 것이다. 엘리야와 엘리사를 지지하는 사람들 중에는 빈농들도 있었지만, 나봇 같은 상류층 지주들도 있었다. (Todd, 8.) 엘리사가 머물던 수넴 여인도 상당한 재산가였던 것으로 보인다.

이 내가 재앙을 네게 내려 너를 쓸어 버리되 네게 속한 남자는 이스라엘 가운데에 매인 자나 놓인 자를 다 멸할 것이요 ²²또 네 집이 느밧의 아들 여로보암의 집처럼 되게 하고 아히야의 아들 바아사의 집처럼 되게 하리니 이는 네가 나를 노하게 하고 이스라엘이 범죄하게 한 까닭이니라 하셨고 ²³이세벨에게 대하여도 여호와께서 말씀하여 이르시되 개들이 이스르엘 성읍 곁에서 이세벨을 먹을지라 ²⁴아합에게 속한 자로서 성읍에서 죽은 자는 개들이 먹고 들에서 죽은 자는 공중의 새가 먹으리라고 하셨느니라 하니 ²⁵예로부터 아합과 같이 그 자신을 팔아 여호와 앞에서 악을 행한 자가 없음은 그를 그의 아내 이세벨이 충동하였음이라 ²⁶그가 여호와께서 이스라엘 자손 앞에서 쫓아내신 아모리 사람의 모든 행함같이 우상에게 복종하여 심히 가증하게 행하였더라 ²⁷아합이 이 모든 말씀을 들을 때에 그의 옷을 찢고 굵은 베로 몸을 동이고 금식하고 굵은 베에 누우며 또 풀이 죽어 다니더라 ²⁸여호와의 말씀이 디셉 사람 엘리야에게 임하여 이르시되 ²⁹아합이 내 앞에서 겸비함을 네가 보느냐 그가 내 앞에서 겸비하므로 내가 재앙을 저의 시대에는 내리지 아니하고 그 아들의 시대에야 그의 집에 재앙을 내리리라 하셨더라 (왕상 21:17-29).

이렇게 끔찍한 심판을 선포하는 엘리야는 아합뿐만 아니라(19-22절) 이세벨에 대해서도 심판을 선포하는데(23-26절), 아합이 회개하고 근신하자 하나님은 아합에게 재앙 내리는 것을 그의 아들 시대로 연기하신다. 여기서 보는 대로 엘리야는 하나님으로부터 이스라엘 왕권 교체 명령을 받았지만 그럼에도 불구하고 아합 제거를 주저하는 것을 볼 수 있다. 이것은 엘리야가 왕권 교체로 운동방향을 바꾸었지만, 그래도 원래 목표하던 것이 아합 제거가 아니고 이세벨 제거였기 때문일 것으로 보인다. 본문은 회개한 아합이 심판을 면하지만, 이세벨은 회개하지 않았기 때문에 결코 심판을 면할 수 없음을 우리에게 보여준다. 본문 기자와 엘리야 집단이 이세벨 제거에 집착하는 것을 알 수 있다.

　나봇의 포도원 사건 때 아합을 만난 엘리야는 그 이후로 얼마 동안은 등장하지 않는다. 아합이 전사할 때에도 그는 등장하지 않는다. 아합이 전사할 때는 미가야가 등장한다. 그래서 엘리야는 아합의 죽음에 개입하지 않는다. 그 까닭은 그의 목표가 아합이 아니고 이세벨이었기 때문이다. 아합 시절에도 막강한 힘을 행사했던 이세벨은 아합이 죽은 다음에도 자기 아들들을 왕으로 세우고, 계속 수렴청정을 했을 것으로 보인다. 앞에서 보았던 것처럼 이세벨은 왕궁뿐만 아니라 이스라엘 전역에 막강한 지지 세력을 갖고 있었다. 엘리야는 아합의 아들 아하시야가 병들어 죽을 즈음에 다시 등장해서 아하시야의 죽음을 예고하는데, 이것이 엘리야가 행한 마지막 사역이다.

¹아합이 죽은 후에 모압이 이스라엘을 배반하였더라 ²아하시야가 사마리아에 있는 그의 다락 난간에서 떨어져 병들매 사자를 보내며 그들에게 이르되 가서 에그론의 신 바알세붑에게 이 병이 낫겠나 물어 보라 하니라 ³여호와의 사자가 디셉 사람 엘리야에게 이르되 너는 일어나 올라가서 사마리아 왕의 사자를 만나 그에게 이르기를 이스라엘에 하나님이 없어서 너희가 에그론의 신 바알세붑에게 물으러 가느냐 ⁴그러므로 여호와의 말씀이 네가 올라간 침상에서 내려오지 못할지라 네가 반드시 죽으리라 하셨다 하라 엘리야가 이에 가니라 ⁵사자들이 왕에게 돌아오니 왕이 그들에게 이르되 너희는 어찌하여 돌아왔느냐 하니 ⁶그들이 말하되 한 사람이 올라와서 우리를 만나 이르되 너희는 너희를 보낸 왕에게로 돌아가서 그에게 고하기를 여호와의 말씀이 이스라엘에 하나님이 없어서 네가 에그론의 신 바알세붑에게 물으려 보내느냐 그러므로 네가 올라간 침상에서 내려오지 못할지라 네가 반드시 죽으리라 하셨다 하라 하더이다 ⁷왕이 그들에게 이르되 올라와서 너희를 만

나 이 말을 너희에게 한 그 사람은 어떤 사람이더냐 ⁸그들이 그에게 대답하되 그는 털이 많은 사람인데 허리에 가죽 띠를 띠었더이다 하니 왕이 이르되 그는 디셉 사람 엘리야로다 ⁹이에 오십부장과 그의 군사 오십 명을 엘리야에게로 보내매 그가 엘리야에게로 올라가 본즉 산 꼭대기에 앉아 있는지라 그가 엘리야에게 이르되 하나님의 사람이여 왕의 말씀이 내려오라 하셨나이다 ¹⁰엘리야가 오십부장에게 대답하여 이르되 내가 만일 하나님의 사람이면 불이 하늘에서 내려와 너와 너의 오십 명을 사를지로다 하매 불이 곧 하늘에서 내려와 그와 그의 군사 오십 명을 살랐더라 ¹¹왕이 다시 다른 오십부장과 그의 군사 오십 명을 엘리야에게로 보내니 그가 엘리야에게 말하여 이르되 하나님의 사람이여 왕의 말씀이 속히 내려오라 하셨나이다 하니 ¹²엘리야가 그들에게 대답하여 이르되 내가 만일 하나님의 사람이면 불이 하늘에서 내려와 너와 너의 오십 명을 사를지로다 하매 하나님의 불이 곧 하늘에서 내려와 그와 그의 군사 오십 명을 살랐더라 ¹³왕이 세 번째 오십부장과 그의 군사 오십 명을 보낸지라 셋째 오십부장이 올라가서 엘리야 앞에 이르러 그의 무릎을 꿇어 엎드려 간구하여 이르되 하나님의 사람이여 원하건대 나의 생명과 당신의 종인 이 오십 명의 생명을 당신은 귀히 보소서 ¹⁴불이 하늘에서 내려와 전번의 오십부장 둘과 그의 군사 오십 명을 살랐거니와 나의 생명을 당신은 귀히 보소서 하매 ¹⁵여호와의 사자가 엘리야에게 이르되 너는 그를 두려워하지 말고 함께 내려가라 하신지라 엘리야가 곧 일어나 그와 함께 내려와 왕에게 이르러 ¹⁶말하되 여호와의 말씀이 네가 사자를 보내 에그론의 신 바알세붑에게 물으려 하니 이스라엘에 그의 말을 물을 만한 하나님이 안 계심이냐 그러므로 네가 그 올라간 침상에서 내려오지 못할지라 네가 반드시 죽으리라 하셨다 하니라 ¹⁷왕이 엘리야가 전한 여호와의 말씀대로 죽고 그가 아들이 없으므로 여호람이 그를 대신하여 왕이 되니 유다 왕 여호사밧의 아들 여호람의 둘째 해였더라 ¹⁸아하시야가 행한 그 남은 사적은 모두 이스라엘 왕 역대지략에 기록되지 아니하였느냐(왕하 1:1-18).

엘리야는 아하시야가 에그론의 신 바알세붑을 의지하지 말고 이스라엘의 하나님 여호와를 의지해야 한다고 촉구한다. 이것은 다른 말로 하면, 바알세붑을 추종하는 세력들을 중심으로 하지 말고 여호와를 믿는 사람들을 등용하라는 말일 것이다. 이 말을 들은 아하시야 왕은 오십부장을 군인들과 함께 엘리야에게 보내는데, 아하시야는 엘리야를 불러서 여러 가지 이야기를 자세하게 듣고 싶었던 모양이다.

그리고 아하시야는 엘리야를 잘 알고 있었다. 아하시야의 신하들은 엘리야를 알아보지 못했지만, 그의 생김새를 전해 들은 아하시야는 그가 엘리야라는 것을 금방 알아챘다. 아하시야는 엘리야를 불러오게 하기 위해서 군대를 보내는데, 이것은 엘리야가 상당한 세력을 확보하고 있었을 뿐만 아니라, 아하시야가 엘리야를 만나고 싶어 했음을 알려준다. 아하시야를 만나기 위해 궁전에 들어간 엘리야-아하시야는 중병이 들어서 움직일 수 없었기 때문에 엘리야가 그를 만나기 위해서는 왕궁으로 들어가야 했을 것이다-는 아하시야를 만난 다음에 그곳에서 무사히 나오는데, 이것은 아하시야가 엘리야를 죽이려는 마음이 없었음을 암시한다.

아하시야는 이세벨이 알지 못하게 은밀하게 엘리야를 만났을 것이다. 만약 엘리야가 아하시야를 만난 사실을 이세벨이 알았다면 엘리야를 가만 두지 않았을 것이기 때문이다. 아하시야와 엘리야는 과거에 아합과 엘리야가 은밀한 이야기를 나눈 것처럼 그렇게 이야기를 나누었을 것으로 보이는데, 아하시야는 그 만남 이후로 별다른 일을 하지 못하고 세상을 떠나고 만다. 아하시야는 아들이 없이 죽어서 왕위는 그의 형제인 여호람이 차지한다. 그래서 아합도 세상을 떠나고 아하시야도 죽었지만, 이세벨은 여전히 힘을 발휘하고, 여호

람은 허울뿐인 왕이었다.[16]

엘리야는 말년을 어떻게 보냈는가?

아하시야를 만난 다음에 엘리야는 승천하는데, 여기서 우리가 주의 깊게 살펴볼 것은 여기저기에 선지자 생도들이 있었다는 것이다. 이것은 그동안 엘리야가 엘리사와 더불어 야훼 종교 재건에 힘썼고 그것이 결실을 맺었음을 보여준다. 갈멜 산 사건 이후에 홀로 남았다는 사실을 절감한 엘리야에게 가장 중요한 문제는 이스라엘에 야훼 종교를 재건하는 일이었다. 하나님도 그런 말씀을 엘리야에게 들려주신다.

"그러나 내가 이스라엘 가운데에 칠천 명을 남기리니 다 바알에게 무릎을 꿇지 아니하고 다 바알에게 입맞추지 아니한 자니라"(왕상 19:18).

갈멜 산 사건 이후에 호렙에서 돌아온 엘리야는 조직 재건을 위해서 애쓴다. 그래서 여러 곳에 조직을 재건한다. 열왕기하 2장 1-18절을 읽어 보면, 엘리야는 엘리사와 함께 길갈에 머물렀는데, 이것은 길갈에 그들의 조직이 있었음을 암시할 뿐만 아니라, 길갈 외에 다른 곳에도 엘리야 집단이 존재했음을 보여준다.

길갈뿐만 아니라 벧엘과 여리고에도 생도들[17]이 있었는데, 이것은 엘리야가 그곳에 세력을 확보해 놓았음을 보여준다. 7절에 근거해 보

---

16) 그가 실권을 갖고 개혁을 하려고 했을지라도 이세벨의 힘이 너무도 강했기 때문에 불가능했을 것이다.[John Bright, *A History of Israel*(Philadelphia: Westerminster Press, 1981), 244.]
17) '선지자의 생도들'은 엘리야와 엘리사를 돕는 '평신도 지지자들'일 것이다. 그들은 전국에 퍼져 있었으며, 다양한 방식으로 엘리사와 관계를 갖고 그를 도와주었을 것이다.[T. R. Hobbs, *2 Kings*, WBC(Waco, Texas: Word Books, 1985), 27.]

면, 여리고 생도들은 최소한 50명을 넘었을 것이다. 여리고의 생도들은 용사들, 즉 군인들을 보유하고 있었다. 군인들을 50명씩 거느리는 이 사람들은 도대체 어떤 집단인가? 엘리야 집단은 하나의 교단으로서 독립된 정치조직이었을 것이다. 엘리야-엘리사 집단은 자체적으로 거처를 확보하고 있었으며(왕하 2:19-22, 6:1-7), 군 지휘관들과도 유대관계를 맺고 있었던 것으로 보인다.

그런데 엘리야가 일으킨 갈멜 산 사건이 궁극적으로 이세벨을 제거하는 것이 목적이었고, 그것을 이루기 위해서 조직을 재건했다면, 그 일은 예후가 이세벨을 죽이는 장면에서 마무리된다.

> ³⁰예후가 이스르엘에 오니 이세벨이 듣고 눈을 그리고 머리를 꾸미고 창에서 바라보다가 ³¹예후가 문에 들어오매 이르되 주인을 죽인 너 시므리여 평안하냐 하니 ³²예후가 얼굴을 들어 창을 향하고 이르되 내 편이 될 자가 누구냐 누구냐 하니 두어 내시가 예후를 내다보는지라 ³³이르되 그를 내려던지라 하니 내려던지매 그의 피가 담과 말에게 튀더라 예후가 그의 시체를 밟으니라 ³⁴예후가 들어가서 먹고 마시고 이르되 가서 이 저주받은 여자를 찾아 장사하라 그는 왕의 딸이니라 하매 ³⁵가서 장사하려 한즉 그 두골과 발과 그의 손 외에는 찾지 못한지라 ³⁶돌아와서 전하니 예후가 이르되 이는 여호와께서 그 종 디셉 사람 엘리야를 통하여 말씀하신 바라 이르시기를 이스르엘 토지에서 개들이 이세벨의 살을 먹을지라 ³⁷그 시체가 이스르엘 토지에서 거름같이 밭에 있으리니 이것이 이세벨이라고 가리켜 말하지 못하게 되리라 하셨느니라 하였더라(왕하 9:30-37).

예후는 이세벨 제거를 쿠데타 명분으로 삼는다. "요람이 예후를 보고 이르되 예후야 평안하냐 하니 대답하되 네 어머니 이세벨의 음행과 술수가 이렇게 많으니 어찌 평안이 있으랴"(왕하 9:22). 이렇게 이세벨의 세력이 예후에 의해서 제거되는데, 엘리야와 엘리사는 이 일을 주도면밀하게 준비했다. 예후는 엘리사가 보낸 소년 선지자가 일러준 대로(왕하 9:6-10) 아합의 자손들을 완전히 제거했을 뿐만 아니라(왕하 10:1-11), 바알 지지 세력들도 거의 뿌리를 뽑아버림으로써(왕하 10:18-27), 엘리야가 갈멜 산에서 이루려고 했던 일을 완성한다. 예후 자신도 자기가 하는 일이 엘리야의 예언을 이루는 일이라고 밝힘으로써(36-37절),[18] 자신이 엘리야의 뜻을 이어받았음을 밝힌다.[19]

우리가 지금까지 살펴본 것처럼 이세벨 제거가 엘리야와 엘리사 집단, 그리고 예후가 목적했던 일이고, 갈멜 산 사건 역시 이것을 위해서 일으킨 것이라고 보아야 할 것이다. 아합도 처음에는 그 일에 동조했을 것으로 보이는데, 갈멜 산 사건으로도 이세벨을 제압하지 못함으로써 아합과 그의 뒤를 이은 아들들은 이스라엘을 주도적으로 다스릴 기회를 얻지 못하고 이세벨에게 국정 주도권을 맡김으로써 결국 아합과 그 아들들 역시 엘리야 집단에게 타도의 대상이 된다. 그럼에도 불구하고 엘리야 집단의 주목표는 여전히 이세벨과 그녀의 지지 세력을 타파하는 것이었다.

이제 이야기를 마무리하자. 갈멜 산 사건의 진상은 과연 무엇인가? 갈멜 산에서 도대체 어떤 일이 일어났을까? 갈멜 산 사건은 엘리야가 아합을 만나서 담판을 한 결과로 엘리야가 아합의 묵인 아래 이세벨의 핵심 세력을 제거하려 한 사건이었지만, 예상 외로 이세벨이 강력해서 결국 실패하는데 그 일은 나중에 엘리야-엘리사 집단과 연결된 예후가 쿠데타를 일으켜서 이세벨을 즉결 처형함으로써 성취되고, 이것으로 갈멜 산 사건은 종결된다.

---

18) 본문 기자도 그렇게 평가한다(왕하 10:17).
19) 토드는 예후 계열이 예후의 쿠데타를 정당화하기 위해서 엘리야 이야기를 구성한 것으로 본다.(Todd, 1.) 힐도 그렇게 생각한다.[Scott D. Hill, "The Local Hero in Palestine in Comparative Perspective", ed. by Robert B. Coote, *Elijah and Elisha in Socioliterary Perspective* (Atlante, Georgia: Scholars Press,1992), 81.]

9

왕권과 교권의 갈등에서 드러나는 폭력

구약성서는 고대 이스라엘의 정치사에 기대어 신앙적인 이야기를 전개하는데, 그러다 보니 고대 이스라엘 사회를 구성하고 서로 영향을 주고받는 다양한 집단들이 벌이는 정치적 사건들에 주목하고 그것들을 비교적 자세하게 서술해 놓았다. 각 집단들이 자신들의 이익을 위해 각축했다는 점에서 고대 이스라엘 사회도 여느 사회와 다르지 않았다. 특히 왕을 중심으로 한 왕권과 제사장들을 중심으로 한 교권이 정치적으로 갈등을 빚는 경우가 많았고, 그런 정치적 갈등은 대체로 심각한 결과를 낳았다. 여기서는 고대 이스라엘 사회에서 왕권과 교권 사이에서 발생하는 갈등으로 인한 폭력적 양상을 열왕기하 15장과 역대하 26장에 등장하는 웃시야 왕을 중심으로 살펴보고자 한다.

동명이인(同名異人) 또는 이명동인(異名同人)

열왕기하 15장을 읽으면서 인상 깊은 것은 아사랴와 웃시야라는 이름을 교대로 사용한다는 사실이다. 1-7절과 8-12절은 아사랴, 13-16절은 웃시야, 17-22절과 23-26절은 아사랴, 27-31절은 아사랴와 웃시야, 32-38절은 웃시야를 사용한다. 그리고 열왕기하 15장 27-31절이 두 이름을 다 사용함으로써 아사랴와 웃시야가 동일인임을 명확하게 한다.

> ²⁷유다의 왕 아사랴 제오십이 년에 르말랴의 아들 베가가 이스라엘 왕이 되어 사마리아에서 이십 년간 다스리며 ²⁸여호와께서 보시기에 악을 행하여 이스라엘로 범죄하게 한 느밧의 아들 여로보암의 죄에서 떠나지 아니하였더라 ²⁹이스라엘 왕 베가 때에 앗수르 왕 디글랏 빌레셀이 와서 이욘과 아벨벳 마아가와 야노아와 게데스와 하솔과 길르앗과 갈릴리와 납달리 온 땅을 점령하고 그 백성을 사로잡아 앗수르로 옮겼더라 ³⁰웃시야의 아들 요담 제이십 년에 엘라의 아들 호세아가 반역하여 르말랴의 아들 베가를 쳐서 죽이고 대신하여 왕이 되니라 ³¹베가의 남은 사적과 그가 행한 모든 일은 이스라엘 왕 역대지략에 기록되니라(왕하 15:27-31).

이렇듯 열왕기하 15장에서 아사랴와 웃시야는 이명동인(異名同人)이다. 그런데 열왕기하 15장이 한 사람을 지칭하면서 이렇게 두 가지 이름을 교대로 사용하는 까닭은 무엇일까? 그리고 웃시야와 아사랴, 이 두 이름은 어떤 관계인가?

먼저 두 이름의 형태를 살펴보면, 웃시야는 히브리어로 עֻזִּיָּה(우지야)이고 아사랴는 עֲזַרְיָה(아자르야)여서 히브리어 자음만 놓고 볼 때, 아사랴에서 레쉬(ר)를 삭제한 형태가 바로 웃시야이다. 그렇기 때문에 웃시야를 아사랴의 훼손된 형태로 보기도 하는데, 두 이름이 일정한 부분에서 규칙적으로 나타난다는 사실에 비추어보면, 이 주장은 그다지 신빙성을 갖지 못한다.

그리고 열왕기하 15장과 평행관계인 역대하 26장을 보면, 여기에도 웃시야와 아사랴라는 두 이름이 나오는데, 여기서는 웃시야와 아사랴는 이명동인이 아니다. 웃시야는 열왕기하 15장에 나오는 아사랴 왕이고, 역대하 26장에서 아사랴는 대제사장이다. 역대하 26장은 왕을 칭할 때는 웃시야로 통일하고, 대제사장을 칭할 때는 아사랴를 사용한다.

그런데 열왕기하 15장과 역대하 26장을 비교하면, 열왕기하 15장은 아사랴와 웃시야라는 이름을 함께 사용하면서도 아사랴에 더 무게를 두는 것으로 보인다.[1] 열왕기에서 웃시야라는 이름은 아사랴의 보조적인 역할을 한다. 그런데 역대하 26장은 왕을 웃시야로 칭한다. 그리고 이사야, 호세아, 아모스도 웃시야라는 이름을 택한다. 이것은 구약시대에 사람들이 아사랴보다는 웃시야라는 이름을 더 선호했음을 보여준다. 지금까지 우리가 살펴본 것들은 웃시야가 아사랴의 훼손된 형태나 단순한 축약 형태가 아니고 별개의 이름임을 입증한다.

그런데 구약성서에서 한 왕의 이름을 하나 이상 표기하는 경우가 그렇게 흔치 않다. 시드기야처럼 이름을 개명한 경우엔 개명한 이름을 사용한다. 솔로몬은 '여디디야'라는 이름을 갖고 있지만, 솔로몬 대신 여디디야로 표기하는 경우는 없다.[2]

여호야긴을 '여고냐'나 '고니야'로 칭하기도 하는데, 여호야긴은 공식 왕명이고, 여고냐는 본명 또는 별칭, 그리고 고니야는 여고냐의 축약형으로 보인다.

웃시야와 아사랴의 경우도 이 가운데 하나는 공식 왕명이고, 다

---

1) Sara Japhet, *I&II Chronicles*, OTL. (Louisville: Westminster John Knox Press. 1993), 872.
2) '여디디야'는 하나님이 나단을 통해서 솔로몬에게 준 이름이어서 우리가 이것을 공식 왕명으로 생각하기 쉬운데, 성서 기자들은 솔로몬을 지칭할 때 이 이름을 사용하지 않는다. 이것은 솔로몬이 공식 왕명이고, 여디디야는 공식 왕명이 아닌 별칭이었음을 보여준다. [A. M. Honeyman, "The Evidence for Regnal Names among the Hebrews," *JBL*. 67 (1948),, 22f.] 어떤 사람은 여디디야가 다윗과 밧세바 사이에서 태어난 첫째 아들일 것으로 생각하고, 어떤 사람은 여디디야와 다윗의 어근이 동일하다는 점을 들어 여디디야가 다윗이 밧세바에게서 낳은 첫째 아들이 죽은 이후에 하나님의 위로를 받은 것을 가리키는 것으로 생각한다.(Randal C. Bailey, "Jedidiah", *ABD 3*, 655.)

른 하나는 본명이거나 별칭일 것이다.[3] 마이어스는 아사랴가 본명이고, 웃시야가 왕명이라고 생각한다.[4] 그러나 앞으로 밝히겠지만 아사랴가 공식 왕명이고, 웃시야가 본명 또는 별칭일 가능성이 크다.

역대하 26장은 대제사장을 아사랴로 칭한다. 이 아사랴는 히브리어로 '아자르야후'다. 그리고 열왕기하 15장에서 왕명 아사랴는 히브리어로 '아자르야'다. 이 정도 차이라면 이 둘은 같은 이름이라고 보아야 할 것이다.[5] 열왕기하 15장은 웃시야를 표기할 때, 히브리어로 '우지야'(13절과 30절)와 '우지야후'(32, 34절)로 표기하는데, 이것은 이 두 이름이 사소한 차이를 보이는 동일 이름의 변형임을 보여준다. 그리고 열왕기하 21장 18절은 웃시야를 웃사(히브리어로는 '웃자')로 표기한다. 이렇듯 열왕기 기자는 웃시야를 '웃자', '우지야', '우지야후'로 조금씩 변형해서 표현한다.

열왕기하 15장은 대제사장 아사랴를 전혀 언급하지 않고, 왕과 대제사장이 빚은 갈등과 그 결과에 대해서도 언급하지 않는다. 그렇기 때문에 아사랴와 웃시야를 교대로 사용해도 독자들은 혼란스러워하지 않는다. 그런데 역대하는 실제적으로는 동명이인인 '아자르야'와 '아자르야후'가 대결하는 것을 비교적 상세하게 기록한다. 그렇다면 혹시 왕명이 대제사장 이름과 같다는 사실에서 발생할지도 모르는 혼동을 피하기 위해 왕을 웃시야라고 부르지 않았을까? 그리고 특히 역대기가 대제사장 아사랴의 이름을 바꾸는 대신 아사랴가 아

---

3) R.J.Coggins, *The First and Second Books of the Chronicles*, The Cambridge Bible Commentary on the New English Bible (New York: Cambridge University Press, 1976), 249.
4) Jacob M. Myers, *II Chronicles*, AB. (Garden City, New York: Doubleday & Company, Inc., 1965, 1983), p.149. J. Maxwell Miller & John H. Hayes, *A History of Ancient Israel and Judah*, 박문재 옮김,《고대 이스라엘 역사》(서울: 크리스천다이제스트. 1996), 383.
5) Marvin A. Sweeney, *I&II Kings-A Commentary*, OTL. (Louisville: Westminster John Knox Press, 2007), 370. 아달랴도 13-18a절은 '아탈야', 1-12절과 18b-20절은 '아탈야후'로 표기한다.(John Gray, *I&II Kings*, OTL. London: SCM Press, 1964, 1980), 566.) 그렇기 때문에 '아자르야'와 '아자르야후'를 같은 이름으로 간주하는 게 타당하다. 앞으로 언급할 요아스도 '요아쉬'(11: 2, 12:19-20)와 '여호아쉬'(12:1-19)로 표기한다.

닌 웃시야를 왕명으로 택한 것은 제사장들이 왕보다 우위에 있어야 하고, 왕은 제사장들을 돕는 자가 되어야 한다고 생각한 까닭은 아닐까?[6]

한 왕·두 역사

이제는 역대하 26장 1-23절을 살펴보고자 하는데, 역대하를 본문으로 택한 까닭은 열왕기하 15장보다 분량이 많고 기록이 상세하기 때문이다. 본문은 1-15절과 16-23절로 크게 나눌 수 있는데, 앞부분은 웃시야가 번영하는 모습을 보여주고, 뒷부분은 웃시야가 급격히 몰락하는 과정을 보여준다.

1-15절은 1-5절과 6-15절로, 16-23절은 16-21절과 22-23절로 나눌 수 있다. 그리고 1-5절은 1-2절과 3-5절로, 6-15절은 6-10절, 11-15절로 나눌 수 있다. 1-5절은 웃시야가 왕위에 오르는 때와 그에 대한 평가를 언급하는데, 1-2절은 웃시야가 왕위에 오른 것을 말하고, 3-5절은 그것을 더 자세히 말하면서 웃시야에 대한 평가를 한다. 그리고 6-15절은 웃시야가 이룩한 업적들을 나열한다. 6절에서부터 10절까지는 웃시야가 영토를 넓히고, 국토를 개간하고 확장하는 업적을 말한다. 웃시야는 주변 국가들을 정복해서 영토를 넓혔고, 망대를 곳곳에 세워서 국가 방위에 힘을 기울였다. 그리고 광야를 개간해서 가축을 기르고 포도원을 만들었다. 그래서 본문 기자는 웃시야를 '땅을 좋아하는 사람'이라고 말한다. 그리고 11-15절은 탁월한 군사 지도자 웃시야를 말한다. 웃시야는 군사조직을 강화하고, 군대를 잘 조직해서 훈련하고, 무기와 장비를 충분히 제작해서 갖추었다. 그리

---

[6] 고대 이스라엘에서 한 사람이 다른 이름을 갖는 것은 그 사람이 인격적으로 과거와 다른 사람이라는 것을 보여준다. 그리고 구약성서가 어떤 왕의 이름을 의도적으로 사용할 경우, 이것은 그 사람에 대해 전혀 다른 평가를 내린 것을 가리킨다.(Honeyman, 13.)

고 여러 가지 신무기들을 제조했다. 이런 점에서 웃시야는 매우 탁월한 왕이었다. 역대기 기자는 6절에서 15절까지 10절에 걸쳐서 웃시야가 이룬 업적을 비교적 상세하게 나열한다.

하지만 이런 분위기는 16절에서 반전한다. 16절의 반전은 매우 극적이다. 16-21절에는 웃시야가 몰락하는 과정이 나온다. 그리고 22-23절은 일반적인 역사 기록형태를 따라서 웃시야의 최후를 말한다.

우리는 지금까지 역대하 26장을 대략 살펴보았는데, 웃시야가 오십이 년이나 유다를 다스렸는데도 열왕기 기자는 우리가 기대하는 것과는 다르게 상당히 짧고 평범하게 기록한다. 골격은 역대하와 같지만, 그 상세함에서는 열왕기 15장이 많은 차이를 보인다. 특히 분량을 보면, 열왕기하는 7절, 역대하는 23절로 역대기 본문이 열왕기 본문에 비해 분량이 3배가 넘는다.

열왕기가 말하는 웃시야는 평범하면서도 괜찮은 왕이다. 그러나 역대기에서는 많은 업적을 남겼지만 결국 문둥병에 걸려서 죽을 때까지 별궁에 유폐된 불운한 왕이다. 열왕기 기자는 웃시야가 무슨 일을 했는지를 거의 언급하지 않는다.[7] 그리고 제사장들과의 갈등 관계에 대해서도 말하지 않는다. 그런데 역대기 기자는 그 앞서 활동한 열왕기 기자가 밝히지 않는 부분들을 이야기한다. 역대기 기자는 웃시야가 이룬 업적들을 상세하게 밝힌다. 그리고 웃시야와 아사랴 사이에 일어난 갈등관계와 웃시야 유폐 과정도 자세하게 밝힌다. 역대기 기자는 열왕기 기자에 비해 웃시야가 이룬 업적을 상세하게 소개하는 동시에 그가 추락하는 과정도 상세하게 언급함으로써 웃시야의 생애 전반과 후반을 극적으로 대비하고, 이를 통해 웃시야의 비극적 몰락을 강조한다.[8] 역대기 기자는 웃시야가 묻힌 곳에 대해

---

7) 정치적이고 상업적인 업적들에 대해서 전혀 언급하지 않는다.(Sweeney, 370.)
8)) 사라 자펫은 열왕기 기자가 웃시야를 긍정적으로 평가하면서도 그가 문둥병에 걸린 이유를 명확히 밝히지 않고, 또 웃시야의 업적과 상급에 대해서도 충분히 언급하지 않기 때

서도 열왕기 기자와 차이를 보이는데, 웃시야가 문둥병자임을 다시 언급하면서 그가 열왕의 무덤에 묻히지 못하고 그 곁에 묻혔음을 분명히 밝힘으로써 역대기 기자가 웃시야를 다른 왕들보다 낮게 평가하는 것을 보여준다. 그 까닭은 바로 웃시야, 즉 아사랴가 제사장 이사랴를 중심하는 종교 세력과 심각한 마찰을 빚었기 때문이다.[9]

'엘랏'의 검은 그림자(대하 26:1-2)

여기서는 웃시야와 아사랴의 갈등과 대립의 전말을 파악하기 위해 역대하 26장을 차근차근 읽으면서 관련 본문들도 함께 살펴보려고 한다. 웃시야에 관한 기록에서 서론에 해당하는 1-5절은 서론을 두 번 반복하는 느낌을 주는데, 웃시야가 열여섯 살에 왕위에 올랐다는 말이 1절과 3절에 두 번 나오는 것에서 알 수 있다. 그래서 본문은 서론을 두 번 반복한다(1-2절과 3-5절).

1-2절은 웃시야가 16세에 왕이 되었다는 것과 엘랏을 회복했다는 말을 한다. 우리는 이 구절을 읽으면서 16세에 왕이 되었다는 것보다는 웃시야가 엘랏을 회복했다는 사실을 본문 기자가 서두에서 밝히는 까닭을 궁금해한다. 16세라는 나이가 한 나라를 다스리기에 충분한 경륜을 갖춘 나이는 아니지만, 그래도 아주 어린 나이는 아니기 때문에 그러려니 하고 넘어갈 수 있겠다. 그런데 다른 것도 아니고 웃시야가 엘랏을 회복했다는 것을 역대기 기자가 이렇게 서두에서 일부러 밝히는 까닭은 무엇일까? 아마 중요한 일이었기 때문에 맨 앞에 이야기했을 텐데, 이것은 엘랏 회복이 웃시야에게 매우 중

문에, 좀 더 상세한 내용을 첨가한 것으로 본다.(Japhet, 876.)
9) 왕권과 교권, 즉 정치세력과 종교세력은 서로를 필요로 하는 상호상조적인 관계를 갖는다. 그러나 이 둘은 근거하는 권위의 기원이 다르다는 점에서 심각한 갈등을 빚기도 한다.[Gerhard E. Lenski, *Power and Privilege- A Theory of Social Stratification* (Chapel Hill:The University of North Carolina Press, 1966, 1984), 261.]

요하고 의미 깊은 일이었고, 후세 사람들이 웃시야를 생각할 때, 제일 먼저 엘롯 회복을 기억했음을 보여준다. 과연 엘롯은 어떤 곳인가? 평행구절이 열왕기하 14장에 나온다.

> [21]유다 온 백성[10]이 아사랴를 그의 아버지 아마샤를 대신하여 왕으로 삼으니 그때에 그의 나이가 십육 세라 [22]아마샤가 그의 조상들과 함께 잔 후에 아사랴가 **엘랏**을 건축하여 유다에 복귀시켰더라(왕하 14:21-22).

여기서는 '엘랏'이라고 하는데, 이 엘랏이 역대기 기자가 말하는 엘롯일 것이다. 열왕기 기자도 아사랴에 관한 이야기를 하면서 제일 먼저 엘랏 탈환을 언급하는데, 이것은 그가 이룬 여러 가지 업적들 가운데서 엘랏 탈환이 가장 인상적이고 중요했기 때문일 것이다.[11] 엘롯은 아카바만의 중심부에 있던 에돔인들의 항구인데, 신명기 2장 8절을 보면 출애굽한 후에 이스라엘 백성이 이곳에서 머물렀고, 열왕기상 9장은 엘랏이 에시온 게벨 근처라고 밝힌다.

> [26]솔로몬 왕이 에돔 땅 홍해 물가의 엘롯 근처 에시온 게벨에서 배들을 지은지라 [27]히람이 자기 종 곧 바다에 익숙한 사공들을 솔로몬의 종과 함께 그 배로 보내매 [28]그들이 오빌에 이르러 거기서 금 사백이십 달란트를 얻고 솔로몬 왕에게로 가져왔더라

여기서 보는 대로, 에시온 게벨과 엘랏은 원래 에돔에 속한 땅들

---

10) 본문 기자가 유다 온 백성이 아사랴를 왕위에 추대했음을 굳이 강조하는 까닭은 그의 부친 아마샤를 죽인 정치적 반대 세력이 여전히 막강했음을 반증한다.[Robert L. Cohn, *2Kings*. Berit Olam-Studies in Hebrew Narrative & Poetry (Collegiville, Minnesota: The Liturgical Press, 2000), 102.]
11) T.R.Hobbs, *2Kings*, WBC 13(Waco, Texas: Word Books, Publisher, 1985), 182.
아사랴, 즉 웃시야는 주전 791-766년에는 부친 아마샤와 공동통치하고, 주전 766-740년에는 단독 통치했는데, 엘랏 탈환은 후반부에 일어난 일이다.(Gray, 614.)

인데, 군사적으로나 경제적으로 매우 중요한 요충지였다. 그래서 이곳들을 차지하기 위해서 여러 국가들이 애를 많이 썼다. 솔로몬 시대에 이스라엘 영토에 편입된 엘랏은 나중에 다시 빼앗기고, 그것을 웃시야가 다시 회복했는데, 그 이후 아하스 때에 다시 빼앗긴다.

> "당시에 아람의 왕 르신이 엘랏을 회복하여 아람에 돌리고 유다 사람을 엘랏에서 쫓아내었고 아람 사람이 엘랏에 이르러 거기에 거주하여 오늘까지 이르렀더라"(왕하 16:6).

이렇듯 성서 기자들이 엘랏을 자주 언급하는 것은 이 지역이 그만큼 중요한 지역이기 때문일 것이고, 웃시야에 관해 이야기하면서 엘랏 탈환을 제일 먼저 언급하는 것은 이것이 웃시야가 이룬 중요한 업적이라고 여겼기 때문일 것이다. 그런데 이 엘랏 탈환이 국가적으로 중요한 의미를 갖는 것은 분명한데, 이스라엘이 엘랏을 소유할 때는 종교적으로 사회적으로 여러 가지 문제들이 발생했다.

그래서 엘랏은 분명히 국가적으로 중요한 지역이기 때문에 확보해야 할 곳이지만, 그곳을 점유할 때마다 종교적·사회적인 문제들이 발생한다는 점에서 이스라엘 역사에 어두운 그늘을 드리운다. 그리고 엘랏이 갖는 이러한 양면성은 정치세력과 종교세력 사이에 발생하는 심각한 갈등을 반영하는 것으로 보인다.

긴 다스림 - 골 깊은 부대낌(대하 26:3-5)

3-5절은 1-2절보다는 일반적인 서론 형태에 더 가까운데, 여기서 우리가 알 수 있는 사실은 먼저 웃시야가 52년 동안 왕위에 있었다는 것이다. 그러니 웃시야는 최소한 68세까지 살았다는 것이다. 그리고 웃시야의 모친은 예루살렘 사람이었다. 그렇기 때문에 웃시야

는 매우 강력한 정치적 배경을 갖고 있었을 것이다. 그리고 본문 기자는 4절에서 웃시야가 부친 아마샤처럼 여호와 보시기에 정직하게 행했다고 평가한다. 우리는 이 구절을 읽으면서 웃시야가 좋은 평가를 받은 것처럼 생각할 수 있는데, 역대하 25장을 읽고 아마샤에 대해서 안다면, 이 기록을 그저 좋게만 생각할 수는 없을 것이다. 아마샤가 업적을 남긴 것은 사실이지만, 불행하게도 아마샤가 에돔을 정복하고 귀국할 때, 에돔 우상들을 가지고 와서 그 앞에서 경배하고 섬겼다는 기록도 나온다.

역대기 기자는 아마샤의 생애를 열왕기 기자보다 더 극적으로 묘사한다. 역대기 기자는 열왕기에는 없는 내용들[12]을 첨가함으로써 아마샤가 초기에는 하나님을 의지했음을 보여주지만, 에돔에서 가져온 우상을 섬긴 것과 이에 대한 선지자의 예언을 첨가함으로써 그의 비극적인 최후에 대한 복선을 둔다.

아마샤는 그 이후에 이스라엘과의 전쟁에서 졌고, 그때부터 왕권이 약해졌는지 십오 년이 지난 다음에 모반한 사람들에게 살해당한다. 역대기 기자는 19절 앞에 "아마샤가 돌이켜 여호와를 버린 후로부터"라는 말을 첨가한다. 그리고 매장지도 다윗 성이 아니라 '유다 성읍'이라고 기록한다. 우리는 여기서 역대기 기자가 아마샤가 반역을 일으킨 사람들에게 죽임당한 것을 정당화하려는 것을 알 수 있다.

그런데 아마샤를 제거한 사람들은 예루살렘에 거하는 사람들로서 전통적 종교지도자들이었을 가능성이 크다. 아마샤가 에돔 우상들을 섬겼다는 것을 본문 기자가 명시한 사실을 기억한다면, 전통적 종교지도자들과 아마샤 사이에 깊은 갈등과 대립이 틀림없이 있었을 것이다.

---

12) 역대하 25장 5-10, 12, 13절이 열왕기에는 없다. 25장 5-10절은 아마샤가 이스라엘 사람들을 용병으로 고용했다가 '하나님의 사람'의 말을 듣고 다시 돌려보낸 이야기이고, 25장 12-13절은 아마샤가 에돔을 친 이야기이다.

이런 기록을 읽었기에 우리는 웃시야에 관한 역대기 기록을 읽으면서 불안감을 금할 수 없다. 5절을 읽으면서 우리는 그런 불안감을 더 강하게 느낀다. 그리고 우리는 요아스를 떠올린다.

> "하나님의 묵시를 밝히 아는 스가랴가 사는 날에 하나님을 찾았고 그가 여호와를 찾을 동안에는 하나님이 형통하게 하셨더라"(대하 26:5).
> "제사장 여호야다가 세상에 사는 모든 날에 요아스가 여호와 보시기에 정직하게 행하였으며"(대하 24:2).

역대기 기자가 웃시야와 요아스를 매우 유사하게 평가하는데 여호야다 이후의 요아스와 스가랴[13] 이후의 웃시야도 매우 흡사하게 평가한다.

역대기에 따르면, 웃시야는 정말 많은 업적을 남겼다. 엘랏 성을 회복하고, 나라를 강성하게 만들어서 주위에 널리 소문이 날 정도로 훌륭한 왕으로 평가받는다. 그러나 본문 기자는 그런 것이 웃시야 자신의 능력 때문이 아니라는 것을 애써 드러내려고 한다. 역대기 기자도 그렇고 웃시야 당시의 종교지도자들도 웃시야가 독주를 하자 '누구 덕에……' 의식을 가졌을 것이다. 그러니 그들 사이에 갈등과 대립이 일어날 수밖에 없었다. 그것이 표면으로 드러난 것이 바로 '아사랴(웃시야)-아사랴 대결사건', 즉 '분향사건'이다.

분향(焚香) 사건—정교(政敎)간 권력 투쟁(대하 26:16-23)

정치적 사건으로서의 분향(焚香)

이제 '아사랴(웃시야)-아사랴 대결사건'을 살펴보기로 하자. 본문

---

[13] 자펫은 스가랴가 제사장이었을 것이라고 생각한다.(Japhet, 878.) 웃시야의 멘토가 스가랴이고, 요아스의 멘토인 여호야다의 아들도 스가랴라는 것이 흥미롭다.

을 보면, 본문 기자는 웃시야가 여호와의 전에 들어가서 분향하는 것을 범죄 행위로 규정한다. 그리고 웃시야에게 피부병이 생긴 것을 여호와께서 치신 것으로 규정한다. 즉 죄에 대한 벌로 규정하는 것이다. 웃시야는 금지된 분향을 하다가 하나님으로부터 벌을 받아서 문둥병에 걸린다. 얼핏 보면 매우 단순한 본문이다. 그러나 그 사건은 결코 단순하지 않다.

대제사장 아사랴, 그는 매우 막강한 힘을 가진 종교지도자였다. 그는 유다를 왕이 자기 뜻대로 다스리는 나라로 생각하지 않고, 왕이 종교지도자들과 협력해서 또 종교지도자들의 지도를 받아서 다스려야 할 나라로 생각했을 것이다. 그래서 웃시야가 자기들을 무시하고 그들이 볼 때에 독단적으로 행동하자 웃시야를 왕위에 둘 수 없다고 생각했던 모양이다. 그런 마음이 16절에 나온다. 본문 기자는 웃시야가 마음이 교만해져서 아주 몹쓸 지경까지 이르렀다고 말한다. 마음이 완전히 부패하고 썩었다는 것이다. 그래서 웃시야가 하나님께 죄를 지었다고 말하는데, 이때 '마알'이라는 단어를 쓴다.[14] 이 '마알'은 '자기 임무와 정반대로 행동하다, 신실치 못하다'의 뜻을 갖는다.[15] 웃시야가 하나님께서 맡겨주신 임무와는 정반대되는 행동을 하고 도저히 신뢰할 수 없게 행동한다는 것이다.

우리는 여기서 본문을 그냥 표면적으로만 따라 읽지 말고 이런 문제 제기를 해보자. "웃시야가 한 행동이 도대체 무엇이기에 그동안 그가 쌓아온 그 위대한 업적들을 무효화시켰을 뿐만 아니라 웃시야를 평생 범죄자로 낙인찍히게 했을까?" 16절 뒷부분을 보면, 웃시야는 야훼의 성전에 들어가서 분향하려고 했다. 이것이 문제의 발단이다. 그런데 이것이 도대체 왜 그렇게 큰일인가? 왕이 야훼의 성

---

14) 16절에는 역대기 기자가 선호하는 단어들, 즉 '하작', '마알', 그리고 '샤하트'가 나온다.(Japhet, 885.)
15) R.Knierim, "מעל m'l treulos sein", *THAT. I.* 920ff. H.Ringgren, "מעל" *TWAT 4.* 1038ff.

전에 들어가서 분향하는 것이 무엇이 그리도 큰 죄인가?[16] 왕은 분향하지 말라는 법이 있는가? 이런 생각이 들지만, 어쨌든 웃시야가 분향하는 것으로 인해 일이 벌어진다. 우리는 웃시야가 분향한 것을 그저 단순하게 웃시야가 종교행사를 한 것이라고도 볼 수 있겠지만, 17절을 읽는 순간 우리는 그 생각을 포기할 수밖에 없다. 제사장 아사랴가 웃시야를 뒤따라 들어간 것이다. 아사랴는 왜 웃시야를 뒤따라 들어갔을까? 본문의 분위기를 보면 아사랴가 웃시야와 함께 분향하기 위해서 들어간 것은 분명 아니다. 그리고 그다음을 보면 아사랴는 혼자 가지 않고 제사장들과 함께 갔다. 본문은 '제사장들'(코하님), 즉 다른 사람들이 아니고 제사장들이 아사랴와 함께했다는 것을 강조한다. 그리고 그들은 야훼께 속한 자들이었다고 말한다.

그런데 우리를 더 놀라게 하는 것은 그 숫자다. 아사랴를 따라 들어온 제사장들이 80명[17]이나 되었다는 것이다. 도대체 무엇 때문에 이렇게 많은 제사장들이 아사랴와 함께 성전에 들어간 것인가? 더욱이 본문 기자는 제사장들이라고만 하지 않고 그들이 "용맹한 자"들이라는 사실을 일부러 밝힌다. 용맹한 자들이라는 것은 '군인들'을 가리킨다. 독자들은 여기서 이런 의문을 가질 것이다. 제사장들을 군인처럼 훈련시키고 무장을 하게 하는 까닭은 무엇일까? 대제사장이 성전 소속 병사들을 소집하고 웃시야를 뒤따라 성전에 들어간 까닭은 무엇일까? 어떻게 그들이 그곳까지 들어갈 수 있었을까?

아사랴는 독자 노선을 걸으려는 웃시야를 제거하지 않으면 국가적으로 큰일이 날 것이라 생각하고, 그런 일이 일어나기 전에 웃시야

---

16) 이처럼 왕과 제사장의 역할을 명확하게 나누는 것은 포로기 이후에 나타난다.[Gösta W. Ahlström, *The History of Ancient Palestine from the Palaeolithic Period to Alexander's Conquest*, JSOTS 146 (Sheffield: Sheffield Academic Press, 1993), 625.]

17) 역대기 기록에 근거해서 추정하면, 당시 제사장들은 168명 정도였을 것으로 보이는데, 그 절반 가량이 아사랴와 함께 성전 안으로 들어와서 웃시야를 축출하는 일에 동참했다.(Japhet, 886.)

를 제거하기 위해서 성전 소속 병사들을 데리고 들어간 것이다. 그 상황을 추정해 보면 아사랴가 무장한 병력을 데리고 왕이 있는 곳으로 들어가려고 했을 때 웃시야 왕을 보호하는 친위대나 호위병들이 분명히 있었을 텐데, 그들이 지키고 있음에도 불구하고 아사랴 일행이 성전으로 들어가서 왕과 마주섰다는 것은 그들이 왕의 호위병들을 다 죽였다는 것을 뜻한다. 그러니 제사장 병력이 왕의 호위대보다 많고 더 강했을 것이다.

이렇게 왕의 호위병들을 죽이고 대제사장 아사랴가 들어간 곳에서는 왕이 공식적인 분향예식을 진행하는 중이었다. 19절을 보면 웃시야는 향로를 잡고 있었다. 그런데 웃시야가 아사랴를 성전으로 부르지 않았을 텐데 아사랴가 그곳에 들어오고, 80명이나 되는 제사장들이 무장한 채로 따라 들어와서 아사랴를 호위한다. 본문 기자는 아사랴가 웃시야 왕을 마주보고 섰다고 기록한다.[18] 이것은 그가 웃시야를 왕으로 인정하지 않은 것을 보여준다. 아사랴는 왕과 동등한 입장에 서서 왕과 정면으로 대결하는 것이다. 웃시야는 그런 아사랴를 보고 매우 오만방자하다고 생각했을 것이다. 아사랴는 그렇게 왕과 마주서서 말한다. 아사랴는 웃시야를 왕이라고 부르지 않고 그냥 '웃시야'라고 부른다.[19] 개역성경은 '왕'이라는 말을 두 번이나 사용하지만, 마소라 텍스트는 '왕'이라는 말을 쓰지 않는다. 그저 '당신'이라고만 한다. "야훼께 분향하는 일은 웃시야 당신이 할 일이 아니고, 분향하기 위해서 성별 받은 아론의 자손 제사장들이 할 일이다"라고 말한다. 그러면서 "성소에서 나가라. 당신은 범죄했다. 야훼 하나님께서 주시는 영광이 당신에게 내리지 않았다"고 말한다.

---

18) 이것은 왕권과 교권이 정면으로 대립하는 것을 상징적으로 보여준다. 그리고 웃시야와 아사랴가 대면한 장면이 이 이야기에서 매우 극적인 부분이다.(Japhet, 885).
19) J.Becker, *2Chronik*, Die Neue Echter Bibel Kommentar zum Alten Testament mit der Einheitsübersetzung.(Würzburg: Echter Verlag, 1988), 88.

여기서 보는 대로 아사랴는 웃시야가 분향할 자격이 없고, 분향할 수 있는 사람은 아론의 제사장인 바로 자신들이라고 말하면서 왕을 성소에서 나가라고 한다. 성소에 있어야 할 사람들은 아사랴를 비롯한 제사장들이지 결코 웃시야 왕이 아니라는 것이다. 이렇게 웃시야, 즉 유다 왕 아사랴와 제사장 아사랴가 성전에서 충돌한다. 우리는 이 사건을 어떻게 받아들여야 할까? 웃시야는 왜 아사랴를 배제하고 자기 스스로 분향했을까? 아사랴가 제사장이면서도 웃시야가 분향할 때 그곳에 있지 않았다는 것은 그들이 이미 웃시야로부터 배제당했다는 것을 뜻하는 것은 아닐까? 웃시야는 무슨 목적으로, 어떤 정치적인 의도로 분향을 했을까? 그리고 당시에 왕은 분향할 수 없었는가? 만약 그렇다면 웃시야는 그것을 알고도 일부러 그렇게 한 것인가? 웃시야가 의도적으로 갈등을 조장한 것인가? 아니면 별문제가 아닌 것을 트집 잡아서 아사랴가 웃시야와 대결을 자청한 것일까? 웃시야에 의해서 축출당한 아사랴가 이것을 빌미로 다시 권력을 장악하려는 시도를 하는 것인가? 이처럼 본문은 우리에게 많은 의문을 갖게 하는데, 우리는 아사랴가 말하는 것을 들으면서 왕과 제사장 사이, 즉 왕권과 교권 사이에 지속적이고 심각한 갈등이 있음을 분명히 느낀다.[20] 그리고 아사랴는 왕에게 일종의 선전포고를 한다.

분향 사건의 정치적 결과 – 웃시야 폐위(廢位)

이제 아사랴가 하는 말을 듣고 웃시야가 어떤 반응을 보이는지 살펴보자. 우리는 거기서 분향 사건의 실마리를 찾을지도 모른다. 아사랴가 하는 말을 듣고 웃시야는 버럭 화를 낸다. 향로를 잡고 있다가 제사장들에게 화를 냈다. 아마 아사랴와 제사장들을 책망하

---

20) James A. Montgomery, *A Critical and Exegetical Commentary on the Books of Kings*, ICC (Edingburg: T&T Clark Ltd.,1971), 448.

고 위협하는 말을 했을 것이다. 그러다가 웃시야 이마에 '갑자기' 피부병이 생겼다고 한다. 본문 기자는 그런 일이 벌어진 장소를 명확하게 밝힌다. 야훼의 집, 향단 건너편에 서 있는 제사장들이 보는 앞에서 웃시야의 이마에 피부병이 생겼다는 것이다. 그런데 실제로 어떤 일이 일어났는지 정확하게 알 수 없지만,[21] 혹시 웃시야가 화를 내다가 아니면 성전 소속 병사들이 웃시야를 체포하려는 과정에서 서로 싸움을 벌이다 웃시야가 향불에 화상을 심하게 입은 것은 아니었을까? 그 화상이 나중에 곪아서 피부병이 된 것은 아닐까? 이것을 본문 기자는 하나님이 내리신 벌로 해석한 것으로 보인다.

웃시야 이마에 피부병이 생긴 것을 확인한 제사장들은 그다음에 어떻게 하는가? 그들은 '급히 서두른다.' 이 '급히 서두르다'(히브리어 '다합'과 '바할')는 어떤 공포심에 휩싸여서 급하게 행하는 것을 말한다. 그들은 웃시야를 급하게 성소에서 데리고 나갔다고 한다. 이것이 무엇을 의미하는지 알아보기 위해 에스더서에서 한 구절을 읽어 보자.

> [12]모르드개는 다시 대궐 문으로 돌아오고 하만은 번뇌하여 머리를 싸고 급히 집으로 돌아가서〈다합〉 [13]자기가 당한 모든 일을 그의 아내 세레스와 모든 친구에게 말하매 그중 지혜로운 자와 그의 아내 세레스가 이르되 모르드개가 과연 유다 사람의 후손이면 당신이 그 앞에서 굴욕을 당하기 시작하였으니 능히 그를 이기지 못하고 분명히 그 앞에 엎드러지리이다 [14]아직 말이 그치지 아니하여서 왕의 내시들이 이르러 하만을 데리고 에스더가 베푼 잔치에 빨리 나아가니라〈바할〉 (에 6:12-14).

---

21) 커티스는 웃시야 분향 사건을 웃시야가 피부병에 걸린 원인을 설명하기 위한 전설적 이야기로 간주한다.[E.L.Curtis, *A Critical and Exegetical Commentary on the Books of Chronicles*, ICC.(Edinburgh: T&T Clark,1976), 452.]

이 구절에서 '다합'과 '바할'이란 단어는 하만이 결국 모든 것을 빼앗기고 죽임을 당하는 과정에서 나타나는데, 이런 단어들이 웃시야가 분향하는 사건에서 나타난다는 사실에서 우리는 웃시야의 암울한 미래를 짐작할 수 있다. 웃시야도 하만처럼 될 것이다. 본문 기자는 야훼께서 그를 치셨기 때문에 웃시야가 스스로 나갔다고 말한다. 웃시야가 스스로 나갔다는 것은 무엇을 의미하는가? 아사랴와 그 무리들은 웃시야 호위병들을 죽이고, 웃시야와 함께 분향하던 사람들도 위협해서 웃시야를 고립시켰을 것이다. 그래서 웃시야는 아무도 돕거나 구해 주는 사람 없이 홀로 그곳에서 끌려나왔을 것이다. 그다음 본문 기자는 웃시야가 피부병을 죽을 때까지 고치지 못했다고 말하는데, 이것 역시 웃시야가 평생을 정치에 관여하지 못하고 외부와 격리된 채 살았음을 보여준다. 그리고 본문 기자는 '야훼의 집에서 끊어졌다'고 말한다. '여호와로부터 끊어졌다'는 것이 '완전히 버림받았다'는 의미를 갖는다는 것이다. 웃시야는 살았지만 죽은 것과 마찬가지라는 것이다. 이것은 제사장들이 웃시야를 실제로 살해한 것은 아니지만, 종교적이고 정치적인 차원에서는 웃시야를 살해한 것이나 다름없음을 의미한다.

본문을 보면, 웃시야는 이렇게 이마에 문둥병이 생겨 왕위에서 물러나야 했다. 그런데 문둥병 여부를 평가하는 것은 제사장들이 하는 일이었다. 그러니까 웃시야를 진단한 다음 문둥병 선언을 해서 웃시야를 왕좌에서 몰아내고 웃시야를 별궁에 가둔 사람들이 바로 제사장들이었다는 말이다. 이것은 제사장들이 웃시야의 거취를 좌지우지했음을 암시한다.

그리고 웃시야가 걸린 병은 꼭 문둥병이라고는 할 수 없다. 아마 정확히 알 수 없는 어떤 피부병이었을 것이다. '메초라'는 20번 나오는데, 역대하에는 26장 21절과 23절에서 네 번 나온다. 이것은 웃시야 왕이 독한 피부병에 걸렸다는 것을 강조하는 것이다.

웃시야가 거하는 곳을 '하흐프쉬트 메초라'라고 하는데, 이 말은 열왕기하 15장 5절과 역대하 26장 21절에만 나오는 말이다. '호프쉬트가 여기서 무엇을 의미하는지 정확하게 알 수 없어서'[22] 웃시야가 어떤 곳에서 어떻게 거했는지를 밝히기에 어려움이 많지만, 격리된 곳에서 별 제약 없이 정치에 관여하지 않은 채 지냈을 것으로 보인다.[23]

웃시야가 격리당하는 과정을 다시 정리하면, 웃시야는 제사장 세력과 심각한 갈등을 빚었고, 제사 주관 문제를 놓고 성전에서 다투다가 화상을 입었는데, 이것이 도져서 나중에 심각한 피부병이 되었고, 이것을 빌미로 제사장들이 웃시야를 격리함으로써 정치 일선에서 물러나게 한 것으로 보인다. 그리고 이 일로 인해 웃시야는 종교적이고 정치적인 죽임을 당했다고 할 수 있다.

정교간 권력 투쟁의 전례(前例)

지금까지 우리가 살펴본 대로 본문은 왕과 제사장 사이에 심각한 갈등이 있었음을 보여준다.[24] 이런 갈등관계를 열왕기 기자는 분명하게 언급하지 않지만, 역대기 기자는 상세하게 밝힌다. 우리는 구약성서에서 그러한 갈등이 반정(反正)과 왕 시해(弑害) 사건으로 이어지는 경우를 자주 발견한다.

---

22) '호프쉬트'는 대체로 자유와 놓임을 뜻하는데, 사람이 질병에 걸려서 제대로 활동을 하지 못할 경우는 각종 의무를 면제해 주는 것을 뜻하기도 한다.(Montgomery, 448.) 루돌프 [Von Wilhelm Rudolph, "Ussias Haus der Freiheit", *ZAW* 89(1977), 418.]와 자펫(Japhet, 887.)은 '하흐프쉬트 메초라'를 감금상태에 대한 완곡한 표현으로 본다.
23) Gray, 620. 브라이트는 웃시야가 피부병으로 인해 격리 수용당하고 아들에게 권력을 이양했지만, 실제로는 웃시야가 실제 통치자였을 것으로 본다.[John Bright, *A History of Israel* (Philadelphia: Westminster Press. 1981), 258.] 그러나 이것은 제사장 세력들이 가진 힘을 충분히 고려하지 않은 생각으로 보인다.
24) J. Kenneth Kuntz, "Uzziah", *ABD*. 6, 779. "아사랴를 권좌에서 몰아낸 것은 기원전 9세기 말 여호아스 통치기에 혼란을 야기했던, 유다 왕과 제사장직 사이에 지속된 투쟁의 결과였을지도 모른다."(Shanks, 243.)

아달랴 대 여호야다(왕하 11장; 대하 22:10-23장)

이런 갈등관계는 요아스 때에도 나타난다. 요아스는 아주 어린 나이에 왕위에 오른다. 이것은 요아스가 결코 순탄하게 왕위에 오른 것이 아님을 보여준다. 우리가 아는 대로 요아스의 부친 아하시야는 북왕국으로 요람을 만나러 갔다가 예후가 일으킨 쿠데타에 몰려서 죽임을 당한다.

예후는 북왕국 왕뿐만 아니라 남왕국 왕까지 죽여버렸다. 이렇게 왕이 예상치 못한 죽임을 당해서 유다는 왕 유고라는 비상사태를 맞는다. 북왕국은 쿠데타가 일어나서 왕이 죽임을 당했기 때문에 혼란스럽기는 하지만, 앞으로 예후가 다스려나갈 것이기 때문에 상황이 조금 나은 편인데, 남왕국 유다는 왕이 북왕국에 갔다가 시체로 돌아왔기 때문에 더 혼란스러웠을 것이다. 남왕국 원로들은 이 사태를 어떻게 수습해야 할지 다급하게 모여서 의논했을 것이다.

그런데 의외의 일이 일어난다. 그러는 사이에 아하시야의 모친인 아달랴가 왕권을 갑자기 장악한 것이다.[25] 아들 아하시야의 사망 소식을 들은 아달랴는 바로 자신의 손자들인 왕자들을 제거하고 정권을 장악한다. 그리고 왕위에 오른다. 아달랴가 이토록 신속하게 행동을 취할 수 있었다는 것은 그녀가 평소에 어떤 준비를 해두었음을 보여준다. 아달랴는 진즉부터 왕권 장악에 뜻이 있었는지도 모른다. 그러다가 아하시야가 갑자기 사망하고, 아직 추후 대책을 세우지 못한 혼란스러운 상태에서 다른 사람들이 손 쓸 겨를도 없이 왕권을 장악해 버린 것이다.[26]

---

[25] 열왕기하 11장 1절은 아달랴가 즉위하는 과정을 일반적인 양식과는 다르게 기술함으로써, 아달랴를 합법적인 왕으로 인정하지 않으려는 의도를 드러낸다.[Gray, 569. Patricia Dutcher-Walls, *Narrative Art, Political Rhetoric-The Case of Athaliah and Joash*. (Sheffield: Shefield Academic Press. 1996), 70.] 아달랴에 대한 기록은 르호보암에 반기를 든 북왕국, 여호람에게 반기를 든 예후에 대한 기록과 형식이 유사하다.(Sweeney, 342.)

[26] 아달랴는 자신의 출신성분으로 인해 아하시야 사후에 어려움을 겪을 것을 예상하고, 아하시야가 살해당한 것을 확인한 다음, 바로 왕권 장악을 한 것으로 보인다.(Sweeney, 344.)

그런데 상식적으로 생각해 보아도 아달랴 혼자서 왕자들을 제거하고 왕위에 오를 수는 없는 일이기 때문에 분명히 아달랴를 추종하는 친북왕국·친가나안 세력들이 있었을 것이고, 그들이 아달랴를 도와서 정권을 장악했을 것이다. 아달랴가 아합의 딸이었기 때문에 아달랴의 추종 세력은 친북왕국·친가나안 성향을 지닌 사람들이었을 것이다. 아달랴가 아하시야 사망 이후에 왕자들을 모두 살해한 것은 이런 성향을 반영한 것이고, 여호야다가 아달랴 세력을 축출한 것은 유다 왕가에서 친북왕국·친가나안 세력을 제거하고 다윗 왕가를 다시 왕위에 올리려는 것이었다. 그리고 그들은 후환을 없애기 위해서 왕위 계승 가능성이 있는 왕자들과 그 세력들을 모조리 제거했을 것이다.[27] 아달랴가 왕자들을 몰살하는 것을 통해서 우리가 짐작하는 것은 아달랴를 중심하는 친북왕국·친가나안 세력들, 그리고 다윗 왕가 혈통을 중시하는 정치·종교지도자들, 이 두 세력 사이에 심각한 알력이 있었다는 것이다. 이러한 과정에서 얼마나 참혹한 살육이 자행되었을 것인지 짐작할 수 있다.

그런데 이런 끔찍한 골육상쟁의 와중에서 한 가지 다행스러운 일은 한 왕자가 용케 살아남았다는 것이다. 그 왕자가 바로 요아스이다. 아달랴는 6년 동안 왕위를 유지했는데, 아달랴 7년에 제사장 여호야다가 군대를 일으켜서 아달랴를 제거한다. 제사장 여호야다는 아비아달과 사독 이후에 가장 두드러지는 정치적 인물이고, 예루살렘 제사장 계층으로 하여금 장기간 정치적 힘을 발휘하게 한 인물이다. 여호야다가 아달랴를 제거하는 과정을 열왕기하와 역대하는 상당히 상세하게 기록한다. 여호야다는 아달랴 세력들을 제거하고 요아스를 왕위에 올리는데, 이때 요아스의 나이는 일곱 살이었다. 그러니 요아스의 고모인 여호세바(여호야다의 아내, 대하 22:11)가 요아스를

---

27) T. R. Hobbs, *2 Kings*, WBC(Waco, Texas: Word Books, 1985), 138.

구출할 때 요아스는 갓 태어난 어린아이였던 것이다.

아달랴는 아하시야의 모친이고, 요아스는 아달랴의 손자이며 아하시야의 아들이다. 그리고 여호세바는 아하시야의 누이이고, 아달랴의 딸이며 요아스의 고모이다. 또 여호야다는 여호세바의 남편이고, 아하시야의 매부이고, 아달랴의 사위이며, 요아스의 고모부이다. 이렇듯 왕권을 장악하기 위해서 가족끼리 서로 죽이는 그 비극의 시대에 요아스가 태어난 것이다. 여호야다가 제사장이었기 때문에 요아스는 6년 동안 성전에서 지냈을 것으로 보인다.[28] 아달랴가 6년 동안 요아스를 찾아내지 못한 까닭은 아달랴가 요아스를 그렇게 심각하게 여기지 않았기 때문일 수도 있지만, 아달랴가 압력을 가해도 여호야다를 비롯한 제사장 세력이 여전히 막강했기 때문일 수도 있다. 이 6년 동안 왕권과 교권은 내부적 갈등으로 인한 묘한 긴장감 속에서 힘의 균형을 유지했던 것으로 보인다.

6년 동안 여호야다는 철저하게 준비를 한 듯하다. 군대를 모으고,[29] 또 제사장들과 레위인들을 설득해서 아주 치밀한 계획을 세우고 거사를 단행해서 결국 아달랴와 그 추종 세력들을 몰아낸다. 이 과정에서 아달랴 세력과 여호야다 지지 세력 사이에 전투가 벌어졌을 것이고 여러 사람이 죽었을 것이다. 아하시야와 그 부하들이 북왕국에서 암살당하고 아달랴가 왕자들을 몰살하고 왕위에 오른 지 6년 만에 다시 많은 사람들이 죽임을 당했을 것이다. 여호야다가 일

---

28) Gray, 570. Dutcher-Walls, 31. 아달랴는 출신 성분상 외국인이었기 때문에 성전 경내에 들어가지 못했을 것이고, 그래서 여호야다와 여호세바는 요아스를 성전에 머물게 했을 것이다.(Sweeney, 344.)
29) 여호야다는 "가리 사람의 백부장들과 호위병의 백부장들"을 반정세력에 끌어들이는데, 이들이 왕의 호위를 맡은 무사들이었다. 특히 "가리 사람"들은 외국인 용병으로 이스라엘에서 오랜 동안 왕의 호위를 맡았는데, 이들은 자주 쿠데타에 가담해서 왕을 시해하기도 했다.(Dutcher-Walls, 34f.) 가리 사람들은 왕궁에 고용된 용병들이었기 때문에 그들이 여호야다를 지지하고 반정에 가담하는 것은 매우 위험한 행동이었을 것이다.[Gina Hens-Piazza, *1-2 Kings*, Abingdon Old Testament Commentaries, (Nashville: Abingdon Press, 2006), 307.]

으킨 반정은 6년 전 북왕국에서 예후가 반정을 일으키고 반대편을 숙청한 예를 그대로 따른다.

요아스 대 여호야다(왕하 11:21-12장; 대하 24장)

반정에서 성공한 여호야다는 어린 요아스를 왕위에 올린다. 그런데 이 일곱 살짜리가 무엇을 알았겠으며, 그 어지러운 살육의 시대에 무엇을 할 수 있었겠는가? 그러니 요아스가 왕이었지만, 실권은 여호야다가 잡고 있었음이 너무도 분명하다. 요아스를 왕위에 올린 제사장 여호야다는 그 이후로도 요아스 통치 내내 영향을 미친다. 그래서 본문은 요아스가 행한 업적 가운데 성전 중수를 강조한다.

요아스는 40년을 다스렸고 47세에 죽었다. 참으로 오랫동안 나라를 다스렸다. 그러나 요아스를 지지하는 막강한 세력이 없었다면, 그렇게 오랫동안 나라를 다스리지 못했을 것이다. 그렇지만 요아스가 독자적인 지지 기반을 갖지는 못했을 것이다. 항상 여호야다가 모든 일을 주관했을 것이다. 그러다 보니 요아스는 여호야다 세력을 따를 수밖에 없었지만, 차츰 나이가 들어가면서 여호야다로부터 벗어나기 위해 노력했을 것이다. 그러나 여호야다의 세력이 너무도 막강했고, 여호야다가 이끄는 제사장 계층은 군대도 장악했다. 여호야다는 요아스에게 아버지 같은 존재였기 때문에 여호야다를 물리치기는커녕 그 뜻을 거스르기도 어려웠을 것이다. 역대기 기자는 여호야다를 거의 왕으로 대우하는데, 역대하 24장 12절과 14절은 아예 '왕과 여호야다'라고 한다. 여호야다를 왕과 동등하게 대우하는 것이다. 우리는 이 구절에서 당시에 요아스와 여호야다가 함께 나라를 다스렸음을 짐작할 수 있다. 우리는 여기서 여호야다가 얼마나 막강한 힘을 갖고 있었는지 알 수 있다. 그리고 여호야다는 장수했다. 그러니 요아스는 나이가 꽤 들을 때까지도 여호야다로부터 쉽게 벗어나지 못했을 것이다. 그래서 "여호아하스의 통치에 관한 성서의 기사는 주로 왕궁과 성전 사이의 관계를 다루고 있다."[30]

요아스는 자신을 지지하면서 결국 자신들의 뜻을 왕을 통해서 관철하려는 제사장 계층들을 견제하기 위해 여러 가지 방법을 사용했을 것이다. 요아스는 성전유지 보수작업을 통해서 제사장들을 통제하려 하는데, 특히 재위 23년, 즉 30세 되던 해에는 성전유지 보수를 하지 않은 제사장들의 잘못을 빌미 삼아 제사장들을 더욱 강력하게 장악하려 했던 것으로 보인다(왕하 12:6-8). 제사장들은 요아스가 성전 중수를 위한 모금을 하게 했는데, 23년 동안 제사장들이 성전을 수리하지 않았다. 그러면 그 기금을 어떻게 했을까? 열왕기하 12장 9-10절을 토대로 추측하면, 제사장들이 그 기금을 불의하게 사용한 것으로 보인다. 그리고 요아스가 이 사실을 지적하자 제사장들은 그것을 인정하고 요아스가 제시하는 새로운 안을 따를 수밖에 없었을 것이다.

요아스가 제사장들로 하여금 성전 중수를 위한 모금을 하게 한 것은 성전에 대한 통제력을 확고히 하려는 의도였을 것이다. 요아스는 "왕의 서기"로 하여금 성전에 봉헌하는 은을 대제사장과 함께 계수하는 일을 하게 하는데(왕하 12:10), 이것은 과거에 제사장들이 성전 보수 기금을 제대로 관리하지 못했음을 보여준다. 요아스는 이런 일을 바로잡으면서 제사장들을 압박했을 것이다. 그리고 이 일로 인해 왕권과 교권은 갈등이 더욱 깊어졌을 것이다. 그리고 이때 봉헌한 은으로는 성전 물품을 만들지 못하게 하고 성전 수리에만 사용하게 함으로써(왕하 12:13-14), 제사 계층을 통제하려고 한다. 이런 시도는 결국 제사장 세력들로 하여금 요아스 암살을 획책하게 한다. 이 무렵 여호야다는 나이 많고 늙었는데, 요아스는 그런 점을 이용해서

---

[30] Hershel Shanks, *Ancient Israel-From Abraham to the Roman Destruction of the Temple*, 김유기 옮김. 《고대 이스라엘-아브라함부터 로마인의 성전 파괴까지》 (서울: 한국신학연구소, 2005), 229.

왕권을 강화하려 했을 것이다. 그리고 요아스가 왕권을 강화해서 친정체제를 구축하는 결정적인 계기는 여호야다의 사망이다. 막강한 힘을 떨치던 여호야다가 이제 죽었다. 역대기 기자는 여호야다에 대해서 자세하게 언급하고, 특히 그가 죽어서 다윗 왕실에 묻혔다고 말한다. 그럼으로써 본문을 읽는 사람들로 하여금 여호야다를 왕에 준하는 인물로 생각하게 한다.

여호야다가 죽은 다음에 요아스는 여호야다 세력들로부터 벗어나서 독자적인 길을 걸어가기로 작심한 듯하다. 그러기 위해서 요아스는 자신을 지지해 줄 자신만의 독자적 세력이 필요했을 것이다. 역대기는 "여호야다가 죽은 후에 유다 방백들이 와서 왕에게 절하매 왕이 그의 말을 듣고"(대하 24:17)라고 말한다. 이 "유다 방백들"은 여호야다 추종 세력은 아니었던 모양이다. 역대기 기자가 요아스 왕이 이들이 하는 "말을 듣고 그의 조상들의 하나님 여호와의 전을 버리고 아세라 목상과 우상을 섬겼으므로 그 죄로 말미암아 진노가 유다와 예루살렘에 임하니라 그러나 여호와께서 그들에게 선지자를 보내사 다시 여호와에게로 돌아오게 하려 하시매 선지자들이 그들에게 경고하였으나 듣지 아니하니라"(대하 24:17-19)고 기록하는 것으로 보아 요아스는 다른 세력들을 규합해서 여호야다 세력들을 견제하려 한 것으로 보인다.

이런 요아스의 행동은 여호야다 세력들에게는 위협으로 비쳤을 것이다. 그래서 요아스의 행위를 보고 스가랴가 나선다. 스가랴는 백성들 앞에 서서 요아스를 공격한다. 스가랴는 당시 상황을 유다가 하나님을 버린 것으로 규정하고, 하나님이 유다를 버리셨다는 극단적인 말을 한다. 요아스는 여호야다의 집에서 자랐을 것이기 때문에 요아스와 스가랴는 매우 절친한 사이였을 것이다. 그러나 이제 그들은 적대적인 세력으로 마주선다. 스가랴는 요아스를 공격하고, 요아스는 스가랴를 죽인다. 그렇게 함으로써 요아스는 여호야다의 세력을 꺾으려 하지만 그들을 제거하지는 못했다. 여전히 여호야다의 세력은 강했고, 요아스는 그들을 장악할 만큼 충분히 강하지 못했다. 여호야다 세력은 요아스 측근들마저도 포섭했을 정도였다. 나중에 전투에서 요아스가 중상을 입고 예루살렘에 돌아오자 그 신복들이 요아스를 암살한다. 이들이 어떤 신분이었는지는 명확하게 알 수 없지만, 직업군인들로 외국인 용병들이었을 것으로 보인다. 이들은 왕을 호위하는 역할을 맡았을 텐데 이스라엘 역사에서 여러 차례 왕을 시해하는 일에 가담했다.

그런데 이들이 왕을 죽인 까닭을 역대기 기자는 "제사장 여호야다의 아들들의 피로 인하여"라고 밝히는데, 이를 통해서 우리는 여호야다 지지 세력들이 왕의 호위무사들을 포섭하고 그들을 통해 요아스를 제거했을 것으로 짐작한다. 열왕기 기자는 요아스를 시해한 자들의 이름을 밝히는데, 이들이 행한 반역 행위에 대해서는 어떤 평가도 내리지 않는다. 역대기 기자는 이들이 암몬과 모압계였음을 덧붙임으로써 여호야다 세력이 암살에 가담한 사실을 애써 덮어주려 한다. 하지만 여러 정황을 살펴보건대, 그들이 요아스 암살의 배후세력이었다는 혐의를 벗기에는 역부족이다.

요아스가 암살당한 다음 아마샤가 왕위에 오른다. 아마샤는 당시 25세였기 때문에 어느 정도는 스스로 나라를 다스려나갈 수 있었을 것이다. 아마샤는 왕위에 오른 다음 나라를 굳건히 하고, 부왕을 죽인 신복들을 처형했다. 왕권을 강화한 다음에 사건 진상조사를 해서 부친을 죽인 세력들을 제거한 것으로 볼 수 있다. 하지만 아마샤 역시 신하들에 의해 죽임을 당한다. 아마샤도 여호야다 세력을 충분히 견제하지 못했던 것으로 보인다.

우리는 지금까지 여호야다가 반정을 일으켜서 아달랴를 축출하고, 요아스를 왕위에 올리고, 요아스는 여호야다 세력과 마찰을 빚다가 결국 암살당하는 과정을 살펴보았는데, 이것과 유사한 일이 웃시야에게 일어난 것이다. 아하시야 전사 이후에 유다는 피비린내 나는 권력 쟁탈전, 즉 왕권과 교권 사이에 벌어지는 '갈등과 대립, 그리고 죽음'의 덫에 빠져들었다.

왕권(王權)과 교권(敎權), 그 살벌한 역학관계

우리는 아사랴(웃시야)-아사랴 사건을 중심으로 고대 이스라엘의 왕권과 교권 사이에서 벌어지는 권력 투쟁을 살펴보았는데, 왕권과 교권의 갈등관계는 주로 왕권이 강화될 때 나타난다.

웃시야에 대한 역대기 기자의 감정은 매우 복합적이다. 역대기 기자는 열왕기 기자에 비해서 웃시야에게 더 많은 관심을 갖는다. 그는 열왕기 기자에 비해서 웃시야가 이룬 업적을 더 많이 이야기하는데, 그러면서도 웃시야가 범한 악행들도 자세하게 기록한다. 역대기 기자는 웃시야에 대해서 상반되는 감정인 애증을 갖고 있었던 것으로 보인다. 역대기 기자에게 웃시야는 사랑하는 사람이면서 동시에 증오하는 사람이었던 것이다.

웃시야와 연관해서 요아스와 아마샤, 아하스를 살펴보면 유사점이 많이 나타난다. 요아스와 아마샤는 모반 세력에 의해 암살당한다. 요아스의 부친 아하시야는 사마리아에 갔다가 거기서 예후 쿠데타로 인해 죽임을 당하고, 요아스와 아마샤는 모반세력에 의해 죽임을 당한다. 그리고 요아스와 웃시야는 종교지도자들과의 반목으로 인해 어려움을 당하고, 아마샤와 아하스는 이방종교를 받아들였다는 점에서 같다.

웃시야가 왕위에 오르는 과정은 결코 평탄치 않았는데, 요아스도 비극적인 상황에서 여호야다가 철저히 준비한 쿠데타로 할머니인 아달랴와 그의 추종세력들을 제거한 다음, 아주 어린 나이에 왕위에 올랐고, 아마샤는 그 부친 요아스가 암살당한 다음에 왕위에 올랐다. 그리고 웃시야 역시 그의 부친 아마샤가 암살을 당한 다음에 왕위에 오른다. 그 이후로 요시야도 그의 부친 아몬이 암살당한 다음에 왕위에 오른다.

우리는 이런 것으로도 당시 왕권이 얼마나 위태로웠는지를 알 수 있다. 고대 이스라엘에서 왕권은 그리 확고하지 않았다. 유다에서도 왕권에 대한 도전은 언제나 있었고, 왕은 그것을 지켜내기가 무척이나 힘들었다. 결국 반대세력들에 맞서는 왕들은 죽임을 당하거나 축출당했다. 반대세력들이 직접 왕권을 찬탈하지는 않았지만, 그들은 다음 왕을 왕위에 올림으로써 자신들이 실제적으로 나라를 다스려나가는 쪽을 택했다. 그렇기 때문에 왕들은 반대세력을 물리치고 제 뜻을 펼치기가 매우 어려웠다.

아달랴는 이스라엘의 전통 종교지도자들을 박해했을 것이고 바알 종교를 장려했다. 그래서 아달랴는 다른 계층보다 종교지도자들에게 미움을 많이 받았을 것이다. 결국 아달랴는 그 종교지도자들에 의해서 죽임을 당한다. 그리고 그 종교 세력이 요아스를 왕위에 올리고, 자기들 뜻대로 나라를 다스려나간다. 그러다가 요아스는 다시 그들을 견제하기 위해서 다른 세력들을 끌어들였고, 전통적인 종교 세력들은 그러한 요아스의 행위를 배신으로 규정했다. 뿐만 아니라 배교 행위로 규정했다. 그럼으로써 요아스는 제거될 수밖에 없다는 것을 보여주려고 했다. 정확한 사건 진상은 케네디 암살사건만큼이나 미궁에 빠져버렸지만, 결국 요아스는 그 종교지도자들의 사주로 죽임을 당한 것으로 보인다. 그리고 아마샤가 왕위에 오른다. 하지만 아마샤 역시 제 힘을 발휘하지는 못했을 것이다. 그는 계속해서 아달랴 이후에 유다를 장악해 온 종교 세력들에게 압력을 받을 수밖에 없었을 것이다. 비록 부왕을 죽인 사람들을 처형하지만, 그들이 과연 단독으로 행한 일이었는지는 알 수 없다. 아마샤는 대체로 그 세력과 원만한 관계를 유지했던 것으로 보이는데, 나중에 에돔에 가서 그곳 종교에 빠졌던 것으로 보인다. 이것은 어떤 세력을 통해서 아마샤가 자기 왕권을 강화하려고 했던 것으로 보이고, 이러한 행동은 즉각 기존 종교 세력에게는 배교 행위로 비쳐졌다. 그래서 결국 아마샤도 그들에게 암살을 당한다. 아하시야, 아달랴, 요아스, 아마샤가 연이어 살해당함으로써 유다는 북왕국의 압력에 굴할 수밖에 없었을 것이다.

이렇게 부왕이 암살을 당하고, 기존 종교 세력들이 여전히 남아 있는 상황에서 웃시야가 왕위에 오른다. 국가를 실질적으로 지배해 온 그 종교 세력들과의 관계는 바로 '적과의 동침'이라고 할 수 있는 것이었다. 웃시야는 초기에는 그들과 원만한 관계를 맺을 수밖에 없었다. 아마샤는 부친 살해범을 찾아내서 그들을 처형했지만, 웃시야는 부친 살해범을 처벌하지 않는다. 이것을 보면 웃시야가 부친 살해사건의 배후 세력을 규명하지 않았다는 것을 알 수 있다. 웃시야는 여러 가지 업적을 남긴다. 그러면서 점차 자기 힘을 키웠던 것으로 보이며, 어느 정도 힘을 얻었다고 생각했을 때, 자기 힘을 과시하기 위한 상징적인 행위로 분향을 했던 것으로 보인다. 그러나 웃시야는 아달랴와 요아스, 그리고 아마샤를 제거한 그 세력들이 얼마나 강력한지를 제대로 알지 못했던 모양이다. 그들은 강력해진 웃시야, 본문이 말하는 대로 "웃시야가 강성해지자", 즉 자기 주관대로 나라를 다스리려고 하자 웃시야가 교만해졌다고 평가한 것이다. "네가 언제 컸다고 우리를 우습게 보느냐?"는 심정이었을 것이다. 결국 웃시야는 그들이 보기에 제거 대상 제1호였을 것이다.

역대기 기자가 상세히 밝히는 대로 웃시야는 여러 가지 업적을 많이 남겼다. 그가 이룬 업적들은 이전이나 이후의 왕들과는 비교할 수 없을 정도다. 하지만 그 업적도 제사장을 비롯한 종교지도자들과 협력했을 때 인정받을 수 있었다. 웃시야가 그들과 관계를 끊고 왕권을 강화해서 스스로 나라를 다스리려고 했을 때는 그들 사이에 심각한 갈등이 일어났다. 그래서 생긴 것이 바로 '분향 사건'이다. 종교지도자들은 웃시야를 제거할 계획을 예전부터 갖고 있었을 것이다. 그러다가 웃시야가 분향하는 것을 빌미 삼아 웃시야를 공격한다. 그들은 웃시야를 체포해서 별궁에 감금한다. 그들은 웃시야를 왕으로 인정하지 않으려 했을 것이고, 공식 왕명보다는 개인 이름으로 왕을 불렀을 것으로 보인다. 또한 이 일을 주도한 제사장 이름이 아사랴였기 때문에 왕명인 아사랴 대신 웃시야라는 개인 이름을 택한 것으로 보인다. 그 후에 그들은 웃시야의 아들 요담을 왕위에 올리는데, 요담은 결코 스스로 나라를 다스리지 못했을 것이고, 제사장 아사랴와 그를 추종하는 사람들이 실제적으로 나라를 다스렸을 것이다.

이처럼 왕명과 제사장 이름이 동일한 것으로 인해 빚어지는 혼란을 피하기 위해 성서 기자들은 아사랴라는 공식 왕명이 아닌 왕의 개인 이름인 웃시야를 택했던 것으로 보인다. 이렇듯 왕권과 교권의 권력 투쟁에서 대체로 교권이 더 우위에 있었던 것으로 보인다.

왕권과 교권이 빚는 살벌한 갈등과 대립, 그리고 죽음, 이것은 우리가 웃시야 분향 사건을 중심으로 읽어낸 고대 이스라엘의 권력 투쟁 구조이다.

10
왕권 주도 개혁에서 드러나는 폭력
-역대하 34장 1-7절을 중심으로-

¹요시야가 왕위에 오를 때에 나이가 팔 세라 예루살렘에서 삼십일 년 동안 다스리며 ²여호와 보시기에 정직하게 행하여 그의 조상 다윗의 길로 걸으며 좌우로 치우치지 아니하고 ³아직도 어렸을 때 곧 왕위에 있은 지 팔 년에 그의 조상 다윗의 하나님을 비로소 찾고 제십이 년에 유다와 예루살렘을 비로소 정결하게 하여 그 산당들과 아세라 목상들과 아로새긴 우상들과 부어 만든 우상들을 제거하여 버리매 ⁴무리가 왕 앞에서 바알의 제단들을 헐었으며 왕이 또 그 제단 위에 높이 달린 태양상들을 찍고 또 아세라 목상들과 아로새긴 우상들과 부어 만든 우상들을 빻아 가루를 만들어 제사하던 자들의 무덤에 뿌리고 ⁵제사장들의 뼈를 제단 위에서 불살라 유다와 예루살렘을 정결하게 하였으며 ⁶또 므낫세와 에브라임과 시므온과 납달리까지 사면 황폐한 성읍들에도 그렇게 행하여 ⁷제단들을 허물며 아세라 목상들과 아로새긴 우상들을 빻아 가루를 만들며 온 이스라엘 땅에 있는 모든 태양상을 찍고 예루살렘으로 돌아왔더라(대하 34:1-7).

역대기는 요시야 왕 이야기를 이렇게 시작한다. 여기서 보는 대로 역대기 기자가 가장 먼저 주목하는 것은 요시야가 재위 8년에 행한 개혁이다. 그래서 성서를 읽는 사람들도 '요시야' 하면 '개혁'(改革)을 떠올린다.

그런데 성서 독자들은 성서가 들려주는 개혁 이야기를 들으면서 개혁을 피상적으로 생각하는 경향이 강하다. 하지만 개혁은 결코 낭만적이지 않다. 본문이 상세하게 묘사하는 것처럼 개혁은 성격상 폭력적이다. 본문을 다시 읽어보라. 개혁은 개혁을 주동하는 세력이 개혁 대상으로 설정한 세력들을 힘으로 제압하고 제도나 관습을 혁신하는 행위이기 때문에 현실적으로 폭력적일 수밖에 없다.

그리고 대다수 성서 독자들이 요시야가 종교개혁을 했다고 생각하는데, 요시야가 행한 개혁은 결코 제의적인 개혁에 그치지 않았다. 앗시리아의 쇠퇴를 틈타 이스라엘 국가를 튼튼하게 세우려는 국가적이고, 사회적이며, 종교적인 갱신운동이었다.[1] 개혁은 기존체제를 깨뜨리고 새로운 체제를 세우는 일인데, 이것은 정치적으로는 새로운 체제를 지지하는 세력이 기존체제를 지지하고 그것에 의지해 온 세력들을 제거하는 일이다. 그렇기에 요시야가 아무리 개혁의 상징적 인물이라고 해도 혼자서 개혁했을 리 없고, 개혁이 쉬운 일이 아니기 때문에 상당한 지지 세력이 없었다면 왕이라고 해도 개혁할 엄두를 내지 못했을 것이다. 이렇게 본다면, 당시 유다에는 개혁 대상인 기존체제 지지 세력과 개혁 주체인 요시야 지지 세력[2]이 있었고, 이 두 세력이 서로 심각하게 대립했을 것이다.

이 글은 역사적 상상력으로 꼼꼼한 본문 읽기를 함으로써 요시야 개혁시대 유다에 어떤 종교·정치 세력들이 있었는지를 규명하는

---

1) Rainer Albertz, *Religionsgeschichter Israels in alttestamentlicher Zeit*, tr. John Bowden, *A History of Israelite Religion in the Old Testament Period- Volume I: From the Beginnings to the End of the Monarchy* (Louisville: Westminster/John Knox Press, 1992, 1994), 199.
2) 더처-월스는 요시야 혁명 지지자들의 사회계층이 다양하다고 말한다. P. Dutcher-Walls, "The Social-Location of the Deuteronomists: A Sociological Study of Factional Politics in Late Pre-Exilic Judah," *JSOT* 52 (1991), 85.

데 목적을 둔다.[3]

8살의 비극

요시야는 8살에 왕위에 올랐는데, 이것은 결코 심상한 일이 아니다. 정상적인 상황에서는 8살짜리가 왕위에 오를 리가 없기 때문이다. 어떤 변고가 일어난 것이 분명한데, 도대체 당시에 무슨 일이 있었기에 요시야가 8세에 왕위에 올라야 했는가? 요시야가 8세에 왕위에 오르는 이유와 그 과정은 역대하 33장 21-25절에서 확인할 수 있다.

여기서 보는 대로 요시야 아버지는 '아몬'이다. 아몬은 부친인 므낫세가 55년이라는 정말 긴 세월 동안 유다를 다스리고 세상을 떠난 다음 왕위에 오르는데, 무슨 연유인지 2년 만에 궁중관리들인 '신복'들이 그를 살해한다. 그러자 '국민'이 그 반역자들을 찾아내 처형하고, 아몬의 아들인 요시야를 왕으로 세웠다.

우리는 이 구절을 읽으면서 이런 의문을 갖지 않을 수 없다. '도대체 아몬은 어떤 사람이었기에 왕위에 오른 지 2년이 얼마 지나지 않은 24살에 신복들에 의해 죽임을 당하는가?' 역대기 기자는 아몬을 평가하면서 아몬이 그의 부친인 므낫세와 닮았으면서 또 다르다는 것을 말한다. 범죄한 것은 닮았지만, 회개하지 않은 것은 달랐다고 한다. 아몬이 2년 동안 한 일이라고는 우상에게 제사하고 섬기는 일뿐이었다.[4] 그러나 고대 이스라엘에서는 어느 왕이 우상을 섬겼다고 해서, 또는 이방 종교를 들여왔다고 해서 바로 축출당하지는 않

---

3) "우리 시대와 마찬가지로 고대 이스라엘에서 종교적 폭력 행위는 그것이 펜에 의해서든 칼에 의해서든 집단적 의식을 형성하고 공동체를 세우는 데 필수적이었다."[Lauren A.S. Monroe, *Josiah's Reform and the Dynamincs of Defilement*(Oxford: Oxford University Press, 2011), 4.]
4) 역대기 기자는 아몬이 므낫세보다 더 악하였고, 결국 그의 죄로 인해 살해당하는 것으로 기록한다.[Sara Japhet, *I & II Chronicles*, OTL. (Louisville: Westminster John Knox Press, 1993), 1013.]

앉다. 우상숭배를 하고 이스라엘을 신앙적으로 어렵게 만든 왕들도 오랫동안 왕좌에 앉아 있었지만 무사했다. 그런데 아몬은 재위 2년이 지나면서 살해당한다. 왜 그런 일이 일어났을까? 우선 우리가 짐작하는 것은 부왕의 장기집권이 아몬의 정치적 입지 형성에 긍정적이기보다는 매우 부정적인 영향을 미쳤고, 아몬이 왕위에 오른 뒤에 권력을 충분히 장악하지 못했을 것이라는 사실이다. 재위 초기부터 아몬의 왕권은 취약했을 것이다. 그렇지 않았다면 신복들이 그를 살해할 리가 없기 때문이다.

당시 국제 정세와 관련해 아몬 시해가 그의 친앗시리아적 정책 때문이었는지, 아니면 친이집트적 정책 때문이었는지는 논란의 여지가 있지만 아몬이 친앗시리아적이어서 제거되었다고 주장하는 사람들이 많다. 팔레스타인 군주들이 이집트의 재기 분위기에 힘입어 친이집트·반앗시리아적인 성향을 강하게 드러냈는데, 여기에 영향을 받은 궁중관리들이 친앗시리아적인 아몬을 살해했다는 것이다. 사건의 진상을 명확하게 알 수는 없지만, 한 가지 분명한 사실은 므낫세 사후에 친이집트적인 세력과 친앗시리아적인 세력이 서로 심각하게 대립했다는 것이다.[5]

아몬이 살해당한 다음 유다에 한 차례 파란이 일어났다. 당시 상황을 생각해 보자. 아몬을 살해한 사람들은 그 사건 이후에 어떻게

---

5) Martin Noth, *Geschichte Israels*, tr. P.R. Ackroyd, *The History of Israel* (New York: Harper & Row, Publishers, 1958, 1960), 272. Siegfried Herrmann, *Geschichte Israels in alttestamentlcher Zeit*, tr. John Bowden, *A History of Israel in Old Testament Times* (London: SCM Press, 1973, 1980), 261. Robert B. Coote & Mary P. Coote, *Power, Politics, and the Making of the Bible- An Introduction* (Minneapolis: Fortress Press, 1990), 59. 말라맛은 정치적인 파당과 종교적인 파당을 구분하면서 아몬 시해 사건이 종교적인 갈등보다는 정치적인 갈등에서 비롯된 것으로 본다.[Abraham Malamat, *The History of Biblical Israel-Major Problems and Minor Issues* (Boston: Brill Academic Publishers, Inc., 2004), 277.] 그런데 이러한 대립은 정치적인 것에 국한하지 않는다. 종교적인 입장과 정치적인 입장이 언제나 일치하는 것은 아니었겠지만 전혀 별개는 아니었을 것이다. 종교적인 입장이 정치적으로 나타나는 경우를 구약성서에서 여러 번 찾아볼 수 있기 때문이다.

행동했을까? 그들은 궁중에서 아몬을 살해하고 그 가족들을 연금한 다음 국정을 장악하려고 했을 것이다. 그들이 아무런 계획도 세우지 않고 충동적으로 아몬을 살해하지는 않았을 것이기 때문이다. 그런데 '국민'이 그들을 처형한다. 국민들(히브리어로 '암 하아레츠')[6]이 아몬 살해자들을 죽였다면 그들은 밖에서 왕궁 안으로 들어간 것이 분명하다. 왕을 시해한 자들이 왕궁 안에 있었기 때문에 '국민'들이 그들을 제거하려면 밖에서 군대를 동원했을 것이고, 두 세력 사이에 전투가 벌어지고 '국민'들이 왕궁으로 진입해서 아몬을 살해한 자들을 붙잡아 처형했을 것이다. 그리고 그들은 그 비극적인 상황을 겪은 어린 요시야를 왕위에 올린다. 이렇게 해서 아몬 왕 살해사건은 일단락된다.

이렇게 보면 '국민들'은 상당한 세력을 지닌 정치적 집단임을 알 수 있는데, 그들은 과연 어떤 성향의 세력이었을까? 그리고 이들은 아몬을 죽인 자들과는 어떤 관계였을까? 성서 기자는 아몬이 우상을 숭배했다고 말하는데, 아몬 살해자들을 처형한 사람들은 아몬을 지지하는 사람들인가? 아니면 단지 왕을 살해하고 왕위를 넘보았다는 이유로 아몬 살해자들을 제거한 것인가? 그리고 이들이 요시야를 왕으로 세운 진정한 이유, 즉 정치적 목적은 무엇인가? 그들을 이끄는 대표적인 인물은 누구였을까? 그들은 요시야를 왕위에 올린 다음 수렴청정을 했을 텐데 나라를 어떻게 이끌어갔을까? 이런 질문들을 안고 본문을 읽으면서 요시야 당시 유다에 어떤 종교·정치 세력들이 있었는지를 밝혀나갈 것이다.

그런데 요시야에 대해 이야기할 때 우리가 염두에 두어야 할 점은 요시야를 개인으로만 생각하지 않아야 한다는 것이다. 여덟 살

---

[6] 이들은 요시야 사후에 여호아하스를 왕으로 삼는데, 여호아하스는 친앗시리아 노선을 취했기 때문에 이집트로 끌려간다. 그렇다면 '국민'들은 친앗시리아적이었을 가능성이 크다. 말라맛은 이들이 반이집트적인 성향을 지속적으로 보인다고 말한다.(Malamat, 287.)

이라는 어린 나이에 왕위에 오른 요시야는 유다를 31년 동안 다스리면서 좋은 평가를 받는다. 요시야는 정말 여호와 보시기에 정직히 행했다. 그것은 "조상 다윗의 길로 행하여 좌우로 치우치지 않았다"는 것으로 부연설명된다. 본문에는 '다윗'이 두 번 나온다. 이것은 요시야가 다윗을 닮은 왕이라는 것을 그만큼 강조하는 것이다. '다윗을 닮은 왕'은 이스라엘 왕들이 받을 수 있는 가장 명예로운 칭호다. 역대기에서 다윗에게 견주는 왕은 히스기야와 요시야뿐이다. 그러니 요시야는 참으로 좋은 평가를 받은 것이다. 그런데 여기서 우리가 주목할 것은 이러한 평가가 요시야 한 개인에 국한하는 평가가 아니라는 점이다. 요시야는 한 개인이면서 유다 왕이었기 때문에 요시야를 평가할 때는 모든 것을 그가 왕이라는 측면에서 생각해야 한다. 요시야가 여호와 보시기에 정직히 행했다는 것은 자기 혼자만 그렇게 했다는 것이 아니다. 그리고 그 조상 다윗의 길로 행하여 좌우로 치우치지 않았다는 것도 그 혼자서만 그렇게 했다는 것이 아니다. 왕이 어떻게 혼자서만 그렇게 살 수 있겠는가. 그리고 왕이 혼자서 그렇게 살았다고 해도 요시야는 한 개인만이 아니고 나라를 다스리는 왕이기 때문에 왕으로서 어떻게 살았는지가 중요하다. 여호와 보시기에 정직히 행했다는 것은 요시야가 여호와 보시기에 정직하게 나라를 다스렸다는 말이다. 요시야가 다윗의 길로 행하여 좌우로 치우치지 않았다는 것도 단순히 개인적인 신앙만을 말하는 것이 아니고, 정치 행위와 연결되어야 한다. 그래서 이 평가는 요시야라는 한 개인에게 내리는 평가이면서 동시에 요시야 정권에 대한 평가이기도 하다.

아직도 어린 나이에

그런데 요시야(정권)는 무슨 일들을 했기에 그런 훌륭한 평가를 받을 수 있었을까? 본문 기자는 3절부터 요시야 행적을 기록하는데 이때는 재위 8년째다. 열왕기는 요시야가 재위 18년 이전에 행한 일에 대해서는 전혀 언급하지 않는데, 역대기는 재위 8년, 즉 주전 632년경에 시작한 개혁에 대해 상세하게 언급한다. 요시야 재위 8년째라는 것을 알려준 다음 본문 기자는 그가 여전히 소년이라는 사실을 밝힌다. '소년'은 나이가 어리다는 것을 말하지만, 또 그가 힘이 약해서 수렴청정을 받을 수밖에 없는 상황이었음을 보여준다.

본문 기자는 이렇게 요시야가 여전히 소년이었음을 밝힌 다음 요시야가 재위 8년에 하나님을 '비로소' 찾았다고 말하는데, 이때 요시야 나이가 16세였을 것이다. 요시야가 '그의 아비 다윗의 하나님을 찾았다.' 이것은 무엇을 의미하는가? 요시야가 무엇인가 결단을 하고 지금까지와는 다르게 어떤 일을 하려는 것이다.[7] 정치적 힘을 가진 왕이 '하나님을 찾았다'는 것은 상당히 중대한 결단인데, 그것은 국가적 차원에서 지금까지 행해 온 여러 가지 것들을 '하나님을 찾지 않은 행위'로 규정하고 그것들을 일소하고 그 반대세력들을 제거하는 일이다(대하 34:13).

본문 기자는 요시야가 재위 8년에 한 일을 말한 다음 재위 12년으로 넘어가는데, 이때 요시야는 유다와 예루살렘을 정결하게 했다. 이때 요시야의 나이가 20세였을 것이다. 그런데 유다와 예루살렘을 정결하게 했다는 것은 무엇을 의미하는가? 정결하게 했다는 것은 부정한 것들을 다 씻어냈다는 것이니 개혁을 했다는 것인데, 과연 당시에 무엇이 부정하고 무엇이 정한 것이었을까? 부정한 일들이 있는 것은 그것을 행하는 자들이 있기 때문인데, 부정을 씻어냈다면 부정한 일을 행하는 자들을 제거했다는 말 아닌가?

---

7) 요시야의 변화는 매우 급격하고 예외적이다. 대체로 이런 변화는 외적인 정치적 사건들로 인해 일어나는데, 자펫은 요시야의 경우에는 외적인 사건이나 의도적인 교육적 경험에 의한 것으로 보기 어렵다고 말한다.(Japhet, 1022.)

본문 3절의 뒷부분을 보면 '12년에 그가 유다와 예루살렘을 그 산당들과 아세라들과 우상들과 주상(부어 만든 우상)들로부터 정결하게 하기 시작했다.' 이것을 풀어보면 '요시야는 왕위에 오른 지 12년째 되던 해에 유다와 예루살렘을 정결하게 했는데, 산당들과 아세라들과 우상들과 주상들을 다 제거하기 시작했다.' 요시야가 이것들을 철거했다는 것은 산당들과 아세라들과 우상들과 주상들이 유다와 예루살렘을 더럽힌다고 생각했기 때문이다. 요시야는 그것들로 인해서 유다와 예루살렘에 만연한 그릇된 문화를 배격한 것이다. 우리는 이 사실을 통해서 요시야가 그것을 제거하기까지는 이것들이 유다에서 용인되었다는 것을 알 수 있다. 아세라들과 우상들과 주상들, 이것들을 나열하는 목록은 당시 이스라엘에 다양한 신앙물들이 있었음을 보여준다. 그것들이 이스라엘 전역에 상당히 많았고 그 수만큼 다양한 종교 세력들이 있었을 것이다.

그리고 본문을 읽다 보면 '정결'과 '훼파', '우상'과 '목상'이라는 말이 많이 나온다. 여기서도 우리는 본문이 말하려는 바를 알 수 있다. 요시야가 우상과 목상들을 다 훼파해서 정결하게 했다는 것이다. 그런데 이 일을 요시야 혼자서는 못했을 것이고, 개혁을 지지하는 사람들이 있었을 것이다. 그리고 그 반면에 요시야 반대 세력, 즉 개혁 대상인 사람들도 있었을 것이다. 그렇다면 아몬 시대에는 친앗시리아파와 친이집트파가 있었고, 요시야 시대에는 개혁파와 반개혁파가 있었다고 가정할 수 있다.

요시야는 자신이 직접 개혁을 주도했다. 본문에 기록된 대로 요시야가 한 개혁은 매우 과격하다. 그런 과정에서 반대자들이 많이 생겼을 텐데 반대가 심한 곳은 군대를 이끌고 가서 파괴했을 것이다. 그것은 4절에서 짐작할 수 있다. 4절은 '그들이 그가 보는 앞에서 가루로 만들었다'는 말이 나오는데, 이것은 요시야가 사람들을 데리고 가서 직접 지시하면서 정화작업을 했다는 것이다. 이런 일들을 어떻게 했을까? 20세에 그런 개혁을 일으키기 위해서는 준비가 필요했을 것이다. 자신을 따를 사람들이 있어야 했을 것이고, 재정도 필요했을 것이고, 군대도 필요했을 것이다. 이 모든 준비가 끝나야 개혁을 할 수 있는 것이다. 그렇다면 하나님을 찾은 16세부터 20세까지 그 준비를 했다는 것이다. 그래서 우리는 요시야가 비로소 하나님을 찾았다는 말을 이해할 수 있다.

그런데 요시야 나이가 왕위에 오를 때 8세였다면, 그 나이는 결코 나라를 직접 다스릴 만한 나이가 아니다. 그렇다면 누군가가 수렴청정했을 것이다. 요시야가 16세에 하나님을 찾았다는 것은 친정체제를 구축했다는 말로 이해해도 좋을 것이다. 우리가 알 수 없는 어떤 일들을 계기로 요시야가 섭정들의 간섭에서 벗어나 독자적으로 국가를 운영하는 힘을 얻은 것만은 분명한 것으로 보인다. 요시야는 20세에 대대적인 개혁을 단행하고, 39세에 세상을 떠났으니 19년 정도를 매우 강력하게 나라를 다스렸을 것이다.

요시야는 개혁을 예루살렘과 유다에서 먼저 실시했고, 그다음에 므낫세와 에브라임, 시므온과 납달리 지역, 즉 북쪽 이스라엘 지역까지 확대했다. 그리고 재위 12년에 대대적인 개혁을 일으켰는데, 예루살렘과 유다뿐만 아니고 과거 북왕국 영토까지도 개혁 대상으로 삼았다. 므낫세, 에브라임, 시므온, 납달리까지 가서 개혁을 하고 돌아왔다. 일일이 모든 마을들을 찾아다니면서 우상들을 색출하고 그것들을 제거한 것이다. 요시야는 철저히 개혁했다. 같은 의미의 말을 여러 번 반복하는 것에서도 그 강도를 짐작할 수 있다. 이런 구절은 히스기야에 관한 기록에서도 찾아볼 수 있다(대하 31:1).

그런데 역대기에 의하면, 히스기야는 여기서는 성공하지만 유월절 행사를 할 때는 성공하지 못했다(대하 30:10-12). 에브라임과 므낫세와 스불론과 납달리 지역에서는 많은 사람이 오지 않았다. 이것은 히스기야가 그 지역들을 완전하게 장악하지 못했음을 보여준다.

그러나 요시야는 북부지역까지 직접 가서 부정한 것들을 다 철거했을 뿐만 아니라, 그들을 유월절 행사에 참여케 함으로써 잃었던 북쪽 지역을 회복했던 것으로 보인다. 역대기에서 북왕국 지파들인 에브라임과 므낫세와 잇사갈과 스불론은 함께 묶여 나온다(대하 30:18-20). 이것은 요시야가 다윗과 솔로몬 시대의 영토를 관할했음을 보여준다.

히스기야는 이 지역들을 규합하려는 마음이 있었지만 성공하지 못했다. 그게 쉬운 일이 아니었기 때문이다. 그런데 요시야는 그 일을 해낸 것이다. 그것이 어떻게 가능했겠는가? 히스기야를 능가하는 탁월한 정치력이 아니면 그들을 설득해서 참여하게 하지 못했을 것이다. 그러나 더욱 중요한 것은 그를 지지하는 정치세력이 강력했기 때문일 것이다.

산당까지 없애고

요시야가 제거한 것들을 기록한 목록을 보면, 당시 유다 상황을 짐작할 수 있는데 열왕기가 더 자세하게 말한다.

열왕기하 23장 4-14절을 보면, 산당(山堂, 히브리어로 '바모트')이라는 단어가 여러 번 나온다. 요시야는 산당을 철폐한다. 본문도 이것을 강조한다. 요시야가 산당을 철폐했다는 것은 구약성서에서 매우 중요한 의미를 갖는다. 산당은 '지방 성소'를 가리킨다. 여기서 우리는 당시 유다에 산당 지지파와 산당 철폐파가 있었음을 알 수 있다.

유다와 이스라엘의 모든 왕들이 산당을 철폐 대상으로 생각한 것은 아니다. 열왕기하 23장 13절은 솔로몬이 산당을 여럿 만들었다고 말한다. 솔로몬은 성전을 건축했지만, 이방 신들을 섬기는 산당들도 많이 만들었다. 그리고 그 이후 왕들도 산당을 많이 세웠다. 이렇듯 산당은 민간인들이 세운 것이 아니고 국가에서 공식적으로 세운 것들이었다. 그리고 정치력과 경제력을 갖춘 귀족 가문에서도 산당을 세웠을 것이다. 그러니 그 힘이 얼마나 막강했겠는가.

요시야가 산당들을 철폐했다는 것은 그 세력들을 제거했다는 것이다. 이것은 결코 쉬운 일이 아니었다. 요시야 이전에 산당을 제거한 왕은 히스기야뿐이다. 구약성서는 선한 왕으로 분류할 수 있는 왕들이 여러 가지 개혁을 하면서도 '산당은 없애지 않았다'고 말한다. 악한 왕으로 분류할 수 있는 왕들에게는 이 구절을 사용하지 않는다. 어느 정도 개혁을 단행한 왕들에게만 사용한다. 이스라엘 역사에서 산당을 철폐한 왕은 몇 되지 않는다. 이것은 그 일이 그만큼 어려웠다는 것을 말한다. 산당을 철폐하기 어려웠다는 것은 산당 지지 세력들이 그만큼 막강했다는 것이다. 왕이 제거할 수 없을 정도로 산당 세력은 막강했다. 그렇기 때문에 이스라엘 왕들이 산당을 철폐하지 않았다는 것이 이상한 것이 아니고 산당을 철폐했다는 것이 대단한 일이다. 왕권이 강하지 않으면 결코 산당을 철폐할 수 없었다. 그래서 산당을 철폐했다는 것은 왕이 그만큼 강력했다는 것이다. 산당을 철폐하면 그곳에서 일하던 사람들과 관련된 사람들이 모두 물러나야 한다. 그들이 히스기야 지지 세력이었다면 히스기야가 그들을 제거했을 리 없다. 그들은 히스기야 반대 세력이었을 것이다. 산당(건물)을 철거하면서 히스기야는 (산당과 연루된) 반대 세력들도 제거했을 것이다. 이렇듯 산당 철폐는 그저 산당 건물을 무너뜨리는 것에 국한하지 않는다. 산당은 건물만을 말하는 것이 아니라 오히려 그 세력을 의미한다. 그래서 산당을 철폐했다는 것은 산당 세력이 축출되고 다른 종교 세력이 정치권에 부상했다는 것이다. 산당, 즉 지방 성소세력을 넘어뜨리고 중앙 성소세력이 득세했을 것이다. 이렇게 히스기야가 강력한 개혁을 했는데, 그것은 앗시리아가 팔레스타인에 진군해 오면서 끝난다. 이로써 히스기야 시대가 지나고 유다는 므낫세 시대로 들어선다.

히스기야를 이어 왕위에 오른 므낫세는 자기 부친이 그토록 공을 들여서 철폐한 산당들을 다시 만들고 우상들을 만들었다.[8] 당시 상황이 므낫세로 하여금 그렇게 할 수밖에 없게 했을 것이다. 므낫세는 12세에 왕위에 올랐다. 그러니 초기에는 자기 뜻대로 하지 못했을 것이다. 므낫세를 수렴청정한 세력들이 있었을 것이다.[9] 그들이 므낫세로 하여금 산당을 짓고 우상을 만들게 했을 것이다. 이 세력들은 히스기야가 몰아냈음에도 불구하고 므낫세 시대까지도 여전히 존재했던 것이다.[10] 므낫세가 산당들을 다시 만들었다면, 중앙 성소 세력들을 숙청하고 지방 성소세력들을 다시 등용했다는 것이다. 이것은 므낫세가 그들을 지지 세력으로 삼았다는 것이고, 우상 숭배자들과 산당 지지자들이 므낫세를 적극적으로 도왔다는 말이다.

이렇게 우상 숭배자들과 산당 지지자들은 앗시리아가 진군해 오면서, 즉 히스기야가 실각하고 므낫세가 왕위에 오르면서 다시 재기한 모양이다. 므낫세 당시는 앗시리아 영향력이 최고조에 이르렀던 시기이기 때문에[11] 앗시리아 문화와 종교가 밀물처럼 들어왔을 것이고,[12] 우상을 섬기는 것이 더욱 심해졌을 것이다.[13] 이런 분위기를 타

---

8) 므낫세는 부친(父親) 히스기야의 정책을 포기하고, 조부(祖父) 아하스의 정책을 취했다. [John Bright, *A History of Israel* (Philadelphia: The Westminster Press, 1972, 1981), 312.]
9) 이들은 앗시리아의 지원을 받는 친앗시리아파였을 것이다.(Miller&Hayes, 371.) 밀러와 헤이즈는 히스기야가 독립운동을 일으킨 이후에 앗시리아가 유다에 고문단을 파견한 기록은 없지만, 당시 관례대로라면 앗시리아 고문단이 므낫세를 감독했을 것으로 본다.
10) 므낫세가 새로운 종교를 도입한 것은 아니다. 이스라엘 사람들은 아세라를 솔로몬 시대부터 섬겼다.(Ahlström, 735.)
11) Jacob M. Meyers, *II Chronicles, AB*, (Garden City, New York: Doubleday & Company, Inc., 1983), 198. Bright, 310. 당시에 이집트는 앗시리아에 대항할 힘을 갖지 못했다.
12) 물론 앗시리아가 이스라엘과 유다에게 앗시리아 문화 수용이나 우상숭배를 강요하지는 않았다.(H. Shanks, *Ancient Israel- From Abraham to the Roman Destruction of the Temple*, 김유기 옮김, 《고대 이스라엘-아브라함부터 로마인의 성전 파괴까지》, 서울: 한국신학연구소, 2005., 277.) 그러나 앗시리아 지배하에 앗시리아 문화와 종교가 이스라엘, 특히 유다에 많이 유입되어서 여러 가지 영향을 미쳤다는 것은 분명하다. 특히 건축과 예술 분야에서 앗시리아의 영향은 크다.(Robert B. Coote & Mary P. Coote, 52.)
13) Bright, 312. 예루살렘에서 발견된 대다수 신상들은 주전 8-7세기에 만들어진 것들이다. 이것은 그 시대에 이방의 영향이 그만큼 강력했음을 입증한다.(Ahlström, 736.)

고 우상 숭배자들이 득세했을 것이 분명하다.

정리하면, 므낫세는 히스기야가 반앗시리아 정책을 펼치다가 앗시리아의 침공을 받았기 때문에 필요 이상으로 친앗시리아 노선을 취할 필요가 있었고,[14] 나이가 어렸기 때문에 자신이 세운 정책을 지지해 줄 세력을 찾았을 것이다.[15] 이런 므낫세에게 가장 적합한 자들이 바로 우상 숭배자들과 산당 지지자들이었다. 므낫세는 이들을 복권하고 등용했을 것이고, 그 결과 우상 숭배자들과 산당 지지자들이 득세했을 것이다. 그들이 득세하면서 중앙 성소세력, 즉 산당 철폐론자들은 세력이 약화되었을 것이다.

이렇게 등용된 우상 숭배자들과 산당 지지자들은 므낫세 치하 후반에서는 므낫세가 개혁을 하면서 어려움을 겪지만, 이때에도 므낫세는 우상 숭배자들을 제거하면서 산당은 철폐하지 않아서, 백성들이 계속 산당에서 제사를 드렸기 때문에 산당은 그대로 유지되었다. 그런데 이렇게 므낫세가 우상은 제거하면서도 산당을 철폐하지 않았다는 사실에서, 당시 사람들이 우상과 산당을 언제나 같은 부류로 여긴 것이 아님을 알 수 있다. 우상 숭배자들과 산당 지지자들을 구분하기 어렵지만, 그래도 이 둘이 언제나 동일한 무리가 아니고 약간 다르다는 것이다. 이것은 아사 왕에 대해 기록한 열왕기상 15장 11-15절에서 확인할 수 있다.

아사가 행한 개혁도 쉬운 일이 아니었다. 아사는 국가 개혁이라는 큰일을 과감하게 해냈다. 그런데 그러면서도 아사는 산당을 없애지

---

14) Miller&Hayes, 370. 므낫세는 별다른 선택의 여지가 없이 친앗시리아 정책을 강하게 펼쳐야 했다.(Bright, 310.) 히스기야가 행한 정치적 행위들은 유다를 매우 어려운 상황에 처하게 했으며, 므낫세는 그런 어려움(천연자원의 부족, 동맹국 상실)을 고스란히 떠안아야 했다.(Ahlström, 730.) 므낫세는 히스기야보다 현명한 선택을 한 것으로 보인다.(731) 그리고 므낫세 정권을 감독하기 위해 앗시리아 감독관들이 파견되었을 것이다.(738)
15) 알스트룀은 므낫세 당시에 예언자들과 제사장들, 그리고 궁중관리들, 바알과 아세라 숭배자들, 이 두 세력이 서로 첨예하게 대립함으로써 결국 피를 흘렸을 것으로 본다.(Ahlström, 738f.)

않았다. 아사는 산당을 없애지 않았지만, 또 성전에도 많은 신경을 썼다.[16] 역대하는 아사가 산당도 없앴다고 말하면서 여호와의 단을 중수했다고 말한다(대하 15:8). 하지만 이스라엘의 산당은 없애지 못했다고 말한다(대하 15:17).

그 과정에서 아사는 태후인 어머니를 폐했는데, 죄목은 아세라 우상을 만든 것이다. 그런데 어머니를 폐했다는 것은 단지 태후 자리에서 물러나게 했다는 것만은 아닐 것이다. 태후 자리에서 물러나는 것은 정치적으로 제거되는 것이다. 그리고 어머니를 제거했다는 것은 어머니가 정적(政敵)이었다는 말이다.[17] 그렇다면 아사를 지지하는 세력들이 마아가를 제거하게 했을 것이다. 그런데 죄목이 우상 숭배이다. 하지만 마아가 혼자서 우상을 만들고 섬긴 것은 아닐 것이다. 마아가를 지지하는 세력이 분명 있었을 것이다. 그래서 태후를 제거한 것은 그 세력을 제거한 것이다. 이렇게 어머니를 태후 자리에서 축출하고, 어머니가 이끌던 세력들을 철저히 무너뜨리면서도 아사는 산당을 없애지 않았다. 산당을 없애지 않았다는 것은 산당 지지 세력들을 남겨두었다는 것이다. 그러면 아사가 태후와 그 추종 세력들을 제거했다는 것은 산당 지지 세력과는 다른 사람들을 제거했다는 것인데, 이들을 우상 숭배 세력으로 칭할 수 있을 것이다. 이렇듯 얼핏 보기에는 우상 숭배 세력과 산당 세력이 같은 무리들인 것처럼 생각할 수 있지만, 또 그들이 때로 연합하기도 하지만 그들은 서로 다른 세력들이었다. 당시 상황에서 산당 지지자들도 그렇지만,[18] 이들보다 우상 숭배자들이 외국의 영향을 더 강하게 받았을

---

16) 이런 점에서 아사는 대단히 훌륭한 왕이지만 히스기야와 요시야에게는 미치지 못한다.
17) 마아가는 아사 재위 초기에 섭정했을 것이다.(Miller&Hayes, 240f.)
18) 히스기야의 개혁은 각 지역 지주들과 제사장들에게 경제적으로 종교적으로 상당한 손실을 끼쳤을 것이다. 그래서 산당 지지자들은 히스기야 개혁에 반대했을 것이다.(Cohn, 130.) 그리고 앗시리아의 산헤립은 히스기야가 산당을 철폐한 것을 한 가지 빌미로 삼아 유다를 침공했다(왕하 18:22). 앗시리아는 히스기야의 개혁이 정치적으로도 그렇지만 종교적으로도 합당한 근거를 갖지 못한다고 하면서 개혁 자체를 무의미한 것으로 규정하

가능성이 있다.[19]

우리가 지금까지 살펴본 것들을 정리해 보면, 유다에는 종교적으로 세 부류의 종교·정치세력들이 있었던 것으로 보인다.

1. 우상 숭배자들
2. 산당 지지자들
   1) 우상 숭배를 지지하는 자들
   2) 우상 숭배를 반대하는 자들(순수 산당 지지자들)
3. 우상 및 산당 철폐론자들(순수 야훼주의자들)

므낫세는 우상 숭배자들을 제거했고, 우상 숭배자들이 산당 지지자들과 어느 정도 관계가 있기 때문에 제거 과정에서 우상 숭배자들뿐만 아니고 산당 지지자들도 많이 숙청되었을 것이다. 그러나 산당을 철폐하지 않았다는 말에서 알 수 있듯이 산당 지지자들이 아직 영향을 미치고 있어서 산당 철폐론자들이 완전히 득세하지는 못한 듯하다. 산당 지지자들 가운데서 우상 숭배 반대자들, 즉 이방 신상 숭배를 반대하는 자들이 므낫세를 지지했는지도 모른다. 그런데 므낫세가 세상을 떠난 다음에 왕위에 오른 아몬이 우상 숭배를 했다는데, 아몬이 우상 숭배를 재개했다면 우상 숭배자들을 다시 등용했다는 말이고, 그랬다면 므낫세를 지지한 순수 산당 지지자들

려고 한다. 그리고 이 구절은 앗시리아가 여러 사람들을 통해서 히스기야의 개혁에 대한 정보를 상세하게 입수했음을 보여준다.[T. R. Hobbs, 2 Kings, WBC. (Waco, Texas: Word Books, 1985), 257.] 그렇다면 앗시리아가 유다의 산당 세력과 어떤 연관성을 가졌을 것이다.

19) 에스겔 8장을 보면, 성전에 이스라엘의 온갖 우상들을 다 그려놓았는데, -에스겔은 그 방을 "우상의 방"(12절)이라고 부른다- 그 그림들은 대체로 이방 종교화였을 것으로 보인다. 블록은 그 우상화들이 금지된 가나안 우상화일 것으로 생각한다.[Daniel I. Block, The Book of Ezekiel Chapters 1-24, NICOT. (Grand Rapids, Michigan: William B. Eerdmans Publishing Company, 1997), 291.]

은 정치적으로 입지가 좁아졌을 것이다.

이런 상황에서 이 순수 산당 세력들이 혹시 자신들이 처한 난처한 상황을 타개하기 위해서 아몬을 제거한 것은 아닐까. 그렇다면 아몬을 살해한 자들을 나중에 제거한 세력('국민')은 누굴까?[20] 이 사람들은 산당 지지자들 가운데 우상 숭배자들을 포용하는 온건파였는지도 모른다. 왜냐하면 그들은 산당 철폐론자들은 분명히 아니기 때문이고, 그렇다면 이들은 산당 지지자들이고, 또 요시야 12년까지 유다에 산당뿐만 아니고 곳곳에 우상들이 즐비했기 때문이다. 만약 그들이 산당 철폐론자들이었다면 요시야를 왕위에 세운 다음에 산당을 철폐했을 것이지만, 요시야가 왕위에 오른 다음에도 산당이 그대로 남아있었기 때문에 분명히 그들은 산당 철폐론자들이 아니고, 또 순수한 산당 지지 세력들이라면 우상 숭배를 금지했을 것인데, 요시야가 왕위에 오른 다음에도 우상 숭배가 만연했기 때문에 그들을 순수 산당 지지 세력들로 보기도 어렵다. 그래서 그들은 우상 숭배자들이었고, 또 일부 산당 지지 세력들도 거기에 동조했을 것이다. 그들은 요시야가 개혁을 시작하는 요시야 12년까지 세력을 유지했다.

아사와 여호사밧, 히스기야도 개혁을 했지만, 이들보다 요시야가 행한 개혁이 두드러지는 것은 요시야가 우상은 물론이고 산당까지 철폐했기 때문이다. 요시야는 중앙 성소를 복원하려고 했다. 그러기 위해서는 산당들을 철저히 제거해야 했다. 그러지 않고서는 중앙 성소를 유지할 수 없었다. 그 산당 제거작업을 요시야가 6년 동안 한

---

20) 커티스는 이들이 므낫세의 정책을 지지하는 사람들이라고 생각한다.[E. L. Curtis, *A Critical and Exegetical Commentary on the Books of Chronicles, ICC.* Edingburgh: T & T Clark, 1970), 501.] 하지만 이것은 당시의 정치 세력들을 세분하지 않은 데서 비롯한 생각이다. 물론 커티스는 그들이 단순하게 군주에 대한 충성심을 표현한 것일 수도 있다고 생각한다. 그러나 그들이 지닌 성향을 정치적인 차원, 종교적인 차원, 그리고 일반적인 정서로 엄격하게 나눌 수 없고, 이러한 것들이 어우러져서 나타나는 것이기 때문에 종합적으로 보아야 할 것이다.

것이다. 그렇다면 요시야를 지지하는 새로운 세력은 바로 산당 철폐 론자들이었을 것이다. 이들을 규합해서 요시야는 개혁을 단행하는 데, 오랫동안 세력을 유지해 온 산당 세력들이 쉽사리 물러나지 않았을 것이다. 요시야는 6년이라는 긴 시간 동안 끈질기게 그들을 제거한다. 그렇게 산당들을 제거하고 온갖 우상들을 제거한 다음에, 다시 말해서 그 세력들을 다 제거한 다음에, 요시야는 드디어 성전 중수작업에 들어간다. 요시야는 성전 중수작업을 하는 데 드는 경비를 세금으로 모은다(왕하 22:3-7; 대하 34:8-13). 이 성전 중수작업은 요시야가 전권을 장악하고 유다를 장악한 표징이다. 이처럼 요시야가 성전 중수작업 이전에 실시한 제1차 개혁은(열왕기는 전혀 언급하지 않지만) 6년 동안 진행되었고, 재위 18년에 들어서면서 완결된 것으로 볼 수 있다. 요시야는 그 6년 동안 산당 세력들은 물론이고 자신을 왕위에 올리고 지금까지 그를 수렴청정해온 세력들을 축출했을 것이다. 그럼으로써 요시야는 친위 세력을 강화한 것으로 보인다.

온갖 우상들을 다 부수고

본문 기자는 3절을 4절과 5절에서 요시야가 행하는 개혁에 대해 자세히 설명한다. 여기서 사용하는 동사들을 보면 '가루로 만들다, 조각내다, 산산이 부수다, 뿌리다, 불태우다'이다. 이 동사들은 요시야가 얼마나 철저하게 우상을 제거했는지, 얼마나 폭력적이었는지를 보여준다.

그런데 요시야는 단과 우상만 없앤 것이 아니었다. 제사장들의 무덤을 파헤쳐서 그들의 뼈를 불태우고 가루로 만들어서 단에 뿌렸다. 우리나라에도 예전에 부관참시라는 것이 있었는데, 죽은 사람 뼈를 파내서 그것들을 가루로 만들어 뿌리는 것은 부관참시보다 더한 형벌이다. 이것은 요시야가 개혁을 얼마나 강력하게 추진했는지를 보여준다. 우리는 이런 사실을 통해서 요시야가 과거 청산을 철저하게 해냈음을 알 수 있다.

그러면 요시야가 한 일들을 좀 더 자세히 알아보자. 요시야는 먼저 바알에게 제사하기 위해서 만들어놓은 단들을 다 부순다. 그리고 단 위에 높이 매달린 '태양상'(함마님, הַחַמָּנִים)들을 부셔버린다. '함마님'은 구약성서에서 모두 8번[레 26:30; 대하 14:4(개역성경은 5절), 34: 4, 7; 사 17:8, 27:9; 겔 6:4, 6] 쓰였다. 열왕기에는 태양을 위하여 드린 말과 태양 수레(왕하 23:11)가 나온다. 그런데 이 태양상이라고 하는 것은 가지고 다닐 수 있는 향로인 것으로 보인다. "(산당과) 단, 아세라 목상, 아로새긴 우상(과 부어 만든 우상), 태양상"이라는 구절은 관용어처럼 쓰인다. 요시야는 이 모든 것들을 없애는데, 산당을 비롯해서 이스라엘 전역에 널린 모든 우상들을 남김없이 다 제거한 것이다.

요시야는 이렇게 온갖 우상들을 다 제거했는데, 그것들은 주로 므낫세 치하에서 만들어진 것들이다(대하 33:1-7). 므낫세가 산당과 우상들을 세운 위치를 호새가 자세히 기록해 놓았다(대하 33:19). 므낫세 초기 사건들은 므낫세가 자기 뜻대로 행한 것이라기보다는 그를 수렴청정하는 세력들이 행한 것이라고 볼 수 있다. 므낫세는 회개한 다음에 이것을 다 제거(이것은 개혁을 의미한다)했는데, 열심히 노력했지만, 그래도 완벽하게 정리하지는 못했다.

그리고 므낫세를 이어 왕위에 오른 아몬은 자기 아버지 므낫세가 만든 우상들에게 제사하며 그것들을 섬겼다. 그러면 아몬을 지지한 사람들은 누구였을까? 열왕기는 므낫세를 악한 왕으로 묘사하기 때문에, 그리고 므낫세와 아몬이 같은 성향을 가진 것처럼 보이게 하기 때문에 므낫세와 아몬을 지지하는 세력 역시 동일한 부류였을 것으로 생각하게 한다. 그러나 역대기는 므낫세와 아몬을 구분하기 때문에 과연 아몬을 지지하는 사람들이 누구였는지가 문제다. 역대기에 근거하면, 므낫세 후기는 아몬과 대조되고 지지하는 세력도 달랐을 것이기 때문이다.

이것을 자세히 살펴보자. 열왕기는 므낫세를 단순한 성격을 가진 매우 평면적인 인물로 묘사한다. 그러나 역대기는 므낫세를 복합적인 인물로 묘사한다. 므낫세는 극적인 변화과정을 거친다. 므낫세가 그의 부친 히스기야와는 달리 처음부터 우상을 숭배했다면, 그래서 히스기야가 헐어버린 산당들을 다시 세우고 바알과 아세라를 위해서 단을 쌓았다면, 산당 세력들, 바알과 아세라 세력들이 므낫세를 도왔을 것이고, 히스기야를 지지했던 세력들은 당연히 반발했을 터인데, 히스기야의 개혁을 도왔던 사람들은 므낫세를 수렴청정하는 세력에 의해서 제거되었을 것으로 보인다.

그리고 히스기야가 반앗시리아 노선을 취했기 때문에[21] 앗시리아가 팔레스타인을 장악한 직후에 왕위에 오른 므낫세는 앗시리아 사람들로부터 많은 압력을 받았을 것이고, 그들에게 필요 이상으로 충성을 맹세해야만 했을 것이다. 이런 모습이 히스기야 지지 세력들에게는 매국적이고 불경스럽게 보였을 것이다. 그래서 이들은 므낫세 정책에 강력하게 반발했을 것이고, 므낫세를 수렴청정하는 세력은 그들을 용납하지 않았을 것이다. 이 과정에서 히스기야 지지 세력들이 제거되었을 것이다. 그런데 이 산당 세력들과 우상 숭배자들은 그 이전 히스기야 치하에서 개혁 지지자들에 의해 숙청되었다. 그렇다면 므낫세를 지지하는 세력은 히스기야가 축출한 사람들이었고, 므낫세는 히스기야와는 달리 그들을 지지기반으로 삼고, 그들은 왕권을 힘입어 반대파(히스기야 지지 세력들)들을 숙청했을 것이다.

그런데 므낫세가 돌이켜서 우상들을 다 제거했다면 우상들을 숭배하는 세력들, 즉 처음에 므낫세를 지지했던 세력들 가운데서 바알

---

21) 히스기야는 초기에는 친앗시리아 정책을 취했지만, 713-711년 사건부터 반앗시리아 정책을 취했다.(A. Soggin, *Storia d'Israele, dalle origini alla rivolta di Bar-Kochba*, 135 d,C., tr. John Bowden, *A History of Israel*. Philadelphia: The Westminster Press, 1984., 235.)

과 아세라 세력이 제거되었을 것이다. 그리고 순수 산당세력은 남았을 것이다. 이것은 므낫세가 개혁을 했는데도 백성들이 산당에서 제사를 드렸다는 사실에서 나타난다. 이때 므낫세는 누구를 동원해서 우상 숭배자들을 숙청했을까? 므낫세는 처음에 자기를 지지하던 세력들을 통해서 반대파를 제거하고, 나중에는 그 세력들을 나누어서 산당 지지 세력들로 하여금 우상 숭배자들을 치게 해서 자기 지지 세력 일부를 제거한 것은 아닐까?

우상 숭배자들은 이방 신들을 섬기거나 야훼 신앙을 이방종교로 혼합화시키는 자들인데, 이것은 외교적인 측면을 고려해야 한다. 아합 왕 시절에 이세벨이 왕비로 이스라엘에 들어왔는데, 그는 바알과 아세라 종교를 유포했고, 바알 제사장 450명과 아세라 제사장 400명이 이세벨을 중심으로 막강한 세력을 형성했다. 이스라엘에 강력한 친가나안 세력이 만들어진 것이다. 이런 측면에서 보면 므낫세가 우상 숭배자들을 축출한 것은 외교노선이 바뀌었다는 것을 의미한다. 므낫세 시대는 앗시리아가 세력을 떨쳤기 때문에 우상 숭배자들은 앗시리아 종교를 받아들인 것은 아니라고 해도 외교적으로는 친앗시리아파라고 할 수 있다. 그런데 므낫세가 그들을 제거했다면, 므낫세가 친앗시리아 정책을 상당히 완화했거나 포기했음을 보여준다. 므낫세는 우상 숭배자들을 제거했지만, 산당 세력들은 계속 등용한 것으로 보인다. 므낫세가 산당 철폐자들까지 지지 세력으로 삼았는지는 모르겠다. 그러나 그들을 중용하지는 않았을 것이다. 왜냐하면 므낫세가 산당을 그대로 두었기 때문이다.

재위 12년째인 해에 요시야는 할아버지 므낫세가 그 전에 만든 것들을 다 제거한다. 그렇다면 요시야가 왕위에 오른 이후로 11년 동안 그것들을 없애지 않았다는 말이다. 열왕기에 의하면 요시야가 재위 18년에 이 일들을 했다고 하는데, 그렇다면 17년 동안이나 그것들을 제거하지 않았다는 것이다. 요시야는 11년 또는 17년을 그냥 보낸 것이다. 이 사실을 통해서 우리는 요시야를 왕위에 올린 세력이 아몬 살해자들을 제거했지만 개혁을 단행하지는 않았음을 알 수 있다. 그리고 그들은 요시야를 왕으로 세우고 수렴청정하면서 실질적으로 국가를 다스리면서도 우상 숭배자들을 제거하거나 산당을 철폐할 마음이 전혀 없었다.[22]

요시야가 산당을 제거하고 우상들을 제거하기까지 11년 또는 17년 동안 그들은 전혀 그런 움직임을 보이지 않았다. 왜 그랬을까? 요시야를 왕위에 올려놓은 사람들은 어떤 성향을 가진 사람들이었을까? 산당을 비롯해서 우상들을 제거하지 않았다는 것은 그것을 묵과했다는 것이고, 산당이 존재했다는 것은 중앙 성소가 그만큼 약했다는 것이다. 그리고 산당 세력들이 국가적으로 상당히 중요한 위치를 차지하게 허용했다는 것인데, 그렇게 한 이유가 무엇일까? 요시야를 왕위에 올린 사람들도 우상 숭배자들이나 산당 세력들과 결탁한 것은 아닌가? 아니면 그들이 바로 그런 자들이 아니었을까? 아니면 그들도 힘이 약한 것이었을까? 그래서 요시야가 전권을 장악할 때를 기다린 것일까? 그러나 이것은 납득하기 어렵다.

요시야가 재위 12년 또는 재위 18년에 일으킨 개혁은 요시야 단독으로 행하기 어렵고, 지지 세력이 강해야 할 수 있는 일이다. 그 개혁 정도와 범위가 엄청나기 때문에 요시야는 충분한 준비기간을 가졌을 것이다. 그 과정에서 요시야가 누구를 지지 세력으로 삼았겠는가? 11년이 지나도록 과거 행태를 그대로 둔 사람들을 요시야가 지지 세력으로 삼고 그들을 동원해서 우상들을 제거한다는 것은 이해하기 어렵다. 그렇다면 요시야는 그들이 아닌 다른 사람들을 지지 세력으로 삼아서 개혁을 일으킨 것으로 보아야 한다. 그리고 요시야를 왕위에 올린 사람들은 이때 권력층에서 배제되었을 것이다. 이런

---

22) 당시는 이집트가 유다를 통제하고 있었고, 이집트가 허락하지 않으면 누구도 왕위에 오를 수 없었기 때문에 이들은 친애굽파였던 것으로 보인다.(Miller & Hayes, 388-390.)

사실들을 통해서 우리는 요시야를 왕위에 올린 자들이 어떤 종교적인 성향을 가졌는지 추정할 수 있다.

요시야는 자기를 왕위에 올리고 그동안 수렴청정해온 사람들을 주변에서 물리친 다음에야 비로소 제 뜻을 펼칠 수 있었다. 어떤 왕이 자기 힘으로 왕위에 올랐다고 해도 자기를 지지했던 사람들을 견제하는 것이 큰 문제였다. 이러한 상황은 요아스 때에도 발생하는데, 요아스도 자신을 왕위에 올려놓은 여호야다 세력과 마찰을 빚다가 살해당한다. 요아스는 성전보수를 위한 기금을 모으는데, 제사장들이 성전을 수리한 적이 없다. 이것은 제사장들이 그 기금을 유용하거나 착복했음을 암시한다. 그래서 요아스가 기금 관리와 성전 수리를 위한 기구를 새롭게 조직하고 그들에게 위임하는데(왕상 12:15), 이것은 요아스가 제사장들보다 그들을 더 신뢰했음을 보여준다. 이러한 일들로 인해 왕과 제사장들 사이에 심각한 갈등이 발생했을 것이다.

여호야다는 7살인 요아스를 왕위에 올려놓았는데, 왕이 나이가 어리다 보니 여호야다가 영향력을 강력하게 행사했을 것이다. 요아스는 이름만 왕이지 실제로는 여호야다가 왕 역할을 했을 것이고, 여호야다 세력들이 권력을 장악했을 것이다. 그러다가 여호야다 사후에 요아스는 그 세력들을 떨쳐버리고 친정체제를 구축하려고 하는데, 여기에 여호야다의 아들인 스가랴가 반대를 하고, 결국 요아스는 스가랴를 성전에서 제거한다. 그런데 이것에 불만을 품은 신복들이 요아스를 암살한다. 요아스는 자신을 왕위에 올려놓은 사람들을 제거하려고 했지만, 결국 그 사람들에 의해서 죽임을 당한다.

북왕국 초대 왕인 여로보암은 여러 사람들의 지지를 받아서 왕위에 오른다. 그런데 그 세력들 가운데 실로에 기반을 둔 종교지도자들이 있었다. 이들은 여로보암을 도와서 그를 왕위에 오르게 했는데, 그들이 북부지역을 독립시키고 여로보암을 왕위에 올린 것은 원하는 바가 있었기 때문이다. 그런데 여로보암이 왕이 된 다음에는 그들이 기대한 것과는 전혀 다르게 그들을 등용하지도 않고, 또 실로가 아닌 단과 벧엘에 국고로 성소를 새로 짓고, 자신이 마음대로 임명한 사람들을 그곳에 제사장으로 세웠다. 그러니 실로의 종교지도자들이 여로보암에게 얼마나 배신감을 느꼈겠는가. 이들은 그후로 여로보암을 반대하는 데 앞장섰을 것이다. 이렇듯 정치적인 역학관계는 상당히 복잡하다. 지지 세력이 어느 순간에는 반대 세력으로 바뀌기도 하고, 반대 세력이 지지 세력으로 바뀌기도 한다.

요시야는 자신을 왕위에 올려놓고 실질적으로 국가를 다스려온 사람들을 내치고 스스로 나라를 다스리기 시작했다. 그런데 요시야는 이런 일들을 어떻게 할 수 있었을까? 국내적으로나 국제적으로 어떤 변화가 있었던 것은 아닐까? 요시야는 주전 639년경에 왕위에 오른 것으로 보이는데, 그가 재위 8년에 하나님을 찾기 시작했고, 이때는 주전 631년경이었을 것이다. 그리고 개혁을 시작한 재위 12년째인 해는 주전 627년경이다. 이때 무슨 일이 있었을까? 그때까지 세계를 지배하던 나라는 앗시리아였는데, 주전 627년경에 앗수르바니팔왕이 죽으면서 앗시리아는 급속히 멸망으로 치닫고,[23] 바벨론 연합군이 주전 612년에 수도인 니느웨를 함락하고, 이집트가 앗시리아를 도와주었는데도 주전 609년에 앗시리아는 역사에서 사라진다. 앗시리아 말기는 요시야가 하나님을 찾기 시작해서 전사할 때까지와 일치한다. 그러니 요시야는 앗시리아 쇠퇴와 멸망을 좋은 기회로 삼아서 국가를 개혁하려 했던 모양이다. 앗시리아가 강성할 때는 유다에 그만큼 앗시리아가 영향력을 크게 행사했을 것이고, 앗시리아 지지세력들이 득세했을 것이다. 그러나 앗시리아가 쇠퇴하면서 친앗시리

---

23) R. J. Coggins, *The First and Second Books of the Chronicles*(Cambridge: Cambridge University Press, 1976), 205. 앗수르바니팔이 죽기 전까지 요시야는 유다 지역 이외에 있는 산당들까지 철폐하려 하지 않았다.(Meyers, 206.)

아계 역시 힘을 잃었을 것이고, 이것을 틈타서 요시야는 그들을 축출하고 급진개혁적인 성향을 지닌 산당 철폐론자들, 즉 철저한 야훼주의자들을 지지 세력으로 확보함으로써 이들을 앞세우고 국가를 과감하게 개혁했을 것이다.[24]

지금까지 우리는 요시야가 산당을 철폐하고 각종 우상들을 부수는 모습을 통해서 당시 정치 세력들과 종교 세력들을 살펴보았는데, 요시야가 일으킨 개혁은 이방 신을 섬기던 제사장들 무덤을 파헤치고 그들 뼈를 가루로 만들어 뿌리는 것에서 절정에 이른다. 그런데 구약성서, 특히 예언서를 보면 이런 행동은 하나님이 하시는 심판 가운데 가장 강력한 것이다.

예레미야 8장 1-3절과 에스겔 6장 1-7절을 보면, 이 두 예언자는 동일한 어투로 끔찍한 하나님의 심판을 예언한다. 이것은 레위기에서도 나타난다(레 26:27-33). 그런데 이것은 무엇을 말하는가? 우리는 위에 인용한 구절들을 통해서 하나님이 이방인들을 불러들여서 범죄한 이스라엘과 유다를 잔혹하게 파괴하고 완전히 황무지로 만들어버리시는 것처럼, 요시야가 마치 전투를 벌이듯 유다 전역에 세워진 산당들과 우상들을 과감하게 제거하고 그 세력들을 근본적으로 제거했다는 것을 짐작할 수 있다. 이렇게 요시야는 철저하게 과거 청산작업을 한다. 8절을 보면, 요시야는 이 개혁을 재위 18년까지 했던 것으로 보인다. 이때 요시야는 25세였다. 그러니까 요시야는 19세부터 6년 정도 개혁을 한 것이다. 그런데 요시야는 여기서 그치지 않는다. 그렇게 엄청난 일을 이뤄놓은 다음 재위 18년부터 성전 중수작업을 시작한다. 그리고 이 성전 중수작업은 도중에 율법책을 발견하면서 더욱 대대적인 개혁으로 이어진다. 요시야는 재위 18년에 이

---

24) Miller&Hayes, 391. 요시야는 산당 철폐라는 과격한 조치를 통해 다윗 제의에서 모든 이방적인 요소들, 특히 앗시리아 종교적인 요소들을 제거하려고 했고, 그런 의지는 유혈개혁을 통해 실행되었다.(Robert B. Coote & Mary P. Coote, 61.)

스라엘 역사상 최대 규모의 유월절을 지킨다. 성서기자는 이렇게 말한다.

역대하 35장 16-19절을 보면, 우리는 요시야가 얼마나 성대하게 유월절을 지켰는지 알 수 있다. 이렇게 유월절을 지킴으로 요시야는 유다 개혁을 절정에 올려놓는다. 열왕기는 요시야가 유월절을 지키면서 산당도 제거하고 우상도 제거했다고 말하는데, 역대기는 모든 정지작업을 다 한 다음에 유월절을 거행했다고 말한다. 열왕기 기록보다는 역대기 기록이 논리적으로 더 설득력이 있다. 반대 세력들을 제거한 다음에 국가적인 행사로 유월절을 성공적으로 거행할 수 있었을 것이고, 만약 그렇지 못한 상태에서 유월절을 거행했다면 히스기야가 그랬던 것처럼 유월절을 성공적으로 치르지 못했을 것이기 때문이다. 아사도 이런 순서로 일을 하는데 역대하 15장을 보면, 아사는 이방 신들을 위한 단과 산당을 철폐한다. 그런 다음 성전 단을 중수하고 백성들을 모아서 제사를 드리며 기뻐한다.

폭력적 정치 현실

요시야 개혁 당시 유다에 어떤 종교·정치 세력들이 있었는지를 역사적 상상력으로 본문을 꼼꼼하게 읽으면서 밝히는 데 목적을 두고, 우리는 지금까지 역대하 34장 1-7절을 중심으로 요시야가 어떻게 왕위에 올랐으며, 어떻게 나라를 새롭게 했는지 알아보았다. 요시야가 여덟 살에 부친이 살해당하는 비극을 겪으면서 왕위에 오른 상황과 과감하게 개혁하는 모습을 통해서 당시에 최소 세 부류의 종교·정치 세력이 있었음을 앞에서 밝혔는데, 그 세 부류는 다음과 같다.

첫째, 우상 숭배자들

둘째, 산당 지지자들
    1. 우상 숭배를 지지하는 자들
    2. 우상 숭배를 반대하는 자들(순수 산당 지지자들)
셋째, 우상 및 산당 철폐론자들(순수 야훼주의자들)

이 정치 세력들 가운데 누구를 지지 세력으로 삼고 누구를 거부하느냐에 따라서 왕의 통치 유형이 달라지는데, 유다 왕들을 세 가지 유형으로 구분할 수 있을 것이다.

첫째, 우상 숭배를 하고 산당을 지지하는 왕
둘째, 우상 숭배를 금지하고 산당은 지지하는 왕
셋째, 우상 숭배를 금지하고 산당도 철폐하는 왕

셋째 유형은 더 자세하게 나눌 수 있다.

넷째, 우상 숭배를 금지하고 산당도 철폐하고 성전을 중수하는 왕
다섯째, 우상 숭배를 금지하고 산당도 철폐하고 성전을 중수하고 유월절을 거행하는 왕

첫째 유형은 전형적으로 악한 왕이고, 둘째 유형부터가 선한 왕이다. 그리고 가장 훌륭한 유형은 말할 것도 없이 다섯째인데, 여기에 해당하는 왕은 요시야가 유일하다. 역대기는 히스기야도 포함시키지만, 열왕기는 히스기야를 셋째 유형으로 분류한다. 그러니 요시야는 다윗을 바로 잇는 위대한 왕이다. 이스라엘 역사는 실제적으로 다윗으로부터 시작해서 요시야로 끝났다고 할 것이다.[25]

---

25) 신명기 역사에서 요시야는 유다에서 다윗 이후로 가장 중요한 왕이다.(Soggin, 240.) 역대기는 히스기야를 부각하기 때문에 요시야가 약화되는 듯하지만, 그래도 역대기는 요시

그런데 이러한 평가는 요시야가 당시 정치 세력 가운데 누구를 지지 세력으로 삼고 누구를 반대 세력으로 규정했는지에 기인한다. 그렇기에 우리가 지금까지 살펴본 것처럼 요시야와 그의 개혁, 그리고 그 시대의 폭력성을 제대로 파악하기 위해서는 당시 유다에 어떤 정치 세력들이 있었는지를 알아야 하는 것이다.

야에게 중요한 의미를 부여한다.(Coggins, 291.)

제 3 부

11

종교개혁 전후 시대에서 드러나는 폭력

그렇지만 프랑스 왕은 이단과의 약속은 지키지 않는 것이 관례였으므로 녹스와 그의 동료들이 노예선에서 노 젓는 생활을 하게 하였다. 19개월 동안의 살아있는 죽음을 견뎌야 했다. 이 기간 동안에 겪은 끈질긴 고통은 초대교회의 교인들이 광산에서 당했던 고난과 비교될 수 있었다. 그는 4명에서 6명이 한 조를 이룬 상태에서 쇠사슬에 묶인 채 노 젓는 의자에서 고역에 시달려야 했다. 그는 배의 오른쪽의 노 젓는 자리 아래칸에서 쇠사슬에 묶인 채 잠을 잤으며, 밤이나 낮이나 동일하게 방치된 채로 지냈으며, 노 젓는 양쪽자리의 통로를 오가면서 사정없이 내리치는 감독자의 채찍을 맞았으며, 콩과 기름죽에 조잡한 비스켓 등으로 이루어진 말라빠진 식사를 먹었으며, 가장 잔인한 범법자들과 나란히 묶여서 지내야만 했다. 프랑스 교황청주의자들은 자기네들과 신앙이 다른 모든 자들에게 이러한 처벌 방안을 마련하였다.[1]

죽음의 시대

어린 시절에 들은 종교개혁 이야기는 정말 낭만적이었다. 타락한

---

1) Thomas M. Lindsay, *A History of the Reformation Volume II*, 이형기·차종순 역,《종교개혁사(II)》(서울: 대한예수교장로회 총회출판국, 1991), 321.

기독교를 올바르게 세우기 위해서 일어선 사람들, 그들이 겪은 일들, 그리고 최종적인 승리, 이런 이야기를 들으면서 세상은 그렇게 하나님 앞에서 의로운 사람들이 이끌어가는 선한 역사로 귀결된다는 믿음을 가졌다.

하지만 점차 나이가 들면서 실상은 그렇지 않았다는 사실을 조금씩 알게 되었다. 현실은 우리가 들은 것처럼 평화롭고 거룩했던 것은 아니라는 사실, 내막은 우리가 외운 것처럼 딱 떨어지게 말끔하지 않다는 사실을 천천히 깨달았다. 어린 시절에 전쟁 이야기를 들으면서 나름대로 구상한 전쟁과 실제 전쟁이 얼마나 다른지를 깨닫는 과정과 같았다.

그리고 종교가 모든 것은 아니었지만, 모든 것이 종교와 밀접하게 연관된 시대였기 때문에 종교가 세상을 이해하고 교통하는 통로였기 때문에,[2] 종교개혁이라는 것이 종교와 정치가 서로 결탁하면서 무엇이 우선인지 알 수 없게 얽혀서, 신의 뜻을 앞세운 아주 잔인하고 비열한 고문과 처형, 그리고 재물과 영토, 권력 욕망에 사로잡혀서 벌이는 탐욕스럽고 잔혹한 전쟁, 즉 지독한 폭력과 어떤 이유로든, 어떤 형태로든 밀접하게 결속되어 있다는 사실에 경악해야 했다.

루터가 공식적으로 종교개혁을 시작한 1517년에서 몇 년 지나지 않은 1523년에서 1526년 사이, 즉 독일에서는 농민전쟁(1524-1525년)이 일어나고, 신성로마제국 황제인 카를 5세가 로마를 약탈해서 이탈리아 르네상스에 치명적인 타격을 가하고, 가톨릭과 개신교 사이의 갈등이 본격화하는 그 즈음에 한스 홀바인이 "죽음의 무도(舞蹈)" 연작(連作)[3]을 제작했다는 것[4]은 의미심장하다. 한스 홀바인과 그 시대

---

[2] Carlos M. N. Eire, *Reformatons-The Early Modern World, 1450-1650* (New Haven: Yale University Press, 2016), xi.
[3] Hans Holbein, *The Dance of Death-The Images and Storied Aspects of Death* (Lexington, 2016).
[4] "일상의 일터에 있는 누구에게라도 죽음이 닥칠 수 있다는 내용은 선행을 믿는 가톨릭 신

사람들이 보기에, 그들이 살던 시대는 죽음과 함께 하는 시대였으며, 해골로 상징할 수 있는 시대였던 것이다.

과연 종교개혁의 실상은 무엇인가? 이것이 우리가 종교개혁 전후 시대사를 살펴보아야 할 이유이다.

성상 파괴운동

스페인 대사는 본국의 국왕에게 보내는 보고서에서(1559년 8월) "이들은 이제 종교에 관계된 국회의 법률을 아주 엄격하게 실천에 옮기면서 여섯 명의 시찰 방문자를 지명하였다.…… 그들은 얼마 전에 성 바울 성당과 런던에 있는 모든 성당으로부터 십자가, 입상, 그리고 제단을 몽땅 치워버렸습니다"라고 하였다. 런던의 한 시민은 그의 일기장에, "바톨로뮤 축제일을 전후해서 모든 예수님 십자가상, 마리아상, 요한상, 그리고 수많은 교회의 집기들, 두 개의 성직복, 십자가, 향, 제단개게, 예수님 처형상 덮개, 책, 기, 깃대, 실내벽판 등이 수없이 런던에 굴러다니다가 스미스필드(Smithfield)에서 소각되었다"라고 적었다.[5]

종교개혁으로 인해 가톨릭과 개신교 사이에 심각한 갈등이 발생했는데, 그러한 갈등은 성상 파괴운동으로도 나타났다. 성상 파괴운동은 영혼 구원이 관습으로 형성된 의식과 절차, 즉 순례, 묵주, 암송, 촛불, 헌납, 성물예배 등으로는 이룰 수 없다는 신앙적인 자각을 성서 연구를 통해서 알게 된 결과라는 점과 아울러[6] 당시 유럽을 지배하

앙에 대한 프로테스탄트의 비판을 반영한다."[Norbert Wolf, *Hans Holbein*, 이영주 옮김, 《한스 홀바인》(서울: 마로니에북스, 2006), 41.]

[5] Thomas M. Lindsay, *A History of the Reformation Volume III*, 이형기·차종순 역, 《종교개혁사(III)》(서울: 대한예수교장로회 총회출판국, 1991), 116f.

[6] André Maurois, *Histoire de la France*, 신용석 해제·옮김, 《프랑스사》(파주: 김영사, 2016), 220f.

던 스페인에 대한 반감과 저항이라는 정치적인 측면도 고려해야 한다. 스페인이 강력하게 통치하던 당시 네덜란드 지배층은 가톨릭 교도들이었고, 거기에 저항하면서 독립을 추구하던 세력들은 대다수가 개신교도들이었다. 정치적 지형과 종교적 지형이 맞물리면서 당시 상황은 더욱 복잡해졌다. 독립을 추구하는 개신교도들이 정치적 봉기를 일으키는 과정에서 종교적인 측면이 결부되면서 성상 파괴가 발생한 것이다. 그래서 1566년에는 유럽에서 최악의 무정부적인 성상 파괴운동이 벌어졌다. 루터가 종교개혁을 시작한 독일에서도 볼 수 없는 성상파괴가 네덜란드에서 두 차례나 발생한 것이다. 그래서 네덜란드에서는 중세 말기에 만든 제단 조각들을 거의 볼 수가 없다고 한다. 스페인 왕 필립 2세는 알바 공작을 보내서, 봉기를 일으킨 지역을 무자비하게 약탈하고 학살하면서 잔인하게 점령했다.[7]

영국에서도 성상 파괴운동이 일어났는데, 추밀원이 크랜머(Cranmer) 대주교에게 성상 제거를 명령했다. 그는 그때까지 신성한 것으로 여겨온 무덤들과 성상들을 파괴하고, 벽화는 파괴하거나 하얗게 칠했다. 그렇게 함으로써 가톨릭이 만들어놓은 수많은 예술품들이 사라졌다. 그런데 성상 파괴는 재산 축적과 긴밀한 연관을 갖는다. 성상을 파괴한다고 해서 모든 것을 무조건 파괴하는 것이 아니었다. 보석류는 남겨두었던 것이다.[8]

성상 파괴운동과 관련해서 요한 페퍼코른(John Pfefferkorn: 1409-1522)을 언급하지 않을 수 없는데, 그는 유태인으로 태어나서 기독교로 개종한 사람으로서 유태인들을 기독교로 전향시키는 일에 온 힘

---

7) 신준형, 《천상의 미술과 지상의 투쟁-가톨릭 개혁의 시각문화》(서울: (주)사회평론, 2008], 291f.
8) John Guy, 홍한유·김민제 옮김, "튜더시대"(1485-1603), ed. Kenneth O. Morgan, *The Oxford History of Britain*, 영국사연구회 옮김, 《옥스퍼드 영국사》(서울: 도서출판 한울, 1994), 249-315, 283.

을 쏟았고, 그 열정으로 불타올랐다.[9] 페퍼코른은 유태인 문헌을 파괴하려 시도했는데, 로이힐린은 거기에 명확하게 반대하는 입장을 표명했다. 로이힐린은 구약성서는 물론이고 탈무드, 카발라, 유태인들이 집필한 구약성서 주석들, 설교집, 예식서들은 모두 중요하기 때문에 결코 파괴해서는 안 된다고 주장했다.[10]

착취·축재·개혁

특히 십자군의 결정적인 실패를 본 선량한 민중은 마호메트가 그리스도보다 강대한 존재가 아닌가 하는 순박한 의문을 품었다. 더욱이 흑사병 유행이 신의 선의를 의심하게 했다. 교회의 경제력은 영주와 군주들에게 시기심을 일으켰고 그들은 교황이 막대한 재부를 장악하는 것에 적의를 품었다. 그리고 하급 사제들은 주교와 수도원장의 탐욕에 반감을 느꼈다. 교회의 정치 세력은 국민국가가 형성되던 시점에 귀찮은 존재로 전락했다. 독자적인 법정 및 예산 집행을 고집한 교회는 국가 안에 존재하는 또 하나의 국가처럼 행세하고 있었던 것이다.[11]

중세 시대, 신본주의 시대로 일컫는 사람들이 아직도 있는데, 신이 다스렸다는 그 시대는 결코 신의 시대가 아니고, 실제로는 신을 앞세운 종교집단이 온갖 것을 장악하고 좌우하던 인간의 시대였다. 당시 사람들은 우리가 생각하는 것보다 훨씬 더 비참한 삶을 살아야 했다.

중세 유럽 사람들은 빈번하게 발생하는 전쟁과 아울러 기근과

---

9) Thomas M. Lindsay, *A History of the Reformation Volume I*, 이형기·차종순 역, 《종교개혁사(I)》 (서울: 대한예수교장로회 총회출판국, 1990), 85.
10) Lindsay, *A History of the Reformation Volume I*, 86f.
11) Maurois, 219f.

흑사병으로 인해서 고통당했다. 프랑스와 영국 사이에 발생한 백년전쟁(1337-1453년)은 수많은 사람들을 고통스럽게 했으며, 무엇보다 1347-1348년에 발생한 흑사병[12]은 수많은 사람들을 죽음으로 몰고 갔는데, 당시 유럽 인구의 1/3에 달하는 사람들이 목숨을 잃었다.[13] 그러니 당시 사람들에게 죽음은 너무도 익숙했고, 삶이란 덧없었으며, 생명은 조금도 귀한 게 아니었다.

이러한 죽음의 시대를 예술가들은 앞에서 말한 홀바인처럼 해골들이 등장한 죽음의 춤으로, 최후의 심판과 같은 모습으로 표현했다. 죽음이 일상적인 상황에서 살면서도 어느 것 하나 의지할 데 없는 사람들, 특히 농민들은 교회에 소망을 둘 수밖에 없었다. 사람들이 교회를 의지하면서 사제들이 막강한 힘과 권위를 갖고 그들 위에 군림하기 시작하였다.[14]

1300년까지 유럽의 인구는 약 6백만 명으로 추산되는데, 그중에 90%가 도회지 밖에서 살았다. 그 대부분은 영주들의 영지에 살았으며 귀족들의 가신들(vassals)로 살았다. 교회, 제왕들, 제후들 및 귀족들은 엄청나게 많은 토지를 점유하고 있었다. 영지에 사는 그들에게는 다른 종류의 직업이나 다른 사람을 따를 수 있는 자유가 없었으므로, 그래도 그것이 어떠한 소망도 찾아볼 수 없는 사회에서 그들의 안전을 보장받는 유일한 길이었다. 어떤 변화들이 있었지만 그 기반은 여전히 변하지 않고 보존되었다. 이러한 상황에서 교회의 권한, 특히 로마교황의 특권은 최상일 수밖에 없었고, 성례 중심의 사회가 되었던 것이다. 신자들

---

12) '흑사병'(黑死病. black death)이라는 명칭은 16세기부터 사용한 것이고, 당시 사람들은 '대역병'(大疫病. great mortality)이라고 불렀다.(ed. Kenneth O. Morgan, *The Oxford History of Britain*, 영국사학회 옮김, 《옥스퍼드 영국사》 [파주: 한울엠플러스(주), 2016], 219.
13) 흑사병은 그 이후로 1360-1362년, 1369년, 그리고 1375년에 재발해서 영국에서는 인구가 250만 명 미만으로 줄어들었다.(Morgan, 220.)
14) William R. Estep, *Renaissance and Reformation*, 라은성 역, 《르네상스와 종교개혁》(서울: 도서출판 그리심, 2012), 27.

을 후원하는 교회는 모슬렘들, 유대인들, 그리고 이교도들의 위협으로부터 그들을 보호하였다. 정상적인 사람이 바라는 정의는 그저 영주들의 온정을 바라는 것뿐이었다. 어떤 면에서 농민들은 현실적인 체스 게임의 전당물이었다.[15]

이러한 상황을 이용해서 교회와 수도원, 그리고 신앙기관들은 사람들로부터 온갖 종류의 헌금을 받았다. 그러다 보니, 특히 도시의 교회들은 박물관이나 보물창고와 같아서 값비싸고 화려한 것들로 가득했다.

베른의 주교좌 성당을 예로 들자면, 성 빈센티우스의 머리와 그의 후견인들은 막대한 양의 금으로 장식했으며, 값으로 매길 수 없는 보석으로 치장하였다. 보물창고에는 70개의 금컵과 50개의 은컵, 2개의 은쟁반, 매우 값진 보석으로 장식된 450벌의 성찬예복이 있었다. 사치, 예술적인 환상, 그리고 이 둘을 지탱해 주던 부(富) 등의 3가지 요소가 이 시대의 주된 특징이었으며 독일 사람들은 교회에다가 아낌없이 바쳤다.[16]

교회와 수도원들은 재산을 늘리기 위해서 사람들에게 헌금을 강요했고, 별별 방법으로 종교적 착취를 했던 것이다. 이런 상황이었기 때문에 14세기 말에서 16세기 초에 이르기까지 민중들이 성직자들에 대해 보이는 거부감과 증오심은 극에 달했다. 사람들은 성직자들이 보여주는 비신앙적인 태도보다는 경제적인 착취를 더 견디기 어려워했다.[17]

그렇다고 교회와 수도원들이 경제적으로 어려워서 그런 게 아니

---

15) Estep, 27.
16) Lindsay, *A History of the Reformation Volume I*, 131.
17) Lindsay, *A History of the Reformation Volume I*, 111.

었다. 영국에서는 에드거(Edgar, 959-975) 왕이 수도원을 개혁하면서 막대한 후원을 했고, 귀족들도 거기에 동참하게 했다. 그래서 970년경에는 수도원 지원에 과도한 부담을 느낀 귀족들이 거기에 분개했다고 한다. "새로운 수도원들은 부유하고 존경받았으며 보물과 화려한 건축물들을 기증받았다."[18]

그런데 수도원이 왜 그런 악행을 저질렀을까? 물론 그때에 교회와 성직자들이 저지르는 악행을 금지하는 법이 없었던 것이 아니다. 그 당시 성직자들은 도무지 이해할 수 없을 정도로 불성실하고 도덕적으로 문란했으며, 건물들을 건축하고 화려한 연회를 베푸는 등 사치스럽고 방탕한 행동으로 교회 재산을 탕진하고, 온갖 악행을 자행하는 것으로 유명했는데, 그러한 행위를 금지하고 응징할 수 있는 법을 제정했음에도 불구하고, 그러한 법을 전혀 시행하지 않음으로써 그 악행들을 방관했다.[19]

그래서 중세 말기에 교회에 반발하는 운동들이 발생했고, 이 운동들은 교회에 대한 근본적인 적대감, 그리고 성서에 대한 깊은 신앙에 근거했는데, 이것들이 나중에 종교개혁을 통해 형성된 개신교의 근본 교리가 되었다.

이렇게 보면, 중세 시대 교회와 수도원들이 보여준 탐욕과 억압이 결국 종교개혁을 발생케 한 것이다. 종교개혁이 발생한 원인을 생각할 때, 우리는 순수한 종교적 열정을 앞세우기 쉬운데, 현실적으로는 교회가 재산을 형성하기 위해서 저지른 악행 때문이라는 게 더 설득력을 갖는다.[20] 그래서 종교개혁 원인을 규명할 때 종교적인 측면, 정치적인 측면과 아울러 경제적인 측면을 고려해야 한다.

---

18) Morgan, 117.
19) Lindsay, *A History of the Reformation Volume I*, 177.
20) Diarmaid MacCulloch, *Tudor Church Militant-Edward VI and the Protestant Reformation*(London: The Penguin Press, 1999), 8.

이러한 점을 좀 더 자세하게 알아보기 위해 영국의 경우, 특히 튜더(Tudor) 왕조의 헨리 8세 시대를 살펴보자. 역사가들은 튜더 왕조 시대를 이렇게 평가한다.

> 튜더 시대는 영국사의 한 분수령으로서 앵글로-아메리카 정신에 커다란 영향을 남겼다. 신성한 전통, 고유한 애국심, 식민시대 후기의 암울함 등이 합쳐져 이 시대를 진정한 황금시대로 과대평가하게 했다. 꺼지지 않는 정열을 불러일으키는 이름들이 있다. 잉글랜드와 스코틀랜드의 군주들로는 헨리 8세, 엘리자베스 1세, 메리 스튜어트, 정치가들 중에는 울지, 윌리엄 세슬, 레스터, 창조적인 예술가들 중에는 말로우(Marlowe), 셰익스피어(Shakespeare), 힐리어드(Hiliard), 버드(Byrd)가 있다. 헨리 8세의 호화로운 궁전, 써 토머스 모어의 백절불굴의 용기, 영역 성경과 기도서의 출판, 영국 국교회의 성립, 의회의 발달, 에스파냐 무적함대의 격파, 셰익스피어의 시대, 그리고 튜더 궁정 건축의 유산이 있다. 천재성과 낭만과 비극이 넘쳤다는 정설로 단순화시켜 보면, 튜더 시대는 의심할 바 없는 절정의 시기였다.[21]

한마디로 튜더 왕조 시대는 영국사에서 황금시기였다는 것이 비록 과장되긴 했지만 일반적인 평가라는 것인데, 그런 시대를 형성하고 지탱하기 위해서는 상상을 초월하는 경제적 지출을 해야 했을 것이다. 특히 헨리 8세는 지나치게 사치스러워서 국고를 탕진함으로써 거의 파산 상태에 처하게 되었다. 헨리 8세는 낭비벽이 심했고, 주위 국가들에 영향력을 행사하기 위해서도 과도한 지출을 했다. 그래서 선친이 남겨준 재산을 거의 탕진했다. 헨리 8세는 부족한 재원을 충당하기 위한 방안을 모색했고, 막대한 재산을 소유한 수도원

---

21) Morgan, 263.

에 눈독을 들였던 것이다. 그 외에 다른 이유들도 있는데, 헨리 8세가 수도원을 해산하려 한 이유를 정리하면 다음과 같다.

수도원 해산에는 1535년 이후 세 가지의 강력한 세력들이 함께 작용하였다. 첫째, 수도원들은 거의 한결같이 잉글랜드와 웨일즈 밖의 모체 수도원들에 예속되어 있었는데, 항소법과 수장법 이후 이것은 법적으로 허용될 수 없는 일이었다. 둘째, 헨리 8세는 파산상태에 있었다. 그는 국왕의 재정을 복구하기 위해 수도원 재산을 합병할 필요가 있었던 것이다. 셋째, 헨리는 정치적 국민으로 하여금 로마로부터 떨어져나와 그의 종교개혁을 지지하게 만들기 위해 새로운 후원의 대대적인 제공을 통해 그들의 충성을 사야만 했다–즉 그는 약탈품의 일부를 나누어줌으로써 귀족과 젠트리들을 무마해야 했던 것이다.[22]

이러한 이유로 헨리 8세는 수도원을 해산하고, 그 재산을 환수하기 위해서 먼저 교회들로 하여금 아무런 일도 하지 못하게 한 다음 수도원들을 사찰하고, 수도원들이 감춰온 각종 비리들을 공개적으로 폭로하면서 국회를 통해서 "소규모 수도원의 해체"(The Dissoulution of the Lesser Monasteries)라는 법령을 통과시켰다.[23] 헨리 8세는 크롬웰을 통해서 수도원을 해산하고, 그 재산을 왕실 재산에 귀속시키게 했다.

소규모의 수도원들은 1536년에 해산되었다. 2년 후에는 대규모의 수도원도 해산되었다. 이 과정은 강력한 북부지방의 반란이었던 은총의 순례(The Pilgrimage of Grace)에 의해 방해받았는데, 이 반란은 계엄령, 본보기 공개처형, 헨리의 '순례자'들에 대한 약속의 완

---

22) Morgan, 289.
23) Lindsay, *A History of the Reformation Volume III*, 46.

전 파기 등을 통해 잔인하게 분쇄되었다. 그러나 강탈작업은 신속히 완결되었다. 1539년 11월까지 총 560개의 수도원이 해산되고, 연수익 132,000파운드로 평가되는 토지들이 즉시 왕실 수입증식원(Court of Augmentations of King's Revenue)에 귀속되었는데, 이 기구는 자산의 이전을 처리하기 위해 크롬웰이 설립한 새로운 국가기구였다. 다음으로는 금은 식기류와 납, 그리고 다른 귀중품들의 판매를 통해 75,000파운드 가량이 들어왔다. 마지막으로, 수도원은 잉글랜드와 웨일즈에서 교구 성직록의 약 5분의 2를 증여할 권한을 갖고 있었는데, 이 권리 또한 왕실의 것이 되었다.[24]

이로 인해서 왕은 막대한 부동산을 소유하였을 뿐만 아니라 엄청난 양의 보석과 진귀한 금속 등을 소유하게 되었다. 캔터베리의 성 토마스 성소의 장식물을 벗겨냈더니 금과 은만 하더라도 26수레 분량이 족히 되었다고 한다.[25]

1538년에 이르러서는 전국적으로 범위를 넓혔으며, 수도원들이 소장하면서 기적을 일으키는 것으로 우매한 민중들에게 거룩한 사기를 치던 미신적인 것들을 런던으로 가져와서 대중들에게 공개하고 파괴했다. 그런 것들 가운데는 "성 베드로의 머리털과 수염, 성 스데반이 맞아 죽은 돌, 순교자 성 토마스의 머리카락과 뼈, 성모 마리아의 젖과 '다른 두 개의 뼈'가 담긴 조그마한 수정 유리병, '영국에서 가장 값진 유물로서 카버샴'(Caversham: Reading 근처에 있다)으로 우리 구세주의 옆구리를 찌른 창의 머리 부분을 가져왔다고 여기는 '한쪽 날개의 천사', 성 베드로가 벤 말고(Malchus)의 귀, '황금 관과(값진)돌'

---

24) Morgan, 290.
25) Lindsay, *A History of the Reformation Volume III*, 48.

로 뒤덮여서 원체스터에 보관되어 있는 성 필립의 발" 등이 있었다.[26]

헨리 8세는 수도원들을 폐쇄하면서 신앙에 유용하다고 판단한 것들은 보존하고 신앙에 무가치한 것들은 제거했다고 했는데, 그렇게 하면서 느후스단을 과감히 파기한 히스기야 왕을 모범으로 삼았다.[27]

이외에도 헨리 8세는 여러 가지 명목으로 사람들을 이단으로 규정한 다음, 그들이 소유한 재산을 몰수하는 조치들을 취했다.

이에 따라서 국회는 〈6개 신조법〉(Six Articles Act)을 제정하였는데 일반적으로 '6개의 가죽끈이 달린 피 묻은 채찍'이라는 악명 높은 법으로 알려져 있다. 화체설을 부인하거나 혹은 성찬을 경멸하는 것은 이단으로 간주되어서 화형에 처해졌으며 재산은 몰수하였다. 성만찬을 이종(二種)으로 배수하여야 된다고 가르치거나 혹은 사제, 수도사, 수녀 등이 독신을 서약하였으나 결혼할 수 있다고 말하면 악당으로서 사형에 처해져야만 했다. 이미 계약된 모든 성직 결혼도 무효로 하고 헤어져야 하며 성직자의 무절제는 재산과 성직록 몰수형을 받았다. 특별위원회는 모든 지방에 분기마다 개최해서 이 법령의 집행을 독려하였다. 이 법의 공식적인 명칭은 다양한 의견을 폐지하는 법(An Act abolishing Diversity of Opinion)이었다. 최초의 위원회는 런던 지방에서 이 법을 반포하였으며, 제1차 회기에서 14일 이내에 500명을 고소하였다. 그렇지만 이 법은 문자상의 주장보다도 훨씬 혹독하게 시행되었다. 500명은 순종을 서약하고서 왕의 사면을 받았다. 이러한 야만적인 법으로 헨리 8세는 통치의 마지막 몇 년 동안에 이단들을 심문하고 정죄하였다.[28]

그런데 수도원 강제 폐쇄는 예상치 못한 사회적 문제를 발생시켰

---

26) Lindsay, *A History of the Reformation Volume III*, 46f.
27) Lindsay, *A History of the Reformation Volume III*, 47, 각주 95.
28) Lindsay, *A History of the Reformation Volume III*, 51f.

다. 그동안 수도원들은 병자들을 보살피고, 사람들을 교육하고, 가난한 사람들에게 잠자리와 음식물을 제공했는데, 그 일을 대신할 기구를 마련하지 않은 채 수도원들을 폐쇄함으로써 문제가 발생한 것이다. 그리고 그런 일들을 담당하던 수도사들과 수녀들이 갑자기 오갈 곳 없는 빈민 신분으로 추락해서 먹고 살기 위해 구걸을 해야 하는 상황이 되었고, 이것은 사회적인 문제가 되었다.[29] 그리고 문화재 파괴도 심각했다.

> 수도원 해산이 가져온 결과 중 예기치 않았던 것들로는 훌륭한 고딕 건물의 완전한 파괴와 중세의 금속제품과 보석류를 녹여 없앤 것 등이 있었고, 도서관의 파괴는 허가된 약탈행위였다.[30]

우리가 지금까지 살펴본 대로 영국에서의 종교개혁, 특히 헨리 8세 시대의 종교개혁은 교회와 수도원이 소유하고 있던 막대한 재산을 몰수하는 것을 배제하고는 이야기할 수 없는데, 1530년대에 수도원들을 강제로 폐쇄하고 빼앗은 재산을 왕들이 착복했으며, 일부는 관료들을 매수하는 데 사용했다.[31]

이러한 경향은 에드워드 6세 시대에도 나타났는데, 그는 헨리 8세와 달리 개신교도였으며, 에드워드 6세 시대에 영국은 개신교로 돌아서면서 헨리 8세가 만든 교리와 법들을 폐지했다. 그가 이렇게 한 까닭은 개신교도였던 서머세트가 어린 나이에 즉위한 에드워드 6세를 섭정했기 때문이다. 서머세트는 교회 내 소예배당(chantry)을 철거했는데, 그 예배당들을 교회에 기부한 후원자들을 위해 미사곡을

---

29) Alison Weir, *Children of England*, 박미영 옮김, 《헨리 8세의 후예들-메리 1세·에드워드 6세·엘리자베스 1세·레이디 제인 그레이》(서울: 루비박스, 2008), 45.
30) Morgan, 291.
31) Weir, 45.

불러주기 위해 세웠기 때문에 사람들로 하여금 연옥 교리에 빠져들게 한다는 이유를 내세웠다. 하지만 내면적인 이유는 스코틀랜드와 벌일 전투에 필요한 재정을 확보하기 위해서였다.[32]

그리고 엘리자베스 1세 때에 수도원 재산을 다시 왕실 재산에 귀속시켰는데, 그 까닭은 이전에 헨리 8세가 환수한 수도원 재산을 메리가 즉위하면서 되돌려주었기 때문이다. 여기서 한 걸음 더 나아가 엘리자베스 1세는 주교들이 소유한 재산을 빼앗아 왕실에 귀속시켰다.[33]

스페인에서는 페르난도와 이세벨이 귀족들을 누르고 제 사람들을 곳곳에 세움으로써 정권을 완전히 장악했는데 그것만으로는 부족했다. 교회를 장악하지 못하면 전권을 행사할 수 없었다. "스페인에서 교회의 힘은 교회가 가진 엄청난 부와 광범위한 특권들에 의해서 강화되고 있었다."[34] 당시 스페인 교회들이 얼마나 많은 재산을 소유하고 있었는지 살펴보자.

> 당시 스페인에는 일곱 개의 대주교구와 마흔 개의 주교구가 있었다. 그 중에서 카스티야의 주교구들과 네 개의 대주교구(톨레도, 그라나다, 산티아고, 세비야)의 연간 수입의 합계는 카를 5세 당시 거의 40만 두카트에 이르렀다. 그리고 스페인의 수석 대주교인 톨레도 대주교는 그 권력과 부에서 왕 다음의 제2인자라고 할 수 있었고, 1년에 약 8만 두카트의 개인 수입을 거두었다. 교회 전체로는 연간 600만 두카트 이상의 수입을 올리고 있었고, 그중 200만 두카트는 수도회 교단들에, 나머지 400만 두카트는 재속 교회에 속했다. 이 액수는 특히 십일조(전통적으로 현물로 납부되었다)가 대개 평신도들에게 양도되고, 그 대신 그들로부터 평가절하된 화폐로 고정 액수를 받고 있었음을 고려할 때 엄청난 것

---

32) Morgan, 300f.
33) Morgan, 308.
34) John H. Elliott, *Imperial Spain 1469-1716*, 김원중 옮김, 《스페인 제국사 1469-1716》(서울: 까치글방, 2001), 105.

이었다.[35]

농민 투쟁과 종교개혁

농민들은 각 부락 공동체마다 자신들의 목회자를 자유롭게 선택할 수 있는 권리를 선언했으며, 동시에 선택된 목회자가 만족스럽지 못할 때에도 자유롭게 해고할 수 있는 권리까지 선언하였다. 대(大)십일조는 기꺼이 낼 준비가 되어 있으나(곡식 소산의 1/10) 소(小)십일조(달걀, 양, 망아지 등의)는 더 이상 빼앗기지 않겠노라고 하였다. 그리고 대십일조는 부락사제의 봉급 지불을 위해서 예비해 둠이 마땅하며, 봉급을 지불하고 남은 부분은 가난한 자들을 돕는 데 쓰여져야 한다고 주장하였다. 그리고 하나님이 모든 사람을 자유롭게 만드셨기 때문에 농노제도는 폐지되어야 한다. 그리고 적법한 권위 당국자들에게는 기꺼이 순복하겠지만 농민들이라고 해서 지주들의 강압적인 명령에 복종할 수만은 없다고 선언하였다. 농민들도 강(고기 연못이 아니고)에서 낚시할 권리가 있으며, 사냥감이나 야생조류를 죽일 수 있는데, 왜냐하면 그것들은 공공의 재산이기 때문에 그렇다. 농민들은 삼림, 목초지, 그리고 경작지가 한때는 마을 공동체의 소유물이었다가 지주(지주)에게 빼앗겼기 때문에 다시금 찾아와야 한다고 요구하였다. 농민들은 모든 유형의 강제 봉사도 폐지되어야 마땅하며, 어떠한 형태의 노력 봉사이든지 옛 봉건적 체제의 요구조건을 넘어서는 것이라면 정당한 임금을 받아야 마땅하고 주장하였다. 농민들은 지주들에게 사망세라는 명목으로 고인이 된 소작인의 귀중한 대부분의 동산을 몰수해 가도록 허용하는 제도의 폐지를 부르짖었다. 그리고 동시에 시골지역에도 공평한 재판소의 설치를 호소하였다. 농민들은 자신들의 모든 요구가 하나님의 말씀에 의해서

---
35) Elliott, 106.

검증되기를 원하며, 이 가운데서 하나라도 하나님의 말씀의 가르침에서 위배되는 것이 있다고 한다면 마땅히 배제시킬 것이라고 선언하면서 결론을 내렸다.[36]

농민들은 중세 시대와 그 이후에도 지속적으로 정치가들과 종교 기구들에 의해서 폭압적으로 억압당하고 착취당했다. 그것을 견디다 못해 농민들은 자신들의 권리를 선언하고 요구했다.

그런데 종교개혁 전후 역사에서 드러나는 주요한 특징 가운데 하나는 어느 편이든 자신들이 누려온, 그리고 자신들이 투쟁을 통해서 획득한 기득권을 유지하기 위해서는 수단 방법을 가리지 않는다는 것이다. 그래서 그들이 가진 기득권에 도전하는 세력들에 대해서는 무자비하게 대응했다. 종교개혁 시대라고 하지만, 누구나 종교개혁운동을 할 수 있는 게 아니었다. 가톨릭은 그들에게 대항하는 종교개혁 세력들을 결코 용납하지 않았다. 그리고 개신교 역시 그들의 권위에 도전하는 급진적인 세력들을 결코 용납하지 않았다. 그들은 모두 자신들에게 도전한 세력들을 군대를 동원해서 응징하고 지도자들을 처형했다.[37] 이탈리아 전쟁(1494-1559년)이 끝나면서 용병들이 돌아왔고, 기득권을 지키려는 자들은 그들을 고용해서 급진적 변혁을 주장하는 자들을 쳐부수었다. 특히 기존의 압제와 착취에서 벗어나려는 농민들이 큰 피해를 당했다.[38]

여기서 다시 확인하는 사실은 종교개혁이 결코 종교적인 열정만으로 발생하고 진행된 것이 아니라는 것이다. 앞에서 밝힌 대로 정치적이고 경제적인 측면, 즉 현실적인 면들이 작동했음을 고려해야

---

36) Lindsay, *A History of the Reformation Volume I*, 339f.
37) Merry E. Wiesner-Hanks, *Early Modern Europe, 1450-1789*(Cambridge: Cambridge University Press, 2006), 161.
38) Wiesner-Hanks, 164.

한다. 그런 점에서는 루터가 대표적이다. 정치적으로 첨예한 당시 상황에서 루터는 자신을 지키기 위해서 현실적으로 대처해야 했다. 자신을 지키기 위해서는 무엇보다 힘을 가진 제후들의 도움을 받아야만 했다. 그래서 그들이 가진 정치적 권위가 신의 섭리에 의한 것이라는 논리를 전개함으로써 그들을 포섭했다. "하나님은 제후들과 관료들을 통해 교회가 포함된 세상을 다스리신다. 교회는 세상 안에 있고, 따라서 세상 질서에 순복해야 한다"고 하면서 그들의 권위를 신학적으로 강화시켜주었다.[39] 여기에 대해서 맥그라스는 이렇게 말한다.

> 농민전쟁은 루터의 사회윤리 안에 있는 긴장을 드러냈다고 할 수 있다. 농민들은 압제자에게 다른 편 뺨을 대라는 산상설교의 개인윤리에 따라 사는 자들로 가정되었다. 반면에 군주들은 폭력적인 압제수단을 사용하여 사회질서를 재건하는 일의 정당성을 인정받았다. 비록 루터가 관료들이 교회 안에서 기독교 신자라는 것 외에는 아무런 권위도 갖지 않는다고 주장했을지라도 이를 기술적으로 구별하는 일은 불가능했다. 결국 국가가 교회를 지배하는 길이 열리게 되었고, 이것은 실제적으로 루터교의 보편적인 모습이 되었다. 1930년대에 독일교회가 히틀러에게 반대하지 못했던 것은 루터의 정치사상의 불완전성을 보여주는 것으로 널리 인정되어왔다. 히틀러조차도 일부 독일 그리스도인들에게 하나님의 도구로 비쳐졌던 것이다.[40]

정치와 종교 문제가 풀 길 없이 얽히고설키고 비틀리면서 루터는 저항할 권리에 대한 자신의 생각을 바꿨는데, 개인들은 지도자들에

---

39) Alister McGrath, *Reformation Thought- An Introduction*, 최재건 옮김, 《종교개혁사상》 (서울: 기독교문서선교회, 2014), 346.
40) McGrath, 347.

게 대항할 수 없지만, 군주들처럼 정치적인 권위를 가진 사람들은 정치적 위계 관계에서 자신보다 높은 지위에 있는 사람들, 즉 교황이나 황제가 적그리스도와 연합한 것이 분명할 때 그들에게 대항할 수 있다는 것이다.[41] 루터가 보이는 이러한 현실 지향적 입장은 성경 해석권 논란에서도 드러난다.

> 관주도적 종교 개혁이 초기에는 각 사람이 성경 해석권을 갖고 있다는 사실을 인정했던 것으로 보인다. 그러나 후에는 사회적, 정치적 결과를 염려하게 되었다. 1525년의 농민반란은 루터를 비롯한 일부 사람들에게 솔직히 개별 신자들(특별히 독일 농민들)은 성경을 해석할 능력을 가지지 못했다는 사실을 확신하게 만든 것으로 보인다. 성경의 중요성을 그처럼 강조했다가 나중에 덜 교육받은 멤버들이 동일한 성경을 해석하게 될 것을(달리 말해서 관 주도적 종교 개혁자들과 다른 해석에 도달하게 될 것을) 두려워하여 성경으로 직행하는 일을 거부했던 것은 루터파 종교개혁의 아이러니의 하나이다.[42]

'국가적 폭력에 대하여 기독교인들이 강력하게 대응할 수 있는가?' 하는 문제에 대해서도 루터는 상황에 따라서 다른 모습을 보였다. 루터의 정치사상은 성서에 근거한 근본적 원리 규명이라기보다는 그가 경험한 차가운 현실에 대한 반응의 결과이기 때문에, 여러 가지 면에서 결점을 보인다. 루터는 처음에는 '그렇다'는 입장이었던 것으로 보이는데, 농민전쟁을 겪으면서 국가권력에 도전하는 것을 극단적으로 죄악시한다. 그 까닭은 루터가 세속 통치자들이 가진 직무를 신이 부여한 절대적인 것으로 확신했기 때문이다.[43]

---

41) Wiesner-Hanks, 167.
42) McGrath, 258f.
43) McGrath, 346.

루터는 통치자들이 아무리 사악하고 불의하다고 해도 민중들이 그들에게 대항하는 것은 불법적이라고 말한다. 인간이 행하는 사악함을 처벌하는 권한을 통치자들만 갖고 있기 때문이라는 것이다. 농민들은 그런 권한을 전혀 부여받지 못했고, 그들은 누구를 판단할 수 없으며, 만약 그런 행동을 해서 통치자들에게 대항한다면, 그것은 신의 자리를 빼앗는 망령스러운 행위라고 루터는 맹렬히 비난했다.[44] 이런 점에서 루터는 분명 군국주의자였다.

루터는 《약탈하고 살해하는 농부 무리들에 대항해서》(Against the Robbing and Murdering Hordes of Peasants, 1525)라는 글에서 정치적 권위에 도전하는 자들을 가차 없이 진압하고 처벌하도록 통치자들에게 촉구했다. 루터나 다른 개혁자들은 그들이 전하는 메시지가 경제적, 사회적, 또는 정치적 문제들과 전혀 관계가 없으며, 농부들과 가난한 도시 사람들은 높은 자들에게 복종해야 한다고 주장했다.[45]

이에 비해 츠빙글리는 폭군을 처형할 수 있다고 함으로써 루터와는 다른 입장을 주장한 것처럼 보인다. 그는 기독교인은 사람이 아니라 하나님께 복종해야 한다고 함으로써 하나님께 복종하기 위해서 사악한 통치자나 그릇된 지도자를 폐위하거나 처형할 수 있다고 본 것이다. 그러나 츠빙글리가 그런 입장을 명확하게 밝힌 것은 아니다. 다만 그럴 수 있다는 가능성만 제시했을 뿐이다. 츠빙글리는 《누구든지 소요를 일으키는 자들은》(Whoever Causes Insurrection, 1526)이라는 책에서 개인들이 정치적 권위에 맞서서 소요를 일으킬 자격을 부여받지 못했다고 명확하게 밝힌다.[46]

---

44) McGrath, 346.
45) Wiesner-Hanks, 164.
46) Wiesner-Hanks, 164.

계층간 위계질서를 확고부동한 것으로 믿는다는 점에서 루터는 중세 세계관에서 벗어나지 못했고, 츠빙글리는 모호한 입장을 보인다.

이에 비해 칼뱅은 중세적 위계에 의한 사회질서 변동 가능성을 인정했다는 점에서 그들과는 다르다. 이런 칼뱅의 입장은 프랑스 농민들과 유럽의 부르주아지들에게 매력적이었는데, 그 까닭은 그들이 고정된 사회질서를 깨뜨리고 새로운 사회를 이루고 싶었기 때문이고, 칼뱅이 그들에게 그 길을 열어주었기 때문이다. 이렇게 루터와 달리 칼뱅은 국왕 처형을 정당화할 가능성을 열어주었다.

> 칼빈은 제후들이 백성을 죽이고 또는 도매급으로 박해해서 마지못해 복종을 요구한다면 그는 적법한 통치자가 아니고 강도이며, 강도는 전인류의 공동적인 원수라고 선언하였다. 그 당시 박해가 어디에서나 성행하던 시절에 젊은 인문주의자의 주석은 관용을 웅변적으로 부르짖음으로써 밀턴(Milton)이 그의 《아레오파기티카》(Areopagitica)에서 호소했던 것과 동일한 명성을 얻었다.[47]

하지만 이론적으로 이렇게 주장한 칼뱅도 실제 현실에서는 다르게 처신을 했다. 칼뱅은 회중과 목회자가 치리와 출교를 행사해야 한다고 주장하면서도 교회가 내린 결정을 세속 권력이 시행하게 함으로써 "중세 교회가 행사하던 독재와 유일한 어떤 것을 유발시켰음이 틀림없다."[48]

종교·정치·전쟁

종교개혁에 대해서 이야기할 때, 종교개혁이 결코 종교적인 차원

---

47) Lindsay, *A History of the Reformation Volume II*, 26.
48) Lindsay, *A History of the Reformation Volume II*, 132f.

에만 영향을 미친 것이 아니라는 사실을 명심해야 한다. 종교개혁은 종교와 아울러 정치적으로도 지대한 영향을 주고받았으며, 그 결과 백 년이 넘게 지속된 (종교) 전쟁을 유발시켰기 때문이다.[49]

종교개혁이 초래한 종교전쟁 1기(1529-1555년)는 스위스와 독일에서 츠빙글리파, 루터파, 그리고 가톨릭 교도들 사이에서 일어났다. 종교전쟁 2기(1560-1609년)는 프랑스와 네덜란드에서 가톨릭 교도들과 칼뱅파들 사이에서 일어났다. 종교전쟁 3기(1618-1648년)는 그 유명한 '30년 전쟁'으로 유럽의 거의 모든 나라들이 참전했다.[50] 루터가 일으킨 종교개혁 이후로 100년 넘게 이어온 전쟁은 베스트팔리아(Westphalia) 평화조약(1648년)으로 그 막을 내렸다.[51]

종교개혁은 그 이전부터 형성된 정치적 지형과 밀접한 관련을 갖는다. 종교적으로 어느 편에 속하는지가 정치적인 지형을 형성하는 데 중대한 영향을 미쳤기 때문이다. 즉 정치적으로 유리한 지형을 형성하기 위해서 종교적으로 어느 편에 속해야 하는지가 관건이었다는 것이다.

> 이처럼 몰아닥치기 시작한 썰물은 더욱 거세어져서 3명의 성직자 계열의 선제후인 마인쯔, 쾰른, 그리고 트리에르의 대주교, 그리고 약간의 주교들도 심사숙고 끝에 자신들의 제후국을 세속화시켜야 한다고 결심하고서 개신교도가 되었다. 이 사실은 찰스를 이만저만 경악케 한 일이 아니었다. 이렇게 제기된 세속화가 진행된다면 선제후 모임은 대다수의 개신교도로 이루어질 것이며, 따라서 차기 황제도 개신교도가 뽑힌다고 볼 수 있었다.[52]

---
49) Wiesner-Hanks, 165.
50) Wiesner-Hanks, 165f.
51) Estep, 573.
52) Lindsay, *A History of the Reformation Volume I*, 384.

여기서 보는 대로, 종교개혁은 종교가 정치와 밀접한 관계를 갖는 다는 사실을 명확하게 보여주었다. 황제와 제후들은 자신들에게 유리하다고 판단하는 것에 따라서 이합집산을 거듭했으며, 그런 과정에서 공동의 적을 설정하고 억압했다. 황제와 제후들이 휴전협정을 맺으면서 아우구스부르크 신앙고백이 이루어졌는데, 거기서 그들은 재세례파들을 배척하는 데 동의했다.[53]

그런데 종교개혁에 따른 정치적 이합집산이 독일 통일을 무산시켰다는 게 무엇보다 인상적이다. 독일 중앙정부가 과중한 세금을 각 도시로 하여금 부담케 하려 하자, 각 도시 대표자들은 황제를 찾아가서 도움을 청했고, 황제는 중앙정부를 장악하고 압박하면서 세금 납부를 거부하는 도시들을 지원해서 연합 행동을 취하게 함으로써 독일 통일 시도가 무산되었던 것이다. 그래서 루터가 이끌던 종교개혁 운동이 독일 통일을 방해했다는 평가를 받는 것이다.[54]

종교가 정치와 밀접한 관련을 맺으면서 이권에 따라서 이합집산(離合集散)한다는 것은 다음 경우에서도 명백하게 드러난다.

취리히는 콘스탄스와 기독교 시민 동맹(Christian Civic League:das christliche Bürgerrecht)-공동적인 신앙에 근거한 동맹이었다-을 맺고서 공격을 당할 때에는 서로가 방어해 줄 것을 약속하였다. 이렇게 확립된 모범은 곧바로 여러 곳에서 인정을 받았으며, 동맹 체결 이후 2년이 채 지나지 않아 동맹은 급속도로 증진되었다. 베른은 1528년 11월에, 비엘은 1529년 1월에, 뮐하우젠은 2월에, 바젤은 3월에, 그리고 샤프하우젠은 10월에 각각 가입하였다. 슈트라스부르크는 1530년 1월에 가입 허가를 받았다. 심지어는 헤세와 뷔르템부르크까지 가입을 희망하였다. 베른과 취리히는 복음적 설교를 공동의 영토 내에서 허락하며 누

---

53) Lindsay, *A History of the Reformation Volume II*, 18.
54) Lindsay, *A History of the Reformation Volume I*, 54.

구든지 신앙에 관한 견해로 인하여 처벌을 당하지 않기로 서로 합의하였다.[55]

1529년에는 또 다른 동맹인 기독교 연합이 형성되었는데, 루쩌른, 쭈그, 쉬비쯔, 우리, 그리고 운터발덴 등이 오스트리아의 네덜란드인들과 함께 결성했다. 이 연합은 중세 신앙의 보전을 목적으로 내세웠으며, 이단을 처벌할 권리를 서로에게 부여했다. 그런데 문제는 이러한 동맹[56] 결성 자체가 적대 세력을 설정함으로써 전쟁 발발 가능성을 높였다는 것이다.[57]

종파·박해·학살

베른의 의회는 10월의 첫 번째 주간 동안 로잔에서 공개토론회를 개최함으로써 새롭게 획득한 지역의 주민들에게 복음주의 원리를 가르치기로 결정하였다. 새롭게 점령한 지역의 337명의 사제, 13개의 수도원과 수녀원의 기거자들, 25명의 수도원장, 2명의 참사회원들을 로잔으로 초청해서 이들로 하여금 파렐과 비레가 제시하는 10개의 복음주의 논제를 능력껏 논박하게 하였다. 베른의회는 토론회의 주제뿐만 아니라 '모든 참석자들에게 어떠한 나라에 속하는지는 불문에 붙이며' 완전한 논쟁의 자유를 보장한다고 선언하였다. 파렐도 이러한 자유를 자신의 매서운 문체로써, "여러분은 이곳에서 원하는 대로 과감하게 말하실 수 있습니다. 우리들의 논증은 장작더미, 불이 아니며 또한 칼, 감옥, 그리고 고문도 아닙니다. 사형 집행인은 신학의 박사가 아닙니다.……진리는

---

55) Lindsay, *A History of the Reformation Volume II*, 64f.
56) 동맹이 얼마나 성행했는지는 '위그노'라는 말이 생겨난 것에서도 드러나는데, 동맹은 독일어로 '아이트게노센'(Eidgenossen)이고, 이 말이 프랑스에서 '위그노'(Huguenot)로 바뀐 것이다.(Maurois, 226.)
57) Lindsay, *A History of the Reformation Volume II*, 65.

거짓을 이겨낼 만한 충분한 힘을 가집니다. 여러분에게 그러한 진리가 있으시다면 밖으로 내보이십시오"라고 말하였다.[58]

하지만 현실은 전혀 달랐다. 프랑스에서도 종교개혁으로 인한 종파 간 박해가 발생했는데, 1535년에 엑스(Aix)의 대주교와 국회가 왈도파의 마을 가운데 하나인 메렝돌(Merindol) 주민 17명에게 소환장을 보내서 이단 혐의로 출두하게 했다. 하지만 소환장을 받은 주민들은 출두하지 않았고, 국회는 그들을 화형에 처하겠다고 선포한다. 왈도파는 왕에게 호소해서 두 차례 보호를 받았으나, 엑스 국회는 그들을 역모 혐의로 고발하고, 추기경으로 하여금 왕이 왈도파를 더 이상 보호하지 못하게 한 다음 7주간에 걸쳐서 왈도파 마을 30개 가운데 22개를 완파하고, 3,000명에서 4,000명에 이르는 사람들을 살해하고, 700명을 단두대에서 처형했다. 남은 왈도파들은 스위스로 도피했다.[59] 당시의 상황을 앙드레 모루와는 이렇게 묘사한다.

한동안 혼란과 만행의 시기가 계속되었다. 되풀이된 전투는 전국을 화염과 창검으로 휩쓸었고 사람들은 기아에 허덕였다. 당파에 가입하지 않은 사람은 없었다. 파리에서는 위그노파가 불법화했고, 노르망디에서는 가톨릭을 금지했으며, 남부에서는 성당과 수도원이 약탈을 당했다. 도처에서 가족 간의 균열이 생겼다. 모든 사람이 환상에 불과한 양심에 순종한다는 광신으로 살인을 합리화했고 비적행위마저 신앙이란 명목으로 용인하면서 국민은 준법정신을 무시하는 습관에 젖어들었다. 당파를 국가보다 우선시하고 복수가 법률을 유린하는 순간부터 문명은 사멸하는 법이다.[60]

---

58) Lindsay, *A History of the Reformation Volume II*, 125.
59) Lindsay, *A History of the Reformation Volume II*, 175.
60) Maurois, 236.

구교와 신교가 정치적으로 갈등을 빚으면서 1572년 8월 22일에 프랑스에서 대참사가 발생했다. 프랑스에서 찰스 9세와 그의 어머니 까뜨린느 드 메디치 사이에서 발생한 갈등이 성 바톨로뮤의 대학살을 초래한 것이다. 찰스 9세는 당시 개신교도들을 두둔했는데, 이에 비해 까뜨린느는 기즈 공작 일파들에게 압력을 받아서 개신교도들의 대표격인 꼴리리를 제거해야만 하는 상황이었다. 암살 시도는 실패로 돌아갔다. 찰스 9세는 철저한 수사를 약속했다. 당시 프랑스의 개신교도인 위그노들이 그들의 젊은 지도자가 공주와 결혼하는 것을 축하하기 위해서 파리에 몰려들었는데, 암살 모의가 탄로 날 것을 염려한 까뜨린느는 회의를 소집해서 위그노들을 학살하기로 결정했다. 그렇게 해서 수많은 위그노들이 죽임을 당했다.[61] 그런데 누구보다 지속적으로 박해를 받은 종파는 재세례파였다.

> 엄청난 잔학성을 가진 박해가 암스테르담의 재세례주의자들에게는 당연한 것처럼 가해졌다. 이들은 고문대 위에서 갖은 고문을 당하였고, 채찍질당하였으며, 지하감옥에 수감되었고 서서히 타는 불에 구워졌으며, 자기 아내와 딸이 물에 빠져 익사하는 것을 목격하였고, 산 채로 화형당했으며, 조그마한 관 속에 집어넣고 압박을 가함으로써 갈비뼈가 부러지기도 했으며 사형 집행인의 발길에 채여서 죽기도 하였다.[62]

모진 박해를 계속 받아온 재세례파는 자유롭고 평화롭게 거주하면서 하나님을 예배할 곳을 간절히 찾았다. 하지만 어느 곳에서도 그들은 안전하지 못했다. 동 프리즈란드를 안식처로 삼아 거주했지만, 그곳도 위태로워져서 배를 탄 다음 육로로 해서 뮌스터로 옮기기로 했다. 하지만 그들은 뮌스터에 안착하지 못했다. 배에 탄 여러

---

61) Lindsay, *A History of the Reformation Volume II*, 224-228.
62) Lindsay, *A History of the Reformation Volume II*, 267.

사람들이 물에 빠져 숨졌으며, 생존자들 가운데 지도자들은 참수형을 당하고 다른 사람들은 투옥되었다.[63] 그런데 재세례파가 이렇게 박해를 받은 까닭은 무엇일까?

> 재세례주의의 분명한 신앙적 측면이 무정부적인 폭동과는 거의 관계가 없다고 주장할 만한 충분한 이유가 있다. 재세례주의는 경건한 기독교 공동체의 직접적인 계승으로, 이들을 반대했던 사람들의 증언에 따르더라도 이들은 조용하게 하나님을 경외하는 삶을 살았으며, 사도신조 안에 내포되어 있는 모든 신앙 조항들을 믿었으나 철저하게 반(反)-성직자적인 신앙태도를 가졌었다. 이들은 말썽을 일으키지 않고 살았으며, 몇몇 도시의 연대기에서 이들의 존재를 이따금씩 언급한다든지, 아니면 종교 재판관이 이들을 탐색해서 이단으로 정죄하는 등등의 몇몇 사례를 제외하고는 역사에 거의 등장하는 일이 없었다.[64]

이런 점에서 보면 재세례파가 박해를 받아야 할 까닭이 전혀 없는 것처럼 보인다. 그런데도 박해를 당한 것은 그들이 다른 종파들에게 거슬리는 주장을 했기 때문이다. 재세례파는 이자와 고리대금, 십일조, 성직록, 고위성직 등에 관해서 성경이 전혀 언급하지 않았다고 말했다. 그런데 이러한 생각이 재세례파로 하여금 개혁적 국가교회를 세우려고 하던 취리히 의회와 정면으로 대치하게 만들었다.[65]

영국은 헨리 8세가 1534년에 수장령을 통해 영국 국교회를 세운 이후 가톨릭 국가로 회귀한 메리 시대를 제외하고는 헨리 8세가 만든 조치들을 에드워드 6세가 폐지하고 프로테스탄트 국가를 지향하긴 했지만, 줄곧 반가톨릭적인 입장을 표방했으며 1622년에는 영국

---

63) Lindsay, *A History of the Reformation Volume II*, 268f.
64) Lindsay, *A History of the Reformation Volume III*, 148.
65) Lindsay, *A History of the Reformation Volume III*, 163f.

국교회로 복귀했다.

하지만 왕이 주도하는 국가적인 조치에도 불구하고 영국에서 가톨릭적인 요소가 완전히 사라지지 않았고, 가톨릭 교도들은 자신들의 생존을 위해 정부 조치에 반대하고, 교황청의 지원을 받아서 왕을 살해하려는 암살 시도를 여러 차례 했으며, '화약 사건'(Gunpowder treason)이라 불리는 거대한 역모 계획을 세우고 진행하다가 결국 발각되어서 1605년 11월 5일에 주모자들이 처형당했다.

그 이전에 이미 비오 5세는 1569년 또는 1570년 3월에 엘리자베스 1세를 파문하는 교서를 발표했다.[66] 그 이후 교황청과 스페인이 지지하는 가운데 가톨릭 교도들이 계속해서 엘리자베스 1세를 암살하려 했지만 성공하지 못했다.

스페인의 종교재판

종교개혁 이후로 구교와 신교는 정치 세력과 연합해서 영토와 권력 확장을 위해 피비린내 나는 싸움을 벌였다. 특히 프랑스는 16세기에 구교와 신교가 번갈아 권력을 장악하고 내주고 하는 과정을 반복했다. 구교와 신교를 대표하는 사람들은 모두 귀족 가문들이었고, 그것이 왕권 쟁탈과 이어지면서 나라 전체가 심각한 혼란 상태에 빠졌다. 1562년부터 1598년까지 약 30년 동안 위그노 전쟁이 계속되었고,[67] 이 와중에 1572년 8월 22일에 발생한 성바르톨로뮤 축일 대학살은 최악의 참사였다.

그런데 종교, 특히 구교가 정치와 결합하면서 국가적으로 타 종교

---

66) Thomas Lathbury, *Guy Fawkes, or, a Complete History of the Gunpowder Treason* (Middletown: CreateSpace Independent Publishing Platform, 2017), 3.
67) J. M. Roberts, *The Making of the European Age*, 윤미연 옮김, 《근대 유럽의 형성》 (파주: (주)이글리오, 2007), 59.

와 타 종파에 대해 가장 강력한 통제 체제를 형성한 것은 스페인이 었다. 트리엔트 공의회 이전에 스페인은 이미 교회와 국가가 결합한 정부를 조직함으로써 다른 어느 나라보다 강력한 가톨릭 군주정을 형성했다.

> 이 나라의 종교개혁에는 세속적인 통치, 성직자들의 도덕성을 정화시키기 위해서 짜여진 각종 교회법의 부활과 강화, 인문주의와의 적절한 절충, 스콜라 신학의 주된 이론에 대한 철저한 고수, 교회 계층구조의 전체적인 보전, 중세 교회의 의식과 관용의 보전, 그리고 이단에 대한 무자비한 박해 등이 전부 들어있다. 스페인은 가톨릭 종교개혁이라고 부르는 것의 전형적인 본보기라고 할 수 있다.[68]

스페인은 정치와 종교를 동일시했고, 종교적 갈등은 바로 정치적 갈등으로 이어졌다. 이전에 스페인은 비기독교도인 이슬람 교도들과 유대인들을 상당수 받아들였는데, 그들이 사회적 질서를 깨뜨릴지도 모르는 상황이 발생하면서 그들을 관리하기 위해 종교 재판소를 만들었다. 그런데 그 종교 재판소를 성직자가 아니라 국왕이 관장한 것이 중세 시대 종교 재판소와 다른 점이다.[69]

스페인은 종교재판을 통해서 유대인들을 추방하고, 개종한 무어인들을 강력하게 통제하려 했다. 스페인에는 상당히 많은 유대인들이 거주했는데, 그들은 대체로 부유하고 사회적인 영향력도 컸다. 그리고 유대인들은 스페인 귀족 가문들과 혼인관계를 맺으면서 세력을 확장했고, 국가 재정을 거의 장악했다. 여기에 위협을 느낀 스페인 정부는 유대인들을 강제적으로 개종케 해서 기독교인으로 만들려 했고, 이를 위해서 교황 식스투스 4세로부터 종교 재판소 설치

---

68) Lindsay, *A History of the Reformation Volume III*, 213f.
69) Roberts, 62.

허가를 받았다(1478년). 그리고 국왕이 종교 재판관을 임명하게 했다. 이렇게 함으로써 스페인 종교 재판소는 시민적 독재주의를 조장하며, 역사상 유례를 찾아볼 수 없을 만큼 무자비한 이단 처형 기구라는 악명을 얻었다.[70]

그리고 스페인 종교 재판소는 루터파도 강력하게 억눌러서 다른 나라들과는 달리 루터파가 스페인에서 활발하게 활동하지 못하게 했다. 이러한 억압과 추방 정책을 통해서 스페인은 종교적, 정치적으로 강한 일체성을 유지할 수 있었다.[71]

> 중세 유럽의 다른 어느 나라에서는 찾아볼 수 없지만, 스페인에서는 기독교 신앙의 보전과 애국심이 하나의 동일한 사항으로 받아들여져 있었다.……스페인은 도미니크파 수도원적 종단의 위대한 선교를 탄생시켰으며-모슬렘 범신주의(아베로이스주의)를 반대하는 지적 십자군단의 주도적인 종단이었다-종교재판에서 가장 엄격하고 가장 잔인한 형태의 박해를 탄생시켰다. 스페인은 반(反) 종교개혁의 가장 헌신적인 지도자 이그나티우스 로욜라(Ignatius Loyola)를 배출했으며, 또한 가장 전투적인 종단, 즉 로욜라가 창건한 예수회(the Society of Jesus)를 공급하였다.[72]

예수회는 이단들을 물리치는 데 앞장섰는데, 그들은 교회 밖에 있는 사람들, 타 종교나 타 종파에 속한 사람들을 인간이 아니라 늑대와 같은 짐승에 불과한 것으로 여겼다.[73]

스페인 종교 재판소는 교황청에서 관리하던 종교 재판과는 달리,

---

70) Lindsay, *A History of the Reformation Volume I*, 45.
71) Roberts, 62.
72) Lindsay, *A History of the Reformation Volume III*, 214.
73) Lindsay, *A History of the Reformation Volume III*, 285.

주교들을 참여시키지 않고, 국왕이 임명한 시민들이 운영함으로써 어디에서도 찾아보기 어려울 만큼 무자비했고, 수많은 사람들을 학살함으로써 국가를 완전히 공포 분위기로 몰아넣었다. 스페인에서 진행된 종교재판으로 인해서 고통당하고 죽임을 당한 사람들을 정확하게 파악하기는 불가능하다. "로렌테(Llorente) 토르꾸에마다가 의장직을 맡았던 18년 동안에 114,000명이 피소되었으며, 이 가운데서 10,220명은 산 채로 화형에 처해졌으며, 97,000명은 무기 수감형에 처해지든지 아니면 공개 참회형을 받았다고 추산하였다."[74]

폭력적 종교·종교적 관용

종교개혁은 종교가 정치와 결합하면서 권력을 장악하고 영토를 확보하기 위한 전쟁이라는 통제할 수 없는 폭력 속으로 모든 것을 휩쓸고 들어갔다. 그래서 목숨 걸고 종교적 관용과 사상의 자유를 주장하던 사람들도 결국엔 반대파들을 증오하고 그들을 진멸하기 위해 정치권력을 동원하는 행태를 보였다. 그 대표적인 인물이 바로 칼뱅이다.

루터나 파렐이 순간적으로 불타올랐다가 사그라지는 일시적 분노 유형이라면, 칼뱅은 그들과는 전혀 다른 분노 유형, 즉 냉철하고 지속적인 유형에 속한다. 루터는 기질적으로 흥분을 잘하는 불 같은 성격이었지만, 칼뱅은 전혀 그렇지 않았다는 것이다. 그는 이성적이고 차가웠으며, 그의 증오와 분노는 처음부터 끝까지 일관성을 갖고 철저하게 이루어졌다. 칼뱅은 그의 적을 결코 용서하지 않았다.[75] 그러한 모습은 세르베투스 처형에서 명확하게 드러난다.

---

74) Lindsay, *A History of the Reformation Volume III*, 334.
75) Stefan Zweig, *Castellio gegen Calvin oder Ein Gewissen gegen die Gewalt*, 안인희 옮김, 《다른 의견을 가질 권리》(서울: 바오출판사, 2010), 135.

세르베투스의 처형-볼테르의 말을 인용하면-은 개신교에서 일어난 최초의 '종교적 살인'이었고, 따라서 개신교 원래의 이념을 분명하게 부정한 사건이었기 때문이다. 사실 '이단자'라는 개념 자체가 개신교의 가르침에는 맞지 않는다. 개신교는 모든 사람에게 성서 해석에 대한 자유로운 권리를 인정하고 있었다. 그리고 처음부터 실제로 루터와 츠빙글리, 멜랑히톤 등은 종교개혁 운동의 아웃사이더나 극단론자에 대한 어떠한 형태의 폭력적인 조치에 대해서도 분명한 거부감을 보였다.[76]

슈테판 츠바이크는 이렇게 말한다. 칼뱅이 세르베투스를 처형한 것은 가톨릭 교회가 이단자들을 처형한 것과 다르다는 것이다. 가톨릭 교회가 이단자들을 세속 관청에 넘겨서 고문하고 처형할 때, 그것이 바람직한 것은 아니었다고 해도 최소한 개인적인 증오심에 의해서 복수하는 것은 아니었다. 가톨릭 교회는 그러한 처벌을 통해서 죄인들을 영적으로 정화하고, 멸망당할 수밖에 없는 영혼을 구원한다고 믿었다. 하지만 칼뱅은 그렇게 하지 않았다. 그는 죄인들을 위한 속죄 행위로 여기지 않았다. 세르베투스의 영혼을 구하기 위해서 처형하는 게 아니었다는 것이다. 세르베투스를 처형하는 까닭은 그가 칼뱅에게 도전했기 때문이다. 칼뱅은 자신을 절대적 권위로 여겼고, 그가 하는 성서해석과 그가 주장하는 신학만이 절대적으로 옳다고 믿었기 때문에 세르베투스가 그에게 도전하는 것을 용납하지 못했다. 세르베투스는 하나님을 모독하지도 않았고, 성서를 부인하지도 않았다. 그럼에도 불구하고 칼뱅이 세르베투스를 화형에 처한 것은 자신의 권위에 도전했기 때문이고, 세르베투스 처형은 결코 공적이지 않고 사적이었다는 것이다.[77]

츠바이크는 세르베투스를 옹호하고 세르베투스를 화형에 처한 칼

---

76) Zweig, 178.
77) Zweig, 180.

뱅을 살인자로 비난한 카스텔리오에 대한 이야기를 하면서 칼뱅을 불관용에 의한 사적 복수의 화신으로 몰아부친다. 칼뱅은 자신의 신학을 절대적으로 옳다고 확신했기 때문에 그와 다른 주장을 하는 사람들을 결코 용납할 수 없었다는 것이다. 칼뱅은 오만함이 극에 달해서 그와 다른 생각을 하는 사람들을 인정하지 않을 뿐만 아니라 경멸하기 때문에 그들을 잔인하게 박해하는 것을 개의치 않았다. 절대적 권위를 가진 그에게 도전했다는 이유로 사람들을 야만적으로 고문하고 처형한다.[78]

카스텔리오는 인간이 이러한 야만성에서 벗어날 수 있는 유일한 방법이 바로 관용이라고 확신했다. 그는 우리가 사는 세계가 오직 하나의 진리만을 위한 게 아니라, 많은 진리를 위하는 다양한 공간들을 갖고 있다고 보았다. 그렇기 때문에 사람들이 진정으로 원하면 서로 다른 의견을 가진다고 해도 서로 배척하거나 제거하지 않고 함께 모여서 살 수 있다고 보았다.[79] 카스텔리오는 이렇게 말한다.

> 온건함의 편을 들고 살인을 사주하는 사람의 말을 듣지 마십시오. 여러분이 하나님 앞에서 심판받아야 할 때, 그들이 여러분 곁에서 여러분을 도울 수는 없을 것이기 때문입니다. 그들은 자신들을 변호하기에도 바쁠 것입니다. 내 말을 믿으십시오. 그리스도께서 지금 여기에 계신다면, 그분은 절대로 여러분께 그리스도의 이름을 고백하는 사람들을 죽이라고 하지는 않을 것입니다. 비록 그들이 한두 가지 세부사항에서 틀렸다고, 혹은 잘못된 길을 갔다 하더라도 말입니다.[80]

루터나 칼뱅이 종교개혁을 일으켜서 가톨릭 교회로부터 벗어나려

---

78) Zweig, 199f.
79) Zweig, 200.
80) Zweig, 200f.

한 까닭은 바로 자유로운 개인적 성서 해석의 권리를 획득하기 위해서였다. 그들이 가톨릭 교회에 요청한 권리가 바로 성서 해석을 가톨릭 교회와는 다르게, 그리고 바르게 할 수 있도록 보장받는 것이었다. 그 권리를 위해서 루터와 칼뱅은 모든 것을 걸었던 것이다.[81]

하지만 칼뱅은 자신이 공식적인 직위를 갖지 않으면서도 막강한 권력을 누릴 수 있게 되었을 때, 그가 주장해 온 것과는 전혀 다른 태도를 보였다. 그는 그를 억누르던 가톨릭 교회와 같은 입장에 서서 그에게 도전하는 사람들을 용납하지 않고 처형을 한 것이다. 만약 세르베투스가 진정으로 잘못했다면, 칼뱅은 논쟁을 통해서 그가 잘못한 것을 지적하고 바른길을 가르쳐야 했다. 하지만 칼뱅은 그러한 노력을 전혀 기울이지 않았고, 세르베투스라는 인간에게 폭력을 행사했다.[82] 카스텔리오는 이렇게 말했다.

> 한 인간을 죽이는 것은 절대로 교리를 옹호하는 것이 아니다. 그것은 그냥 한 인간을 죽이는 것을 뜻할 뿐이다. 제네바 사람들이 세르베투스를 죽였을 때, 그들은 교리를 지킨 것이 아니라 한 인간을 희생시킨 것이다. 인간이 다른 사람을 불태워서 자기 신앙을 고백할 수는 없다. 단지 신앙을 위해 불에 타 죽음으로써 자기 신앙을 고백하는 것이다.[83]

자유롭게 성서를 연구하고 토론하고 논쟁할 수 있는 권리를 주장하던 칼뱅은 자신과 동일한 방식으로 그에게 도전하는 사람들을 가혹하게 대했다. 자신을 지키기 위해서는 그에게 도전하는 자들을 물리치는 데 가차 없는 폭력을 행해야 한다고 믿었던 것이다.[84] 그래서

---

81) Zweig, 220.
82) Zweig, 222.
83) Zweig, 227.
84) Zweig, 238.

칼뱅은 카스텔리오의 인간적인 행동에서는 어떤 허물도 찾아낼 수 없었음에도 불구하고 세르베투스 사건 때처럼 진실을 멋대로 유린하는 일도 서슴지 않았다.[85]

볼테르는 역사를 살피면서 종교로 인한 박해보다 관용이 주도적이었음을 규명하려 한다. 그는 성바르톨로메오 축일의 대학살을 예로 들면서, 그리고 툴루즈에서 200년 전 시민 4,000명을 학살한 것을 축하하고 신에게 감사하면서 도시 주민 전체가 행진을 하는 축제를 예로 들면서, 기독교인들 외에 그런 끔찍한 학살을 자행한 사람들이 과연 있었는지 묻는다. 자신과 다르게 생각하고 다른 주장을 하는 사람들을 박해하고, 그들에게 도전하는 사람들을 고문하고 사형에 처하는 사람들은 다름 아닌 기독교 신자들이라는 것이다. 그는 과연 누구를 박해하고 죽였는가? 이교도들이 아니다. 기독교인들, 바로 형제들이었다. 그렇다. 십자가와 성경을 손에 들고 수많은 도시들을 무자비하게 파괴한 것은 바로 기독교인들이었다.[86]

그리고 종교적 무지로 인한 학살로 인해 신을 부인하는 사람들에 대해서 볼테르는 이렇게 말한다.

> 나는 정반대의 결론을 내릴 것이다. 우리가 하느님을 제대로 알지 못하고, 하느님의 이름으로 그토록 많은 부조리를 저지른 이 짧고 덧없는 삶이 끝나고 나면, 하느님께서는 그 끔찍한 불행으로부터 우리를 위로해 주실 것이다. 그러므로 하느님은 존재한다. 왜냐하면 종교 때문에 일어났던 전쟁들, 피를 흘렸던 마흔 번에 걸친 교회의 분열, 의견 차이 때문에 불이 붙었던 풀 수 없는 증오, 종교에 대한 그릇된 열정이 낳은 온갖 해악, 이 모든 것을 고려해 보건대, 사람들은 이생에서 아주 오랜 시간

---

85) Zweig, 250.
86) François-Marie Arouet, dit Voltaire, *Traité sur la Tolérance-A l'occasion de la mort de Jean Calas*, 김계영 옮김, 《관용, 세상의 모든 칼라스를 위하여》(서울: 책, 세상을 굴리다, 2015), 133f.

동안 지옥을 맛본 것이다.[87]

볼테르는 구약성서에서도 관용을 추적한다.[88] 그리고 성서 전체에서 관용을 찾아내려 한다. 성서는 하나님이 모든 이민족들을 배척하지 않으시고 따스하게 포용하셨으며, 그들을 돌보아주셨다고 말한다. 기독교인들이 믿는 하나님은 관용을 행하시는 분이다. 그런데 하나님을 믿는 우리는 왜 관용하지 못하는가?[89] 자기 생각과 주장만이 절대적으로 옳다고 생각하면서 자신과 다르게 생각하고, 다르게 주장하는 사람들을 자신과 다르다는 유일한 이유로 인해 관용하지 않고 처형한다면 이것은 광신이다.

덴마크의 어느 작은 종파가 광신의 가장 놀라운 예를 보여줬는데, 그들의 교리는 세상에서 가장 멋진 것이었다. 이들은 형제들에게 영원한 구원을 주고 싶었다. 그러나 그들의 교리는 기이한 결과를 가져왔다. 그들은 세례를 받지 않고 죽은 모든 아이들은 지옥에 떨어지고, 세례를 받은 직후에 죽은 행복한 아이들은 영원한 축복을 누린다고 생각했다. 그래서 세례를 받은 소년들과 소녀들을 만나면 죄다 목을 졸라 죽였다. 아마 그것이 아이들에게 그들이 해줄 수 있는 가장 커다란 축복이었을 것이다. 그들은 죄악, 삶의 비참함, 그리고 지옥으로부터 아이들을 보호해준 것이고 틀림없이 아이들을 천국으로 보낸 것이었다.[90]

우리는 지금까지 종교개혁을 전후해서 발생한 종교적·정치적·경제적 폭력에 대해서 살펴보았다. 기독교인들이 일으키는 무자비하고

---

[87] Voltaire, 137.
[88] Voltaire, 160.
[89] Voltaire, 165.
[90] Voltaire, 229.

탐욕스러운 폭력들을 보면서 볼테르가 신에게 한 기도에 우리는 주목해야 한다.

> 무기력한 육신을 덮고 있는 의복들 간의 사소한 차이, 불충분한 언어들 간의 사소한 차이, 모든 우스꽝스러운 관습들 간의 사소한 차이, 우리의 모든 불완전한 법률들 사이의 사소한 차이, 우리의 당치않은 의견들 사이의 사소한 차이, 우리들 눈에는 불평등하지만 당신 앞에서는 아주 평등한 우리의 모든 조건들 사이의 사소한 차이, 인간이라 불리는 티끌같은 존재들을 구별하는 이 모든 사소한 차이들이 증오와 박해의 계기가 되지 않게 해주소서.[91]

---

91) Voltaire, 264.

12

성서 정치화에서 드러나는 폭력

대체 현 정부의 하는 짓에는 무엇 하나 확실한 것이 보이지 않는단 말야. 게다가 폭력, 표리부동, 빈번한 사건뿐이니. 국왕이 지배하고 귀족들이 지배하고, 강자는 강경히 약자는 제멋대로, 그들의 준칙은 단 한가지, 권력을 잡고 그것을 빼앗기지 말자는 것. 그리고 강자는 타인의 욕망을 농락하고, 약자는 자신의 욕망에 먹혀버리고 말지.[1]

성서, 특히 구약성서가 오늘 우리 시대에도 의미를 갖는가? 여기에 대해서 상당히 부정적인 견해를 가진 사람들도 많을 것이다. 예로부터 여러 가지 이유로 구약성서를 평가절하(平價切下)하는 사람들이 꽤 있었다. 그리고 정경으로 인정하기는 하지만, 기독교인들 가운데 구약보다는 신약을 더 편하게 느끼는 사람들이 지금도 대다수일 뿐만 아니라, 설교자들도 구약보다는 신약 본문으로 설교하는 것을 훨씬 선호하는 게 일반적인 경향인 걸 보면, 그리고 무엇보다 우리나라에서는 '구신약성서'라고 하지 않고 '신구약성서'라고 하는 것을 보면, 구약과 신약이 동등한 하나님 말씀이라고 겉으로 고백하는 것과는 달리, 실상은 구약과 신약을 동등한 하나님 말씀으로 여기지

---

1) T. S. 엘리엇, 〈대성당의 살인〉, 이창배, 《T.S.엘리엇 전집-시와 시극》 (서울: 동국대학교 출판부, 2001), 161.

않는 게 분명하고, 파고들면 더 솔직한 내막을 알 수 있을 것이다.

이런 경향인데, 신약보다 구약을 더 중시하고, 구약에 수록된 법규들을 이상적인 삶의 원칙으로 믿고, 그 법규들을 현실에 그대로 적용함으로써 구약 시대를 우리 시대에 재현하려는 사람들이 있다면 설마 하는 맘이 들겠지만, 실제로 어떤 사람들은 그렇게 믿고 행동한다.[2] 그 대표적인 사람이 바로 마이클 패리스이다.

마이클 패리스

마이클 패리스(Michael Farris)는 구약성서를 우리 삶의 텍스트로 삼고, 구약성서에 나오는 법들을 실정법(實定法)으로 제정해서 그 법들을 철저하게 지키게 하자고 주장하는 과격한 구약성서 신봉자이다. 그는 "국가를 이끌고 성서적 가치를 가진 문화를 형성하는 청년 군대를 양성하기" 위한 목적으로 패트릭 헨리 대학(Patrick Henry College)을 세웠다. 패리스가 원하는 것은 종교적·문화적 혁명이다. 그는 세속주의에 물들지 않은 지도자들을 양성해서 모든 것을 기독교적인 것으로 바꾸어놓을 수 있는 정치적 힘을 얻으려고 한다.

패리스는 미국의 최고 대학과 교수들이 지나치게 세속적이고 미국의 근본정신과 시장경제를 부인하기 때문에 자녀들을 그들에게 맡길 수 없다고 생각한다. 그래서 홈스쿨링을 강조한다. 그는 부모 세대는 모세 세대로, 자녀 세대는 여호수아 세대로 지칭한다. 그는 이렇게 말한다. "여호수아 세대는 미국을 건국의 아버지의 정신으로 되돌려놓고, 우리 국가 역사에서 참으로 중추적인 세대로 기억될 것

---

2) 유럽인들에게 이스라엘을 정치체제로 소개한 것은 요세푸스였다.[Eric Nelson, *The Hebrew Republic-Jewish Sources and the Transformation of European Political Thought* (Cambridge: Harvard University Press, 2010), 89.]

이다."³⁾

조시아 스트롱

마이클 패리스는 미국 우월주의를 강력하게 주창하고 그 이론적 근거를 제시하기 위해서 애쓴 조시아 스트롱(Josiah Strong)을 떠올리게 하는데, 그는 아담 스미스(Adam Smith)와 갈리아니(Galiani)를 인용하면서, 앞으로 미국이 유럽을 능가하고 유럽을 지배할 것이라고 말한다.⁴⁾

조시아는 미국의 문명화가 아메리카 대륙의 문명화이며, 대륙의 미래는 앵글로 색슨족의 것이라고 말한다.⁵⁾

앵글로 색슨족이 두 가지 위대한 사상, 즉 시민적 자유(civil liberty)와 순수한 영적 기독교의 토대 위에 서 있기에 위대한 업적을 남기는 민족이라고 믿었다. 그는 16세기에 발생한 위대한 개혁이 라틴 민족이 아니라 튜톤족에서 비롯했다는 점에 주목한다. 색슨족의 가슴 속에 타오르던 자유의 불이 교황의 절대주의에 반기를 들게 만들었다는 것이다. 켈틱족은 가톨릭 교도이지만, 튜톤족은 개신교도이고, 순수한 튜톤족이 있는 곳에서 개신교가 급속도로 전파되었다고 한다.⁶⁾

조시아는 앵글로 색슨족이 세계의 미래를 책임질 것이라고 생각하는데, 앵글로 색슨족이 형제를 보호하는 신적인 임무를 부여받았

---

3) Michael Farris, *The Joshua Generation- Restoring the Heritage of Christian Leadership* (Nashville, Tennessee: Broadman & Holman Publishers.Farris,2005), 176.
4) Josiah Strong, "The United States and the Future of the Anglo-Saxon Race", Josiah Strong & Michael G. Mulhall, *The United States and the Future of the Anglo-Saxon Race, and the Growth of American Industries and Wealth*(London: Saxon and Co., 1889), 41.
5) Strong, 41f.
6) Strong, 34.

다고 믿는다.[7]

앵글로 색슨족은 다른 어느 민족보다 여러 가지 면에서 급성장을 했고 영광을 누렸는데, 다른 민족들은 전쟁이나 기근, 그리고 전염병으로 인해 어려움을 겪었지만, 앵글로 색슨족처럼 문명화한 민족은 그런 것에 영향을 받지 않기 때문이라고 조시아는 생각한다. 그리고 역설적으로 보이긴 하지만, 보다 더 파괴적인 무기를 만드는 것이 보다 덜 파괴적인 전쟁을 치르는 방법이고, 상품과 부가 기근의 공포를 사라지게 했고, 전염병은 의료 기술과 보건학으로 점점 더 강력하게 통제할 수 있다고 조시아는 믿는다.[8]

전쟁은 강한 민족들의 전유물이었는데, 영국은 지난 68년 동안 77차례 전쟁을 치렀다. 존 브라이트가 최근에 말한 바에 따르면, 빅토리아 여왕 재위 동안 전쟁 비용으로 750,000,000 달러를 사용했으며 68,000명이 사망했다.[9]

그렇다고 계속 전쟁을 치르는 것은 문명적이지 않다. 전쟁보다는 평화의 기술에 관심을 가져야 한다.[10]

조시아는 미국인들이 신체적으로도 누구보다 월등하다고 한다. 조시아는 찰스 다윈이 말하는 자연선택론을 인용하면서 세계 역사는 단지 미국의 미래를 위한 준비과정일 뿐이라고 말한다. 미국이 이룩한 놀라운 진보는 자연선택론의 당연한 결과라는 것이다. 세계 각 곳에서 가장 힘이 넘치고 지칠 줄 모르고 대담한 사람들이 미국으로 이주해 왔다는 것이다.[11]

역사적으로 혼합된 민족이 위대한 역사를 이뤘는데, 고대 이집트인들, 그리스인들, 그리고 로마인들이 모두 혼합 민족이라는 것이다.

---

7) Strong, 35.
8) Strong, 37.
9) Strong, 43.
10) Strong, 43.
11) Strong, 45.

그리고 현재는 앵글로 색슨족이 가장 대표적인 혼합 민족이라는 것이다.[12]

조시아는 인구 수나 국력으로 월등한 비범한 앵글로 색슨족, 즉 가장 자유를 누리고, 가장 순수한 기독교도들이고, 가장 수준 높은 문명을 이룬 민족, 인류 역사에 놀랄 만한 적극적인 업적을 남긴 앵글로 색슨족이 전 세계에 퍼져나가기를 희망한다.[13]

조시아는 찰스 다윈이 말한 적자생존의 논리를 신봉한다.[14] 몇몇 강한 민족들은 자신들의 정체성을 유지하겠지만, 앵글로 색슨족과 경쟁하기 위해서는 앵글로 색슨족의 방식과 도구, 문명과 종교를 받아들여야 한다고 말한다.[15]

그는 세상 모든 곳에서 기존 종교들, 즉 이슬람교, 유대교, 불교, 힌두교는 쇠퇴하지만 기독교, 특히 개신교는 나날이 성장한다고 보았다.

츠빙글리와 구약성서

새로운 견해를 가지기 위해 그는 구약성경으로 관심을 돌렸다. 그 안에서 그는 옛 언약에서의 할례가 새 언약에 와서 유아세례로 변화되었다는 것을 발견했다. 이런 착상을 가지면서 그는 반대자들과 접전할 지성적 준비를 갖추었다. 그는 자신의 모든 신학적 체계를 조사하고 개정하기 시작했다.[16]

---

12) Strong, 45f.
13) Strong, 49.
14) Strong, 50f.
15) Strong, 52.
16) William R. Estep, *Renaissance and Reformation*, 라은성 역, 《르네상스와 종교개혁》(서울: 도서출판 그리심, 2012), 385.

1525년에 츠빙글리는 구약성경 본문을 가지고 설교하면서 거기서 유아세례가 정당하다는 근거를 찾아냈다. 그는 옛 언약과 새 언약에 착안해서 옛 언약의 표현이 할례이면, 새 언약의 표현은 유아세례라고 생각했다.[17]

츠빙글리는 구약성경을 연구하고 설교하면서 거기서 그가 원하는 신정정치의 근원과 필요성, 신적 인정을 찾을 수 있었다. 그리고 그런 것들을 통해서 반대자들과의 논쟁에서 이길 수 있는 무기를 확보할 수 있었다.

츠빙글리는 그가 관장하던 취리히에서 법 집행을 강력하게 했다. 간음과 매춘을 엄격하게 금지했다. 금장식, 실크나 우단으로 된 의복도 금지했으며, 낮은 굽으로 된 신을 신는 것도 금지했다. 무질서를 용납하지 않았으며, 1530년 5월 26일부터는 저녁종이 울리면, 저녁 9시 이후에는 누구도 공공장소나 '모임'에 남아있지 못하게 하는 통행금지를 실시했다.

츠빙글리와 시의회는 개혁교회로부터 이탈하는 것을 반역 행위로 간주했다. 츠빙글리가 강력한 의지를 가지고 만들어놓은 도시는 신이 다스리는 신성한 도시였으며, 시 지도자들이 부과하는 명령은 신적인 명령이었다. 그래서 취리히는 어떤 반체제자들도 용납하지 않았다. 츠빙글리는 취리히에서 종교개혁이 성공적으로 이루어졌다고 확신했고, 그 원인을 교회와 국가가 혼연일체가 되었기 때문이라고 믿었다. 그런데 츠빙글리가 이런 판단에 근거해서 개혁운동을 취리히를 넘어서 확산하려고 했을 때 무력 사용이 불가피했다.[18]

츠빙글리는 구약적인 정신에 바탕해서 개혁을 위한 연합체를 구상하고 가톨릭을 물리치기 위한 전쟁을 생각했다. 그래서 츠빙글리를 상징하는 것은 투구와 검이다. 츠빙글리는 그러한 구상들을 실현

---

17) Estep, 386.
18) Estep, 393.

시키기 위해서 애썼고, 그 결과 1528년에 베른이 공식적으로 종교개혁을 지지한다고 천명했으며, 1529년에는 베른, 취리히 및 콘스탄스가 기독교 시민연합(das Christliche Burgrecht)이라는 연맹을 결성했다. 이 연합에 바젤을 포함한 여러 프로테스탄트 도시들도 가입했다. 이러한 개신교 움직임에 대응해서 가톨릭은 기독교 연맹(die Christliche Vereinnigung)을 결성했다. 그리고 이 두 연맹은 카펠(Kappel) 전투에서 맞붙었고, 이 전투에서 츠빙글리는 전사한다.[19]

피렌체와 유딧

1453-1464년에 도나텔로(Donatello)[20]는 코시모 디 메디치가 주문한 조각 작품 〈홀로페르네스의 목을 베는 유딧〉을 제작해서 메디치 궁 안뜰에 세운다. 도나텔로는 이 조각상을 사람들이 여러 각도에서 보게 함으로써 장면들이 다양하게 변하는 것을 볼 수 있게 했다. 도나텔로는 유딧을 군인 모습으로 강인하게 묘사하고, 홀로페르네스를 벌거벗겨서 절제와 부절제, 정숙과 탐욕, 겸손과 오만을 대비했다. 도나텔로는 유딧이 오른손에 칼을 들고 왼손으로 홀로페르네스의 목을 잡고, 또 왼발로는 그의 손을 밟고 있게 했다. 그리고 홀로페르네스는 베개에 앉아 있게 했는데, 이것은 이 사건이 침실에서 일어났음을 보여주고, 조각상 기단에 바쿠스 축제를 조각해서 만취한 홀로페르네스가 욕정에 사로잡혀 있다가 유딧에게 죽임을 당하는 모습을 부각하려 한다.[21]

그런데 메디치가 도나텔로에게 유딧이 홀르페르네스를 죽이는,

---

19) Estep, 386f.
20) 본명은 도나토(Donato di Niccolò di Betto Bardi)이고, 피렌체 출생((1386?-1466)이며, 건축에서 브루넬레스키(Filippo Brunelleschi), 회화에서 마사초(Masaccio, 본명은 Tommaso di Giovanni di Simone Guidi)와 더불어 조각에서 르네상스 양식을 창시했다.
21) 정은진, 《미술과 성서》(서울: 도서출판 예경, 2013), 143f.

구약성서 외경에 나오는 이야기를 조각하게 한 것이 의미심장하다.

"공공의 번영, 코지모 메디치의 아들 피에로는 이 여인상을 시민들의 꺾이지 않는 영원한 정신이 공화국에 부여한 자유와 강인함에 바친다."

1466년에 피에로 메디치는 루카 피티(Luca Pitti)의 반란을 제압하고 이 명문을 썼는데, 자신들의 행위를 적장인 홀로페르네스를 죽인 유딧에 빗대어서 정당화하려 한 것으로 보인다. 그런데 메디치가는 도나텔로뿐 아니라 보티첼리(Sandro Botticelli)[22]에게도 홀로페르네스를 처단한 유딧을 주제로 한 작품 제작을 주문했다. 15세기 피렌체에서 유딧은 정치적인 목적으로 인기있는 주제였다.[23]

헨리 8세와 솔로몬

소(小) 한스 홀바인(Hans Holbein the younger, 1497-1543)이 그린 〈솔로몬과 시바의 여왕〉(1534-1545)이라는 그림을 보면, 솔로몬 왕은 화면 중앙 왕좌에 앉아 있고 그 아래에 시바의 여왕이 살짝 옆으로 튼 자세로 앉아 있다. 왼쪽 아래에는 여자 수행원들이 오른쪽 아래에는 남자 수행원이 있는데, 남자 수행원들은 솔로몬에게 예물을 바치고 있다. 그런데 중요한 것은, 이 작품 속에 등장하는 솔로몬은 실제로 튜터 왕조의 헨리 8세이다. 당시에 홀바인은 헨리 8세의 궁정화가였는데, 홀바인은 이 그림을 헨리 8세에게 새해 선물로 헌정했다. 중앙에 위치한 왕좌, 왕관, 지팡이와 수염은 솔로몬의 권위를 상징하는데, 한스 홀바인은 수장령으로 영국 국교를 설립한 헨리 8세를 성전을 건축한 지혜의 왕 솔로몬과 동일시했다.[24] 이 그림은 구약성서 이

---

22) 피렌체 출신 화가로, 본명은 Alessandro di Mariano Filipepi(1445?-1510).
23) 정은진, 145.
24) 정은진, 125.

야기를 현실 정치에 활용했다는 점에서 의미를 갖는다.

에드워드 6세와 요시야

마가렛 애스톤은 1548-1549년에 그려진 것으로 추정하는 〈에드워드 6세와 교황〉(Edward VI and the Pope)이라는 작품을 중심으로 튜더 왕조의 종교적 성향을 분석하는데, 이 그림을 통해서 튜더 왕조를 이해하기 위해서는 구약성서로 돌아가야 한다고 말한다.[25]

16세기 영국에서는 당시 왕들을 구약성서에 나오는 왕들, 특히 신앙적이고 개혁적인 왕들, 다윗과 솔로몬을 비롯해서 아사, 히스기야, 여호사밧, 요시야로 칭하는 경우가 많았다.[26] 엘리자베스는 자신을 히스기야로 칭했다.[27]

특히 에드워드 6세는 변화와 희망의 상징이었다.[28] 에드워드 6세는 새로운 요시야로 불렸다. 에드워드 6세가 요시야처럼 어린 나이에 왕위에 오른 것도 그렇지만

(요시야는 8살에, 에드워드는 9살에 왕위에 오른다), 그가 요시야를 모델로 삼아서 종교개혁을 강력하게 추진했다는 점에서도 그렇다.[29]

에드워드 6세는 9살 되던 해인 1547년 1월 28일에 영국 왕

---

25) Margaret Aston, *The King's Bedpost- Reformation and Iconography in a Tudor Group Portrait*(Cambridge: Cambridge University Press, 1993), 12.
26) Aston, 26.
27) Aston, 113.
28) Diarmaid MacCulloch, *Tudor Church Militant-Edward VI and the Protestant Reformation*(London: The Penguin Press, 1999), 18.
29) Aston, 27.

좌에 오른다.[30] 헨리 8세 시대에 외국으로 망명했다가 헨리 8세가 사망하자 고국으로 돌아온 보다 급진적인 개혁자들에게 요시야는 아주 적합한 개혁자 모델이었다.[31] 에드워드 6세는 교회를 정화했다는 점에서 요시야이고, 교회를 세웠다는 점에서 솔로몬에 유비되었다.[32]

2월 19일에 에드워드 6세는 대관식을 치르기 위해 런던에 입성했다. 그가 거리를 행진하는 동안 백성들은 그를 열렬히 환호했다. 사람들은 이렇게 말했다. "어린 솔로몬 왕께서 옛 믿음을 부활시키고 이교도 의식과 혐오스런 우상 숭배를 척결하기 위해 오셨다."[33]

에드워드 6세는 왕위에 오르면서 왕으로서 대단히 호의적인 반응을 얻었는데, 추밀원 의원들은 그를 제2의 다윗, 사무엘, 특히 '어린 요시야'라 불렀다.[34]

사람들은 에드워드 6세를 요시야로 부르면서 요시야가 어린 나이에 과감하고 철저한 종교개혁을 하고, 이스라엘 예배를 정상화한 것처럼 에드워드 6세도 그렇게 하는 걸 원했다. 에드워드 6세 대관식에서 대주교 크랜머는 에드워드 6세가 요시야를 본받은 둘째 요시야답게 가톨릭이 저지르는 죄악에서 영국 백성들을 벗어나게 하고 우상들을 제거하라고 요구했다.[35]

존 후퍼(John Hooper)는 헨리 8세를 므낫세 왕으로, 에드워드 6세를 요시야로 보았는데, 공교롭게도 헨리 8세는 55세에 세상을 떠났다. 이것은 므낫세 통치기간 55년을 떠올리게 한다는 점에서 존 후퍼 이야기가 당시 사람들에게 설득력을 가졌다.[36]

---

30) MacCulloch, 1.
31) Aston, 29.
32) MacCulloch, 35.
33) Alison Weir, *Children of England*, 박미영 옮김, 《헨리 8세의 후예들-메리 1세·에드워드 6세·엘리자베스 1세·레이디 제인 그레이》(서울: 루비박스, 2008), 55.
34) Weir, 57.
35) Aston, 30f.
36) Aston, 31.

그리고 사람들이 그에게 기대하는 것에 부응해서 에드워드 6세는 교황을 악한 인간이고, 적그리스도이며, 가증한 독재자라고 비난했다.[37] 무엇보다 에드워드 6세는 요시야와 비슷하게 13살이 되던 1550년에 친정(親政)을 시작했고, 종교적인 것들을 개혁하는 데 힘을 기울였다.[38]

이런 일들로 인해 영국 사람들은 에드워드 6세를 사후에도 오랫동안 요시야로 기억했는데, 1858년 빅토리아 여왕이 구입한 에드워드 6세 조각상을 에드워드 7세가 본받을 모델로 삼기 위해 윈저궁에 세웠다. 이 조각상에서 에드워드 6세는 성경을 펼쳐서 열왕기하 22장 1-2절[39]을 읽는다.[40]

그리고 에드워드 6세는 여호사밧이 실시한 순회 율법 교육기구[41]와 유사한 조직을 만들어서 운영했다. 영국을 여섯 개의 지방으로 나누어서 각 주(州)의 지사(Lords Lieutenant), 지방의 유력인사들, 약간 명의 법률가와 성직자로서 종교개혁에 영향을 줄 것으로 정평이 나 있는 사람들로 팀을 만들어서 매우 침착하게, 공적이며 사적인 모든 이론을 총동원해서 각 지방 사람들로 하여금 수장법을 쉽게 받아들일 수 있도록 잘 설명하고 교육하게 하였다.[42]

---

37) MacCulloch, 26.
38) MacCulloch, 35.
39) "1 요시야가 왕위에 오를 때에 나이가 팔 세라 예루살렘에서 삼십일 년간 다스리니라 그의 어머니의 이름은 여디다요 보스갓 아다야의 딸이더라 2 요시야가 여호와 보시기에 정직히 행하여 그의 조상 다윗의 모든 길로 행하고 좌우로 치우치지 아니하였더라."
40) Aston, 213.
41) "7 그가 왕위에 있은 지 삼 년에 그의 방백들 벤하일과 오바댜와 스가랴와 느다넬과 미가야를 보내어 유다 여러 성읍에 가서 가르치게 하고 8 또 그들과 함께 레위 사람 스마야와 느다냐와 스바댜와 아사헬과 스미라못과 여호나단과 아도니야와 도비야와 도바도니야 등 레위 사람들을 보내고 또 저희와 함께 제사장 엘리사마와 여호람을 보내었더니 9 그들이 여호와의 율법책을 가지고 유다에서 가르치되 그 모든 유다 성읍들로 두루 다니며 백성들을 가르쳤더라"(대하 17장).
42) Thomas M. Lindsay, *A History of the Reformation Volume III*, 이형기·차종순 역,《종교개혁사(III)》(서울: 대한예수교장로회 총회출판국, 1991), 119f.

존 낙스와 구약성서

존 낙스는 구약성서에 근거해서 자신의 주장을 전개했다. 무엇보다 낙스가 제시한 계약사상은 구약성서에서 핵심적인 이스라엘 민족의 계약사상을 바탕으로 해서 형성된 것인데, 그는 1558년에 스코틀랜드 귀족들에게 보내는 호소문에서 자신의 계약사상을 명확하게 표명했다. 그는 요시야 왕이 이스라엘 백성들을 대표해서 하나님의 전에 올라가 주님과 계약을 맺고, 주님이 일러주신 계명을 지키겠다고 서약한 것처럼 통치자들은 요시야처럼 우상을 파괴하고 종교를 개혁하는 책임을 갖고 있음을 강조했다.[43]

존 낙스는 방금 언급한 호소문에서 출애굽기 34장에 근거해 하나님과 이스라엘 민족이 맺는 계약을 모범으로 제시했다. 출애굽기 34장에서 하나님은 이스라엘 백성들에게 이렇게 말씀하신다. 앞으로 가나안 땅에 들어가면, 그 땅 원주민들을 따라서 그들이 섬기는 신과 우상을 섬기지 말고 파괴하라. 존 낙스는 구약성서가 말하는 이러한 것들을 자신이 살고 있는 그 시대에 곧바로 적용하고자 했다.[44]

칼뱅·성서·정치

칼뱅은 교회지도자들이 궁극적인 권위를 가져야만 하고, 교회와 국가는 함께해야 한다는 것을 강하게 피력했다. 그것을 구체화하는 데에는 종교법원(Consistory)이 가장 강력한 기구였는데, 목사들과 평신도 지도자들, 또는 장로들이 모여서 적법한 교리와 행위로부터 벗어났는지 조사하고 훈육해서 도시의 복지를 확립하는 일을 담당했다. 잘 훈육받은 개인처럼 잘 훈육받은 도시는 하나님이 선택하신

---

43) 홍치모, 《스코틀랜드 종교개혁과 영국혁명 1560-1660》(서울: 총신대학출판부, 1991), 21.
44) 홍치모, 22.

증거로 여겨졌고, 천국으로 가는 도상에 있는 자들에게 적합한 여건을 분명하게 제공하는 것이라 생각했다.[45]

종교법원 위원들은 정기적으로 사람들을 심문해서 그들의 이웃들이 무슨 일을 하고 있는지를 파악했고, 아이들을 부추겨서 집안 어른들이 의심스럽거나 부적합한 행위들을 할 때 보고하게 했다.[46]

> 칼뱅이 통치하던 제네바에서는 간통죄를 사형이라는 극형으로 엄격하게 다루었다. 간통을 저지른 여자는 익사시켰고 남자는 참수시켰는데, 이처럼 도덕적으로나 지성적으로 더 미개한 존재로 여겨지던 여성에게 남성보다 가벼운 벌을 내리는 것은 남성우월적인 유럽 사회의 통상적인 형벌 관행과는 명백하게 어긋나는 것이었다. 그렇지만 무엇보다 가장 끔찍한 형벌은 이단자에 대한 형벌이었다.[47]

에드워드 6세의 동조자들은 개혁자들에 대해서 상당히 관용적이었는데, 왕의 교사였던 존 체크(John Cheke)는 칼뱅 비판자였던 세바스챤 카스텔리오라는 성서학자를 매우 존경했다. 폴란드에서 망명해 온 개혁자 얀 라스키(Jan Łaski)는 부처 사후에 공석이 된 자리를 카스텔리오에게 주려고, 영국 당국으로 하여금 카스텔리오를 바젤에서 케임브리지로 불러올 것을 요청했다. 그 이전에 카스텔리오는 1551년에 라틴어 성서 번역을 에드워드 6세에게 헌정함으로써 런던에 근거한 복음주의자들에 대한 자신의 존경심을 표명했다.[48]

그러나 문제는 칼뱅이었다. 칼뱅이 제네바 개혁을 이끌면서 루터

---

45) Merry E. Wiesner-Hanks, *Early Modern Europe, 1450-1789*(Cambridge: Cambridge University Press, 2006), 170.
46) Wiesner-Hanks, 170.
47) J. M. Roberts, *The Making of the European Age*, 윤미연 옮김, 《근대 유럽의 형성》 [파주: (주)이끌리오, 2007], 55f.
48) MacCulloch, 174.

가 요구한 "기독교인의 자유", 그리고 종교가 개인의 양심의 문제라는 생각도 제네바에서는 종말을 고했다. 칼뱅이 제네바에 들어온 이후로 제네바에서는 자유가 사라지고, 한 사람의 의지가 모든 사람의 의지 위에 놓이게 되었다.[49]

칼뱅의 뒤에는 수천 수만의 사람들이 있고 국가 공권력까지 가세하고 있는데, 어떻게 아무런 무장도 하지 않은 한 개인이 칼뱅을 공격해서 이길 수 있겠는가! 거대한 조직력 덕분에 칼뱅은 그때까지 자유 시민들로 구성되어 있던 도시와 국가 전체를 엄격한 복종 기구로 변화시키는 데 성공했다. 오직 자신의 가르침만을 위해 모든 형태의 독자성을 뿌리째 뽑아버리고 어떠한 사상의 자유도 송두리째 빼앗아버렸다.[50]

유일하게 카스텔리오만 칼뱅에게 도전했다. 참으로 모든 것이 억압당하는 암울한 시대에 카스텔리오는 아무리 인간들이 하나님 이름으로 사람들을 죽인다고 해도 그것은 살인일 뿐이라고 강하게 주장했다.[51]

17세기, 히브리 공화정

16세기 르네상스 시대에 정치학은 인문학적이었고 세속적이었지만, 종교개혁 열기로 가득했던 17세기에는 정치신학이 유럽의 지적 삶의 주류에 들어왔다.[52] 사람들은 17세기를 '성서적 세기'(the Biblical

---

49) Stefan Zweig, *Castellio gegen Calvin oder Ein Gewissen gegen die Gewalt*, 안인희 옮김, 《다른 의견을 가질 권리》(서울: 바오출판사, 2010), 48.
50) Zweig, 12.
51) Zweig, 15.
52) Eric Nelson, *The Hebrew Republic-Jewish Sources and the Transformation of European Political Thought*(Cambridge: Harvard University Press, 2010), 2.

Century)라고 한다. 현대 정치사상은 17세기에 발생했다. 그런데 놀라운 일은 그것이 세속화의 부산물이 아니고, 깊게 신학화된 성서적 세기의 상황에서 비롯되었다는 것이다.[53]

16세기와 17세기에 히브리어가 되살아났으며, 그것은 유럽 정치이론 발전에 영향을 미쳤다. 그 시대에 기독교인들은 히브리 성서를 하나님 자신이 이스라엘 백성들을 위해 창안한 정치적 헌법으로 여겼다.[54]

근대로 들어오면서 등장한 주요한 정치 사상가들은 국민 주권론, 근대 사회계약론, 국제법 이론, 공화주의 사상을 형성하는 데 기여했는데, 히브리 성서와 후대의 유대 문헌들을 자주 참고했다.[55]

1617년 홀랜드에서는 라이덴 대학교 정치학 교수(Petrus Cunaeus)가 《히브리인들의 정치체제에 대해서》(De Republica Hebraeorum)를 저술했고, 1651년에 야콥 카츠(Jacob Cats)는 네덜란드 국회를 "너희 이스라엘 자손들아"로 시작했다. 그리고 홀랜드 상원 건물에 페르디난드 볼(Ferdinand Bol)이 그린 율법 판들을 들고 있는 모세를 게시했는데, 이것은 율법의 다스림이 교회의 다스림을 누른 것을 묘사한 것이었다.[56]

17세기 네덜란드 사람들은 그 시대 동안 자신들을 '새로운 이스라엘 백성들'로 여겼으며, 점차적으로 그들 시대에 일어난 사건들을 성서 역사의 재실행으로 보았다.[57]

칼뱅주의가 득세하던 네덜란드뿐만 아니라 17세기 영국에서도 헤브라이즘이 강력한 영향을 미쳤는데, 네덜란드는 유대인들을 받아

---

53) Nelson, 2f.
54) Nelson, 3.
55) Meirav Jones, "Introduction", ed. Gordon Schochet, Fania Oz-Salzberger, and Meirav Jones, *Political Hebraism-Judaic Sources in Early Modern Political Thought*(New York: Shalem Press, 2008), (vii-xix), vii.
56) Jones, vii.
57) Nelson, 14.

들였지만, 영국은 17세기 후반까지 유대인 입국을 금지했다.[58]

네덜란드와 영국은 자신들을 새로운 이스라엘로 여겼으며, 그것으로 국민적 정체성을 확립했다. 그리고 새로운 이스라엘이라는 정체성으로 종말론과 구원신학을 정립했으며, 사회 전반, 정치, 정치사상과 철학에도 영향을 미쳤다.[59]

17세기에 히브리 문헌, 특히 탈무드와 랍비 저작들이 번역되었고, 이러한 작업은 유럽의 지적인 삶에 상당한 영향을 미쳤다.[60] 히브리에 대한 관심은 유럽 문학과 비평, 의학과 과학, 신학과 교회론, 철학과 법을 변혁시켰다.[61]

유럽 사람들이 히브리 성서에서 정치적인 교훈들을 찾아낸 것은 상당히 오래된 일이지만, 종교개혁으로 인해서 그러한 성향이 놀랄 만큼 강해졌다. 그들은 오경에서 정치적 지혜뿐만 아니라 정치적 헌법을 찾으려 했다. 그들은 모세를 법률 수여자, 즉 그리스적 의미로 폴리테이아(politeia), 즉 헌정질서를 수립한 사람으로 이해했다. 그들은 성서를 전지한 신이 고안한 완벽한 헌법책으로 보았고, 당시 정치신학은 유럽 저자들이 히브리 공화정(respublica Hebraeorum, republic of the Hebrews)이라고 부르기 시작한 패러다임에 가능한 한 근접하려고 했다.[62]

16세기에는 기독교인들이 히브리어와 히브리 문헌에 경의를 표했으며, 심지어는 탈무드, 카발라, 그리고 기타 유대 문헌들을 보존해야 한다고 격하게 나서기도 했다. 당시 반(反)셈족 정서가 강했는데도 말이다.[63]

---

58) Jones, xii.
59) Jones, xii.
60) Nelson, 15f.
61) Nelson, 16.
62) Nelson, 16.
63) Jones, x.

휴고 그로티우스는 히브리 공화국(Hebrew Republic)을 하나님 자신이 만드신 바로 그 헌법적 대상이라고 주장했다.[64]

오늘날 근대 국제법의 아버지로 불리는 그로티우스는 당시에 무신론자라고 정죄를 당했는데, 유대인이었던 필로와 요세푸스, 그리고 마이모니데스의 권위를 강조했다.[65]

당시 영국에서는 베이컨(Bacon), 밀턴(Milton), 홉스(Hobbes), 해링턴(Harrington), 그리고 로크(Locke)가 구약성서에 매료되었다. 영국 내전 기간에는 설교와 의회 토론이 이스라엘의 이미지를 강하게 표방했으며, 크롬웰(Cromwell)은 자신을 구약성서 인물들에 비유했다.[66]

17세기에 영국에서 가장 탁월한 히브리 공화국 연구자는 셀든(John Selden, 1584-1654)인데,《자연법에 대해서, 그리고 히브리인들의 가르침에 따라서 살펴보는 자연에 대해서》라는 자신의 저서에서 랍비들이 쓴 글을 수백 회 인용했다.[67] 그의 영향을 받은 한 사람은 1652년에 영국 정부가 모세 시대 이스라엘 공화국(Commonwealth)을 재현해야 한다고 주장했다.[68]

홉스(Thomas Hobbes, 1588-1679)도 히브리 공화국에 깊은 관심을 가졌으며, 스피노자(Baruch Spinoza)에게 지대한 영향을 미쳤다.[69]

이탈리아에서는 마키아벨리가 이상적인 국가 건설자 명단에 모세를 포함시켰다. 독일에서는 급진적인 재세례파들이 뮌스터 시를 새 예루살렘으로 칭했다. 세속적 정치학자인 알투시우스(Althusius)는 연방주의 모델을 성서에 나오는 지파 동맹에서 찾았다.[70]

마키아벨리는 성서를 메시아적이나 신학적, 또는 종교적으로 전

---

64) Nelson, 19.
65) Jones, vii.
66) Jones, viii.
67) Jones, viii.
68) Nelson, 21.
69) Nelson, 22.
70) Jones, viii.

혀 해석하지 않았다. 그는 성서를 정치적으로 읽었다.[71]

중세와 르네상스 시대에 공화정이 왕정보다 더 낫다는 주장이 더 우세했지만, 공화정과 아울러 왕정도 합법적인 것으로 인정되었다. 그러나 17세기 말에는 공화정만을 합법적인 정체(政體)로 인정하려는 공화정 배타주의(republican exclusivism)가 등장했다.[72]

밀턴은 왕정이 우상 숭배와 직결된다고 보는데, 니므롯이 최초의 왕이 되면서 동시에 최초의 우상이 되었다고 본다.[73]

> 이 제이의 인류의 근원은, 수 아직 적고
> 지난 심판의 공포 생생하게 그 마음에
> 남아 있는 동안, 하느님을 두려워하고
> 바르고 옳은 일에 마음쓰며
> 생활을 영유하고 급속히 번식하리라.
> 땅을 갈고, 곡식과 술과 기름 등
> 풍성한 수확 거두며 또한 소 떼, 양 떼 중에서
> 송아지·새끼 양·새끼 염소를 골라 봉헌하고,
> 다량의 포도주 부어 올리고, 거룩한 제사 지내며,
> 죄 없는 환희에 싸여 날을 보내고, 길이
> 평화롭게 살리라, 족장의 지배하에
> 가족끼리 부족끼리 모여.(XII.13-23)[74]

> 마침내 오만하고
> 욕심 있는 자가 하나 나와 공정한
> 평등과 형제적 지위에 만족하지 않고,

---

71) Jones, xi.
72) Nelson, 23.
73) Nelson,, 50.
74) John Milton, *Paradise Lost*, 이창배 옮김, 『실낙원』(서울:범우사, 1999), 471f.

> 만부당하게 자기 형제의 주권을
> 침해하고, 화합과 자연의 법칙을
> 땅에서 완전히 쓸어버리고자 하리라.
> 포악한 그의 주권에 대한 복종을
> 거부하는 자를 전쟁과 원수의 덫으로
> (짐승 아닌 인간을 포획물로 하여) 사냥하여,
> 그로 인해 그는 주님 앞에서 위대한 엽사獵師의
> 호칭 받으리라, 하늘을 멸시하고
> 하늘로부터 제이의 주권을 요청하듯이,
> 그리하여 그의 이름은 반역에서 생기리라,
> 비록 제가 다른 반역은 책망하면서도.(XII. 23-37)[75]

로마시대에 전쟁으로 빼앗거나 외국 군주들이 로마에 양도한 땅들을 아게르 푸블리쿠스(ager publicus, public land), 즉 공유지로 지정하고, 그 땅 가운데 경작하지 않은 부분을 작게 분할해서 로마 시민들에게 분배하고 공화국에 세금을 바치게 했다. 그런데 로마 귀족들이 속이거나 폭력을 사용해서 공유지의 막대한 부분들을 차지하고 세금도 내지 않았다. 이것은 로마 시대는 물론이고 근대 유럽에서도 논란거리였는데, 로마의 공유지 문제를 넘어서서 공유 재산을 사유화하는 것에 대한 논의로 이어졌다.[76]

16세기 말부터 히브리 공화국에 대한 글을 쓰는 사람들은 성서가 말하는 토지법에 지속적인 관심을 보이기 시작했다.[77] 토지균분법은 공화주의 정치사상에서 언제나 핵심 문제였다.[78]

---

75) Milton, 472.
76) Nelson, 59.
77) Nelson, 71.
78) Nelson, 86.

그리고 무엇보다 관용의 문제는 세속화의 과정에서 비롯되었다.[79]

에라스투스주의(Erastianism)는 국가가 교회 문제에 대한 사법권을 가져야 한다는 에라스투스(Thomas Lüber)의 생각을 추종하는 것을 가리킨다.[80] 공적인 재판절차를 거쳐서 종교적인 문제를 처리해야 한다는 것이다. 에라스투스는 그 근거를 히브리 성서에서 찾았다. 그는 고대 이스라엘에서는 제사장이 아니라 왕이 사법적인 권한을 가졌다고 주장했다.[81]

야코부스 아르미니우스(Jacobus Arminius)는 칼뱅주의자들이 주장한 예정 교리를 거부하고, 공적인 재판 기구가 종교적인 문제를 다루어야 한다는 에라스투스의 견해를 받아들였다. 그리고 교리적인 차이들에 대한 폭넓은 관용을 주장하면서 어느 특정한 신조적 입장을 받아들이도록 하는 재판을 거부했다.[82]

그들은 고대 이스라엘에서 신정론은 사법권을 제사장이 갖지 않고 왕이 가졌다는 점에서 다시 고려해야 하며, 히브리 공화정은 독자적인 교회 사법권을 인정하지 않았으며, 하나님은 모든 법을 공적인 주권으로 부여하셨다고 주장했다.[83]

영국에서 토머스 콜맨(Thomas Coleman), 존 라이트푸트(John Lightfoot), 존 셀든(John Selden)은 탁월한 히브리주의자들이며 동시에 에라스투스주의자들이었다. 영국에서 히브리주의자가 되는 것은 에라스투스주의자가 되는 것이었다.[84]

셀든은 17세기 영국의 유명한 히브리주의자였는데, 그로티우스로부터 깊은 영향을 받았다.[85]

---

79) Nelson, 88.
80) Nelson, 92.
81) Nelson, 95.
82) Nelson, 97.
83) Nelson, 99.
84) Nelson, 111.
85) Nelson, 113.

빅토리아 시대와 다니엘

19세기 영국 빅토리아 시대의 화가 브리튼 리비에르는 '동물의 화가'로 알려졌는데, 〈왕에게 대답하는 다니엘〉을 그렸다. 그림을 보면, 일곱 마리의 사자가 다니엘을 반원으로 둘러쌌는데, 굶주린 사자들이 다니엘 주변을 기죽은 불쌍한 표정으로 맴돌면서 예언자를 호위하는 것처럼 보인다. 빛이 들어오는 창 밖을 향해 뒷짐을 지고 있는 다니엘의 옆모습은 나이 든 구도자의 모습에 가깝다.

리비에르가 이런 방식으로 다니엘 그림을 그린 까닭은 시대적인 상황을 고려했기 때문이다. 19세기에 영국은 제국의 황금기를 맞았는데, 그런 상황이었기 때문에 영국에서는 유배시대의 예언자보다는 어느 시대에서나 등장하는 보편적 구도자의 모습이 적합했다.[86]

---

86) 정은진, 167.

13

종교적 고문·처형에서 드러나는 폭력

종교와 고문, 그 밀접한 관계

메리 여왕 시대에 순교당한 레이디 제인 그레이는 런던 타워에서 목 베이기 4일 전에 이루어진 심문에서 이렇게 자신의 주장을 펼친다.

페켄함 : 그리스도께서 단순히 이렇게 말씀하지 않으셨니? "택하라, 먹어라, 이것은 나의 몸이다." 이보다 더 단순한 말씀이 또 어디에 있겠니? 이것이 그의 몸이라고 말씀하지 않으셨니?

제인 : 그분이 그렇게 말씀하셨습니다. 그리고 그분이 또 이렇게 말씀하신 적도 있습니다. "나는 포도나무다. 나는 문이다." 하지만 그는 결코 포도나무나 문이 아니십니다. 성 바울은 이런 것들을 그대로 받아들이지 말라고 말씀하지 않으셨습니까? 하나님은 내가 그리스도의 바로 그 몸과 피를 먹는다고 말하기를 금하셨습니다. 나의 구원을 잊어버릴 수도 있을 텐데, 두 몸, 두 그리스도, 어떻게 두 몸이 있을 수 있겠습니까? 한 몸은 십자가에 찢기셨던 몸이고,……우리가 다른 몸을 먹는다면,…… 그가 두 몸을 가진 것이든지 [아니면] 우리가 그를 먹는다면, 그 몸은 십자가에 찢겨지지 않은 몸입니까?……만일 십자가에서 찢겨진 것이라

면 그의 제자들이 먹지 않았을 것입니다.[1]

이런 종교적 심문과 답변이 인권을 보장하는 방식으로 이루어진 것은 결코 아니다. 주제 사라마구는 신이 자행하는 폭력, 신에게 책임을 물을 수밖에 없는 폭력이라는 관점에서 성서를 재해석하는데,[2] 예수 생애를 다룬《예수복음》463-470쪽에서, 예수 직계 제자들로부터 시작해서 기독교 역사에서 일어난 숱한 순교자들을 호명하면서 그들이 당한 끔찍한 형벌들을 구체적으로 언급한다.

> 십자가에 달리고, 내장이 뽑히고, 머리가 잘리고, 말뚝에서 불에 타고, 돌에 맞고, 물에 빠지고, 잡아당겨져 사지가 찢기고, 산 채로 살가죽이 벗겨지고, 창에 찔리고, 짐승에게 받히고, 산 채로 묻히고, 톱으로 두 토막으로 잘리고, 화살에 맞고, 사지가 절단 나고, 고문을 당해야 돼.[3]

종교(宗敎)와 고문(拷問). 이 둘은 어떤 관계인가? 전혀 연관을 갖지 말아야 하는 단어들이다. 그리고 인간을 영과 육 이원론으로 나누어서 생각하는 사람들은 종교와 고문을 결코 연결해서는 안 될 것이다.

하지만 현실은 그렇지 않다. 지금도 그렇지만, 오히려 종교가 사람들을 고문하고 처형하는 일들이 많았기 때문이다. 종교가 고문과 처형을 반대하는 일에 앞장서야 하는 게 당연해 보이는데, 역사는 그 반대로 흘러왔음을 인정하지 않을 수 없다.

---

1) William R. Estep, *Renaissance and Reformation*, 라은성 역,《르네상스와 종교개혁》(서울: 도서출판 그리심, 2012), 530.
2) 사라마구는 악의 원조인 카인을 통해 구약의 주요 폭력사건들을 다루는《카인》(*Caim*, 정영목 옮김,《카인》[서울: (주)해냄출판사, 2016]에서, 결국 폭력의 근원으로 신을 지목한다.
3) Jose Saramago, *O Evangelho segundo Jesus Cristo*, 정영목 옮김,《예수복음》[서울: (주)해냄출판사, 2014], 472f.

종교재판을 통해서 사람들을 고문하고 처형하는 데 가장 강력한 영향을 미친 성서구절은 무엇일까? 그것은 "너는 마녀를 살려두지 말지니라"이다. 이것은 출애굽기 22장 18절 말씀이다. 이 구절만큼 인간 역사에 강력한 부정적 영향을 미친 성서구절도 드물 것이다. 금방 눈치 챘겠지만, 마녀(魔女)를 살려두지 말라는 이 구절은 중세시대부터 마녀 재판, -여자들이 많은 게 사실이지만, 남자들도 연루되었기 때문에-더 정확하게는 마인(魔人) 재판이라는 엄청난 종교적 폭력을 지지하는 근거가 되었다. 고문이 성서, 특히 구약성서와 밀접한 관련을 갖는다.

> 교리의 논리만이 아니라 경전의 성격 역시 부분적으로는 기독교 교회의 불관용 원칙에 책임이 있는 것으로 간주되어야 한다. 불행히도 초기 기독교도들은 낮은 문명 단계의 관념을 반영하며 야만으로 가득 찬 유대 문서들을 자신들의 경전에 포함시켰다. 구약의 계시를 맹신하는 경건한 독자로서는 찬동할 수밖에 없는 무자비하고 폭력적이며 편협한 가르침과 모범들이 과연 얼마나 많은 해악을 끼치면서 인간의 도덕을 타락시켰는지 이야기하기는 결코 쉽지 않다. 구약은 박해 이론의 무기고였다.[4]

폭력의 조직성

폭력은 조직적 성향을 갖는다. 스탠리 밀그롬이 행한 복종 실험이 유명한데, 이 실험은 사람들이 환경과 상황에 지대한 영향을 받는다는 사실을 규명했다.

---

[4] John Bagnell Bury, *A History of Freedom of Thought*, 박홍규 옮김, 《사상의 자유의 역사》(서울: 바오출판사, 2006), 66.

미국 민주주의 사회에서 만들어진 인성(人性)이 아무리 정의로운 것이라도 그 시민들이 만약 옳지 않은 권위의 지배를 받게 된다면 그들 역시 인간의 야만성과 비인간적이 태도에서 자유로울 수 없다. 대다수 사람들은 어떤 명령이 일단 합법적인 권위에서 나온 것이라고 판단하면 그것이 어떤 행동이든 상관없이, 또 양심의 제한도 없이 명령받은 대로 행동하기 때문이다.[5]

그리고 사람들은 폭력을 가능한 은폐하려고 하는데, 폭력은 폭력의 실체를 은폐함으로써 오히려 더 생생하게 존재한다. 엘레인 스캐니(Elaine Scanny)는 《고통에 처한 신체》(*The Body in Pain*. 1985)라는 책에서 고문을 하는 사람은 고문 희생자가 갖는 인간적 지위를 부정함으로써 희생자들에게서 스스로를 격리시킨다는 점을 지적했다. 고문의 희생자는 피와 살을 지닌 구체적 인간이 아니라 추상적인 상징으로 환원되며, 희생자가 겪는 고통과 고문 기구, 장소 등에는 일상생활에서 쓰는 명칭을 붙인다. 고문 행위는 아르헨티나에서는 '춤'으로, 필리핀에서는 '생일파티'로, 그리스에서는 '오르되브르'(hors d'oeuvre, 식욕을 돋구기 위해 식전에 내놓는 음식)나 '다과회'라고 불린다. 그리고 고문은 브라질에서는 '전화'로, 베트남에서는 '비행기 타기'로, 그리스에서는 '모토롤라'로, 필리핀에서는 '산후안 다리'라고 불린다.[6] 이렇게 하는 까닭은 분명하다. 자신들이 하는 고문 행위를 있는 그대로 받아들이는 대신, 그것과는 전혀 다른 것으로 받아들이게 함으로써 고문이 실재하지 않은 것처럼 보이게 하려는 것이다.

---

5) Brian Innes, *The History of Torture*, 김윤성 옮김, 《고문의 역사》(서울: 도서출판 들녘, 2004), 11.
6) Innes, 12f.

불관용과 종교재판

종교재판은 언제 누가 시작했을까? 이단자 색출을 위한 조직적인 체계로 등장한 종교재판은 1233년경 교황 그레고리우스 9세(Gregorius IX)가 창설했는데, 인노켄티우스 4세가 1252년에 교서를 통해 이단 박해기구를 "모든 도시와 국가의 사회조직을 이루는 필수 구성요소"로 규정함으로써 제자리를 잡았다. 타인의 종교적 의사표현의 자유를 억압하기 위해서 구성한 이 종교재판이라는 강력한 장치는 역사에서 그 유례를 찾아볼 수 없을 만큼 독특한 것이었다.[7]

그리고 그 이전에 이미 신성 로마 제국의 황제 프리드리히 2세(Friedrich II)는 비록 자신은 자유 사상가였음에도 불구하고 자신이 다스리는 영토에 다음과 같은 강력한 이단 법률을 공포했다.

> 모든 이단자들은 법률의 보호를 받지 못한다. 이단을 철회하지 않는 자는 화형에 처하고, 철회한 자는 투옥하되 다시 이단에 빠질 경우 사형에 처한다. 이단자의 재산은 몰수하고, 집은 파괴하며, 어린 자녀들은 아버지나 다른 이단자들을 밀고하지 않는 한 그다음 세대까지 보수를 받는 직업을 갖지 못한다.[8]

그리고 프리드리히가 제정한 법률은 무엇보다 이단에 대한 정식 처벌방식으로 화형을 택했다는 점이 두드러진다.

자신과 종교와 사상이 다른 사람들을 불관용하는 태도는 신교와 구교가 조금도 다르지 않았다. 종교와 사상에 대한 불관용은 결국 종교전쟁을 일으켰는데, 이것은 자유의 대의를 위한 것이 아니라 특

---

7) Bury, 70.
8) Bury, 70f.

정 교파들을 위한 것이었다.[9]

영국 교회와 국가의 불관용으로부터 도피해 뉴잉글랜드에 식민지를 건설한 청교도들은 자신들 역시 성공회 교도와 가톨릭 교도들은 물론이고 침례교도(Baptist)나 퀘이커교도(Quaker)에 대해서도 마찬가지로 불관용적이었다. 그들은 신정 정부를 수립하고, 그로부터 자신들의 분파에 속하지 않는 사람들을 축출했다.[10]

하지만 관용을 중요하게 여기는 교파들도 있었다. 소키누스파와 더불어 그들이 폴란드에서 쫓겨나 독일과 네덜란드로 넘어간 뒤에 그들로부터 영향을 받은 사람들은 오랫동안 관용을 옹호했다. 재세례파와 네덜란드 개혁교회의 아르미니우스파도 그들에게서 관용을 받아들였다. 또한 시민전쟁과 공화정(the Commonwealth of England)의 역사에서 지극히 중요한 역할을 수행한 영국 회중파(Congregationalist) 창시자 역시 네덜란드에서 양심의 자유라는 원칙을 배웠다.[11]

마인(魔人) 재판

마인에 대한 규정은 10세기에 출판되었고, 12세기 교회법에 포함되었다.

주교들과 그 사무관들은 담당 교구에서 악마의 마법과 유해한 요술 등의 사악한 기술을 완전히 뿌리 뽑기 위해 전력투구해야 한다. 그리고 이러한 사악한 행위의 추종자들을 발견하면 가혹하게 치욕을 주고 교구

---

9) Bury, 93f.
10) Bury, 116.
11) Bury, 115.

에서 추방해야 한다.[12]

그리고 13세기에 교황들은 마법에 대해 심각한 우려를 갖기 시작했다. 인노켄티우스 8세는 1484년에 공식 교서를 발표했는데, '가장 심각한 우려와 함께 바라는 바'(Summis Desiderantes affecvibus)라는 이 교서는 16~17세기에 발생한 대규모 마인 사냥의 단서가 되었다. 교서 내용은 다음과 같다.

> 북부 독일의 어떤 지방에서 많은 사람들이 악마들, 그리고 잠자는 여인을 범한다는 악마(incubi)와 수면중인 남성과 성교한다는 악마(succubi)에 빠져서 우리의 주목을 끌고 있다. 그들은 마법과 주문, 악마를 불러내는 의식과 여타의 가증스러운 미신과 소름 끼치는 마력으로 여성과 가축들의 출산을 막고 대지의 산물, 포도나무 가지의 포도, 과일나무의 과일에 해를 끼치고 절멸시켜버린다고 한다.……더 나아가 이 비열한 자들은 남녀 인간들, 소나 말들, 양들, 그리고 다른 종류의 가축들을 내적·외적으로 고통스럽게 하고 병들게 한다. 그들은 남성의 생식력을 저해하고, 여성의 수태를 방해한다.……이보다 더 심한 것은 그들이 불손하게도 세례 성사에서 부여받은 신앙을 부인하고, 인류의 적(악마)이 획책한 선동에 넘어간다는 것이다. 그들은 영혼을 위험에 빠뜨리는 가장 지독한 혐오스러움과 치명적인 과도함에 몸을 맡기고 죄를 저지름으로 해서 신성한 그리스도를 배반하고 치욕의 원인이 되며 매우 많은 사람들에게 위험한 본보기가 된다.
> 그리하여 우리는 종교재판소의 조사관들이 어떠한 방해와 장애를 받지 않도록 우리의 의무로서 열망하며, 독을 퍼뜨려 다른 순수한 영혼들

---

12) Innes, 157.

을 파괴하는 이단의 질병과 사악함을 막기 위해 강력한 치료약을 주고자 한다.······그리하여 앞서 말한 조사관들에게, 혐오스러운 짓들과 극악무도한 행위를 하는 자는 누구라도 바로잡고 투옥하며 처벌해 나갈 수 있는 힘을 부여하도록 선언하고 명령한다.[13]

그 교서가 출애굽기 22장 18절의 "너는 마녀를 살려두지 말지니라"라고 하는 성서의 말씀을 현실화하고자 했다는 사실에 우리는 주목해야 한다.[14]

프란세스코 마리아 구아초 (Francesco-Maria Guazzo)는 《마법의 대요》(*Compendium Maleficarum*(1608)라는 책에서 마인들에 대해 이렇게 말한다.

고문틀의 고통을 피하는 것은 마녀들에게는 쉬운 일이었다. 그들은 웃음 또는 잠이나 침묵으로 모든 고통을 극복하기 때문이다.······50세 가량의 한 여인은 끓는 기름을 전신에 붓고 사지를 고문틀에서 심하게 잡아당겼는데도 아무것도 느끼지 못했다. 이 여인은 고문 틀에서 어떠한 통증도 느끼지 않은 채 풀려났으며, 아무 상처도 입지 않았다. 다만 엄지발가락이 심문중에 찢겨나가서 회복되지 않았다. 그러나 이 역시 그 여인을 전혀 괴롭히지 않았다. 모든 고문을 겪고 난 후에도 여인은 완강하게 자신의 죄를 모두 부인했고, 감옥에서 목을 잘리게 되었다.[15]

오늘날 우리가 보기에 이런 이야기는 매우 허무맹랑해 보이지만, 당시에는 이 이야기가 보편적으로 통했다는 점에 주목해야 한다. 그랬기 때문에 종교지도자들이 마인 재판을 실시하고, 수많은 사람들

---

13) Innes, 157f.
14) Innes, 159.
15) Innes, 164.

을 마인으로 몰아서 고문하고 처형할 수 있었던 것이다.

예를 들면, 1275년에 프랑스 툴루즈(Toulouse) 출신의 앙겔라(Angela de Labarthe)라는 56세 귀족 여자를 마인 재판에 넘겼는데, 마귀와 성관계를 하여 상체는 늑대에 하체는 뱀의 형상을 한 아이를 낳았고, 밤마다 다른 아이들을 납치해 자신의 아이의 먹잇감으로 삼았다는 죄로 고소해서 재판을 했고, 결국 그녀를 마인으로 판정해서 화형시켰다. 도무지 믿기 어려운 허무맹랑한 이야기인 것이 사실이지만, 당시 사람들은 이것을 엄연한 사실로 믿었다. 그랬기에 같은 인간을 마인으로 몰아 심판한 후에 불에 태워 죽이면서도 양심의 가책을 전혀 느끼지 않은 것이다.[16]

영국에서는 마인 박해가 대륙보다 늦게 시작되었고 그리 오래 가지도 않았다. 16세에 이르러서도 마법에 대한 형벌은 대단히 가벼워서 형틀에 한두 시간 손발을 끼워두고 다시는 죄를 짓지 않겠다는 약속을 받아내는 것으로 끝났다.

그런데 1542년, 헨리 8세의 통치 말기에 마법에 대한 특별한 법을 최초로 통과시켰다. 그러나 5년 후 에드워드 6세는 그 법령을 폐기했다. 이것은 영국에서 마인재판이 그리 설득력을 갖지 못했음을 의미한다. 하지만 1558년, 엘리자베스가 왕위에 오르면서 사회적으로 마법의 위험에 대한 관심이 고조되었다. 이것은 여왕은 온갖 종류의 음모로 위협을 받고 있다고 느낀 것에 기인하는데, 특히 여왕은 가톨릭 국가였던 스페인의 음모와 갖가지 종류의 요술이 자신의 목숨을 위협하고 있다고 여겼다.[17]

결국 영국은 1563년에 "악마를 불러내는 주문, 요술, 그리고 마법

---

16) 양태자, 《중세의 잔혹사 마녀사냥-신의 심판인가 광기의 학살인가? 마녀 사냥의 허구와 진실》(서울: 도서출판 이랑, 2015), 53.
17) Innes, 171f.

에 대항하여"라는 법령을 발표했다.[18]

그런데 마인재판이 성행한 까닭은 종교적인 측면에 국한하지 않는다. 사람들은 마인재판을 재산을 불리는 기회로 삼았다. 프랑스 경우를 예로 들어보자.

> 불안감을 느낀 앙리 2세는 1549년 파리 고등법원 내에 전국적으로 전염병처럼 만연하는 이단을 심문할 특별 법정을 설치하도록 명령했다. 법령은 참으로 가혹했다. 이단자의 재산 3분의 1은 밀고자에게 보상한다(밀고 장려), 이단적인 서적 판매와 소유를 금지한다(불관용 장려), 모든 이단자를 사형에 처한다(잔인함 장려) 등이 그 내용이었다.[19]

이러한 법령은 이단 파파라치와 악의적 밀고자들을 양산했을 것이다. 그러다 보니 몰수할 재산이 없는 사람들보다는 상당한 재산을 소유한 사람들이 마인으로 몰려서 종교재판을 받는 경우가 많았다. 마인으로 몰려서 종교재판에 회부된 사람에게 치밀하고 계획적으로 재판 비용을 청구하였기 때문에 마녀 사냥의 그물에 걸린 사람은 대부분 재산을 탕진할 수밖에 없었다. 마인 혐의로 붙잡히면 일단 목숨만이라도 건지기 위해 자진해서 자신의 전 재산을 바치는 사례도 적지 않았다. 이렇게 마인 사냥을 빌미로 시의 재정이 풍족해졌다.[20]

그리고 종교재판은 정치적인 보복의 장이기도 했다. 그래서 사회 지도자들도 마인으로 고발당하기도 했고, 거기서 벗어날 수 없었다. 유니우스(Johannes Junius) 시장은 1614~1628년에 밤베르크의 시장으

---

18) Innes, 172.
19) André Maurois, *Histoire de la France*, 신용석 해제·옮김, 《프랑스사》(파주: 김영사, 2016), 225.
20) 양태자, 156.

로 여러 번 재직한 덕망 있는 정치인이었는데, 그는 1628년에 어떤 사람의 밀고로 마인으로 몰려서 심문을 받게 되었다. 다른 마인 혐의자들처럼 그 역시 그리스도에 반하는 행동을 했음을 자백하라며 모진 고문을 당했다.[21] 누구도 그 고문을 견디지 못했다. 마인으로 몰린 사람들은 지독한 고문으로 인해 자신의 마인 행적을 이야기로 창작해서 자신이 마인이라고 자백할 수밖에 없었다.

> 딸아! 옥졸의 충고대로 고문을 피하고 풀려나기 위해 나는 이런 이야기를 지어냈다. 비록 허구의 거짓말이지만, 어쨌든 그들이 원하는 자백을 했으니 이제 모든 혐의를 벗고 감옥에서 풀려날 희망에 부풀었단다. 그런데 딸아! 이들은 내 앞에 다시 사형 집행인을 세우더니 전보다 더 심한 으름장을 놓더구나. 이번에는 어디에서 어떤 춤에 참가했는지 자백하라고 하더구나. 대체 이 황당함은 언제 끝날 것이란 말인가! 고문과 심문에서 벗어나기 위해 상상으로 지어낸 이야기였으니 어떻게 답을 해야 할지 도무지 모르겠더구나. 하지만 살아남기 위해 나는 다시 이야기를 지어내야 했단다.[22]

그리고 살아남기 위해서 거짓 이야기를 실화처럼 해야 했던 사람들이 만든 이야기를 직접 들어보자.

> 나는 많은 아이를 살해했습니다. 죽은 아이의 심장을 먹기도 했습니다. 나는 마녀연고도 만들었는데, 그 연고를 8명의 사람에게 발라 죽이기도 했습니다. 어느 날 밤에는 옛 방앗간이 있는 성의 분수대로 빗자루를 타고 날아간 적도 있습니다. 사람만 죽인 것이 아닙니다. 나는 스무 마리의 소도 죽였습니다. 나는 여덟 살 때부터 마귀를 보았는데, 그 마

---

21) 양태자, 159.
22) 양태자, 163.

귀는 농부의 모습으로 내게 나타났습니다. 마귀를 만난 이후 나는 그리스도 신을 부정했습니다. 교회에는 나갔지만 한 귀로는 설교를 듣는 척하고 다른 쪽 귀로는 그 설교를 씻어내는 부정을 저질렀습니다. 또한 나는 마녀집회에 참석하여 마녀의 춤을 추면서 뱀으로 변신한 적도 있습니다.[23]

고문과 처형은 스페인 종교재판이 유명하다. 그런데 서구의 다른 나라들보다 여러 가지 면에서 자유롭고 관용적이던 스페인이 강력한 이단 정책을 펼친 까닭은 무엇일까?

이 기간은 유럽 인문주의의 영향으로 문을 활짝 열어놓고 있던 르네상스 스페인이, 이제 거의 폐쇄적인 가톨릭 종교개혁의 스페인으로 변화한 시기였다. 이러한 변화는 부분적으로는 스페인 내 권력의 중심이 에르난도 데 발데스(1547년부터 종교재판소 소장이었다)나 도미니크 수도회의 완고한 신학자 멜초르 카노 같은 보수적인 사람들에게로 옮겨간 결과이기도 했다. 그러나 그것은 또한 당시 유럽의 정신적 사조에 새로 나타난 황폐한 분위기를 반영한 것이기도 했다. 제네바가 새로운, 보다 독단적인 프로테스탄티즘의 보루로 자리잡으면서 그때까지 로마와 프로테스탄트 교도들 사이에 남아있던 화해를 위한 마지막 희망은 사라졌다. 이제 도처에 새로운 전투 분위기가 확산되었다. 제네바는 인쇄기와 목사들로 전투를 준비했으며, 로마는 트리엔트 공의회에서 그 교의들을 재구축하는 한편 예수회와 종교재판소, 금서목록을 가지고 전투를 준비했다.[24]

스페인은 계속해서 발흥하는 이단들에 대한 두려움으로 인해서

---

23) 양태자, 182.
24) Elliott, 249.

오히려 더 완고한 가톨릭 국가가 되었고, 타 종파들에 대해서 철저한 불관용 정책을 추진했다. 1560년대에 스페인은 이슬람뿐만 아니라 개신교도 위협적인 요소임을 절감했는데, 칼뱅주의 확산과 프랑스 종교전쟁(1562년) 발발로 인해 스페인 북부 지역에 개신교도들이 생겨났다. 그리고 스페인령 네덜란드에서도 개신교도들, 즉 스페인 측에서 보기에 이단들이 생겨나서 점차 세력을 확대해 갔다. 심지어 스페인령 아메리카에서도 개신교도들은 위협적인 존재였다.[25]

특히 가톨릭 군주들과 종교재판 소장인 토마스 드 톨쿠에마다(Tomäs de Torguemada)는 몇 명의 이단자들을 색출해서 그 모습을 공개적으로 보여줌으로써 교회를 청결케 하고 무리들을 구할 수 있다는 신념으로 가혹한 종교재판을 진행했다. 톨쿠에마다는 18년 동안 스페인에서 종교재판을 주도했는데, 일로렌트(Ilonrente)라는 그의 비서에 따르면, 18년 동안 114,000명이 이단으로 희생당했다고 한다. 그들 가운데 10,220명은 화형을 당했고, 97,000명은 무기징역을 받거나 공개 고해성사를 했다고 한다. 물론 교회가 죄를 범한 자들에게 직접 형벌을 내린 것은 아니고, 시민 대표자들이 형벌을 집행했다. 도니미코 수도사들이 심문과 고문을 전담했는데, 가끔 프란체스코 수도사들도 관여했다.[26]

미국에서 일어난 종교재판 가운데 가장 유명한 것은 뉴잉글랜드 세일럼 마녀재판(1692-1693)일 것이다.

마인으로 몰린 사람들을 무작정 체포해서 가두는 바람에 자연히 감옥은 초만원이 되었고, 그로 인해서 감옥 안 상황은 차마 눈 뜨고 볼 수 없는 지경에 이르렀다. 지하감옥엔 지독한 악취가 진동했다. 마인으로 몰려서 옥에 갇힌 사람들은 엄정한 심문을 받았으며, 적절

---

25) Elliott, 258f.
26) Estep, 568f.

히 대답하지 못하면 고문도 당했다.[27]

그런데 도대체 왜 그런 마인재판이 가능했던 것일까? 조금만 생각해 보면 전혀 사실일 리가 없는 이야기들을 왜 그토록 쉽게 믿었을까? 이것은 그 당시 세계관과 밀접한 관계를 갖는다. 먼저 청교도들의 세계관을 보면 '보이지 않는 세계'는 지옥불로 뒤덮여 있고, 사악하고 적대적인 피조물들이 들끓는 위험한 곳이기도 했다. 사람들은 그 세력이 하나님의 천사들에게 감히 도전할 만큼 엄청났다고 믿었다.[28]

그래서 청교도들은 '보이지 않는 세계'를 두려워했고, 그 세계에는 흉악한 피조물들이 가족, 이웃, 가축과 마찬가지로 실제 존재한다고 믿었다. 그리고 청교도 목사들은 이 두 세계를 통괄하는 존재가 바로 전능하신 하나님인데, 그분은 두렵고 복수심에 불타며, 쉽게 노하는 존재라고 설교했다.[29]

그리고 당시 발생하는 자연재해들, 질병, 그리고 전쟁들을 사람들은 신의 진노라고 생각했다. 그래서 신적인 노여움에 민감했다. 그리고 정치지도자들은 자신들이 저지른 실수를 무마하기 위해서 신의 분노를 이용하기도 했다. 자신들이 실수해서 어떤 일이 발생했음에도 불구하고 자신들은 아무런 잘못을 하지 않았고, 사람들이 신을 분노케 했기 때문에 그런 불행한 일이 일어난 것이라고 둘러댔다는 것이다. 그래서 이렇게 말했다고 한다. "하나님께서 뉴잉글랜드 사람들이 저지른 죄를 벌하고자 악마의 쇠사슬을 풀어 악한 행동을 할 수 있도록 해주셨다는 것이다."[30]

---

27) Rosalyn Schanzer, *Witches-The Absolutely True Tale of Disaster in Salem*, 김영진 옮김, 《세일럼의 마녀들-1692년 마녀사냥의 비밀》(파주: 서해문집, 2013), 68.
28) Schanzer, 14.
29) Schanzer, 15.
30) Schanzer, 89.

지옥과 고문

중세 말에는 사람들을 통제하기 위해서 기독교가 지옥의 이미지를 만들어냈다. 교회는 신자들을 교화하고 통제하는 주요 수단으로서 지옥 이미지를 사용했는데, 그렇게 함으로써 기독교가 만들어낸 지옥은 매우 효과적인 교육의 장이자 권력투쟁의 무대가 되었다. 지옥 이야기가 사람들에게 앞으로 지옥에서 받을 처벌에 대한 공포를 확산시킴으로써 그들이 현세에서 어떤 삶을 어떻게 살아야 하는지를 인상 깊게 깨우쳐주기 때문이다.[31]

> 이러한 지옥 이미지는 지배권력을 거머쥔 교회의 이해가 걸려 있는 중요한 문제였다. 중세 말 지옥 이미지의 공포 강화와 일상생활로의 침투는 교회가 지옥을 권력의 수단으로 만들어서 신자 대중을 더 엄격하게 통제하고 그들의 순종을 확보하기 위한 '마키아벨리적 고안품'이었던 것이다.[32]

그런데 사람들이 지옥에서 겪을 것이라고 당시 종교 지도자들이 확신을 가지고 말하는 수많은 고통은 실제로 지옥에서 벌어지는 것을 그들이 목격하고 진술하는 것이 결코 아님이 분명하다. 지옥에서 벌어지는 일들은 지상의 재판에서 볼 수 있는 다양한 고문에서 영감을 얻어 서술한 것이다. 예를 들면, 14세기 지옥 이미지를 보면, 나무에 매달아 교수형시키는 것에서 인공 교수대의 설치로 처형도구가 변화하는 것은 지상의 처벌방식을 따르려는 의도를 반영하며, 이것은 지상적 처벌방식을 정당화하고, 지옥의 공포의 근거를 현실적 이

---

31) 유희수, 《사제와 광대-중세 교회문화와 민중문화》[서울: (주)문학과지성사, 2009], 264f.
32) 유희수, 280.

미지의 충격에 두고자 하는 의도를 반영한다.[33] 그러니까 결국 지옥은 지상의 반영인 것이다.

지옥의 새로운 처벌형태에서는 단검이나 장검 같은 단순한 도구나, 교수대나 차륜 형틀처럼 더 복잡한 도구가 이용된다. 또한 갈고리도 점점 더 많이 사용된다. 갈고리는 그 당시까지 악마의 이빨이나 발톱으로 사용되던 악마의 상징이었다. 그런데 지옥에서의 고문수단으로 이용된 도구들은 대다수 지상에서 일상적으로 사용하는 도구들이었다는 것에 주목해야 한다.[34] 역시 지옥은 현실의 반영이다.

그런데 지옥 이미지를 현실세계인 지상세계에서 익숙한 일상용품으로 채운 까닭은 그들에게 익숙한 일상용품들을 통해서 지옥의 공포를 더욱더 예민하게 느끼게 만들기 위해서다. 지옥 이미지를 형성하는 일상용품들은 그것에 익숙한 사람들로 하여금 지옥의 공포를 생생하게 느끼게 할 뿐만 아니라, 지옥을 일상생활과 연계시키게 한다.[35]

고문과 처형

특히 작센 지방의 틸리 백작이 지휘하던 제국 군대가 잔인한 만행을 저질렀다. 반쯤 교살시키다가 회복시킨 뒤에 똑같은 짓을 반복하기, 손가락과 발가락 위로 날카로운 바퀴 굴리기, 엄지손가락을 기구에 넣고 조이기, 목구멍에 오물을 밀어 넣어 질식시키기, 머리 둘레를 줄로 팽팽하게 묶어서 눈과 코, 입, 귀로 피가 쏟아지게 하기, 손가락, 발가락, 귀, 팔, 다리, 혀에 불타는 성냥 매기, 입속에 화약을 넣은 뒤에 불을 붙여 머리 박살내기, 몸의 모든 부위에 화약 봉지를 잔뜩 달아놓고 불을 붙

---

33) 유희수, 268.
34) 유희수, 271.
35) 유희수, 272.

여 폭파시키기, 살 앞뒤로 줄을 감아서 끌어당기기, 송곳 바늘과 칼로 피부에 상처 내기, 철사로 코와 귀와 입술 관통시키기, 다리를 묶은 뒤에 거꾸로 매달아 불로 훈제하기, 팔 하나를 오랫동안 매달아 탈골시키기, 갈비뼈에 갈고리를 묶어 매달기, 복부가 터질 때까지 강제로 물 먹이기, 뜨거운 오븐에 굽기, 발에 무거운 돌을 달아놓고 도르래로 들어 올리기, 매달기, 질식시키기, 불에 익히기, 칼로 찌르기, 튀기기, 난도질하기, 강간하기, 몸 조개기, 뼈 부수기, 살 갈아내기, 십자가에 못 박기, 감금하기, 독살하기, 혀와 코와 귀 잘라내기, 톱으로 팔다리 자르기, 온 몸 난도질하기, 발꿈치를 묶어놓고 길거리에 끌고 다니기 등.[36]

폭스가 열거하는 고문 유형들이다. 정말 다양하기도 하다. 이것들을 누가 고안했는지 그 섬뜩한 창의력이 대단하다. 폭스가 기록으로 남겨둔 진술들을 전적으로 신뢰할 수는 없겠지만, 그래도 종교재판에 의한 고문과 처형이 얼마나 비인간적이고 잔인했는지는 충분히 짐작할 수 있다. 가톨릭 교회 이단 심문자들은 다양한 고문과 처형방법들을 만들어냈는데, 폭스는 그 가운데 특이한 것을 하나 소개한다.

재판장이 사형을 선고하자마자 사형 집행인들이 죄수의 몸을 쇠사슬로 묶었는데, 그 쇠사슬은 큰 돌에 연결되어 있었다. 그들은 죄수를 바다로 데려가 두 배 사이를 두꺼운 판자로 연결하고, 그 위에 죄수를 눕힌 다음 두 배를 반대 방향으로 조금씩 이동하게 한다. 그러면 배 간격이 벌어지면서 죄수는 바다에 빠지고, 쇠사슬과 연결된 돌의 무게 때문에 바닥으로 가라앉아 죽었다.[37] 심문관들과 사형 집행인들이 사람들을 가능한 잔인하게, 최대한 고통스럽게 죽이기 위

---

36) John Foxe, *Foxe's Book of martyrs*, 홍병룡 옮김, 《순교자 열전》(서울: 포이에마, 2014), 226f.
37) Foxe, 159.

한 방법들을 찾아내기 위해서 얼마나 애썼는지 알 수 있다.

이제 고문과 사형 집행의 구체적인 예들을 살펴보자. 1630년 여름, 밀라노에 심각한 선 페스트가 발생했는데, 비밀결사집단이 전염병을 퍼뜨렸다는 근거 없는 음해성 소문이 돌았고, 피아자와 모라가 범인으로 지목되었다. 그들은 어떤 고문과 처벌을 받았을까?

> 피아자와 모라는 밀라노 성城의 통치자와 저명한 은행가를 포함한 다른 이들에게 죄를 덮어씌우려고 했기 때문에 죽음을 재촉하게 되었다. 그들은 마차로 이발소 앞의 공간에 끌려와 붉게 달아오른 집게로 찢겨져 죽임을 당했다. 거기에서 그들은 오른손이 잘렸으며, 온몸은 마차바퀴 위에서 부수어졌고 공중으로 감아 올려졌다. 6시간 후 몸이 뒤틀려진 상태에서도 여전히 숨이 붙어 있자 목이 잘려나갔고, 몸통은 불태워지고 재는 강에 흩뿌려졌다. 끝으로 모라의 집은 몰수되었고, '불명예의 기둥'이 그 자리에 세워져 2세기가 넘게 그 자리에 남아 있었다.[38]

공식적인 기록들을 보면, 박해 희생자들 가운데는 사회의 모든 계층, 즉 귀족, 허리띠 제작자, 지갑 제작자, 구두장이, 도시 서기관 그리고 은퇴 사제도 있었다.[39]

킬리안 라이프(Kiliand Leib)는 박해에 대한 자세한 기록을 남겼다. 그가 기록한 것을 보면, 박해자들은 남자, 여자, 그리고 젊은 처녀들을 다양한 방식으로 화형시키고, 목 베어 죽이고, 물에 빠뜨려 죽였는데, 이들은 잔인한 고문과 살해 방식에도 불구하고 고통스럽게 죽어가면서도 불평 한마디 없었을 뿐만 아니라, 심지어 엄숙한 기쁨에 넘쳐 있었다고 한다. 킬리안은 그 예로 16세 소녀를 언급한다. 그녀

---

38) Innes, 274.
39) Thomas M. Lindsay, *A History of the Reformation Volume III*, 이형기·차종순 역, 《종교개혁사(III)》(서울: 대한예수교장로회 총회출판국, 1991), 166.

는 천진난만한 모습으로 많은 사람들에게 연민의 정을 불러일으켰는데, 그럼에도 불구하고 끝까지 자신의 신앙을 철회하지 않았다. 사형 집행인이 그녀의 손을 옆구리에 묶어서 말구유 통에 머리를 처박고 그녀를 질식시킨 다음 숨이 끊어지자 그녀를 불에 집어던져서 태웠다.

존 폭스는 개신교도들이 겪은 박해를 상세히 묘사하는데, 필리페드 뇌가 겪은 고난은 당시의 비극을 짐작하게 한다. 괴한들이 집으로 쳐들어와서 침대에서 필리페를 살해하고, 그의 부인을 죽이러 갔는데, 부인은 산파의 시중을 받아 해산할 준비를 하고 있었다. 산파는 살해자들에게 아기가 태어날 때까지만 살인을 멈춰달라고 간청했다. 그러는 사이 부인은 분만하기 위해 다락으로 뛰어 올라갔다. 산파의 애원에도 불구하고 괴한들은 필리페 부인을 칼자루까지 파고들 만큼 배를 찌른 다음 그녀를 길거리에 내던졌다. 그 와중에 아기가 그녀 몸 밖으로 나왔는데, 갓 태어난 이 아이를 가톨릭 교도가 칼로 찌른 다음 강물에 던졌다.[40]

어느 마을에서는 남자들이 도망간 뒤에, 병사들이 150명의 여성과 아이들을 살해했는데 여성들은 목이 잘리고 아이들은 뇌가 튀어나와 죽었다고 하니, 얼마나 잔인한 방식으로 살해했는지 짐작할 수 있을 것이다. 빌라리오 마을과 보비오 마을의 경우, 미사에 참석하길 거부했다는 이유로, 열다섯 살이 넘은 주민들을 십자가에 거꾸로 매달아 죽였다. 그리고 열다섯 살 이하의 아이들을 모두 목 졸라 죽였다.[41]

한 가지 예를 더 들어보자. 1543년에 세인트앤드루스의 대주교는 자기 교구 마을들을 심방하다가 퍼스에 이단들이 있다는 정보를 얻어서 그들을 체포했는데, 그 가운데 사형 선고를 받은 사람은 윌리

---

40) Foxe, 107f.
41) Foxe, 172f.

엄 앤더슨, 로버트 램, 제임스 핀레이슨, 제임스 헌터, 제임스 래블슨, 헬렌 슈타르크 등이었다.

그런데 이 사람들을 고소한 내용이 허무맹랑하다. 앞에 언급한 사람들 가운데 네 남자는 성 프란체스코의 성상을 걸어놓고 그의 머리 위에 숫양의 뿔을 못으로 박고 엉덩이에 황소 꼬리를 묶어놓았다는 혐의를 받았지만, 사실은 금식하는 날에 거위를 잡아먹은 죄 때문에 고발당하고 체포되었다.

그리고 제임스 래블슨은 나무에 새긴 베드로의 세 왕관으로 자기 집을 장식했는데 그것이 대주교의 눈에는 추기경 모자를 조롱하는 것으로 보여서 고발되었다.

헬렌 슈타르크는 마리아에게 지속적으로 기도하지 않았다는 이유로, 특히 아기를 출산하는 동안에 기도하지 않았다는 이유로 고발되었다.

이 여섯 사람은 재판에서 유죄 판결을 받은 직후에 사형당했다. 사형 집행인들은 네 남자들을 거위를 먹은 죄로 교수형에 처했고, 제임스 래블슨을 화형에 처했으며, 헬렌을 아기와 함께 자루에 묶어 둘 다 익사케 했다고 한다.[42]

---

42) Foxe, 265.

14

제국주의적 성서 해석에서 드러나는 폭력

　제국주의(帝國主義)! 이젠 낯선 유물(遺物) 같지만 전혀 그렇지 않다. 예전과는 다르지만,[1] 제국주의는 교활하게 시대적 양상에 따라 제 모습을 변형하면서 지금도 끈질기게 존속한다. 제국주의가 결코 과거 유물이 아니라는 말이다.

　그리고 제국주의가 종교와 밀접한 연관을 갖는다는 점에서도 제국주의적 양상은 여전하다. 근대 제국주의는 서양이 동양을 침탈하고 지배하는 양상인데, 종교적으로 보면 기독교 국가가 비기독교 국가를 식민지로 삼아서 정치적으로 지배하고 경제적으로 착취하면서 동시에 기독교를 포교하는 성전(聖戰) 방식이었다. 지배하고 착취하는 나라에 무슨 명분으로 기독교를 전파했는지 참 이해하기 어렵다.

　물론 제국주의가 종교적인 자각에서 비롯한 것은 아니지만, 서양 기독교 국가들이 다른 나라를 식민지화해서 정치적으로 지배하고 경제적으로 착취하는 것을 성서, 특히 구약성서에 근거해서 자행했

---

[1] "근대 식민주의에서 특징적인 것은 새로운 지배자가 종속된 사회를 문화적으로 배려하지 않았다는 점인데, 이는 세계사적으로 볼 때 드문 현상이다. 유럽의 팽창은 어디에서도 헬레니즘적인 문화 융합을 초래하지 않았다. 지배지 문명의 인수를 통한 식민자들의 역문화 동화 없이 종속민들에게만 유럽의 가치와 관습에 포괄적으로 '적응'할 것이 기대되었다. 19세기에는 이른바 극복할 수 없는 '인종적' 위계 질서가 존재한다는 이유로 이러한 근접의 불가능성이 정당화되었다."[Jürgen Osterhammel, *Kolonialismus: Geschichte, Formen, Folgen*, 박은영·이유재 옮김, 《식민주의》(서울: 역사비평사, 2006), 32.]

다는 점에서 제국주의는 종교, 특히 기독교, 그리고 성서, 특히 구약성서와 특별한 관계를 갖는다는 사실을 부인하기 어려울 것이다.

근대 제국주의가 서양의 기독교 국가들이 동양의 비기독교 국가들을 대상으로 했고, 비기독교 국가를 야만적이고 이교적으로 간주하고, 그들을 침략하고 학살하고 지배하는 것을 신적인 사명으로 확신했다는 점에서 근대 제국주의는 서구 기독교 국가들이 신적 폭력, 즉 인간들이 신의 이름으로 폭력을 자행한 명백한 증거이다. 그들은 전쟁을 신성시했다. 실제로 전쟁은 종교적인 성향을 갖는다.[2] 이해하기 어렵지만 역사적으로 인간들은 전쟁을 통해서 삶의 의미를 찾았고 물질적인 부도 얻었다.[3] 비극적이게도 전쟁은 지금도 여전히 인간 사회가 의미를 찾고 성취하는 가장 막강한 방법이다.[4]

이러한 점들이 바로 아직도 그 영향력이 지속되는 근대 제국주의와 그 이념인 사회진화론[5]에 관심을 기울여야 할 이유이다.

일본 제국주의와 구약성서

한국교회의 친일인사들은 구약성서를 일본제국주의적인 시각에서 읽게 하려는 일본 정부의 지시를 충실히 시행해서, 구약성서를 통해 친일사상을 전파하려고 했다. 강백남은 구약 출애굽기에 나오

---

2) Chris Hedges, *War is a Force That Gives Us Meaning*(New York: PublicAffairs, 2014), 14.
3) "명성은 주로 법과 군대라는 두 분야에서의 성공을 통해서 얻을 수 있었다." "옛날 세계에서는 정복전쟁이 으레 승리자에게 상당한 이익을 가져다주곤 하였다. 로마는 정복으로 막대한 부를 획득했으며, 지중해 제국이 제공하는 기회와 유혹은 이탈리아의 조그마한 국가에나 걸맞았던 정치체제와 사회체제에 엄청난 제약을 가하였다."(ed. Kenneth O. Morgan, *The Oxford History of Britain*, 영국사학회 옮김, 《옥스퍼드 영국사》(파주: 한울엠플러스(주), 2016), 23.
4) Hedges, 10.
5) "일반적으로 사회진화론은 넓은 의미에서의 다윈의 진화론을 인간의 사회생활에 적용시킨 이론이라고 일컫는 반면, 좁은 의미의 사회진화론은 생물학적 기반 위에서 사회적·인종적 불평등을 합리화하는 이데올로기를 지칭한다."[전복희, 《사회진화론과 국가사상-구한말을 중심으로》(파주: 도서출판 한울, 2010), 9.]

는 십계명을 강론하면서 신사참배는 결코 우상 숭배가 아니라고 주장했다.

> 북미합중국의 워싱턴 동상이 있는데 합중국 국민으로는 그 동상에 경의를 표하지 않을 수 없고, 합중국 국기에 합중국 국민으로 누구나 다 경의를 표합니다. 합중국은 기독교국이니만치 기독교인이 대다수입니다. 그러면 그들은 다 우상 숭배자로 간주합니까. 그렇지 않습니다. 그렇다면 대일본 황국신민만이 국조숭모(國祖崇慕)하는 의식에 기독교인이 어찌 참례할 수 없으며 황국(皇國)을 대표한 일본 국기에 경의를 표함이 어찌 기독교인에게 죄가 되겠습니까. 전화위복(轉禍爲福)하는 자 있으나 기독교인은 그러한 의미에서 참배함은 절대로 아니요 국가의식에 국민의 의무로서 참례(參禮)함이 당연한 줄로 각오(覺悟)하고 시인(是認)한즉 양심이 평안하고 충군애국지심(忠君愛國之心)이 날이 감을 따라 두터워집니다. 사신우상(邪神偶像)은 금수 곤충 어별(魚鼈)의 형상으로 된 것인데 어찌 우리의 조상이 그 우상과 동류(同類)가 될 수 있으랴? 그런즉 신사참배하는 일을 우상 숭배라고 한다면 이(此)는 불경죄(不敬罪)에 가깝다고 말하여 둡니다.[6]

이들은 구약성서뿐만 아니라 신약성서도 인용하면서 일제의 한국 침략을 합리화하기 위해 애썼다. 한국인들이 앞장서서 식민주의적으로 성서를 해석한 것이다. 한국인으로서 구약에 관한 논문을 최초로 쓴 영광을 누린 양주삼(梁柱三, 감리교 협성신학교 교수)은 "신동아 건설과 반도인 기독교도의 책임"라는 글에서 이렇게 말했다.

> 기독교의 설립자라고 칭할 만한 사도 바울은 자기가 로마제국의 공민(公

---
6) 〈청년〉 9, 10호, 1939년 2-3월호. 김승태, 《한국 기독교의 역사적 반성》(서울: 다산글방, 1994), 410.

民)이 된 것을 영광스럽게 여기고 자랑하였습니다. 그와 같이 반도인들은 대일본제국의 신민이 된 것을 영광스럽게 여기고 자랑할 것입니다. 그것이 반도인의 유일한 활로입니다. 반도인들은 이 기회에 죽은 과거를 청산하고 산 장래를 위하여 활동하여야 되겠습니다. 선각자가 된 기독교도들은 민중에게 이 활로를 지시할 책임이 있습니다.[7]

양주삼을 비롯해서 일본제국주의에 협조한 친일적인 조선 기독교 지도자들은 사도 바울이 유태인이면서도 협소한 민족주의를 버리고 로마제국의 시민임을 자랑스럽게 여겼고, 또 이름도 로마식으로 창씨개명한 것처럼 조선 기독교도들도 당연히 그렇게 해야 한다고 주장하고, 당시 로마를 중심으로 전 세계 교통이 통하는 것처럼 지금은 누구나 대일본제국의 길을 밟고 다닌다고 말했다. 그리고 바울이 헬라어를 사용하고 신약성서도 헬라어로 기록했던 것처럼 우리도 국어인 일본어를 반드시 사용해야 한다고 말한다.[8] 여기서 한 걸음 더 나아가 일본의 한국지배를 신의 뜻으로 본 사람도 있었다. 최태용은 '조선 기독교회의 재출발'이라는 글에서 이렇게 말했다.

> 그리스도는 그 제자들이 이스라엘의 회복을 희망하며 따르는 것에 대해서 "나의 나라는 이 세상의 것이 아니다"(요 18:36) 하면서 이를 물리치고, 영적 사명에 적합하도록 그들을 정결히 하여 그들을 종교적 사명을 달성하는 세계의 사도로 하였던 것이다. 즉 그리스도는 그 제자들이 로마의 주권에 복종하면서 그 종교적 사명을 달성하도록 인도했던 것이다. 조선을 일본에 넘긴 것은 신(神)이다. 그러므로 우리는 신을 섬기듯이 일본 국가를 섬겨야 한다고 나는 생각한

---

7) 김승태, 432.
8) 김종대, "조선기독교의 진로", 《장로회보》 1941년 5월 28일, 6월 4일, 18일자. 김승태, 449-451에서 재인용.

다. 오늘날 우리들에게 있어서 국가는 일본 국가가 있을 뿐이다. 우리가 다해야 할 국가적 의무와 지성(至誠)은 이를 일본 국가에 바쳐야 마땅할 것이다. 우리는 가장 사랑하는 것을 일본국에 바치도록 신에게서 명령받고 있는 것이다.[9]

이런 터무니없는 주장들을 일본 사람들이나 일본 교회가 아닌 한국인 종교지도자들이 했다는 사실에 주목해야 한다. 이들은 성서를 일본제국주의의 한국식민통치를 정당화하려는 수단으로 삼은 식민주의적 성서해석의 전범(典範)들이다. 그리고 일본제국주의의 한국 지배를 정당화하기 위해서 한국에 진출한 일본 조합 교회도 당연히 구약에 대해서 부정적이었다.

조선전도부의 어용적 성격은 1919년 3·1독립운동에 대한 반응에서도 유감없이 나타났다. 3·1독립운동을 목격한 와타세는 즉각적으로 "조선 소요 사건과 그 선후책"을 〈新人〉 4월호에 기고해, 3·1운동에 참가한 조선 기독교인들은 구약의 정신이 농후하고 기독교의 사랑의 정신이 없는 유대교도에 불과하다고 비난했다. 즉 만일 기독교인들이 산상수훈의 정신을 안다면 그들은 그런 식으로 반행해서는 안 될 것이며, '하나님을 아버지로 하는 형제로서 더 포용적으로 내선일체를 대성하는 정신'에 근거하여 행동했어야만 했다고 비판했던 것이다. 그러면서 그는 '건전한 신앙을 근거로 해 건전한 사상'을 배양함으로써 유다주의를 극복하고 "양 민족의 새로운 영적 일치"를 달성하기 위한 조합교회의 조선전도의 의의를 더욱 강조하였다.[10]

---

9) 김승태, 436.
10) 양현혜, "일본기독교의 조선전도", 〈한국 기독교와 역사〉 제5호(서울: 한국기독교역사연구소, 1996), 195-196.

일본 조합교회가 일본 정부의 입장에 발맞추어 구약을 비판하고 신약 복음서를 앞세우는 것을 알 수 있다. 그리고 일본 기독교도들 가운데는 구약성서를 식민주의적으로 이해하면서 일본이 한국을 병합한 것을 '출애굽 사건'으로 해석하는 사람들도 있었다.

> 한국은 드디어 제국의 판도(版圖)에 병합되었도다. 일장기가 계림의 아침을 비추어 참으로 빛나리라고 나는 마음속으로 엄숙히 하나님께 기도하는 바이다. "모세가 여호수아를 불러 온 이스라엘 목전에서 그에게 이르되 너는 마음을 강하게 하고 담대히 하라 너는 이 백성을 거느리고 여호와께서 그들의 열조에게 주리라고 맹세하신 땅에 들어가서 그들로 그 땅을 얻게 하라 여호와 그가 네 앞서 행하시며 너와 함께하사 너를 떠나지 아니하시며 버리지 아니하시리니 너는 두려워 말라 놀라지 말라"(신 31:7-8). 우리나라와 한국과의 관계는 유래가 깊고 유구한 역사를 지녔다. 실로 하나님이 이 국민의 '열조에게 주리라'고 맹세하신 땅이라고 느껴야 한다. 이런 의식은 오랫동안 역사적으로 일본 국민들에게 이어져왔다.……이미 하나님으로부터 '조상들에게' 한국이 '주어진' 것이기 때문에 이것을 가질 권리가 있다.[11]

이 얼마나 구약적인 발언인가. 이들은 출애굽 사건과 가나안 정복 사건을 일본제국주의의 한국 침략과 동일시한다.

제국주의와 출애굽 사건

이런 그릇된 생각은 타국을 식민지화하는 제국주의적인 사고의

---

11) "大日本の朝鮮", 《福音新報》 제792호, 1910. 9. 1. 서정민, 《일본 기독교의 한국 인식 - 기독교회와 민족국가 관계론 연구》(서울: 도서출판 한울, 2000), 147에서 재인용.

전형(典型)이라고 할 수 있는데, 서구 열강은 식민지를 개척하면서 가증스럽게도 출애굽과 가나안 정복을 아메리카와 아프리카 침략의 성서적 근거로 삼았다. 그리고 그들은 피정복지에서 정복자들이 누릴 권리, 피정복민들인 원주민들을 착취할 근거를 성서에서 찾았다. 이것은 미국을 점령한 청교도들도 마찬가지였다.

1620년 매사추세츠 주 프리머츠에 정착한 청교도인들은 자신들이 새 이스라엘을 건설하고 있다고 생각했다. 실제로 모든 식민화 작업이 하나님의 인도하심으로 이루어졌다고 그들은 믿었다. 1613년 버지니아에서 휘태커(Alexander Whitaker)는 "하나님께서 친히 이 길을 우리에게 열어주셨고, 그의 손으로 우리를 이 일로 인도하셨다"고 설교하였다. 영국의 식민주의 사상에 이런 약속의 땅의 이미지가 깊게 자리잡고 있었다. 그 순례자들이라고 불리던 청교도인들은 자신들을 고대 히브리 백성과 일치시켰다. 그들은 신천지를 새로운 가나안으로 보았다. 그리고 그들은 약속의 땅으로 진군해 들어가는 하나님의 선민이었다.……1783년에 스타일스(Ezra Stiles)는 조지 워싱턴(George Washington)이야말로 '미국의 여호수아'이고, "독립전쟁에서처럼 명예스럽고 훌륭한 동기로 무기를 사용할 때가 역사상 눈의 아들 여호수아의 시대 이래로 일찍이 없었다"라고 주장하였다. 심지어는 1776년에 미 연방공화국의 설립자인 프랭클린(Benjamin Franklin)과 제퍼슨(Thomas Jefferson)은 신생 미국의 국쇄(Great Seal)에 약속의 땅 이미지를 넣자고 제안했다. 프랭클린은 모세가 홍해(갈대바다)를 가르면서 그 물살에 바로의 군사들이 빠져 죽는 그림을 제안하였다. 제퍼슨은 광야에서 이스라엘 백성이 낮에는 구름 기둥, 밤에는 불 기둥으로 인도되는 그림을 넣자고 주장하였다.……하나님의 선민이라는 사상이나 미국을 고대 가나안과 일치시키려는 시도는 미 원주민이 대대로 살아왔던 땅에서 그들을 추방시키는 데에 정당성을 부여했다. 식민자들은 스스로를 '사탄의 세력'인 미 원주민들과 대결하고 있다고 보았다. 즉 미 원주민들은 가나안 사람들처럼 멸망하고 추방되어야 한다고 여겼다.[12]

신앙을 찾아서 신대륙으로 갔다는 청교도들이 얼마나 그릇된 성서관을 갖고 있었는지, 그리고 그런 그릇된 성서관으로 인해서 얼마나 많은 원주민들이 고통당하고 학살당했는지 알 수 있다.[13]

구약성서, 특히 출애굽과 가나안 정착에 대한 왜곡된 인식은 미국을 정복한 청교도들에게서만 나타나는 것은 아니었다. 스페인과 포르투갈은 중남미 지역을 정복했는데, 그들도 가나안 정복을 모델로 삼았다. 특히 스페인은 레콩키스타 전통에서 근거를 찾아 정당한 전쟁에 관한 정교한 법전을 만들었는데, 그 법전에는 피정복민들을 노예화할 수 있는 권리를 포함해서 정복자들이 피정복지에서 누릴 여러 가지 권리들을 규정해 놓았다.[14] 그래서 멕시코 성서학자 타메즈는 이렇게 말한다.

가장 많이 사용된 대륙 정복의 성서적 근거는 가나안 정복의 이야기였다. 16세기 스페인 사람으로 명성과 영향을 끼쳤던 철학자인 세플베다(Juan Gine de Sepulveda)는 이 성서의 주제를 사용해서 원주민과의 전쟁을 정당화했다. 그는 신성 모독을 처벌한다는 명목으로, 또한 그 대륙이 약속의 땅과 마찬가지로 하나님이 주신 특별한 선물

---

12) Roy H. May, Jr., *Joshua and the Primised Land*, 서광선 옮김, 《여호수아와 약속의 땅》(서울: 대한기독교서회, 1982), 134-135.
13) 1890년 기록을 보면, 잔존 원주민 수는 25만 명뿐이었는데, 스태나드는 청교도들이 300년 동안 최소 1억 명 이상의 원주민들을 학살했고, 최소 3천만 명에서 최고 6천만 명의 아프리카 흑인들을 학살했을 것으로 추정한다. D. E. Stannard, *American Holocaust* (Oxford: Oxford University Press, 1992), 151, 317. 조찬선, 《기독교 죄악사(하)》(서울: 평단문화사, 2000, 2001), 176, 176쪽 각주 90번, 177쪽 각주 91번에서 재인용.
14) John H. Elliott, *Imperial Spain 1469-1716*, 김원중 옮김, 《스페인 제국사 1469-1716》(서울: 까치글방, 2001), 72.

이라는 명목으로 대륙 정복을 합리화했다(교황은 그리스도의 대리자로서 땅을 줄 권한을 부여받았다는 주장이었다). 하나님께서 스페인 사람들을 선택해서 야만인들에 대한 하나님의 심판을 집행하게 했고 그들의 땅을 정복하게 했다. 세플베다는 이러한 신념에 근거해서 침략 전쟁을 합법화했을 뿐만 아니라 원주민들의 범죄의 무게를 생각한다면 필수적으로 있어야 한다고 주장했다.[15]

기독교적인 유럽의 제국주의뿐만 아니라 일본 제국주의에 편승한 어용적인 일본 기독교인들 역시 일제의 한국침략과 식민 지배를 가나안 정복에 근거해서 정당화하려고 했다는 사실을 우리는 확인할 수 있었는데, 이들 제국주의자들이 서로 협약이라도 한 듯 구약성서를 동일하게 왜곡하는 모습에서 전율을 금치 못한다. 물론 이런 성서 해석이 한국교회 구약성서 이해에 얼마나 큰 영향을 미쳤는지는 정확하게 알 수 없지만, 출애굽과 가나안 정복을 식민지 백성들의 입장에서 읽지 않고 제국주의적인 입장에서 읽을 때, 그것이 성서 내용을 훼손할 뿐만 아니라 타국을 침략하고 점령하는 무자비한 도구가 된다는 것을 명심해야 한다. 그리고 우리도 은연중에 이런 제국주의적 성서 해석에 물들어 있지 않은지 반성해야 할 것이다.

제국주의와 사회진화론, 그리고 그 대안으로서의 서서평 선교사

양창삼은 자신이 쓴 책 《조선을 섬긴 행복-서서평의 사랑과 인생》을 이렇게 시작한다.

지금으로부터 100년 전, 1912년 32살의 처녀가 간호 전문 선교사로 이

---

15) Elsa Tamez, "Biblia y 500 anos", *Revista de Interpretacion biblica latinoamericana* 16(1993), 12. May, Jr., 140에서 재인용.

땅에 들어왔다. 그리고 1934년까지 22년간 복음의 열정을 안고 주님의 종으로 치열한 삶을 살고 갔다. 그가 바로 서서평(Elizabeth Johanna Shepping, 1880~1934)이다.[16]

이우정은 자신이 쓴 책 《한국 기독교 여성 백 년의 발자취》에서 개화기와 일제 강점기 조선에서 대체로 상당히 부유하고 여유로운 생활을 하던 선교사들을 신랄하게 비판한 다음, 그들과 전혀 다른 유형에 속하는 대표적인 선교사로 서서평 선교사를 언급한다.

물론 선교사들이 거의 다 그런 것은 아니었다. 예를 들어, 1912년 간호원으로 한국에 온 서서평 선교사는 처음 얼마 동안 군산과 서울에서 활동하다가 광주 제중병원 간호원장으로 있으면서 의료선교에 크게 공헌한 사람이었다. 그녀는 아름다운 사회를 건설하는 것이 자신의 꿈이었기에 헐벗고 굶주린 이웃을 위해서 자기가 가진 모든 것과 정성을 다 바쳤다고 한다. 가진 것을 전부 나누어주는 서 선교사에게는 늘 가난이 따랐고, 언제나 한국 사람과 같이 고무신을 신고 다니는 소박하고 검소한 생활을 했다. 1934년 그녀가 세상을 떠났을 때 그 집에는 밀가루 두 홉밖에는 남은 것이 없었으며 끝내 병명을 밝히지 못하여 치료를 받지 못한 채, 남은 육체도 의학 연구에 써달라고 유언하였다는 것이다.[17]

이우정이 말하는 대로, 서서평은 당시 여러 선교사들 가운데서 매우 독특한 존재였던 것으로 보인다.

그는 스스로 절제에 앞장섰다. 조선 농촌여성과 같이 무명베옷에 검정 고무신을 신었고, 보리밥에 된장국을 먹으며 검소와 절제를 몸으로 실

---

16) 양창삼, 《조선을 섬긴 행복-서서평의 사랑과 인생》(서울: Serving the People, 2012), 26.
17) 이우정, 《한국 기독교 여성 백 년의 발자취》(서울: 민중사, 1985), 28.

천했다.[18]

 "무명옷에 고무신, 보리밥에 된장국"은 서서평 선교사가 이 땅에서 살았던 모습을 가장 잘 보여주는 문구이다. 당시 외국인 선교사들 가운데 무명옷에 고무신 차림을 한 사람은 찾아보기 어려웠을 것이고, 보리밥에 된장국으로 식사를 하는 선교사는 거의 없었을 것이다. 그런데 서서평이 그렇게 한 것은 검소와 절제를 실천하기 위해서였지만, 그보다 더 근본적인 이유가 있다. 양참삼은 서서평 선교사가 조선에 와서 외국인 선교사가 아니라, 온전히 조선인으로서 살고자 했다고 말한다.

> 된장국은 그 독특한 냄새 때문에 서양 사람들이 가장 혐오하는 음식이 아니던가. 그러나 그는 그것을 듦으로써 더욱 한국 사람으로 동화되기를 기꺼이 자처했다. 조선 사람과 차이가 있는 선교사가 아니라 온전한 조선 사람이 되고자 한 것이다.……조선 사람들이 평소 입는 옷과 신발을 신고 조선 말을 하며 고아를 등에 업은 단발머리 서양 처녀 서평은 광주 사람들에게 뚜렷한 인상을 남겼다.[19]

 양창삼이 말한 것처럼, 당시 조선 사람들에게도 서서평은 독특한 선교사였음이 틀림없다. 일반적으로 선교사들은 조선에 와서 선교 활동을 헌신적으로 하면서도, 조선 사람들과 함께 살려고 하지는 않았다. 그러나 서서평은 그 어느 선교사들보다 철저히 조선 사회에 동화하려 했다. 미국 시민권자였던 서서평은 조선을 내면적인 조국으로 생각했을 가능성이 크다.[20] 기독교인들은 물론이고 비기독교인들도

---

18) 양창삼, 226.
19) 양창삼, 108.
20) "예배에서 조선독립을 위해 기도했으며, 반드시 독립할 것이라는 확신을 가지고 있었다. 출

그런 서서평을 특이하게 여기면서도 조선에서 조선 사람으로 살려는 그 모습에 감동받았을 것이다.[21] 서서평이 세상을 떠났을 때, 비기독교인들이 나서서 장례를 주관했다는 사실이 이를 증명한다.[22]

서서평은 1928년 5월 10일 평양에서 열린 한국간호협회 6회 총회에서 사도행전 20장 17-35절을 본문으로 '바울의 모본'이라는 제목으로 설교를 하면서 이렇게 말했다.

> 나는 물질문명이 발달한 서양 태생이면서도 동양의 청빈 사상을 더 좋아합니다. 예수님은 머리 둘 곳도, 두 벌 옷도 갖지 않으셨을 만큼 청빈하셨기 때문입니다.
> 내가 어느 나라보다도 한국에 온 것을 복으로 알고 기뻐하며 한국을 사랑한 까닭은 한국 사람은 예수님처럼 청빈사상을 숭상하기 때문입니다. 일본에는 이런 속담도 있더군요.
> "쓰레기통과 재물은 쌓이면 쌓일수록 추잡해진다."[23]

서서평이 조선에서 사역하는 내내 보여준 모습에 따르면, 그가 선교사역 말기인 1928년에야 비로소 이런 맘을 가졌을 리가 없다. 그가 조선에 올 때부터 그렇게 생각했을 것이고, 그런 생각은 날이 갈

애굽 정신을 가르치며 하나님께서 기필코 이를 이루실 것을 믿고 가르쳤다."(양창삼, 246.)
21) "서평은 결혼하지 않았다. 그는 한국과 결혼했으니 오직 한국만을 님으로 섬길 뿐이라고 했다. 비록 신분은 외국인이었지만 그만큼 한국을 사랑했다. 김필례는 그를 가리켜 '겉은 외국이면서 마음은 완전한 한국인'이라 했다."(양창삼, 246.)
22) "원래 이 장례식은 교회장이나 선교회장으로 계획을 세웠으나 광주 시민들의 여론에 따라 사회장으로 실시하게 된 것이었다. 광주시가 생긴 이래 처음 있는 사회장이었다. 당시 사회장으로 하자고 주장한 사람들은 서서평 선교사와 관계를 맺고 있는 기독교의 지도자들이 아니라 비기독교 단체인 계유구락부였다. 이 계유구락부는 애국단체로서 민족운동의 중심인물이었던 최원준과 호남은행 전무 취제역, 김신석 외 여러 회원들과 일본 대표 유학생들로서 재일 YMCA회관에서 2·8독립선언에 적극 참여했던 김용화, 최경식, 최인식, 김범수, 정광호, 최한영 등이 모이던 단체였다."(안영로, 『전라도가 고향이지요-미국남장로교 선교사들의 눈물과 땀의 발자취』(서울: 쿰란출판사, 1998), 206f.)
23) 양창삼, 236.

수록 더욱 분명하고 확고해졌을 것이다. 세월이 흐를수록 서서평은 자신이 가진 선교관을 명확하게 정립했을 텐데, 1930년 8월 7일 안식년 마지막 날에 후원자들에게 보낸 편지에서 이렇게 말한다.

> 어찌된 일인지 이번 출국에는 처음의 경우처럼 새로운 선교사로서 미지의 위대한 모험으로 인한 큰 흥분은 없었습니다. 대신에 오늘은 제가 선교사로서 부적합한 것은 아닌지 불안하긴 했지만, 이전 잘못을 만회하고 무엇보다도 서구문명의 지배를 당할 것이 아니라, 오히려 동양의 생활방식에 더 순응하겠다는 큰 결심을 하였습니다.
> 동양에서 보낸 지난 17년 6개월을 돌이켜 볼 때, 동양적 생활의 높은 이상과 방식들을 과소평가하는 큰 실수를 범했던 것 같습니다. 비기독교 동양인의 생활상태가 얼마나 비천하느냐와는 상관없이 서구문명을 나름 이상화한 까닭에 과거에는 저평가하였지만 사실 동양에는 아름다움, 사랑, 그리고 훌륭한 것들이 많이 있습니다. 그러나 한 해 동안 고향에 있으면서 그러한 총체적 부족을 깨달았습니다. 그러한 총체적 부족은 현재의 미국 문명의 사회적 체제 속에서 영적 실체를 알고 추구하는 사람들에게는 당혹스러운 것입니다.
> 저는 하나님께서 제게 하도록 부르신 방법대로 조선으로 돌아가서 조선의 짐을 기꺼이 덜어주려고 합니다. 조선은 4년 연속 흉년을 맞았고 학교의 필요가 일본정부의 요구에 적합하지 않아서 우리가 일 년여 승인을 요청하였지만 아직 받지 못한 상황입니다(그러나 승인을 끈기있게 기다리고 있는 학교 건이 남아 있습니다. 아직도 궁핍하지만 공부를 하고자 하는 학생들은 교회에서 사역하려고 나름 준비하고는 있으나, 방도를 찾고 있는 학생들도 있습니다).
> 이일학교를 위한 후원금을 확보하기 원했지만 성공하지 못했습니다. 대부분이 빚에 시달리고 있는 교회 앞에서 지어야 할 많은 '건물'에 대한 말을 하지 못하고 침묵해야 했습니다. 그래서 하나님께서 '다른 방식으

로' 우리를 위해 일하시지 않는 한, 지푸라기 없이 벽돌 만들기를 예상하며 돌아갑니다.

외국의 돈이나 원조로 인해서 그 어떤 조선인도 가난해지기를 바라지 않습니다만 (저는 조선인의 통치자들, 즉 일본인들의 탓이라고 여깁니다) 걸음마를 배우는 어린아이의 손을 잡아줄 필요가 있는 것 같습니다. 조선의 모든 한센병 환자들을 위해 사용하고 돌보게 된다면, 미국에서 여성들이 피우는 담배 구입 비용만으로도 수많은 영혼들을 구원할 수 있을 것이며 그러한 재앙이 사라질 수 있을 겁니다.

그러나 우리 미국인은 사회적 정신을 거의 잃어버렸기에 조만간 큰 대가를 치르게 될 것입니다. 미국의 심각한 가난을 목도하였고 읽은 바 있으나 차이가 심하기 때문에, 그 어떤 것으로도 조선 사람들의 가난과 비교하면 미국의 사례는 비교대상이 되지 않을 것입니다. 그래서 이런 것을 생각해 보면 낙심하지 않고 "하나님께서 그리스도 예수 안에서 저의 모든 필요를 채워주시기를" 확신합니다. 그것이 비록 제가 바라는 방식은 아닐지라도 하나님께서 제가 돌아갈 수 있는 길을 열어주셨기에 하나님이 제가 돌아가기를 바라신다는 것을 기쁘게 여깁니다.[24]

이 글은 서서평이 당시 선교사들과 전혀 다른 삶을 살았던 근본적인 이유를 들려준다는 점에서 매우 중요한 의미를 갖는다. 이 고백적 글에서 서서평은 서양을 높이고 동양을 비하하는 자세를 전혀 보이지 않는다. 오히려 정반대로 서양보다 동양을 더 높게 평가하면서, 지금까지 동양을 과소평가한 사실을 깊이 반성한다. 말미에서는 미국에 대해 상당히 비판적인 이야기도 한다. 그러면서 앞으로는 서양문명이 아닌 동양적 생활방식을 따르기로 서서평은 결심한다.

---

24) 양창삼, 388f.

1. 사회진화론과 서서평

> 동양에서 보낸 지난 17년 6개월을 돌이켜볼 때, 동양적 생활의 높은 이상과 방식들을 과소평가하는 큰 실수를 범했던 것 같습니다. 비기독교 동양인의 생활상태가 얼마나 비천하느냐와는 상관없이, 서구문명을 나름 이상화한 까닭에 과거에는 저평가하였지만 사실 동양에는 아름다움, 사랑, 그리고 훌륭한 것들이 많이 있습니다.[25]

서서평은 자신이 17년 6개월 동안 서양을 이상화하고 동양을 과소평가한 사실을 솔직하게 인정하고 심도 깊게 반성한다. 물론 당시 동양은 서양에 비해 여러 가지로 열악한 상태에 놓인 것이 분명하지만, 서양을 능가하는 것들이 동양에 많다는 것이다. 이런 인식을 통해, 서서평은 서구우월주의를 철저히 배격한다. 이것은 매우 근본적인 비제국주의적 사고라고 할 수 있을 것이다.

그런데 서서평에게서 나타나는 이러한 비제국주의적 사고는 당시 상황에서는 매우 이례적인 것이었다. 서서평이 선교사로 조선에 왔을 때, 조선은 세계적으로 유행하던 '사회진화론'과 '문명화 사명론'이라는 함정에 깊이 빠져 있었기 때문이다. 이 함정은 빠져나오는 게 거의 불가능할 정도로 강력했다. 그 까닭은 사회진화론은 서구 열강이 아시아를 침탈하고 일본이 조선을 식민지화하는 당시 시대 상황을 이해하는 가장 적절한 해석 도구였기 때문이다.[26]

가장 후진적인 제국주의 국가 중 하나인 일본의 식민지가 된 상황에서 반제투쟁을 포기한 토착 지배층에게 남은 길은 바로 비굴한 '힘 겨루기'를 통한 개인적인 체제 순응과 체제 순응적 집단 안에서의 수단과 방법

---

25) 양창삼, 388.
26) 박성진, 《한말~일제하 사회진화론과 식민지사회사상》(서울: 도서출판 선인, 2003), 34.

을 가리지 않는 권모술수 경쟁이었다.[27]

당시에 조선은 일본 제국주의로부터 결코 독립할 수 없다는 숙명론적 생각에 사로잡힌 사람들이 많았다.[28] 대다수 선교사들과 아울러,[29] 국내 인물로는 힘의 논리를 절대시한[30] YMCA 총무와 독립신문 주필을 지낸 윤치호가 대표적인 인물이었다.[31]

한편 조선인들은 쓸데없는 선동을 멈추고 대중의 정신적, 경제적 상황에 관심을 기울여야 한다. '만세'를 외치는 알량한 거지들이 조선에 독립을 가져다줄 수는 없을 것이다. 그리고 더 비참한 건, 설령 독립이 이루어지더라도 무지와 가난에 찌든 대중들에게 독립을 유지해 나갈 만한 능력이 없다는 사실이다.[32]

윤치호를 비롯한 당시 조선 엘리트들이 사회진화론에 빠져드는데 절대적인 영향을 끼친 인물은 바로 량치차오(梁啓超)였다. 그는 이렇게 말한다.

---

27) 박노자, 《우승열패의 신화-사회진화론과 한국 민족주의 담론의 역사》(서울: 한겨레신문사, 2005), 23.
28) "한국인의 숙명적 성향에 대해서는 이광수에 의하여 지적된 이래, 삼풍창영 같은 식민지 학자에 의하여 악의적으로 왜곡되기도 하였으며, 최근에는 한국인은 운명에 패배하는 숙명의식이 강하다는 피상적인 견해까지 제기되고 있는 실정이다. 그러나 운명설화에서는 '운명運命 인간人間'의 역학관계에 입각하여 운명의 실현과 아울러 운명의 변역을 함께 보여주고 있었다."[정재민, 《한국 운명설화 연구》(서울: 제이앤씨, 2009), 380f.]
29) "선교사들은 동양의 유일한 '문명국' 일본이 조선을 차지하는 것을 환영했다."[류대영, 《한국 근현대사와 기독교》(서울: 도서출판 푸른역사, 2014), 105.]
30) "'힘'(might)을 가진 자들은 양도할 수 없는 권리, 정의, 그리고 성공을 향유한다는 말이다. 그러나 힘을 가지지 못한 자들은 오직 부당한 대우, 부정, 그리고 실패를 맛볼 따름이다. 이것은 강한 나라나 약한 나라나 인종을 다루는 데서 증명되었다. 그러므로 내가 이 세상에서 보는 강력한 것이란 바로 힘, 그밖에는 아무것도 없다."[윤치호, 박정신 역, 《국역 윤치호 일기 2》(서울: 연세대학교출판부, 2005), 68.]
31) 그러다 보니 독립신문의 기조 자체가 사회진화론이었다.(박성진, 34-37.)
32) 김상태 편역, 《윤치호 일기(1916-1943)-한 지식인의 내면세계를 통해 본 식민지 시기》(서울: 역사비평사, 2003), 188.

여러분이여, 이 뜻을 잘 생각해 보라! 자유라는 것, 평등이라는 것이 이상가들이 이야기하는 이른바 '천부적인' 자유나 평등의 권리는 아니다.……세계에 있는 것은 강자의 권리일 뿐이다. 강자가 늘 약자를 다스릴 뿐 다른 힘이라는 게 따로 없다. 그게 진화(천연)의 가장 큰 보편적인 원칙[공례]이다. 자유권을 얻고자 한다면 먼저 강자가 되는 방법밖에 별 도리가 없다. 한 몸의 자유를 원한다면 불가불 먼저 그 몸이 강해져야 하고, 한 나라의 자유를 원한다면 불가불 그 나라가 먼저 강해져야 한다.
오호라, 강자의 권리라는 것이여! '강권'이라는 두 글자가 사람마다 그 두뇌에 찍혀야 한다.[33]

윤치호를 비롯해 당시 지식인들을 매료시킨 사회 진화론은 다윈의 진화론을 국가와 민족에 적용한 것으로, 사회 진화론을 이야기하는 사람들은 생존경쟁(生存競爭)과 우승열패(優勝劣敗)[34] 같은 진화론적 용어를 자주 사용했다.

민족의 다수가 생명의 의의를 이해하며 자기의 능력을 원만히 발휘한 결과로 우승열패의 차별이 있으므로 우리도 그것을 추구해야 할 것이라는 논리는 19세기 말 이래 지식인들 사이에서 지배적으로 나타난 사회진화론적 논리이다. 종교적으로 볼 때 진화론이 창조론과 대립하는 입장임에도 불구하고 기독교신문들이 '생존경쟁', '우승열패'라는 용어를 사용하는 점은 주목된다.[35]

---

33) 박노자, 140f.
34) "'우승열패'라는 용어는 1900년대의 학회지 등에서 상당히 많이 사용되었으며, 여기에는 당시의 국제관계의 판도를 '적자=우월한 자'의 논리로 보고자 하는 제국주의적 힘의 관계의 결론적 측면이 수용된 것을 알 수 있다."(이윤미,《한국의 근대와 교육-서구적 근대성을 넘어》(서울: 문음사, 2006), 169.)
35) 이윤미, 331f.

개화기와 일제강점기에 조선에 온 선교사들, 특히 미국 선교사들은 사회진화론을 따르면서,[36] 복음 전파와 아울러 서구 문화를 전하는 것을 중요한 사명으로 여겼다.[37] 그들은 세계를 문명화하는 사명감에 사로잡혀 있었다.[38]

한국이라는 '사막'에 그들만의 '오아시스'를 만들어놓고 살던 선교사들은 자신들의 문명세계가 뒤에 두고 온 유럽을 향해 보여주고자 했던 청교도들이 꿈꾸었던 이상적인 "언덕 위 도시"(City on the Hill)처럼 어두운 한국 땅을 비춰주기 원했다. 17세기 청교도들의 "언덕 위 도시"는 뉴잉글랜드의 광야에 세우고자 했던 하나님이 다스리는 나라 시온(Wilderness Zion)이었다. 이와 마찬가지로 선교사들은 자신들이 만든 미국 중산층의 세계가 한국이라는 '광야'에서 문명화, 기독교화의 불을 밝히는 등대가 되기를 바랐던 것이다. 눈에 잘 띄는 곳에 자리 잡은 그림 같은 선교사들의 집은 '문명화'된 기독교의 세계가 비기독교적이고, '원시적'인 한국의 세계와 얼마나 다른가를 극명하게 보여주는 전

---

[36] "우월한 인종이 열등한 인종을 지배하는 것을 자연의 법칙으로 강조하는 사회진화론이 널리 유행하면서 서양의 문명화된 나라들이 비서양의 뒤떨어진 나라들을 지배하는 것은 자연의 법칙에 따른 자연스러운 일일 뿐만 아니라 도덕적으로도 당연한 일로 간주되었다."[권태억,《일제의 한국 식민지화와 문명화(1904~1919)》(서울: 서울대학교출판문화원, 2014), 7.]
[37] "19세기 말 20세기 초의 서양 선교사들은 서구 문물을 가장 우월할 뿐 아니라 진정한 의미에서 유일한 '문명'이라고 믿었다. 따라서 정도의 차이는 있었지만 대부분의 선교사들은 기독교 신앙과 더불어 서구 문화를 전하는 것도 중요한 사명 가운데 하나로 여겼다. 조선에 온 서구의 개신교 선교사들도 '서구 문화 전파의 사명'(civilizing responsibilities)을 여러 가지 차원에서 매우 진지하게 수행했다. 일제강점기 이전에는 선교사들이 서구 문명의 일차적 담지자 및 전파자였다. 선교사들이 왕실, 진보적 정치인·지식인, 기독교인, 그리고 수많은 민중들과 긴밀한 관계에 있었다는 점을 생각해 보면 그들이 조선의 개화(론)에 지대한 영향을 주었음을 쉽게 짐작할 수 있다."[류대영,《한국 근현대사와 기독교》(서울: 도서출판 푸른역사, 2014), 57.]
[38] "문명, 문명화, 문명화 사명, 계몽사상, 사회진화론, 기독교 신구교의 해외선교의 활성화는 이 시기 유럽의 대외 활동의 활성화, 제국주의적 진출과 발맞추어 등장하고, 더욱 세련되어 갔다."(권태억, 9.)

시관의 역할을 담당할 수 있었다.[39]

이러한 사고방식은 서구 기독교 국가들로 하여금 기독교 제국주의를 내세우고 복음화와 문명화를 신의 뜻으로 확신하게 함으로써, 그들이 다른 나라를 침략하는 것을 정당화하게 했으며, 제국주의적 약탈을 성스러운 사역으로 포장하게 했다.

16세기 이베리아 국가들 및 영국의 식민지 이론가들 이래, 유럽의 팽창은 보편적인 사명의 달성으로 웅대하게 표현되었다. 이러한 보편적인 사명으로는 이교도 전도라는 신의 구원 계획에 대한 기여, '야만인' 혹은 '미개인'의 문명화라는 위업, 특권을 수반한 '백인의 부담' 등이 언급되었다. 여기에는 항상 자신의 문화적 우월성에 대한 확신이 근거로 놓여 있었다. 미국과 일본의 식민주의에서도 이러한 사명 이데올로기적인 수사가 풍부하게 사용되었다. 전통 깊은 문화를 지닌, 예컨대 중국 같은 경우에도 당연히 자신들의 고유 문명의 모범성과 탁월성에 대한 확신이 있었지만, 이웃 국가에 이를 강제하지는 않았다. 오직 근대 식민주의에서만 이러한 종족 중심적 오만이 공격적이며 팽창적인 형태로 사용되었고, 여기에서만 다수가 소수에 의해 '정신적 멍에'에 굴복당했다.[40]

그리스도계에서도 '적자 생존'의 결과인 열등 인종의 멸망은 '신의 뜻에 합당한' 것으로 앵글로색슨 인종은 시민적인 자유와 그리스도교, 그리고 모든 문물제도를 가지고 지구상의 모든 인종을 교화하고 복음화시킬 사명을 다하기 위해 "멕시코에서 중남미로, 나아가 해양의 여러 섬 및 아프리카를 넘어 더욱더" 뻗어나가지 않으면 안 된다고 주장한 스트롱

---

39) 류대영, 《초기 미국 선교사 연구(1884-1910)-선교사들의 중산층적 성격을 중심으로》(서울: 한국기독교역사연구소, 2013), 71.
40) Jürgen Osterhammel, *Kolonialismus: Geschichte, Formen, Folgen*, 박은영·이유재 옮김, 《식민주의》(서울: 역사비평사, 2006), 33.

(Josia Strong)의 그리스도교적인 제국주의 사상이 커다란 영향력을 행사하고 있었다.[41]

이런 사회진화론을 일본이 받아들여서, 자신들이 조선을 침략하고 식민지화하는 근거로 삼았다. 일본은 조선을 식민지화 하면서, 조선 사람들이 지리적인 위치와 지형학적인 결함으로 인해, 선천적으로 무능력하고 무기력하기 때문에,[42] 일본이 나서서 조선을 계몽하고 향상시켜야 한다고 생각했다. 그들은 조선을 위해서 조선을 식민지화 한다고 주장했다.

조선에 거주하는 일본인은 조선인이 지금까지 악정에 시달린 결과 길러진 어두운 성질을 선정과 우수한 일본 민족의 감화로 씻어내어 일본인에게 동화시키는 동시에, 조선민족을 향상시킬 의무를 자각해야 한다. 특히 관리와 언론인들이 그러해야 한다. 만약 일본인이 이러한 마음가짐을 가지고 있지 않으면, 일본인은 식민지 경영을 할 능력이 없다고 할 수밖에 없다.[43]

이런 생각은 사회진화론을 충실히 따른 것인데, 일본에서는 1880년대에 사회진화론이 확고하게 자리를 잡았다.[44]

---

41) 양현혜, 《윤치호와 김교신-근대조선에 있어서 민족적 아이덴티티와 기독교》(서울: 도서출판 한울, 1994), 43.
42) "조선인은 독창성이 부족하고 연구심이 풍부하지 않아 고착성으로 인한 선입관이 주된 위치를 차지하여, 중국으로부터 배운 지식을 최선의 것으로 믿고 모든 현상을 그러한 전제에 따라 판단하고자 애썼으므로 특별히 새로운 원리를 창안해 내고자 하는 욕구가 없다. 이와 같이 조선인은 일반적으로 최근까지 중국 사상의 굴레를 벗어나고자 하는 노력을 하지 않은 채 지내왔다."(다카하시 도루, 구인모 옮김, 《식민지 조선인을 논하다》(서울: 동국대학교출판부, 2010), 42.
43) 다카하시 도루, 91.
44) "1880년대에 이르면 진화론은 일본의 국권론자들의 사상적 기반을 형성하기에 이르며, 일본 歐化主義의 논리적 기반이 되기도 한다."(이윤미, 90.)

조선에서는 10년이 지난 1890년대에 사회진화론을 수용하기 시작해서 1900년대에는 상당히 확산되었다.[45] 사회 진화론을 받아들이면서, 대다수 조선 지식인들은 숙명론적 패배주의에 사로잡혔다.[46]

1890년대 이후 사회진화론적 사고가 전제하는 바의 서구관, 즉 서구는 그들의 장점으로 인하여 강하고 우세하게 되었고, 동양은 서구가 가진 장점을 결여하여 생존경쟁에서 도태의 위기에 빠졌다고 하는 사고는 분명히 일면 '패배주의적'인 것이었다. 그리고 그 위기는 바로 '우리 자신'에 의해 초래된 것이지 다른 누구의 잘못도 아니며, 비난할 대상이 있다면 바로 우리 자신이라고 하는 사고는 '힘이 곧 권리이다'(강=권, 혹은 might as right)라는 당시의 현실 논리가 반영된 것으로 일종의 '희생자 비난하기 논리'(blaming the victim)라고 할 수 있다. 이는 1890년대 중반 이후 청일전쟁에서 서구화에 성공한 일본이 대국 중국을 쓰러뜨린 이후의 정서에서 받아들여진 논리라고 할 수 있다.[47]

그러나 여기서 우리가 주목해야 할 것은 조선이 사회진화론을 언제나 패배주의적으로 받아들인 것만은 아니라는 사실이다. 조선인들은 사회진화론을 긍정적인 방식으로 받아들이면서 패배주의를 극복하고자 했다.

사회진화론은 원래 전형적인 제국주의의 논리였다. 그러나 한말 이래 수입된 사회진화론은 오히려 반제국주의의 이념, 곧 민족주의의 토양

---

45) "1890년대 한국의 지식인들은 사회진화론을 광범하게 수용하기 시작한 것으로 보이나, 이광린 교수가 지적하듯이 物競天澤, 生存競爭, 優勝劣敗 등이 유행어처럼 번지기 시작한 것은 량치차오의 글이 본격적으로 번역된 1900년대 이후라고 볼 수 있을 것이다."(이윤미, 91.)
46) 하지만 침략과 엘리트 지배의 합리화 논리로서의 사회진화론을 거부한 사람들도 있다. 삼균(三均) 사상을 주창한 조소앙(趙素昻, 1887-1958)이 대표적이다.(박노자, 86.)
47) 이윤미, 91f.

이 되었다. 각종 신문과 잡지에 생존경쟁, 우승열패, 진화와 같은 용어가 자주 등장했다. 생존경쟁을 모르면 개인이나 국가가 불행을 당한다며 모두가 생존경쟁의 뜻을 알아야 한다고 할 정도였다.[48]

조선인들은 일본의 지배를 받는 것이 조선이 갖고 있던 자체적 문제 때문이라면, 일본 지배에서 벗어나는 것도 조선 자체가 해결해야 할 과제라고 보았던 것이다.

1905년을 전후로 해서 전국적으로 일어난 자강운동의 근저에는 '모든 것이 우리에게 달려 있다'는 지배적인 믿음이 있었던 것으로 보인다. 이는 한편으로는 현실의 불운을 한국인 스스로의 책임에서 찾으려는 자기 비판적 태도임과 동시에 다른 한편으로는 우리의 힘으로 현실을 타개하는 것이 궁극적으로 가능하다는 낙관론의 표현이라고 할 수 있다.[49]

이렇듯 조선은 사회진화론을 긍정적으로 받아들여서 국가적 힘을 키우는 데 주력했다. 특히 치열하고 냉혹한 국제적 경쟁에서 살아남기 위해 교육에 치중했다.[50]

1905년 을사늑약 이후 교육은 3년이라는 짧은 기간 동안 5,000여 개의 학교가 신설될 정도로 구한말 지식인들에게 중요한 비중을 가지고 있었고, 이 시기의 교육에 대한 열의는 '교육구국운동'이라고 표현되기도 한다.[51]

---

48) 이준식, 《일제강점기 사회와 문화-'식민지' 조선의 삶과 근대》(서울: (주)역사비평사, 2014), 144.
49) 이윤미, 93.
50) "소위 생존경쟁과 우승열패의 세계에서 살아남기 위해서는 생존의 능력을 키워야 하는데, 그 능력은 교육과 학문에 의해 키워질 수 있으며 그 효과는 미래에 나타나게 될 것이라는 것이 이 시기 교육론의 핵심이 되었던 논리라고 할 수 있다."(이윤미, 172.)
51) 이윤미, 95.

그러나 이렇게 조선 지식인들이 긍정적인 의미로 받아들인 사회 진화론은 1920년대부터는 일본을 인정하는 실력 양성론과 자치론으로 기울었다.[52] 그리고 민족 개조론으로 나아갔다. 〈대한매일신보〉 1905년 12월 1일자 논설 '종교와 자강'(信敎自强)을 보라.

대저 하늘 아래 전 지구상에 억만의 사람들이 서로 경쟁하는 것은 천리니 국가와 인민들이 항상 약육강식과 우승열패의 법칙을 면할 수 없다. 오늘날 세상에 처하여 자강능력이 없는 자는 이름은 비록 인간이라도 인간으로서 대우받지 못하고 노예나 마소와 같은 존재가 된다. 노예나 마소가 된 자는 자신의 행동에서 자유를 얻을 수 없으며, 타인의 부림을 당하고 지배를 받다가 마침내 종족이 절멸하는 경우에 이른다. 이는 세계 인류가 역력히 목도한 바이다. 그 비참한 정황을 어찌 형언할 수 있으리요. 인류의 자강능력의 원인을 살펴보자.
무형의 자강과 유형의 자강이 있으니, 유형의 자강은 재력과 무력 등이고 무형의 자강은 종교적 믿음의 힘이다. 물론 어떤 나라든지 처음에 반드시 모든 무형의 힘이 먼저 확립되어야 그 결과로 유형의 힘을 성취한다. 저 미국의 독립과 그리스의 독립이 모두 그 인민의 종교적 믿음의 힘으로 말미암은 것이다.
따라서 국가의 재력과 병력이 비록 허약하더라도 자국의 종교와 자국의 역사를 능히 보전하면 독립정신이 전멸하지 않는다. 그리하여 국권을 회복할 수 있게 되니 무형의 힘을 어찌 두려워하지 않을 수 있으리요. 오늘날 대한의 정황을 살펴보면, 유형의 힘은 실로 논의할 바가 없으나 무형의 힘은 기대와 희망을 가질 수 있다. 무슨 까닭인가 하면 종교사회가 있기 때문이다. 오늘날 한국에는 기독교도가 수십 만에 이르

---

52) 박용권, 《국가주의에 굴복한 1930년대 조선예수교장로회의 역사》(서울: 도서출판 그리심, 2008), 65.

렀는데, 한 사람 한 사람이 사(死)자를 직접 써가며 국가가 독립을 잃지 않도록 하늘에 기도하고 동포에게 권유한다.
이것이 대한 독립의 기초이다. 어떤 천박한 무리는 이것을 냉소적으로 보지만, 우리는 이 종교 믿음의 효력이 몇 년 지나지 않아 반드시 드러나리라고 본다.[53]

지금까지 살펴본 대로 사회진화론과 문명화 사명에 기독교적 선교 열정이 더해지면, 바로 기독교 제국주의가 탄생한다. 이런 점에서 서서평이 보여주는 비제국주의적 사고는 큰 의미를 갖는다.

2. 선교사들의 우월의식과 서서평

어찌된 일인지 이번 출국에는 처음의 경우처럼, 새로운 선교사로서 미지의 위대한 모험으로 인한 큰 흥분은 없었습니다. 대신에 오늘은 제가 선교사로서 부적합한 것은 아닌지 불안하긴 했지만, 이전 잘못을 만회하고 무엇보다도 서구문명의 지배를 당할 것이 아니라, 오히려 동양의 생활방식에 더 순응하겠다는 큰 결심을 하였습니다.[54]

서서평은 "서구문명의 지배를 당할 것이 아니라, 오히려 동양의 생활방식에 더 순응하겠다는 큰 결심"을 한다. 이것은 서양 선교사로서 갖기 쉬운 우월의식을 서서평은 전혀 갖지 않았으며, 그렇지 않으려고 애썼음을 보여준다.

그러나 '사회진화론+문명화 사명+복음 전파열'로 무장한 서양 선교사들은 조선을 근거 없이 폄하하고,[55] 조선 현실을 실제보다 훨씬

---
53) 《대한매일신보 영인본》 제2권, 1353. 박노자, 《우승열패의 신화》, 369f.에서 재인용.
54) 양창삼, 388.
55) "독자적인 사고는 꿈도 꾸지 못한다. 천 년여에 걸쳐 조선은 발명도 없었고 발견도 없었고

과장하고 심지어 왜곡했다.

> 교회도 없고, 병원도 없고, 신문도 없고, 학교도 없고, 책도 없고, 사상의 자유도 없고, 삶을 설명할 수도 없고, 자신에게 부여된 본질적인 공포에 대한 해결책도 없고, 바로 길 건너 살고 있는 이웃 나라에 대한 신뢰도 없고, 반인반수(半人半獸)나 악마가 가득 찬 땅 밑으로부터 들려오는 복음도 없고, 해와 달과 별의 운행에 대한 공포만 있을 뿐이며, 용과 굶주린 짐승들이 가득한 바다에 놀라며, 육신을 떠난 영혼만이 가득한 언덕을 두려워하며 영혼과 정신과 육신에 대한 희망마저 끊어버린 채 그들은 살아가고 있다.[56]

서양 선교사들은 겉으로 드러날 정도로 강한 우월의식에 사로잡혀 있었다. 《조선의 소녀 옥분이》라는 습작 수준의 소설을 쓴 구타펠은 좋은 집에서 살고, 문화와 의료 혜택을 누리는 것은 기독교 국가만이 소유하는 특권이라고 말한다.

> 우선 주택(house)들이 눈에 띌 거야. 거친 돌을 짚으로 서로 엮어서 그 위에다 진흙을 바른 낮은 오두막에 지나지 않지. 너는 그것을 오두막이나 움막이라고 부르겠지만 조선 사람들이 집(home)이라고 부를 수 있는 건물은 그게 유일해. 아니 조선 사람들은 그걸 집이라고 부르지 않아. 조선 말로는 그게 그냥 주택이란 뜻이야. 이교도를 믿는 사람들은 집이나 음악, 병자와 고통받는 자를 돌보는 것, 치유를 하는 의술과 외과수술에 대해 알지를 못해. 이런 것들은 예수님이 다스리는 땅에만 속

진보도 없었다."(James S. Gale, *Korea in Transition*, 신복룡 역주, 《전환기의 조선》(서울: 집문당, 1999), 83.)
56) Gale, 188.

한 것이란다.[57]

미국 선교사들은 조선 사람들이 그들을 우러러보는 것이 당연하다고 생각했던 게 분명하다.[58] 심지어 일본인들 눈에도 그렇게 보였다.[59] 이우정은 그러한 우월의식을 이렇게 비판한다.

단지 그들의 문화, 전통에서 생긴 가치관에 입각한 복음 해석과 서구적 문화를 표준으로 하는 윤리관을 가지고 전도를 한 것이다. 그들의 헌신적인 자기 희생을 높이 평가한다 하더라도 다른 문화에 대한 존경의 결핍, 유대 기독교 이외의 문화와 역사 안에서도 활동하시는 하나님의 섭리를 겸손히 찾아보려는 노력이 부족했던 것은 사실이다. 그리고 나와 다른 사람들과 어떻게 나누며, 함께 살 수 있는가를 서로 배우려 하지 않고 다른 사람을 '나와 같은 사람'으로 만들려 한 독선도 일단은 짚고 넘어가야 할 것이다. 이런 반성을 거치지 않은 선교사들의 복음 전파열은 자기 자신들도 모르게 19세기의 자본주의, 식민주의 세계 팽창의 조류에 협조하게 된 결과를 초래했다.[60]

---

57) Minerva Guthapfel, *The Happiest Girl in Korea and Other Stories from the Land of Morning Calm*, 이형식 옮김, 《조선의 소녀 옥분이-선교사 구타펠이 만난 아름다운 영혼들》(파주: (주)살림출판사, 2009), 117.
58) "한국 아이의 눈은 이방인의 얼굴을 올려다보며 감격해하고 있었다."(Lois Hawks Swinehart, *Sarangie: A Child of the Chosen*, 송창섭 옮김, 《조선의 아이 사랑이-선교사 부인이 구한 조선의 아이들》(파주: (주)살림출판사, 2010], 18. 이 소설은 작품성으로 보면, 매우 부실하고 수준이 낮다. 한 가지 예를 들면, 저자는 사랑이의 어머니를 할망구, 노파라고 하는데, 사랑이가 첫째 아이이고, 여섯 살이라면, 사랑이 어머니는 아직 삼십대가 되지 않았을 텐데, 어떻게 할망구, 노파라고 할 수 있는가? 번역자 송창섭도 이렇게 비판한다. "입체적으로 잘 빚어진 작중 인물이라기보다는 일방적인 시각에 의해 재단된 평면적 한국인 같은 느낌을 주는 것이다. 이런 엉성한 평면성은 기타 다른 한국인 등장인물들의 묘사에서 더 심해질 때가 많다."(Swinehart, 184.)
59) "서양인이 주재하는 학교에서는 교무를 거의 전부 계약적 관계에 있는 조선인에게 맡기고, 자기는 대단한 저택에 살면서 굳이 학생들과 접촉조차 하지 않는다. 이들을 우리 일본인과 결코 비교할 수 없다."(다카하시 도루, 92.)
60) 이우정, 38f.

우월의식에 사로잡힌 서양 선교사들은 자신들이 그렇다는 사실을 그렇게 깊이 느끼지 못했으며, 그들이 "19세기의 자본주의, 식민주의, 세계 팽창의 조류에 협조하게 된 결과를 초래"했다는 사실도 깨닫지 못했다. 서양 선교사들은 당시 조선인들에 비해 대단히 호화로운 삶을 살았다. 오죽했으면 동료 선교사들이 이렇게 말했겠는가.

> 우리는 여기에 올 때 진정으로 단순한 삶을 기대하고 왔습니다. 그런데 아, 처음부터 우리가 생각했던 것과는 모든 것이 너무나 달랐어요. 우선 모든 사람들이 우리에게 와서 초대장을 전해 주는 것이었는데, 우리는 그게 무얼 의미하는 것인지도 몰랐습니다. 우리는 [초대받아] 가는 곳마다 그 근사한 브루셀 카펫 같은 것을 보게 되었고, 또 너무도 순수하고 멋진 세련된 다과회에 정말 자주 초대되었어요. 그런 곳에 전부 다니다 보니, 이제 우리는 어느 누구보다도 그런 것들을 즐기게 되었고, 거기에서 빠져나올 수가 없어서 한시도 마음이 편치 않아요.[61]

서양 선교사들, 특히 미국 선교사들이 우월의식을 가진 것은 그들이 미국 중산층 출산이었기 때문인 것으로 보인다.

선교지 한국을 장악했던 미국 4대 교단 선교부들은 모두 중산층을 그 지지 기반으로 했던 기관이었다. 따라서 이 기관들로부터 파송되어 온 선교사들은 거의 예외 없이 미국 백인 중산층의 자녀들이었다. 이들은 대학 이상의 고등교육을 받고, 중산층의 종교와 문화 속에서 자라면서 가치관이 형성된 젊은이들로서 복음적 신앙뿐 아니라 중산층 특유의

---

61) Mrs. William Baird[Annie Laurie Baird], "The Relation of the Wives of Missionaries to Mission Work", *KR* 2(Nov. 1895), pp. 417-419.[류대영, 《초기 미국 선교사 연구(1884-1910)》, 63f.에서 재인용.]

실용적, 자본주의적 가치관을 지니고 있었던 것으로 짐작된다.[62]

이런 출신 배경이 미국 선교사들로 하여금 '사회진화론+문명화 사명+복음 전파열'에 사로잡히게 했고, 그들은 선교사역 외에 개인적인 상행위를 통해 막대한 부를 축적하는 것을 전혀 이상한 일로 여기지 않았던 것으로 보인다. 무엇보다 선교사들이 누리는 생활수준이 당시 조선인들과 너무도 차이가 났기 때문에 선교사들은 자신들도 깨닫지 못하는 심각한 우월의식에 빠졌을 것이다. 조선인 남자 노동자들이 일당으로 15~20센트를 받았는데, 선교사를 돕는 사람들은 월급으로 4~5불을 받았다.[63] 대다수 조선인들은 매우 궁핍한 삶을 살았다.

> 전라북도의 경우는 빈농의 비율이 더 높아서 1921년에는 0.3정보 미만 경작자가 50%에 가까웠고 0.3정보 이상 1정보 이하가 32.4%여서 1정보 이하의 빈농이 합계 81.8%나 되었다. 16년 후인 1937년에는 0.3정보 이하 경작농가가 30.9%로 감소되고 0.3정보 이상 1정보 이하 경작농가가 47.2%로 증가했으나, 역시 1정보 이하 빈농은 이 기간에 81.8%에서 78.1%로 불과 3.7%밖에 줄지 않았다. 전라남북도의 평야지대에서도 1930년대에 1정보 이하를 경작하는 빈농이 평균 75%에 가까웠던 것이다.[64]

강만길은 "곡창지대로 불리는 전라도 지방의 경우 심할 때는 70.8%, 대체로 절반 가량의 농민이 빈민의 범주에 들었다고 보아도 무방할 것이다"[65]라고 말한다. 그런데 선교사들은 독신일 경우

---

62) 류대영, 《초기 미국 선교사 연구(1884-1910)》, 28.
63) 류대영, 《초기 미국 선교사 연구(1884-1910)》, 85.
64) 강만길, 《일제시대 빈민생활사 연구》(서울: 창작사, 1987), 49.
65) 강만길, 81.

700~900불, 기혼자는 1,100~1,200불을 받았다.[66] 그러니 조선인들에게 선교사들은 복음 전파자라기보다 상상하기 어려울 정도로 부유한 백만장자로 보였을 것이다. 이런 상황이었기에 여가생활을 포기하고, 오로지 조선인들을 위해서 모든 것을 다 바치고, 무명옷에 고무신 차림으로 보리밥에 된장국을 먹으며, 가난한 조선인들과 동일한 삶을 살았던 서서평은 매우 독특한 선교사였음에 분명하다.

이런 독특한 모습은 언어적인 측면에서도 두드러졌다. 물론 조선어에 능통한 선교사들도 있었지만, 대다수 선교사들, 특히 여자 선교사들이 언어문제로 인해 어려움을 겪을 때 서서평은 조선어에 능통했고, 한자와 일본어도 익혔다. 이것은 서서평이 가진 언어적 능력이 탁월했음을 보여주는 동시에, 그만큼 우월의식 없이 조선에 동화하려 했음을 보여준다. 스와인하트 부인은 서서평이 탁월한 언어적 재능을 부여받았다고 말한다.[67] 그리고 서양 사람들뿐만 아니라 조선인들도 서서평이 조선어에 능통하다고 평가한 것을 보면,[68] 서서평이 얼마나 조선어를 잘했는지 충분히 짐작할 수 있다. 더욱 놀라운 사실은 서서평이 한글 사용을 장려했다는 것이다.

> 서평은 한글 말살 정책이 시행되던 일제 때 한글 사용을 강조했다. 여러 서적을 한국어로 번역했으며, 영어와 한국어로 병기되던 간호회지를 한국어로만 해달라고 요구했다. 조선간호부회 회칙에도 협회의 공용어를 한국어로 못 박았다.[69]

이런 모습들은 서서평이 대다수 선교사들과는 달리 우월의식을

---

[66] 류대영, 《초기 미국 선교사 연구(1884-1910)》, 81.
[67] 양창삼, 434.
[68] 양창삼, 106f.
[69] 양창삼, 247.

전혀 갖고 있지 않았을 뿐만 아니라, 적극적으로 조선에 동화해서 조선인으로 살려고 했음을 보여준다.

3. 선교사들의 상행위와 서서평

저는 하나님께서 제게 하도록 부르신 방법대로 조선으로 돌아가서 조선의 짐을 기꺼이 덜어주려고 합니다. 조선은 4년 연속 흉년을 맞았고 학교의 필요가 일본 정부의 요구에 적합하지 않아서 우리가 일년여 승인을 요청하였지만 아직 받지 못한 상황입니다(그러나 승인을 끈기있게 기다리고 있는 학교 건이 남아 있습니다. 아직도 궁핍하지만 공부를 하고자 하는 학생들은 교회에서 사역하려고 나름 준비하고는 있으나, 방도를 찾고 있는 학생들도 있습니다).
이일학교를 위한 후원금을 확보하기 원했지만, 성공하지 못했습니다. 대부분이 빚에 시달리고 있는 교회 앞에서 지어야 할 많은 '건물'에 대한 말을 하지 못하고 침묵해야 했습니다. 그래서 하나님께서 '다른 방식으로' 우리를 위해 일하시지 않는 한, 지푸라기 없이 벽돌 만들기를 예상하며 돌아갑니다.
외국의 돈이나 원조로 인해서 그 어떤 조선인도 가난해지기를 바라지 않습니다만(저는 조선인의 통치자들, 즉 일본인들의 탓이라고 여깁니다) 걸음마를 배우는 어린아이의 손을 잡아줄 필요가 있는 것 같습니다. 조선의 모든 한센병 환자들을 위해 사용하고 돌보게 된다면 미국에서 여성들이 피우는 담배 구입 비용만으로도 수많은 영혼들을 구원할 수 있을 것이며 그러한 재앙이 사라질 수 있을 겁니다.[70]

여기서 보는 대로 서서평은 외부 지원을 거의 받지 못했던 것으

---

70) 양창삼, 388f.

로 보인다. 그래서 자신이 가르치고 부양하는 조선인들을 위해 자신이 받은 선교비 전부를 사용했다. 그러다 보니 서서평 자신은 매우 빈한한 삶을 살 수밖에 없었다. 그가 세상을 떠날 때, 거의 무일푼이었다는 사실이 이를 증명한다. 이런 서서평의 삶은 당시 대다수 선교사들과 비교할 때, 매우 이례적이었다. 선교사들은 조선인들이 상상하지 못할 만큼 부유한 삶을 살았다.

> 우월한 입장에 서서 은혜를 베푸는 식의 그들의 태도는 그들의 생활에서도 여실히 드러난다. 가난한 조선인들과 함께 일하면서도, 그들은 고난받는 민중이 그들과 같은 존엄한 인간이요, 이웃이라고 인식하고 있다고 보기에는 지나치게 부유한 생활을 하고 있었다.[71]

그런데 여기서 우리가 주목할 것은, 그처럼 부유한 삶을 살던 선교사들이 더 많은 부를 축적하기 위해 상행위를 했다는 사실이다. 그들 가운데 백만장자 선교사로 불린 언더우드[72]가 대표적이다. 언더우드는 헌신적인 선교사였으며, 동시에 탁월한 사업가였다.[73] 이만열은 언더우드가 보인 양면성에 대해 이렇게 말한다.

> 한편 이러한 미국 세력의 부식(扶植)은 경제 면에서도 전개되었다. 언더우드는 한국의 수입품에 영국과 미국의 셔츠, 면직물, 면사, 모사, 석유, 의복, 식량, 목재, 비누 및 설탕이 있음을 주목한다. 그는 1904년 한국의 수입이 880만 달러로 대폭 증가한 것은 새로운 철도 부설을 위해 미국

---

71) 이우정, 27.
72) "밖에서 다른 수입을 올리고 있었던 언더우드는 '백만장자의 선교사'라는 별명까지 얻고 있었다. 빈튼은 미국공사관만큼 좋고 프랑스와 독일공사관보다도 더 좋은 집을 가지고도 만족해하지를 않았다."[F. H. 해링톤, 이광린 역, 《개화기의 한미관계》(서울: 일조각, 1983), 149. 이우정, 27에서 재인용.]
73) 류대영, 《초기 미국 선교사 연구(1884-1910)》, 247.

으로부터 200만 달러의 자재를 수입했기 때문이라고 하면서, 이를 두고 국가적 긍지감을 느낀다고 하였다. 이어서 그는 '그리하여 통상과 교회가 손에 손을 잡고 하나님의 나라를 진전시키고 평화의 왕자이신 그리스도의 교훈을 확장해 간다'고 의기양양하게 설파했다. 선교사들의 이러한 사고는 백인우월주의에 의해 미개 민족의 문명화가 곧 기독교화이며, 나아가서 미국화(식민지화)로 진전되어야 한다는 논리에 입각한 것이었다. 선교사들이 한국의 기독교화와 식민지화를 꾀하고 있었던 만큼 그들은 선교 활동 중에서도 상행위로 무역의 이득을 취하고 이권을 탐했다. 언더우드는 석유, 석탄, 농기구 등을 수입했고 다른 선교사들도 이 같은 일을 따라 했다. 이들은 자신의 행위를 옹호하기 위해 자기들이 하는 일이 인류에게 봉사하는 것이라고 주장했다는 것이다.[74]

여기서 보는 대로 사람들이 생각하는 것과 달리, 선교사들은 결코 선교 사역에만 충실하지 않았다. 그들은 "상업의 탐험가요 개척자"(explorers and pioneers of commerce)들이었다.[75] 때로 선교사들은 상인들이 보기에도 지나칠 정도로 상업적이었다.

보스턴 출신의 무역상 월터 타운센드(Walter Townsend)는 미국 선교사들이 무역 중개상 역할을 하는 것에 너무도 화가 나서 본국의 어머니에게 편지를 하여 더 이상 선교사업에 기부하지 말도록 강력하게 요청하기까지 했다.[76]

그런데 선교적 열정으로 이 나라를 찾아온 선교사들이 왜 그토록 미국의 국익을 위해 앞장서고 개인적인 부를 축적하기 위해 애를

---

74) 이만열, 《한국기독교 수용사 연구》(서울: 두레시대, 1998), 195-196.
75) 류대영, 《초기 미국 선교사 연구(1884-1910)》, 216.
76) 류대영, 《초기 미국 선교사 연구(1884-1910)》, 219.

썼을까? 그것은 애초에 미국 선교사들이 선교적 사명과 국익 확대를 동일시했기 때문이다.[77] 여기에 대해 류대영은 이렇게 설명한다.

> 그리하여 19세기 말, 조시아 스트롱, 존 모트, 로버트 스피어 등의 선교 웅변가들의 입에서는 마침내 미국이라는 나라의 번영에 대한 거의 무조건적(sanctimonious)인 축복이 쏟아져 나오게 된 것이다. 해외 선교와 미국의 번영과 팽창은 직접적인 상관관계가 있는 것으로 보였다. 많은 미국 선교사들에게 있어서 종교적 사명과 국가적 애국심 사이의 경계가 불분명했으리라는 것은 충분히 예상할 수 있는 것이다.[78]

이런 이유로 선교사들은 선교사역을 하면서 동시에 국가 이익을 위해서 노력했고, 거기서 그치지 않고 개인적인 부를 축적하기 위해 자신들이 직접 상행위를 하는 우리로서는 이해할 수 없는 행동을 했던 것이다. 언더우드를 비롯한 선교사들은 자신들이 한 행위들이 조선에 어떤 영향을 미칠지 전혀 몰랐을 것이다. 이우정은 그들을 이렇게 평가한다.

> 좋은 집과 별장, 5-6명 정도 되는 하인들, 그들 자녀들만이 다니는 학교들을 가진 환경 속에서 사는 그들의 모습은 너무나 어렵게 살 수밖에 없었던 대다수 한국인들에게 상당한 거리감을 주었을 것이며, 자기들도 예수를 믿고 그들처럼 부자로 안락하게 살아보겠다는 욕망을 일으키게 했을 것이다. 따라서 지극히 적고 가난한 자와 자기를 동일시하시고, 사회에서 소외되고, 가난하고, 억눌린 자들을 해방시키기 위하여 머리 둘 곳도(마 8:21) 없이 사신 예수의 복음과는 거기가 먼 신앙을 가지게 되

---

77) '미국 선교사 개개인이 가지고 있던 종교적 사명 의식은 그들이 지니고 있던 미국이라는 국가의 정체성과 사명에 대한 이해와 매우 긴밀하게 얽혀 있었다. 이런 의식과 이해는 미국이 청교도 이후에 발전시켜 온 개신교적 종교 전통과도 깊게 연루되어 있다.'(류대영, 144f.)
78) 류대영, 《초기 미국 선교사 연구(1884-1910)》, 148f.

었을 것이다. 즉 예수를 믿으면 이웃을 위해 가난해진다기보다는 부자가 되고 안락한 생활을 할 수 있다는 잘못된 신앙으로 유도될 수 있었다는 것이다.[79]

4. 여성운동의 허실과 서서평

이제 마지막으로 서서평에게서 나타나는 비제국주의적인 사고를 당시 선교사들이 보여준 조선 여성들에 대한 자세와 서서평의 자세를 비교하면서 살펴보려고 한다. 서서평은 1929년 6월 보고서에서 이렇게 말한다.

> 지난 한 해 동안 조선 간호부협회 회장으로서 국제 간호사협의회(ICN)와 회원국 가입을 위한 교신 담당자로서 중요한 서신을 나눴습니다. 지난 여름 간호사 회보 몇 권을 편집하면서 일반 간호역사 개요를 조선말로 번역 기고하였습니다. 우리 간호부협회를 위해 조선어와 영어로 인쇄된 모든 글도 받았습니다. 국제회의에서 발표하고 5개의 다른 언어로 인쇄될 '조선의 일반적인 간호 상황'에 대한 보고서를 작성하였습니다. 제가 지난 기간 군산 간호사 훈련학교에서 가르친 졸업생을 데리고 캐나다 몬트리올에서 열리는 국제 간호사협의회에 조선대표로 참석할 수 있어서 매우 기쁩니다. 그녀는 지난 2년간 우리 협회의 부회장이었습니다.[80]

서서평은 유일한 안식년을 조선 간호협회를 국제적으로 공인받기 위한 일에 사용했다. 당시 대다수 선교사들은 자신들이 누리는 우월한 지위를 조선인들에게 양도할 마음이 전혀 없었다. 그래서 조선인 지도자를 양성하려고 하지 않았으며, 능력 있고 자격을 갖춘 조선인들에게 적합한 자리를 주려고도 하지 않았다.

---

79) 이우정, 28f.
80) 양창삼, 386.

따라서 그들은 토착민들을 신뢰할 수가 없었다. 예를 들어, 그들은 신앙을 갖고 성숙해져가는 한국인들이 그들 나름대로의 주체성을 가지고 일할 수 있게끔 허용하지 않았다. 선교사들은 그들이 벌여놓은 전도사업, 교육, 의료사업 전체를 타의에 의해서 할 수 없이 밀려날 때까지 자신들이 장악하였고, 한국인들 중에서 지도자들을 길러내어 계승시키는 작업에는 별로 신경을 쓰지 않았다.[81]

하지만 그들과 달리, 서서평은 조선인들에 대한 우월의식을 전혀 갖지 않았으며, 그래서 그들과 동등한 수준의 삶을 살았고, 그들을 동등하게 대우했었던 것으로 보인다. 병으로 요양 중이던 서서평이 1926년에 매리 보든 녹스(Marie Borden Knox)와 나눈 대담이 매우 인상적이다.

> 그때가 황혼 무렵이었고, 모기가 걱정이라서 내가 다음과 같이 말했다. "선교사님이 계신 이 현관 끝에 방충망을 쳐서 좀 편안하게 지내시죠?" 그녀의 대답은 독특했다. "내가 기숙사 전체에 있는 모든 현관에 방충망을 칠 여력이 된다면 그렇게 하겠지만, 그렇지 못하다면 내 방과 여인(여학생)들의 구역을 (방충망으로라도) 나누는 것은 원치 않아요."
> 이 문장에서 표현된 그 태도는 조선인들 사이에서 쉐핑이 갖는 위력의 핵심이다. 그녀는 실로 조선 사람들 가운데 하나가 되었다. 그녀는 14년간 안식년도 없이 사역지에서 홀로 보냈으며, 가난한 사람들과 교육을 필요로 하는 젊은이들을 위해 자기 월급의 대부분을 사용해야 했으므로 자신은 매우 궁핍한 삶을 살았다.[82]

물론 서서평을 비롯해서 대다수 선교사들, 특히 여자 선교사들은

---

81) 이우정, 26.
82) 양창삼, 431.

조선에서 여인들이 인간다운 삶을 누리게 하려고 애를 썼고, 예수를 여성 해방자로 전했으며,[83] 결국 놀라운 변화를 이끌어냈다.[84] 엘라수 와그너는 당시 상황을 이렇게 서술한다.

> 한국의 여성은 이름이 없다. 어렸을 때는 가족 내에서 사용하는 유아기의 이름을 가진다. 다른 사람들은 그를 아무개의 동생, 아무개의 딸이라고 부른다. 결혼 후 그녀는 아들을 낳아서 아무개의 어머니라고 불릴 때까지도 이름이 없다. 유교적 가정의 모습은 매우 어두우나 복음의 축복된 빛은 이러한 수백의 가정 속에서 비춰지고 있으며 어둡고 슬픈 수많은 사람들의 생명들로 하여금 행복한 마음으로 예수를 따르는 추종자로 변화시켰다. 기독교 교육은 항상 그리고 어디에서나 여성들의 정신을 양양하는 데 큰 힘이 되었으며, 주부로서의 자신의 힘과 의무를 충분히 자각함과 아울러, 노예와 같은 의존적인 생활에서 남성과 동등한 하나의 내조자로 그들의 상황이 변할 때까지 모든 낡은 관습들을 바꿀 것이다.[85]

서서평이 사역을 하던 당시까지 조선 여인들은 제 이름을 갖지 못했다. 일제가 민적법을 시행한 1909년에 이르러서야 여자들은 비로소 제 이름을 갖게 되었다.[86] 그러나 현실에서는 여성들이 제 이름으로 불리지 못하는 상황이 여전히 지속되었던 것으로 보인다. 이

---

[83] "예수는 세계 여성들을 해방시키기 위해 왔다. 그는 여성들이 또다시 그러한 비참한 상태에 빠져들지 않도록 하기 위해 여성들을 질곡에서 해방시키는 방법을 알고 있는 유일한 사람인 것 같다. 조선의 여성들은 가장 밀폐된 갑판 밑에 감금되어 있었다. 그러나 20세기는 예수의 이름을 소리 높이 외치고, 모든 여성들은 해방되었노라고 선포하면서 다가 왔다."(Gale, 49.)

[84] Ellasue Wagner, *Korea, the Old and the New*, 김선애 옮김, 《미국인 교육가 엘라수 와그너가 본 한국의 어제와 오늘》(1904-1930)(파주: (주)살림출판사, 2009), 92.

[85] Wagner, 34.

[86] 이준식, 《일제강점기 사회와 문화-'식민지' 조선의 삶과 근대》(서울: (주)역사비평사, 2014), 176.

러한 암담한 상황을 타개하는 데 큰 힘을 준 것이 바로 개신교 선교사들이었던 것이다. 그런 노력에 힘입어 조선에서 여성들은 점차 인간적인 대우를 받기 시작했는데, 그 대표적인 결과물이 바로 《대한독립여자선언서》이다.

> 1919년에 발표된 〈대한독립여자선언서〉는 여성이 남성과 마찬가지로 상무정신을 자기고 독립을 위해 투쟁해야 한다고 강조했다. 독립을 위한 투쟁에 남성과 여성의 차이가 있을 수 없다는 것이었다. 실제로 3·1운동의 전개 과정에서 적지 않은 여성들이 죽음을 두려워하지 않고 만세시위에 참여했다. 여성의 사회적 역할이 바뀌기 시작한 것이다.[87]

그런데 선교사들이 조선에서 여성 지위 향상을 위해 여러 모로 애쓴 것은 분명하지만, 그러한 노력은 자신들이 우월함을 누릴 수 있는 범위 안에서 이루어졌다는 한계를 보인 것도 사실이다.

> 미국의 선교사들과 함께 토착화의 과정을 밟아가고 있던 기독교는 근대 교육에서 주목할 만한 기여를 하였다. 그러나 서구 기독교와 '근대' 문명에 내재한다고 믿어졌던 계몽주의 이념과 남녀평등사상에도 불구하고, 식민지에서 선교사들이 수행한 학교 교육은 식민 지배에 순응적이었고 여성 억압에 무관심하였다. 식민지 현실과 유리된 서구식 사고를 주입한 교육으로 여성들의 강력한 비판을 받았다.[88]

여성들이 예전보다는 나은 삶을 누릴 가능성이 커진 것은 사실이지만, 교회 내에서 남녀차별은 여전했다.[89] 여성들이 교회와 사회

---

87) 이준식, 176f.
88) 김경일, 《여성의 근대, 근대의 여성》(서울: 도서출판 푸른역사, 2007), 274.
89) 박용옥, 《한국 여성 근대화의 역사적 맥락》(서울: (주)지식산업사, 2001], 289.

에서 큰 역할을 하는데도 불구하고 교회는 그릇된 성경 해석에 근거해서 여성차별을 정당화하고 여성차별을 신적인 명령으로 확신했다.[90] 박용옥은 이렇게 비판한다.

> 한국의 초기 기독교는 신분차별, 남녀차별의 봉건적 굴레로부터의 인간 해방을 표방했다. 우리가 기독교를 환영했던 것은 여성의 인간적인 삶이 하나님 안에서 이루어질 수 있다는 신념 때문이었다. 그런데 우리 기독교는 그 신앙의 세계를 확대해갈수록 여권 억압의 기독교 문화를 굳혀갔다.[91]

서서평은 1930년 8월 7일 안식년 마지막 날에 후원자들에게 보낸 편지를 이렇게 마무리했다. 그는 사회적 정신을 상실한 미국을 비판하고 앞으로 큰 대가를 치를 것이라고 경고한다. 이런 점에서 서서평은 예언자적인 인물이다.

> 그러나 우리 미국인은 사회적 정신을 거의 잃어버렸기에 조만간 큰 대가를 치르게 될 것입니다. 미국의 심각한 가난을 목도하였고 읽은 바 있으나 차이가 심하기 때문에 그 어떤 것으로도 조선 사람들의 가난과 비교하면 미국의 사례는 비교대상이 되지 않을 것입니다. 그래서 이런 것을 생각해 보면, 낙심하지 않고 '하나님께서 그리스도 예수 안에서 저의 모든 필요를 채워주시기를' 확신합니다. 그것이 비록 제가 바라는 방식은 아닐지라도 하나님께서 제가 돌아갈 수 있는 길을 열어주셨기에 하나님이 제가 돌아가기를 바라신다는 것을 기쁘게 여깁니다.[92]

---

90) 박용옥, 248.
91) 박용옥, 292.
92) 양창삼, 389.

당시 선교사들이 선교사역과 국익 확대를 동일선상에 두었다는 점을 고려하면, 서서평이 미국을 비판하고 경고하는 것은 이례적인 일이다.

서서평은 왜 미국을 비판하고 경고했을까? 서서평은 1912년에 조선에 와서 1934년까지 선교사역을 헌신적으로 하다가 조선 땅에 묻힌 매우 독특한 선교사였음이 분명하다. 그는 대다수 선교사들과는 전혀 다른 삶을 살았다. 조선에 대한 우월의식을 갖지 않았으며, 조선인들과 다르게 살려고 하지 않았다. 조선에 동화되어서 조선인들과 동일한 삶을 살려고 했으며, 조선인으로서, 조선을 위해서 살려고 했다. 그런 맘으로, 조선을 위해서 자신이 가진 모든 것, 제 목숨과 몸까지 다 바쳤다. 그랬기 때문에 서서평은 다른 선교사들과는 차원이 다른 삶을 살았던 것이다.

서서평은 '사회 진화론+문명화 사명' 논리에 빠지지 않았으며, 대다수 선교사들이 누리는 특권적인 삶을 살면서 우월의식에 사로잡히지도 않았다. 언더우드를 비롯한 상당수 선교사들이 더 많은 부를 축적하기 위해서, 선교 사역과 국익 확대를 동일선상에 두고, 상행위를 주선하거나 직접 상행위를 하는 일이 비일비재했음에도 불구하고, 서서평은 그런 일을 전혀 하지 않았다. 또한 조선 여인들이 더 나은 삶을 살게 하는 데 선교사들이 많은 노력을 기울였음에도 불구하고, 능력 있는 조선인들을 양성해서 자신들의 자리를 대신하게 하려는 마음을 전혀 갖지 않고, 오히려 그것을 방해하던 것과는 정반대로, 서서평은 조선 여성 지도자들을 양성하고 그들로 하여금 일을 맡아서 할 수 있게 했다.

지금까지 우리가 살펴본 대로, 서서평은 대다수 선교사들과는 달리, 비제국주의적인 삶이라고 칭하고 싶은 삶을 살았음이 분명하다.

현재 미국과 제국주의

미국의 보수적 기독교인들은 미국의 회복운동을 주창했는데, 이것은 계약신학에 근거해서 처음 상태로 돌아가자는 것이었다.[93] 퓨리탄들은 자신들을 하나님의 선택된 백성, 새로운 이스라엘, 온 인류의 구원 국가로 생각했다.[94] 보수주의자들은 국가 건설 초기에 퓨리탄들이 하나님과 맺은 계약을 현재 미국인들이 지켜야 한다고 주장한다.

그들은 이스라엘 백성들이 계약을 파기했기 때문에 하나님이 심판하신다고 선포했던 예레미야처럼 지금도 미국이 하나님과 맺은 계약을 제대로 지키지 않으면 심판을 당할 것이라고 선포한다. "그들이 제시한 나라 구출 방법은 과거의 좋았던 상태의 미국으로 되돌아가는 것이었다. 다시 말해, 그것은 진보-좌파가 권력을 잡은 일이 없었던 뉴딜 이전의 미국(pre-New Deal America)으로 되돌아가는 것이었다. 그것은 과거의 개인주의적이고 청교도적인 미국으로 되돌아감을 의미하였다.

레이건이 1980년 대통령 선거에서 "근본으로 돌아가자"(back to the basics)라고 외친 것은 바로 이와 같은 신우파적인 입장의 표현이었던 것이다. 그것은 전통적인 '미국적인 체제'를 복원시키기 위한 '미국적인 가치'의 부활을 의미하였다."[95] '기독교 정체'의 신앙은 19세기 영국에서 시작된 '브리티쉬 이스라엘리즘'(British Israelism)의 신앙을 미국적 풍토에 맞게 변형시킨 것이었다. 그것은 앵글로-색슨족, 즉 미국인이 고대 이스라엘 백성의 자손들이라고 믿는 태도였다. 그들이 이

---

93) Justin Watson, *The Christian Coalition- Dreams of Restoration, Demands for Recognition* (New York: St. Martin's Griffin, 1999), 90.
94) William Martin, *With God on Our Side- The Rise of the Religious Right in America* (New York: Broadway Books,1996), 2.
95) 이주영,《미국의 좌파와 우파》(서울: (주) 살림출판사, 2003), 34-35.

제야 비로소 고대 이스라엘 백성의 자손들, 즉 '미국적 이스라엘'(The Americn Israel)로서 정체를 발견했다는 의미에서 우러어진 것이었다.

이것을 보면, 현재 미국의 근본주의적 보수주의가 여러 가지 다양한 신학사상으로 이루어진 것을 알 수 있다. 이런 면에서, 미국의 보수주의 신학노선을 세밀하게 검토해볼 필요가 있다. 현재 미국이 지향하는 기독교 제국주의는 탈세속화, 신정국가, 신제국주의라는 세 축에 의해서 진행된다.

1. 탈세속화(脫世俗化)

피터 버거(Peter L. Berger)는, 지금 세계는 그 어느 때보다도 종교적이고 또 세계적으로 여러 종교가 급속히 부흥하는 때임을 지적하면서 현대화가 종교를 쇠퇴케 하고 종교를 개인과 사회, 세계로부터 추방했다는 주장은 잘못이라고 말한다.[96] 그가 말한 대로, 많은 자료들은 최근 세계적으로 종교, 특히 근본주의가 강력히 부흥하고 있음을 입증해 준다.[97] 그리고 종교 부흥을 강력하게 부르짖는 사람들도 많다. 생각해 보면, 명목상으로는 세속화라고 하지만, 실제로 종교가 사회로부터 추방당한 적은 거의 없었다고 해야 할 것이다. 종교는 세속화 구호 아래에서도 여전히 존재했고, 지금은 더욱 강력해지고 있다. 특히 세계는 20세기 마지막 30년 동안에 비세속화하면서 종교적이 되었고, 21세기에 들어서면서 그러한 경향은 더욱 강해지고 있다.

그러나 21세기는 종교의 세기로 문을 열고 있다. 서유럽 외의 거의 모든

---

96) Peter L. Berger, "The Desecularization of the World: A Global Overview", ed. Peter L. Berger, *The Desecularization of the World- Resurgent Religion and World Politics* (Grand Rapids, Michigan: William B. Eerdmans Publishing Company, 1999), 2.

97) "근본주의는 우리 시대에서 가장 중대한 정치적 현상 가운데 하나이다."[Gabriel A. Almond, R. Scott Appleby, and Emmanuel Sivan, *Strong Religion-The Rise of Fundamentalis around the World* (Chicago: The University of Chicago Press, 2003), 1.]

지역에서 사람들은 종교에서 편안함과 방향감각, 위안과 정체성을 찾고 있다. 질 카펠이 말한 '신의 복수'가 널리 퍼지고 있고 종교집단들 사이의 충돌이 전 세계로 확산되고 있다. 사람들은 서로 다른 나라에 거주하고 있으면서도 점점 더 자신과 같은 종교를 가지고 있는 동료들의 운명에 관심을 보이고 있다. 더군다나 많은 나라에서 자신들의 정체성을 종교적인 측면에서 재규정하려는 강력한 움직임이 나타나고 있다. 그와는 전혀 다른 방식이지만, 미국에서도 종교적인 뿌리와 종교적인 헌신을 강조하려는 움직임이 나타나고 있다. 복음주의 기독교는 이제 중요한 힘이 되었고, 미국인들은 대체로 자신들이 기독교도였던 300년 동안에 널리 퍼졌던 자기 이미지로 돌아가고 있다.[98]

종교는 이미 사회화 또는 공적인 것이 되었고, 비개인화(deprivatization) 되었다.[99] 이처럼 종교가 개인적인 신앙차원을 넘어서 공적화하고 사회에 적극적으로 참여하는 상황에서 종교는 특히 정치와 밀접한 관계를 맺지 않을 수 없다. 예전과 다르게[100] 보수적인 기독교인들수록 이 사회에서 하나님의 뜻을 이루기 위해서는 그들이 정치에 적극

---

98) Samuel Huntington, *Who are We?* 형선호 옮김, 《새뮤얼 헌팅턴의 미국》(서울: 김영사, 2004), 32.
99) 이러한 현상은 부시에게서 명확하게 드러난다.[Molly Ivins and Lou Dubose, *Shrub-The Short but Happy Political Life of George W. Bush* (New York: Vintage Books, 2000), 57.]
100) 역사적으로 비정치적이었던 기독교인들이 정치적인 엘리트들에게 주목하는 것은 거듭남을 체험한 지미 카터 당선을 도운 1976년 이후이다.(Jim Lobe, "Conservative Christians Biggest Backers of Iraq War", Inter Press Service(2002년 10월 10일). 예전에는 근본주의자들은 개인 구원을 강조하고 역사에 무관심하다는 평을 받았고, 진보주의자들은 역사를 진지하게 다루고 개인적 차원의 구원을 거부했다는 평을 받았는데, 이것은 더 이상 적합하지 않다. 오히려 근본주의가 복음의 공적인 의미에 더 적극적이며 역사 변혁에 관심이 많다.[Richard John Neuhaus, *The Naked Public Square - Religion and Democracy in America* (Grand Rapids, Michigan: William B. Eerdmans Publishing Company, 1984), 14-15.] 미국은 보수적·복음적·근본주의자들이 주류를 이루고, 에큐메니칼 운동은 소수에 불과하다. *ibid*., 17. 남북전쟁 이전 미국 개신교 복음주의와 정치의 관계에 대해서는, Richard J. Carwardine, *Evangelicals and Politics in Antebellum America*(Knoxville: The University of Tennessee Press, 1997)을 보라.

적으로 참여해야 한다고 생각한다.[101]

2. 신정국가(神政國家)

탈세속화에 힘입어 근본주의적이고 이원론적인 기독교 세력들이 정치에 적극적으로 개입하는데, 그들은 악의 세력을 무찌르고 세계를 온전한 기독교 국가로 만들려고 한다. 이러한 가능성은 이미 현실적으로 나타나고 있다. 미국은 법적으로 종교와 정치의 분리를 말하지만, 실제로 종교와 정치를 엄격하게 나누어놓기는 쉬운 일이 아니다.[102] 정치와 종교는 이론적으로는 분리되지만, 이 둘은 실제적으로는 긴밀하게 얽혀 있다.[103] 오히려 그 얽힘의 강도는 탈세속화 추세에 힘입어 더욱 강해지는 양상이다. 다른 사람들도 그렇지만 특히 레이건 대통령이나 그를 추종하는 부시 대통령 역시 언제 어디서나 자신이 기독교 신자임을 강조하며, 부시는 예전에는 방탕한 삶을 살던 자신이 빌리 그레이엄 목사를 통해서 회심했고, 하나님의 뜻을 실현하기 위해서 대통령 선거에 나섰다고 당당하게 고백했다.[104] 그리고 자신의 신앙에 근거해서 나라를 이끌어간다고 말한다. 그렇기에 누가 뭐라고 하든 미국은 과거에도 그렇고 현재도 틀림없는 기독

---

101) 1979년에 미국 침례교 목사인 제리 팔웰(Jerry Falwell)이 미국의 도덕적 타락을 염려하는 사람들을 모아서 '도덕적 다수'(Moral Majority)를 결성함으로써 본격적으로 정치에 개입했으며, 이를 통해서 근본주의가 미국에 영향을 미치게 되었다.[Nancy T. Ammerman, "North American Protestant Fundamentalism", ed. Martim E. Marty and R. Scott Appleby, *Fundamentalisms Observed, the Fundamentalism Project I* (Chicago: The University of Chicago Press, 1991), 1, 43.] 미국 기독교 근본주의자들은 1980년대에 들어와 전천년설을 버리고 후천년설을 택함으로써 사회개혁에 적극적으로 참여할 신학적 근거를 마련했다(47).
102) "미국 헌법의 초안자들은 정부 권력의 제한과 종교의 보호 및 강화를 위해 국가적 종교를 금지했다. '교회와 국가의 분리'는 종교와 사회의 정체성 확립에 필요한 것이었다. 윌리엄 맥롤린이 얘기했듯이, 그것의 목적은 종교에서 '벗어난' 자유가 아니라 종교를 '위한' 자유를 확립하는 것이었다. 그리고 이것은 아주 성공적이었다."(Huntington, 113.)
103) Neuhaus, vii.
104) 포드, 카터, 레이건, 부시는 자신들이 거듭났음을 천명했다.[Garry Wills, *Under God-Religion and American Politics* (New York: Simon and Schuster, 1990), 21.]

교 국가이다.[105]

레이건과 부시를 지원한 미국의 보수주의, 더 정확하게 말하면 근본주의 개신교도들은 세계를 선과 악으로 구분하는 극단적인 이원론적인 관점에서 보고[106] 악을 물리침으로써 선을 이루려는 십자군적인 모습을 보인다.[107]

특히 아랍과 이스라엘 관계에 대한 미국 근본주의자들의 의견은 가치 '신화적 사고방식'이라 할 만하다. 아랍인들을 '사탄의 군대'라고 믿는 그들은 이스라엘의 침략을 '성전'(聖戰)으로 여겨 서안 점령 지대에서의 유태인 불법 정착촌을 적극적으로 지원한다. 그들은 유대교도 일단은 '이교도'이기 때문에 본인의 선행 악행과 상관없이 지옥으로 갈 것이라고 말한다. 다만 아마겟돈이라는 '선과 악의 최후의 전투'의 순간이 다가오면 유대인들도 기독교로 당장 집단 개종될 것을 확신하기 때문에 주저하지 않고 이스라엘을 지원하는 것이다.[108]

그들은 하나님의 뜻에 따라서 미국을 온전히 하나님이 다스리시

---

105) 1970년대에 북캐롤라이나에서 조사한 바에 의하면, 74퍼센트가 인권은 단순히 법뿐만 아니라 신으로부터 부여된다고 믿었으며, 78퍼센트는 미국 국기를 '거룩하다'고 주장했다. 그리고 미국을 하나님이 선택하신 나라로 생각했다.(Neuhaus, 81.) 새무얼 헌팅턴은 미국의 정체성을 앵글로-개신교도 문화에서 찾는다.(Huntington, 6.)
106) 이것은 팻 로버트슨에게서 명확하게 나타난다. 그는 2002년 3월 25일에 디트로이트의 경제인 클럽에서 행한 연설("The Roots of Terrorism and a Strategy for Victory")에서 이슬람교의 교리와 역사를 살핌으로써 이슬람교가 결코 평화적인 종교가 아니고 위험한 폭력적 집단임을 강조한다.(http://www.patrobertson.com/Speeches/TerrorismEconomicClub.asp.)
107) 보수적인 기독교인들 가운데 약 69퍼센트가 바그다드에 대한 군사적인 행동에 우호적이고, 복음인 기독교인들 가운데 3분의 2는 팔레스타인 테러에 대한 이스라엘의 행동을 지지했다.(Jim Lobe, "Conservative Christians Biggest Backers of Iraq War", Inter Press Service(2002년 10월 10일)].
108) 박노자, 《하얀 가면의 제국-오리엔탈리즘, 서구 중심의 역사를 넘어》(서울: 한겨레신문사, 2003), 133.

는 나라, 신정국가로 만들려고 한다.[109] 그들이 신정국가라는 용어를 직접 사용하지는 않지만, 현재 미국은 누가 봐도 신정국가적이다.

17세기와 18세기에 미국인들은 신세계에서 자기들의 사명을 성경의 표현으로 규정했다. 그들은 선민으로서 광야에서 심부름하는 사람들이며, 분명히 약속의 땅인 이것에서 새로운 이스라엘 내지 새로운 예루살렘을 만드는 중이었다. 미국은 새로운 천국과 새로운 지상, 정의의 고향인 곳, 즉 하나님의 나라였다.[110]

그리고 신정국가를 추구하는 그들의 신앙관이 미국이 수행하는 신제국주의를 뒷받침함으로써 전 세계를 하나님께 봉헌하려 한다.

3. 신제국주의(新帝國主義)

미국이 현대세계를 주도한다는 것은 누구도 부인할 수 없는 사실이다. 그러나

"지구상의 다른 나라 국민들과는 달리, 대부분의 미국인들은 미국이 군사력을 기반으로 세계를 지배하고 있다는 사실을 알지도 못하고 있으며, 또한 알고 싶어하지도 않는다. 정부 정책의 비밀주의 원칙 때문에 미국 국민들은 자국의 군대가 전 세계를 요새화하고 있다는 사실을 종

---

109) 로버트슨은 이렇게 말한다. "우리는 전능하신 하나님께 겸손하게 나아와서 우리가 지은 죄를 고하고 그분의 자비와 보호를 빌어야 한다. 그분은 1812년 전쟁 이래로 우리를 은혜로 보호하신다. 하나님이 울타리를 쳐주셨기 때문에 미국은 번영할 수 있었다. 이 나라는 하나님께 특별한 나라였다.("The Roots of Terrorism and a Strategy for Victory." http://www.patrobertson.com/Speeches/TerrorismEconomicClub.asp.) 레이건도 그렇게 생각했다. 1950년대에 레이건은 하나님이 미국을 선택하셨다고 공개적으로 말했다. 그는 미국을 '언덕 위에 빛나는 도시'로 묘사했는데, 이것은 마태복음 5장 14-16절에 근거한다. [Paul Kengor, *God and Ronald Reagan- a spiritual life* (New York: HarperCollins Publishers, 2004), 88-99.]
110) Huntington, 89.

종 간과하고 있다. 또한 남극을 제외한 거의 모든 대륙에 걸쳐 미군 기지가 광범위한 네트워크를 형성하고 있으며, 이는 사실상 제국의 새로운 형태가 되었다는 사실 역시 대부분의 미국인들은 인식하지 못하고 있다. 우리 미국은 50만이 넘는 병사와 스파이, 기술자와 교관 및 그 가족들과 민간 계약자들을 다른 나라들, 그리고 5대양 6대주에 나가 있는 10여 개의 항공모함 기동함대에 배치하고 있다. 미국은 미국의 영토 밖에서 수많은 비밀기지를 운영해 왔고, 이러한 기지들을 통해서 미국 국민을 포함한 각국 국민들이 주고받는 대화와 팩스 및 이메일 내용까지 모니터하고 있다."[111]

이런 점에서 우리는 제국주의,[112] 좀더 정확하게 말하면 신제국주의시대를 산다고 할 수 있다. 미국의 신제국주의적 경향은 최근 아프가니스탄과 이라크를 선제 공격하고, 북한과 그 외 몇몇 나라에 대해서도 선제 공격 가능성을 흘리면서 계속 위협하는 것에서 명확히 드러나는데, 미국이 보여주는 이러한 모습은 전 세계를 정치 경제적으로 문화적으로 장악하려는 제국주의적 면모 그대로이다.

새로운 미국 제국은 오랫동안 형성되어왔다. 그 뿌리는 19세기 초기로 거슬러 올라갈 수 있는데, 당시 미국은 라틴 아메리카 전역을 자국의 영향력하에 있다고 선언했고, 영국과 프랑스 및 스페인의 식민주의자들에 못지않게 북미의 원주민들과 이웃 멕시코를 희생시켜 가면서 영토를 확장했다. 당시의 호주, 알제리, 차르 치하의 러시아에서와 마찬가지로 미국은 원주민들을 쫓아내고 새로운 거주자들로 북미 대륙을 채워나가는 일에

---

111) Chalmers Johnson, *The Sorrows of Empire*, 안병진 옮김, 《제국의 슬픔-군국주의, 비밀주의, 그리고 공화국의 종말》(서울: 도서출판 삼우반, 2004), 15-16.
112) 미국은 제국주의라는 용어를 싫어하지만, 1800년과 1900년에 이미 미국 대법원은 미국을 가리켜서 미제국(the American Empire)으로 지칭했다.(Steven Newcomb, "A Brief Story about the American Empire", Indian Country Today(2004년 3월 5일).

많은 힘을 기울였던 것이다. 그리고 나서 20세기를 전후하여 제국주의적 임무에 눈뜬 일단의 정부 인사들은 미국-에스파냐 전쟁을 이용해서, 중미와 카리브 연안의 여러 섬들 및 하와이, 괌, 필리핀 등지에 군사 기지의 씨를 뿌렸다. 100년 후에 '테러와의 전쟁'이란 미명하에 자신들의 팽창주의적인 의제를 실현시키고자 나선 보수주의 집단과 매우 유사하다.[113]

신제국주의를 지향하는 미국은 철저히 자신들의 이익을 추구하는 방향에서 모든 일들을 계획하고 실행하는데 이것을 종교적인 소명으로 포장한다.

역사가인 스튜어트 크레이턴 밀러가 '과장된 순진성'이라고 불렀던 태도로 미국은 필리핀인들에 대한 야만적인 식민화를 신의 뜻에 따라 인종적으로 불가피하고 경제적으로 필수적인 것이라고 간주했다. ……당시 유명한 미 제국주의자였던 인디애나 주 출신의 앨버트 베버리지 상원의원은 다음과 같이 말했다. '필리핀은 영원히 미국의 것이다. ……그리고 필리핀 바로 바깥에는 중국이라는 거대한 시장이 있다. ……태평양은 우리 것이다.' 베버리지는, 미국은 기독교와 문명을 '야만스럽고 노회한 민족'들에게 전파해야 할 의무가 있다고 믿었다. 대부분의 필리핀인들이 수백 년 동안 가톨릭교도였다는 사실은 염두에 두지도 않았다.[114]

이처럼 '탈세속화·신정국가·신제국주의'는 현재 미국을 특징짓는 이념들이며, 또 미국의 세계지배를 뒷받침하는 이데올로기이기도 하다.

---

113) Chalmers Johnson, *The Sorrows of Empire*, 16-17. 부시는 2002년 1월 29일 국회에서 행한 연설에서, 미군이 세계 곳곳에서 테러 진압을 위해 활동 중이라는 사실을 명확하게 밝혔다.(-The President's State of the Union Address, the United States Capitol, Washington, D.C.' http://www.whitehouse.gov/news/releases/2002/01/print/20020129-1)
114) Chalmers Johnson, *The Sorrows of Empire*, 68-69. 미국의 기독교는 '의로운 제국'을 세우는 것을 목적으로 삼는다.(Neuhaus, 93.)

15

기독교 뉴라이트 운동에서 드러나는 폭력

뉴라이트 전성시대

"일본이 조선을 통합해서 다스리던 시기를 어떻게 규정할 것인가?" 근래 나를 꽤 괴롭히는 문제이다. 한국 사람들이 일제 식민지 시대를 바라보는 시각은 크게 '식민지 수탈론'과 '식민지 근대화론'으로 나뉜다. 얼핏 생각하면, 그 시기는 일제 강점기이고, 일본이 조선을 강제적으로 합병해서 식민지로 삼고 수탈한 것이 분명해 보인다. 이렇게 보는 것이 '식민지 수탈론'이다. 여기서 일제 강점기에 대한 모든 논의가 끝나고 더 이상 왈가왈부할 여지가 없을 것 같은데 실제로는 그렇지 않다. 한국 학자들 가운데 일본이 아니었으면 조선은 결코 자력으로 근대화하지 못했을 것이라고 보는 사람들도 많기 때문이다. 이러한 입장을 '식민지 근대화론'이라고 한다. 그런데 그런 역사관을 갖는 사람들은 대체로 뉴라이트 역사학자들이다. 그리고 지금 한국은 뉴라이트 전성시대이다.

주제들을 더 심도 깊게 다루기 전에, 여기서 짚고 넘어가야 할 것은 뉴라이트의 정체(正體 또는 政體), 즉 "뉴라이트가 무엇인가?" 또는 "누가 뉴라이트인가?"이다. 안병직은 한국의 뉴라이트 운동을 이렇게 정의한다.

뉴-라이트 운동의 특징은 단순히 과거에 운동권에 속했던 사람들이 자유주의 운동을 한다는 데 있는 것이 아니라, 이 자유주의 운동을 통해서 대한민국의 정통성을 확립하고 선진화를 지향하려는 데 있는 것으로 보입니다. 지금으로서는 사상적 성과로서 이렇다고 내세울 만한 것이 많지 않으나, 한국이 건국의 시대(1948-1960), 산업화의 시대(1961-1986) 및 민주화의 시대(1987-)를 거치면서 저개발국으로 출발한 국가로서는 보기 드물게 산업화와 민주화를 모범적이고 성공적으로 이룩한 국가라는 것을 학문적으로 실증한 것만으로도 크게 평가받아야 할 줄로 믿습니다.[1]

그런데 이런 생각을 정치적으로나 학문적으로 보수적인 사람들뿐만 아니라, 보수적인 기독교인들도 동일하게 한다는 게 관건이다. 그들이 바로 기독교 뉴라이트이다. 종교적으로 보수적인 사람들은 정치적으로도 보수적인 정도를 넘어서 거의 정치에 무관심하거나 오히려 정치적 행위를 거부할 거라는 고정관념을 갖기 쉬운데, 기독교 뉴라이트는 결코 그렇지 않고, 오히려 정치적인 현안들에 누구보다 적극적으로 참여하는 모습을 보인다.

2000년대 들어 한국 사회에서 보수적 기독교인 '기독교 우파'(Christian Right)는 예전과 다르게 현실 지향적이어서 현실문제에 적극 개입하고, 그들이 지향하는 목표를 이루기 위해 다른 교단이나 교회들과도 쉽게 연대한다. 그렇기 때문에 이제는 현실 참여와 연대를 기준으로 보수와 진보를 나눌 수 없게 되었다. 그리고 기독교 우파는 다양한 성향을 보이지만, 타자를 인정하지 않고, 그들이 가진 사상을 타인들에게까지 강제적으로 적용하려고 한다는 점에서 거의 동일하게 근본주의적인 모습을 보여준다. 그래서 기독교 우파는

---

1) 안병직·이영훈 대담, 《대한민국 歷史의 岐路에 서다》(서울: 도서출판 기파랑, 2008), 330.

단순한 보수주의를 넘어서 '정치 참여적 기독교 근본주의' 또는 '적극적인 기독교 정치운동'으로 재규정할 수 있을 것이다.

한국의 기독교 뉴라이트는 미국 기독교 뉴라이트로부터 영향을 받아 형성되었다. 1980년 이래로 미국의 보수적 기독교 종파들은 비교적 보수적 정당인 공화당을 지지했다. 그래서 공화당은 범보수적 기독교당이 되었다. 이러한 일은 미국 역사상 전례가 없었다. 특히 침례교는 전통적으로 정교 분리를 강조하는 첫 번째 수정헌법을 열렬히 지지했는데, 이런 경향은 1980년 대선 때 기독교 우파가 결정적인 역할을 하면서 달라졌다. 윌콕스와 로젤은 2000년에 1998년 선거를 평가하면서 여러 가지 변수가 있지만, 미국의 기독교 우파가 앞으로 미국 정치에서 중요한 역할을 할 것이라고 내다봤다.[2] 이것은 미국뿐만 아니라 한국에서도 현실로 나타났다.

> 현재 미국의 정치권력이 일방주의적 패권주의 혹은 신보수주의 경향을 띠는 것은 잘 알려져 있는데, 그 핵심을 이루는 정치세력이 다름 아닌 기독교 근본주의이다. ……어쨌든 매우 종교적인 근본주의가 현실적 폭력과 권력을 형성하는 데 기여하는 것이다. ……마찬가지로 한국 사회에서 호전적 냉전주의 혹은 반공주의를 주장하면서 미국을 숭상하는 세력의 한 핵도 다름 아닌 기독교 근본주의자들이었다[3]

한국에서도 기독교 보수주의자들이 뉴라이트 운동을 처음부터 주도했는데, 그 까닭은 미국의 정치사회적 상황이 한국의 보수적 기독교에게 영향을 미쳤기 때문이다. 한국의 보수적 기독교는 미국의

---

2) Clyde Wilcox, Max J. Rozell, "Conclusion : The Christian Right in Campaign 98," John C. Green, Mark J. Rozell, and Clyde Wilcox, *Prayers in the Precincts: The Christian Right in the 1998 Elections* (Washington D.C.: Georgetown University Press, 2000), 296.
3) 김진석,《폭력과 싸우고 근본주의와도 싸우기》[서울: (주) 나남출판, 2003], 6f.

보수적 기독교를 추종할 뿐만 아니라, 정치적으로도 친미적인 성향을 강하게 드러낸다. 한국 기독교는 해방 이후엔 '친미(親美) 반공(反共) 이데올로기'라는 새로운 종류의 권종유착 카드를 선택했는데, 이 카드는 보수적 기독교 세력들로 하여금 보수적 정치 세력과 매우 쉽게 동조할 수 있게 해주었다. 그리고 한국 기독교는 지금까지 이 카드를 버린 적이 없다. 오히려 최근 기독교 뉴라이트는 이 카드를 더욱 강력하게 내놓았다. 김진홍은 6월 29일 전경련 회관에서 열린 기독교 뉴라이트 창당식에서 박영모 목사가 대독한 설교에서 이렇게 말했다.

> 2004년 6월 25일 KBS에서 노근리와 관련한 6·25 특집 프로그램을 보는데, 미국이 마치 우리나라의 양민을 학살한 것처럼 묘사하는 모습을 보고 충격을 받았다. 다른 날도 아닌 6월 25일에 미군과 유엔군이 이 땅을 공산주의로부터 막아준 것에 대해 감사함을 먼저 표시한 뒤 전쟁 과정에서 빚어진 실수라고 말해야 하는 것 아니냐.[4]

이렇듯 김진홍 목사를 비롯한 기독교 우파 인사들은 올드라이트이든 뉴라이트이든 거의 모두가 편협하다고 할 정도로 민족주의적인 성향을 보이는데, 그럼에도 불구하고 미국에 관한 문제만 나오면 민족주의를 포기하고 친미적인 자세로 일관함으로써 강력한 친미적 성향을 노골적으로 드러낸다.

그리고 그동안 급성장을 해온 한국교회는 최근 성장 둔화 또는 수적 감소에도 불구하고 초대형교회들로 인해 그 영향력은 더욱 강해지는 상황이다. 이런 점에서 한국은 유럽 모델보다는 미국 모델에 가깝다. 그렇기 때문에 우리는 한국 기독교를 이해하기 위해 당연히

---

4) 이승규, "서경석 목사, 좌파와 결연히 맞서야-기독교 뉴라이트 창립대회서 주장…'더 이상 좌파에 정권 내주지 말자' 주장" 〈뉴스앤조이〉 2006년 6월 29일.

미국 기독교를 연구해야 한다.

미국 기독교 우파의 현실인식

이 대목에서 미국의 기독교 우파들은 어떤 정치적 이슈에 관심을 갖는지 궁금해진다. 미국의 기독교 우파들은 현재 미국이 위기에 처했다고 생각하고, 그 문제를 해결하기 위해 정치에 적극 참여한다. 대표적인 뉴라이트 목사인 제리 팔웰은 1987년에 펴낸 자서전에서, 자신이 1960년대 중반까지는 성직자들이 정치에 참여하는 것을 반대했다고 회상한다. 그런데 1973년 미국 대법원이 낙태를 합법화하는 결정을 내리면서부터 낙태를 반대하기 위한 정치적 행동을 행하기 시작했다고 말한다.

원래 미국 건국자들은 미국인들의 삶에서 종교가 적합한 위치를 갖게 하기 위해 애썼다. 미국 건국자들은 대체로 이신론자(deist)들이었으며, 그들은 미국인의 삶에서 종교가 지대한 역할을 한다는 사실을 인정하고, 또 실제로 종교와 정치가 얽히는 경우가 많았기 때문에 교회와 국가가 각자 고유한 위치를 가져야 한다고 생각했다. 그들은 종교와 정치가 얽힐 때 얼마나 위험한 일이 발생하는지 잘 알았기 때문이다.

그러나 실제적으로 종교가 국가의 모든 것을 지배하던 초기 상황은 독립 이후에 정교분리를 강력하게 천명했다고 해서 사라지지 않았다. 정교일치를 주장하는 사람들은 정교분리를 주장하던 이신론자들에 반대해서 미국을 온전한 기독교 국가로 만들고자 했다. 그들은 정치가 종교에 영향을 미치는 점에서는 정교분리를 원하지만, 종교가 정치에 영향을 미치는 것에 대해서는 결코 정교분리를 원하지 않았던 것이다.

하지만 이러한 노력은 이주자들이 급증하면서 난관에 봉착했다.

아일랜드와 독일에서 가톨릭 교도들이 물밀 듯 들어왔는데, 그 결과 가톨릭은 1790년에 30,000명이었는데, 1830년에는 600,000명으로 증가했다.[5] 미국 기독교 우파는 이들로 인해 미국이 타락했다고 생각하는데, 그들이 생각하는 '타락'의 기준은 두 가지이다. 그들은 미국 타락의 증표로 낙태와 동성애를 제시하면서 다른 문제들, 즉 가난한 자를 돌보는 것이나 전쟁 반대와 같은 문제에는 관심을 기울이지 않는다.

현재 미국 기독교에서 사회적 복음에 대한 강조는 예전보다 상당히 약해진 것으로 보인다. 제리 팔웰은 사회복음이 인본주의적이고 본질적으로 인간을 선한 존재로 규정하기 때문에 비성서적이라고 말한다. 그는 로마서 3장 23절, 이사야 53장 6절을 인용하면서 인간들이 태어날 때부터 악하다고 주장한다.[6] 그들은 대체로 개인적인 구원을 추구하고 종말론적인 생각에 빠져있다. 그리고 그들은 문자적 성서 해석을 지지한다. 학자들은 이러한 성향을 "전투적인 반근대적 개신교 복음주의"(militantly anti-modernist Protestant evangelicalism)라고 한다.

미국복음주의연합은 전 세계 곳곳에서 발생하는 부의 불평등 문제에 대해 관심을 기울이지 않는다. 우파들은 국가가 강력한 힘을 통해서 사회질서를 유지하기 원하고, 부와 권력을 하향적으로, 그리고 더욱 평등하게 분배하기를 원치 않는다. 몇몇 선교사들이 선교지의 빈곤이 생명을 위협할 정도이며, 이것이 복음전파에 장애물이라는 사실을 알고 있지만, 이들은 비기독교 지역을 사탄의 요새로 보았기 때문에 그것을 크게 문제 삼지 않았다.

---

5) Philip Goff & Paul Harvey, ed. *Themes in Religion & American Culture* (Chapel Hill: The University of North Carolina Press, 2004), 242f.
6) Jerry Falwell, *America Can Be Saved*(Murfreesboro: Sword of the Lord Publishers,Falwell, 1979), 91.

그리고 이러한 생각은 한 걸음 더 나아가서, 현실적인 성공과 신앙을 긴밀하게 연결한다. 미국에서는 원래 종교와 자본이 밀접한 관계를 갖는데, 기독교 우파들은 종교와 자본의 결혼을 옹호한다. 제리 팔웰과 팻 로버트슨이 대표적이다. 오순절과 성령운동교회는 하나님이 내세뿐만 아니라 이 세상에서도 그 백성들에게 물질적으로 복 주시기를 원하신다고 믿는다. 그래서 원하는 것들을 예수의 이름으로 구하면 얻을 수 있다고 생각한다. 이런 생각은 오럴 로버츠(Oral Roberts)에게서 시작해서 브루스 윌킨슨(Bruce Wilkenson)에게서 꽃을 피운다. 이들은 하나님과 맘몬을 동시에 섬기는 모습을 보인다. 그들은 세금 감면을 지지하고 마약, 매춘, 도박을 강력하게 제지할 것을 요구한다. 그리고 복지국가 개념이 개인의 책임의식을 약화시킨다고 생각해서 반대한다. 또한 노동, 개인주의, 사유재산제도를 옹호한다. 이러한 생각은 결국 친(親)대기업적인 정책을 낳는다.

미국 뉴라이트들이 적극 지원해서 두 번이나 대통령에 당선된 부시는 친대기업적 정책을 누구보다 적극적으로 펼치면서 부유층에 대한 조세를 감면하고, 기업들에게 비용을 야기할 엄격한 환경 규제에 반대하고, 사회보장제도를 민영화했으며, 무기경쟁만 유발시킬 것이라는 과학자들의 일치된 견해를 무릅쓰고 '별들의 전쟁' 프로그램을 추진했다. 부시가 그렇게 한 까닭은 개인이든 국가든 강한 힘을 가져야 살아남는다고 생각했기 때문이다. 팻 로버트슨도 그런 생각에 동조해서 힘에 의한 평화를 강조한다. 그는 "강력한 군사력 없는 강력한 목소리는 공허한 위협에 불과하다"고 말한다.[7] 그러면서 그는 자유시장경제에 기초한 자본주의를 옹호한다. 그러한 자본주의가 인류를 잘 살게 하는 유일한 경제체제라고 믿기 때문이다.

이들은 무엇보다 '힘'을 강조하면서 통치신학(dominion theology)을

---

7) Pat Robertson, *The Collected Works of Pat Robertson-The New Millennium, The New World Order, The Secret Kingdom*(New York: Inspirational Press,1994), 32.

주장하는데, 그 성서적 근거를 창세기 1장에서 찾는다. 전도폭발로 한국에서 폭발적인 인기를 누린 제임스 케네디(James Kennedy)는 기독교가 국가, 궁극적으로는 세계를 통치하는 것을 목표 삼아 여러 가지 일들을 추진한다. 이들은 인간이 세계를 통치하도록 명령받았으며, 그렇기 때문에 이 세상을 마음대로 사용할 수 있다고 생각한다. 그래서 통치신학은 이 세상 자원을 이용해서 상업적인 이익을 얻으려는 기업정신과 어울려서 사람들로 환경보호를 반대하게 한다. 캘빈 베스너(Calvin Beisner)가 대표적인데, 그는 미시간 주 그랜드 래피즈에 있는 친기업적 단체인 '종교와 자유 연구를 위한 행동 위원회'의 교수이다. 그리고 기독교 연합의 지도자였던 랄프 리드(Ralph Reed)도 엔론사를 위해 자문역을 맡았다. 미국 뉴라이트들은 국제교역도 세계 지배를 위한 방편으로 삼아야 한다고 생각한다.

> 즉 국제 교역은 자본주의라는 옷을 입은 십자군 운동이며, 그것을 통해서 미국은 전 세계에 상품과 복음을 함께 전파할 것이라는 확신을 가졌던 것이다. ……아메리카 대륙 내부에서의 팽창이든 해외 팽창이든 미국의 팽창은 종교적 선민 의식에서 출발한 것이며, 또 미국의 상업적 번영을 선민의 증거로 보는 사고방식이 그 밑바탕에 깔려있다는 것을 말해 주는 것이다.[8]

그래서 미국은 대외정책에서도 인권보다 기업이윤을 앞세우고, 외교적 해결보다 군사적 해결을 앞세운다. 미국 정당은 군산복합체와 얽혀서 세계를 지배하면서 자국의 이익을 극대화하려고 한다. 그런데 문제는 이런 모습이 미국에 대한 증오심을 불러일으키고 테러를 촉발한다는 것이다. 이렇듯 뉴라이트 사상에 근거한 미국의 현실

---

8) 권용립, 《미국의 정치문명》[서울: (주)도서출판 삼인, 2003], 141.

인식은 미국뿐만 아니라 전 세계적으로 심각한 영향을 미친다는 점에서, 남의 나라 문제로 치부할 수는 없는 노릇이다. 무엇보다 한국이 강력한 영향을 받는 나라들 가운데 하나이기 때문이다.

한국 기독교 우파의 현실인식

한국에서 뉴라이트 운동은 언제 어떻게 누가 시작했을까? 안병직은 이렇게 말한다.

> 뉴-라이트 운동은 김영환, 신지호, 홍진표, 최홍재 등 과거 북한의 주체사상에 깊이 공감했던 학생운동가 출신들이 사회주의 체제의 붕괴를 경험하는 동시에 북한 수령체제의 반문명성을 깨닫고 전향하여 자유주의에서 그 대안을 찾은 데서 출발했다고 볼 수 있습니다. 그러한 사회운동 세력이 〈시대정신〉이란 잡지를 출간하고 또 자유주의 연대라는 조직을 결성함으로써 뉴-라이트 운동을 출범시켰습니다. 이들이 뉴-라이트 운동의 원조(元祖)이지요. 이들은 사회주의 사상에 대한 실망이 컸던 나머지 자유주의에 대한 신뢰도 강했던 것 같습니다.[9]

안병직은 뉴라이트 운동을 "선진화가 시대적 과제로 제기되어 있는 21세기 초 한국사회에서 불가피한 사상적 기초인 자유주의를 경제, 사회, 정치, 문화의 모든 방면에 걸쳐 의식적으로 실천해 보고자 하는 한국사에서 처음 있는 사상운동"으로 규정한다.

한국 뉴라이트 운동에 보수적 기독교도 적극적으로 참여하는데, 2000년대 들어 한국의 보수적 기독교는 정치 전면에 적극적으로 나서고 있다. "기독교인은 정치에 참여하여 정치 영역을 하나님의 주

---

9) 안병직·이영훈 대담,《대한민국 歷史의 岐路에 서다》(서울: 도서출판 기파랑, 2008), 329f.

권에 돌려드리는 정치권 복음화의 사명을 감당해야 한다. 문제는 방법론이다. 즉 정치권 복음화를 어떻게 구현할 것인가? 그 한 가지 대안이 기독교 정당의 창당이다. 실제로 지난 2004년 총선을 얼마 앞두고 개신교의 보수적인 목회자 모임인 '정치권 복음화 후원회'는 정치권 복음화의 당위성을 외치면서 '한국기독당'을 창당하여 총선에 참여한 바 있다."[10]

기독당 창당식에서 김준곤 목사가 설교를 했는데, "김 목사가 이 날 설교한 내용 가운데 가장 인상적인 대목 중 하나는 '정교분리라는 철벽구도가 신앙처럼 의식화되어 있는 한국 크리스천의 한국기독당에 대한 거부반응이 생각보다 강한 것 같다'면서, '정치는 속되고 이전투구나 진흙탕 같기 때문에 정치는 곁에도 가지 마라는 선입관이 박혀 있다'고 진단한 것과, '그러나 정치는 힘이며 현실'이라고 전제한 뒤 '따라서 정치를 하나님의 도구로 잘 쓰면 핵 에네르기 같이 발전용으로 쓰일 수 있고, 핵폭탄으로도 쓰일 수 있듯이, 정치를 통해서 하나님의 영광을 드러내려 한다면 정치는 성화될 수 있고, 정치 직업도 성직이 될 수 있다'는 대목이다."[11] 김준곤 목사가 기독교의 정치 참여를 말하는 것은 그가 지금까지 보여온 행동에 비추어 볼 때 정말 납득하기 어렵다. 그는 정치권에서 멀어진 적은 없지만 지금까지 한결같이 교회의 비정치화를 지지해 왔기 때문이다.

그런데 놀랍게도 2004년 11월 22일 준비위를 출범시킨 '기독교 사회책임'을 시작으로 기독당을 거쳐 그 이후 창립한 '기독교 뉴라이트'에 이르기까지 보수를 표방하는 기독교인들이 점점 더 강력하게 결집하는 모습을 보인다. 그동안 정치 참여를 비판해 온 보수적 기

---

10) 김상득, "기독교, 정치에 어떻게 참여할 것인가? -교회의 분열과 비민주성이 정치참여를 가로막아", 〈뉴스앤조이〉 2006년 4월 17일.
11) 특별취재반, "[현장이슈] 한국 기독당 창당, 본격적 활동 시작. "기독정신으로 정치권 복음화·국민통합 표방 다짐. 교계 일부서는 한국 정치 상황 고려, 부정적 시각", 〈다락웬〉 2004년 4월 5일.

독교인들이 이렇듯 적극적으로 정치에 개입하는 까닭은 무엇일까? 그들은 현실을 어떻게 인식할까?

> 한국 보수 교회의 지도층이 정치에 본격적으로 뛰어들기 시작한 것은 2002년 말 효순·미선 사건으로 촉발된 SOFA개정 촉구 촛불집회와 노무현 대통령의 당선과 밀접한 관계가 있다. 강한 위기의식을 느낀 한국 보수 교회 지도층 인사들은, 한기총을 중심으로 해서 2003년 1월부터 북한 김정일 정권을 강력히 규탄하고, 미국 부시 정권을 절대적으로 지지하는 대규모 집회를 열기 시작했다.[12]

"50년 만의 정권 교체라는 국민의 정부 출범, 대북 포용정책 및 6·15 공동선언은 반북, 반공주의에 기초한 보수파의 존립기반을 뿌리채 뒤흔들어놓았다"고 생각했기 때문에 한국의 보수주의자들, 특히 보수적 기독교가 적극적으로 정치에 참여하기 시작했다는 것이다. 뉴라이트에 속한 사람들은 6·15 공동선언이 한국 선진화를 가로막았다고 생각한다. 한마디로, 그들이 보기에 열린우리당과 노무현 정권은 세상물정 모르는 철없는 좌파였던 것이다. 노무현 정권은 이미 흘러간 과거 이데올로기에 붙들려서 현실 인식을 바르게 하지 못한다는 것이고, 그래서 그들에게 나라를 맡기면 안 된다고 생각한 것이다. 이런 생각을 하는 사람들은 도대체 어떤 사람들일까?

〈주요 보수단체 비교〉[13]

구 분	자유주의 연대	선진화 국민회의	뉴라이트 전국연합	구 보수단체
주요인물, 단체	신지호, 홍진표, '전향 386'	박세일, 이명현, 서경석	김진홍, 이석연, 제성호	재향군인회, 성우회, 한기총 등

---

12) 박득훈, "선진화와 중도 통합, 기독교 NGO 목표로 적절한가-'기독교 사회책임'의 정치참여를 평가한다", 〈뉴스앤조이〉 2004년 12월 1일.
13) 박득훈.

이념 성향	세계화, 자유화, 극좌·우파 극복	공동체 자유주의, 선진국 진입 중요	자유주의, 시장경제	수구 반공주의 친미성향
한나라당 인식	대안정당 아님, 참여에 부정적	개혁적 보수로 바뀌어야	정권 재창출을 위해 적극 지지	비판적 지지, 참여는 부정적
대북 인식	북한 인권개선 민주화 추구	북한민주화 햇볕정책폐기	북한인권 개선, 금강산 관광 중단	김정일 정권 타도, 대북사업 전면 중단

여기서 보는 대로 한국 기독교 우파를 등장케 한 그들의 현실 인식은 두 가지 점에서 출발한다. 하나는 이미 말한 대로 김대중 정권과 노무현 정권이 매우 위험한 좌파 정권이라는 것이고, 다른 하나는 한국이 경제적으로 위기에 처했다는 것이다. 그래서 그들은 박정희를 사모한다.

한국의 우파, 특히 기독교 우파는 친북반미의 좌파정권을 타파하고, 경제적으로 제2의 한강의 기적을 이루고 강력하게 공권력을 행사함으로써 국가 정체성을 지키는 지도자를 요구한다. 그래서 그들은 박정희를 가장 이상적인 대통령으로 제시한다. 그렇게 하는 대표적인 인물이 바로 한국 뉴라이트계의 대부라고 할 수 있는 김진홍 목사이다. 김진홍은 유신체제를 비판하다 옥고를 치렀는데, 그 역시 박정희를 옹호하는 말을 한다. 그는 세계에서 정치공학이 가장 발달한 두 나라를 이스라엘과 일본으로 들면서 이렇게 말한다.

> 박정희 대통령도 일본 교육을 깊이 받았기에 일본식 정치공학에 상당히 익숙했다 하겠습니다.[14]
> 어느 정치인이 저에게 한 말이 생각납니다.
> "목사님, 박정희는 독재를 했지만 그들은 민족의 장래를 생각하는 이념집단이었습니다." 박정희 시절은 그런대로 이념집단이었기에 민족 번영을 우선순위에 내세웠으나, 그 후로는 이익집단들이 모여 패거리와 이

---

14) 김진홍, 《성공한 개혁 실패한 개혁-21세기 통일한국을 향한 대안》(서울: 두레시대, 2000), 156f.

권 옹호에 매여 민족의 장래를 그르쳤습니다.[15]

그런데 김진홍만 이런 생각을 하는 것이 아니다. 한국의 뉴라이트들은 이제는 전태일을 넘어서 박정희를 보자고 한다. 그렇게 하는 것이 대한민국의 영광스러운 역사를 인정하는 것이라고 말한다.

"대한민국의 역사는 정의가 패배하고 기회주의가 득세한, 따라서 부정하고 청산해야 할 오욕의 역사가 결코 아니다. 자부심과 긍지를 갖고도 남을 성공의 역사, 영광의 역사다."[16]

"이승만이 보여준 정치적 현실주의의 토대 위에서 분단 극복을 구상할 때 진정한 자유통일의 길이 열릴 것이며, 박정희가 보여준 경제 우선의 확고한 원칙과 집행력의 토대 위에서 제2의 도약을 꿈꿀 때 삶의 질과 사회안전망이 보장되는 선진 한국의 길이 열릴 것이다."[17]

그들은 과거사 청산이 선진조국을 가로막는 시대착오적 발상이라고 생각한다. 선진조국을 이루기 위해서는 박정희와 같은 강력한 힘을 가진 지도자가 필요하다고 역설하는 김진홍은 〈새벽을 깨우리로다〉로 우리를 감동시킨 것과는 전혀 다른 말을 한다.

> 끝까지 대화하다가 애국심에 호소해라. 같이 살아가자고 말해라. 노동자만 살고 공장 망하면 되냐. 그래도 안 되면 탱크로 밀어버려.[18]
> 최선을 다했는데도 안 되면 때론 힘이 필요할 때도 있습니다. 이렇게 성공한 사람이 바로 영국 수상이었던 대처(Margaret Hilda Thatcher)입니다.[19]

---

15) 김진홍, 《성공한 개혁 실패한 개혁》, 202.
16) 신지호, 《뉴라이트의 세상 읽기》(서울: 도서출판 기파랑, 2006), 181.
17) 신지호, "뉴라이트 운동의 전개와 사상적 특질", 〈시대정신〉 32호 (2006년 가을), 182.
18) 김진홍, 《성경의 경제와 경영》(서울: 두레시대, 2002), 47.
19) 김진홍, 《성경의 경제와 경영》, 48.

김진홍은 영국 수상 대처에 대한 이야기를 하면서 대처가 기마대를 투입해서 탄광노조 데모를 진압했는데, 강경한 진압에 항의하는 사람들에게 대처는 "내가 참 잘못했습니다. 그건 정말 잘못했습니다. 다음에 한 번 더 그런 일 있으면 기마대 안 보내고 탱크 보내겠어요, 탱크"라고 했다면서, "이렇게 대처 수상은 영국병을 치료했습니다"라고 말한다. 김진홍이 바라는 지도자는 바로 박정희와 대처를 닮은 사람이다. 이러한 경악스런 생각은 좌파정권을 무너뜨리고 국가를 부강하게 만들기 위해서라면 어느 정도 희생을 치러도 좋다는 뉘앙스를 풍긴다는 점에서 매우 위험한 사고라고 할 수 있다.

미국 기독교 우파의 정체성

다시 미국 기독교 우파 이야기를 해보자. 미국의 기독교 우파는 자신이 기독교인이며, 미국이 기독교 국가라는 사실을 확신한다. 제리 팔웰은 자신이 기독교인이며, 그보다 더 중요한 사실은 미국이 기독교 국가라고 말한다. 미국은 본질적으로 기독교 국가일 뿐만 아니라, 복음을 전 세계에 전파하기 위해 세워진 국가라는 것이다. 미국은 초기부터 자신들이 세계를 구원할 나라라는 우월의식을 강하게 표출했는데, 이것을 뒷받침해 주는 것이 바로 칼빈주의이다.

현재 미국의 문제는 그들이 미국을 어떤 나라로 생각하느냐에 달려 있다. 초기 청교도들은 미국을 '새이스라엘'로 생각했으며, 그들이 성서에서 발견한 하나님의 영원한 법에 의해 다스려지는 나라로 생각했다. 기독교 우파들은 이 시기를 매우 그리워한다. 미국은 하나님이 새로 선택한 나라이기 때문에, 기독교 우파 지도자들은 구약성서의 예언자와 같은데, 예언자들이 계속해서 이스라엘이 회개하기를 촉구했듯이 우파 지도자들도 미국의 회개를 강력하게 촉구한다. 만약 그들이 경고하는 것을 무시하면, 하나님은 구약성서에 기록된 다양한 벌을 내리실 것이라고 믿는다. 이런 국가적 위기 상황에서 기독교 우파들은 자신들이 미국을 구할 책임을 맡았다고 믿는다.

물론 이러한 성향은 다른 지역보다 미국 남부지역에서 더욱 강력하게 나타난다. 미국의 남북 간 갈등은 우리나라의 영호남 갈등보다 더 뿌리가 깊다. 지난 대선에서 캐나다 접경 지역은 민주당 후보인 존 케리를 지지했는데, 그래서 이 지역을 '캐나다 합중국'(the United States of Canada)이라고 할 정도이다. 그리고 남부지역은 부시를 지지해서 '지저스랜드'(Jesusland)라는 새로운 이름을 얻었다. 남북전쟁 당시 북부지역 사람들은 남북연합을 위해 성스러운 의무를 다해야 한다고 생각했는데, 남부지역 사람들은 국가 자체를 성스럽다고 생각했다. 근본주의적인 성향이 강한 남침례교총회(SBC: The Southern Baptist Convention)는 단순히 종교적인 모임이 아니고, 점차 정치화해서 1990년대에는 공화당이 남부에 정착하게 했으며, 공화당이 집권하는 데 기여했다.

한국 기독교 우파의 정체성

다시 한국의 기독교 뉴라이트에게 돌아가 보자. 한국의 보수적 기독교인들은 과연 누구인가? 이 문제는 대답하기가 그리 쉽지 않다. 그 까닭은 미국의 기독교 우파는 정체성이 분명한데, 한국의 기독교 우파는 정체성이 분명치 않다는 점에서 그들이 누구인지 정의하기가 매우 어렵기 때문이다.

현재 한국의 보수주의는 두 가지 문제를 갖는다. 하나는 올드라이트라고 할 수 있는 사람들이 예전과 다르게 매우 적극적으로 정치에 참여하는 모습을 보여줌으로써 사람들을 놀라게 했다는 것이고, 둘째는 과거에 비판적 성향을 가졌던 사람들이 뉴라이트로 전향해서 현 정권을 비판한다는 것이다. 기독교계에서는 서경석과 김진홍이 대표적이다. 김진홍은 그러한 전향을 매우 바람직하게 생각한다.

> 시국(정권)에 따라 좌파로 분류됐던 것이다. 솔직히 젊을 때 사회주의에 눈 뜨지 않은 사람이 바보 아닌가. 한때 발을 들여놓았다가도 '이것이 아니다'라고 전향한 것이 아닌가. 나 또한 같은 맥락의 사람이라고 보면 된다.[20]
>
> 뉴라이트 조직에 한때 소위 주사파라는 이념자가 있다고는 하지만, 지금은 공산주의를 철저히 배격하는 반공보수 수호자로 전향한 인물들이다. 젊은 사람들이기 때문에 정치적 야심은 있다고 본다. 나는 '올드 라이트'란 말을 쓰지 말라고 하고 있다. 소위 구시대 사람이라도 정통보수 성향 인사들은 형님으로 모시고, 우리 조직은 동생으로서 공통분모를 추구해 나가고 싶다. 다소의 견해 차이라고 본다. 우익 진영이라면 어울리고 협력해야 한다는 것이 평소의 신념이다.[21]

신종철은 고전적 근본주의와 분리주의적 근본주의로 나누는데, 한국교회가 지녀온 고전적 근본주의가 분리적 근본주의로 변질하자, 그것을 극복하기 위해 나타난 것이 복음주의 운동이라고 본다. 그는 한국교회의 복음주의 운동이 빌리 그레이엄에 의해 시작한 것으로 본다.

> 이러한 복음주의 운동에 불을 지펴준 것이 초교파 선교단체 빌리 그레이엄(Billy Graham) 전도집회였고, 체계화시켜준 것이 한국복음주의 신학회와 한국복음주의협의회였다. 한국 대학생 선교회(CCC)와 기독학생회(IVF), 네비게이토와 같은 학생 선교단체는 복음주의 운동을 젊은 이들에게 확대시켰으며, 특히 CCC는 1974년 '엑스플로 74'를 개최하여

---

20) 조용승, "뉴라이트 전국연합의 김진홍은 누구?", 〈한국논단〉 (2006년 11월), 84.
21) 조용승, 84f.

복음주의가 한국 기독교의 주도 세력으로 부상하게 만들었다. 물론 이 대회의 성공 이면에는 1973년 서울전도대회를 행한 빌리 그레이엄이 있었다. 이미 미국에서 전도운동을 일으켜서 복음주의 운동을 전국화시켰던 빌리 그레이엄이 한국에서도 복음주의 운동을 불붙게 만들었다.[22]

이러한 신앙적 노선을 따르는 한국의 보수적 기독교인들은 이제 로잔 언약을 근거로 정치에 적극 참여한다. 로잔 언약은 1974년에 작성되었다. 그런데 그동안 잠잠하다가 30년이 넘은 지금, 과거 행적에 대한 아무런 언급이나 회개 없이, 로잔 언약을 들고 나와 2004년 총선에 기독당을 결성하고 후보를 세운 것 역시 한국 기독교 우파의 정체성 규명을 대단히 어렵게 한다.

그리고 한국 기독교 우파는 역사 인식에서도 심각한 문제를 보인다는 점에서도 그 정체 규명이 쉽지 않다. 뉴라이트는 선진화를 주장하는데, 선진화는 한국역사 인식과 직결된다. 신지호는 이렇게 말한다.

"1948년 체제(건국)-1963년 체제(산업화)-1987년 체제(민주화)로 발전되어 온 대한민국은 이제 2007년 체제(선진화)로 진입해야 한다는 역사 인식이다. 뉴라이트는 이와 관련 대한민국 선진화의 유일한 방도가 자유주의개혁에 있다고 생각한다."[23]

이런 역사의식에 따라 신지호는 개발독재와 군사독재를 정당화한다. 그는 뉴라이트가 "세계적으로 입증된 대한민국의 성공사를 정의가 패배하고 기회주의가 득세한 오욕과 굴절의 역사로 폄하하는 집권 민주화 세력의 자학사관을 비판하고 진정한 대한민국사를 복원시키는 작업에 착수했다"고 주장한다. 그 결과가 바로 역사교과서 국정화 시도이다. 기독교 우파 역시 동일한 역사적 입장을 보이는데,

---

22) 신종철, 《한국장로교회와 근본주의》(서울: 도서출판 그리심, 2003), 284.
23) 신지호, "뉴라이트 운동의 전개와 사상적 특질", 102.

이럴 경우 김진홍처럼 행적이 수시로 변화하는 인물의 정체성을 규명하기는 더욱 어려울 수밖에 없다. 이런 점에서 한국 기독교 우파의 정체성은 미국 기독교 우파에 비해 매우 모호하다고 할 수밖에 없다.

미국 기독교 우파의 목표

지금까지 미국과 한국의 기독교 우파들이 누구이며 어떤 성향을 갖는지를 살펴봤는데, 기독교 우파들이 지향하는 궁극적인 목표는 무엇일까? 미국의 기독교 우파는 기독교 국가주의를 지지하는데, 이들은 기독교, 더 정확하게 말하면 기독교 우파가 모든 것을 장악하기를 원한다.

> 미국의 거듭난 기독교 종파들은 자신들 중 한 명이 백악관을 차지하고 앉은 것에 결코 만족하지 않는다. 그리고 부패하고 반기독교적인 법률들이 미국을 망친다고 탄식한다. 일부는 낙태시술 병원에 폭탄을 던지고 그곳에서 일하는 의사들을 암살하는 행위를 종교를 근거로 용인한다.[24]

이들은 하나님의 법과 질서를 세우는 일, 즉 교회, 국가, 사회를 하나님의 말씀 안에 세우려고 한다. 즉 완벽한 기독교 국가를 지향한다. 기독교 국가는 기독교 우파와 근본주의 이데올로기의 목표이며, 이것을 이루기 위해 교회와 국가의 분리를 폐지하고자 한다. 그들은 미국의 기초가 헌법에 놓여 있는 것이 아니고, 1600년대 뉴잉글랜드의 신정국가론에 근거한다고 주장한다. 미국 기독교 우파가 이렇게 생각하는 까닭은 미국이 민주제도가 아닌, 절대적인 성서의

---

[24] Tariq Ali, *The Clash of Fundamentalism*, 정철수 옮김, 《근본주의의 충돌-아메리코필리아와 옥시덴탈리즘을 넘어》(서울: 도서출판 미토, 2003), 428.

법들에 근거한다고 믿기 때문이다.

　이들은 온전한 미국을 만들기 위해서는 미국의 청소년들을 바르게 교육해야 하는데, 공교육이 문제가 많기 때문에, 공교육을 폐지하고 사교육을 시켜야 한다고 생각한다. 대표적인 인물이 마이클 패리스(Michael Farris)인데, 그는 패트릭 헨리 대학(Patrick Henry College)을 "국가를 이끌고 성서적 가치를 가진 문화를 형성하는 청년 군대를 양성하기" 위해 세웠다. 패리스가 원하는 것은 문화적 혁명이다. 그는 세속주의에 물들지 않은 지도자들을 양성해서 모든 것을 기독교적인 것으로 바꾸어놓을 수 있는 정치적 힘을 얻으려고 한다.

　패리스는 미국의 최고 대학과 교수들이 지나치게 세속적이고 미국의 근본정신과 시장경제를 부인하기 때문에 자녀들을 그들에게 맡길 수 없다고 생각한다. 그래서 홈스쿨링을 강조한다. 부모 세대는 모세 세대로, 자녀 세대는 여호수아 세대로 지칭한다.

　"여호수아 세대는 미국을 건국의 아버지들의 정신으로 되돌려놓고, 우리 국가 역사에서 참으로 중추적인 세대로 기억될 것이다."[25]

　그리고 그들은 미국이 전 세계를 지배하는 단일 세계정부를 지향한다. 그런데 미국에서 기독교 보수주의자들이 갖는 이런 생각이 세계시장을 선호하는 자본주의와 결합하고, 신세계질서를 실현하려는 군사적 전략과 맞물린다는 점에서 위험하기 짝이 없어 보인다. 그래서 타리크 알리는 "오늘날 가장 위험한 근본주의는 결코 도전받지 않는 미국의 군사적 능력"이라고 말한다.

　　탈냉전 이후 최초의 국지전이라 할 91년 걸프전 때에 미국은 비록 유엔 다국적군의 일원으로 참여했지만 시종일관 전쟁을 주도했다. 승리한 뒤에 조지 부시 대통령은 '이제 세계는 미국이 주도하는 새로운 세계질서

---

25) Michael Farris, *The Joshua Generation- Restoring the Heritage of Christian Leadership* (Nashville, Tennessee : Broadman & Holman Publishers, Farris, 2005), 176.

(New World Order)를 맞게 됐다'고 천명했다.[26]

그런 위험성은 뉴라이트들이 그들의 주장을 합리화하기 위해 성서를 인용한다는 사실에서 더욱 두드러진다. 팻 로버트슨은 성서가 앞으로 일어날 일들을 정확하게 예언한다고 말한다. 그는 누가복음 21장을 언급하면서 이 예언이 문자적으로는 1967년 6월, 즉 6일 전쟁이 끝나면서 이루어졌다고 말한다. 1967년은 유대인들이 바벨론에 멸망당한 주전 586년 이래 최초로 예루살렘을 온전히 회복한 날이라고 말한다. 그는 성서에서 1세대는 40년이기 때문에 1967년에서 1세대 후는 2007년이라고 말한다. 1967년에 이방인들의 때가 끝나고 새로운 세대가 시작한다면, 2007년에 한 세대가 끝나는 것이다. 그는 하나님의 눈으로 보면, 미국은 1776년 7월 4일에 시작한 것이 아니고, 최초의 영구 정착인들이 미국에 당도해서 7피트짜리 오크나무 십자가를 모래밭에 세우고 무릎 꿇고 기도하면서 이 나라가 하나님과 그의 아들 예수 그리스도의 영광을 위한 나라임을 선언한 1607년 4월 29일에 시작했다고 주장한다.[27] 그리고 이때로부터 10세대 후, 즉 400년 후는 2007년이다. 그래서 2007년에는 하나님이 세우신 단일 세계정부가 이뤄질 것으로 믿었다.

한국 기독교 우파의 목표

미국의 기독교 우파처럼 한국의 기독교 우파는 한국이 기독교 국가가 되기를 희망한다. 이명박은 2004년에 서울을 하나님께 봉헌했으며, 2007년에는 대한민국을 하나님께 봉헌하겠다고 했다. 그리고 결국 대통령에 당선되었다.

---

26) 신우용, 《미국의 신냉전전략 (1부)》[서울: 도서출판 동북아, 2005], 28.
27) Robertson, *The Collected Works of Pat Robertson*, 273.

한국을 '하나님이 바라시는 나라'로 만들고자 하는 강렬한 염원은 김진홍에게서도 나타난다.

'성서한국' 위에 '통일한국'을 이루고 '통일한국'이 성경의 말씀 위에 세워지면 틀림없이 세계에 우뚝 솟아오르는 선진 한국을 이루어갈 수 있습니다. 7천만 동포들이 말씀으로 살고 실천하고 생활과 신앙과 산업이 하나 되는 삶을 살면 우리는 선진국으로 뛰어오르게 되어 있습니다. 그런 국력을 바탕으로 우리가 무엇을 목표로 세워야겠습니까?[28]

이것은 한국을 기독교 국가로 만들자는 의도를 강하게 드러내는 말이다. 김진홍은 한국을 기독교 국가로 만들어 한국이 세계를 주도하기를 희망하고 확신하면서 민족주의를 자극한다.

사계의 변화가 있는 나라들이 세계 역사를 주도해 왔는데 유독 우리나라만 그러지를 못했습니다. 계속 눌리고 당하기만 했습니다. 이 위도상에 있는 모든 민족들이 한 번씩 세계 역사에서 주름을 잡았는데, 하필 왜 우리 민족만 빠졌습니까?……일본도 강대국이 되었는데 왜 한국은 빠져있습니까? 저는 막판에 한 번 빛내기 위해 하나님께서 아껴놓으셨다고 생각합니다. 연극을 해도 마지막 장이 중요한 것 아닙니까? 마지막에 한 번 보여주려고 하나님이 주연 배우는 아껴두고 그동안 조연들이 분위기를 조성한 것입니다.[29]

88올림픽 때 우리나라에 아주 이상한 일이 있었습니다. 사실 소매치기 솜씨는 우리나라가 금메달감입니다. 그런데 올림픽 때 소매치기들이 전부 휴업을 했습니다. 그러는 바람에 88올림픽 때 소매치기 피해가 없었

---

28) 김진홍, 《두레공동체의 정신과 비전》(서울: 두레시대, 2002), 22.
29) 김진홍, 《성공한 개혁 실패한 개혁-21세기 통일한국을 향한 대안》(서울: 두레시대, 2000), 58f.

습니다. 왜 그런지 아십니까? 소매치기 전문가들이 "국가적인 대사에 우리가 협조하자" 하고 휴업을 했기 때문입니다. 다른 나라는 그렇지 않습니다. 다른 나라에서는 올림픽이 대목입니다"(김진홍, 2000:49).
"우리 한국인들은 근본적으로 종교적이고 영적인 민족입니다. 가까운 일본인들은 공작적(工作的)이요, 인위적이며, 중국인들은 외교적이요, 상업적임에 비하여 우리 한국인들은 천성적으로 종교적이요, 예술적입니다. 그래서 한국인들을 잘 지도하려면 종교적 지도력을 지녀야 합니다.[30]

그는 이 말을 《21세기 한국형 리더십》에서도 한다.[31] 김진홍은 한국인이 매우 종교적이기 때문에 한국인을 잘 지도하려면 종교적인 바탕에서 지도력이 발휘되어야 모든 국민이 잘 따른다고 주장한다. 하지만 이것은 대단히 무지하고 주관적인 판단이다.

국제적으로 비교할 때 한국사회는 전체 인구 중 종교인구의 비율이 매우 낮은 사례에 속한다. 1989년에 갤럽이 실시한 국제적 비교조사에서 한국은 전체 17개 국가 가운데 무종교인의 비율(45%)이 가장 높았다. 사회주의 블록이 건재했던 1985년 현재 무신론자(4.4%)까지 합친 무종교인이 세계인구의 약 21.3%에 머물렀다는 통계에 비추어보아도 한국의 무종교인 비율은 매우 높은 것임이 틀림없다. 한편 우리가 '종교성'(religiosity)을 '개인의 종교성'과 '집단(혹은 세계)의 종교성'으로 구분할 경우, 한국사회는 사회구조나 문화의 어떤 차원에서도 강한 '집단적 종교성'을 보이는 사례가 아니다.[32]

그리고 1980년 현재 세계 223개 국가 가운데 무신론을 천명한 나라는

---

30) 김진홍, 《성공한 개혁 실패한 개혁-21세기 통일한국을 향한 대안》, 166f.
31) 김진홍, 《21세기 한국형 리더십-이 민족이 갈망하는 참 지도자상》(서울: 도서출판 가이드포스트, 2006), 19.
32) 강인철, "한국사회와 종교권력-비교역사적 접근", 〈역사비평〉 77호(2006년 겨울), 126.

30개, 세속주의(정교분리)를 표방한 나라는 92개, 국가종교를 제도화 한 나라는 101개였다.[33]

신지호는 "애국적 세계주의"라는 애매한 개념을 통해서 이러한 김진홍의 민족주의를 비판한다. 이렇듯 한국 뉴라이트들이 다양하고 다소 차이를 보이지만, 그들이 지향하는 바는 거의 동일하다. 신일철은 뉴라이트를 이렇게 정의한다.

> 뉴라이트는 극우파적 보수와는 구별되는 중도 우파이며, 건전한 민주적 자유 시민사회, 대한민국의 건국정신을 지켜내려는 21세기의 신개념이다. 지난 50여 년간 대한민국의 발전과정에서 축적된 유산을 긍정하고, 이를 바탕으로 보다 나은 '미완의 프로젝트'를 개척하려는 이념으로서 뉴라이트가 우리의 번영, 국론통일, 나아가 제2의 '한강의 기적' 창출에 이바지하기를 기대해 본다.[34]

이러한 목표들을 한마디로 '선진화'라고 할 수 있는데, 뉴라이트들이 궁극적인 목표로 제시하는 '선진화'를 그들은 '제2의 한강의 기적'이라고 부른다. 그렇다면 그들이 모델로 삼으려는 '제1의 한강의 기적'은 누가 이루었는가? '박정희'이다. 한국의 뉴라이트는 박정희와 그 시대를 그리워하며, 제2의 한강의 기적을 이루는 경제 강국을 꿈꾼다. 이들은 '선진화'를 앞세우면서 그 무엇도 '선진화'를 앞설 수 없다는 식으로 말한다. 신지호는 先선진화 後통일을 주장하고, 안병직은 "현재 한국 현대사의 기본과제로 인식되고 있는 선진화와 통일 중에서 선진화가 배타적 국정과제임을 올바로 인식하고 6·15 남북

---

[33] 강인철, 122.
[34] 신일철, 《뉴라이트와 시장의 철학-한국 자유주의의 새로운 모색을 위하여》 [서울: (주)FKI미디어, 2004[, 15.

공동선언을 폐기해야 한다"고 말한다.[35] 한국의 선진화를 위해서 통일을 위한 노력마저도 포기해야 한다고 주장하는 것이다.

기독교 우파에 대한 성서적 비판

오늘날 국가는 신민(subject)들에게 존재의 안전(루스벨트 대통령의 유명한 표현을 빌리자면 '공포로부터의 자유')을 약속할 수 없으며 또/또는 그렇게 하려고 하지 않습니다. 존재의 안전을 확보하는 것-인간적인 사회에서 적법하고 위엄 있는 장소를 얻어 이를 유지하고 배제의 위협을 피하는 것-은 지금 개인이 각자 자신의 기술과 지원에 의지해 알아서 할 일이 되어버렸습니다. 그리고 그것은 엄청난 위험을 무릅써야 하며, 그러한 위험이 필연적으로 포함할 수밖에 없는 끔찍한 불확실성을 감수해야 함을 의미합니다.[36]

옳은 말이다. 각자도생(各自圖生)! 세월호 참사는 과연 우리에게 국가란 무엇이며 정권이란 무엇인지를 심각하게 생각하게 했다. 그런데 국가적 재난과 그로 인한 참사가 정권의 무능과 부패에 의한 인재(人災)인 경우가 많다는 점에서, 현 정권을 적극 옹호하고 그로 인해 이득을 취하(려)는 기독교 우파는 그 책임을 면하기 어렵다. 그들은 당연히 비판받아야 한다. 여기서는 성서적 측면에서 기독교 우파를 비판하려 한다. 그들이 불경스럽게도 성서에 근거해서 위험한 생각들을 주장하고 행동하기 때문이다.

기독교 우파에 대한 성서적 비판에서 제일 먼저 언급할 것은, 그

---

35) 안병직, "한국의 정치경제동향-선진화모델의 정립을 위하여", 〈시대정신〉 32호 (2006년 가을), 69.
36) Zygmunt Bauman, *Citlali Rovirosa-Madrazo, Living on Borrowed Time*, 조형준 옮김, 《빌려온 시간을 살아가기-몸도 마음도 저당 잡히는 시대》 (서울: 새물결출판사, 2014), 116.

들이 성서를 왜곡하고 오용함으로써 신앙을 빙자해 세상을 위험에 처하게 한다는 것이다.

근본주의적 성향을 보이는 종교단체들에서 명확하게 드러나는 것은, 그들이 경전을 소중하게 여기고 모든 것을 경전에 근거해서 이해하고, 경전에 근거해서 행동한다는 것이다. 이런 모습은 최근 기독교 우파들에게서도 나타난다.

> 부산기독교사회책임은 지난해 11월 기독교사회책임(공동대표 서경석 등)이 서울에서 창립된 이후 지역에서는 처음 만들어진 것이다. 안용운 공동대표는 기독교사회책임이 보수단체로 불리는 것과 관련해 '성경이 가르친 대로 하는 것일 따름이지 진보니 보수니 하는 것은 의미가 없다'라고 했다.[37]

이렇게 경전에 최고 권위를 부여하고 모든 것을 거기에 종속시키는 것은 근본주의를 규정하는 중요한 특징인데, 모든 행동 근거를 성서에 둔다는 것은 그들이 행하는 모든 행동을 성서적으로 추인함으로써 정당화하는 잘못을 범하기 쉽다. 그래서 성서를 근거로 한다는 피상적인 주장보다 그들이 성서를 구체적으로 어떻게 해석하느냐가 중요하다. 근본주의 성향을 보이는 미국의 보수적 기독교인들은 동일한 성서를 읽는데도 전혀 다른 성서를 읽은 것처럼 보이는데, 그 까닭은 그들이 성서를 인용할 때 성서구절을 문맥에서 억지로 떼어내서 왜곡된 문자적 해석을 행하기 때문이며, 그럼으로써 그들은 신앙을 왜곡하고 공적 담론을 해롭게 한다.

그들은 성서구절을 매우 자의적으로 인용하고 해석한다. 즉각적으로 떠오르는 성서구절을 통해 거기서 현재 자신에게 주시는 하나

---

37) 최학림, "'부산기독교사회책임' 출범 '좌편향 정국 흐름 중도 견인'", 〈부산일보〉(2006년 5월 19일자).

님의 뜻을 찾고 거기에 따라서 행동한다. 그들은 역사적인 정황은 고려하지 않고 문자적으로 성서를 해석하고 본문을 왜곡한다.

그리고 기독교 우파는 권력을 장악하고 정치적인 영향력을 행사하기를 원한다. 그들은 자신들이 지향하는 이념에 따라 성서를 해석함으로써 성서를 이용한다. 그러다 보니 성서를 왜곡시킬 수밖에 없다.

그런데 더욱 심각한 문제는 이들이 성서를 자신들의 사상과 행동에 대한 근거로만 삼으려 하지 않고 다른 사람들에게까지 적용하기를 원한다는 것이다.

> 이제는 성경이 국민윤리 교과서가 되어야 합니다. 성경을 교회 안에서 교인들만 읽고 이해하는 걸로 끝나면 안 됩니다. ……교훈과 책망과 바르게 함과 의로 교육하게 하는 국민교육 교과서, 이것이 바로 성경을 보는 바른 견해입니다.[38]

김진홍은 이것을 목표로 삼고 정치에 적극적으로 개입한다. 이러한 생각은 기독교인 입장에서는 매우 이상적인 것처럼 보이지만, 이것을 실제로 적용하려고 할 때는 심각한 문제가 발생할 것으로 보인다.

그리고 이들은 개인적인 신앙을 보편화하려 한다. 부시는 자신이 다시 태어난 기독교인이며, 신앙의 프리즘으로 세상을 본다고 말하는 것을 주저하지 않는다. 그는, 삶은 결코 우연이 아니며, 거기에는 반드시 의미가 있다고 믿는다. 부시는 '기도하는 사람'이다. 그는 다른 사람들이 자신을 위해서 기도하는 것을 기쁘게 생각하고, 그들이 기도하는 것을 느낀다고 말한다. 그는 기도가 가장 직접적이고 명확한 의사소통 수단 가운데 하나라고 본다. 부시가 신앙적인 인물임을 부인하기는 어려울 것이다. 이런 그가 성서를 잘못 읽고 왜곡

---

38) 김진홍,《두레공동체의 정신과 비전》, 17.

하고 오용할 때, 어떤 결과가 나타나는지를 우리는 수년째 목격하는 중이다.

제리 팔웰은 하나님께 믿고 기도하면 모든 것이 이루어진다고 말하면서 마태복음 17장 20절, 마가복음 9장 23절을 인용한다. 그리고 그는 하박국 2장 2-3절을 인용하면서 여기에 나오는 '비전'이 바로 '꿈'이라고 말한다. 이런 생각은 성공과 번영을 신앙과 직결시킴으로써 자본주의와 자유경쟁 시장체제를 옹호하고, 성공과 번영의 대열에서 낙오된 자들을 신앙적이지 못한 사람들로 규정하는 치명적인 잘못으로 이어진다.

성서는 이러한 생각을 가장 심각한 죄로 명확하게 규정한다. 성서는 가난한 자들, 그리고 가난한 자들에 대한 신자들의 책임에 대해 2,000여 곳에서 언급한다. 구약성서는 이스라엘이 멸망한 이유를 부유하고 권력을 가진 자들이 다수의 가난하고 힘없는 자들을 돌보지 않고, 오히려 학대하고 착취했기 때문이라고 말한다. 아모스 5장 11-12절, 21-27절. 6장 1-11절, 8장 4-10절을 보라.

그리고 이들은 극단적인 선악이원론에 빠져있는데, 자신들을 절대적인 선으로, 그리고 타자들은 절대적인 악으로 규정하고, 악의 세력들을 타파하는 것을 신이 주신 소명으로 생각한다. 제리 팔웰도 마찬가지지만, 팻 로버트슨은 사탄이 역사한다고 생각한다. 안 좋은 일은 사탄이 일으킨 것으로 생각한다. 그리고 그는 우리가 사는 세상이 급변하기 때문에 앞으로 어떤 일이 일어날 것인지 알 수 없지만, 현재 일어나는 몇 가지 일들을 살펴보면, 앞으로 어떤 일들이 일어날 것인지를 예측할 수 있다고 생각한다. 그러면서 이들은 세대주의적인 종말론에 입각해서 역사를 선과 악의 투쟁으로 해석하고, 이 세상을 선의 세력과 악의 세력이 싸우는 전쟁터로 규정함으로 악을 제거한다는 명목으로 전쟁을 옹호한다.

우리는 지금까지 기독교 뉴라이트들이 성서를 어떻게 읽고 해석하고 적용하는지, 그리고 그것이 현실적으로 얼마나 위험한 결과를 낳는지를 살펴보았다. 우리는 성서를 바르게 읽어야 하는데, 무엇보다 성서가 무엇을 지향하는지를 알아야 한다.

물론 하나님은 이 세상 사람들이 하나님 말씀을 알기를 원한다. 세상 사람들이 하나님을 섬기고 하나님 말씀대로 살기를 원하신다. 그런데 더욱 중요한 사실은, 하나님은 온 세상 사람들이 서로 대적하지 않고 평화롭게 공존하기를 원하신다는 것이다. 하나님이 꿈꾸시는 세상은 모든 나라가 어우러져 평화롭게 사는 세상이다.

이렇듯 기독교 우파를 성서적으로 살펴보면, 그들은 자신들이 주장하는 것과는 정반대로 상당히 비성서적이며, 또 그릇된 성서 이해로 인해 세상을 분쟁에 휘말리게 하는 위험스러운 측면을 보인다고 할 수 있다.

닫는 글

우리는 지금까지 미국과 한국의 보수적 기독교, 즉 기독교 우파를 그들의 현실 인식과 정체성, 그리고 지향하는 목표로 나누어서 살펴보았다.

미국의 기독교 우파는 현재 미국이 전통적인 가치를 심각하게 훼손함으로써 미국이 하나님의 심판에 직면하게 되었다는 인식을 하고, 미국을 구하기 위해 구약시대 예언자적 심정으로 정치에 적극적으로 참여한다. 이에 비해 한국의 기독교 우파는 김대중 정권과 노무현 정권을 계승하는 정치세력이 친북반미 좌파정권이어서 이념적으로, 그리고 경제적으로 나라를 위태롭게 한다고 생각해서 정치에 적극적으로 참여(하려)한다.

미국의 기독교 우파는 자신들에 대한 분명한 인식, 즉 명확한 정체성을 갖고 있음에 비해, 한국의 기독교 우파는 전통적인 보수세력과 전향한 신보수세력이 혼존(混存)하고, 시대 상황에 따라 입장을 계속 바꿈으로써 정체성을 모호하게 한다.

  미국의 기독교 우파는 세대주의적 종말론에 입각해서 미국을 심각한 범죄와 그로 인한 하나님의 심판에서 구하고, 미국을 중심한 단일 세계정부를 구성함으로써 세계를 구하는 것을 목표로 하고, 국내 정치문제뿐만 아니라 국제 정치문제에도 적극적으로 개입한다. 이에 비해 한국의 기독교 우파는 한국의 선진화, 즉 '힘의 우위'를 목표로 제시하며 우파정권을 창출·존속하려고 했다. 실제로 정권교체를 이루었으며 여전히 북한 정권교체도 목표한다.

  이렇게 현실 인식과 정체성, 그리고 목표라는 항목을 설정하고 미국과 한국의 기독교 우파를 비교해 보았는데, 미국과 한국의 보수적 기독교는 동일하게 민주주의와 자본주의를 지지하고 자유시장 경쟁 체제를 옹호한다. 그들은 세상적인 성공을 신앙과 연결시키는데, 이것은 앞에서 살펴본 대로 비성서적이며 세상을 어렵게 할 뿐이다. 미국의 기독교 우파는 분쟁을 유발하는 극단적인 선악 이원론과 미국 중심주의를 포기해야 하고, 한국의 기독교 우파 역시 힘의 우위에 기초한 선진화를 앞세우지 말고, 성서 정신에 따라 가난한 자들에게 관심을 기울이는 정책을 펼쳐야 한다. 하워드 진은 이렇게 말했다.

> 그런 근본적인 변화를 이루기 위해서는 3,000억에서 4,000억 달러의 국방예산을 미국과 세계 다른 지역 국민들의 생활조건을 향상시키기 위해 사용하는 쪽으로 우선순위를 근본적으로 바꿀 필요가 있다. ……정책에 있어서 그런 과감한 변화를 이룸으로써 미국은 이제 더 이상 군사적 초강대국이 아니라 자신의 부를 가난한 사람들을 돕는 데 이용하는 인도주의적인 초강대국이 될 것이다.[39]

---

39) Howard Zinn, *People's History of the United States: 1492-Present*, 유강은 옮김, 《미국민중사 2》 (서울: 도서출판 시울, 2006), 560.

그리고 무엇보다 한국의 기독교 우파는 정체성을 명확하게 해야 한다. 한국 기독교는 정치에 적극적으로 개입해서 정권 창출에 나서기보다 성서적 정신을 바르게 이해함으로써 정치를 비판하는 입장을 보여야 할 것이다.

한국 기독교가 꿈꾸어야 할 세상은 자신들을 절대적 선으로 생각하는 미국이 모든 악의 세력들을 진멸하고 세계를 통합해서 만드는 '단일 세계정부'도 아니고, 한국이 세계를 주도하는 '선진화'도 아니다. 세상 모든 나라가 각각 제 고유한 자리에서 제 모습을 유지하면서 서로 어우러지는 세상이다. 우리가 그런 세상을 염원해야 하는 것은 우리 하나님이 그런 세상을 이루고 싶어 하시기 때문이다. 이제 미가 예언자도 인용하는 이사야서 한 구절로 이 글을 마치려 한다.

그가 열방 사이에 판단하시며 많은 백성을 판결하시리니 무리가 그들의 칼을 쳐서 보습을 만들고 그들의 창을 쳐서 낫을 만들 것이며 이 나라와 저 나라가 다시는 칼을 들고 서로 치지 아니하며 다시는 전쟁을 연습하지 아니하리라 (사 2:4).

닫는 글

축재의 폭력·공생의 축제

투자의 강요·이윤의 강박

달란트 비유와 몇 해 전 김기덕이 만든 영화 〈피에타〉, 이 둘은 도대체 무슨 관계인가? 내가 말하려는 것은 이렇다. "달란트 비유를 거꾸로 이해해야 한다." 달란트 비유의 실상은 김기덕의 영화 〈피에타〉이다.

달란트 비유, 사람들은 이 비유를 잘 아는 것 같다. 많은 사람들이 이 비유로 은혜를 받는 것 같다. 그러나 나는 주님이 우리에게 무엇을 말씀하시려고 이 비유를 하셨는지 모르겠다. 이 비유를 읽을 때마다, 그리고 설교를 들을 때마다 풀리지 않는 의문들만 쌓인다.

일단 이야기는 어떤 주인이 다른 나라로 가면서 자기 재산을 종들에게 맡긴 것으로 시작한다. 주인이 타국으로 왜 갔는지는 모르겠다. 누가복음은 왕위를 인정받기 위해서 갔다고 하면서, 재산 증식과 왕위 인정을 뒤섞어서 이야기를 아주 복잡하게 만든다. 무슨 이유이건, 주인이 타국으로 떠나면서 자기 재산을 종들에게 나누어 맡겼다는데, 이 주인은 자신이 출타한 동안 종들이 한가하게 지내는 것을 두고 볼 수 없었던 듯하다. 무엇보다 자신이 출타한 사이에 자신의 재산이 늘어나지 않는 것을 견디지 못한 것으로 보인다. 그는,

재산은 반드시 늘어야 한다는 재산 증식 컴플렉스 환자처럼 보인다.

주인은 길을 떠나면서 세 명의 종들에게 각각 능력에 따라서 다섯 달란트, 두 달란트, 그리고 한 달란트를 주었다. 그것은 무슨 능력일까? 돈 버는 능력이다. 주인에게 필요한 것은 다른 능력이 아니다. 돈 버는 능력이다. 닥치고 제 재산을 갑절로 불려줄 능력만 중시한다. 그리고 그 능력에 따라서 사람들을 평가하고 서열을 정한다.

다섯 달란트를 받은 첫째 종과 두 달란트를 받은 둘째 종은 주인이 떠난 다음, 바로 장사를 시작해서 주인이 돌아올 때 각각 배를 남겼다. 그들의 놀라운 순발력과 탁월한 상술, 여기서 드는 의문은 이렇다. '그들은 도대체 무슨 장사를 해서 돈을 벌었을까? 주인의 재산을 두 배로 불릴 수 있었던 장사는 과연 무슨 장사일까?' 하지만 본문은 거기에 관심이 없다. 주인도 그것을 묻지 않는다. 무엇을 사고팔았는지를 전혀 묻지 않는다. 종들도 그런 이야기는 하지 않는다. 그들은 그저 재산이 늘었는지에만 관심을 보인다. 그들에게는 세상의 모든 것이 오직 돈벌이 대상으로만 보이는 모양이다.

주인은 그 돈을 종들에게 빌려준 것인가, 아니면 거저 준 것인가? 돈독이 오른 주인이 자기 돈을 종들에게 아주 주었을 리 만무하다. 그 돈을 종들에게 '맡긴' 것이기 때문에 그것은 여전히 주인 소유이다. 그렇다면 주인은 자본만 제공하고 전혀 노동은 하지 않음으로써 자신이 소유한 자본으로 벌어들일 수 있는 이상의 엄청난 불로소득을 얻은 것이 아닌가? 이런 의미에서 이 주인은 신자유주의 시대의 총아이다.

그리고 이 이야기에서 끔찍한 것은 다섯 달란트와 두 달란트를 받은 사람이 완전 판박이라는 것이다. 그들은 맡은 액수만 다를 뿐 동일 유전자로 만든 복제인간이라도 되는 양, 동일하게 행동하고 동일하게 갑절의 이익을 남기는 놀라운 재능을 보인다. 그들은 조금도 지체하지 않는다. 아무런 고민도 하지 않는다. 전혀 의문을 제기하지 않는다. 그저 주인이 시키는 대로 주인 돈으로 열심히 장사해서 주인의 재산을 늘리는 데에만 집중한다. 한마디로 정상적인 인간이 아니다.

그런데 한 달란트 받은 사람은 그들과는 전혀 다르게 행동한다. 우리는 비로소 셋째 종에게서 인간다운 모습을 발견한다. 그는 두 사람과는 전혀 다르게 행동한다. 땅을 파고 '주인의 돈'을 감추어두었다. 이런 면에서 그는 매우 파격적이다. 그는 애초에 장사할 생각이 아예 없다. 주인이 종들의 재능에 따라서 돈을 맡겼다는데, 그렇다면 주인이 한 달란트를 이 사람에게 맡길 때는 이 사람이 한 달란트로 갑절의 이득을 남길 것이라고 판단했기 때문일 것이다. 그런데 이 사람은 주인이 기대한 대로 하지 않는다.

그리고 오랜 시간이 지났다. 드디어 주인이 돌아와서 결산을 하는데, 첫째 종은 다섯 달란트로 장사를 해서 다섯 달란트 남긴 것을 보고한다. 두 달란트 받은 사람도 동일하게 보고한다. 그러자 주인도 그 두 사람에게 동일한 말을 한다. 주인은 그들에게 "착하고 충성된 종"이라고 칭찬한다. 그리고 적은 일에 충성하였기 때문에 앞으로 많은 것을 맡기겠다고 말한다. 이 사람들은 정말 전형적이다. 말하는 것도 그렇고 행동하는 것도 그렇고 주인으로부터 칭찬을 받는 것도 완벽한 '이하동문'이다. 그들은 차이와 변형을 알지 못한다. 그들에게는 금액의 차이만 있을 뿐 다른 차이가 전혀 없다. 복제품의 세상이 보여주는 섬뜩함을 느낀다. 그들은 정해 놓은 틀에서 한 발짝도 나아가지 못한다. 나아가려고도 하지 않는다. 그리고 다섯 달란트와 두 달란트로 갑절을 남긴 것이 적은 일이라면, 앞으로 맡길 큰일은 더 많은 돈으로 더 많은 이득을 남기는 것일 텐데 정말 이들은 돈독이 오를 대로 오른 사람들이다.

그리고 주인은 그들에게 "네 주인의 즐거움에 참여하라"고 말한다. 왜 주인의 기쁨인가? 그들의 주체적인 기쁨은 아니라는 것이다. 주인의 기쁨에 동참하는 것이지 그게 그들의 기쁨은 아니다. 아무리 수고해서 돈을 갑절로 벌어놓아도 그것은 주인의 기쁨이지 자신들의 기쁨은 아니라는 이 처연한 사실, 기쁨마저도 남의 기쁨에 동참해야 하는 이 극한의 종속이여.

두 종은 주인의 재산 증식 이데올로기에 완전한 복종과 충성스런 모습을 보였지만, 한 달란트 받은 사람은 주인에게 한 달란트를 넘겨주면서 자신이 왜 그렇게 했는지에 대한 이유를 밝힌다. 이 사람은 주인이 어떤 사람인지에 관심을 가졌다. 돈이 아니라 사람에게 주목한다. 그는 주인을 굳은 사람, 즉 강퍅한 인간으로 평가한다. 심지 않은 데서 거두고 헤치지 않은 데서 모으는 사람, 즉 아주 노련하게 불로소득을 취하는 사람이라는 것이다. 이것은 정확한 판단으로 보인다. 문맥을 보면, 셋째 종이 한 달란트를 받았다고 불평했다거나 하는 식으로 해석하는 것은 어불성설이다. 다른 종들은 주인이 어떤 사람인지에 관심을 보이지 않는다. 그저 주인이 맡겨준 것을 가지고 열심히 일해서 배로 남겼고, 그것을 그대로 주인에게 넘긴다.

이렇게 셋째 종은 주인이 어떤 사람인지 말한 다음 "당신의 것"을 받으라고 한다. 그는 주인이 맡긴 재물 이상의 것을 주인에게 주고 싶은 마음이 없었다. 나에게 한 달란트를 맡겼기 때문에 당신 것은 그 한 달란트 이상이 아니라는 것이다. 어떤 불로소득을 인정하지 않으려는 것이다. 그리고 주인이 그에게 맡긴 한 달란트를 한 달란트로 묶어두려는 강한 의지가 엿보인다. 주인은 더 이상 돈을 벌어야 할 필요가 없다고 생각했는지도 모르겠다.

과연 한 달란트 받은 사람은 주인에 대해서 바르게 평가한 것인가? 주인은 한 달란트 받은 사람이 하는 말을 인정하는가? 주인은 한 달란트 받은 사람을 "악하고 게으른 종"이라고 한다. 그런데 이런 평가는 다음 구절과 연결해서 보면, 부당하다는 것을 알 수 있다. 주인은 셋째 종이 하는 말을 부인하지 않는다. 주인은 셋째 종이 자신을 잘 알고 있다고 말한다. 물론 반어법일 수도 있다. 그러나 그다음 구절을 보면, 주인은 진심을 말한 것으로 보인다. 주인은 셋째 종에게 그렇게 자신을 잘 알았다면, 한 달란트를 돈 놀이하는 사람에게나 맡겨서 이익을 남겼어야 했다고 말한다.

주인은 한 달란트를 맡겨놓고 한 달란트를 돌려주었다고 해서 셋째 종을 악하고 게으른 종이라고 한다. 도무지 이해할 수 없는 행위이다. 왜 주인이 준 한 달란트를 그대로 돌려주었다고 해서 셋째 종이 악하고 게으른 종이라는 극단적인 욕을 먹어야 하는가? 이것은 '투자의 강요'이다. 주인은 재산을 반드시 투자해야 한다고 믿는 것 같다. 그러니 투자하지 않으면 악하고 게으른 종이다. 그리고 투자를 한 다음에는 무슨 수를 쓰더라도 이득을 남겨야 한다고 말한다. 본전을 남기더라도 이득을 남기지 않으면 역시 악하고 게으른 종이다. 이것은 '이윤의 강박'이다.

주인은 정말로 불로소득의 천재인가? 주인은 돈 놀이라도 하라고 했는데, 이것을 정당하게 받아들일 수 있을까? 주인이 셋째 종에게 하는 말은 무슨 수를 쓰든지 돈을 투자해서 배로 불려놨어야 한다는 것이다. 어디다 투자하든 무엇을 하든 그것은 묻지 않겠다. 일단 투자해라. 그리고 배로 불려놓아라. 내가 올 때까지. 안 그러면 너는 악하고 게으른 종이다. 이 정도면 이것은 투자라기보다 투기를 강요하는 것이다. 이러한 강요가 합당하게 보이는가? 고대사회에서 이자가 얼마나 심각한 문제였는지를 안다면, 그리고 그것이 지금도 어떤 피해를 주는지 김기덕의 〈피에타〉를 언급하지 않더라도 잘 알 것이기 때문에 주인이 하는 말, '돈놀이하는 사람에게 내 돈을 주어서 (돈 빌리는 사람들이야 어찌 되든 말든, 죽든 살든) 이자라도 받아 내 재산을 불려놨어야지 그 아까운 돈을 그대로 묵혀놔. 이 썩을 놈아'라고 하는 말이 얼마나 매정하고 냉혹한 말인지 이해(해야) 할 것이다.

주인은 마지막으로 한 달란트를 빼앗아서 열 달란트 가진 종에게 주라고 명령한다. 그러면서 가진 사람에게는 더 주어서 넘치게 하고 갖지 못한 사람에게는 있는 것마저 빼앗을 것이라고 말한다. 이것을 어떻게 받아들여야 할까? 돈 버는 능력이 최고인 세상, 이윤을 많이 남긴 순으로 사람을 평가하는 세상, 완전한 자본의 세상 아닌가? 그리고 셋째 종을 무익한 종으로 칭하면서 바깥 어두운 데로 내쫓으라고 한다. 도대체 그 종이 잘못한 것은 무엇이기에 이처럼 추방당해야 할까? 자본의 세상에서 자본을 묵히는 행위는 처단의 대상이기 때문일 것이다. 이 구절은 자본의 세상에서 낙오된 사람들의 처지를 극명하게 보여준다.

과연 우리 주님이 이런 의미로 달란트 비유를 말씀하셨을까? 아무리 봐도 그런 것 같지 않다. 주님은 어떤 평가도 하지 않으신다. 달란트 비유의 평가를 우리에게 맡기신 것이다. 그러니 달란트 비유를 읽으면서 우리는 이렇게 기도해야 한다. "주여, 제발 달란트 비유를 제대로 읽는 달란트를 주소서." 그래서 투자의 강요와 이윤의 강박, 그 집요한 폭력에서 벗어나면 좋겠다. 공유경제를 주장하는 로나 골드는 공생에 대해서 이렇게 말한다.

> 자연은 교활함이나 힘으로 이기는 적자생존 원칙 때문이 아니라 협업과 공생에 근거한 생명의 복잡한 그물망으로서 존재하고 있음을 보여주고 있다. 생존이란 죽기 살기로 경쟁하는 것 못지않게 조화를 이루며 함께 공존하는 것을 배우고 또 그 한계를 확인하는 것이다.[1]

축재(蓄財)와 축제(祝祭), 그 천양지차(天壤之差)

축제는 "축(祝)과 제(祭)가 포괄적으로 표현되는 문화현상"[2]이고,

---

1) Lorna Gold, *New Financial Horizons: The Emergence of an Economy of Community*, 안명옥·하윤희 옮김,《공유경제·나눔의 경제학》(서울: 조윤커뮤니케이션, 2012), 45.
2) 류정아,《축제인류학》[서울: (주)살림출판사, 2003], 5.

"기득권적 권력, 불평등적 모순, 억압과 갈등, 어두움과 희미함을 걷어내고자 하는 것"[3]이며, "비일상적인 전도현상"을 경험하는 것이다. "사회인류학자이자 상징인류학자였던 빅터 터너(Victor Turner)는 이러한 신성하고 종교적인 순간을 '리미날리티(Liminality) 단계'라 칭하고 이러한 단계에 머물러 있는 사람들이나 그들이 모여 있는 상황이나 공간을 '코뮤니타스'(Communitas)라고 부른다."[4] 그렇기에 축제에 대한 연구는 기본적으로 종교문화적 차원에서 현실을 직시하고 문제들을 풀어내려는 시도이다.

그런데 현대적 상황은 종교적·문화적 차원에서 볼 때, '축제 부재' 또는 '축제 빈곤'으로 요약할 수 있다. 그 까닭은 항상 축재가 축제를 대체하기 때문이다. 바우만은 미켈란젤로가 대리석 조각상 만드는 과정을 예로 들면서 조각하기 이전에 대리석은 그 전체가 유용한 가치를 갖지만, 조각하기 시작하면 그가 만들려 하는 모양 이외의 것들은 깎여 나갈 것들, 즉 쓰레기가 되는데, 이렇듯 "쓰레기의 분리와 파괴는 현대적 창조의 비법이 되었다"고 말한다.[5] (少數) 선택과 (多數) 배제 원칙에 따라 수많은 사람들을 정상적인 삶에서 제외하고 추방하는 것이다. 이 과정에서 발생하는 여러 가지 문제들, 그 중에서 특히 퇴출과 비정규직 문제는 심각하다. 이러한 일들이 발생하는 까닭은 시장(市場)이 신적인 능력을 갖는 만능이 아님에도 불구하고 시장을 신격화하는 신자유주의 정책 때문이다. 장하준이 말하는 대로, 자유롭고 공정한 시장은 존재하지 않는다.

우리 시대는 분명 축재(蓄財)의 시대이다. 교회도 예외는 아니다.[6]

---

3) 류정아, 4.
4) 류정아, 16f.
5) Zygmunt Bauman, *Wasted Lives-Modernity and its Outcasts*, 정일준 옮김, 《쓰레기가 되는 삶들-모더니티와 그 추방자들》(서울: 새물결출판사, 2008), 49.
6) 2002년 이후로 한국교회는 세상 물정에 너무 밝아서 탈이다. 기업가보다 오히려 교회가 세상 사는 이치에 환하다. 수십, 수백, 수천 억짜리 교회 짓기와 집단 이기주의적 정치 참여가 대표적이다. 이 세상의 소금과 빛이 되려 하기보다 이 세상을 지배하고 소유하려고

축제마저도 축재를 위한 도구가 되었다. 그래서 축제는 범람하지만, 리미날리티와 코뮤니타스의 부재로 인해 진정한 축제를 누리지 못하는 상황이다. 만국박람회 이후 자본주의는 축제를 변질시켰다. 그래서 뒤비뇨는 축제가 끝났다고 한다. "축제들은 이윤의 제국주의에 의해 휩쓸려 가버렸고, 나선적인 종교적 탐닉 속에 섞여버렸다."[7] 그리고 중세 시대의 '바보 제의'가 사라진 것을 아쉬워하는 하비 콕스는 "오늘의 제축이나 환상의 형태는 예외 없이 위축되어 있고 절연(絕緣) 상태에 놓여 있다"고 하면서, "오늘의 축전(祝典)은 만유질서(萬有秩序)의 역사 행렬과, 인간의 정신적 탐구를 담은 위대한 역사에 우리를 관련시켜 주지 못한다"고 말한다.[8] 그는 인류가 축재를 위해서 축제를 버렸다고 말하면서 제축의 쇠퇴가 신의 죽음과 필연적인 관계를 갖는다고 주장한다. 그렇기에 더욱 축제가 필요한 시대이다. 이런 점에서 성서적 축제를 살피는 것은 의미 있는 일이라고 본다.

이 글은 최근의 축제 연구에 근거해서 고대 이스라엘 사회의 축제들의 신학적이고 문화적인 의미를 유월절을 중심으로 살펴보는 데 목적을 둔다. 그런데 축제를 단순한 놀이를 넘어서는 중요한 문화현상으로 인식하기 시작한 것은 최근의 일이다. 이러한 경향에 따라 지금까지는 고대 이스라엘의 축제를 주로 역사적인 측면에서 다루었지만, 여기서는 신학적이고 (종교)문화적인 측면에서 다루려고 한다. 고대 이스라엘의 축제들이 언제 어떻게 발생했으며 어떻게 진행되었는지를 역사적으로 규명하기보다는, 성서 본문에 나타난 고대 이스라엘의 축제에 대한 이념, 즉 성서기자의 신학사상을 밝히려고

한다. 종교는 세상과 결탁하면서 이미 사악해졌다. "종교, 인종차별주의, 전체주의 사이의 연관성은 20세기의 가장 증오스러운 독재체제인 남아프리카의 비열한 인종차별 정책에서도 찾아볼 수 있다."[Christopher Hitchens, *God is not great*, 김승욱 옮김, 《신은 위대하지 않다》 (파주: (주)알마, 2008), 364.]

7) Hitchens, 259.
8) Harvey Cox, *The Feast of Fools*, 김천배 역, 《바보祭-祭祀과 幻想의 神學》 (서울: 현대사상사, 1973, 1992), 13.

한다. 그리고 이를 통해서 종교적 축제에 대한 문화적 이해와 적용을 심화하는 데 기여하고자 한다.

호모 페스티부스(Homo Festivus)

목청을 뽑아 민요를 부르는 사람, 술에 취하여 마냥 흥겨워하는 사람, 풍자와 조소를 퍼붓고 돌아다니는 사람들로 세상이 발칵 뒤집힌다. 말단 미직의 서사들도 얼굴에 물감칠을 하고 상사들의 예복을 걸치고서 거리를 활보하는가 하면 심지어는 교회나 궁정에서 가지는 웅장한 예식을 흉내 내면서 이를 조롱하기도 한다. 때로는 악질 현감, 가짜 임금, 아이 주교(主敎) 등을 선출하여 사건을 처리하기도 하고 풍자적인 모의 미사를 집전하기도 한다. '바보 제의' 기간 중에는 풍속이나 관례를 아무리 조롱하여도 상관이 없으며 국가 최고급의 명사들을 대상으로 야유를 퍼부어도 용납이 된다.[9]

하비 콕스가 묘사하는 중세의 축제 장면이다. '축제' 하면 우렁찬 음악 소리, 긴 행렬과 우스꽝스런 복장을 한 수많은 사람들, 그리고 술을 비롯한 여러 음식들이 떠오른다. 섬에서 보낸 어린 시절, 명절 때 동네에서 소 한 마리를 잡아서 그것을 고르게 나누어 갖고, 그날 저녁과 밤에는 모두가 어우러져서 식사를 하고 소가죽을 굽는 불 옆에서 노래하고 춤을 추었다. 그리고 동네에서 초상이 났을 때, 끝없이 이어지는 만장의 행렬, 그것은 또 다른 축제였다. 그러나 지금 우리는 그 속 깊은 흥겨움을, 그 다정한 어우러짐을, 그 청빈한 풍족함을, 그리고 그 스스럼없음을 잃어버렸다. 인간이란 본래 무엇인가? 인간은 사색하는 동물, 즉 호모 사피엔스(homo sapiens)이고, 노동하

---

9) Cox, *The Feast of Fools*, 11.

는 동물, 즉 호모 파베르(homo faber)이며, 또한 유희하는 동물, 즉 호모 루덴스(homo ludens)이지만, 하비 콕스가 말한 대로 더 본질적으로는 축제하는 동물, 즉 호모 페스티부스(homo festivus)이다.

> 인간이란 그 본성으로 미루어볼 때 노동을 하고 사색을 하는 생물일 뿐만 아니라 노래와 춤과 기도와 설화와 경축의 행위를 가지고 있는 존재이다. 인간은 homo festivus(제축 인)이다. 인간적 생활이 지니고 있는 제축의 보편성을 주시할 필요가 있다. 문화치고 제축성을 지니지 않는 것은 하나도 없다. ……한 문화가 제축을 상실할 때 인간이 지니고 있어야 할 어떠한 보편적 특질이 존망의 기로에 서게 되는 것이다.[10]

인간은 본질적으로 축제하는 생명체이고, 그렇기에 인간의 삶은 당연히 축제의 삶이어야 한다. 아무리 세속화된 세상을 산다고 해도 인간은 근원적으로 성스러운 차원을 추구하며 그것을 축제를 통해서 이루려 한다. "축제 속에서 상징적으로 표현되는 성스런 영역은 일상적 삶의 세속적인 부분의 존재가치를 더욱더 부각시켜" 준다.[11] 그리고 인간들은 유토피아를 추구하며 이를 통해서 자신의 생존 의미를 확인하려 한다. 즉 문화 정체성을 확인하려 하는데, 이를 위해서는 축제가 가장 효과적이기 때문이다.

카니발(Carnival)

호이징하가 말한 대로 인간은 분명히 놀이하는 존재, 즉 호모 루덴스이다. 그러나 호이징하가 말하는 놀이는 일정한 규칙을 갖고 거기에 따르는 양상을 보인다는 점에서 축제와는 다르다. 뒤비뇨는 놀

---

10) Cox, 28.
11) 류정아, 24.

이와 축제를 구분한다. "사람들은 자주 '놀이'와 '축제'를 혼동한다. 놀이는 규칙의 수용을 이야기하며 과격한 근육 행위에 기호를 부여하고 자연적인 행위로부터 분리되어 스펙터클로 통합되는 것이다. 반면에 축제는 규칙을 위반하는 것뿐만 아니라 더 나아가 모든 규칙을 파괴하는 것이다."[12] 축제, 특히 카니발은 일정한 규칙을 따르지 않는다. 일탈과 전복으로서의 축제는 기존의 규칙을 깨뜨린다는 점에서만 의미를 갖는다. 현존하는 종교적, 정치적, 도덕적 가치와 규범과 금지들을 확고히 하려는 것이다.

> 공식적인 축제와는 대조적으로 카니발은, 마치 지배적인 진리들과 현존하는 제도로부터 일시적으로 해방된 것처럼, 모든 계층 질서적 관계, 특권, 규범, 금지의 일시적 파기를 축하하는 것이다. 이것은 진정한 시간성의 축제이며, 생성과 변화 갱생의 축제인 것이다. 카니발은 모든 종류의 영구화(영구화), 완성, 그리고 완결성과도 적대적이다. 카니발은 아직 완성되지 않은 미래를 응시하고 있기 때문이다.[13]

금욕의 사순절 이전에 벌어지는 일탈의 사육제(謝肉祭), 그 광란의 기간에 벌어지는 카니발은 원래 기독교적인 것이 아니었다. 그렇다고 완전히 이교적인 것도 아니었다. 카니발은 원래 호모 페스티부스로서의 인간의 삶에서 비롯된 것이다. 기독교적이라거나 이교적이라고 말하기 이전의 원초적 본능(Basic Instinct)이라는 것이다. 그리스의 디오니소스 축제는 로마의 바쿠스 축제로 이어졌고, 기독교 축제에 그 흔적을 남겼다.

류정아는 '카니발'의 어원으로 세 가지를 드는데, 첫째, '카루스 나

---

12) Duvignaud, 75.
13) Mikhail Bakhtin, *Rabelais and his World*, 이덕형·최건영 옮김, 《프랑수아 라베르레의 작품과 중세 및 르네상스의 민중문화》 (서울: 아카넷, 2001), 32f.

발리스'(carus navalis, 배 마차)는 로마의 2월 축제에서 등장한 배 모양의 마차 행렬을 가리킨다. 둘째, '카르네'(carne, 고기)+'레바'(leva, 걷어낸다, 삼켜버린다)이다. 셋째, '카로'(고기)+'발렌스'(valens)로, '고기로 잔뜩 배를 불린다'이다.[14] 윤선자는 셋째를 택한다.

윤선자는 카니발을 세분화하고 세밀하게 규정하는데, 12월 25일과 12일제를 포함하는 '광인의 축제'와 1월 17일 성 앙투완 축일에서 육식일까지의 '카니발 축제'로 나누고,[15] 광인의 축제를 교회와 하위 성직자를 중심으로 벌어진 종교적 축제로, 카니발 축제를 교회 밖 평신도를 중심으로 벌어진 세속적 축제로 규정한다. 광인의 축제는 아이를 비롯해서 사회적 약자와 불구자들을 위한 축제였는데, 점차 빈자와 광인을 위한 축제로 확대되었다. 광인의 축제에서는 가짜 주교인 '광인의 주교'를 등장시켰는데, 그는 하층민들의 대표자였던 것으로 보인다. 광인의 축제는 시간이 흐를수록 지배층이 부정적으로 여겨서 결국 17세기 이후에 사라졌다. 카니발 축제에서는 '카니발의 왕'의 행진과 화형식이 중요하다. "이 인형은 육식 화요일에 마을을 가로지르는 행렬을 벌이고, 그 행렬이 끝나면 모의재판을 받음과 동시에 화형을 당하였다."[16] 카니발 행진에서 중요한 것은 광인이었다. 광인은 그냥 미치광이가 아니고, 상태가 양호한 광인이거나 어릿광대들이었다. 이들은 궁정이나 성에 상주하기도 하고 유랑하기도 했다.

카니발의 특징은 첫째, 웃음과 익살, 풍자, 둘째, 웃음과 익살, 풍자가 과장되고 뒤집힌 육체와 언어를 통해 표현되는 괴기적 사실주의인데, 괴기적 사실주의는 뒤집기, 더럽히기, 자르기, 외설, 먹기(연회), 집단성의 성격을 갖는다. 바흐찐은 축제의 양상을 이렇게 묘사한다.

---

14) Bakhtin, 38.
15) Bakhtin, 65.
16) Bakhtin, 119.

> 카니발적 유형의 광장 축제들, 개별적인 우스꽝스러운 의식과 전례들, 어릿광대와 익살꾼들, 거인들, 난쟁이들, 절름발이들, 잡다한 유형과 계급의 떠돌이 광대들, 수없이 다양한 패러디적 작품과 다른 많은 것들-이 모든 형식들은 통일된 스타일을 가지고 있었는데, 이 형식들은 동일하면서도 총체적인 민중들의 웃음과 카니발적인 문화의 부분이자 편린들이다.[17]

그런데 놀라운 사실은 지극히 세속적으로 보이는 축제가 교회를 중심으로 열렸다는 것이다. 중세 시대에 교회는 놀이와 연극이 벌어지는 유희의 장소였다. 그래서 교회에서 광인의 축제 같은 탈선적인 의례들도 행해졌다. 교회는 거룩한 곳이며, 동시에 지극히 세속적인 곳이었다. 교회 건물에는 거룩한 그림과 조각만 있었던 게 아니다. 괴기스럽고 풍자적인 그림과 조각들을 새겨놓았다. 도시도 그렇지만, 특히 농촌에서 교회는 축제의 장소였다. "농촌에서는 17세기까지도 교회에서 먹고 마시고 노래하고 춤추는 것이 민중오락의 중요한 부분이었다." 이런 점에서 교회를 중심으로 하는 축제는 물질적이고 육체적인 잔치였다.

> 넘쳐흐르는 풍요와 전 민중성은 물질·육체적 삶의 모든 이미지들이 지니고 있는 유쾌하고 축제적인(관습적 일상생활이 아닌) 특이한 성격의 기초가 된다. 여기서 물질·육체적 원리는 축제적이고, 향연적이며, 광희적(狂喜的)인 원리이다. 이것은 '전 세계적 향연'이다.[18]

이런 점에서 카니발은 '고기의 축제'이고 '몸의 축제'이다. 중세 시대는 몸이 대단히 중요한 의미를 가졌다는 점에서 물질적이고 육체적이었다.

---
17) Bakhtin, 23f.
18) Bakhtin, 48.

축제의 신·신의 축제

지금까지 축제에 대한 기본적인 것들을 살펴보았고, 이제는 그러한 이해를 바탕으로 고대 이스라엘의 축제를 다루려고 한다. 고대 이스라엘의 역사는 제국주의에 침탈당하는 역사이다. 이스라엘은 앗시리아, 바빌로니아, 페르시아, 헬라, 로마 제국의 지배를 받았다. 그런데 이 파란만장한 우여곡절의 역사, 삶의 질곡 속에서 이스라엘 사람들은 기쁘게 사는 법, 삶을 축제로 만드는 비법을 터득했다. 우울한 역사 대(對) 축제의 삶. 그것이 바로 '하바 나길라'이다. 하바 나길라는 '자, 우리 함께 즐겁게 놀자'는 의미의 히브리어인데, 히브리 전통 민요로 유명하다. 하나님은 이스라엘 사람들에게 축제의 삶을 명령한다.

[22]너는 마땅히 매년 토지 소산의 십일조를 드릴 것이며 [23]네 하나님 여호와 앞 곧 여호와께서 그의 이름을 두시려고 택하신 곳에서 네 곡식과 포도주와 기름의 십일조를 먹으며(히브리어 '아칼') 또 네 소와 양의 처음 난 것을 먹고 네 하나님 여호와 경외하기를 항상 배울 것이니라 [24]그러나 네 하나님 여호와께서 자기의 이름을 두시려고 택하신 곳이 네게서 너무 멀고 행로가 어려워서 네 하나님 여호와께서 그 풍부히 주신 것을 가지고 갈 수 없거든 [25]그것을 돈으로 바꾸어 그 돈을 싸 가지고 네 하나님 여호와께서 택하신 곳으로 가서 [26]네 마음에 원하는 모든 것을 그 돈으로 사되 소나 양이나 포도주나 독주 등 네 마음에 원하는 모든 것을 구하고 거기 네 하나님 여호와 앞에서 너와 네 권속이 함께 먹고('아칼') 즐거워할 것이며('샤마흐') [27]네 성읍에 거주하는 레위인은 너희 중에 분깃이나 기업이 없는 자이니 또한 저버리지('아자브') 말지니라 [28]매 삼 년 끝에 그 해 소산의 십분의 일을 다 내어 네 성읍에 저축하여 [29]너희 중에 분깃이나 기업이 없는 레위인과 네 성중에 거

류하는 객과 및 고아와 과부들이 와서 먹고('아칼') 배부르게 하라 그리하면 네 하나님 여호와께서 네 손으로 하는 범사에 네게 복을 주시리라(신 14:22-29).

이렇게 구체적으로 축제를 명령한다는 점에서 야훼는 '축제의 신'이다. 고대 이스라엘 사람들은 일 년에 세 차례 하나님 앞에 나아가야 했다. 물론 언제나 그랬던 것은 아니었겠지만, 그들은 그런 삶을 염원했고, 간혹 그렇게 했던 적도 있다. 십일조를 드리는 것이야 우리에게도 익숙한 일인데, 위에 인용한 본문 23절을 보면, 십일조를 드리라고 하면서 동시에 하나님 앞에 나아가서 그 십일조를 먹으라고 한다. 본문에서 핵심단어는 '먹는다'('아칼')이다. 그리고 거리가 멀면 돈을 갖고 가서 거기서 필요한 것들을 구입해서 하나님 앞에 나아가라고 하는데, 그 품목을 보면, 소('바카르'), 양('촌'), 포도주('아인'), 그리고 독주('쉐카르'), 네 마음에 원하는 모든 것들이다. 그리고 거기서 함께 먹고 즐거워하라('샤마흐')고 한다.[19] 고대 이스라엘 사람들은 하나님 앞에 나아갈 때, 제사만 드리러 가는 것이 아니었다. 가족 단위로 다른 가족들과 함께 즐기러 갔다. 그들에게 하나님은 "포도주와 독주를 사서 맘껏 마셔라"라고 일러준다. 음주가무(飮酒歌舞)를 명령한 것이다.[20] 구약성서 여러 곳에서 포도주와 독주를 함께 언급한다 (레 10:9; 민 6:3; 신 14:26, 29:6, 13:4, 7, 14; 삼상 1:15; 잠 20:1, 31:4, 6; 사 5:11, 22, 24:9, 28:7, 29:9, 56:12; 미 2:11).

그리고 고대 이스라엘 사람들은 자신들만 포도주와 술을 마시면

---

19) "축제적 자유의 영역과 관련되어 있는 한, 노동 그 자체도 항상 잔치의 흥청거림과 풍성한 먹거리의 흥겨운 소비로 이어진다."(Dominick LaCapra, "Bakhtin, Marxism and the Carnivalesque", 유명숙 옮김, 《바흐친, 마르크스주의, 그리고 축제적인 것》, 여흥상 엮음, 《바흐친과 문화 이론》 [서울: (주)문학과지성사, 1995], 192.
20) 유월절에 넉 잔의 포도주를 마시는 예전적인 관습에 대해서는, Rabbi Abraham P. Bloch, *Midrashic Comments on the Torah- Torah Thoughts for Sabbaths and Holidays* (Hoboken, NJ.: Ktab Publishing House, Inc., 1991), 141f.를 보라.

서 즐기지 않았다. 그들은 하나님께 제물로 독주도 바쳤다. 민수기 28장 7절을 보면, "거룩한 곳에서 여호와께 독주('쉐카르')의 전제를 부어"드리라고 한다. 이렇게 함으로써 그들은 하나님을 음주가무에 초청하는 것으로 보인다. 이런 점에서 야훼가 축제를 명령하는 축제의 신일 뿐만 아니라 축제를 즐기는 신이었다는 점에서, 고대 이스라엘 사람들이 벌이는 축제는 '신의 축제'이기도 했다.

그런데 고대 이스라엘 사람들은 독주를 마시면 어떤 일이 벌어지는지 잘 알았다. "포도주는 거만하게 하는 것이요 독주는 떠들게 하는 것이라 이에 미혹되는 자마다 지혜가 없느니라"(잠 20:1; 삼상 1:15도 참고하라.) 이사야는 포도주와 독주를 마시는 자들에게 저주를 선포한다(사 5:11, 22, 56:12). 그래서 예배드리는 제사장들, 나실인들, 나라를 다스리는 사람들은 독주를 삼가야 했다. 제사장(레 10:9), 나실인(민 6:3; 삿 13:4, 13:7, 14-15), 이스라엘(신 29:6), 왕(잠 31:4). 그럼에도 불구하고 그들은 축제에서만큼은 마음껏 먹고 마시고 즐기는 것을 당연하게 여겼다.

그런데 하나님은 매년 드리는 십일조 외에, 3년에 한 번씩 드리는 십일조로 삶의 터전이 없는 사람들로 하여금 먹고 배부르게 하라고 지시하셨다.(29절) 모두가 평등하게 즐기는 세상을 명령한 것이다. 이렇게 하나님 앞에서 모두가 즐겁게 먹고 마시면서, 특히 독주를 마시고 취해서 맘껏 즐기는 것은 물질·육체적 원리에 충실한 카니발, 즉 그 몸의 축제를 떠올리게 한다.

이런 축제를 명령하는 하나님은 음주가무의 신이다. 예수도 먹고 마시기를 즐기는 자이며 세리와 죄인의 친구라는 비난을 받았다. "요한이 와서 먹지도 않고 마시지도 아니하매 그들이 말하기를 귀신이 들렸다 하더니 인자는 와서 먹고 마시매 말하기를 보라 먹기를 탐하고 포도주를 즐기는 사람이요 세리와 죄인의 친구로다 하니 지혜는 그 행한 일로 인하여 옳다 함을 얻느니라"(마 11:18-19). 이것은 당시 사람들이 보기에도 두드러지게 예수가 잔치를 즐겼고, 하층민들, 즉 민중들과 음주가무를 하면서 어울려 놀았음을 의미한다. 이런 점에서 예수는 잔치대왕, 카니발의 주이다. 그렇다고 해서 고대 이스라엘의 축제에 참여했던 사람들, 그리고 예수와 함께 잔치를 즐기던 사람들이 하릴없이 잔치를 탐닉하고 도에 지나치게 방탕한 유희를 즐긴 것은 아니다.

출애굽, 해방과 전복의 축제

프로이트는 '금기의 파괴', 즉 일상적 억압을 벗어나는 '파괴적' 행위가 축제라고 하였다. 그 점에서 봉건적 억압을 타파하고 해방을 가져온 '혁명적 날'이야말로 진정한 의미의 축제일 것이다. 그것은 즉흥적이고 자율적이었기에 그만큼 더 순수하고 본질적인 축제였다.[21]

프랑스 대혁명 이상으로 출애굽은 축제의 전형적인 모습을 명확하게 보여준다. '주님의 밤'에 이루어진 출애굽 사건은 다름 아닌 기존 질서를 깨뜨리고 전복(顚覆)을 야기하는 혁명의 축제였다. 애굽의 지배를 벗어나서 새로운 삶으로 나아가는 축제, 하나님은 그것을 대대로 지키라고 명령하신다. 일탈과 전복의 축제, 혁명의 축제[22]를 지시하는 것이다. 이스라엘의 3대 축제(무교절, 칠칠절, 초막절)는 모두 출애굽과 이어진다. 그래서 이스라엘의 축제는 거의 대다수가 출애굽을 기념하는 축제, 해방의 축제, 평등의 축제였다.

출애굽기 15장은 출애굽이 축제였음을, 노래와 춤으로 이루어진

---

21) 윤선자, 《축제의 정치사》 [파주: (주)도서출판 한길사, 2008], 27. 윤선자는 이 책에서 프랑스 혁명이라는 정치적 사건이 어떻게 종교문화적인 축제와 연관을 갖는지를 자세하게 밝힌다. 특히 구체제하에서 쇠퇴했던 카니발 관행들이 부활하는 것에 주목한다.(윤선자, 178.)
22) "축제에는 이미 그 자체 내에 혁명적인 요소가 내포되어 있는 셈이다." [진인혜, 〈축제와 혁명〉, 남덕현 외, 《축제와 문화적 본질》 (서울: 연세대학교 출판부, 2006, 2010), 100.]

즐거운 축제였음을 분명하게 보여준다. "아론의 누이 선지자 미리암이 손에 소고를 잡으매 모든 여인도 그를 따라 나오며 소고를 잡고 춤추니"(20절). 그리고 이스라엘이 정기적으로 드리는 제사 자체도 축제였다.

> [25]왕이 레위 사람들을 여호와의 전에 두어서 다윗과 왕의 선견자 갓과 선지자 나단이 명령한 대로 제금과 비파와 수금을 잡게 하니 이는 여호와께서 그의 선지자들로 이렇게 명령하셨음이라 [26]레위 사람은 다윗의 악기를 잡고 제사장은 나팔을 잡고 서매 [27]히스기야가 명령하여 번제를 제단에 드릴새 번제 드리기를 시작하는 동시에 여호와의 시로 노래하고 나팔을 불며 이스라엘 왕 다윗의 악기를 울리고 [28]온 회중이 경배하며 노래하는 자들은 노래하고 나팔 부는 자들은 나팔을 불어 번제를 마치기까지 이르니라 [29]제사 드리기를 마치매 왕과 그와 함께 있는 자들이 다 엎드려 경배하니라 [30]히스기야 왕이 귀인들과 더불어 레위 사람을 명령하여 다윗과 선견자 아삽의 시로 여호와를 찬송하게 하매 그들이 즐거움으로 찬송하고 몸을 굽혀 예배하니라(대하 29:25-30)

역대하 29장 25-30절을 보면, 제사장과 레위인들이 진지하게 제사 드리는 동안 찬양하는 사람들이 악기를 연주하고 노래했다. 그들은 그것을 즐겼다(샤마흐). '축과 제'가 함께 어우러져 말 그대로 축제를 한 것이다.

우리가 위대한 개혁자로 아는 히스기야와 요시야는 '축제의 왕'이었는데, 히스기야 "왕이 방백들과 예루살렘 온 회중과 더불어 의논하고 둘째 달에 유월절을 지키려 하였다"(대하 30:2). 이 구절이 말하는 것처럼 고대 이스라엘에서 축제는 평등의 축제였다.

> [23]온 회중이 다시 칠 일을 지키기로 결의하고 이에 또 칠 일을 즐겁

게(샤마흐) 지켰더라 ²⁴유다 왕 히스기야가 수송아지 천 마리와 양 칠천 마리를 회중에게 주었고 방백들은 수송아지 천 마리와 양 만 마리를 회중에게 주었으며 자신들을 성결하게 한 제사장들도 많았더라 ²⁵유다 온 회중과 제사장들과 레위 사람들과 이스라엘에서 온 모든 회중과 이스라엘 땅에서 나온 나그네들과 유다에 사는 나그네들이 다 즐거워하였으므로(샤마흐) ²⁶예루살렘에 큰 기쁨(심하-게돌라)이 있었으니 이스라엘 왕 다윗의 아들 솔로몬 때로부터 이러한 기쁨이 예루살렘에 없었더라 ²⁷그때에 제사장들과 레위 사람들이 일어나서 백성을 위하여 축복하였으니 그 소리가 하늘에 들리고 그 기도가 여호와의 거룩한 처소 하늘에 이르렀더라(대하 30:23-27).

이렇게 구약성서가 보여주는 축제, 특히 유월절 축제는 전복의 혁명적 축제였으며, 온 이스라엘이 참여하는 평등과 화합의 축제였고, 모두에게 기쁨을 주는 잔치였다.²³⁾ 요시야 시대에 유월절은 온 국민이 예루살렘에 모여서 행하는 국가적 행사인데, 출애굽 당시에는 가족 중심으로 이루어졌다. 가족 중심의 유월절이 국가적인 행사로 발전한 것이다. 그리고 다른 누구보다 왕이 적극적으로 나선다는 점이 두드러진다.

> ⁷요시야가 그 모인 모든 이를 위하여 백성들에게 자기의 소유 양 떼 중에서 어린 양과 어린 염소 삼만 마리와 수소 삼천 마리를 내어 유월절 제물로 주매 ⁸방백들도 즐거이 희생을 드려 백성과 제사장들과 레위 사람들에게 주었고 하나님의 전을 주장하는 자 힐기야와 스가랴와 여히엘은 제사장들에게 양 이천육백 마리와 수소 삼백 마리를 유월절 제물로 주었고 ⁹또 레위 사람들의 우두머리들 곧 고나냐와 그의 형제 스마

---

23) 이런 점에서 이스라엘의 축제는 순화된 카니발이라고 할 수 있다. "카니발에서는 모든 사람들이 평등한 것으로 간주된다."(Bakhtin, 33.)

야와 느다넬과 또 하사뱌와 여이엘과 요사밧은 양 오천 마리와 수소 오백 마리를 레위 사람들에게 유월절 제물로 주었더라(대하 35:7-9).

요시야는 자신이 소유한 가축들 가운데서 어린 양과 어린 염소 삼만 마리, 그리고 수소 삼천 마리를 내놓았다. 이것은 다윗이 성전을 건축하기 위해서 자신의 사유 재산을 내놓은 것을 떠올리게 한다. 히스기야도 유월절을 지키면서 자신의 사유 재산을 회중들을 위해서 내놓았다. "유다 왕 히스기야가 수송아지 천 마리와 양 칠천 마리를 회중에게 주었고"(대하 30:24). 히스기야와 요시야가 회중들의 음주가무를 위해서 내놓은 가축들 수를 비교해 보면, 히스기야는 모두 7천 마리를 내놓았고, 요시야는 33,000마리를 내놓았다. 요시야가 히스기야와는 비교할 수 없을 정도로 훨씬 더 많이 내놓았다.

축제의 주

다른 사람들을 위로하느라 탈진상태에 빠졌던 헨리 나우웬에게 새로운 힘을 불어넣어준 그림, 렘브란트가 그린 〈탕자의 귀향〉의 원전은 하나님 나라가 축제의 나라임을 보여준다.

[22]아버지는 종들에게 이르되 제일 좋은 옷을 내어다가 입히고 손에 가락지를 끼우고 발에 신을 신기라 [23]그리고 살진 송아지를 끌어다가 잡으라 우리가 먹고 즐기자 [24]이 내 아들은 죽었다가 다시 살아났으며 내가 잃었다가 다시 얻었노라 하니 그들이 즐거워하더라 [25]맏아들은 밭에 있다가 돌아와 집에 가까이 왔을 때에 풍악과 춤추는 소리를 듣고 [26]한 종을 불러 이 무슨 일인가 물은대 [27]대답하되 당신의 동생이 돌아왔으매 당신의 아버지가 건강한 그를 다시 맞아들이게 됨으로 인하여 살진 송아지를 잡았나이다 하니 [28]그가 노하여 들어가고자 하지 아니하거늘

아버지가 나와서 권한대 ²⁹아버지께 대답하여 이르되 내가 여러 해 아버지를 섬겨 명을 어김이 없거늘 내게는 염소 새끼라도 주어 나와 내 벗으로 즐기게 하신 일이 없더니 ³⁰아버지의 살림을 창녀들과 함께 삼켜 버린 이 아들이 돌아오매 이를 위하여 살진 송아지를 잡으셨나이다 ³¹아버지가 이르되 얘 너는 항상 나와 함께 있으니 내 것이 다 네 것이로되 ³²이 네 동생은 죽었다가 살아났으며 내가 잃었다가 얻었기로 우리가 즐거워하고 기뻐하는 것이 마땅하다 하니라(눅 15:22-32).

"우리가 먹고 즐기자"(히브리어로 '하바 나길라'). 아버지가 베푼 '당연한' 잔치는 큰아들(로 대표되는 기득권층)의 생각을 뒤엎는 참된 축제였다. 그런데 예수는 잃은 아들 이야기뿐만 아니라, 그에 앞서 들려주신 잃은 양 이야기와 잃은 드라크마 이야기도 모두 잔치로 마무리하신다. 여기서 공통적으로 나오는 말이 "벗과 이웃을 불러 모으고 말하되 나와 함께 즐기자"이다.

이렇듯 하나님 나라를 축제의 나라로 보여준 예수는 그분 자신이 축제의 주였다. 기독교가 로마의 국교화가 되면서 로마의 축제들이 기독교화 되고 그 과정에서 12일제가 확립되었는데, "12일제는 12월 25일 성탄절부터 1월 6일 예수공현절까지의 기간을 말한다."[24] 예수공현절에는 '축제의 왕'을 뽑았다. 그래서 예수공현절을 '왕의 축제'로 불렀다. 이것은 바빌로니아의 임시 왕을 연상케 하지만, 축제 마지막에 비참하게 죽임을 당하는 바빌로니아의 임시 왕과는 달리 예수공현절의 왕은 축제를 주관하는 축제의 영웅이자 주인공이었다.

그리고 예수는 축제의 기획자였다. 마가복음 14장 12-16절은 예수가 잔치를 기획하는 모습을 보여주고, 17-42절은 예수가 잔치를 주관하는 모습을 보여준다. 이처럼 예수는 비통한 마지막 밤을 제자

---

24) 윤선자, 《축제의 문화사》, 58.

들과 함께 지내는 뜻깊은 잔치를 기획하고 주관하셨다. 그 잔치는 음주가무와 행진으로 이어지는 작은 축제였는데, 그것은 다름 아닌 유월절 잔치, 즉 출애굽 잔치였다. 그러니 그 잔치는 분명 이 세상 가치관을 뒤엎는 전복의 축제였고, 예수가 이 세상의 진정한 왕으로 등극하는 혁명적 축제였다. 그리고 예수가 제자들에게 나중 잔치, 즉 마지막 축제를 약속했다(막 14:22-26)는 점에서도 그는 영원한 축제의 기획자이다. 이스라엘 역사에서 왕들은 축제 기획자들이며 연출자들이었다. 이런 모습이 다윗에게서 명확하게 나타난다.

> ¹다윗이 이스라엘에서 뽑은 무리 삼만 명을 다시 모으고 ²다윗이 일어나 자기와 함께 있는 모든 사람과 더불어 바알레유다로 가서 거기서 하나님의 궤를 메어 오려 하니 그 궤는 그룹들 사이에 좌정하신 만군의 여호와의 이름으로 불리는 것이라(삼하 6:1-2).

역대기 기자는 다윗이 직접 법궤를 운반하는 축제를 기획하고 그 축제에 직접 참여했음을 보여준다. 그리고 다윗을 본받아 히스기야도 출애굽을 기념하는 유월절 축제를 대대적으로 기획하고 연출했다.

> ¹히스기야가 온 이스라엘과 유다에 사람을 보내고 또 에브라임과 므낫세에 편지를 보내어 예루살렘 여호와의 전에 와서 이스라엘 하나님 여호와를 위하여 유월절을 지키라 하니라 ²왕이 방백들과 예루살렘 온 회중과 더불어 의논하고 둘째 달에 유월절을 지키려 하였으니 ³이는 성결하게 한 제사장들이 부족하고 백성도 예루살렘에 모이지 못하였으므로 그 정한 때에 지킬 수 없었음이라 ⁴왕과 온 회중이 이 일을 좋게 여기고 ⁵드디어 왕이 명령을 내려 브엘세바에서부터 단까지 온 이스라엘에 공포하여 일제히 예루살렘으로 와서 이스라엘 하나님 여호와의 유월절

을 지키라 하니 이는 기록한 규례대로 오랫동안 지키지 못하였음이더라 (대하 30:1-5).

히스기야는 자신이 통치하던 남왕국 유다 지역뿐만 아니라 북왕국 지역도 축제에 포함시키려고 했고, 그들에게 편지를 보내서 축제에 초청했다. 열왕기와 달리 역대기는 히스기야가 유월절 축제를 행했음을 밝히고, 방백들과 백성들, 즉 유력한 시민들과 함께 의논하면서 축제를 기획하고 진행했음을 애써 보여준다. 히스기야의 개혁정신을 이어받은 그의 증손 요시야도 직접 축제를 기획하고 연출한다.

¹요시야가 예루살렘에서 여호와께 유월절을 지켜 첫째 달 열넷째 날에 유월절 어린 양을 잡으니라 ²왕이 제사장들에게 그들의 직분을 맡기고 격려하여 여호와의 전에서 직무를 수행하게 하고……⁴너희는 이스라엘 왕 다윗의 글과 다윗의 아들 솔로몬의 글을 준행하여 너희 족속대로 반열을 따라 스스로 준비하고 ⁵너희 형제 모든 백성의 족속의 서열대로 또는 레위 족속의 서열대로 성소에 서서 ⁶스스로 성결하게 하고 유월절 어린 양을 잡아 너희 형제들을 위하여 준비하되 여호와께서 모세를 통하여 전하신 말씀을 따라 행할지니라 (대하 35:1-6).

축제의 광대

예수가 직접 기획하고 진행한 소박하지만 거룩한 유월절 잔치가 끝난 다음, 이스라엘 사람들이 벌이는 유월절 축제는 예수가 사람들에게 붙잡혀 죽임을 당하는 한바탕 카니발로 끝났다. 그래서 예수는 성육신의 주이고 카니발의 주이다. 그런데 예수가 조롱당하고 죽었다는 점에서 그는 전형적인 축제의 광대였다. 콕스는 현대에 들어와서 그리스도에 대한 전통적인 이미지들이 그 권능을 상실하고 그리스도가 새로운 모습으로 나타났는데, 그것이 바로 광대 그리스도라고 한다.[25] 그는 "현대의 세속적 심상(심상)에 어릿광대 기질이 재출현하고 있지 않았던들 광대 모자를 쓰고 광대 반점을 얼굴에 칠한 그리스도를 등장시킨다는 것은 도저히 있을 수 없는 일이다"라고 말하면서 찰리 채플린 같은 현대 광대들이 광대 그리스도 등장에 일조한 것으로 본다.[26] 그리고 콕스는 성서에서도 그리스도는 광대의 모습으로 나타나는데, 기존 권위를 무시하고 거부하고 조롱했으며, 이곳저곳으로 유랑하고, 결국 조롱을 당하며 처형당한 것을 언급한다.[27] 사람들은 예수에게 가시관을 씌우고 홍포를 입힌 다음 "유대인의 왕이여 평안할지어다"(마 27:27-31)라고 인사했다. 이것은 그들이 예수를 카니발의 광대로 여겼고, 결국 카니발의 광대로 처형했음을 보여준다. 고대 바빌로니아에서도 신년 축제를 벌이는 11일 동안 임시 왕국을 설정하고, 그 왕국을 다스리는 임시 왕을 뽑고, 그를 조롱했다는 점에서 축제 광대의 역사는 매우 길다.

그리고 '축제의 광대'는 다윗을 떠올리게 한다. 다윗 역시 광대 왕이었으며 축제의 왕이었다. 다윗은 목숨을 부지하기 위해 사울을 피해서 블레셋에 망명했다가 다시 살기 위해 미친 광대 노릇을 해야 했고, 진짜 미치광이로 인정받고(삼상 21:12-15) 블레셋에서 추방당함으로써 목숨을 부지했다. 그리고 그는 왕위에 오른 다음 자신이 기획한 축제에서 어릿광대 노릇을 했다.

> [14]다윗이 여호와 앞에서 힘을 다하여 춤을 추는데('메카르케르 베콜-오즈') 그때에 다윗이 베 에봇을 입었더라 [15]다윗과 온 이스라엘 족속이

---

25) Cox, *The Feast of Fools*, 222.
26) Cox, 223.
27) Cox, 225.

즐거이 환호하며 나팔을 불고 여호와의 궤를 메어오니라 "여호와의 궤가 다윗 성으로 들어올 때에 사울의 딸 미갈이 창으로 내다보다가 다윗 왕이 여호와 앞에서 뛰놀며 춤추는 것('메팟제즈 우메카르케르')을 보고 심중에 그를 업신여기니라(삼하 6:14-16).

벌거벗은 채 땀을 뻘뻘 흘리면서 격렬한 춤을 추고 악기를 연주하는 모습, 나중에 미갈은 "이스라엘 왕이 오늘 어떻게 영화로우신지 방탕한 자가 염치없이 자기의 몸을 드러내는 것처럼 오늘 그의 신복의 계집종의 눈앞에서 몸을 드러내셨도다"(20절)라고 비아냥대면서 업신여기는 마음을 그대로 드러내는데, 이것은 다윗이 축제에서 저급한 미치광이 광대 노릇을 했음을 보여준다. 그래서 다윗은 축제의 광대이고 진정 '춤의 왕'이다. '춤의 왕'은 〈왕의 춤〉을 따른 것인데, 〈왕의 춤〉은 제라르 꼬르비오가 감독한 영화로 루이 14세가 주인공이다. 교회 역사를 보면, 축제의 시대에 춤은 신성한 것으로 여겨졌고 사람들은 교회에서 춤을 췄다.

중세와 르네상스 시대에는 대성당과 수도원에서 교회의 커다란 축제와 관련된 특이한 축연들이 벌어졌다. 부활절 그리고 특히 성탄절에 노래와 춤은 단지 하급 성직자들만이 아니라, 교회의 고위 성직자들도 참여했다. 수도원 경내에서, 수사들은 이웃한 수도원의 수녀들과 어울려 춤추었다. 주교들도 그들의 즐거움에 끼어들고자 교인들을 찾아왔다. 에르푸르트 시(시)의 연대기에는 뇌출혈로 사망했을 정도로 과격하게 춤에 빠져들었던 주교의 이야기가 인용되어 있다.[28]

---

28) Champfleury, *Histoire de la Caricature*, 정진국 옮김, 《풍자예술의 역사-고대와 중세의 패러디 이미지》 (서울: 까치글방, 2001), 278.

축재의 환상·환상의 축제

하비 콕스는 축재를 위해 상실한 제축과 환상의 회복을 강조하고, "제축과 환상이 없이는 인간은 결코 역사적 존재가 될 수 없다"[29]고 말하는데, 제축과 환상을 시간적으로 구분한다. "제축이 인간의 현재의 생활에 과거의 사건들을 재생시킴으로써 인간 경험을 확충시키는 것이라면, 환상은 이를 미래의 영역으로 확대시키는 일종의 놀이라고 볼 수 있다."[30] 그래서 호모 페스티부스로서의 인간은 호모 판타지아(homo fantasia)이다.

그렇기 때문에 축재의 환상을 깨뜨리기 위해서는 과거 역사에서 보듯이, 민중이 축제를 주도하고 참여해야 한다. 바흐찐은 카니발을 "웃음의 원리 속에서 구성된 민중들의 제2의 삶이며, 민중들의 축제적 삶"으로 규정했다.[31] 기득권층들이 생각하는 것과 달리, 민중들은 언제나 축제를 주도하고 창조하는 능력을 갖고 있다. 중세시대가 그러했다. 그리고 바로크 시대는 왕족이나 귀족, 또는 부르주아 시민 계층이 축제를 주도했는데, 혹세무민하려는 동기가 강했다. 그 시대가 매우 어려웠음에도 불구하고 축제가 빈번했는데, 그 축제는 당시의 비참한 현실을 가리려는 허상이고 눈속임이었다는 것이다. 그러나 민중들은 그러한 허위의 축제를 그들만의 삶의 축제로 바꾸어버렸다. 기득권층들이 민중들로 하여금 삶을 간과하고 회피하도록 하기 위해 그들에게 주는 그 환상들을 민중들은 되레 삶의 원동력을 얻는 상상의 잔치로 바꾸고, 기득권층이 깔아놓은 멍석에서 그들만의 축제를 즐긴 것이다. 그들은 그런 잔치를 통해서 비극적인 현실을 이겨내고 삶의 밝은 미래를 소망했다.

---

29) Cox, 27.
30) Cox, 18.
31) Bakhtin, 30.

이 덕분에 민중 축제적 이미지들은 현실을 파악할 수 있는 강력한 예술적 무기가 될 수 있었고, 진정으로 넓고 깊은 리얼리즘의 기초가 될 수 있었다. 이러한 민중적 이미지들은 현실을 자연주의적이고, 순간적이고, 공허하며, 무의미하고 분산된 모습이 아니라, 현실의 생성 과정 그 자체와 그 의미, 그리고 이러한 과정의 방향을 포착하게 해주었다. 민중 축제적 이미지 체계의 심도 있는 보편적 성격과 명료한 낙관주의는 여기서 유래하는 것이다.[32]

이런 모습은 서구의 바로크 양식이 제국주의적 침략을 통해 남미로 들어가서 발생한 남미의 바로크 예술에서 드러난다. 이런 점에서 그들은 이사야처럼 하나님 나라를 보는 예언자들이다. 이사야가 소망한 세상은 모두가 어우러지는 축제의 세상이었다(사 2:2-4). 하나님의 산으로 이어지는 끝 모를 행렬, 전쟁 없는 세상, 모두가 평등한 세상, 이것이 바로 하나님이 기획하고 이사야가 미리 목격한 온전한 축제의 모습이다. 이사야의 상상력은 얼마나 탁월한가. 그런데 이사야의 이 놀라운 상상력도 요나서 3장 7-8절이 보여주는 것에 비하면 조족지혈이다. 사람뿐만 아니라 짐승들도 다 굵은 베옷을 입고 하나님 앞에서 부르짖는 그 놀라운 장면을 묘사하는 상상력, 마침내 그들이 누리는 용서(10절)의 축제, 그런데 아무리 봐도 이 놀라운 상상력은 노아 계약 사상에서 비롯했음이 분명하다.

> [8]하나님이 노아와 그와 함께한 아들들에게 말씀하여 이르시되 [9]내가 내 언약을 너희와 너희 후손과 [10]너희와 함께한 모든 생물 곧 너희와 함께한 새와 가축과 땅의 모든 생물에게 세우리니 방주에서 나온 모든 것 곧 땅의 모든 짐승에게니라 [11]내가 너희와 언약을 세우리니 다시는 모

---

32) Bakhtin, 330.

든 생물을 홍수로 멸하지 아니할 것이라 땅을 멸할 홍수가 다시 있지 아니하리라 ¹²하나님이 이르시되 내가 나와 너희와 및 너희와 함께하는 모든 생물 사이에 대대로 영원히 세우는 언약의 증거는 이것이니라 ¹³내가 내 무지개를 구름 속에 두었나니 이것이 나와 세상 사이의 언약의 증거니라 ¹⁴내가 구름으로 땅을 덮을 때에 무지개가 구름 속에 나타나면 ¹⁵내가 나와 너희와 및 육체를 가진 모든 생물 사이의 내 언약을 기억하리니 다시는 물이 모든 육체를 멸하는 홍수가 되지 아니할지라 ¹⁶무지개가 구름 사이에 있으리니 내가 보고 나 하나님과 모든 육체를 가진 땅의 모든 생물 사이의 영원한 언약을 기억하리라 ¹⁷하나님이 노아에게 또 이르시되 내가 나와 땅에 있는 모든 생물 사이에 세운 언약의 증거가 이것이라 하셨더라(창 9:8-17).

본문은 놀라운 사상을 담고 있는데, 사람뿐만 아니라 땅과 이 세상 모든 생명체가 하나님과 계약을 맺은 '신의 백성들'이라는 것이다. 본문은 이것을 밑줄 친 부분에서 확인할 수 있듯이 반복해서 들려줌으로써 기존의 인간 중심적 가치를 뒤엎고 깨트린다. 이 놀라운 전복(顚覆)의 사상은 온 생명체가 참여하는 종말의 축제로 이어진다. 스가랴가 말하는 대로 말방울에 "여호와께 성결"이라고 기록하는 세상. "여호와의 전에 있는 모든 솥이 제단 앞 주발과 다름이 없는"(슥 14:20) 세상, 이 놀라운 상상과 사상, 여기에 근거해서 우리는 호흡이 있는 모든 생명체들이 하나님을 찬양하는 그 종국의 항구적인 잔치를 꿈꾼다. 이것이 인간과 모든 생명체를 아우르는 '몸들의 축제'(肉祝), 온전한 카니발(謝肉祭)이다. 그 종말의 축제를 모두가 꿈꾸면서, 미리 경험했던 그 축제에 모든 생명체들이 참여하는 그것이 바로 하나님 나라이다.

축재의 종말·종말의 축제

지금까지 축제에 대한 최근의 논의를 통해서 고대 이스라엘의 축제를 문화적으로, 특히 카니발에 비추어서 살펴보았다. 축과 제로 이루어진 축제는 본질적으로 종교 문화적이기 때문에 축제를 연구하는 것은 종교적·문화적으로 현실을 살피는 일이다. 인간은 '호모 페스티부스,' 즉 축제하는 인간이며, 축제를 통해서 삶을 영위한다. 축제는 전복적이고 파괴적이라는 점에서 놀이와 구분된다. 고대 이스라엘에서 주요한 3대 축제는 모두 출애굽 사건과 연관을 갖는데, 이런 점에서 그 축제들은 사회질서 전복을 통한 해방이라는 혁명적인 성격을 갖는다.

축제를 통해서 사람들은 음주가무를 즐겼는데, 성서를 보면 신이 그런 축제를 사람들에게 명령한다는 점에서 신은 축제의 신이며 축제의 기획자이다. 구약성서에서 다윗, 히스기야, 그리고 요시야가 대표적인 축제 기획자들이고 축제의 왕들이다. 그리고 사람뿐만 아니라 신도 음주가무를 즐긴다(고 가상한다)는 점에서 고대 이스라엘의 축제는 신의 축제였다. 또한 축제의 카니발에서 특징적인 광대의 모습은 예수에게서 가장 명확하게 나타나고, 어릿광대 모습은 다윗에게서 두드러진다. 그리고 무엇보다 다윗은 춤의 왕이었다.

인류 역사는 기득권층의 의도와 달리 민중들이 축제를 통해서 새로운 삶을 꿈꾸고 그것을 실현해 온 역사이다. 그래서 축제는 환상의 축제이며, 종말의 축제는 축재의 종말로 모두가 평등하게 어우러져 먹고 마시고 춤추며 사는 음주가무의 세상이다. 그것을 예수는 하나님 나라라고 한다. 그런데 하나님 나라는 사람들뿐만 아니라 모든 생명체들이 평화롭게 공생하는 진정한 잔치의 나라라는 점에서 더욱 카니발스럽다. 축제 없는 축재(蓄財)의 세상에서 우리는 온 생명체가 누리는 진정한 몸의 축제, 온전한 카니발이 이루어지는 하나님 나라를 소망한다. 스티글리츠가 말하는 것처럼 우리는 분명 다른 세상을 꿈꿀 수 있다.

> 또 다른 세계는 가능하다. 우리는 우리의 근본적인 가치관에 더욱 부합하는 사회를 이룩할 수 있다. 그것은 곧 더 많은 기회와 더 높은 국민 소득, 더 강건한 민주주의, 그리고 대다수 성원들에게 더 높은 삶의 질이 보장되는 사회다.[33]

---

33) Joseph E. Stiglitz, *The Price of Inequality*, 이순희 옮김, 《불평등의 대가》 (파주: 주식회사 열린책들, 2014), 432.

일상적 폭력·폭력적 종교

1판 1쇄 인쇄 _ 2017년 10월 11일
1판 1쇄 발행 _ 2017년 10월 20일

지은이 _ 이종록
펴낸이 _ 이형규
펴낸곳 _ 쿰란출판사

주소 _ 서울특별시 종로구 이화장길 6
편집부 _ 745-1007, 745-1301~2, 747-1212, 743-1300
영업부 _ 747-1004, FAX 745-8490
본사평생전화번호 _ 0502-756-1004
홈페이지 _ http://www.qumran.co.kr
E-mail _ qrbooks@gmail.com / qrbooks@daum.net
한글인터넷주소 _ 쿰란, 쿰란출판사
등록 _ 제1-670호(1988.2.27)
책임교열 _ 신영미·박신영

ⓒ 이종록 2017 ISBN 979-11-6143-053-9 93230

책값은 뒤표지에 있습니다.
이 출판물은 저작권법에 의해 보호를 받는 저작물이므로 무단 복제할 수 없습니다.
파본(破本)은 구입처에서 교환해 드립니다.

이 저서는 2013년 정부(교육부)의 재원으로 한국연구재단의 지원을 받아 수행된 연구임
(NRF-2013S1A6A4013866)